Trabalhem para o bem da cidade pois,
se ela estiver bem, vocês também estarão.

Jeremias 29:7 (NTLH)

PRÁTICA POLICIAL SISTEMATIZADA

ADRIANO SOUSA COSTA
LAUDELINA INÁCIO DA SILVA

PRÁTICA POLICIAL SISTEMATIZADA

3ª Edição

Temas complexos analisados à luz da legislação, da jurisprudência e da doutrina pátrias

De acordo com as Leis nºs:
12.830/2013 (Investigação Criminal pelo Delegado de Polícia),
12.850/2013 (Lei de Organização Criminosa),
12.961/2014 (Destruição de Drogas Apreendidas),
13.245/2016 (Altera o Estatuto da Advocacia),
13.260/2016 (Lei de Terrorismo) e
13.281/2016 (Altera Código de Trânsito Brasileiro).

EDITORA IMPETUS

Niterói, RJ
2016

Editora Impetus Ltda.
Rua Alexandre Moura, 51 – Gragoatá – Niterói – RJ
CEP: 24210-200 – Telefax: (21) 2621-7007

Projeto Gráfico: Editora Impetus Ltda.
Editoração Eletrônica: SBNigri Artes e Textos Ltda.
Capa: Editora Impetus Ltda.
Revisão de Português: Marlon Magno / C&C Criações e Textos Ltda.
Impressão e encadernação: SmartPrinter Soluções em Impressão.

C837p

Costa, Adriano Sousa.

Prática policial sistematizada / Adriano Sousa Costa, Laudelina Inácio da Silva. 3 ed. – Niterói, RJ: Impetus, 2016.

480 p.; 16 x 23 cm.

ISBN: 978-85-7626-898-7

1. Policiais – Treinamento – Brasil. I. Silva, Laudelina Inácio da. II. Título.

CDD- 345.81052

www.impetus.com.br

Dedicatória

A Deus, por Tudo.
Aos Pais, pela Vida.
Aos familiares, pelo Amor.
Aos cônjuges, pela Compreensão.
Aos amigos, pelo Apoio.
Aos mestres Luiz Flávio Gomes,
Renato Brasileiro, Rogério Sanches e
William Douglas, pelo Incentivo.
Aos policiais, pela Inspiração.

Os Autores

Os Autores

Adriano Sousa Costa

Delegado de Polícia Titular da Delegacia Estadual de Repressão a Furtos e Roubos de Veículos Automotores (DERFRVA) da Polícia Civil do Estado de Goiás, professor universitário (Unip/GO), professor da Pós-Graduação da Pontifícia Universidade Católica de Goiás (PUC/GO), da Fasam (Goiás), do Instituto *Lato Sensu* e da Facnopar (Paraná), professor titular da Escola Superior da Polícia Civil do Estado de Goiás, professor convidado do Ministério da Justiça (Senasp), professor convidado da rede LFG, membro da Academia Goiana de Direito, Mestrando em Ciências Políticas na Universidade Federal de Goiás (UFG), palestrante e escritor.

Laudelina Inácio da Silva

Delegada da Polícia Civil do Estado de Goiás (1994), mestre em Ciências Penais pela UFG (2006) – Universidade Federal de Goiás/Brasil e doutora em Ciências Jurídicas e Sociais pela UMSA – Universidade do Museu Social Argentino-Buenos Aires/Argentina (2007). Foi conselheira da OAB-GO de 1990 a 1994, diretora da Casag e coordenadora do Conselho de Direitos Humanos de 1992 a 1994. De 1990 a 1994 foi membro titular do Conselho Penitenciário do Estado de Goiás. Professora universitária desde 1992 das disciplinas Direito Penal e Processo Penal, lecionou nas faculdades Anhanguera/GO, Universidade Católica de Goiás, Faculdade de Anicuns/GO e Faditu/SP. Professora convidada da Universidad del Museo Social Argentino na disciplina Seminário de Derecho Processal, em curso de doutorado em Ciências Jurídicas Y Sociales desde 14 de julho de 2008 e da Academia da Polícia Civil do Estado de Goiás/Senasp/UEG para o curso de pós-graduação em Gerenciamento de Políticas Públicas de Segurança Pública na disciplina Direitos Humanos no ano de 2013. Membro da Academia Goiana de Direito, Academia Espírita de Letras e Academia Goianiense de Letras, possui vários artigos publicados em revistas e periódicos. Master Avatar pela Stars Edge Internacional em junho de 2011. Condecorada com a Comenda Anhanguera pelo Governo de Goiás em julho de 2011. Atualmente exerce a função de delegada chefe da Supervisão dos Plantões da Polícia Civil do Estado de Goiás; coordenadora da Região Centro-Oeste da Associação Brasileira de Mulheres de Carreiras Jurídicas no triênio 2013/2015 e desde 2004 coordenadora geral do curso de Direito da UNIP – Campus Goiânia Flamboyant.

Apresentação

A finalidade deste livro será fornecer subsídios jurídicos para que os operadores do Direito, principalmente os policiais, possam aplicar adequadamente as leis penais e processuais penais, promovendo um efetivo combate à cultura da impunidade.

A ideia desta obra surgiu após diálogo dos autores sobre as experiências e dificuldades vivenciadas por outros policiais no exercício das atividades profissionais cotidianas; faltava-lhes, verdadeiramente, um livro que fosse voltado para a prática policial verdadeira.

Alguns dos temas objeto dessa conversa estão reunidos neste livro, fruto de uma pequena síntese das inúmeras dúvidas que permeiam os profissionais do Direito que possuem papel primordial na *persecutio criminis* em sua primeira fase, denominada investigatória.

O livro apresenta as problemáticas mais formuladas pela Polícia Judiciária, fruto das mais corriqueiras situações enfrentadas no cotidiano das delegacias de Polícia em todo o Brasil. É um trabalho derivado da catalogação dos atendimentos jurídicos prestados pela autora, professora e delegada de Polícia Classe Especial, Laudelina Inácio, frente à Supervisão dos Plantões da Polícia Civil do Estado de Goiás, como também das inúmeras consultas feitas pelos alunos da Secretaria Nacional de Segurança Pública (SENASP/MJ) ao também autor, professor e delegado de Polícia Adriano Costa.

O sumário foi elaborado a partir da realidade policial, que necessita conjugar as leis existentes com a precariedade de recursos materiais e humanos na condução das investigações e nos registros das atividades pertinentes. Os autores formataram a presente obra em perguntas e respostas, almejando facilitar a compreensão do leitor sobre o conteúdo tratado. Dividiu-se o livro em três eixos: **Direito Penal, Direito Processual Penal** e **Peças Prático-Profissionais**.

Evidentemente, os assuntos intrincados da atividade policial não foram esgotados, mesmo porque o tema PRÁTICA POLICIAL é vastíssimo e mutante, conforme as legislações diuturnamente publicadas em nosso país. Foram agregados apenas um tijolo e um pouco de massa na construção de uma nova visão técnica na incansável luta da Polícia em combater a criminalidade e a impunidade com as ferramentas jurídicas que lhe são postas à disposição.

Prefácio

Quando fui aprovado no concurso para Delegado de Polícia, já estava há tempos na esteira dos concursos, mas tive a alegria e peso de ter sido o Delegado mais novo da Polícia Civil do Estado do Rio de Janeiro. Estudar já não era uma dificuldade ou desafio, mas uma rotina com vistas a um objetivo claro e definido. Os livros eram muitos, acompanhando o também grande volume de teoria. Nada, porém, ensinava como ser policial de fato, muito menos Delegado de Polícia.

Entrei na Academia de Polícia, onde vivi uma das melhores experiências humanas, de aprendizado e de emoção, de toda a minha vida. Já ali, encontrei alguns poucos livros sobre ser policial, mas ainda assim uma bibliografia bastante limitada.

É difícil escrever aos futuros agentes como agir no dia a dia de um policial (delegado, patrulheiro etc.). Há uma rotina de dúvidas, decisões importantes e responsabilidades sobre a vida e o destino de um incontável número de pessoas, inclusive o seu próprio. Faltava, à época, um manual de operação, e essa realidade até hoje continua praticamente inalterada.

Não é fácil achar um material que oriente no que diz respeito à teoria, mas também e especialmente à prática diária, ao exercício de sua profissão.

Pior, muitos que escrevem teoria nada sabem da prática, fazendo teoria de gabinete ou de sala de aula, e não teoria que conheça, resolva e entenda os problemas da realidade. Outros, ótimos na operação, na ação, no dia a dia, esquecem que o conhecimento técnico, a teoria, a cristalização da atividade em algo que se demonstre nas peças processuais é prática perdida. Se a Polícia prende sem técnica, a Justiça solta, ou anula. Simples assim.

É raro achar teoria com visão da prática e prática com visão da teoria. Justamente atendendo a esta lacuna, preenchendo esse vazio na formação da força policial, é que o livro *Prática Policial Sistematizada* vem a lume, para transformar o modo como se realiza a prática policial.

A obra aqui prefaciada é uma das mais especiais que temos a alegria de publicar. Poucas vezes a teoria e a prática foram conjugadas de forma tão harmônica, clara, precisa, prática e útil. Isso se deve ao esforço e competência de duas pessoas acima da média, Adriano Sousa Costa e Laudelina Inácio da Silva.

Tive o privilégio de ser um dos incentivadores deste trabalho e, por isso, sinto-me muito honrado com o convite para prefaciá-lo. Com a certeza de que este material será de grande valia não só a todos os operadores jurídicos que lidam direta ou indiretamente com a atividade policial, mas também à formação de todos os que atuam como braço do Estado garantindo o cumprimento das leis, a manutenção da ordem e o combate à impunidade.

Não há dúvida de que um material de tamanho vulto e importância somente poderia advir da experiência e da percepção de especialistas, como é o caso de Laudelina Inácio da Silva e Adriano Sousa Costa, que reúnem a experiência do dia a dia à didática das salas de aula. O resultado não poderia ser diferente. Uma obra ímpar, que esclarece dúvidas, levanta questões e concilia o conteúdo teórico – até mesmo divergências – com o dia a dia de uma das carreiras de atuação mais necessária e controversa do país.

Amo e admiro o trabalho policial. Por isso, eu e a Editora Impetus, por meio de seu Conselho Editorial e do Coordenador de Direito Penal, Dr. Rogério Greco, temos nos esmerado em contribuir com livros incomuns e úteis. E este é um caso concreto dessa contribuição.

O conteúdo torna a obra obrigatória para todos os que militam na área e absolutamente indispensável para quem deseja ser aprovado em concursos públicos ou ter sucesso no mais difícil dos concursos: o dia a dia de um policial.

William Douglas
Professor – Juiz Federal/RJ – Escritor

Prefácio

Foi com muita honra que aceitei o convite para prefaciar este primoroso livro de autoria de **Adriano Sousa Costa** e **Laudelina Inácio da Silva**, os quais, para além das suas titulações acadêmicas amplamente reconhecidas e das suas habilidades e competências funcionais no posto, cada vez mais desafiador, sobretudo nos dias atuais, de delegado de Polícia, não mediram esforços para escrever um trabalho de altíssimo valor prático e, ao mesmo tempo, científico, em razão das preciosas lições de Direito Penal e Processo Penal que veiculam, com o escopo de facilitar e aprimorar o exercício da primeira fase da *persecutio criminis*, que é a Polícia Judiciária.

Prática Policial Sistematizada é o tipo de livro que todo iniciante sonha em ter em suas mãos, como guia diário das suas funções. Mas sua utilidade, pela qualidade das lições ministradas, vai muito além disso. Na verdade, todos os que militam na área (delegados, escrivães, advogados, estagiários, acadêmicos etc.) encontrarão neste livro respostas bem elaboradas para uma série infinita de questões correntes na fase primeira do exercício do poder punitivo. Com certeza, doravante, o livro também vai ser adotado nos cursos de formação profissional dos agentes e autoridades policiais. Obra de valor ímpar, que se tornará indispensável para facilitar a árdua compreensão da maior parte da atividade policial.

Um ótimo exemplo constitui o princípio da insignificância, com o qual todo delegado de Polícia se depara diariamente. Por falta de legislação específica sobre o tema, a ação da autoridade fica ao sabor de cada consciência ou convenção. Quando a lei não estabelece parâmetro de atuação adequado, fica-se sem saber o que fazer. Se a Polícia Militar prende alguém em flagrante pelo "delito" de furto de uma barra de chocolate (este é o exemplo do livro) e apresenta o detido para a autoridade civil de plantão, o que deve ser feito? Não há procedimento específico definido na lei.

O livro que estou prefaciando, muito honrosamente, sugere que a autoridade policial, nesse caso, não elabore o auto de prisão em flagrante, porque este somente é cabível quando há "delito", que não existe no caso da insignificância da ofensa ao bem jurídico protegido pela lei. Faz-se o registro da ocorrência num procedimento investigatório, mas não há que se falar em flagrante, porque, como todos sabem, o STF, a partir do HC 84.412, fixou o entendimento de que a insignificância exclui o aspecto material da tipicidade (logo, o delito). O livro, no entanto, vai além dessa sugestão prática: entra nos meandros técnicos do conteúdo do princípio da insignificância (estabelecidos pela jurisprudência), para orientar a atuação prática segura do delegado de Polícia.

O que acaba de ser narrado a respeito da atuação da autoridade policial diante do princípio da insignificância foi feito, com profundidade, clareza e objetividade, em relação a incontáveis outros temas do dia a dia da atividade policial persecutória. Inicia-se pela análise de temas sumamente controvertidos da prisão em flagrante, a começar pela sua dissecação estrutural, passando-se depois para controvérsias clássicas, como a elaboração (ou não) do auto respectivo, quando o agente atua fundamentado numa causa excludente da ilicitude (legítima defesa ou estado de necessidade, por exemplo). São questões que a letra da lei até hoje não resolveu a contento, daí a imperiosa necessidade de um apoio doutrinário abalizado, como o que o estimado leitor encontrará neste trabalho.

Em ritmo cadenciado e concatenado, o livro vai permeando tanto clássicas como novas questões polêmicas: o autor de crime permanente pode ser preso (ou não) em qualquer momento? Quando a Polícia apresenta um maior e um menor como coautores de um delito, como fica o aspecto prático desta questão? Tudo é feito numa única delegacia ou há separação dos procedimentos?

A obra procurou enfocar também temas altamente divergentes na doutrina brasileira, como a possibilidade (ou não) de ingresso no domicílio do suspeito preso em flagrante, porém em local diverso da sua casa. E se o sujeito, a quem se deu voz de prisão em flagrante, se refugia em casa de terceiro? É possível invadir essa casa para efetuar o flagrante sem mandado judicial? Como fica o flagrante no caso de ação penal privada ou pública condicionada? Como fica a comunicação do flagrante quando o agente é preso em outra cidade? Apreende-se o documento do flagrado?

Temas e polêmicas novas, como as decorrentes das medidas cautelares pessoais diversas da prisão, não foram negligenciados; ao contrário, foram abordados também com maestria pelos autores, que demonstram em todo momento o quanto é relevante escrever em cima de algo que se pratica. Particulares enfoques mereceram o princípio da proporcionalidade dessas medidas, o contraditório na fase da investigação policial, o poder geral de cautela, controle das medidas decretadas, ineficácia dessas medidas, conversão em prisão, entre outras.

Foram revisitados assuntos antigos, trazendo-se, no entanto, novas roupagens (novos argumentos). Por exemplo: o que é "dia" e o que é "noite"? Mas o forte do livro é a abordagem de controvérsias recentes. São disso exemplos: cumulatividade da prisão com outras medidas cautelares; cabimento (ou não) da prisão agravadora quando se trata de mera contravenção penal; conversão da medida alternativa em prisão; conversão do flagrante em prisão temporária, liberação do preso no caso da temporária; identificação do preso; acesso ao banco nacional de mandados de prisão etc.

A produção editorial brasileira é muito farta, vastíssima, a ponto de impedir de estarmos atualizados diariamente de tudo quanto se produz. Há muita coisa relevante nesse mercado, mas, com certeza, no campo da prática policial, pouca coisa neste momento se iguala ao presente livro, seja pela sua seriedade e densidade científica, seja pela atualidade dos temas enfrentados, muitos decorrentes de leis recentes, que sempre criam imensas dificuldades de aplicação prática.

Não escaparam, por isso mesmo, da ótica, nem empírica nem doutrinária dos autores, problemas relacionados com o mandado de condução coercitiva, a apresentação espontânea do autor do fato, a busca e apreensão, a apreensão de objetos, a identificação criminal e seus métodos, o exame de corpo de delito, outras formas de investigação, o procedimento inquisitorial investigativo, a fiança, a distinção entre autor e partícipe, a invasão de domicílio, a imunidade penal, as investigações em delitos específicos (lavagem de capitais, trânsito, Lei Maria da Penha...).

O propósito dos autores de facilitar a substituição da "prática cega" pela "prática fundamentada" é, seguramente, alcançado, porque eles estão colocando nas mãos das autoridades e agentes um documentado trabalho de orientação profissional, que lhes foi facilitado obviamente por sua dedicação diária nas delegacias de Polícia e nos inquéritos policiais que dirigem. Não se trata de um livro com citações de inúmeras obras, no velho estilo acadêmico, mas uma obra de enorme relevância prática, que foi escrita a partir das próprias vivências dos autores e que vai auxiliar enormemente o dia a dia das atividades de outros policiais, que têm como escopo procurar reduzir a impunidade exagerada que grassa por todo o país, mas, ao mesmo tempo, respeitando os ditames do Estado de Direito, porque de uma atuação policial estritamente legal para um escorregão ao abuso de autoridade a linha, muitas vezes, é bastante tênue.

É imenso o desafio dos agentes e autoridades policiais num país que pouca atenção lhes confere, gerando frustrações constantes, por falta de meios pessoais, materiais e tecnológicos. Os principiantes que sonharam tanto com o sucesso nessa carreira muitas vezes esmorecem porque se veem compelidos a fechar os olhos, por falta de meios, para tantas injustiças e iniquidades sociais, com as quais se deparam diuturnamente. Cabeças constitucionalizadas se chocam com a enorme distância entre a teoria e a prática, porque sucateadas estão praticamente todas as condições estruturais oferecidas à investigação policial no Brasil.

O livro mostra bem a realidade policial, que necessita conjugar as leis existentes com a precariedade de recursos materiais e humanos na condução das investigações e nos registros das atividades pertinentes. Nem tudo pode ser tratado no livro, porque a prática policial é vastíssima e ganha novas formas quase que diariamente, em razão da brutal proliferação de leis que nunca conseguiram reduzir a delinquência no nosso país.

De cada cem homicídios no Brasil apenas oito são devidamente apurados (autoria e circunstâncias do crime). Essa é a estimativa de Julio Jacobo Waiselfisz, que é coordenador da pesquisa Mapas da Violência, divulgada pelo Ministério da Justiça (*O Globo* de 09.05.11, p. 3). Esse quadro de impunidade é ainda maior, se considerarmos as pesquisas realizadas pela Associação Brasileira de Criminalística, que apontam que a taxa de elucidação de homicídios no Brasil varia (apenas) de 5% a 8%. Percentual que nos Estados Unidos é de 65%, no Reino Unido é de 90% e na França é de 80%. Uma taxa baixíssima, que contribui para fomentar ainda mais a sensação de insegurança e de impunidade no país.

Por que o Brasil ostenta uma das menores taxas de esclarecimento de crimes do mundo? Porque a Polícia (judicial e científica e técnica) encarregada desse serviço de inteligência está praticamente sucateada em todo o território nacional.

Quais são as consequências da política de segurança que prioriza a truculência em detrimento da inteligência? A militarização da segurança pública, fundada na ideia do combate violento, que despreza a função de inteligência da Polícia Civil. A governança militarizada descontrolada (governo por meio do delito), de outro lado, torna o Estado menos seguro, mais medroso (alcançando às vezes o patamar de "pânico moral"), menos democrático e mais polarizado (organização policial *versus* crime organizado, amigo *versus* inimigo), de acordo com a lógica da guerra. É dessa forma que o Brasil vem se afundando, cada vez mais, nas profundezas da selvageria delinquencial, destoando completamente dos países civilizados.

Esse tipo de governança concorre, ademais, para o esgotamento do capital social (as políticas sociais e as mediações dos conflitos são abandonadas quase que completamente, em função da justiça criminal, da lei, da ordem) e bloqueia a capacidade de inovação, além de alimentar a cultura do medo e do controle, que rapidamente se transforma em cultura do extermínio, em razão da sensação generalizada de anomia (ausência da efetividade das normas) e de insegurança.

Professor Dr. Luiz Flávio Gomes

PREFÁCIO

Com muita honra, recebi o convite para prefaciar a 3ª edição da já consagrada obra dos Drs. ***Adriano Sousa Costa*** e ***Laudelina Inácio da Silva***, Delegados de Polícia do Estado de Goiás.

Começo a minha missão ratificando, integralmente, as qualidades do livro, apontadas pelos juristas William Douglas e Luiz Flávio Gomes, expostas nos prefácios das edições anteriores.

Em seguida, devo testemunhar a capacidade dos autores, que se destacam tanto na docência como na atuação profissional.

Lendo (e relendo) a presente obra, enxergo o espírito dos autores, sua vocação e didática em cada linha.

Esse conjunto de predicados lhes permitiu fazer um livro de leitura fácil e agradável, focando basicamente a prática policial. Esgotaram o assunto.

Entregaram para o mundo acadêmico e profissional importante material de apoio.

Percorreram toda a ciência criminal, leia-se, o Direito Penal, o processo penal e a vasta legislação extravagante.

Pesquisaram muito, selecionando os temas mais importantes e atuais.

Trabalharam as peças mais exigentes, propondo seu modelo ideal de confecção. Atentaram para detalhes peculiares presentes no dia a dia de uma Delegacia.

Não esqueceram de sublinhar divergências existentes na doutrina e na jurisprudência, revelando as posições mais contemporâneas dos Tribunais Superiores.

Esse rigor observado pelos autores na construção dos modelos não esconde a imprescindibilidade da obra entre os estudantes e colegas de Polícia, que enxergarão nesse estudo respostas às complexas questões do cotidiano.

Amigos ***Adriano*** e ***Laudelina***: parabéns!

Com muito orgulho,

Rogério Sanches Cunha
Promotor de Justiça / SP
Professor da Escola Superior do Ministério Público
Coordenador Científico do CERS (cursos on-line)
Professor de Penal e Processo Penal

SUMÁRIO

Parte I
TEMAS DE DIREITO PROCESSUAL PENAL

Capítulo 1 - Inquérito Policial e Outras Formas de Investigação da Polícia Civil **3**

1.1. O que é o procedimento de verificação de procedência das informações e qual sua utilidade prática? 3

1.2. Por que o fato de o inquérito policial ser eminentemente inquisitorial mostra-se vantajoso para a polícia? O inquérito policial deixou de ser inquisitorial após a Lei nº 13.245/2016? 6

1.3. É possível haver elementos de convicção não escritos no inquérito policial? 10

1.4. O advogado tem acesso irrestrito a qualquer inquérito que tramita na delegacia de polícia? 13

Capítulo 2 - Depoimentos Especiais **15**

2.1. É possível antecipar a colheita do depoimento judicial de uma testemunha, mesmo ainda não tendo sido iniciada a ação penal respectiva? 15

2.2. O que é depoimento "envelopado" e qual a sua utilidade? 17

Capítulo 3 - Identificação Criminal **23**

3.1. Quais são os métodos que compõem o procedimento da identificação criminal? 23

3.2. O que é suficiência da identificação civil? 25

3.3. Quais são os resultados práticos que podem ser obtidos da identificação criminal de um suspeito? 26

3.4. Qual a diferença prática entre a colheita de material biológico para fins de identificação criminal e a apreensão eventual de material biológico do suspeito? 29

Capítulo 4 – Auto de Prisão em Flagrante Delito **32**

4.1. Quais atos compõem o procedimento da prisão em flagrante? 32

4.2. Deve o delegado de polícia autuar em flagrante delito o suspeito que, quando da captura, fora ferido e se encontra hospitalizado? 37

4.3. É possível que o Delegado de Polícia deixe de lavrar o auto de prisão em flagrante em virtude da aplicação do princípio da insignificância? 42

4.4. Deve o Delegado de Polícia autuar em flagrante delito quem tenha praticado o fato amparado por um excludente de ilicitude? 47

4.5. Os crimes permanentes permitem a prisão em flagrante do autor do fato a qualquer momento? 52

4.6. No caso de concurso de maior e de menor de idade em empreitada criminosa, a qual Delegacia cabe a atribuição de lavrar o auto respectivo? 56

4.7. É permitido o ingresso no domicílio do suspeito, preso em flagrante delito, mesmo que a prisão tenha ocorrido em local diverso? 59

4.8. É possível prender alguém que, durante a fuga da captura em flagrante, refugia-se, no período noturno, na casa de terceira pessoa? 63

4.9. No caso da perseguição em flagrante delito tratada na questão anterior, qual o procedimento correto a ser adotado pelos policiais: adentrar imediatamente no local onde está o fugitivo ou proceder ao cerco policial preconizado no art. 293 do CPP? 64

4.10. No caso de flagrante de crime sujeito à ação penal privada ou à pública condicionada, pode o policial capturar e conduzir o suspeito quando a vítima demonstrar imediato desinteresse em vê-lo flagranteado? 66

4.11. Qual o momento correto para o Delegado de Polícia dirigir a comunicação da prisão e encaminhar o respectivo auto de prisão em flagrante ao juiz competente? 69

4.12. Se o autor do fato for capturado em comarca diversa do local da consumação do crime, a quem caberá a lavratura do auto de prisão em flagrante? A quais autoridades serão dirigidas as comunicações de prisão e o procedimento flagrancial? 74

4.13. Como deve proceder o Delegado de Polícia no caso de prisões em flagrante ocorridas em momentos distintos, mas em virtude do mesmo fato criminoso? 77

4.14. O que é juízo de delibação do flagrante delito? 80

4.15. O documento de identificação do suspeito deverá ser apreendido pela autoridade policial quando da lavratura do procedimento de flagrante? 82

Capítulo 5 – Prisões Cautelares **84**

5.1. Qual o conceito de "dia" para os fins de cumprimento de mandado judicial em uma residência? 84

5.2. Quais são as modalidades de prisão preventiva, após a Lei nº 12.403/2011? 87

5.3. É possível decretar a prisão preventiva cumulada com outra medida cautelar diversa da prisão? 100

5.4. É admissível decretar a prisão preventiva agravadora quando a infração penal praticada for mera contravenção penal? 101

5.5. O Delegado de Polícia é obrigado a representar pela conversão da prisão em flagrante em prisão preventiva? 107

5.6. Quando deve o Delegado de Polícia proceder à liberação do indivíduo preso em virtude de prisão temporária? Deve a Autoridade Policial esperar o alvará judicial de soltura? 108

5.7. É permitido ao Delegado de Polícia abrir mão do tempo de prisão temporária antes do término de seu prazo final? 110

5.8. No caso de prisão por mandado judicial, a quem cabe a Autoridade Policial comunicar? 113

5.9. A quem incumbe providenciar a remoção do preso no caso de prisão por mandado? E no caso da prisão em flagrante? 115

5.10. Se for apresentada ao delegado de Polícia pessoa não identificada civilmente e contra a qual supostamente penda mandado de prisão judicial, o que deve fazer a Autoridade Policial? 116

5.11. Quem pode ter acesso aos dados do Banco Nacional de Mandados de Prisão? 118

5.12. Caso policiais, ao adentrarem em um domicílio para cumprirem mandado de prisão, constatarem que lá existem elementos de convicção relacionados a práticas criminosas, poderão apreendê-los? Quais as repercussões jurídicas dessa apreensão? 119

5.13. É possível deixar de dar cumprimento a uma ordem de prisão com base no instituto da ação controlada? 124

Capítulo 6 – Medidas Cautelares Diversas da Prisão **128**

6.1. Há uma gradação das medidas cautelares previstas na Lei nº 12.403/2011? 128

6.2. Por que a concessão do contraditório prévio cautelar deve ser a exceção no curso da investigação policial? 131

6.3. É admitida a decretação de medida cautelar pessoal não prevista expressamente no Código de Processo Penal, com fundamento no poder geral de cautela? 133

6.4. Apesar de ter havido representação por parte da Autoridade Policial no sentido de concessão de uma medida cautelar, é possível que seja decretada outra pelo juiz? 136

6.5. Há, atualmente, controle efetivo sobre as medidas cautelares pessoais (diversas da prisão) decretadas pelos mais diversos juízos brasileiros? 137

6.6. Em virtude da falta de um banco de dados acerca das cautelares diversas da prisão, pode-se dizer que essas medidas não têm qualquer efetividade? 139

6.7. No caso de descumprimento de medida cautelar diversa da prisão, como deverá proceder a Autoridade Policial? 140

Capítulo 7 – Fiança 143

7.1. É possível o arbitramento de fiança aos praticantes de crimes de menor potencial ofensivo? 143

7.2. O Delegado pode dispensar o autuado do pagamento da fiança? 146

7.3. A fiança pode servir para o pagamento dos prejuízos suportados pela vítima? 146

7.4. No caso de a pena máxima do crime praticado não exceder 4 anos, o Delegado de Polícia é obrigado a arbitrar fiança policial? 148

7.5. Faz-se necessário levar em consideração o concurso de infrações, as causas de aumento e as de diminuição de pena para fins de arbitramento de fiança policial? 151

7.6. É lícito levar em consideração a minorante da tentativa quando do arbitramento da fiança policial? 155

7.7. Até quando é recomendável que a Autoridade Policial recolha os valores da fiança arbitrada? 156

7.8. O que são crimes propriamente inafiançáveis e acidentalmente inafiançáveis? 157

7.9. A diminuição de hipóteses de inafiançabilidade própria, em face da Lei nº 12.403/2011, restringiu a possibilidade de autuação em flagrante delito de Deputados, de Senadores, de Advogados, de Juízes e de Promotores? 159

7.10. É possível o pagamento da fiança policial com cheque? 163

Capítulo 8 – Mandado de Condução Coercitiva 167

8.1. Pode o Delegado de Polícia expedir mandado de condução coercitiva ou deve requerer tal providência ao magistrado? 167

Capítulo 9 – Apresentação Espontânea 170

9.1. Com o advento da Lei nº 12.403/2011, como fica a apresentação espontânea do autor do fato à Autoridade Policial? 170

Capítulo 10 – Busca e Apreensão 175

10.1. Pode o Delegado de polícia representar pela busca e apreensão de bens do suspeito visando a garantir a futura responsabilização civil do condenado? 175

10.2. A busca e apreensão e a medida assecuratória de sequestro também estão sujeitas à regra de contraditório prévio cautelar prevista na Lei nº 12.403/2011? 179

10.3. O que é a adesividade do mandado de busca e apreensão domiciliar? Tal instituto é aplicável no caso de mandado de busca e apreensão coletivo? 181

Capítulo 11 – Apreensão de Objetos 187

11.1. Quais os objetos que devem ser apreendidos pela Autoridade Policial quando da lavratura do procedimento de prisão em flagrante? 187

11.2. No caso de apreensão formal de objetos totalmente desvinculados da prova da infração penal, o que poderá fazer o Delegado para desentranhá-los da investigação? 189

11.3. A análise dos dados sensíveis de celular apreendido com o investigado, sem autorização judicial, é permitida? 193

11.4. O Delegado de Polícia pode realizar a entrega ou o depósito de bem apreendido em relação ao qual haja controvérsia sobre a propriedade? 196

Capítulo 12 – Exame de Corpo de Delito *Ad Cautelam* 200

12.1. O que é exame de corpo de delito *ad cautelam*? Tem ele amparo no Código de Processo Penal? 200

Capítulo 13 – Poder Geral de Requisição do Delegado de Polícia 203

13.1. Pode a Autoridade Policial requisitar ao representante legal de hospital o fornecimento direto de informações de pacientes ou essas informações são sigilosas? 203

Capítulo 14 – Interceptação Telefônica 206

14.1. É possível emprestar dados coletados em uma interceptação telefônica para outra investigação policial? 206

Capítulo 15 - Lei nº 12.850/2013 - Organizações Criminosas.......................209

15.1. Se o Delegado de Polícia representar pelo acordo de colaboração premiada e o promotor se manifestar contrário a esse pacto, pode o juiz, mesmo assim, homologá-lo?....................209

15.2. É necessário ouvir o colaborador antes de lhe oferecer os benefícios da colaboração voluntária?....................216

15.3. Qual a vantagem para o membro de organização fazer o acordo de delação premiada já na fase de inquérito policial?....................217

15.4. É possível haver a repactuação do acordo de colaboração voluntária?....219

15.5. Quais são as particularidades que devem ser conhecidas pelo Delegado de Polícia antes de firmar um acordo de colaboração premiada com o investigado?....................220

Capítulo 16 - Lei nº 12.965/2014 - (Marco Civil da Internet) e investigação de crimes cibernéticos....................225

16.1. Quais os procedimentos básicos para investigar um crime virtual?..........225

Parte II
Temas de Direito Penal

Capítulo 1 - Parte Geral do Código Penal....................233

1.1. As figuras de autor e partícipe....................233

1.1.1. Como definir quem é autor ou particípe da empreitada criminosa?....................233

1.2. A figura do garante....................235

1.2.1. A omissão criminosa imputável à figura do garante será sempre dolosa?....................235

Capítulo 2 - Parte Especial do Código Penal....................239

2.1. Dos Crimes contra a pessoa....................239

2.1.1. Violação de domicílio....................239

2.1.1.1. Para a consumação do crime de invasão de domicílio há necessidade de haver o dissenso de todos os moradores da casa?....................239

2.2. Dos Crimes contra o patrimônio....................241

2.2.1. Furto....................241

2.2.1.2. Quais são as teorias existentes acerca do momento consumativo do crime de furto? Como diferenciar, na prática, o furto tentado do consumado, com base em cada uma dessas teorias?....................241

2.2.2. Imunidade penal....243
2.2.2.3. No caso de estar o delito patrimonial abarcado por uma imunidade penal absoluta (art. 181 do Código Penal) é vedado ao delegado de Polícia instaurar o inquérito policial?....243
2.2.3. Dano....246
2.2.3.4. O preso que danificar a cela da delegacia ou presídio, visando à fuga, pode ser autuado pela prática de crime de dano qualificado?....246
2.2.4. Extorsão....248
2.2.4.5. Como diferenciar a tentativa de extorsão de sua forma consumada?....248
2.3. Dos Crimes contra a Fé Pública....251
2.3.1. Como diferenciar a falsidade material, a falsidade ideológica e a falsa identidade?....251
2.3.2. A mentira do réu acerca de seus dados de qualificação é crime? Tal infração penal será sempre capitulada como crime contra a fé pública?....255
2.4. Dos Crimes contra a Administração Pública....258
2.4.1. Os crimes contra a Administração Pública, praticados por 'funcionários públicos por equiparação', são considerados exemplos de normas penais em branco por justaposição? 258
2.4.2. A solicitação de entrada em espetáculo ou em cinema por meio de "carteirada" pode configurar alguma prática ilícita?....267

Capítulo 3 – Legislação Penal Especial 270
3.1. Decreto-Lei nº 3.688/1941 – Lei das Contravenções Penais....270
3.1.1. Pessoa que for surpreendida portando uma faca pode ser presa em flagrante pela prática de alguma infração penal?....270
3.2. Lei nº 4.737/1965 – Código Eleitoral – Crimes Eleitorais 273
3.2.1. Qual o fundamento jurídico para que a Polícia Civil atue supletivamente à época de eleições? Tal atribuição investigatória não caberia à Polícia Federal?....273
3.2.2. O que é a imunidade prisional de eleitores e quais são suas exceções mais relevantes?....274
3.2.3. O indivíduo que for agraciado com a substituição da pena (art. 44 do Código Penal), *sursis* da pena, *sursis* processual ou transação penal poderá ser preso cautelarmente no período previsto no art. 236 da Lei nº 4.737/65?....276
3.3. Lei nº 4.898/1965 – Lei de Abuso de Autoridade 279

3.3.1. No caso de crime de abuso de autoridade, faz-se necessária a colheita de representação da vítima para que se promova a investigação do fato? ... 279
3.3.2. O crime de abuso de autoridade absorve os demais crimes praticados no contexto do ato arbitrário? ... 282

3.4. Lei nº 9.503/1997 – Código de Trânsito Brasileiro – Crimes de Trânsito ... 286
3.4.1. O homicídio no trânsito praticado por quem tenha ingerido bebida alcoólica será sempre doloso? ... 286
3.4.2. É possível a instauração de inquérito policial no caso de lesão corporal culposa ocorrida no trânsito? É necessário colher a representação da vítima nesses casos? ... 290
3.4.3. Quais são os métodos possíveis para a comprovação da embriaguez ao volante pelo uso de substâncias entorpecentes? ... 292

3.5. Lei nº 9.613/1998 – Lei de Lavagem de Capitais ... 293
3.5.1. O que diferencia o crime de lavagem de capitais da mera dissipação do dinheiro conseguido com a prática criminosa anterior? Qual a utilidade prática dessa distinção? ... 293

3.6. Lei nº 10.826/2003 – Estatuto do Desarmamento ... 297
3.6.1. O porte de arma de fogo estragada e o de arma de fogo desmuniciada é considerado penalmente típico? ... 297
3.6.2. O crime de disparo de arma de fogo absorve sempre o crime de porte dessa mesma arma? ... 301

3.7. Lei nº 11.340/2006 – Violência Doméstica – Lei Maria da Penha ... 302
3.7.1. Após o julgamento da ADI 4.424/DF, todos os crimes cometidos contra mulheres no contexto da Lei Maria da Penha passaram a ser sujeitos à ação penal pública incondicionada? ... 302

3.8. Lei nº 11.343/2006 – Drogas Ilícitas ... 306
3.8.1. Para que o policial prenda alguém, com base na Lei nº 11.343/2006, é necessário encontrar drogas com o referido suspeito? ... 306

3.9. Código Penal Militar (Decreto-Lei nº 1.001/69) ... 311
3.9.1. Por que os crimes militares possuem penas diferentes daqueles semelhantes delitos previstos no Código Penal brasileiro? ... 311
3.9.2. Quando um crime praticado por militar deve ser investigado pela Polícia Judiciária (Civil ou Federal) e quando deverá sê-lo pela própria instituição militar? ... 312

3.10. Estatuto da Criança e do Adolescente (Lei nº 8.069/90) ... 320
3.10.1. Quando o delegado de Polícia pode deixar de liberar imediatamente o adolescente, capturado em situação flagrancial, aos seus responsáveis? ... 320

Parte III
Peças prático-profissionais

Capítulo 1 - Das Disposições Gerais 327

1.1. Dicas iniciais para os concurseiros 327

Capítulo 2 - Peças iniciais da investigação policial: O Auto de Prisão em Flagrante e a Portaria 330

2.1. Auto de prisão em flagrante 330

2.1.1. Modelo de auto de prisão em flagrante em sentido estrito 334

2.2. Portaria inicial 335

2.2.1. Modelo de portaria inicial 337

Capítulo 3 - Representação Policial e Relatório Policial Conclusivo 338

3.1. Estrutura básica de uma representação policial ou de um relatório policial conclusivo 338

3.2. Relatório policial final 341

3.2.1. Modelo de relatório policial sem indiciamento (excludente de ilicitude) 344

3.2.2. Modelo de relatório policial com indiciamento 346

3.3. Aspectos Gerais da Representação Policial 347

3.3.1. Modelo de representação (prisão preventiva autônoma) 350

3.3.2. Da representação policial pela decretação de medidas cautelares probatórias 352

3.3.2.1. Modelo de representação pela decretação de busca e apreensão domiciliar (com adesividade) 353

3.3.2.2. Modelo de representação pela decretação de quebra de sigilo de dados bancários 357

3.3.2.3. Modelo de representação para o compartilhamento de resultado de interceptação telefônica 360

3.3.3. Da representação policial pela decretação de medidas cautelares assecuratórias 361

3.3.3.1. Modelo de representação pela decretação da medida assecuratória de sequestro 363

3.3.4. Da representação policial pela decretação de medidas cautelares pessoais 366

3.3.4.1. Das regras gerais da representação por medidas cautelares diversas da prisão 367

3.3.4.1.1. Modelo de representação pela decretação de medidas cautelares diversas da prisão 369

3.3.4.1.2. Da representação pela decretação de medidas cautelares diversas da prisão com base no poder geral de cautela. 370
3.3.4.1.2.1. Modelo de representação pela decretação de medidas cautelares diversas da prisão ou, alternativamente, pela decretação da prisão preventiva agravadora 371
3.3.4.1.3. Da representação por conversão da prisão em flagrante em medidas cautelares diversas da prisão 373
3.3.4.1.3.1. Modelo de representação pela conversão da prisão em flagrante em medidas cautelares diversas da prisão 375
3.3.4.2. Das regras gerais acerca da representação por prisão preventiva 376
3.3.4.2.1. Da prisão preventiva autônoma 380
3.3.4.2.2. Da prisão preventiva convertiva 381
3.3.4.2.2.1. Modelo de representação pela conversão da prisão em flagrante em prisão preventiva 382
3.3.4.2.3. Da prisão preventiva agravadora 384
3.3.4.2.3.1. Modelo de representação pela decretação da prisão preventiva agravadora 384
3.3.4.2.4. Da prisão preventiva recidiva 386
3.3.4.2.4.1. Modelo de representação pela decretação da prisão preventiva recidiva 387
3.3.4.2.5. Da prisão preventiva assecuratória 388
3.3.4.2.5.1. Modelo de representação pela decretação de prisão preventiva assecuratória 389
3.3.4.2.6. Da prisão preventiva identificadora 390
3.3.4.2.6.1. Modelo de representação pela decretação de prisão preventiva identificadora 392
3.3.4.3. Da prisão temporária 395
3.3.4.3.1. Modelo de representação pela decretação de prisão temporária 398

Capítulo 4 – Dos Despachos 400

4.1. Regras gerais sobre os despachos 400
4.2. Despacho de conversão de termo circunstanciado de ocorrência em auto de prisão em flagrante 401
4.2.1. Modelo de despacho de conversão de termo circunstanciado de ocorrência em auto de prisão em flagrante 403
4.3. Despacho de arbitramento de fiança 404
4.3.1. Modelo de despacho de arbitramento de fiança 406

4.4. Despacho de negação de fiança com base na presença dos requisitos da prisão preventiva 408

4.4.1. Modelo de despacho de negação de fiança com base na presença dos requisitos da prisão preventiva 409

4.5. Despacho de negativa de autuação em flagrante em face da apresentação espontânea & Despacho justificando a autuação em flagrante, mesmo com a apresentação espontânea do autor do fato 410

4.5.1. Modelo de despacho de negativa de autuação em flagrante em face da apresentação espontânea 411

4.5.2. Modelo de despacho justificando a autuação em flagrante mesmo com a apresentação espontânea do suspeito 413

4.6. Despacho de negativa de autuação em flagrante em face da atipicidade material da conduta 415

4.6.1. Modelo de despacho de negativa de autuação em flagrante em face da atipicidade material da conduta 416

4.7. Despacho de negativa de autuação em flagrante em face da falta de condição de procedibilidade (representação ou requerimento) 419

4.7.1. Modelo de despacho de negativa de autuação em flagrante em face da falta de condição de procedibilidade (representação ou requerimento) 420

4.8. Despacho de negativa de autuação em flagrante em face do amparo por causa excludente de ilicitude 422

4.8.1. Modelo de despacho de negativa de autuação em flagrante delito em face do amparo por causa excludente de ilicitude 424

Capítulo 5 - Dos Termos e dos Autos 426

5.1. Aspectos gerais sobre os termos e os autos 426

5.2. Modelos de termos 427

5.2.1. Modelo de termo de depoimento envelopado 427

5.2.2. Modelo de termo de colaboração premiada – organização criminosa 429

5.3. Modelos de autos 436

5.3.1. Modelo de auto de busca domiciliar consentida 436

Capítulo 6 - Comunicações Externas - Ofícios 438

6.1. Aspectos Gerais sobre os ofícios policiais 438

6.2. Modelo de ofício de requisição de informações de paciente ao hospital 439

6.3. Modelo de ofício de pedido de revogação de prazo restante de prisão temporária 440

6.4. Modelo de ofício encaminhando suspeito para identificação criminal e determinando expedição de laudo de identificação 442

6.5. Modelo de ofício comunicando prisão por mandado judicial com pedido de recambiamento do preso 443

Capítulo 7 – Mandado de Condução Coercitiva 444

7.1. Aspectos gerais acerca do mandado policial de condução coercitiva 444

7.2. Modelo de mandado de condução coercitiva policial 445

Referências 447

Parte

I

TEMAS DE DIREITO PROCESSUAL PENAL

Capítulo 1

Inquérito Policial e Outras Formas De Investigação Da Polícia Civil

1.1. O QUE É O PROCEDIMENTO DE VERIFICAÇÃO DE PROCEDÊNCIA DAS INFORMAÇÕES E QUAL SUA UTILIDADE PRÁTICA?

A Verificação de Procedência das Informações (VPI)[1] é expediente investigatório informal que visa a analisar se a abstrata narrativa do noticiante é suficiente para dar azo à instauração do procedimento apuratório formal em desfavor de um indivíduo.[2]

> Art. 5, § 3º - Qualquer pessoa do povo que tiver conhecimento da existência de infração penal em que caiba ação pública poderá, verbalmente ou por escrito, comunicá-la à autoridade policial, e **esta, verificada a procedência das informações, mandará instaurar inquérito**. (Código de Processo Penal)

Pelo exposto, é possível notar que não basta a qualquer do povo dirigir-se à delegacia e narrar um suposto fato criminoso para que haja instauração do inquérito policial.[3] **Seria de uma leviandade sem precedentes que um instituto gravoso como é a investigação policial fosse desencadeado com**

1 Tal procedimento também é conhecido como Verificação Preliminar de Inquérito Policial (VPI).

2 Por mais que o art. 5º, § 3º, do Código de Processo Penal mencione que a Verificação de Procedência das Informações está restrita ao âmbito das ações penais públicas, caberá também VPI nos casos de crimes de ação penal privada, desde que colhida anteriormente a condição de procedibilidade respectiva.

3 Cabível a utilização da Verificação de Procedência das Informações no caso das infrações de menor potencial ofensivo. A única diferença prática é que, nesse contexto, a depender do que for constatado na VPI, haverá ou não a lavratura do Termo Circunstanciado de Ocorrência (procedimento apuratório padrão de infrações de menor potencial ofensivo).

base unicamente no relato incomprovado do noticiante. Passou, então, a verificação de procedência das informações a ser um grande filtro, o qual impede a proliferação de infrutíferas investigações em desfavor de inocentes.

O expediente administrativo em questão (Verificação da Procedência das Informações) é um mecanismo de suma importância para a eficiência do trabalho policial, já que impede a perda de tempo dos investigadores com inquéritos absolutamente infundados. **Se a autoridade policial pôde visualizar na VPI que não havia qualquer evidência de prática de infração penal, não há que se instaurar o inquérito**. Importante salientar que, costumeiramente, tal ato de verificação propedêutica é materializado por um despacho do delegado no próprio boletim de ocorrência e correspondente expedição de uma ordem de missão policial visando a averiguar se existe o mínimo de lastro acerca da autoria e materialidade criminosas.

A grande vantagem prática da instauração da Verificação Preliminar de Informações é que não se fará necessário tamanho formalismo para a não continuidade de tal investigação; ou seja, não será imprescindível passar pela burocracia criada para o arquivamento do inquérito policial. No caso do inquérito instaurado, para que haja seu arquivamento, é necessário que os autos sejam remetidos ao Ministério Público, o qual poderá ou não concordar com o engavetamento desse instrumento investigatório. Caso o *Parquet* concorde com tal sugestão encaminhará o inquérito ao juiz para que ele sacramente o arquivamento.[4]

Diferentemente do procedimento afeto ao inquérito policial, no caso da VPI, como não houve instauração formal de IP, o "arquivamento" de tais peças acaba sendo muito mais simples: um mero despacho negando instauração do inquérito já é suficiente. Basta notarmos que aqui não haverá verdadeiro arquivamento das peças, mas, sim, uma fundada negativa de se instaurar o procedimento principal, ou seja, o inquérito policial.

Nesses termos, fica claro que **o delegado de Polícia, averiguando a improcedência das informações prestadas, somente indeferirá a pretensão da vítima-noticiante em ver instaurado o inquérito policial em desfavor de seu suposto algoz.**[5] Caso a vítima-noticiante se irresigne com tal decisório da autoridade policial, deve interpor recurso junto ao

4 *Vide* sobre o princípio da devolução e todas as suas minúcias no art. 28 do Código de Processo Penal.

5 Nada impede que o delegado de Polícia, notando a inveracidade absoluta das informações narradas, intime a vítima de pretensa calúnia para que, se o quiser, formalize a condição de procedibilidade respectiva, autorizando assim que a autoridade policial promova a investigação acerca de tal ato atentatório à honra.

chefe de Polícia[6] para ver o inquérito policial instaurado, ou interpelar junto a outras autoridades (por exemplo, membro do Ministério Público) para que requisitem a referida instauração ao delegado de Polícia.

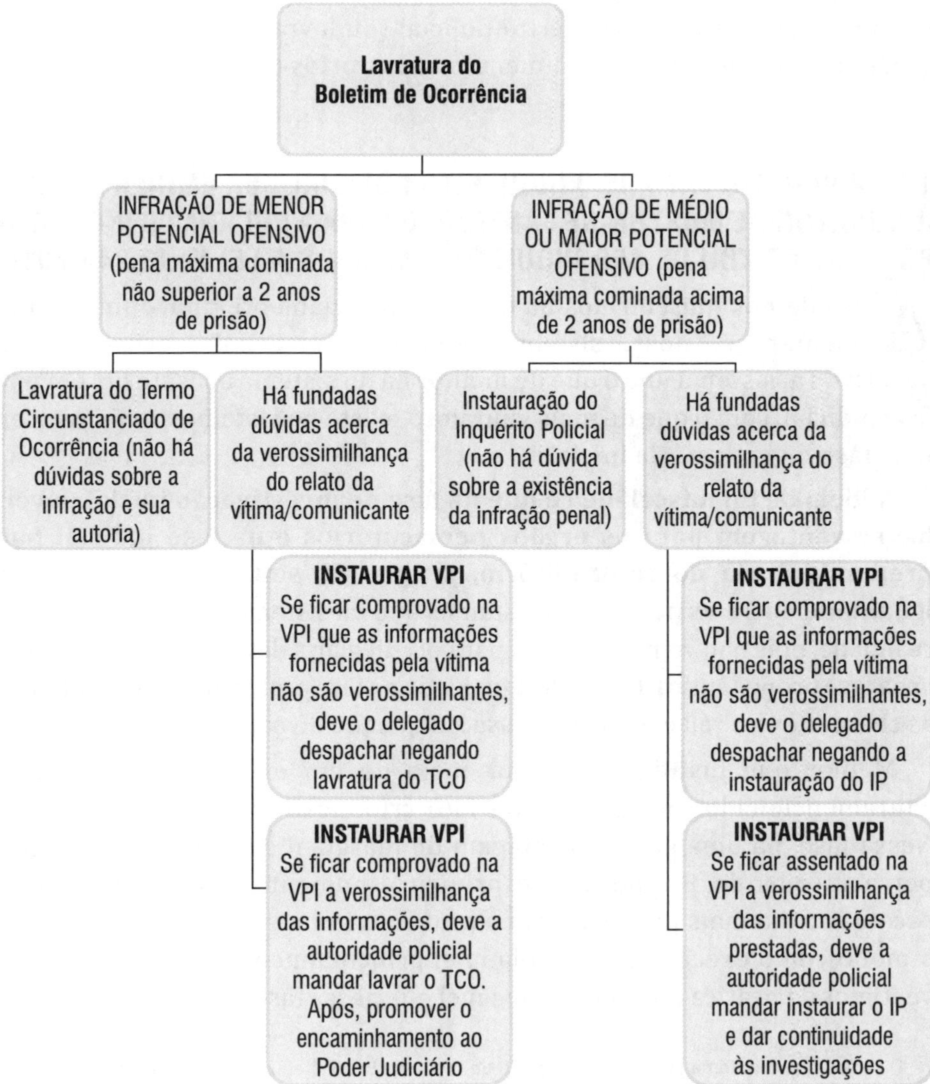

Por fim, frisamos que essa verificação preliminar não pode ser tida como um substitutivo do inquérito policial ou mesmo do TCO. O inquérito policial e o TCO visam a colher elementos de convicção acerca da autoria e materialidade criminosas; a verificação da procedência das informações

6 Art. 5º, § 2º – Do despacho que indeferir o requerimento de abertura de inquérito caberá recurso para o chefe de Polícia. (Código de Processo Penal)

almeja, unicamente, confirmar se as informações narradas à autoridade policial não são evidentemente falsas ou absolutamente infundadas. É claro que, caso os fatos narrados pela vítima não sejam patentemente falsos ou inverossímeis, deve a autoridade policial iniciar a investigação policial por meio da instauração de inquérito policial (ou lavra do TCO), já que estes são, por excelência, os procedimentos apuratórios policiais padrão.

1.2. POR QUE O FATO DE O INQUÉRITO POLICIAL SER EMINENTEMENTE INQUISITORIAL MOSTRA-SE VANTAJOSO PARA A POLÍCIA? O INQUÉRITO POLICIAL DEIXOU DE SER INQUISITORIAL APÓS A LEI Nº 13.245/2016?

Antes de nos imiscuirmos na questão propriamente dita, é importante salientar que nosso sistema de persecução penal é acusatório *sui generis.*[7] Tal sistema une o que de melhor há no sistema acusatório, em uma fase judicial, com o que de mais vantajoso existe no sistema inquisitivo, em uma fase investigatória inicial.[8]

A ideia de tal miscelânea é que na fase de investigação inicial deverá haver vantagem para os órgãos persecutórios e na fase judicial haja preponderância do contraditório, já que ali, sim, é desejável haver igualdade entre as partes. Acreditamos que tal sistema é adequado à nossa realidade, pois não vemos motivos para privilegiar a defesa plena do suspeito já na fase propedêutica. É essa desigualdade na fase preliminar que equilibrará as chances entre réu e órgão de acusação quando do começo da ação penal.[9]

Melhor que justifiquemos, por meio de um exemplo, o argumento supramencionado. Imagine-se um fato criminoso ainda em preparação. Nessa fase, há uma grande vantagem do marginal em relação aos órgãos persecutórios do Estado. Nesse primeiro momento, o marginal poderá escolher o dia mais propício para a prática criminosa, quem será a vítima, o modo como executará o seu plano e, principalmente, como ofuscará os vestígios da prática criminosa. Inegável que nessa fase só há vantagens para

7 Dizemos que o sistema judicial de produção de prova no Brasil é acusatório e não misto, pois a fase inquisitorial inicial não é presidida por um magistrado, como o seria no caso de um sistema misto.

8 "Caracteriza-se como inquisitivo o procedimento em que as atividades persecutórias concentram-se nas mãos de uma única autoridade, a qual, por isso, prescinde, para a sua atuação, da provocação de quem quer que seja, podendo e devendo agir de ofício, empreendendo, com discricionariedade, as atividades necessárias ao esclarecimento do crime e da sua autoridade." (CAPEZ, 2012, p. 119.)

9 Nesse sentido, citamos Lima (2003, p. 83): "Tal característica está diretamente relacionada à busca da eficácia das diligências investigatórias levadas a efeito no curso do inquérito policial. Deveras, fossem os atos investigatórios precedidos de prévia comunicação à parte contrária, seria inviável a localização de fontes de prova acerca do delito, em verdadeiro obstáculo à boa atuação do aparato policial. Funciona o elemento da surpresa, portanto, como importante traço peculiar do inquérito policial." (LIMA, 2013, p. 83.)

o criminoso, já que os órgãos de persecução penal nem sequer imaginam o que está para acontecer. Entretanto, quando da consumação desse crime, surge a necessidade de dar certa supremacia aos órgãos investigatórios em relação ao suspeito. Para tanto, dotou-se a Polícia investigativa de instrumentos que possam evitar que o autor do fato atrapalhe novamente a descoberta dos vestígios do crime, bem como diminuir as chances da reiteração criminosa por parte desse suspeito.

Em resumo, se em um primeiro momento o autor do fato teve oportunidade de esconder elementos e, então, atrapalhar as futuras investigações; no segundo momento (investigação policial) poderão os órgãos persecutórios limitar a atuação do suspeito visando a não serem embaraçados na busca desses elementos de convicção. É claro que, findas as investigações, aí sim poderemos dizer que é necessário haver igualdade entre as partes novamente. Assim, o magistrado, quando do início de seus trabalhos instrutórios, ou seja, já na ação penal, terá condições de tratar em pé de igualdade as duas partes. Por isso, razoável é o contraditório ser conferido somente no curso do processo. Vejamos uma breve ilustração sobre as vantagens do sistema acusatório *sui generis*:

(Absoluta vantagem do marginal na fase de preparação e execução do crime)

(Vantagem evidente do órgão de persecução penal na fase de investigação)

(Igualdade em eventual fase judicial)

Não obstante o exposto anteriormente, uma coisa precisa ficar bem esclarecida para o leitor. Por mais que a fase de inquérito policial (I.P) seja eminentemente inquisitorial e não se faça vinculada ao contraditório pleno **(nos moldes conferidos na fase judicial), acaba o IP não se afastando totalmente dessas características democráticas**. Dizemos isso pois o contraditório é formado por duas balizas: a possibilidade de conhecer as informações produzidas e contra elas se insurgir.[10] Inegavelmente, somente a primeira faceta (a de conhecer as informações) se encontra presente na fase policial; a outra, somente está presente por ricochete. A insurreição mencionada aqui, como sendo uma das facetas do contraditório, não pode ser confundida com a mera possibilidade de confecção de quesitos (perguntas), nem muito menos a possibilidade de apresentar justificativas (razões). O contraditório é mais amplo do que isso.

É importante mencionar, inclusive, que essas novas possibilidades defensivas (formulação de quesitos e de razões) foram introduzidas na fase de investigação preliminar pela Lei nº 13.245/2016 (a qual alterou a Lei nº 8.906/94 – Estatuto da Advocacia). Não se nega que imediatamente após essa reforma legal alguns doutrinadores se anteciparam na defesa de que a investigação preliminar passava a integrar o sistema acusatório, com o que, por óbvio, nunca concordamos.[11] Vejamos o que, na verdade, trouxe à baila à referida alteração legislativa:

> Art. 7º [...]
>
> Inciso XIV – examinar, em qualquer instituição responsável por conduzir investigação, mesmo sem procuração, autos de flagrante e de investigações de qualquer natureza, findos ou em andamento, ainda que conclusos à autoridade, podendo copiar peças e tomar apontamentos, em meio físico ou digital;
>
> Inciso XXI – Assistir a seus clientes investigados durante a apuração de infrações, sob pena de nulidade absoluta do respectivo interrogatório ou depoimento e, subsequentemente, de todos os elementos investigatórios e probatórios dele decorrentes ou

10 Um bom exemplo do que estamos a mencionar encontra-se encerrado na Súmula Vinculante nº 14 do STF: "É direito do defensor, no interesse do representado, ter acesso amplo aos elementos de prova que, já documentados em procedimento investigatório realizado por órgão com competência de polícia judiciária, digam respeito ao exercício do direito de defesa."

11 Nesse sentido está o pioneiro artigo escrito pelo autor ADRIANO SOUSA COSTA e pelo articulista Henrique Hoffmann. COSTA, Adriano Sousa, HOFFMANN, Henrique. Advogado é importante no inquérito policial, mas não obrigatório. Artigo publicado na revista Consultor Jurídico. Disponível: <http://www.conjur.com.br/2016-jan-14/advogado-importante-inquerito-policial-nao-obrigatorio>, acesso em 14/01/2016

> derivados, direta ou indiretamente, podendo, inclusive, no curso da respectiva apuração:
>
> a) apresentar razões e quesitos;
>
> b) (Vetado).

É fato que a investigação policial não deixou de ser inquisitória somente por essa pontual mudança legislativa. Caso a participação do advogado do suspeito fosse obrigatória em todos os atos de produção de elementos, bem como existisse ampla possibilidade de rebatimento de todas as decisões tomadas pelo Delegado nos autos de inquérito (por meio de recursos, por exemplo), somente, então, poder-se-ia falar em contraditório pleno e também, por corolário, em sistema acusatório. Esse certamente não é o caso[12].

O que trouxe a referida alteração legislativa (Lei nº 13.245/2016), além das peculiaridades já mencionadas acima, é a possibilidade de o advogado (o que já era inclusive permitido pela Súmula Vinculante nº 14 do STF) ter acesso aos elementos já colhidos, no curso da investigação, sob pena de responsabilidade da autoridade policial que sonegar tais dados.

Ademais, a lei determina que o advogado tem o direito (prerrogativa) de acompanhar o seu cliente, quando de sua oitiva, seja ela de que estirpe for (declarações, depoimento ou interrogatório). **Nesse ponto é importante sobressaltar que, pelo fato de a mudança legislativa em comento ter se materializado no Estatuto da Advocacia, certamente tal dispositivo deve ser compreendido muito mais pelo seu viés de prerrogativa do causídico do que, efetivamente, de um direito inafastável do cidadão.** Dizemos isso porque não está instituída uma obrigação de que todo e qualquer indivíduo – ouvido em sede de Delegacia – esteja acompanhado de um advogado, mas, sim, de que todo e qualquer advogado – que queira acompanhar o seu cliente em seus esclarecimentos à autoridade policial – tenha resguardado, por lei, esse direito.

Em resumo, em momento algum a referida lei (nº 13.245/2016) determinou que um defensor tenha que estar presente em todos os atos de investigação, mas, sim, que o advogado tem direito a ter acesso aos autos de inquérito e de participar das investigações em desfavor de seus clientes. **Sem dúvida, a razão de ser da alteração legislativa em voga é dar mais uma prerrogativa funcional para o advogado, e não mudar (imediata e integralmente) o sistema de garantias dos suspeitos**. Sem

12 Nesse contexto, insta frisar que **o único recurso administrativo** previsto, expressamente, no Código de Processo Penal, é o que diz respeito à irresignação pela não-instauração de inquérito policial. Vide, nesse jaez, a redação do artigo 5º, §2º, do CPP: *Do despacho que indeferir o requerimento de abertura de inquérito caberá recurso para o chefe de Polícia*.

dúvida, uma transformação desse quilate esbarra, ao menos por enquanto, no princípio da reserva do possível, até porque as Defensorias Públicas não suportariam o exagerado volume de trabalho que seria criado, caso essa fosse a intenção da legislação em tela.

1.3. É POSSÍVEL HAVER ELEMENTOS DE CONVICÇÃO NÃO ESCRITOS NO INQUÉRITO POLICIAL?

Sim. Ainda que o inquérito policial tenha como característica marcante o fato de ser um procedimento administrativo eminentemente escrito, será possível produzir elementos não escritos no âmbito da investigação policial.

> Art. 9º - **Todas** as peças do inquérito policial serão, num só processado, **reduzidas a escrito ou datilografadas** e, neste caso, rubricadas pela autoridade. (Código de Processo Penal)

O formato escrito é importante, pois evita o esquecimento de informações pelo decurso de tempo, bem como garante que qualquer outro policial dela possa se inteirar. Em resumo, **quando o legislador instituiu que o inquérito seria essencialmente escrito, quis obrigar a autoridade policial a formalizar os seus atos investigatórios para que não houvesse perda ou monopólio das informações da investigação**.

É evidente que em 1941[13] a formalização era precipuamente manuscrita ou datilografada, já que esses eram os métodos corriqueiros de documentação à época. Com os avanços tecnológicos, o legislador passou a notar que era necessário conferir às autoridades policiais meios de documentação mais modernos e que assegurassem maior fidedignidade ao que fora colhido nas diligências. Prova disso é o teor do art. 405 do Código de Processo Penal.

> Art. 405, § 1º - Sempre que possível, **o registro dos depoimentos do investigado, indiciado, ofendido e testemunhas** será feito pelos meios ou recursos de gravação magnética, estenotipia, digital ou técnica similar, inclusive audiovisual, **destinada a obter maior fidelidade das informações.** § 2º - No caso de registro por meio audiovisual, será encaminhado às partes cópia do registro original, sem necessidade de transcrição. (Código de Processo Penal)

13 Lembre-se de que o Código de Processo Penal brasileiro data de 03/10/1941.

Acreditamos que tal ampliação dos meios de documentação se deu em face do reconhecimento público da função do inquérito policial na persecução penal. Por mais que uma das características do inquérito policial seja sua dispensabilidade, na prática essa característica não costuma aflorar. Poucas são as efetivas condenações que não derivam de inquérito.

É claro que essa importante função do inquérito policial não decorre unicamente da competência dos policiais; há outros fatores. O primeiro deles é que as polícias investigativas têm aperfeiçoado bastante os meios de investigação científica, o que vem proporcionando elementos de convicção cada vez mais técnicos. Ademais, as investigações policiais conseguem captar elementos muito mais espontâneos do que os que serão colhidos nos átrios dos foros pelo país.

Não estamos negando aqui a habilidade de juízes e promotores na descoberta da verdade dos fatos, mas, sim, afirmando que, logo após o delito, esses dados estão muito mais acessíveis à colheita investigativa. Em verdade, no calor da emoção, as testemunhas e o próprio autor do fato tendem a elaborar menos versões falaciosas sobre o que aconteceu; portanto, mais fácil identificar quem está a mentir e quem está a falar a verdade. Por isso, **parece evidente ser necessário utilizar-se de métodos mais efetivos de documentação de atos de investigação policial para captar esses momentos de maior espontaneidade**.

Frisa-se que, por mais que seja possível a colheita de depoimento por esses meios tecnológicos, ainda assim não se pode olvidar que a essência escrita do inquérito policial não fora abandonada.[14] **Portanto, mesmo sendo lícita a gravação das oitivas por recursos audiovisuais, não vemos como abandonar a concomitante formalização escrita de tais atos**. Para tanto, sugerimos que, juntamente com a gravação, haja redução a termo da oitiva e, ao final, o declarante aponha sua assinatura. Caso isso não seja possível (por exemplo, pelo fato de o declarante estar hospitalizado), que seja ao menos preparado um **relatório policial pormenorizado** acerca desse ato e juntado à gravação audiovisual da oitiva.

Tal solução nos parece razoável, pois cada uma das formas de documentação traz consigo uma utilidade prática: na gravação audiovisual mantém-se a fidelidade das informações colhidas; na redução a termo

14 No caso do inquérito policial é importante combinar o que fora disposto no art. 405, § 2º, com o art. 9º, ambos do Código de Processo Penal. Apesar de o art. 405, § 2º, do CPP, não afirmar que é necessária a transcrição das oitivas gravadas, parece razoável juntar o respectivo termo digitado aos autos, em face de o inquérito policial ainda ter como característica primordial seu caráter escrito.

da oitiva, promove-se a facilitação da consulta pontual a trechos do depoimento. Nesse mesmo sentido, citamos Lenza et al. (2012, p. 52):

> Todos os atos do inquérito devem ser reduzidos a termo para que haja segurança em relação ao seu conteúdo. É o que diz a regra do art. 9º do Código de Processo Penal, de modo que não se admite, por ora, que o delegado **se limite a filmar** os depoimentos e encaminhar cópia das gravações ao Ministério Público.[15]

Por fim, é importante asseverar que, por haver disposição legal permitindo a gravação das oitivas, **não precisa a autoridade policial requerer autorização da pessoa a ser ouvida para que proceda a essa documentação audiovisual.**[16] Nesse sentido, citamos o escólio de Lima (2013, p. 882):

> [...] a nosso ver, é plenamente possível que as oitivas realizadas por ocasião da lavratura do APF sejam filmadas, **independentemente do consentimento dos envolvidos.** A uma, porque tal gravação reproduzirá com maior fidelidade as informações prestadas pela vítima, pelas testemunhas e pelo próprio preso, evitando, ademais, futuras alegações de constrangimentos físicos e/ou morais praticados pela autoridade policial. Em segundo lugar, porque o art. 405, § 1º, do CPP, autoriza que o registro dos depoimentos do investigado, indiciado, ofendido e testemunhas seja feito pelos meios ou recursos de gravação magnética, estenotipia, digital ou técnica similar inclusive audiovisual.[17] (Grifo nosso)

Importante frisarmos essa desnecessidade de consentimento[18], mencionada acima, vez que a permissividade para a realização de tal documentação advém da própria lei, tornando, assim, despicienda qualquer opinião do declarante acerca da utilidade ou não da gravação da oitiva.

15 REIS, C. A.; GONÇALVES, V. E. R.; LENZA, P. (Coord.). **Direito Processual Penal Esquematizado**. São Paulo: Saraiva, 2012, p. 52.

16 A regra de desnecessidade da permissão do investigado não se aplica quando o ato de filmagem se insere no contexto da Lei de Crime Organizado (Lei nº 12.850/2013). Nesse diploma legal, incide, inclusive, um tipo penal incriminador caso se proceda à filmagem do "colaborador" sem sua expressa autorização por escrito. *Vide* o art. 18 da Lei nº 12.850/2013: "Revelar a identidade, fotografar : Pena – reclusão, de 1 (um) a 3 (três) anos, e multa."

17 Lima (2013, p. 882).

18 Não se pode confundir a necessidade de autorização do suspeito para gravar a oitiva com o direito dele de ser **alertado pela Autoridade Policial sobre sua faculdade de se silenciar** (*nemo tenetur se detegere*). Essa última garantia deve sempre ser respeitada pela Polícia. A jurisprudência é copiosa nesse sentido. *Vide* HC 244.977/SC – Superior Tribunal de Justiça.

1.4. O ADVOGADO TEM ACESSO IRRESTRITO A QUALQUER INQUÉRITO QUE TRAMITA NA DELEGACIA DE POLÍCIA?

Não! Essa resposta pode até causar certa estranheza ao policial, vez que é costumeiro que alguns advogados escancararem o cartório policial olhando todo e qualquer caderno investigatório que ali esteja. Pois é, estamos aqui para dizer que o advogado não tem essa "carta em branco" que algumas autoridades teimam em lhe conferir.

Antes de mais nada, é preciso que analisemos o que diz o Estatuto da Advocacia acerca deste ponto em específico. Nessa lei nacional, ao causídico é permitido que examine quaisquer peças de investigação, em qualquer repartição policial, mesmo sem procuração. Esses são os termos da referida lei:

> Art. 7º, XIV – examinar, em qualquer instituição responsável por conduzir investigação, **mesmo sem procuração**, autos de flagrante e de investigações de qualquer natureza, findos ou em andamento, ainda que conclusos à autoridade, podendo copiar peças e tomar apontamentos, em meio físico ou digital. (Lei nº 8.906/97 alterada pela Lei nº 13.245/2016)

Não é difícil compreender que o intento do dispositivo legal supracitado é permitir o acesso do advogado aos autos de investigação relacionados ao seu cliente, mesmo sem ter havido a formalização do vínculo de interesses entre ele e seu patrocinado. Até aqui não há confusão.

Não obstante o exposto, o legislador pecou quando não deixou expresso que, por mais que o advogado possa praticar esses atos sem grande formalidade (procuração), **deve o causídico agir sempre em prol de um cliente previamente determinado.**

Enfim, por mais que a formalização do vínculo de interesses entre cliente e defensor (que se dá por meio de procuração) não seja requerido pela lei, isso não indica que a demonstração do interesse do representado naquele acesso às informações não precisará ser demonstrado[19].

Milita em favor da posição jurídica aqui defendida, o próprio teor da Súmula Vinculante nº 14. O verbete em comento deixa claro que o acesso do advogado é irrestrito aos autos de inquérito policial (até mesmo sem

19 Nesse mesmo sentido, citamos comentários preciosos que Fernando Capez e Rodrigo Colnago (2010, p. 42) fazem acerca da Súmula Vinculante nº 14 e o acesso do advogado aos autos dos procedimentos investigatórios: "(...) a Súmula não reconhece de forma absoluta esse direito do advogado, resistindo algumas restrições, tais como: a) **o advogado somente acessará os autos no interesse de seu cliente**; b) os elementos de prova devem dizer respeito ao direito de defesa; e c) o exame restringe-se às provas já documentadas."

procuração), desde que tal ato esteja diretamente vinculado ao interesse do representado[20].

> Súmula vinculante nº 14: É direito do defensor, **no interesse do representado**, ter acesso amplo aos elementos de prova que, já documentados em procedimento investigatório realizado por órgão com competência de polícia judiciária, **digam respeito ao exercício do direito de defesa.**(grifamos)

A demonstração desse interesse pode se dar expressamente (por exemplo, por meio oral ou por escrito) ou mesmo por meio tácito (pela presença de algum familiar do suspeito indicando que aquele advogado age no interesse do representado).

Com base em tudo o que fora exposto, é essencial que o delegado de Polícia passe a ter uma conduta mais enérgica nesse contexto, visando a resguardar o sigilo necessário às suas investigações[21]. Ora, nesse caso, agirá amparada pelo próprio ordenamento jurídico aquela autoridade policial que indagar se verdadeiramente o causídico está ali para colher dados no interesse de um investigado ou se o faz para mera captação de novos clientes[22].

Em se constatando que as consultas aos autos almejam unicamente a captação de novas causas, o delegado deverá impedir o acesso do advogado aos inquéritos[23], sem prejuízo da imediata comunicação à OAB acerca da infração disciplinar que está sendo praticada.

20 É uma tendência das novas legislações fazer menção expressa a que o advogado só terá acesso às peças da investigação quando estiver **agindo no interesse do cliente**. Citamos, para mostrar o que estamos a afirmar, o artigo 7º, § 2º, da Lei nº 12.850/2013: "o acesso aos autos será restrito ao juiz, ao Ministério Público e ao delegado de polícia, como forma de garantir o êxito das investigações, **assegurando-se ao defensor, no interesse do representado**, amplo acesso aos elementos de prova que digam respeito ao exercício do direito de defesa, devidamente precedido de autorização judicial, ressalvados os referentes às diligências em andamento".

21 Art. 20. A autoridade assegurará no inquérito o sigilo necessário à elucidação do fato ou exigido pelo interesse da sociedade. (Código de Processo Penal).

22 Insta frisar que essa conduta de o advogado (indiscriminadamente) procurar autos de inquérito policial, nos quais possa oferecer seus serviços, pode ser considerado uma infração disciplinar. Nesses termos, citamos: Art. 34. Constitui infração disciplinar: (...) IV - angariar ou captar causas, com ou sem a intervenção de terceiros (Lei nº 8.906/1994).

23 Lembre-se de que, no caso de procedimento investigatório acerca de Organização Criminosa – Lei nº 12.850/2013, se o magistrado tiver decretado o sigilo das investigações, o Delegado de Polícia deve negar o acesso do advogado aos autos, sob pena de ferir o disposto no art. 23 da Lei nº 12.850/2013. **Nesse caso, só o juiz poderá autorizá-lo**. Vejamos: Art. 23. *O sigilo da investigação poderá ser decretado pela autoridade judicial competente, para garantia da celeridade e da eficácia das diligências investigatórias,* ***assegurando-se ao defensor, no interesse do representado, amplo acesso aos elementos de prova que digam respeito ao exercício do direito de defesa, devidamente precedido de autorização judicial,*** *ressalvados os referentes às diligências em andamento*. (negrito nosso)

Capítulo 2

Depoimentos Especiais

2.1. É POSSÍVEL ANTECIPAR A COLHEITA DO DEPOIMENTO JUDICIAL DE UMA TESTEMUNHA, MESMO AINDA NÃO TENDO SIDO INICIADA A AÇÃO PENAL RESPECTIVA?

Ainda que pouco utilizado na prática, existe dispositivo prevendo essa antecipação de depoimento no Código de Processo Penal[1].

> Art. 225. Se qualquer testemunha houver de **ausentar-se, ou, por enfermidade ou por velhice, inspirar receio de que ao tempo da instrução criminal já não exista**, o juiz poderá, de ofício ou a requerimento de qualquer das partes, tomar-lhe antecipadamente o depoimento. (grifo nosso)

Em verdade, essa necessidade de antecipação surge quando o Delegado, após colher a oitiva do depoente, nota que aqueles dados podem se perder caso não haja maior rapidez em sua colheita judicial[2].

A autoridade policial, então, sabendo que os elementos coligidos na fase policial não são suficientes, por si só, para garantir a condenação do indivíduo, sugere que essa mesma oitiva seja produzida rapidamente pelo

1 O Código de Processo Civil também traz idêntica possibilidade. Vejamos os seguintes dispositivos: Art. 846: A produção antecipada da prova pode consistir em **interrogatório da parte, inquirição de testemunhas** e exame pericial. Art. 847. Far-se-á o interrogatório da parte ou a inquirição das testemunhas **antes da propositura da ação**, ou na pendência desta, mas antes da audiência de instrução: I – se tiver de ausentar-se; II – se, **por motivo de idade ou de moléstia grave**, houver justo receio de que ao tempo da prova já não exista, ou esteja impossibilitada de depor. Art. 848. O requerente justificará sumariamente a necessidade da antecipação e mencionará com precisão os fatos sobre que há de recair a prova. (Código de Processo Civil)

2 Note-se, portanto, que **essa antecipação da produção da prova diz respeito à fase judicial**, pois a **oitiva dessa mesma testemunha na fase policial já tem que ter sido realizada quando desse "pedido" ao magistrado.**

juiz (mesmo que a ação penal ainda nem tenha se iniciado), para assegurar os elementos probatórios dela decorrentes.

A razão de ser para tal sugestão é o próprio teor do art. 155 do Código de Processo Penal, o qual deixa claro que a condenação depende do que for produzido mediante contraditório judicial. Sem, no mínimo, uma prova produzida sobre o crivo do contraditório (mesmo que diferido ou postergado), não há que se falar em condenação válida.

> Art. 155. **O juiz** formará sua convicção pela livre apreciação da **prova produzida em contraditório judicial, não podendo fundamentar sua decisão exclusivamente nos elementos informativos colhidos na investigação**, ressalvadas as provas cautelares, não repetíveis e antecipadas. (Código de Processo Penal)

Portanto, o delegado de Polícia, ao notar que o depoimento colhido em sede de Delegacia de Polícia muito provavelmente não poderá ser repetido na fase de ação penal (em virtude da saúde debilitada do depoente, de sua idade avançada ou por qualquer outra circunstância grave), deve sugerir, **em representação[3] ou em seu relatório conclusivo**, essa antecipação de prova.

É evidente que a legislação coloca alguns empecilhos a essa produção precoce de provas, vez que ela acaba atropelando o rito costumeiro da persecução penal. Desse modo, sem justificativas plausíveis, não será possível subverter o trâmite normal do processo.

Nesse jaez, não basta ao delegado de Polícia mencionar que essa **prova antecipada** é conveniente para a persecução penal. Será imprescindível demonstrar que tal colheita urgente se funda em circunstâncias irremediáveis de perigo atual ou iminente ao processo.

Destarte, a autoridade policial deverá **conjugar a alegação de que o transcorrer do tempo afeta a lembrança das testemunhas acerca dos fatos em apuração** com outros **elementos concretos que também**

3 Por mais que **não tenha havido** expressa menção no artigo 225 do CPP acerca da legitimidade do Delegado para pleitear tal medida, vemos que essa lacuna se deu por falta de atenção do legislador. É desejável que, além das partes, a Autoridade Policial também possa representar por tal medida, já que são as primeiras autoridades jurídicas a vislumbrarem essa situação de risco ao processo. Portanto, acreditamos que é plenamente possível realizar a interpretação extensiva do teor do artigo 225 do CPP, fazendo-se abranger, também, o Delegado como um dos legitimados para pleitear tal medida de cautela.

potencializem os riscos à produção probatória na futura fase de ação penal[4].

Abaixo, faremos um breve esquema para facilitar a compreensão desse tema:

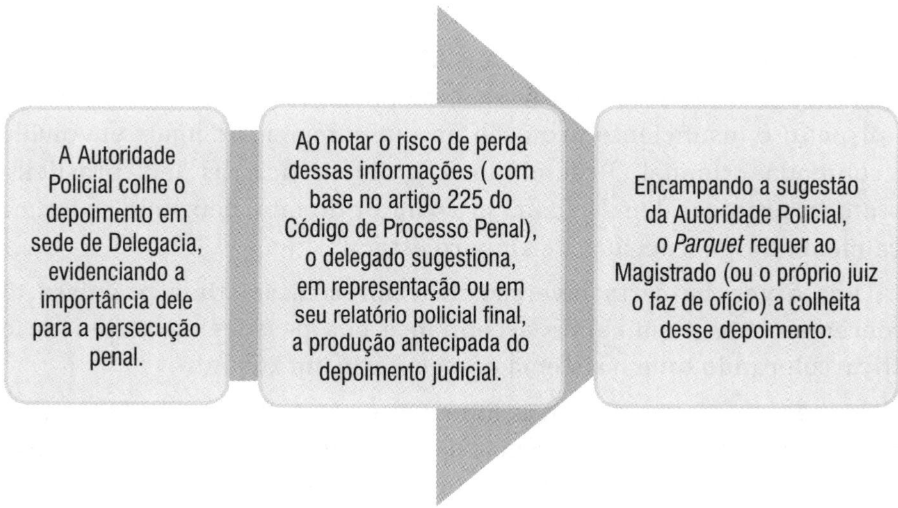

2.2. O QUE É DEPOIMENTO "ENVELOPADO" E QUAL A SUA UTILIDADE?

Vivenciamos um período peculiar da história do Direito Criminal. Sem sombra de dúvida, o acusado detém mais proteção do Estado do que goza a própria vítima.

Esse protecionismo foi ganhando ainda mais força à medida que foi se fortalecendo o discurso de que o delinquente é uma vítima da sociedade.

É claro que não vemos qualquer problema nessas divagações sociológicas, até porque elas contribuem para um Direito Penal cada vez mais humanizado. Entretanto, essa visão restritivista foi fazendo com que os operadores do Direito se esquecessem de que há outros atores nessa tragédia grega: a vítima e as testemunhas, por exemplo.

4 Vejamos o teor do HC 110.280/MG do STF: "Não obstante o Enunciado nº 455 da Súmula desta Corte de Justiça disponha que a decisão que determina a produção antecipada de provas com base no art. 366 do CPP deve ser concretamente fundamentada, **não a justificando unicamente o mero decurso do tempo**, a natureza urgente ensejadora da produção antecipada de provas, nos termos do citado artigo, é inerente à prova testemunhal, tendo em vista a falibilidade da memória humana, motivo pelo qual deve ser colhida o quanto antes para não comprometer um dos objetivos da persecução penal, qual seja, a busca da verdade dos fatos narrados na denúncia. 2. Não há como negar o concreto risco de perecimento da prova testemunhal tendo em vista a alta probabilidade de esquecimento dos fatos distanciados do tempo de sua prática, sendo que detalhes relevantes ao deslinde da questão poderão ser perdidos com o decurso do tempo à causa da revelia do acusado". Nesse mesmo sentido, sugerimos a leitura do RHC nº 51.232-DF (02/10/2014) – STJ – Informativo nº 549.

Não negamos que, de fato, todos esses envolvidos na contenda criminal são (direta ou indiretamente) vítimas do Estado, porquanto caberia a tal ente ficto garantir aos habitantes a paz. Não há como se negar que, quando do hipotético Contrato Social, abrimos mão de nossa liberdade plena em prol de Segurança Pública. Certamente, o Estado está em débito com suas obrigações.

Enfim, as nossas legislações atuais não fogem a essa tendência mundial de garantismo unidirecional, ou seja, de proteção demasiada em relação ao suspeito e insuficiente proteção no que tange aos demais envolvidos na contenda criminal. Resumindo a problemática: as leis brasileiras costumam proteger demasiadamente o autor do fato, deixando as vítimas geralmente desguarnecidas de amparo estatal[5].

A nosso ver, há certa inversão de valores nisso! Uma premissa tão incoerente acaba fulminando a confiança das pessoas na seriedade da Justiça, colocando todo o sistema persecutório em xeque[6].

Não negamos que, de um tempo para cá, o Poder Legiferante até começou a reconhecer essa carência de proteção e passou a trabalhar mais nesse sentido. Algumas leis[7] foram brotando, as quais tentam assegurar maior segurança às vítimas e às testemunhas ameaçadas. A mudança é tímida, mas já é um começo[8].

5 Se o sistema legal trata a vítima de forma tão desidiosa, imagine o que esse mesmo arcabouço jurídico faz com meras testemunhas do fato! É aqui que está o problema. Se o Estado mal protege a pessoa que teve os seus bens jurídicos violados pelo criminoso, pobre coitada da testemunha. Tem que querer ajudar muito a Justiça (ou ter muito medo de ser indiciado por falso testemunho) para depor em desfavor de alguém e correr os riscos dessa exposição toda.

6 Nesse sentido, discorrendo sobre os paradoxos de um sistema punitivo extremamente legalista e indiferente ao "bem-estar da vítima", citamos ensinamento do Mestre Luiz Flávio Gomes: "O infrator, de um lado, considera que seu único interlocutor é o sistema legal e que só frente a ele é que contrai responsabilidades. E esquece para sempre de "sua" vítima. Esta, de outro lado, se sente maltratada pelo sistema legal: percebe o formalismo jurídico, sua criptolinguagem e suas decisões como uma imerecida agressão (vitimação secundária), fruto da insensibilidade, do desinteresse e do espírito burocrático daquele. Tem a impressão, nem sempre infundada, de atuar como mero pretexto da investigação processual, isto é, como objeto, e não como sujeito de direitos. Tudo isso aprofunda cada vez mais o distanciamento entre vítima e o sistema legal, acelerando seu processo de 'alienação' em relação àquele" (MOLINA; GOMES, 2009, p. 74).

7 *Vide* também o art. 5º da Lei nº 16.890/2010, do Estado de Goiás, lei esta que Institui, o Programa de Proteção a Vítimas e Testemunhas Ameaçadas no Estado de Goiás (PROVITA-GO): "A proteção concedida pelo Programa e as medidas dela decorrentes levarão em conta a importância da testemunha para a produção da prova, a gravidade da coação ou da ameaça à integridade física ou psicológica e a dificuldade de preveni-las ou reprimi-las pelos meios convencionais. § 2º As medidas protetivas do Programa, aplicadas isolada ou cumulativamente, objetivam garantir a integridade física, psicológica e a reinserção social dos usuários, bem como a cooperação com a Justiça e consistem, dentre outras, em: (...) **III – preservação da identidade, das imagens e dos dados pessoais.**"

8 Um bom exemplo dessa singela transformação é a Lei nº 9.807/1999, a qual trouxe algumas medidas tuitivas em favor de vítimas e de testemunhas ameaçadas. É claro que, para variar, o Estado não possui a estrutura que devia para garantir o mínimo do que essa lei prevê. Não obstante o exposto, temos que concordar que já foi um bom avanço notarmos que os Poderes constituídos passaram a se preocupar com a integridade física das vítimas e das testemunhas.

Infelizmente, não se consegue proteger uma pessoa ameaçada somente com boas intenções do legislador. O que é mesmo desejável é um programa estatal de proteção às testemunhas e vítimas ameaçadas que funcione bem. Entretanto, essa não é a realidade.

Em virtude dessa carência, a Polícia e o Poder Judiciário tiveram que dar aquele famigerado jeitinho brasileiro para não deixarem seus colaboradores desamparados: criaram, então, o instituto jurídico da "**testemunha envelopada**".

Essa modalidade de produção do depoimento confere maior segurança e sigilo aos dados de qualificação das vítimas e das testemunhas, garantindo-se, portanto, uma oitiva mais espontânea e verdadeira. Nesse caso, **o acesso à identidade da vítima e das testemunhas será dificultado.**

Essa maior sensação de segurança é fruto da **divisão do termo de depoimento em duas partes**[9]. De um lado ficam os dados de qualificação da vítima ou da testemunha (os quais ficarão em um envelope lacrado apensado aos autos do inquérito referido); do outro, o depoimento propriamente dito (o qual será juntado normalmente nos autos de inquérito)[10]. Vejamos isso em um pequeno esquema:

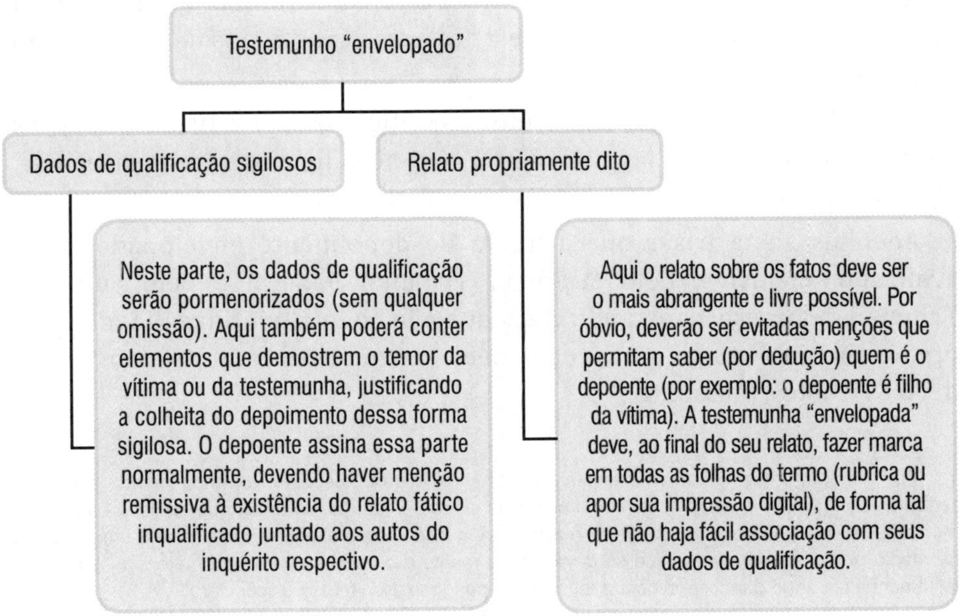

9 Para maiores detalhes, veja o modelo de termo de depoimento envelopado contido no **item 5.2.1.** da parte III desta obra.

10 O ilustre doutrinador Renato Brasileiro de Lima (**Curso de Processo Penal**, p. 689) defende o uso da terminologia "testemunha anônima". Acreditamos não ser escorreito esse termo, pois a testemunha em comento é qualificada (e não anônima), mas tem seus dados de qualificação fragmentados e envelopados.

Uma das maiores vantagens do "depoimento envelopado" é que o depoente **não tem que estar inserido formalmente em um programa de proteção a testemunhas para gozar de tal forma velada de colheita de declarações**, bastando apenas que haja risco potencial ou iminente à sua integridade física ou à sua vida.

Outra peculiaridade é que a referida técnica de colheita de depoimento pode ser aplicada a investigações de quaisquer infrações penais, independentemente das penas cominadas. **Na verdade, nem sempre é a gravidade do fato em investigação que costuma atemorizar os depoentes, mas sim a personalidade e a vida pregressa do suspeito[11]. Por isso, independentemente do tipo de infração praticada, dependendo de quem seja esse infrator da lei, cabe, sim, o depoimento envelopado[12].**

Avançando um pouco mais sobre o tema, analisemos esse instituto sobre outro enfoque. Discute-se muito na doutrina se o depoimento em questão não violaria o exercício de defesa do suspeito, vez que dificultaria o acesso do advogado a dados essenciais à tutela do seu cliente.

É óbvio que não! Fica fácil notar que o defensor tem acesso imediato ao depoimento prestado pelo "depoente envelopado" (o qual já se encontra juntado aos autos); só não terá irrestrito acesso aos dados de qualificação respectivos.

Caso deseje conhecer tais dados qualificativos, o advogado deverá pleitear essa ciência ao Magistrado ou ao Delegado, os quais, após análise, promove-la-ão.

Ademais, insta frisar que a figura do depoimento envelopado já foi avalizado, inclusive, pelo Supremo Tribunal Federal e pelo Superior Tribunal de Justiça[13], restando claro que não há qualquer ilegalidade se os órgãos incumbidos da persecução penal assim o fizerem. Vejamos o que diz o STF sobre o assunto:

11 Por exemplo, imaginemos uma testemunha de violência doméstica envolvendo marido e mulher, sendo que o agressor é um reincidente homicida da cidade. É natural, portanto, que as pessoas tenham medo de depor em desfavor dele. Assim, mesmo que a lesão corporal nesse contexto seja uma infração de médio potencial ofensivo, o que se deve ter em mente é o risco a que se submetem a vítima e as testemunhas quando depuserem contra tal suspeito perigoso. Isso tem que ficar claro!

12 Em posição diversa está o **Provimento nº 32/2000** da Corregedoria-Geral da Justiça do Estado de São Paulo. Neste ato normativo há menção de que só cabe o "testemunho envelopado" quando a proteção da vítima ou da testemunha se relacionar a crimes **que admitem a prisão temporária**.

13 Citamos decisório do Superior Tribunal de Justiça: "Não existe qualquer nulidade por cerceamento de defesa decorrente do fato de algumas das testemunhas arroladas na denúncia terem sido beneficiadas com o sigilo de sua qualificação, porque temiam represálias, sobretudo na hipótese, onde Defensor do Paciente teve acesso aos seus dados antes de oferecer resposta à acusação. Precedentes" (HC 187.670 – STJ – Quinta Turma – 23/08/2013).

> EMENTA: *HABEAS CORPUS*. CONSTITUCIONAL. PROCESSUAL PENAL. NULIDADE DO INTERROGATÓRIO. SIGILO NA QUALIFICAÇÃO DE TESTEMUNHA. PROGRAMA DE PROTEÇÃO À TESTEMUNHA. PROVIMENTO Nº 32/2000 DA CORREGEDORIA DO TRIBUNAL DE JUSTIÇA PAULISTA. ACESSO RESTRITO À INFORMAÇÃO. NULIDADE INEXISTENTE. IMPOSSIBILIDADE DE REEXAME DE FATO EM *HABEAS CORPUS*. ORDEM DENEGADA. 1. Não se comprova, nos autos, a presença de constrangimento ilegal a ferir direito dos Pacientes, nem ilegalidade ou abuso de poder a ensejar a concessão da presente ordem de *habeas corpus*. 2. **Não há falar em nulidade da prova ou do processo-crime devido ao sigilo das informações sobre a qualificação de uma das testemunhas arroladas na denúncia, notadamente quando a ação penal omite o nome de uma testemunha presencial dos crimes que, temendo represálias, foi protegida pelo sigilo, tendo sua qualificação anotada fora dos autos, com acesso exclusivo ao magistrado, acusação e defesa** (STF - HC 112.811 - **São Paulo** - Segunda Turma - 25/06/2013).

Essencial frisar que o intento do "testemunho envelopado" é que haja maior controle sobre a publicidade dos dados de qualificação da vítima e das testemunhas, e não a restrição absoluta do acesso do advogado a eles[14].

De toda sorte, acreditamos que a adoção dessa prática imporá ao causídico maior segredo acerca da qualificação dos depoentes envelopados. É natural que, com receio de ser responsabilizado pelo vazamento de tais informações e, conseguintemente, temer que eventuais "atentados" contra os depoentes lhe sejam imputados (direta ou indiretamente), o advogado evitará a sua difusão desordenada.

Pois é, com base nas evidentes vantagens desse instituto jurídico, as corregedorias dos Tribunais estaduais passaram a disciplinar sobre a possibilidade de colheita do depoimento "envelopado". Isso é extremamente relevante para que visualizemos que tal prática é absolutamente legítima e está se difundindo, pouco a pouco, nos âmbitos policial e judicial[15].

---

14 Essa modalidade de depoimento não pode ser confundida com a famigerada figura da "Testemunha sem rosto". No depoimento "envelopado" a testemunha tem rosto (inclusive dados de qualificação), mas tais informações estão "envelopadas". É só uma questão de maior segurança e controle.

15 Nos dizeres de Renato Brasileiro (*Curso de Processo Penal*, p. 690): "(...) de acordo com o **Provimento nº 32/2000**, da Corregedoria-Geral da Justiça do Estado de São Paulo, relativo à proteção de vítimas ou testemunhas de **crimes que admitem a prisão temporária**, caso essas vítimas ou testemunhas sejam coagidas ou ameaçadas em decorrência de seus depoimentos e assim o desejarem, não terão seus dados qualificativos registrados nos respectivos termos de depoimento, e sim em autos cartorários apartados (art. 3º), aos quais só poderão ter acesso o Ministério Público e o defensor técnico constituído pelo acusado (art. 5º)."

Dentre os Estados que adotaram essa postura proativa de defesa dos colaboradores da persecução penal está o Estado de Goiás. A Corregedoria-Geral de Justiça do Estado de Goiás, através do Provimento no 03/2011, disciplinou a possibilidade do depoimento "envelopado", em semelhantes termos ao que acabamos de defender. Vejamos trechos do Provimento editado pela Justiça goiana:

> Art. 1º O Juiz de Direito e o Delegado de Polícia, no âmbito de suas atribuições, estão autorizados a proceder de acordo com o disposto nesse provimento, nos casos em que a **vítima ou testemunha reclame de coação ou grave ameaça** em decorrência da colaboração **a ser prestada** durante **investigação policial ou instrução criminal**.
>
> Art. 2º Os dados pessoais da vítima e/ou da testemunha deverão ser **anotados em documentos distintos dos de seus depoimentos e depositados em pasta própria**, sob a guarda exclusiva do Escrivão Policial ou Judicial, no âmbito de suas atribuições.
>
> § 1º Os documentos e dados deverão ser remetidos, com o devido destaque de seu caráter confidencial (carimbo ou etiqueta), pela Autoridade Policial ao Juiz competente após a conclusão do inquérito policial.
>
> [...]
>
> § 3º **O pedido de acesso a tais documentos deverá ser formulado ao Delegado de Polícia ou ao Magistrado condutor do feito, no âmbito de suas respectivas competências, que decidirá a respeito.**

Pois bem, com base em tudo o que fora exposto nessa questão, esperamos que tenha ficado claro que o testemunho "envelopado" é uma prática consolidada e juridicamente permitida, que visa a evitar que as vítimas e testemunhas sejam colocadas em maus lençóis quando de seu auxílio à persecução penal.

Posto isso, esperamos que os delegados de polícia passem a se utilizar mais desse instituto e, desse modo, aumentem a rede de pessoas que se sintam à vontade para colaborar com a *persecutio criminis*. Esse, com certeza, é um ciclo virtuoso que temos que alimentar.

Capítulo 3

Identificação Criminal

3.1. QUAIS SÃO OS MÉTODOS QUE COMPÕEM O PROCEDIMENTO DA IDENTIFICAÇÃO CRIMINAL?

Várias são as modalidades que compõem, em nosso Direito, o complexo procedimento da identificação criminal.[1] Pelo fato de alguns aspectos da biometria humana poderem sofrer alterações no curso de nossa existência (por exemplo, a tenacidade da pele, a cor dos cabelos, as feições – por meio de cirurgias plásticas – etc.), a comprovação da identidade humana foi pensada sob o viés de associação de múltiplos métodos.

Por essa razão é que o procedimento de identificação criminal associa a aparência física do indivíduo (meio fotográfico) às impressões datilares, palmares e plantares e, se necessário, ao perfil genético dele. **É essa relação de interdependência entre os métodos de identificação que faz com que o mais falível dos meios (fotográfico) acabe por complementar os mais certeiros (papilar e genético)**. Por exemplo, do que adiantaria haver um perfil genético ou impressões datilares arquivadas em um banco de dados se não pudéssemos associar tais resultados às feições de um suspeito?! É essa complementariedade de métodos que torna eficaz o procedimento de identificação criminal.

1 Por mais que menores de idade não pratiquem crimes, a eles também é imposto semelhante procedimento de confirmação de identidade. Nesse caso não se diz identificação criminal, mas sim **identificação compulsória**. Esse é o teor do art. 109 da Lei nº 8.069/90: "[...] o adolescente civilmente identificado não será submetido à identificação compulsória pelos órgãos policiais, de proteção e judiciais, salvo para efeito de confrontação, havendo dúvida fundada." (Estatuto da Criança e do Adolescente)

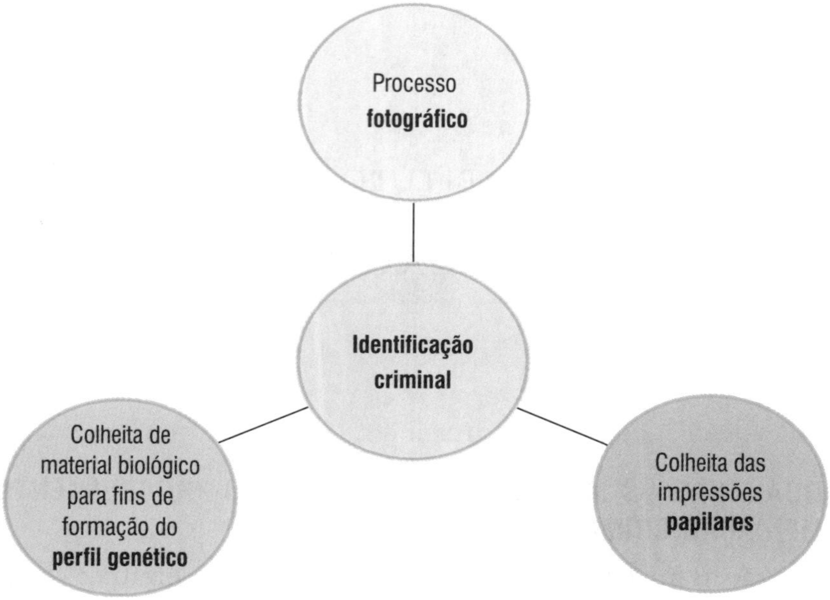

É oportuno dizer que cada um desses processos mantém uma utilidade prática no procedimento de identificação criminal. A colheita de fotografias, além de comparar as feições atreladas às fotografias antigas, faz possível a atualização da fisionomia do suspeito nos bancos de dados públicos. No que se refere à colheita de impressões papiloscópicas, a obtenção das impressões papilares do indivíduo facilitará a comparação com digitais anteriormente coletadas pelo Estado, confirmando, ao final, quem é o suspeito. Por fim, a colheita de material biológico é o método que, além de individualizar geneticamente o suspeito, tem inegável viés de medida probatória. Dizemos isso porque a obtenção do perfil genético do suspeito permitirá o posterior confronto desse DNA com fragmentos biológicos coletados na cena do crime.

Por fim, acreditamos oportuno fazer uma importante ressalva acerca da identificação genética. A obtenção do perfil genético do suspeito só será realizada com o aval do magistrado competente, o que acaba por diferenciá-la dos demais métodos de identificação. **Os procedimentos fotográfico e datilar podem ser determinados, em regra, por despacho do delegado de Polícia; a identificação genética só será promovida mediante autorização judicial.**[2]

2 Essa constatação advém da combinação do art. 3º, inciso IV, com art. 5º, parágrafo único, ambos da Lei nº 12.037/2009 (alterações engendradas pela Lei nº 12.654/2012).

3.2. O QUE É SUFICIÊNCIA DA IDENTIFICAÇÃO CIVIL?

A identificação civil é método de individualização voltado à diferenciação de uma pessoa dos demais membros da coletividade. No nosso caso, os dados individualizadores de cada brasileiro são frequentemente inseridos em documentos chancelados pelo Estado.[3] **Como tais documentos de identificação são comumente requeridos para o exercício dos direitos civis mais basilares, acabam sendo buscados voluntariamente pelas pessoas, conferindo, então, maior confiabilidade às informações ali inseridas.**

Destarte, se o documento civil é dotado de tamanha fidedignidade, não haveria por que o legislador desprestigiar tal forma de comprovação dos dados do cidadão e se enveredar somente pelas constrangedoras sendas da identificação criminal. Foi nessa esteira que o legislador constituinte preconizou que só caberá identificação criminal quando a identificação civil não for apta a comprovar os dados do cidadão. Por isso impera em nosso Brasil o que passamos a chamar de **princípio da suficiência da identificação civil.**[4]

Com base no referido adágio jurídico, **só se deve promover a identificação criminal quando a civil não for suficiente para individualizar o suspeito**. Então, via de regra, não há que se cogitar a identificação criminal quando o sujeito apresentar documento que o individualize cabalmente (carteira de identidade, carteira de trabalho, passaporte etc.). Resta-nos concluir que, quando **não for apresentada qualquer identificação civil** ou **houver fundada dúvida sobre o documento** fornecido pelo suspeito, estará a autoridade policial liberada a proceder à identificação criminal do autor do fato.[5] Esse é o teor da Lei nº 12.037/2009:

3 Art. 2º da Lei nº 12.037/2009: A identificação civil é atestada por qualquer dos seguintes documentos: I – carteira de identidade; II – carteira de trabalho; III – carteira profissional; IV – passaporte; V – carteira de identificação funcional; VI – outro documento público que permita a identificação do indiciado. (Lei de Identificação Criminal)

4 Art. 5, inciso LVIII – o civilmente identificado não será submetido à identificação criminal, salvo nas hipóteses previstas em lei; (Constituição Federal)

5 A identificação criminal só pode ser cogitada quando da **investigação de uma infração penal** (crime ou contravenção). Essa forma de identificação almeja garantir certeza sobre a identidade do **suspeito**, evitando situações de injustiça e erro do Judiciário. De posse desses argumentos, asseveramos não haver qualquer fundamento para que policiais conduzam cidadãos para a delegacia **somente** pelo fato de eles não estarem na posse de seus documentos de identificação.

Art. 3º **Embora apresentado documento de identificação**, poderá ocorrer identificação criminal quando: (Lei nº 12.037/2009)

- I – o documento apresentar rasura ou tiver indício de falsificação;
- II – o documento apresentado for insuficiente para identificar cabalmente o indiciado;
- III – o indiciado portar documentos de identidade distintos, com informações conflitantes entre si;
- IV – a identificação criminal for essencial às investigações policiais, segundo despacho da autoridade judiciária competente, que decidirá de ofício ou mediante representação da autoridade policial, do Ministério Público ou da defesa;
- V – constar de registros policiais o uso de outros nomes ou diferentes qualificações;
- VI – o estado de conservação ou a distância temporal ou da localidade da expedição do documento apresentado impossibilite a completa identificação dos caracteres essenciais.

3.3. QUAIS SÃO OS RESULTADOS PRÁTICOS QUE PODEM SER OBTIDOS DA IDENTIFICAÇÃO CRIMINAL DE UM SUSPEITO?

Por mais que a identificação civil voluntária seja a conduta desejável, na prática poucas são as vezes que os suspeitos apresentam seus documentos verdadeiros ou fornecem dados de qualificação verídicos aos policiais. Essa deliberada amnésia criminosa tem uma única finalidade: atrapalhar a persecução penal. Nesse caso, não há outra saída para o delegado senão salvaguardar a correta aplicação da lei penal procedendo à identificação criminal do suspeito.

O problema é que nem sempre a famigerada identificação criminal será verdadeiramente esclarecedora! Por essas e outras, resolvemos trazer ao leitor os possíveis resultados práticos do confronto entre os dados do suspeito com a base de dados do Instituto de Identificação.[6] Esse ensinamento é importante para que fique desmistificada a onipotência da identificação criminal.

O resultado da identificação criminal poderá **confirmar**, **contrapor** ou **inovar** os dados de identificação civil fornecidos pelo indigitado em sede de delegacia de Polícia. **São essas três hipóteses que passaremos a trabalhar: identificação criminal confirmatória, contrapositiva e inovadora**.

A identificação criminal é considerada **confirmatória** da identificação civil quando os dados fornecidos pelo suspeito forem confirmados pelos dados identificadores contidos no instituto de identificação. Nesse caso, citamos como exemplo aquele autor do fato que não apresenta qualquer documento oficial ao delegado de Polícia, mas, oralmente, fornece seus dados pessoais. Por mais que o fornecimento oral dos dados não seja suficiente para obstaculizar a realização da identificação criminal, não podemos negar que o processo datiloscópico e o fotográfico serão meramente confirmatórios. **A identificação criminal, nesse caso, além de atualizar os dados do suspeito já contidos no banco de dados, confirmará a qualificação fornecida oralmente pelo investigado em sede de delegacia**.

Por outro lado, a identificação criminal será **contrapositiva** quando o suspeito indica dados de qualificação falsos e, no confronto desses dados falseados com os contidos no banco de dados, acaba-se por tirar duas conclusões lógicas. A primeira é que ele não é a pessoa que disse ser.[7] A segunda é que, **pelas impressões digitais do investigado, trata-se ele de outra pessoa cadastrada no banco de dados**. Assim, por mais que

6 Note-se que a identificação criminal **costuma** transcender a **mera** colheita de fotografias e de impressões papiloscópicas do suspeito. É comum que, no momento da identificação criminal, também se realize o confronto dos dados do investigado com as informações contidas no banco de dados do instituto de identificação. **Para não perder essa oportunidade, é essencial que esse pedido de confronto se faça expresso no ofício que encaminha o suspeito para a realização da identificação criminal**. Dessa forma, o papiloscopista estará expressamente autorizado a confeccionar também o **laudo de identificação do investigado**, encaminhando-o imediatamente ao delegado. Esse laudo, por óbvio, poderá esclarecer, com base nos dados arquivados no arquivo civil do Instituto de Identificação, quem é o indivíduo que está a ser identificado criminalmente. Para melhor visualização do que fora dito, veja o modelo contido no item 6.4. da Parte III desta obra.

7 Urge relembrar que essa mentira do suspeito acerca de seus dados de qualificação é considerada criminosa. Nesse mesmo sentido, citamos: "A Sexta Turma deste Superior Tribunal de Justiça, alinhando-se à posição adotada pelo Supremo Tribunal Federal, firmou a compreensão de que tanto a conduta de utilizar documento falso como a de **atribuir-se falsa identidade**, para ocultar a condição de foragido caracterizam, respectivamente, o crime do art. 304 e o do art. 307 do Código Penal, sendo inaplicável a tese de autodefesa." (HC 149.333/MS – STJ)

o suspeito tenha mentido sobre seus dados de qualificação, o resultado da diligência será satisfatório, já que o suspeito terá sua identificação determinada.

Por fim, a identificação criminal **inovadora** diz respeito àquelas pessoas que nunca foram submetidas a qualquer procedimento de identificação civil e, por isso, será infrutífera qualquer comparação de seus dados biométricos com os padrões armazenados no banco de dados do instituto de identificação. Imaginemos, *verbi gratia*, um morador de rua que não teve seu registro de nascimento feito, nem muito menos confeccionado qualquer outro documento de identidade. Caso venha a praticar um crime, a sua identificação criminal só terá o condão de inovar o banco de dados do instituto de identificação com os dados por ele fornecidos. Portanto, essa identificação criminal fará a inserção inaugural de dados do suspeito naquela base de informações, por isso considerada uma inovação.

Note que, nesse caso, **os dados fornecidos pelo suspeito vão servir como os seus dados de identificação dali para frente**. Casos desse quilate acabam por sugerir que, até que os dados sobre a qualificação do investigado sejam desvendados, o suspeito deva ficar encarcerado, com base na prisão temporária[8] ou prisão preventiva identificadora.[9] Acreditamos que, no caso, o delegado de Polícia deva representar pela medida prisional que acreditar mais adequada.

Resumir-se-á, agora, em um pequeno esquema, todo o procedimento mencionado acima, bem como os possíveis resultados advindos da diligência de identificação criminal. Sem dúvidas, tal síntese será de grande valia prática.

8 Art. 1º – "Caberá prisão temporária: [...] II. Quando o indiciado não tiver residência fixa ou não fornecer elementos necessários ao esclarecimento de sua identidade." (Lei nº 7.960/89 – prisão temporária). Nesse caso é importante notar que só cabe prisão temporária para algumas modalidades criminosas, as quais estão mencionadas no inciso III desse mesmo dispositivo.

9 Art. 313, parágrafo único, do Código de Processo Penal: "Também será admitida a prisão preventiva quando houver dúvida sobre a identidade civil da pessoa ou quando esta não fornecer elementos suficientes para esclarecê-la, devendo o preso ser colocado imediatamente em liberdade após a identificação, salvo se outra hipótese recomendar a manutenção da medida."

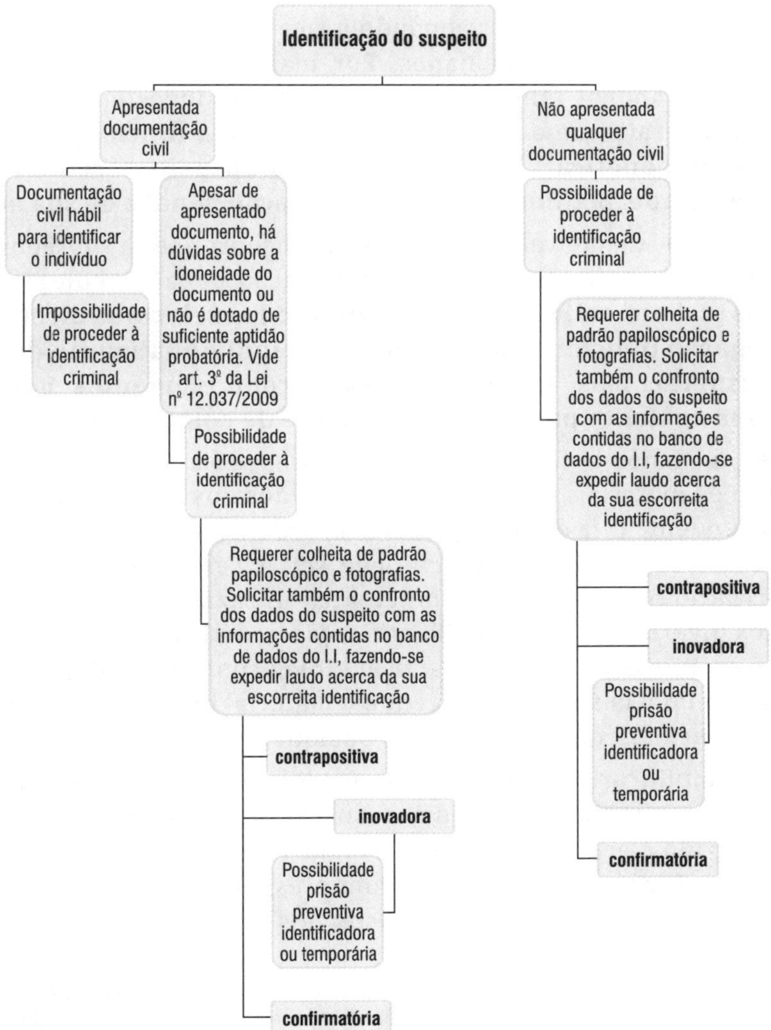

3.4. QUAL A DIFERENÇA PRÁTICA ENTRE A COLHEITA DE MATERIAL BIOLÓGICO PARA FINS DE IDENTIFICAÇÃO CRIMINAL E A APREENSÃO EVENTUAL DE MATERIAL BIOLÓGICO DO SUSPEITO?

A identificação criminal genética[10] consiste em procedimento de individualização do suspeito através da coleta de pequena porção de seu material biológico. Tal colheita visa à formação do perfil genético[11]

10 Prevista no art. 5º, parágrafo único, da Lei nº 12.037/2009.

11 Não necessariamente a identificação genética ficará restrita à individualização de suspeitos; tal método individualizador pode ser utilizado na determinação da identidade de pessoas desaparecidas. Nesse sentido, citamos o art. 8º do Decreto nº 7.950/2013: *O Banco Nacional de Perfis Genéticos poderá ser utilizado para a identificação de pessoas desaparecidas. Parágrafo único: A comparação de amostras e perfis genéticos doados voluntariamente por parentes consanguíneos de pessoas desaparecidas serão utilizadas exclusivamente para a identificação da pessoa desaparecida, sendo vedado seu uso para outras finalidades.*

do investigado (DNA), proporcionando a sua inequívoca individualização perante os demais seres humanos. Por mais que essa modalidade de identificação criminal também possa auxiliar na investigação, não tem ela esse desiderato como prioridade. Como dito, **a função precípua da identificação genética[12] é individualizar o suspeito; reflexamente, ela também pode auxiliar na prova da infração penal e de sua autoria.**

Em posição diametralmente oposta, encontra-se a apreensão de fragmentos biológicos de suspeitos da infração penal. **A coleta de tais materiais (cabelo, saliva, gota de sangue etc.) se relaciona diretamente à investigação policial, vez que não visa à individualização de um ou outro suspeito, mas, somente, salvaguardar elementos biológicos vinculados ao delito para posterior exame de comparação.**

Talvez a maior diferença prática desses dois institutos é que a apreensão de materiais biológicos desprendidos do corpo do suspeito não se faz dependente (via de regra) de prévia ordem judicial;[13] já a realização da identificação criminal genética deve ser necessariamente precedida de autorização do magistrado competente.[14] A razão para a existência de requisitos diversos é lógica. Na identificação genética, o Estado, por meio invasivo, promove a coleta do material biológico do suspeito; já na mera apreensão, a Polícia somente apreende o material biológico do criminoso, que se desvinculara de seu corpo sem qualquer coação estatal.[15]

Para exemplificar a diferença entre os dois institutos já mencionados, citamos uma situação em que um suspeito de estupro vai à delegacia para ser ouvido e acaba deixando cair alguns fios de cabelo sobre a mesa do delegado. A autoridade policial, com a esperteza que lhe é peculiar, apreende formalmente[16] aqueles poucos fios para submetê-los a exame

12 A identificação criminal genética – que estamos aqui a defender – é aquela necessária à persecução penal (art. 5º, parágrafo único, da Lei nº 12.037/2009), e não aquela que decorre, unicamente, do fato de o indivíduo ter sido condenado por crime grave (art. 9º-A da Lei de Execuções Penais). Até porque, como já se pronunciou o Supremo Tribunal Federal, esta última modalidade é de duvidosa constitucionalidade. Vejamos, nesse sentido, trecho da Rcl 24.484/DF (27/06/2016) – Supremo Tribunal Federal: "A matéria cuidada nesta reclamação é grave, **havendo consistência e plausibilidade nos argumentos aproveitados pelo órgão do Tribunal de Justiça de Minas Gerais quanto à afronta do procedimento, previsto na norma afastada, a princípios constitucionais**". (Negrito nosso.)

13 É claro que, se for necessário para a efetiva apreensão do material biológico almejado a violação do domicílio do suspeito (ou a realização de busca pessoal), será imprescindível a decretação da medida probatória da busca e apreensão.

14 Art. 5º, parágrafo único – Na hipótese do inciso IV do art. 3º, a identificação criminal poderá incluir a coleta de material biológico para a obtenção do perfil genético (Lei nº 12.037/2009).

15 Para exemplificar tal situação, citamos: um filtro de cigarro jogado ao chão, um copo de água jogado no lixo, um preservativo abandonado no interior do carro, uma escova de dente guardada na bolsa do suspeito, um cabelo solto no interior de um boné etc.

16 Em Filho (2012, p. 406): "[...] O art. 6º, II, do CPP salienta dever a autoridade policial, logo que tiver conhecimento da prática da infração penal, se possível e conveniente, dirigir-se ao local e [...] apreender os instrumentos e todos os objetos que tiverem relação com o fato." É claro que, *in casu*, a autoridade não precisou se dirigir ao local da consumação do fato para a colheita dos elementos de convicção, já que os fios de cabelo foram espontaneamente "deixados" em sua mesa. Apesar disso, o dever de colher esses

de comparação com o material biológico (sêmen) colhido na vítima da violência sexual. O que houve, nesse caso, foi a **mera apreensão de elementos biológicos do suspeito para posterior confronto com os demais elementos de convicção relacionados à infração penal**. Fica claro, portanto, que esse material biológico foi apreendido pelo delegado com exclusiva finalidade probante, e não com o fito de individualizar geneticamente o suspeito da infração penal.

Portanto, é possível visualizar que **identificação criminal genética é dotada de uma certeza, acerca da origem do material, muito maior do que a oriunda da mera apreensão de elementos biológicos fortuitamente desprendidos do suspeito.**[17] Dizemos isso pois na identificação genética é possível precisar que o material biológico foi retirado diretamente do suspeito; já no caso da mera apreensão, há somente indícios de que o referido material tenha se originado do investigado.

Para demonstrar tal argumento, utilizamo-nos novamente do exemplo dado acima. No caso em questão, não podemos negar que o suspeito do estupro supracitado possa ter plantado os fios de cabelo de outro indivíduo na mesa do delegado, visando a atrapalhar as investigações. Talvez não seja o mais provável, mas é possível. Como o delegado não pode precisar se os fios de cabelo caíram realmente da cabeça do investigado, a dúvida sobre sua origem persistirá.

É claro que essa imprecisão não ocorreria no caso da identificação criminal genética, vez que nela há completa documentação acerca da cadeia de custódia do material coletado, desde o dia da retirada do material do suspeito até o seu descarte (quando do término do prazo prescricional do delito).[18]

Então, com base nessa maior segurança acerca da origem do material biológico, é possível prever que o viés probatório da identificação genética acabará sendo, na prática, mais importante do que sua aptidão de individualizar o suspeito. Afinal, optar pela identificação genética vai ser um grande trunfo para o delegado. **Sendo realizada a identificação genética, além de o suspeito ser escorreitamente individualizado nos autos do inquérito, passará a ter o delegado de Polícia também um padrão muito mais confiável para futuras comparações biológicas**. É evidente que, caso essa comparação tenha resultado positivo, haverá uma irrefutável prova acerca do envolvimento do suspeito na prática delituosa em apuração.

---

evidentes vestígios permanece inalterado. Por fim, é igualmente importante notar que, nesses casos, não há que se requerer uma ordem judicial para que se proceda a tal apreensão, já que não há "invasividade" nessa colheita realizada pelo policial.

17 Há casos em que a autoridade policial opta pela apreensão de filtros de cigarro, escovas de dente e pentes de cabelo de suspeitos da prática criminosa visando a fazer confronto com material biológico colhido na cena do crime.

18 Art. 7º-A – A exclusão dos perfis genéticos dos bancos de dados ocorrerá no término do prazo estabelecido em lei para a prescrição do delito (Lei nº 12.037/2009).

Capítulo 4

Auto de Prisão em Flagrante Delito

4.1. QUAIS ATOS COMPÕEM O PROCEDIMENTO DA PRISÃO EM FLAGRANTE?

A prisão em flagrante é composta de atos escalonados que envolvem, amiúde, mais de um profissional de segurança pública. Por isso, é importante saber quais ações compõem esse encadeamento, bem como delimitar a importância prática de cada uma delas.

Hodiernamente, temos que **os atos que integram o procedimento da prisão em flagrante são: captura, condução e lavratura do auto de prisão. O recolhimento ao cárcere, a nosso ver, é mera consequência direta da autuação em flagrante.**

O ato de captura é o aprisionamento do suposto autor do fato visando a evitar a continuidade do delito, facilitar a colheita de elementos de sua prática e impedir a fuga do agente. A condução é o encaminhamento do capturado à autoridade competente para a lavratura do caderno flagrancial. A lavratura do auto de prisão é a materialização, em uma peça jurídica, da opinião da autoridade policial acerca da real existência da situação de flagrante delito envolvendo o suspeito[1].

Já o recolhimento ao cárcere é ato-consequência da autuação em flagrante, ocasionando o aprisionamento do autuado em cela até deliberação do magistrado acerca da manutenção, ou não, de seu

1 Importante dizer que o Delegado de Polícia pode, após tomar ciência da suposta infração penal, deliberar por não lavrar o auto de prisão. Diz-se isso, pois, por mais que tenha havido a captura e a condução, o delegado pode entender que o fato apresentado não é um crime ou que, mesmo sendo criminoso, não está abarcado por uma das situações jurídicas que permitem a prisão em flagrante (art. 302 do CPP).

encarceramento. Frisamos que **o recolhimento ao cárcere não é um ato imprescindível ao procedimento flagrancial**. A nosso ver, a prisão em flagrante encontra-se plenamente aperfeiçoada a partir da lavratura do auto de prisão[2].

Pois bem, em poder desses conceitos básicos, passaremos agora ao estudo, passo a passo, do procedimento de prisão em flagrante, com todas as minúcias que um policial precisa conhecer. Vamos lá, então!

Após a captura de um indivíduo em suposta situação flagrancial, será necessário que as pessoas envolvidas na captura em flagrante delito sejam levadas à presença da autoridade policial para as deliberações de praxe. Esses dois momentos, como já mencionamos acima, são conhecidos como captura e condução, respectivamente.

Assim que o suspeito for apresentado pelo condutor à autoridade policial, o ato de prisão começa a tomar contornos de persecução penal. Nesses termos, o Delegado de Polícia deverá assegurar a **imediata ciência do suspeito acerca de seus direitos constitucionais**, dentre os quais o de se manter silente e o de conhecer os responsáveis pela sua prisão. Esses direitos constitucionais estão elencados no art. 5º, incisos LXII a LXIV, da Constituição Federal, mas sem prejuízo de o preso ser alertado de outras garantias previstas em lei. Essas informações são muito semelhantes aos avisos de Miranda (*Miranda rights*) realizados pelos policiais norte-americanos quando da prisão de um indivíduo.

Além disso, **antes mesmo de começar a entrevistar qualquer pessoa, o Delegado é obrigado a comunicar às pessoas mencionadas no art. 306 do Código de Processo Penal acerca do procedimento que na delegacia passará a ser lavrado**. É nesse momento que a família do suspeito (ou a pessoa por ele indicada), o magistrado e o membro do *Parquet* serão informados da detenção do indivíduo, bem como do procedimento formal que vai se iniciar na delegacia de polícia[3].

---

2 É claro que nem sempre todos esses atos estarão presentes no caso concreto; nem por isso deixará de haver a prisão em flagrante. Por exemplo, no caso de o injusto haver sido praticado na presença da autoridade policial ou do magistrado, não há a figura do condutor, mas mesmo assim haverá a possibilidade de prisão em flagrante (*vide* art. 307 do Código de Processo Penal).

3 Mesmo que o Delegado possa vislumbrar, de antemão, que não **há qualquer possibilidade de autuação** do suspeito em flagrante delito, ***deverá comunicar*** a detenção precária de tal indivíduo às pessoas elencadas no artigo 306 do Código de Processo Penal. Não é necessário, portanto, o início de qualquer formalização de oitiva (ou mesmo a entrega de recibo de preso) para que se promovam essas comunicações. **Frise-se que estas comunicações devem ser realizadas antes mesmo das entrevistas prévias**. Lembre-se de que a ideia de tais informes é manter o controle sobre a detenção precária do indivíduo **(a qual subsiste desde o momento da captura)**, bem como garantir a assistência familiar ao indivíduo capturado e conduzido ao órgão policial.

Após, o Delegado de Polícia passará a **entrevistar informalmente os envolvidos na ocorrência**, com o fito de averiguar se há o mínimo de fundamento para o começo do procedimento elencado no art. 304 do Código de Processo Penal.

> Art. 304. Apresentado o preso à autoridade competente, ouvirá esta o condutor e colherá, desde logo, sua assinatura, entregando a este cópia do termo e recibo de entrega do preso. Em seguida, procederá à oitiva das testemunhas que o acompanharem e ao interrogatório do acusado sobre a imputação que lhe é feita, colhendo, após cada oitiva suas respectivas assinaturas, lavrando, a autoridade, afinal, o auto.

É essencial deixar bem esclarecida a importância dessa entrevista propedêutica, pois nem todos os policiais entendem o porquê de o delegado ter que dialogar previamente com as pessoas que ali estão. **É fundamental compreender que, caso o delegado note (por essa conversa informal com os envolvidos) não existir o mínimo de lastro para dar-se início ao complexo procedimento de prisão em flagrante (fato formalmente atípico, por exemplo), deverá ele optar pela lavra de um boletim de ocorrência (ordenando a liberação imediata do suspeito). Nesse condão, a autoridade policial poderá instaurar o inquérito *a posteriori*, se couber, por portaria. Essa entrevista funciona, portanto, como um filtro**.

De outra sorte, caso o delegado vislumbre, nessa conversa prévia, que há o mínimo de elementos para o começo do procedimento prisional em comento, **deverá ratificar a voz de prisão precária** dada pelo capturador e se preparar para as oitivas formais elencadas no art. 304 do Código de Processo Penal[4].

Urge frisar que é com base nesses depoimentos reduzidos a termo que a autoridade policial formará seu convencimento acerca do cabimento da autuação em flagrante do indivíduo, e não com base na **entrevista prévia, a qual tem como único desiderato evitar que o procedimento formal do art. 304 do CPP inicie-se em situações em que evidentemente não caiba prisão em flagrante.**

Enfim, a autoridade policial passará a formalizar a oitiva do condutor e demais pessoas elencadas no art. 304 do Código de Processo Penal.

4 Nesse momento, o Delegado decide, ainda que precariamente, pela manutenção do indivíduo detido, até que todos sejam formalmente ouvidos. Afinal, o indivíduo só estará verdadeiramente preso em flagrante se, após o transcurso ao procedimento do art. 304 do CPP, motivos suficientes existirem para a decretação de sua prisão em flagrante.

Lembre-se de que, por mais que a vítima não esteja expressamente mencionada no dispositivo em comento, deverá ser ouvida antes do interrogatório do suspeito[5].

Ao finalizar todas essas oitivas, o delegado de Polícia terá material suficiente para decidir acerca da autuação (ou não) do suspeito em flagrante delito. Se constatar a existência da situação flagrancial, bem como elementos suficientes ligando a referida situação criminosa ao ora flagranteado, **decretará a prisão em flagrante**, lavrando, então, o **APF**.

Posteriormente, o delegado de Polícia ordenará ao escrivão (por meio de **despacho ordinatório**) a realização de várias outras ações, dentre elas as elencadas no art. 306, §§ 1º e 2º, do Código de Processo Penal.

> Art. 306. [...]
>
> § 1º. Em até 24 (vinte e quatro) horas após a realização da prisão, **será encaminhado ao juiz competente o auto de prisão em flagrante** e, caso o autuado não informe o nome de seu advogado, cópia integral para a Defensoria Pública.
>
> § 2º No mesmo prazo, será entregue ao preso, **mediante recibo, a nota de culpa**, assinada pela autoridade, com o motivo da prisão, o nome do condutor e os das testemunhas.

Como se pôde perceber acima, o Auto de Prisão foi a última peça a ser lavrada pela autoridade policial no contexto do procedimento previsto no art. 304 do Código de Processo Penal. Entretanto, como a doutrina costuma insistir que **o referido APF é a peça inicial do inquérito policial respectivo, tal documento é colocado à frente de todo o calhamaço administrativo que acabou de ser formado.**

Essa peculiaridade às vezes causa certa estranheza a uma pessoa que manuseia pela primeira vez um inquérito policial iniciado dessa forma, pois o Auto de Prisão em Flagrante, por mais que tenha sido lavrado após todas as oitivas, será a primeira peça do IP. **Em outros termos, fica o APF (por ser a primeira peça do inquérito policial) posicionada antes das outras**

5 Somente será cabível a manutenção do suspeito algemado no ato de seu interrogatório caso haja risco de fuga, resistência, ou evidencie-se perigo à integridade própria ou alheia. Nesses casos, o Delegado de Polícia deve justificar nos autos essas circunstâncias visando a evitar que o ato realizado (com o suspeito algemado) seja anulado ou que a prisão respectiva seja relaxada. Vejamos o teor da Súmula nº 11 do STF: "Só é lícito o uso de algemas em caso de resistência e de fundado receio de fuga ou de perigo à integridade física própria ou alheia, por parte do preso ou de terceiros, **justificada a excepcionalidade por escrito, sob pena de** responsabilidade disciplinar civil e penal do agente ou da autoridade **e de nulidade da prisão ou do ato processual a que se refere**, sem prejuízo da responsabilidade civil do Estado".

peças, as quais, quando da prisão em flagrante, precederam-lhe em cronologia de lavratura. Vejamos isso em uma ilustração:

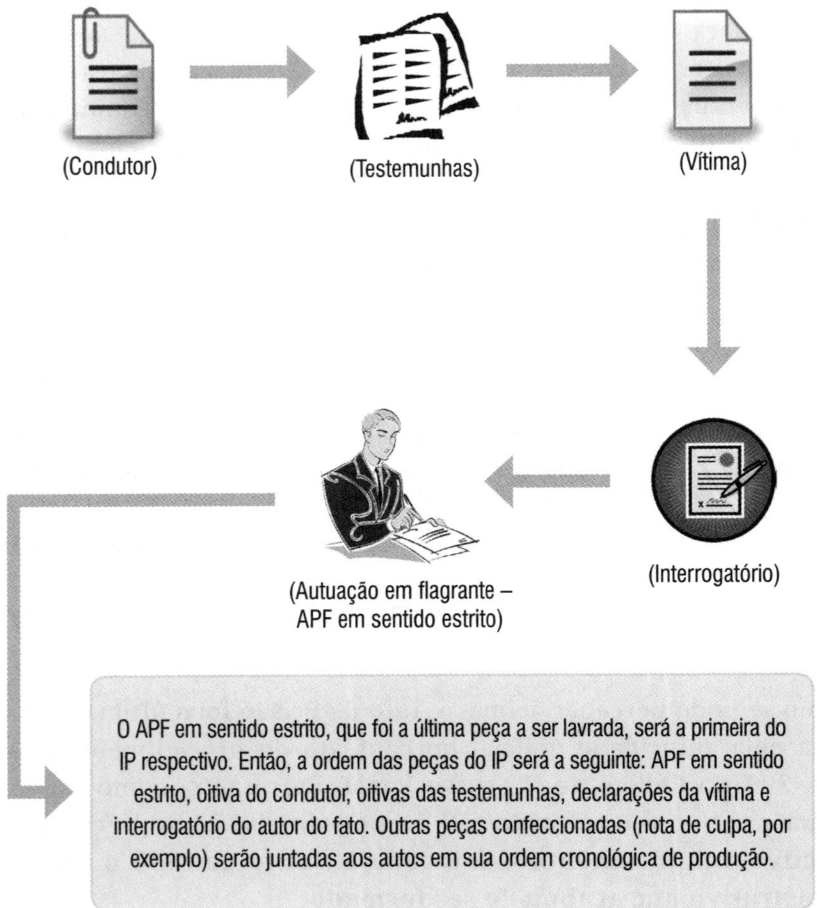

Por fim, a autoridade policial, caso não seja possível arbitrar fiança em favor do flagranteado (nos termos do art. 322 do Código de Processo Penal), mandará recolher ao cárcere o suspeito, ficando ele, após o encaminhamento do procedimento flagrancial ao juízo competente, à disposição do Poder Judiciário. Enfim, esse é o rito fixado pela lei para a autuação em flagrante delito.

É evidente que, pela complexidade do tema, pareceu-nos recomendável fazer um fluxograma sobre tudo o que foi explicado até aqui para deixar ainda mais claro o procedimento estudado.

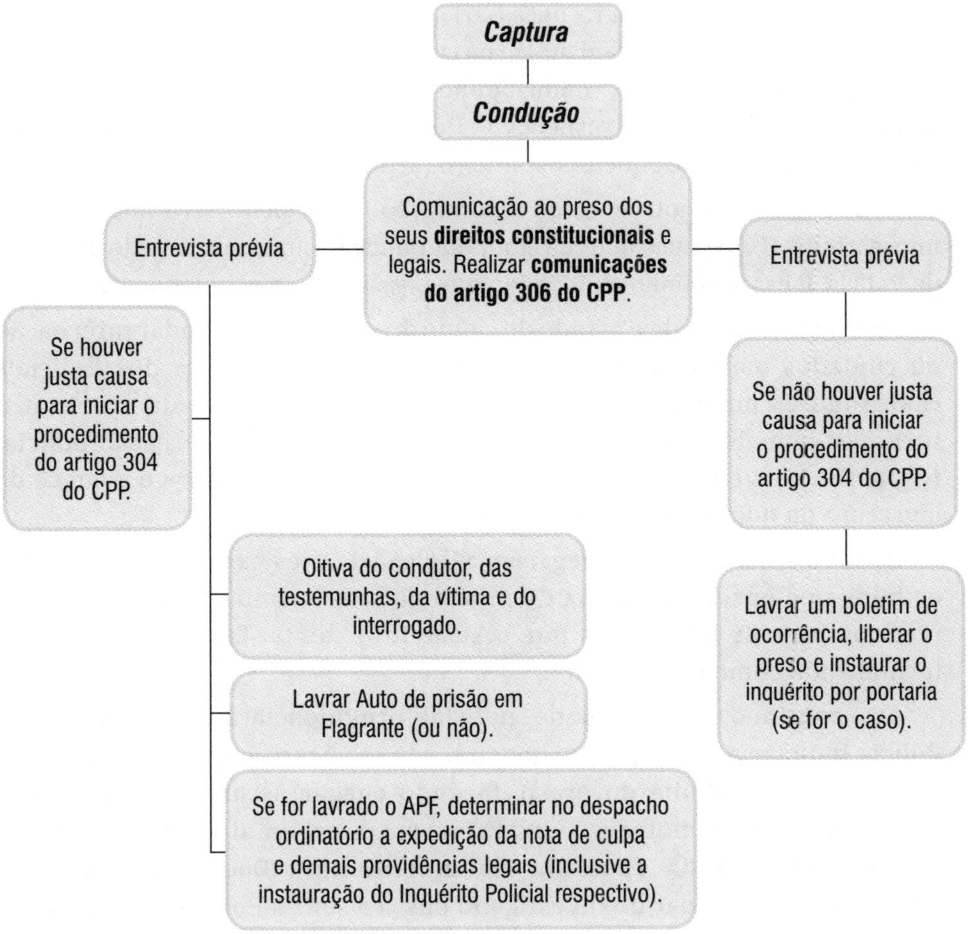

4.2. DEVE O DELEGADO DE POLÍCIA AUTUAR EM FLAGRANTE DELITO O SUSPEITO QUE, QUANDO DA CAPTURA, FORA FERIDO E SE ENCONTRA HOSPITALIZADO?

Deve sim. Entretanto, vamos pontuar duas situações distintas. Na primeira, o autor do fato fora ferido levemente, encaminhado ao hospital e em breve será liberado, possibilitando a sua condução à Delegacia. Na segunda, o autor do fato fora machucado de forma tão gravosa que será necessária a sua imediata e duradoura internação hospitalar. Por óbvio, o caminho a ser trilhado pela autoridade policial não será o mesmo nas duas hipóteses em comento.

Na primeira situação será necessário que os Policiais, responsáveis pela captura do indivíduo, mantenham-se na custódia do referido suspeito para que, após o tratamento curativo, conduzam-no à Delegacia de Polícia para lavratura do procedimento prisional respectivo[6]. Daqui por diante, o procedimento para a prisão em flagrante é aquele costumeiro (art. 304 do CPP[7]).

Já na segunda hipótese, como a condução do suspeito será impossível, é imprescindível um pouco mais de labor dos policiais capturadores e do delegado de Polícia. É esse caminho mais árduo que passaremos a estudar agora.

Pois bem, no caso de o estado de saúde do suspeito demandar internação ou cuidados mais delongados, será necessário que alguns dos Policiais capturadores mantenham-se na escolta do referido indivíduo. De outro turno, os demais Policiais envolvidos na ocorrência (e na reação policial respectiva) devem se apresentar ao delegado de Polícia para o começo da lavratura da documentação pertinente.

Quando esses Policiais chegarem à Delegacia, eles narrarão ao delegado os fatos que ensejaram a voz de prisão dada ao criminoso, bem como os motivos para os ferimentos que o suspeito ostenta. Então, a oitiva será formalizada como de costume[8].

Ato contínuo, a autoridade policial providenciará que agentes da Polícia Judiciária se dirijam ao hospital e lá se encarreguem, a partir desse momento, da custódia do preso, fazendo chegar às mãos dos policiais, que até o presente momento vigiavam o suspeito, um **documento acerca do recebimento da custódia do moribundo**[9]. Daqui por diante, a incumbência de cuidar do investigado passa a ser da Polícia Judiciária.

6 É claro que isso só será possível se o período de realização do atendimento médico não exceder ao exíguo prazo para conclusão do procedimento prisional (até 24 horas).

7 Art. 304. Apresentado o preso à autoridade competente, ouvirá esta o condutor e colherá, desde logo, sua assinatura, entregando a este cópia do termo e recibo de entrega do preso. Em seguida, procederá à oitiva das testemunhas que o acompanharem e ao interrogatório do acusado sobre a imputação que lhe é feita, colhendo, após cada oitiva suas respectivas assinaturas, lavrando, a autoridade, afinal, o auto (Código de Processo Penal).

8 Se necessário, o termo de apresentação espontânea desses Policiais também será lavrado pelo Delegado de Polícia. Além disso, o Delegado deve, desde logo, apreender as armas envolvidas na reação policial em comento, se for o caso. Por fim, a Autoridade Policial requererá que os Policiais lhe entreguem o Auto de Resistência preenchido, que por eles deve ter sido lavrado por força do artigo 292 do Código de Processo Penal.

9 Até a assinatura do recibo de entrega de preso, os Policiais responsáveis pela custódia do autor do fato são aqueles que o flagraram em situação delituosa, não podendo haver delegação dessa custódia aos funcionários do hospital. Pela simples leitura do artigo 304 do CPP, é possível visualizar que o Policial que efetuou a captura e a eventual condução só se desonera de custodiar o preso com o recebimento formal do suspeito por parte da Autoridade Policial responsável. Vejamos: Art. 304. Apresentado o preso à autoridade competente, ouvirá esta o condutor e colherá, desde logo, sua assinatura, entregando a este cópia do termo e **recibo de entrega do preso** [...] (Código de Processo Penal)

Voltando o enfoque novamente para os átrios da Delegacia de Polícia, após a oitiva dos Policiais que lá se apresentaram, o delegado providenciará o depoimento imediato das demais pessoas que possam auxiliá-lo no deslinde do fato criminoso (testemunhas e vítima, se houver)[10].

Lembre-se de que, mesmo após tantas oitivas, a autoridade policial pode achar necessário ouvir a versão do investigado para, então, decidir pela lavratura do Auto de Prisão em Flagrante (APF). Nesse caso, em sendo possível ouvir o suspeito, a autoridade policial deve se dirigir ao Hospital e lá inquiri-lo sobre sua versão, reduzindo tudo a termo.

É claro que, se o suspeito não quiser ou não tiver condições de ser ouvido, mesmo assim, será possível a lavratura do Auto de Prisão em Flagrante em seu desfavor[11]. **Basta que a autoridade policial já tenha se convencido, mesmo sem a oitiva do increpado, da existência de situação flagrancial[12] imputável a ele**[13].

É importante sobrelevar que, nesse caso, a realização do interrogatório não é *conditio sine qua non* para a decisão acerca da lavratura do APF. **Na verdade, o convencimento da autoridade policial sobre a situação de flagrante delito vem sendo formado desde a primeira oitiva, o que demonstra que o interrogatório tem a função precípua de corroborar ou refutar aquela linha que foi se construindo no transcorrer do procedimento elencado no art. 304 do Código de Processo Penal.**

10 Não negamos que, na prática, os policiais envolvidos na ocorrência ficam "torcendo" para ver o suspeito preso em flagrante, visando a diminuir o juízo de reprovabilidade que contra eles futuramente possa recair. É uma tremenda pressão em cima do Delegado. Entretanto, reafirmamos que essa decisão sobre a prisão cabe à Autoridade Policial, a qual deve buscar elementos técnicos acerca do cabimento da prisão em flagrante no caso concreto, não o fazendo por pressões dos Policiais. **Note-se que não é porque o indivíduo fora baleado por Policiais que o Delegado deve tornar automático o ato de autuação em flagrante.**

11 **Defendendo posição diversa**, encontra-se o mestre ISMAR ESTULANO GARCIA. Para o referido doutrinador, no caso de o autor de crime estar inconsciente, não há que se lavrar o Auto de Prisão em Flagrante, devendo a Autoridade Policial, posteriormente, se achar conveniente, representar pela decretação da prisão temporária ou preventiva. Vejamos o que defende o ilustre professor: "[...] se o autor do crime permanecer inconsciente, ou mesmo consciente mas sem condições de ser interrogado, por prazo superior a vinte e quatro horas, entendemos que o Inquérito deva ser iniciado por portaria, devendo ser providenciada a coleta de elementos suficientes para o pedido de prisão temporária e de posterior prisão preventiva, caso a Autoridade Policial entenda não ser aconselhável a permanência dele em liberdade." (– GARCIA, Ismar Estulano. **Procedimento Policial.** 11ª ed., rev., atual. e ampl. Goiânia: Editora AB. 2007, p. 78)

12 Se o Delegado de Polícia decidir por não lavrar o Auto de Prisão em Flagrante deverá ordenar que os Policiais deixem de custodiar o referido suspeito imediatamente, lavrando-se documento acerca desse ato de desoneração. Dessa forma, transferir-se-á a custódia do preso para o nosocômio em questão. Agora o suspeito voltou a ser somente um paciente.

13 Nesse caso, em havendo o silêncio voluntário ou involuntário do investigado, deve a Autoridade Policial certificar tal circunstância nos autos do referido procedimento.

Enfim, se, com base nos elementos colhidos, o delegado resolver pela lavratura do Auto de Prisão em Flagrante[14], deverá se dirigir ao nosocômio (se lá já não estiver) e fazer ciente o autor do fato (ou quem esteja lhe assistindo[15]) sobre as acusações que pendem contra ele.

É nesse momento também que ocorrerá a leitura do Auto de Prisão em Flagrante para o autuado, para o seu assistente (curador) e para duas outras testemunhas instrumentárias. Depois da aposição das assinaturas respectivas, concretizada está a referida autuação. Além disso, o delegado entregará a nota de culpa respectiva ao flagranteado.

> Art. 304. Apresentado o preso à autoridade competente, ouvirá esta o condutor e colherá, desde logo, sua assinatura, entregando a este cópia do termo e recibo de entrega do preso. Em seguida, procederá à oitiva das testemunhas que o acompanharem e ao interrogatório do acusado sobre a imputação que lhe é feita, colhendo, após cada oitiva suas respectivas assinaturas, lavrando, a autoridade, afinal, o auto
>
> [...]
>
> § 3º **Quando o acusado se recusar a assinar, não souber ou não puder fazê-lo, o auto de prisão em flagrante será assinado por duas testemunhas, que tenham ouvido sua leitura na presença deste.** (Código de Processo Penal)

Note que, da forma que propusemos acima, por mais que o autor do fato possa não ter, naquele momento, absoluta capacidade de entender as nuances de sua prisão (já que se encontra moribundo), terá ele plena possibilidade de o fazer em momento posterior, já que um "curador" e duas outras testemunhas foram nomeados pela autoridade policial para tomar ciência de tudo o que ali ocorreu. Caberá, portanto, a estas pessoas replicar aquelas informações para o preso. Nesse mesmo sentido, citamos Fernando da Costa Tourinho Filho (2012, p. 511):

14 No sentido de que é possível a lavratura do Auto de Prisão em Flagrante no caso em comento, citamos Guilherme de Souza Nucci: "[...] Por vezes, não é só a invocação do direito ao silêncio que obstaculiza a realização do interrogatório – e até mesmo neste caso, pelo menos a qualificação do indiciado será obtida. Podem ocorrer outras situações impeditivas, sendo a mais comum o fato de o indiciado estar hospitalizado, porque, por exemplo, trocou tiros com a polícia e não está em condições de depor. **Essa menção será feita no auto, que será considerado válido**" (NUCCI, 2008, p. 604).

15 Note que, estando o suspeito inconsciente ou impossibilitado de compreender o que se passa, o Delegado deverá nomear-lhe um curador (ou assistente).

> "E se o conduzido estiver gravemente ferido, sendo, por isso mesmo, levado à mesa de cirurgia? Nada impede a lavratura do auto. Nessa hipótese singular, a autoridade policial se transporta com o escrivão, condutor e testemunhas a uma das salas do hospital e, ali mesmo, providencia a lavratura do auto, **tendo, antes, o cuidado de nomear um curador para o 'inconsciente'.**"

Por derradeiro, frisamos que (se o autuado não tiver sido imediatamente interrogado no hospital) a autoridade de polícia judiciária deve, no curso do inquérito policial respectivo, assim que possível, ouvi-lo formalmente. Esta providência acaba completando o procedimento de prisão em flagrante, eliminando as chances de alegação de vícios no caderno investigatório respectivo[16]. Nesses mesmos termos, citamos prisco julgado do Supremo Tribunal Federal sobre o tema:

> Prisão em flagrante. Interrogatorio do conduzido, no hospital. Subsistência da prisão. **Não invalida a prisão em flagrante a audiência do conduzido, no leito do hospital, subsequentemente à lavratura do auto na delegacia, quando impossibilitado de ser interrogado** (STF- RHC 62.855/SP, Ministro Rafael Mayer).

Vejamos, então, um fluxograma acerca do complexo procedimento estudado acima, para facilitar a compreensão do tema:

16 Insta frisar que a **audiência de custódia** de suspeito hospitalizado ocorrerá, se possível, no próprio nosocômio onde ele esteja. É claro que, quando o deslocamento do magistrado se mostre inviável, a audiência se realizará após o restabelecimento da condição anatômica e fisiológica do preso, momento no qual o increpado será conduzido ao local onde o magistrado esteja. Nesse sentido, *vide* o art. 1º, 4º, da Resolução nº 213/2015 do CNJ: *Estando a pessoa presa acometida de grave enfermidade, ou havendo circunstância comprovadamente excepcional que a impossibilite de ser apresentada ao juiz no prazo do caput, deverá ser assegurada a realização da audiência no local em que ela se encontre e, nos casos em que o deslocamento se mostre inviável, deverá ser providenciada a condução para a audiência de custódia imediatamente após restabelecida sua condição de saúde ou de apresentação.*

O Delegado ordena que alguns Policiais Civis se dirijam ao Hospital para passarem a custodiar o preso, mediante recibo do preso.

Se for viável, o Delegado ouvirá a versão do preso (interrogatório). Caso nao seja possível e o Delegado já tenha se convencido da existência de situação flagrancial, lavrará o APF procedendo à sua leitura e a da nota de culpa ao flagranteado, ao curador e a outras duas testemunhas de leitura.

Se o suspeito não tiver sido interrogado imediatamente no hospital, o Delegado procederá ao interrogatório no Inquérito Policial respectivo quando de sua alta do hospital.

4.3. É POSSÍVEL QUE O DELEGADO DE POLÍCIA DEIXE DE LAVRAR O AUTO DE PRISÃO EM FLAGRANTE EM VIRTUDE DA APLICAÇÃO DO PRINCÍPIO DA INSIGNIFICÂNCIA?

Acreditamos que sim. Oportuno mencionar que o princípio da insignificância, apesar de não estar previsto expressamente no Código Penal, é francamente aceito por nossos tribunais. Trata-se a insignificância de uma eficaz forma de corrigir as distorções causadas pela incriminação genérica de condutas.

A norma penal, por sua generalidade, acaba por punir, de forma igualitária, ínfimas ou grandiosas lesões ao mesmo bem jurídico tutelado, o que pode causar exageros punitivos. **Em determinadas circunstâncias, a aplicação cega dessa norma geral será desproporcional, já que a conduta praticada pelo agente, apesar de formalmente típica, pode ser penalmente insignificante**. Para tentar exemplificar a assertiva em questão, vejamos a ocorrência de um crime de furto de uma barra de chocolate em um grande hipermercado da cidade, fato este praticado por um indivíduo que nunca tinha antes delinquido. Só de imaginarmos essa situação, já nos salta aos olhos a ideia de aplicação desarrazoada da lei penal, caso o indivíduo amargue as dores do cárcere.

O legislador, quando incriminou a conduta sorrateira de surrupiar patrimônio de outrem, visava à proteção da propriedade significativa da vítima e não valor irrisório correspondente a uma guloseima. A aplicação aleatória do art. 155 do Código Penal em casos semelhantes nos parece mero revanchismo pela conduta praticada pelo punguista, o que é inaceitável hoje em dia. **É para evitar esse tipo de exagero punitivo que se fez necessário o surgimento de um instituto moderador, como o é a insignificância penal**; ele é o fiel da balança nas situações fáticas em que a aplicação irrestrita da lei penal pareça um exagero.

É nesse diapasão que se consolidara o princípio da bagatela, o qual acaba por afastar a tipicidade material da conduta praticada, impedindo a incidência da norma penal em situações que sua aplicação seja despropositada.

Nesse contexto, se o intento do princípio da insignificância é evitar a punição excessiva de fatos inexpressivos, não parece aceitável que o delegado de Polícia prenda em flagrante quem tenha praticado um fato desse quilate. Exigir a prática de tal ato administrativo encarcerador é desarrazoado. **Se o fato narrado é desprovido de tipicidade, não há razão para qualquer lavratura flagrancial. Ou a tipicidade (formal e material) está presente desde a captura em flagrante do indivíduo, protraindo-se até a sua condenação final, ou não esteve presente em momento algum.**

Portanto, seria um exagero o delegado prender um indivíduo em flagrante, por um fato absolutamente atípico, sob o argumento de que somente o juiz pode constatar tal ausência de adequação típica material. Ora, se não há fato típico a se apurar desde o início, por óbvio, também não haverá crime a se flagrantear. Nessa situação, como pode o delegado de Polícia autuar em flagrante delito um indivíduo em face de um fato que não é criminoso? Fazê-lo por mero formalismo jurídico seria absolutamente ilegal, podendo-se, inclusive, cogitar a responsabilização por ato abusivo.

Pelo exposto, se o delegado de Polícia puder constatar que estão irrefutavelmente presentes os vetores para aplicação do princípio da bagatela, deve deixar de autuar o autor do fato em flagrante delito, procedendo, somente, à documentação do feito por meio de Verificação Preliminar de Inquérito (VPI).[17] Em semelhante sentido, citamos Gomes (2009, p. 229):

17 Gomes (2009) defende que a documentação do fato materialmente atípico seja feita em um Termo Circunstanciado. Sobre esse tema, ousamos divergir do mestre LFG. A nosso ver, o Termo Circunstanciado (TCO), previsto no art. 69 da Lei nº 9.099/95, é um tipo de inquérito simplificado, do qual constam todos

> Ninguém pode ser preso em flagrante por uma infração bagatelar própria, que constitui fato absolutamente insignificante (por se tratar de fato atípico - atipicidade material). Cabe a captura do agente, que será conduzido à presença de uma autoridade exclusivamente para efeito de lavratura de um termo circunstanciado (TC). É preciso registrar o fato de alguma maneira para que, posteriormente, possa haver o arquivamento [...] Impõe-se que a autoridade policial fundamente sua decisão nesse sentido. De qualquer modo, sabe-se que seu posicionamento não vincula o Ministério Público nem o juiz. O registro do fato (em um TC) é fundamental para que o Ministério Público possa pedir o seu arquivamento (arquivamento das peças de informação, conforme o CPP, art. 28).

Ficou assentado acima que deve a autoridade policial aplicar o princípio da insignificância no caso concreto; entretanto, deve o delegado de Polícia ter em mente que o famigerado princípio não é de tão fácil aplicação como parece. Dizemos isso pois algumas autoridades teimam em aplicá-lo sem antes aferir todos os seus vetores.

Parece que ficou incrustado na cabeça das pessoas que a insignificância diz respeito somente ao valor do prejuízo econômico auferido pela vítima e ponto final.[18] Verdadeiramente, existem quatro vetores, necessariamente cumulativos, que devem ser analisados antes de se fazer incidir a insignificância no caso concreto.[19] Tais parâmetros

---

os elementos essenciais à comprovação da autoria e materialidade das infrações de menor potencial ofensivo. Por isso, a exemplo do inquérito policial, no TCO há menção do autor do fato, vítima, testemunhas, elementos acerca da materialidade, histórico da ocorrência, exames periciais etc. O TCO, então, não é mera forma de documentação de qualquer fato, mas, sim, o procedimento administrativo cabal no que tange aos crimes de menor potencial ofensivo. Nota-se que crime de menor potencial ofensivo não pode ser confundido com o crime de bagatela; naquele, o crime possui pena máxima não superior a dois anos, nesse não há crime pela atipicidade material da conduta. De posse de tais informações, acreditamos que, no caso do fato inegavelmente insignificante, cabe ao delegado de Polícia, em verificação preliminar de inquérito (VPI), ouvir as partes, colher elementos da suposta infração, aferir antecedentes criminais da conduta social do investigado e tudo mais acerca da completa documentação do feito. Depois de consubstanciados todos esses elementos na verificação preliminar de inquérito (art. 5º, § 3º, do Código de Processo Penal), encaminhar-se-á tal procedimento propedêutico ao Poder Judiciário para tomada de providências cabíveis.

18 Sobre esse ponto é importantíssimo notar que o princípio da insignificância é compatível com uma multiplicidade de infrações criminais, não ficando restrita sua aplicação aos crimes patrimoniais. Por exemplo, a lesão corporal, alguns crimes contra a administração pública, crimes fiscais, delitos ambientais etc. são igualmente passíveis de aplicação de tal instituto.

19 "O princípio da insignificância incide quando presentes, cumulativamente, as seguintes condições objetivas: **(a) mínima ofensividade da conduta do agente, (b) nenhuma periculosidade social da ação, (c) grau reduzido de reprovabilidade do comportamento, e (d) inexpressividade da lesão jurídica provocada**; 2. A aplicação do princípio da insignificância deve, contudo, ser precedida de criteriosa análise de cada caso, a fim de evitar que sua adoção indiscriminada constitua verdadeiro incentivo à prática de pequenos delitos patrimoniais. **3. O valor da *res furtiva* não pode ser o único parâmetro a**

fazem referência não só ao resultado jurídico desvaloroso, mas também à própria conduta praticada pelo delinquente.[20]

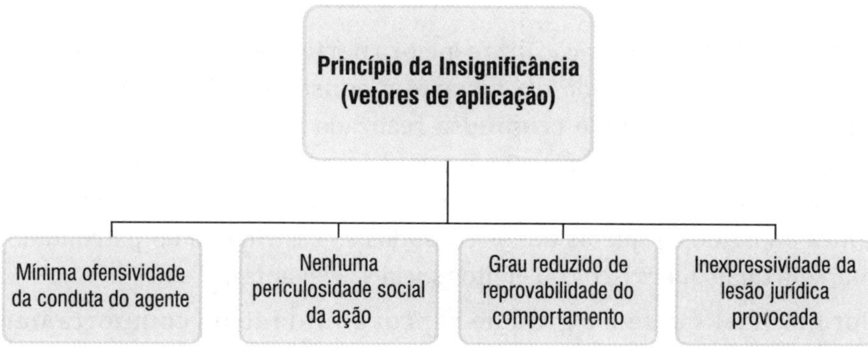

Sendo assim, entendemos que o delegado, no caso concreto, poderá aferir a insignificância do fato criminoso e aplicar as suas benesses; entretanto, **deverá vislumbrar antecipadamente se todos os vetores de aplicação estão presentes**. Para exemplificar como fazê-lo, utilizaremos o exemplo anteriormente citado, qual seja o caso do furto da barra de chocolate no hipermercado. Nesse caso, é evidente que o valor de uma barra de chocolate nem de longe causou desfalque expressivo ao patrimônio da referida pessoa jurídica. Então, a nosso ver, o vetor da **inexpressividade da lesão jurídica** se encontra plenamente atendido.

Continuando a análise dos vetores, passemos ao próximo: a **ofensividade da conduta.** Esse requisito almeja aferir o potencial ofensivo da conduta do agente frente ao bem jurídico protegido; ou seja, é uma análise potencial de riscos que a conduta sorrateira do agente poderia ter causado ao patrimônio do hipermercado. **Uma coisa é analisar a lesão jurídica efetivamente causada (o que foi feito); outra, totalmente distinta, é analisar o potencial lesivo dela em abstrato (o que poderia**

ser avaliado, devendo ser analisadas as circunstâncias do fato para decidir-se sobre seu efetivo enquadramento na hipótese de crime de bagatela, bem como o reflexo da conduta no âmbito da sociedade. [...] Ademais, o Ministério Público ressaltou que 'o paciente, além de ostentar outras três condenações, também responde a dois processos por crimes da mesma espécie'. 5. Deveras, ostentando o paciente a condição de reincidente, não cabe a aplicação do princípio da insignificância." (STF-HC 108.403/RS). Nessa mesma esteira citamos o HC 84.412/SP – STF.

20 Nenhuma circunstância criminosa é apta, por si só, a afastar a aplicação do princípio da insignificância. Dessarte, torna-se tão importante a análise de todo o contexto criminoso. Nesse mesmo sentido, citamos o AgR no HC 126.174 do STF: "Decidiu que, se a coisa subtraída é de valor ínfimo (i) a reincidência, a reiteração delitiva e a presença das qualificadoras do art. 155, § 4º, devem ser levadas em consideração, podendo acarretar o afastamento da aplicação da insignificância; e (ii) **nenhuma dessas circunstâncias determina, por si só, o afastamento da insignificância, cabendo ao juiz analisar se a aplicação de pena é necessária**". (Negrito nosso.)

ter causado).[21] Acreditamos que, nesse ponto, o risco era mínimo, já que o método escolhido pelo agente não era capaz de causar um prejuízo muito maior do que ocasionara.

O terceiro vetor de aplicação diz respeito à **periculosidade social da ação.**[22] Neste quesito, a tônica dada diz respeito à **consequência coletiva e social que pode derivar da ação criminosa** realizada pelo agente. Não é possível visualizar, no exemplo em questão, qualquer repercussão jurídico-social pela mera subtração de uma barra de doce. Desse modo, esse quesito também se encontra atendido, já que os danos causados se restringem ao patrimônio da vítima, sem quaisquer riscos ou efeitos sociais relevantes.

Por fim, analisar-se-á o **grau de reprovabilidade do comportamento do agente**. Por mais que a prática de um ilícito penal já seja um comportamento reprovável, é necessário mais. Busca-se, nesse diapasão, uma análise sobre os **motivos do delito e as circunstâncias pessoais do criminoso, que denotem uma maior reprovabilidade** da ação praticada. É nesse ponto que se faz necessária uma extensa análise sobre a vida pregressa do suspeito, bem como de sua eventual **reincidência.** Os motivos da infração também são levados em consideração, almejando aferir se o comportamento do agente é mais ou menos reprovável.[23] No exemplo que estamos a analisar, fica evidente que não há circunstância

21 Para facilitar a compreensão do vetor atinente à **ofensividade da conduta** imagine um indivíduo que faça rolar uma grande pedra por um barranco a fim de atingir um "gnomo de jardim" de um desafeto. Por mais que essa grande pedra só tenha destruído irrisório patrimônio da vítima (vez que o "gnomo" não custa mais do que, suponhamos, vinte reais), aquela conduta criminosa tinha potencial muito superior, qual seja a destruição da própria casa da vítima (avaliada em 500 mil reais). Nesse caso, é evidente que a **ofensividade da conduta** não é mínima; portanto, não há que se falar em aplicação do princípio da insignificância.

22 Facilitando a compreensão desse vetor (**periculosidade social da ação**), citamos a falsificação de papel-moeda (art. 289 do Código Penal). Os nossos tribunais superiores vêm entendendo que, independentemente da quantidade e valores das notas contrafeitas, não há que se aplicarem as benesses da insignificância. A referida conduta criminosa coloca em risco a sociedade, já que, havendo o rompimento da confiança pública nesses papéis, as relações sociais e comerciais podem ser colocadas em xeque. Vide o seguinte julgado: "EMENTA HABEAS CORPUS. CRIME DE MOEDA FALSA. FÉ PÚBLICA TUTELADA PELA NORMA PENAL. PRINCÍPIO DA INSIGNIFICÂNCIA. INAPLICABILIDADE. Consoante jurisprudência deste Tribunal, **inaplicável o princípio da insignificância aos crimes de moeda falsa, em que objeto de tutela da norma a fé pública e a credibilidade do sistema financeiro**, não sendo determinante para a tipicidade o valor posto em circulação." (HC 105.638/GO – GOIÁS – STF)

23 Imaginemos a ação de uma mulher que, por inveja de ver sua grande inimiga se casar, resolve estragar esse dia tão especial. A mulher, então, dilui comprimidos de laxante na bebida da noiva para que ela não possa ir ao casamento. Sabemos que essa data especial da vítima será turbada pelo motivo egoístico da autora do fato. Nesse caso, por mais que o dano à saúde da noiva seja pequeno (quiçá inexpressivo), a reprovabilidade do comportamento da autora do fato não é reduzido. Nesse caso, não há que se falar em aplicação do princípio da insignificância no que tange ao delito de lesão corporal em questão, em virtude de nem todos os seus vetores de aplicação estarem presentes, precipuamente o "grau reduzido de reprovabilidade do comportamento".

que faça presumir uma reprovação do comportamento maior do que a derivada pela mera prática delinquencial.

Em síntese, o delegado de Polícia tem o poder-dever de fazer incidir o princípio da insignificância no caso em tela (furto do chocolate), seja deixando de autuar em flagrante o increpado, seja deixando de indiciá-lo em inquérito policial, já que todos os vetores de aplicação do princípio da bagatela se encontram presentes.

Frise-se a importância de materializar tal ato decisório em **despacho escrito e fundamentado, no qual a autoridade policial pormenorizará, vetor a vetor, o porquê de sua decisão acerca da atipicidade material da conduta**[24]. Ao final, o expediente administrativo formado (VPI ou outro que se queira adotar) deve ser encaminhado ao juiz competente para deliberação cabível.

4.4. DEVE O DELEGADO DE POLÍCIA AUTUAR EM FLAGRANTE DELITO QUEM TENHA PRATICADO O FATO AMPARADO POR UM EXCLUDENTE DE ILICITUDE?

Esse é um questionamento jurídico que sempre causou certo descompasso na atividade policial, entretanto, ganhou mais relevo com a Lei nº 12.403/2011. Afirmarmos isso, pois essa novel legislação, no art. 310, parágrafo único, do CPP, preceitua que **cabe ao magistrado**, quando acreditar que o **fato típico está abarcado por uma das causas excludentes de ilicitude,**[25] **conceder liberdade provisória vinculada**. A dúvida então se instalou: o delegado estaria proibido de aferir a antijuridicidade da conduta?

> Art. 310, Parágrafo único: Se o **juiz** verificar, pelo auto de prisão em flagrante, que o agente **praticou o fato nas condições** constantes dos incisos I a III do caput do art. 23 do Decreto-Lei nº 2.848, de 7 de dezembro de 1940 – Código Penal, poderá, fundamentadamente, conceder ao acusado liberdade provisória, mediante termo de comparecimento a todos os atos processuais, sob pena de revogação." (Código de Processo Penal, grifos nossos)

24 Nesse mesmo sentido, vide o modelo de peça constante no item **4.6.1.** da Parte III desta obra.

25 Note que o art. 310, parágrafo único, do CPP, não abrange as hipóteses de descriminantes putativas (art. 20, § 1º, do CP), nem muito menos as causas dirimentes (culpabilidade). Tal dispositivo trata somente da ocorrência de causas excludentes de ilicitude.

A leitura superficial do dispositivo processual supracitado passa a falsa impressão de que o delegado não poderia se imiscuir na ilicitude do fato (no momento da autuação em flagrante), já que esse juízo ficou reservado somente ao magistrado,[26] quando da análise sobre a possibilidade de conceder a **liberdade provisória vinculada**. Entretanto, apesar de muitos doutrinadores pátrios defenderem essa interpretação, acreditamos em outra solução jurídica.

Ora, para a concessão da **liberdade provisória vinculada**, é necessário haver uma concatenação lógica de atos na persecução penal. A primeira fase desse procedimento diz respeito à análise da existência de uma **infração penal**, já que só se pode capturar em flagrante delito quem tenha praticado um fato hipoteticamente criminoso. A seguir, é necessário que o autor do fato seja **autuado** em flagrante e **recolhido** ao cárcere. Por fim, se o magistrado entender que não é caso de relaxamento da prisão em flagrante, concederá a liberdade provisória. Esse é o caminho traçado pela lei para a concessão de liberdade a quem se encontrava regularmente preso em situação flagrancial legítima (art. 310, parágrafo único, do CPP).

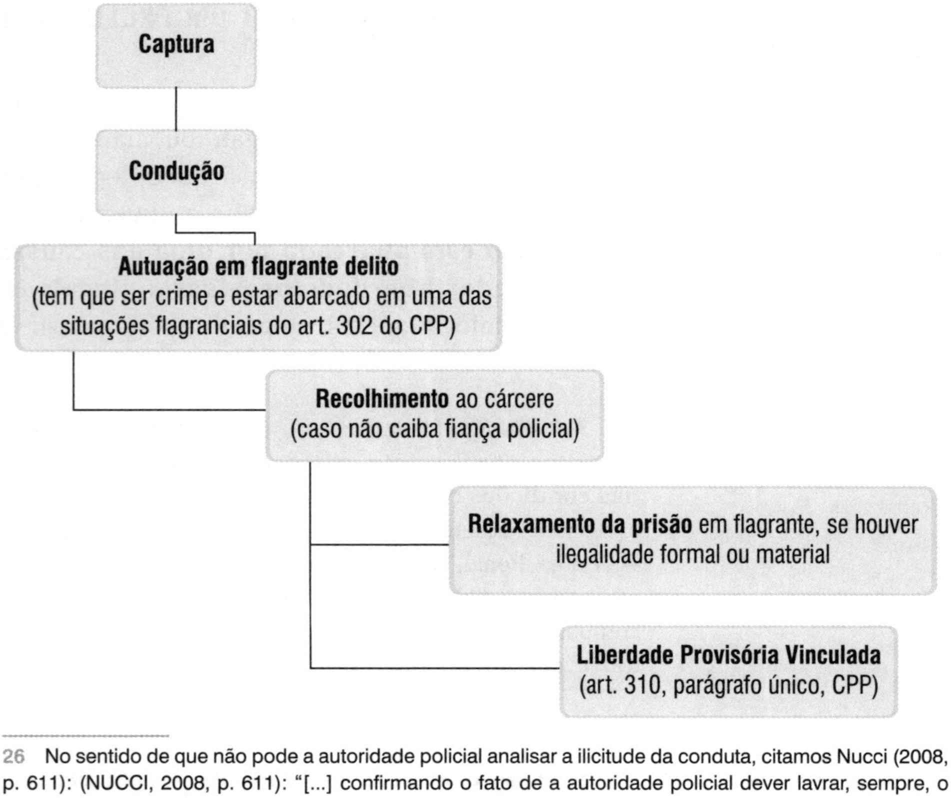

26 No sentido de que não pode a autoridade policial analisar a ilicitude da conduta, citamos Nucci (2008, p. 611): (NUCCI, 2008, p. 611): "[...] confirmando o fato de a autoridade policial dever lavrar, sempre, o auto de prisão em flagrante tão logo tome conhecimento da detenção ocorrida, realizando apenas o juízo de tipicidade, sem adentrar as demais excludentes do crime..." **Em defesa da mesma posição jurídica encontra-se Lima (2013, p. 1.014).**

Conhecendo o procedimento que se deve percorrer até a concessão da liberdade provisória vinculada, fica fácil notar que, se for constatado pelo delegado que o fato ensejador da captura em flagrante não é criminoso, essa sequência de atos já terá sua marcha interrompida desde então. **Não importa se o fato não é criminoso pela ausência de tipicidade ou de antijuridicidade. Tanto faz.[27] Sem crime não há que se autuar em flagrante!**

Frisamos que, não sendo o caso de flagrante delito (por atipicidade da conduta, por estar presente uma excludente de ilicitude ou por ausência de situação flagrancial), nem sequer se chegará ao ponto de aferir a possibilidade de se conceder liberdade provisória, vez que não há que se liberar o suspeito, já que ele nem terá sido preso. Como já deixamos consignado acima, **a liberdade provisória é concedida a quem tenha sido preso em flagrante pela prática de um ilícito** (sem que haja quaisquer vícios formais ou materiais na autuação)**, mas, por razões de política criminal, seja razoável desencarcerá-lo para que espere o processo em liberdade**.

De posse de tais informações, parece que passamos a vivenciar um problema de lógica jurídica. Por que o legislador previu a LIBERDADE PROVISÓRIA VINCULADA (art. 310, parágrafo único, do CPP), se os fatos abarcados por excludentes de ilicitude não permitiriam, em tese, nem a autuação do indivíduo em flagrante delito? Conforme vimos no quadro acima, quando o fato não é criminoso, não há que se falar nem em autuação, nem em recolhimento ao cárcere. Para que, então, instituir a liberdade provisória vinculada? Esse talvez seja o ponto que deva ser esclarecido nessa questão[28].

27 Frisamos que, em qualquer um dos conceitos analíticos de crime (bipartido, tripartido, quadripartido ou pentapartido) figuram como requisitos mínimos a conduta típica e a ilicitude. Pode ser que uma ou outra corrente requeiram mais elementos integrantes para a concretização de crime (culpabilidade ou punibilidade, por exemplo), mas nunca menos que um fato típico e antijurídico. Em suma, sem a ilicitude não há crime, independentemente da corrente doutrinária que se adote para conceituar analiticamente a infração penal. Se não há crime ou contravenção, não há como se falar em flagrante delito. Por isso, não se pode vedar ao Delegado de Polícia, quando autua alguém em flagrante delito, a valoração acerca de evidentes causas de exclusão da ilicitude ocorridas no caso concreto.

28 O art. 310, parágrafo único, do Código de Processo Penal, deve ser interpretado como um filtro para que o suspeito não seja encarcerado ou processado imotivadamente. Há várias dessas peneiras no estatuto processual em comento, as quais visam a obstar o prosseguimento da persecução penal quando da existência de um fato típico abarcado por uma evidente causa de exclusão da ilicitude. O primeiro filtro diz respeito à própria autuação em flagrante. Em sendo notória a presença de uma excludente deste quilate, não há que se flagrantear o suspeito. Entretanto, caso o Delegado autue em flagrante o indivíduo, o Magistrado pode relaxar a prisão ou conceder liberdade provisória vinculada. Ato contínuo, quando os autos do Inquérito respectivo chegarem às mãos do Promotor, outro filtro poderá ser acionado. Neste viés, o *Parquet*, visualizando a falta de justa causa para o início da ação penal, poderá propor o arquivamento do IP, deixando, então, de ofertar a denúncia em desfavor do suspeito. De qualquer sorte, se o Ministério Público ofertar a denúncia, o Juiz pode, por falta de justo motivo, rejeitá-la (art. 395 do CPP). De mais a mais, se o Magistrado receber essa peça inicial, após a apresentação da resposta à acusação, outra barreira para o prosseguimento da *persecutio criminis* passará a ser viável, qual seja a absolvição sumária (art. 397 do CPP).

Pode-se visualizar que o real intento do instituto previsto no art. 310, parágrafo único, do CPP, é o de criar uma liberdade provisória (restrita ao magistrado) que se aplique quando haja a aparência de que o fato praticado esteja abarcado por uma excludente de ilicitude. Dizemos isso pois deve haver uma diferenciação entre evidente e aparente ocorrência de causa excludente de ilicitude[29].

No caso de evidente causa de exclusão da ilicitude, não deve o delegado autuar o conduzido, já que o fato não constitui crime[30]. Em sentido diverso, no caso de dúvida fundada sobre a existência da exclusão da ilicitude, deve o delegado prender em flagrante o autor do fato. Nessa última situação, portanto, é que surgirá a possibilidade de o juiz decidir acerca da liberdade provisória vinculada[31].

A nosso ver, o art. 310, parágrafo único, do CPP, traz um tipo de liberdade provisória fundada na dúvida razoável acerca do amparo de uma excludente de ilicitude, a qual se baliza em obrigações muito menos gravosas do que as relacionadas às demais formas de liberdade provisória (afiançada e inafiançada).

Somos defensores, portanto, que, em situações em que se verifique evidente amparo das excludentes de ilicitude, não seja o autor do fato encarcerado cautelarmente por intermédio da prisão em flagrante[32]. **Compreender de forma diversa é obrigar o delegado a cometer**

29 Independentemente de ser evidente ou aparente a ocorrência de uma causa justificante, **deve haver a instauração do inquérito policial respectivo. O Delegado, ao final da investigação, pode até deixar de indiciar o autor do fato (vez que não há indícios de prática de crime), mas deve sempre instaurar o respectivo procedimento apuratório padrão**. Neste sentido, vide o modelo de relatório policial (sem indiciamento) contido no **item 3.2.1. da parte III deste livro**.

30 Se o delegado decidir pela não lavratura do APF (em virtude da presença evidente de uma causa excludente de ilicitude), deverá justificar seu decisório por meio de um despacho circunstanciado. Neste mesmo sentido está o modelo de peça constante no item **4.8.1.** da Parte III desta obra.

31 Nesses mesmos termos, citamos a lição de Masson (2013, p. 388) acerca da **liberdade provisória vinculada**: "este dispositivo há de ser interpretado com cautela. Sua incidência limita-se às situações em que o magistrado, compulsando o auto de prisão em flagrante, **concluir pela fundada suspeita (probabilidade) da prática de fato típico sob o manto de alguma causa excludente de ilicitude**. Nesses casos, como medida de cautela, é prudente a concessão da liberdade provisória, visando a uma dupla finalidade: (a) o agente responde em liberdade a ação penal/ e (b) abre-se espaço para a apuracão a fundo, durante a instrução criminal, da presença ou não da eximente. Com efeito, se o juiz se deparar com um quadro fático **de certeza acerca da prática do fato amparado por uma causa de exclusão da ilicitude** (exemplo: "A" matou "B" porque este, gratuitamente, partiu em sua direção portando um machado, para golpeá-lo em região vital), deverá **relaxar a prisão em flagrante**, em face da sua ilegalidade, com fulcro no art. 5º, LXV, da Constituição Federal, e no art. 310, I, do Código de Processo Penal. Sem dúvida alguma, a ilegalidade da prisão em flagrante repousa na ausência de crime".

32 Parece importante frisar que, por mais que o autor do fato não venha a ser preso em flagrante, não se impede que o fato continue sendo apurado por meio de inquérito policial. Afinal de contas, muitos exames periciais e oitivas deverão ser realizados com o fito de subsidiar a decisão do magistrado e do *Parquet* acerca da continuidade (ou não) da *persecutio criminis*.

o despautério de autuar em flagrante delito quem, amparado claramente pelo próprio ordenamento, age em defesa de um bem jurídico protegido.

Citamos como exemplo o policial que, sob o amparo do estrito cumprimento do dever legal, adentra em uma residência para dar cumprimento a uma ordem judicial. Por óbvio, prender o policial em flagrante por violação de domicílio, mesmo tendo agido com base em sua função legal, seria uma contradição jurídica insuperável. Nesse mesmo sentido, mencionamos Capez (2012, p. 327):

> Evidentemente, a autoridade policial não precisa prender em flagrante vítima de estupro ou roubo que, claramente em situação de legítima defesa, matou seu agressor. O juízo sumário de cunho administrativo pode ser efetuado, ainda que isso **só possa ocorrer em situações absolutamente óbvias e claras de ausência de infração penal. Nunca é demais lembrar que a persecução penal** nem sequer se iniciou, de modo a se evitar qualquer açodamento na exclusão da responsabilidade penal. A atuação do delegado de Polícia nesse sentido é excepcional, apenas para evitar a prisão manifestamente desnecessária. (Grifo nosso)

Em situação diversa, afirmamos que, se **não há certeza** do amparo de uma causa excludente de ilicitude, deve o delegado presumir que o fato continuará sendo ilícito até prova em contrário. A ilicitude da conduta é presumida pela prática de um fato típico; é a excludente de ilicitude que tem que ser provada. Além disso, nesse momento da autuação em flagrante delito, vigora o princípio da dúvida em favor da sociedade (*in dubio pro societate*).

Destarte, **se não há elementos que façam a comprovação imediata da exclusão da ilicitude da conduta do autor, deve o delegado autuar em flagrante e remeter os autos ao judiciário; caso o magistrado entenda cabível, nos termos do parágrafo único do art. 310, concederá a liberdade provisória vinculada**. Essa, sem dúvida, é a interpretação mais lógica e adequada para a questão em tela. Abaixo, um breve esquema sobre o procedimento ideal a ser adotado pelo delegado de Polícia em casos semelhantes:

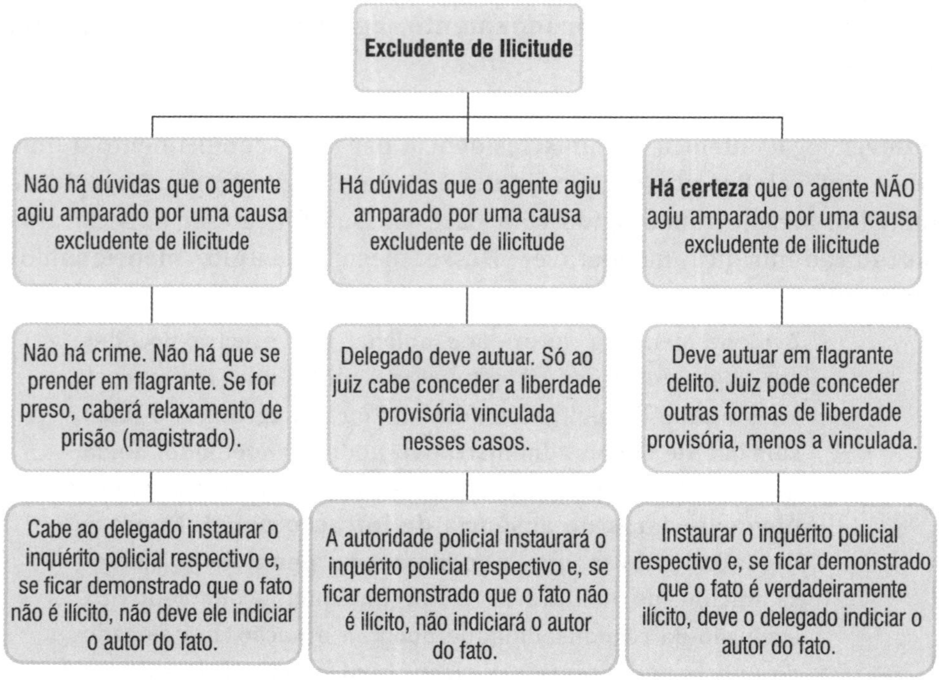

4.5. OS CRIMES PERMANENTES PERMITEM A PRISÃO EM FLAGRANTE DO AUTOR DO FATO A QUALQUER MOMENTO?

Inicialmente, antes de se responder ao questionamento em voga, urge diferenciar os crimes instantâneos, os instantâneos de efeitos permanentes e os crimes permanentes. Em parcas palavras, os delitos instantâneos são aqueles que se consumam em um momento determinado, mas deles não se originam quaisquer efeitos concretos.[33] Os delitos instantâneos de efeitos permanentes são os crimes que se consumam em um momento certo, mas dessa consumação derivam efeitos concretos e duradouros, *verbi gratia*, o homicídio. Finalmente, crimes permanentes são aqueles que, mantida a prática da conduta central, perduram a sua consumação pelo tempo, por exemplo, o crime de sequestro.[34]

33 Exemplo prático dessa classificação de delitos é o crime de injúria verbal. Tal delito se consuma em um momento certo e não há qualquer efeito visível que dessa prática criminosa decorra. Afinal, não é comum decorrerem efeitos visíveis e duradouros em face do ataque verbal à autoestima da vítima.

34 Nessa categoria de delitos, a cada nova unidade de tempo, com a manutenção da conduta nuclear, o crime arrasta sua consumação pelo tempo. É o caso da ocultação de cadáver. A cada nova unidade de tempo, estando o corpo ainda oculto, a consumação delituosa se mantém.

Para exemplificar essas classificações, imagine um homicídio, mediante disparo de arma de fogo, ocorrido às 23 horas do dia 09/03/2016, no qual o referido cadáver tenha sido deixado estirado no chão do local. Nesse caso, como saber o real momento da consumação do crime e se ele é um delito instantâneo ou permanente? Uma boa forma de constatar isso com exatidão é fazendo algumas perguntas a um relógio. Parece loucura, mas é de uma utilidade sem igual. Deve o policial, assim que chegar ao local do crime, informar-se das horas e perguntar para seu relógio: a pessoa continua a ser assassinada ou foi morta há 10 minutos? A resposta vai ser, obviamente, que o homicídio ocorreu há 10 minutos (tempo que o policial demorou para chegar ao local). É fato que, a cada novo segundo, minuto ou hora passada, sendo renovada essa mesma pergunta, pode-se constatar que **a ação criminosa vai ficando cada vez mais no passado**, já que o tempo decorrido entre a infração penal e essa pergunta vai ficando maior (20 minutos, 1 hora etc.). Nota-se, portanto, que o momento consumativo desse crime ocorreu em um momento certo e lá se fixara, ou seja, às 23 horas do dia 09/03/2016.

Perceba que o exemplo acima (homicídio) refere-se a um crime instantâneo de efeitos permanentes, pelo fato de a ação delituosa ocorrer e se fixar em momento certo, dela decorrendo efeitos concretos duradouros.[35] Oportuno notar que esse ponto de engessamento na linha do tempo (execução ou consumação do crime) passa a ser o início da cronometragem para a prisão em flagrante do indivíduo. É a partir desse momento de concretização do delito que passam a surgir as várias possibilidades de prisão em flagrante (modalidades previstas no art. 302 do CPP).[36]

As variadas modalidades flagranciais ficam dispostas de forma tal que uma sucede a outra, até que, ao final, não seja mais possível capturar o indivíduo em situação flagrancial. Importante, portanto, fixar o momento consumativo na linha do tempo, inclusive para assim evidenciar qual é a modalidade de prisão em flagrante aplicável no caso

35 A morte da vítima é o ato que determina a consumação do homicídio, fixando-o na linha do tempo. Já a existência de um **corpo morto ao chão** é só uma irreversível consequência (um efeito) da prática desse assassinato. Por mais que esse efeito possa se prolongar por muito tempo, em nada vai modificar o momento da consumação do crime.

36 Art. 302 – Considera-se em flagrante delito quem: I – está cometendo a infração penal **(flagrante próprio)**; II – acaba de cometê-la **(flagrante impropriamente próprio)**; III – é perseguido, logo após, pela autoridade, pelo ofendido ou por qualquer pessoa, em situação que faça presumir ser autor da infração **(flagrante impróprio)**; IV – é encontrado, logo depois, com instrumentos, armas, objetos ou papéis que façam presumir ser ele autor da infração **(flagrante presumido)**. **(Código de Processo Penal)**

concreto, já que, conforme dito, elas vão emergindo de acordo com o avanço do tempo. Notemos isso no esquema abaixo:

Diferentemente da situação prática narrada acima, nos **crimes permanentes o momento consumativo vai sendo perpetuado na linha do tempo, enquanto a situação criminosa perdurar**. Cita-se, como exemplo, um caso de ocultação de cadáver, no qual o suspeito tenha obnubilado, há cerca de cinco meses, o corpo de um indivíduo (que ele não matou). Os investigadores se dirigiram ao local onde estaria enterrado o cadáver, de posse de mandado de busca e apreensão, e lá começaram a cavar.

Neste caso, a ocultação do cadáver está a acontecer ou a consumação se findou há cinco meses, quando o corpo foi enterrado? A resposta é que a ocultação ainda está a se consumar, já que tal delito é permanente. Por isso, mesmo que tenham se passado 5 (cinco) meses do "enterro" do defunto, o crime ainda é passível de prisão em flagrante (art. 302, inc. I, Código de Processo Penal). Para confirmar essa assertiva, façamos aquelas mesmas perguntas ao relógio: a ocultação ocorreu há cinco meses ou continua o corpo a ser ocultado? A resposta será no sentido de que o corpo ainda está sendo ocultado e, por isso mesmo, a consumação ainda está a acontecer. Logo, a consumação não ficou no passado, mas, sim, protraiu-se no tempo. Isso é o que chamamos de **crime permanente: aquele que arrasta a sua consumação enquanto perdurar a situação criminosa** (ocultação).

Nesse raciocínio, é perfeitamente possível, ainda, a prisão em flagrante[37] do ocultador, mesmo que o corpo tenha sido enterrado há tanto tempo.

É fácil notar que a dinâmica dos crimes permanentes é diferenciada da dos crimes instantâneos. Dizemos isso pois, naqueles, **enquanto a consumação estiver se arrastando pelo tempo, a possibilidade de prisão em flagrante fica estacionada no flagrante próprio** (art. 302, I, CPP); afinal, o autor do fato estará "cometendo a infração" enquanto a atividade delinquencial não cessar.

No caso da ocultação de cadáver, enquanto o corpo estiver sendo **dolosamente** ocultado, a infração estará ocorrendo. *In casu*, como a consumação da prática criminosa acaba se arrastando no tempo, a possibilidade de prisão em flagrante (modalidade própria) também se protrai juntamente com o correspondente momento consumativo. Nesse sentido, sem qualquer exagero, é possível dizer que, mesmo após anos de "sumiço" do cadáver, será cabível a prisão em flagrante do ocultador com base no flagrante próprio (art. 302, I, do CPP). Afinal, o crime só deixará de "estar sendo" cometido quando houver cessação da atividade delituosa do agente, ou seja, com o achado dos restos mortais da vítima (consoante redação do art. 303 do CPP).[38]

Portanto, conclui-se que, após cessar a continuação da conduta ilícita, não há que se falar mais em crime permanente. É a partir de então que o cronômetro é novamente disparado, surgindo a possibilidade da autuação em flagrante do autor do fato nas demais modalidades de prisão em flagrante (impropriamente própria, imprópria e presumida). Para exemplificar, imagine a hipotética situação de um indivíduo que tenha sequestrado alguém e, em seguida, o libertado. Caso um policial capture o sequestrador três meses após essa libertação e o conduza à delegacia, não há mais flagrante delito. Nesse caso, a possibilidade de prisão em flagrante está atrelada à continuidade do sequestro (permanência do delito) e seus momentos próximos (logo após, logo depois etc.). Em resumo, se tal atividade criminosa cessou há tanto tempo, não é mais possível a prisão em flagrante, em nenhuma modalidade. Vejamos isso em um gráfico:

37 A prática do crime de ocultação de cadáver (art. 211 do Código Penal) é passível de lavratura de auto de prisão em flagrante, já que a pena máxima cominada é de três anos de reclusão. Essa pena excede os limites das infrações de menor potencial ofensivo.

38 Art. 303 – Nas infrações permanentes, entende-se o agente em flagrante delito **enquanto não cessar a permanência**. (Código de Processo Penal)

SEQUESTRO

Vítima ainda está sequestrada (art. 303 do CPP). Possibilidade de prisão em **flagrante próprio** (art. 302, I, CPP) durante todo o tempo em que a vítima estiver privada de sua liberdade.

Vítima libertada (cessação da atividade delituosa). **Cessada a permanência da infração**, o relógio começa a correr e outras possibilidades de prisão em flagrante surgem: impropriamente próprio, impróprio e presumido – arts. 302, II, III e IV do CPP.

Com o decurso considerável do tempo da libertação, não há mais possibilidade de prisão em flagrante.

Tal discussão é fundamental, pois alguns policiais acabam confundindo **os crimes permanentes (delitos que prolongam a consumação no tempo)** com a possibilidade de **situação flagrancial eterna (possibilidade de prender o autor do fato a qualquer momento, mesmo que já tenha havido a cessação da prática delituosa há muito tempo)**. Portanto, para evitar esse tipo de equívoco, lembre-se de que a consumação só se prolonga no tempo se a situação criminosa for mantida, o que nem sempre é o caso.

4.6. NO CASO DE CONCURSO DE MAIOR E DE MENOR DE IDADE EM EMPREITADA CRIMINOSA, A QUAL DELEGACIA CABE A ATRIBUIÇÃO DE LAVRAR O AUTO RESPECTIVO?

É oportuno salientar que, por mais que menores de idade não cometam crimes (com base na visão tripartida do delito), a depender do ato infracional por eles praticado, os mesmos podem ser apreendidos em flagrante.[39] Tal possibilidade advém do texto do art. 173 do Estatuto da

39 Na prática policial, o **procedimento de prisão em flagrante delito** e o **auto de apreensão em flagrante de ato infracional** são institutos que em muito se aproximam, inclusive em relação às peças confeccionadas. No auto de apreensão em flagrante há delegados que não expedem nota de culpa em favor do menor, por uma questão meramente formal. Mesmo para aqueles Delegados que adotem esse posicionamento é importante notar que se deve, de alguma forma, fornecer ao menor apreendido ciência do porquê de sua prisão e quem foram os responsáveis por ela.

Criança e do Adolescente, o qual deixa claro que, nos casos de infrações cometidas com violência e grave ameaça contra pessoa, lavrar-se-á em desfavor do adolescente-infrator o auto de apreensão em flagrante, procedendo-se ao encarceramento do adolescente até sua apresentação às autoridades competentes[40]. As demais práticas infracionais ficam relegadas a um procedimento mais simplório, qual seja, o boletim de ocorrência circunstanciada e, nesse caso, a autoridade policial providenciará a imediata liberação do adolescente a seus responsáveis.

> Art. 173 - Em caso de flagrante de ato infracional cometido mediante violência ou grave ameaça à pessoa, a autoridade policial, sem prejuízo do disposto nos arts. 106, parágrafo único, e 107, deverá:
>
> I - **lavrar auto de apreensão**, ouvidos as testemunhas e o adolescente;
>
> Parágrafo único. Nas demais hipóteses de flagrante, **a lavratura do auto poderá ser substituída por boletim de ocorrência circunstanciada.** (Grifos nossos)

Até aqui, tudo bem! Problemas verdadeiros passam a surgir quando, no mesmo contexto criminoso, há envolvimento de maiores de idade e de menores de idade. Nesse caso, qual procedimento apuratório lavrar: auto de prisão em flagrante, auto de apreensão em flagrante de ato infracional ou ambos?

Em verdade, **virou "coqueluche" nas Delegacias do Brasil a lavra de um só procedimento: o auto de prisão e apreensão em flagrante delito.**[41] Por uma questão de economia e de razoabilidade, visando a evitar a peregrinação desnecessária dos agentes de segurança pública

40 Para que o menor seja mantido encarcerado até a audiência Ministerial, é salutar que, além de o fato praticado ter sido perpetrado com violência ou grave ameaça contra pessoa, haja **interesse em se manter a custódia do menor**. Dizemos isso, pois o artigo 174 do referido estatuto trata como **elementos essenciais para essa medida cautelar a gravidade do ato infracional e sua repercussão social**. Portanto, é perfeitamente possível que o menor de idade pratique um ato infracional violento (ou cometido mediante grave ameaça) e seja, mesmo após a lavratura do Auto de Apreensão, entregue aos seus responsáveis legais, mediante termo de compromisso e responsabilidade.

41 Tal auto é uma peça jurídica única que materializa a prisão do maior de idade, bem como a apreensão do adolescente em flagrante por **prática de atos infracionais violentos**. Lembre-se de que se o ato infracional não for cometido com violência ou grave ameaça à pessoa (por exemplo, no caso de tráfico de drogas) é necessário promover o desmembramento de peças, lavrando-se auto de prisão em flagrante em face do maior de idade e o Boletim de Ocorrência Circunstanciado (BOC) em desfavor do menor de idade.

responsáveis pela condução, consolidou-se a praxe policial da lavratura somente do caderno flagrancial supracitado[42].

Por mais que o auto de prisão e apreensão em flagrante delito seja de ímpar utilidade prática, já que **evita a lavratura de dois procedimentos diversos em relação ao mesmo fato criminoso**, acreditamos que alguns entraves jurídicos sobre ele precisam ser melhor esclarecidos. Dentre essas celeumas jurídicas é importante descobrir a quem cabe a sua lavra. É esse tema que passaremos a detalhar.

Apesar de a lei não mencionar expressamente a solução para essa controvérsia, constatamos que uma leitura atenta ao art. 172 do Estatuto da Criança e do Adolescente vai indicar o caminho escorreito para a solução dessa demanda. Esse dispositivo deixa transparecer que, **em caso de coautoria com maiores de idade, havendo delegacia especializada, prevalecerá a atribuição da referida repartição** (Delegacia de Apuração de Atos Infracionais). Ora, se há prevalência dessa delegacia especializada em relação às demais, é claro que cabe a ela, igualmente, a lavratura desse procedimento flagrancial unificado.

> Art. 172 – O adolescente **apreendido em flagrante de ato infracional será, desde logo, encaminhado à autoridade policial competente**. Parágrafo único. Havendo repartição policial especializada para atendimento de adolescente e em se tratando de ato infracional praticado em coautoria com maior, **prevalecerá a atribuição da repartição especializada**, que, após as providências necessárias e conforme o caso, encaminhará o adulto à repartição policial própria. (Estatuto da Criança e do Adolescente)

Pela leitura do dispositivo acima, constata-se que, se a ideia do legislador fosse dividir os procedimentos a serem lavrados em diferentes delegacias de Polícia, não teria feito uso da expressão "**prevalecer**". A referida terminologia, à guisa da competência judicial, indica que o foro

42 Tal auto é uma peça jurídica única que materializa a prisão do maior de idade, bem como a apreensão do adolescente em flagrante por **prática de atos infracionais violentos**. Lembre-se de que se o ato infracional não for cometido com violência ou grave ameaça à pessoa, por exemplo, no caso de tráfico de drogas, porte de arma de fogo, associação criminosa, será necessário promover o desmembramento de peças, lavrando-se auto de prisão em flagrante em face do maior de idade e o Boletim de Ocorrência Circunstanciada (BOC) em desfavor do menor de idade. Nem por isso, contudo, o adolescente será necessariamente liberado aos seus responsáveis. É claro que, se o Delegado de Polícia constatar a **gravidade do ato infracional e sua repercussão social** (nos termos do art. 174 do Estatuto da Criança e do Adolescente), mesmo no caso de lavratura de mero BOC, poderá decidir que aquele adolescente infrator permaneça sob internação para garantia de sua segurança pessoal ou para a manutenção da ordem pública.

que prevalece é aquele que, mesmo havendo outro competente, atrai para si a resolução cabal de uma contenda. Esse, a nosso ver, foi o intento do legislador: fazer **prevalecer a atribuição da delegacia especializada em relação às atribuições das demais delegacias de Polícia**.

O entendimento supramencionado é o mais razoável. Caso somente o procedimento em desfavor do menor de idade fosse lavrado na delegacia especializada, o maior de idade teria que ser encaminhado a outra delegacia de Polícia, para que houvesse a lavra do auto de prisão em flagrante em relação a ele. Não é difícil notar que vários problemas surgiriam em decorrência dessa opção. O primeiro deles é o martírio da vítima e das testemunhas ao serem obrigadas a narrar novamente os fatos para outra autoridade policial. Também importante salientar é que a demora entre as lavraturas respectivas poderá ocasionar a perda de prazo para comunicação da prisão, para a expedição de nota de culpa e, por fim, para o encaminhamento do auto ao Judiciário, já que o tempo limite para a prática desses atos passa a contar da captura.

Em resumo, por uma questão de razoabilidade e de eficiência, deve a delegacia especializada proceder à lavratura do procedimento conglobado e, após, encaminhar o maior de idade, com a respectiva cópia do auto, para recolhimento ao cárcere e demais investigações de praxe. Esse, sem dúvida, é o espírito da Lei nº 8.069/90, principalmente no que tange ao seu art. 172.

4.7. É PERMITIDO O INGRESSO NO DOMICÍLIO DO SUSPEITO, PRESO EM FLAGRANTE DELITO, MESMO QUE A PRISÃO TENHA OCORRIDO EM LOCAL DIVERSO?

Por mais que não pareça crível que em pleno Estado de Direito ações policiais desse estilo ainda estejam a acontecer, diuturnamente ouvimos relatos delas. Infelizmente, esse proceder é tão costumeiro que até inventaram uma teoria para fundamentá-lo: é a **teoria do flagrante estendido**.

A teoria em questão supostamente permite aos policiais a realização de busca e apreensão no domicílio do flagranteado, mesmo que o fato criminoso tenha ocorrido em outro local. Por óbvio, não há qualquer situação flagrancial (própria, impropriamente própria, imprópria ou presumida) ocorrendo no interior da residência do suspeito, mas, mesmo assim, uma equipe policial ali adentra para fazer uma varredura. **Para os sectários dessa aberrante teoria do flagrante estendido, a diligência de busca e apreensão domiciliar é sempre uma consequência lógica da prisão em flagrante.**

Antes de aprofundarmos no debate, achamos oportuno fazer uma ressalva: **nem sempre o adentramento policial na casa do autor do fato, mesmo que tenha sido ele capturado em outro local, será uma ação criminosa.** Melhor esclarecer isso pois fica parecendo que estamos a guerrear contra todo e qualquer adentramento policial na casa de autores de fato; o que não é o caso. Vergastamos somente a teoria do flagrante estendido, pois ela visa a dar salvaguarda à ação dos policiais quando, não havendo qualquer indício de situação flagrancial na residência do capturado, adentram-na para um mero bisbilhotar. Isso é que é inaceitável.

Salutar, então, analisar três possibilidades jurídicas no contexto do adentramento policial na casa do flagranteado, quando ele não tenha sido lá capturado: primeiro, o policial tem **certeza**[43] de que na casa do capturado há objeto material que também o faria sujeito a outra situação flagrancial;[44] segundo, o policial **acredita, por erro justificável,**[45] que na casa do suspeito há objeto material que ensejaria outra prisão em flagrante; e, por último, o policial sabe que **não há qualquer motivação para o adentramento** na residência do capturado; entretanto, para averiguação, ele o fará (com fulcro na teoria do flagrante estendido).[46] É evidente que, somente no último caso, o policial estaria cometendo uma incontestável ilegalidade.

Para exemplificar esse ensinamento, analisaremos um caso prático. Imagine um indivíduo que fora capturado em flagrante portando uma pistola em uma boate. Após sua captura em flagrante, os policiais obtiveram a informação de que, na residência do indivíduo, também haveria várias

43 Nesse mesmo sentido está o recente pronunciamento do STF sobre a licitude da violação do domicílio no caso de situação flagrancial ocorrendo no interior da residência. O Sodalício brasileiro deixa claro que só é possível falar em legalidade da violação de domicílio, se o policial souber da existência prévia de situação flagrancial lá ocorrendo. **Então, não é válida, portanto, uma diligência meramente exploratória feita pela Polícia.** Vejamos trecho do RE nº 603.616 do STF (Informativo 806 do STF): "A entrada forçada em domicílio sem mandado judicial só é lícita, mesmo em período noturno, quando **amparada em fundadas razões**, devidamente justificadas *a posteriori*, **que indiquem que dentro da casa ocorre situação de flagrante delito**, sob pena de responsabilidade disciplinar, civil e penal do agente ou da autoridade, e de nulidade dos atos praticados" (negrito nosso).

44 Não há qualquer ilegalidade na ação policial, já que houve nova situação flagrancial envolvendo o indivíduo capturado. Na casa em questão estava a ocorrer uma novel situação ilícita que enseja nova prisão em flagrante do indivíduo; por isso, não é difícil notar que tal hipótese está abarcada no art. 5º, inciso XI, da Constituição Federal. Nesse caso, age o policial amparado pelo estrito cumprimento do dever legal.

45 Nesse caso, perfeitamente possível haver a incidência do art. 20, § 1º, do Código Penal (descriminante putativa fática), a qual excluiria o dolo e culpa do policial (caso o erro fosse escusável) em relação à violação de domicílio e ao abuso de autoridade respectivos.

46 É claro que o policial pode contornar essa limitação jurídica, por meio da colheita do consentimento dos moradores, validando a entrada da equipe policial naquele lar. Nesse sentido, vide o item **5.3.1.** da parte III deste livro. Outra boa solução é o isolamento do local e solicitação à autoridade policial que represente, junto ao magistrado de plantão, pela busca e apreensão domiciliar. Nesse caso, por óbvio, a diligência terá que ser realizada durante o dia.

munições ilegais. Ora, a posse de tais materiais bélicos na residência do suspeito, também ensejaria a sua prisão em flagrante. Destarte, os policiais se dirigem à casa do indivíduo e lá encontram tais objetos; nova voz de prisão em flagrante é dada em desfavor do autor do fato. Nesse diapasão, não há qualquer ilegalidade na ação dos policiais.

Voltando à discussão sobre a **teoria do flagrante estendido**, afirmamos que ela carece de fundamento legal. Os defensores de tal teoria argumentam que ela **está amparada pela própria Constituição Brasileira, mais especificamente no art. 5º, inciso XI**. Propugnam tais sectários que tal dispositivo constitucional não mencionou expressamente que a situação flagrancial deve estar ocorrendo na residência, mas que basta haver flagrante para que se permita a devassa do domicílio do autor do fato. É nessa lacuna que os defensores dessa tese almejam se amparar. Tal entendimento é teratológico!

> Art. 5º, XI – a casa é asilo inviolável do indivíduo, ninguém nela podendo penetrar sem consentimento do morador, **salvo em caso de flagrante delito** ou desastre, ou para prestar socorro, ou, durante o dia, por determinação judicial; (Grifo nosso)

Uma interpretação como essa, digna do período ditatorial, obviamente só se manteve vigorosa nos anos imediatamente subsequentes à promulgação da Carta Constitucional de 1988, já que ainda vivenciávamos um período de purgação do autoritarismo. Entretanto, com o recrudescimento das balizas do Direito Humanista em nosso país, tal posição jurídica passou a ser **guerreada pelas próprias instituições policiais**. Citamos, como exemplo, a já revogada Portaria nº 001/92 do Departamento de Polícia Federal, da qual se depreende a proibição total à teoria do flagrante estendido:

> 73. A autoridade policial somente procederá busca domiciliar sem mandado judicial quando houver consentimento espontâneo do morador ou quando tiver certeza da situação de flagrância.
>
> 73.1. No primeiro caso, o consentimento do morador deverá ser por escrito e assinado também por duas testemunhas não policiais que acompanharão a diligência e assinarão o respectivo auto.
>
> 73.2. Na segunda hipótese, é imprescindível ter-se certeza de que o delito está sendo praticado naquele momento, **não se justificando o ingresso no domicílio para realização de diligências complementares à prisão em flagrante ocorrida noutro lugar**, nem para averiguação de "*notitia criminis*". (Grifo nosso)

Fica absolutamente transparente que não é razoável que tal prática se mantenha em nosso país; afinal, estamos em um período no qual **o policial é o primeiro agente garantidor dos Direitos Humanos do suspeito**.

Acreditamos, assim, que a mencionada teoria deva ser excluída da prática policial. Portanto, com o desiderato de combatê-la, passaremos a expor razões jurídicas que demonstram a sua inconstitucionalidade, utilizando-nos como base, inclusive, o mesmo **art. 5º, inciso XI, da Constituição Federal**, no qual os defensores dessa teoria extensiva também dizem ter se inspirado para criá-la.

Em primeiro turno, interessante dizer que **mencionado dispositivo constitucional é uma garantia pétrea, ou seja, uma garantia imutável do homem contra eventuais atos abusivos, inclusive os advindos do Estado**. As garantias e direitos fundamentais do cidadão, elencados principalmente no art. 5º da Carta Magna, surgiram para limitar o arbítrio do Estado frente aos cidadãos; portanto, qualquer tentativa de interpretar tais dispositivos fora desse contexto será evidentemente inconstitucional[47].

Não temos qualquer dúvida que o escopo do referido dispositivo constitucional, quando se refere ao flagrante delito, é permitir que, somente no caso de situação flagrancial acontecendo em um domicílio, poderá o agente de segurança ali adentrar. Nenhuma outra interpretação nos parece aceitável, já que o intento do dispositivo é limitar a ação do Estado e não estendê-la.

De posse desse argumento, entendemos que, se o crime se consumou em local que não a residência do suspeito, o adentramento na casa do referido, sem qualquer fundado indício de que lá esteja a ocorrer situação que autorize a prisão em flagrante delito,[48] corresponderá a **excesso em causa excludente de ilicitude** (estrito cumprimento do dever legal). Os policiais agem amparados por tal excludente de ilicitude enquanto estiverem nos estreitos limites da lei; se o ignoram e arriscam adentrar na casa com o fito de encontrar outros elementos de convicção, far-se-ão incursos nas penas dos crimes de violação de domicílio e de abuso de autoridade.

É óbvio que não pode o policial, a pretexto de fazer um bom trabalho, ferir os ditames de nosso ordenamento jurídico. **Não nos parece razoável que o policial fira a lei para prender um infrator da lei.** Seria uma grande contradição.

47 Cabe aqui a lembrança acerca do princípio da máxima efetividade das normas constitucionais.

48 Não importa a modalidade flagrancial que esteja ocorrendo no domicílio (própria, impropriamente própria, imprópria, presumida); se há flagrante, a entrada no domicílio está permitida.

4.8. É POSSÍVEL PRENDER ALGUÉM QUE, DURANTE A FUGA DA CAPTURA EM FLAGRANTE, REFUGIA-SE, NO PERÍODO NOTURNO, NA CASA DE TERCEIRA PESSOA?

Nesse caso, pode ser efetuada a prisão em flagrante sim! Entretanto, duas situações fáticas devem ser pontuadas: **na primeira**, o morador permite a entrada do criminoso; **na segunda,** o criminoso adentrou na casa sem o consentimento do morador.

Bem, se a residência utilizada como refúgio for violada pelo criminoso, razões maiores existem para permitir a captura realizada pelos policiais, já que a entrada do marginal naquela residência também configura um ilícito (art. 150 do Código Penal). Frisa-se que **a prisão em flagrante desse invasor, no contexto em questão, dar-se-á pela prática do crime de invasão de domicílio** (flagrante próprio de delito de ação penal pública incondicionada), **bem como pela situação anterior, que motivara a perseguição do delinquente**. Nesse sentido, diz Lima (2013, p. 705):

> Obviamente, se uma pessoa perseguida em flagrante delito invadir a casa de outrem, **sem o seu consentimento**, estará praticando outro crime – violação de domicílio (CP, art. 150) –, ou seja, estará em flagrante delito no interior da residência, autorizando, assim, que o agente público possa ingressar na casa e efetuar sua prisão, mesmo que durante a noite. (Grifo nosso.)

Dúvidas maiores surgem quando a casa utilizada como asilo noturno para o marginal é de um indivíduo que, por piedade do criminoso, rechaça a entrada dos policiais em sua residência.[49] Os policiais, nessa hipótese, poderão forçar a entrada e capturar o fugitivo? Pugnamos que sim. Apesar de não se poder imputar o crime de invasão de domicílio ao delinquente,[50] a situação criminosa anterior, a qual inclusive originou a perseguição policial, faz válida

49 Nesse caso, é perfeitamente possível que o morador venha a responder pelo crime de favorecimento pessoal (art. 348 do CP), de resistência (art. 329 do CP) ou de desobediência (art. 330 do Código Penal). Ora, *in casu*, o policial tem autorização constitucional para violar o domicílio e prender o suspeito, já que se trata de situação ensejadora de prisão em flagrante delito. Por isso, não pode o morador se opor a essa entrada e à prisão respectiva. Situação totalmente diversa é aquela na qual a diligência policial visa a capturar, em virtude de mandado judicial, um indivíduo no período noturno, o qual se encontra escondido em uma residência. Nesse caso, age o morador amparado pelo disposto no inc. XI do art. 5º da Constituição Federal, caso rechace a entrada dos policiais. Dizemos isso pois o amparo legal dado aos policiais é diferente quando a prisão derive de ordem judicial. O dispositivo constitucional supracitado não permite que os policiais adentrem na casa durante a noite, sem o consentimento do morador, para dar cumprimento ao *mandamus*. Nesse último caso, não há qualquer crime a se apurar em desfavor do morador, já que o referido só estaria a exercitar o direito de dissenso previsto na Carta Magna de 1988, obstaculizando a entrada dos policiais em sua casa no período noturno.

50 Lembre-se de que o crime de invasão de domicílio (art. 150 do Código Penal) exige, para se aperfeiçoar, o dissenso do morador na entrada do indivíduo. Se o morador permite a entrada e a permanência do fugitivo, não há que se falar, nesse condão, em invasão de domicílio.

ainda a prisão em flagrante. Então, nesse caso, é perfeitamente possível o adentramento na casa do terceiro e a realização da captura do suspeito, já que ainda latente a situação flagrancial pelo fato criminoso pretérito. Nesse sentido, citamos decisório monocrático do STJ acerca do tema:

> O flagrante delito constitui situação excepcional apta a autorizar a penetração da autoridade policial no domicílio sem o consentimento do morador, devendo o respectivo proprietário, **ainda que não tenha relação com o ato praticado pelo agente em perseguição, tolerar a ação da autoridade policial.**[51] (Grifo nosso)

4.9. NO CASO DA PERSEGUIÇÃO EM FLAGRANTE DELITO TRATADA NA QUESTÃO ANTERIOR, QUAL O PROCEDIMENTO CORRETO A SER ADOTADO PELOS POLICIAIS: ADENTRAR IMEDIATAMENTE NO LOCAL ONDE ESTÁ O FUGITIVO OU PROCEDER AO CERCO POLICIAL PRECONIZADO NO ART. 293 DO CPP?

O policial poderá adentrar no local sem receio! Intentamos escrever essa questão de forma isolada apenas para realçar essa importante informação, já que reputamos ser ela um dos "pontos operacionais" mais importantes do livro.

Não raras são as vezes que policiais, durante perseguição, visualizam que o marginal adentrou em uma residência e acabam "travando" na porta da casa. Pois é! **Enquanto o policial fica na dúvida se adentra ou não no local, o suspeito ganha tempo para se preparar e pode, inclusive, armar uma emboscada para recepcioná-lo.** Por esse motivo, impende ressaltar ao policial que sua entrada no local, nessas situações, é plenamente lícita.

O problema é que o policial, ao ler o art. 293 do Código de Processo Penal, acaba tentando projetar, integralmente, esse procedimento de prisão por mandado judicial para a prisão em flagrante. Esse é um grande equívoco. Asseveramos isso pois, apesar de o art. 294[52] do CPP ter estendido as disposições sobre esse procedimento de prisão por mandado judicial à prisão em flagrante, deixou claro também que esta analogia só ocorrerá no caso de haver plena compatibilidade.

51 Trecho de decisão do Tribunal de Justiça do Maranhão contida no AREsp/STJ nº 258.443 de 07/12/2012.

52 Art. 294 – No caso de prisão em flagrante, **observar-se-á o disposto no artigo anterior, no que for aplicável**. (Código de Processo Penal, grifo nosso)

> Art. 293 – Se o **executor do mandado** verificar, com segurança, que o réu entrou ou se encontra em alguma casa, **o morador será intimado a entregá-lo**, à vista da ordem de prisão. Se não for obedecido imediatamente, o executor convocará duas testemunhas e, sendo dia, entrará à força na casa, arrombando as portas, se preciso; **sendo noite, o executor, depois da intimação ao morador, se não for atendido, fará guardar todas as saídas, tornando a casa incomunicável, e, logo que amanheça, arrombará as portas e efetuará a prisão**. (Código de Processo Penal, grifos nossos)

Verdadeiramente, pouco desse procedimento se aproveita para a prisão em flagrante, pois **pela própria essência da prisão em flagrante não há como se esperar a aurora para que a polícia proceda à captura de um fugitivo; muito menos que o policial toque a campainha e peça para o morador entregar espontaneamente o criminoso**.

A prisão em flagrante tem que ser rápida, vez que elementos da prática criminosa podem desaparecer com o transcurso do tempo. Além disso, a demora do policial em capturar o autor do fato, nesse caso, possibilita que o increpado delibere acerca da situação e resolva, por exemplo, fazer os moradores do imóvel de reféns.

Diferentemente disso é o mandado de prisão, o qual, pela sua própria natureza burocrática, pode ter seu cumprimento retardado, porquanto está atrelado à escolha da autoridade sobre o melhor momento para seu cumprimento. Os ânimos aqui, com certeza, estão muito mais calmos do que os de um indivíduo que foge da prisão em flagrante. Talvez por isso a Constituição Federal de 1988 tenha conferido à prisão em flagrante uma elasticidade maior do que ao mandado de prisão, permitindo-se, no flagrante delito, o ingresso na residência onde o criminoso estiver, seja durante o dia ou à noite.[53]

53 Art. 5º, XI – a casa é asilo inviolável do indivíduo, ninguém nela podendo penetrar sem consentimento do morador, **salvo em caso de flagrante delito** ou desastre, ou para prestar socorro, ou, **durante o dia, por determinação judicial**; (Constituição Federal, grifos nossos)

4.10. NO CASO DE FLAGRANTE DE CRIME SUJEITO À AÇÃO PENAL PRIVADA OU À PÚBLICA CONDICIONADA, PODE O POLICIAL CAPTURAR E CONDUZIR O SUSPEITO QUANDO A VÍTIMA DEMONSTRAR IMEDIATO DESINTERESSE EM VÊ-LO FLAGRANTEADO?

Quando discorremos em sala de aula sobre as várias possibilidades de prisão em flagrante, logo surgem questionamentos sobre as particularidades atinentes aos **crimes de ação penal privada ou de ação pública condicionada à representação**.

Esse tema, por não ser muito explorado pela doutrina e jurisprudência pátrias, acaba por trazer certa insegurança ao policial. Na prática, o profissional de segurança prefere não prender o indivíduo nessa circunstância a correr o risco de ser responsabilizado criminalmente por suposto ato abusivo. Notaremos, a seguir, que, **se o policial capturar e conduzir o indivíduo nessa situação à delegacia, não terá praticado nenhuma ilegalidade,** por isso é tão importante o estudo sobre essa temática.[54]

Fica fácil constatar que, em relação à fase judicial, a falta da condição de procedibilidade (representação ou requerimento) impossibilitará o desenrolar da ação penal respectiva. Sobre esse ponto não há dúvidas. Não obstante, a legislação processual não deixou claro se a ausência dessas mesmas condições de procedibilidade também afetará a prática de todo e qualquer ato do complexo procedimento da prisão em flagrante.[55] Sobre esse ponto, a doutrina majoritária brasileira filia-se à tese de que a **ausência de tais condições de procedibilidade** somente evitará **a lavratura do auto de prisão em flagrante, bem como o conseguinte recolhimento ao cárcere, restando possíveis a captura e a condução do suspeito**.

Em outros termos, portanto, o autor do fato poderá ser capturado e conduzido à delegacia para que lá a autoridade policial promova a oitiva formal dos envolvidos, independentemente de a vítima já ter deixado claro seu desejo de não ver o seu agressor processado. Nesse mesmo sentido, verifica Lima (2013, p. 879):

---

54 Em verdade, o policial que, no contexto em análise, decidir liberar o autor do fato em atenção ao apelo da vítima em não vê-lo preso coloca-se em situação de risco, já que pode vir a ser responsabilizado pelo crime de prevaricação (art. 319 do CP), favorecimento pessoal (art. 348 do CP) ou até mesmo, fuga de pessoa presa (art. 351 do CP).

55 Lembre-se de que o procedimento de prisão em flagrante é formado pelos seguintes atos: captura, condução e autuação; além disso, como ato-consequência da lavratura do auto, há também o recolhimento ao cárcere.

> [...] em relação a tais delitos, **afigura-se possível a captura e a condução coercitiva daquele que for encontrado em situação de flagrância, fazendo-se cessar a agressão com o escopo de manter a paz e a tranquilidade social. No entanto, a lavratura do auto de prisão em flagrante estará condicionada à manifestação do ofendido ou de seu representante legal**. Se a vítima não puder imediatamente ir à delegacia para se manifestar, por ter sido conduzida ao hospital ou por qualquer motivo relevante, poderá fazê-lo no prazo de entrega de nota de culpa (24 horas) [...].

Um importante ponto a ser sobrelevado no contexto em discussão é que as condições de procedibilidade não influem na existência da infração penal. Lembre-se de que crime é fato típico, antijurídico e culpável. **Mesmo que a vítima não deseje representar contra o seu agressor, uma situação criminosa ainda assim houve.** Ora, se há crime, há também justa causa a embasar a captura e a condução do suspeito à delegacia.

Portanto, não vemos como se repreender a atividade do policial que faz cessar a ação ilícita, capturando e conduzindo o infrator da lei à autoridade jurídica responsável pela documentação do feito. Se haverá ou não a colheita da condição de procedibilidade e posterior lavratura do auto de prisão em flagrante, esse problema é do delegado e não do condutor.

Verdadeiramente, **é somente com a apresentação do fato ao delegado de Polícia que o ato de detenção passa a tomar contornos iniciais de persecução penal**. É necessário que, logo após tomar ciência dos fatos, a autoridade policial realize atos de documentação sobre a infração penal, visando a dar o embasamento fático à colheita das condições de procedibilidade.

Por isso, é evidente que **somente após a documentação de todo o fato e constatação de que realmente houve um ilícito, é que a autoridade**[56] **colherá da vítima (ou de seu representante legal) a condição de procedibilidade**. É esse, então, o momento oportuno para a vítima, ou seu representante legal, exercitar o direito de negar seguimento ao

56 Art. 39 – O direito de representação poderá ser exercido, pessoalmente ou por procurador com poderes especiais, mediante declaração, escrita ou oral, feita ao juiz, ao órgão do Ministério Público, **ou à autoridade policial**. § 1o – A representação feita oralmente ou por escrito, sem assinatura devidamente autenticada do ofendido, de seu representante legal ou procurador, será reduzida a termo, perante o juiz ou **autoridade policial**, presente o órgão do Ministério Público, quando a este houver sido dirigida. (Código de Processo Penal)

procedimento contra o autor do fato[57], e não no momento da captura em flagrante, como alguns doutrinadores defendem.[58]

Note que, caso o delegado de Polícia constate que os fatos narrados pelos envolvidos na ocorrência são atípicos, não há que se coletar da suposta vítima ou do representante legal a condição de procedibilidade respectiva. Ora, se o delegado visualizar a inexistência de crime a se apurar, nenhuma razão há para se colher a condição de procedibilidade, pois não haverá nenhuma persecução penal em desfavor do autor do fato.[59] Seria como untar a forma de bolo sem ter ao menos colhido o milho.

Por fim, frise-se que, se a vítima ou seu representante legal, já no interior da delegacia de Polícia, não demonstrarem interesse em ver o agressor autuado, apenas colocarão um empecilho momentâneo ao regular andamento do procedimento apuratório. Por isso é tão importante ter havido a condução do suspeito e a documentação daquela infração penal[60]. Dizemos isso pois é comum que a vítima não mostre interesse em ver o agressor autuado naquele instante, mas, posteriormente, retorne à delegacia para que o fato seja apurado por meio de inquérito policial ou termo circunstanciado de ocorrência. Afinal, a vítima ou seu representante têm até seis meses para ofertar a representação ou requerimento, consoante o disposto no art. 38 do Código de Processo Penal.[61]

57 Se a vítima (ou quem de direito) não ofertar a representação ou o requerimento naquele momento, o delegado deverá deixar de autuar em flagrante o conduzido. Contudo, a autoridade policial, por meio de despacho, deverá justificar essa circunstância para evitar alegações de suposta leniência. Para mais detalhes, vide o modelo de despacho constante no item **4.7.1.** da parte III desta obra.

58 Filho (2012, p. 499) defende que a condição de procedibilidade deve deve ser levada em conta já nos atos iniciais do procedimento de prisão em flagrante: "Sendo flagrante delito uma *notitia criminis* de natureza coercitiva, e se nesses casos a *notitia criminis* só pode ser dada pelo ofendido ou seu representante legal, não se concebe possam as Autoridades Policiais, ou seus agentes, ou qualquer do povo, efetuar a prisão em flagrante. O mais que a polícia pode fazer é evitar a continuação do fato delituoso ou mesmo o escândalo dele resultante."

59 Caso o fato criminoso seja um crime de menor potencial ofensivo, a falta da condição de procedibilidade impedirá a lavratura do termo circunstanciado de ocorrência (TCO) e, conseguintemente, também a lavra do termo de compromisso de comparecimento.

60 **É importante mencionar que, no caso da não oferta imediata da representação ou do requerimento, as peças produzidas durante a investigação policial propedêutica serão encaminhadas ao juízo competente, onde ficarão até que findo o prazo de seis meses para colheita da condição de procedibilidade respectiva. Nesse sentido,** *vide* o art. 19 do Código de Processo Penal: "Nos crimes em que não couber ação pública, os autos do inquérito serão remetidos ao juízo competente, onde aguardarão a iniciativa do ofendido ou de seu representante legal, ou serão entregues ao requerente, se o pedir, mediante traslado" (Código de Processo Penal).

61 Art. 38 – Salvo disposição em contrário, o ofendido, ou seu representante legal, decairá no direito de queixa ou de representação, se não o exercer dentro do prazo de seis meses, contado do dia em que vier a saber quem é o autor do crime, ou, no caso do art. 29, do dia em que se esgotar o prazo para o oferecimento da denúncia. Parágrafo único. Verificar-se-á a decadência do direito de queixa ou representação, dentro do mesmo prazo, nos casos dos arts. 24, parágrafo único, e 31. (Código de Processo Penal)

4.11. QUAL O MOMENTO CORRETO PARA O DELEGADO DE POLÍCIA DIRIGIR A COMUNICAÇÃO DA PRISÃO E ENCAMINHAR O RESPECTIVO AUTO DE PRISÃO EM FLAGRANTE AO JUIZ COMPETENTE?

A comunicação da prisão deve ser concretizada imediatamente e o encaminhamento do flagrante delito em até 24 horas após a captura. Cada um desses atos tem uma função muito peculiar no procedimento flagrancial; por isso só atingirão seus verdadeiros desideratos caso sejam realizados nos prazos previstos em lei.

A comunicação da prisão precisa ser incontinenti, já que o Estado é obrigado a dar ciência a quem de direito acerca da detenção de um indivíduo. Já o encaminhamento do procedimento flagrancial visa a fornecer substratos à autoridade judiciária para decidir sobre a legalidade do procedimento prisional e deliberar se o flagranteado será posto em liberdade ou mantido em cárcere público.

Para deixar mais claro o que fora exposto acima, é relevante fazermos uma análise detalhada do art. 306 do Código de Processo Penal, visando a espancar quaisquer dúvidas sobre os atos que devem ser realizados pelo delegado de Polícia, bem como o respectivo prazo para sua prática.

> Art. 306 – A prisão de qualquer pessoa e o local onde se encontre serão **comunicados imediatamente** ao juiz competente, ao Ministério Público e à família do preso ou à pessoa por ele indicada. § 1º - **Em até 24 (vinte e quatro) horas** após a realização da prisão, será **encaminhado** ao juiz competente o **auto de prisão em flagrante** e, caso o autuado não informe o nome de seu advogado, **cópia integral para a Defensoria Pública**. § 2º - **No mesmo prazo**, será entregue ao preso, mediante recibo, a **nota de culpa**, assinada pela autoridade, com o motivo da prisão, o nome do condutor e os das testemunhas. (Código de Processo Penal)

Pela mera leitura do dispositivo processual em questão, já se tem a certeza de que um dos primeiros atos administrativos[62] a serem realizados pelo delegado, quando toma ciência do fato criminoso, é **a comunicação da prisão em flagrante. Tal ato almeja manter um controle efetivo sobre**

62 Por mais que os **primeiros atos administrativos formais** a serem realizados pela Autoridade sejam as comunicações do artigo 306 do Código de Processo Penal, a advertência ao preso sobre os seus direitos Constitucionais deve ter sido efetivada previamente.

a detenção policial, além de assegurar a devida assistência humana ao flagranteado[63]. Por isso, esse ato deve ocorrer o mais rápido possível, preferencialmente assim que o conduzido tenha o **primeiro contato com a autoridade policial (delegado)**[64].

Logo após a entrevista prévia com todos os envolvidos na ocorrência, dá-se início ao laborioso trabalho de documentação dos fatos (oitivas e colheitas de condições de procedibilidade). Com todos os elementos de convicção em mãos, a autoridade policial decidirá pela lavratura ou não do auto de prisão em flagrante. Autuado o indivíduo em flagrante delito, caberá ao delegado de Polícia, então, a realização de outro ato, que seja a expedição da nota de culpa. Esse ato administrativo, que promove a ciência formal do preso acerca do motivo de sua prisão (bem como dos responsáveis por ela), tem como prazo limite 24 horas após a captura.[65]

A razão desse prazo relativamente elastecido para a entrega da nota de culpa[66] ao flagranteado é que, para haver a sua expedição, é necessário que a autoridade policial tenha formado o juízo acerca da culpa do autor

63 **Há quem entenda que o ato de comunicação da prisão deveria se dar, inclusive, pelo próprio policial responsável pela captura ou pela condução do suspeito. Não concordamos com essa posição. Ora, se o artigo 306 do Código de Processo Penal requer que o local** onde se encontre o preso também seja informado aos legitimados do artigo 306 do CPP, não podem os referidos policiais condutores, de antemão, dar essa informação, até porque ainda não podem determinar qual será a delegacia que lavrará o referido procedimento prisional. Lembre-se de que, nos termos do artigo 308 do CPP, se não houver um delegado no Município da efetivação da captura, deverão os policiais capturadores diligenciarem ao local mais próximo em que haja uma autoridade policial.

64 **Mesmo que o delegado possa vislumbrar de antemão que não há qualquer possibilidade de autuação** do suspeito em flagrante delito, ***deverá comunicar*** a detenção precária de tal indivíduo às pessoas elencadas no artigo 306 do Código de Processo Penal. Não é necessário, portanto, o início de qualquer formalização de oitiva (ou mesmo a entrega de recibo de preso) para que se promovam essas comunicações. **Recorde-se de que a ideia de tais informes é manter o controle sobre a detenção precária do indivíduo (a qual subsiste desde o momento da captura), bem como garantir a assistência familiar ao indivíduo capturado e conduzido ao órgão policial.**

65 É recomendável contar os prazos para a **remessa do APF ao Poder Judiciário** (e para a **expedição da nota de culpa**) a partir do ato de CAPTURA, já que, assim, há a **diminuição do tempo em que o Estado fica na custódia desvigiada do preso**. A custódia desvigiada é aquela exercida pelos órgãos policiais, sem que ainda tenha havido controle **pormenorizado** da autoridade judiciária competente (análise do Auto de Prisão em Flagrante).

66 O artigo 306,§ 2º, do Código de Processo Penal, traz uma pequena impropriedade. O referido dispositivo determina que a nota de culpa traga as seguintes informações **sobre a prisão**: o motivo, o nome da autoridade policial responsável, o nome das testemunhas e o **nome do 'condutor'**. Como bem se sabe, o condutor nada mais é do que a pessoa que leva o suspeito à Delegacia. Não necessariamente ele terá participado da captura do autor do fato. Portanto, parece-nos que o referido dispositivo do CPP não é absolutamente fiel ao que o legislador constituinte desejava quando da invenção do artigo 5º, inciso LXIV, da Constituição Federal de 1988. Note-se que, neste dispositivo pétreo, ordena-se que o preso tenha ciência da identificação dos responsáveis pelo seu interrogatório e prisão, o que faz deduzir que **mais correto seria constar na nota de culpa os nomes da autoridade policial, do 'capturador' e do 'condutor'.**

do fato, ou seja, toda a documentação das oitivas já tem que ter sido levada a cabo, bem como já ocorrida a lavratura do auto de flagrante. Sem esse embasamento fático-jurídico, expedir a nota de culpa seria uma ilegal antecipação de juízo valorativo da autoridade policial.

Por fim, há a remessa do expediente administrativo (auto de prisão em flagrante e peças correlatas) ao juízo competente,[67] ao qual incumbirá decidir sobre a liberdade ou a manutenção da prisão do flagranteado. Incidentalmente, também haverá remessa do expediente administrativo à Defensoria Pública, nos casos em que o preso não nominar quem é seu causídico.[68] Esses dois últimos procedimentos também têm que ser realizados em até 24 horas após a captura.

> Uma coisa é a imediata comunicação da prisão à autoridade judiciária. Como a própria Constituição Federal dispõe em seu art. 5º, LXII, tal comunicação tem que ser imediata, ou seja, tão logo haja o cerceamento à liberdade de locomoção, o juiz competente deve ser comunicado acerca da prisão. Outra coisa é a posterior remessa do auto de prisão em flagrante delito, em até 24 (vinte e quatro) horas depois da captura. A comunicação imediata informa a autoridade judiciária de que há uma pessoa que está detida sem que haja prévia autorização judicial, possibilitando que o magistrado, a partir de então, passe a controlar os passos da autoridade policial, até mesmo no que toca à conclusão do auto de prisão em flagrante no prazo legal de 24 (vinte e quatro) horas. (LIMA, 2013, p. 853)

Portanto, por mais que a prática policial corriqueira seja a realização da comunicação da prisão no mesmo momento do encaminhamento do caderno flagrancial ao Poder Judiciário, essa *praxis* não atende ao mandamento do legislador (art. 306 do Código de Processo Penal). **É claro que o encaminhamento do auto já faria a função de comunicar o**

67 Note-se que a redação do art. 306 do Código de Processo Penal deixou claro não ser necessário o encaminhamento do auto de prisão em flagrante ao Ministério Público. Entretanto, o promotor de justiça do local da consumação do delito ainda será destinatário do ato de comunicação da prisão em flagrante.

68 No caso de **não haver** Defensoria Pública instalada no município da consumação do delito, deve a autoridade policial fazer constar na comunicação judicial tal circunstância, visando à nomeação de advogado dativo por parte da autoridade judiciária. Insta frisar que basta que o réu NOMINE quem é seu advogado para que o encaminhamento do caderno flagrancial à Defensoria Pública se torne desnecessário. O que o legislador desejou, ao criar tal mecanismo de garantia, foi assegurar uma defesa atual ou futura do flagranteado. Se o preso indicar o nome de seu advogado, em sede de delegacia, é porque tem certeza de que se fará assistido por causídico (seja no momento da própria lavratura do procedimento prisional, seja em momentos próximos).

juiz sobre a prisão ocorrida. É esse "chover no molhado" que não faz qualquer sentido! **Portanto, para que essa comunicação (por meio de ofício) não se seja um *bis in idem* desnecessário, deverá ela ocorrer em momento anterior ao encaminhamento do APF.**

Apesar do exposto, não somos insensíveis às dificuldades oriundas da promoção, em separado, desses dois atos (comunicação e encaminhamento do auto de prisão em flagrante). Sabemos das grandes dificuldades estruturais das delegacias de Polícia de todo o Brasil, principalmente em relação ao material humano. Por essa razão, não vemos qualquer empecilho em tal comunicação inicial dar-se pelos modernos meios de comunicação (fax, e-mail, telefone etc.), seja ao juiz, ao promotor, ou à pessoa indicada pelo preso. Afinal, se a prisão por mandado judicial pode ser requerida por qualquer meio de comunicação,[69] por que não se poderia comunicar a detenção em flagrante de um indivíduo por iguais métodos?

Se a ideia é promover a imediata comunicação das pessoas elencadas no art. 306 do Código de Processo Penal, o meio utilizado tem que ser compatível com essa celeridade. Por isso, não visualizamos óbices à comunicação da prisão ser realizada à família do preso e ao juiz, por exemplo, por telefone. É claro que, no caso dos atos de comunicação realizados por telefone, será necessária a lavratura de uma certidão, pelo escrivão do feito, que possui fé pública, visando a materializar esse ato policial nos autos.

Por fim, acreditamos oportuno organizar todo o procedimento exposto acima em um fluxograma. Desse modo, podemos facilitar o trabalho do policial quando da realização dos atos administrativos debatidos nessa questão.

69 Art. 299. A captura poderá ser requisitada, à vista de mandado judicial, por qualquer meio de comunicação, tomadas pela autoridade, a quem for feita a requisição, as precauções necessárias para averiguar a autenticidade desta.(Código de Processo Penal)

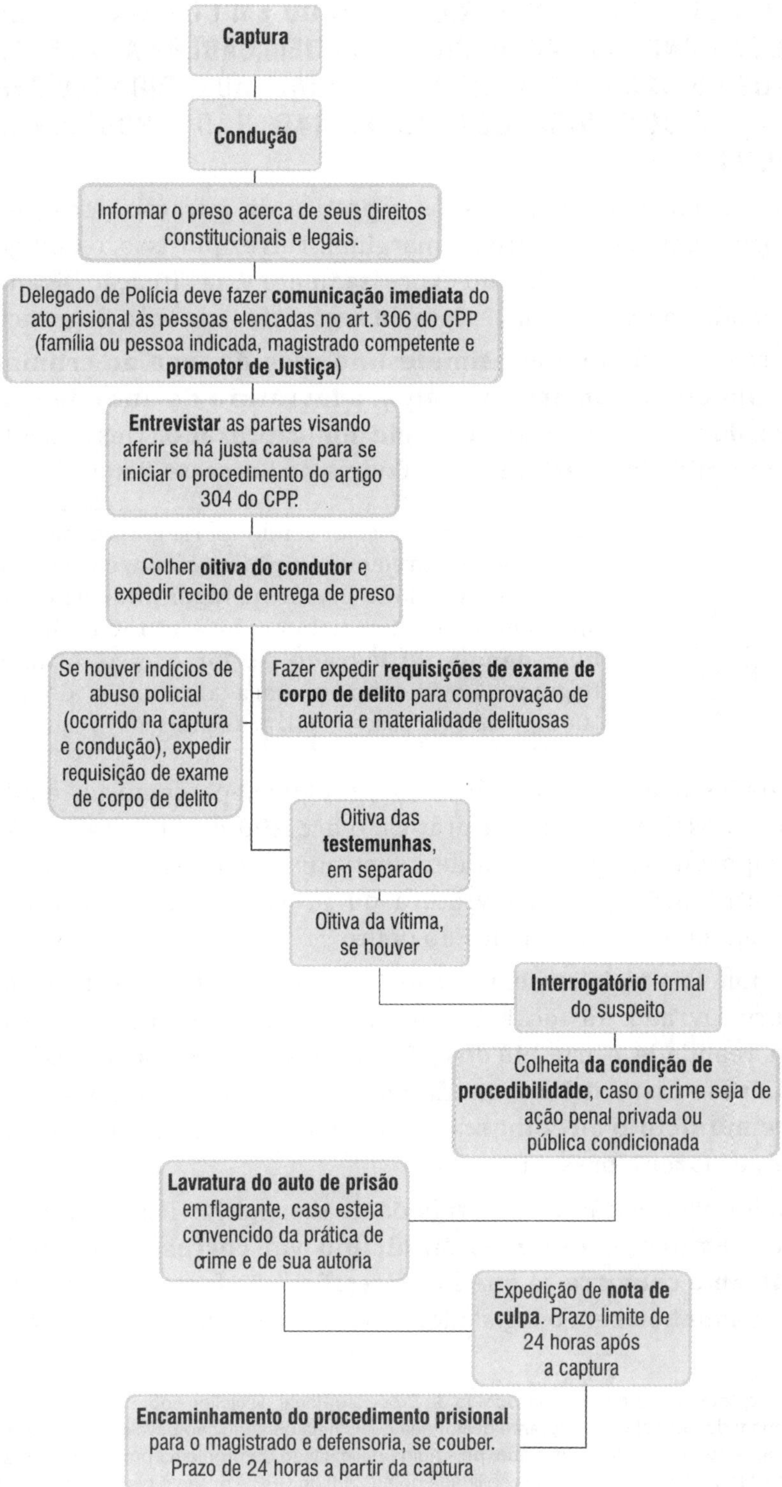
Captura
Condução
Informar o preso acerca de seus direitos constitucionais e legais.
Delegado de Polícia deve fazer comunicação imediata do ato prisional às pessoas elencadas no art. 306 do CPP (família ou pessoa indicada, magistrado competente e promotor de Justiça)
Entrevistar as partes visando aferir se há justa causa para se iniciar o procedimento do artigo 304 do CPP.
Colher oitiva do condutor e expedir recibo de entrega de preso
Se houver indícios de abuso policial (ocorrido na captura e condução), expedir requisição de exame de corpo de delito
Fazer expedir requisições de exame de corpo de delito para comprovação de autoria e materialidade delituosas
Oitiva das testemunhas, em separado
Oitiva da vítima, se houver
Interrogatório formal do suspeito
Colheita da condição de procedibilidade, caso o crime seja de ação penal privada ou pública condicionada
Lavratura do auto de prisão em flagrante, caso esteja convencido da prática de crime e de sua autoria
Expedição de nota de culpa. Prazo limite de 24 horas após a captura
Encaminhamento do procedimento prisional para o magistrado e defensoria, se couber. Prazo de 24 horas a partir da captura

4.12. SE O AUTOR DO FATO FOR CAPTURADO EM COMARCA DIVERSA DO LOCAL DA CONSUMAÇÃO DO CRIME, A QUEM CABERÁ A LAVRATURA DO AUTO DE PRISÃO EM FLAGRANTE? A QUAIS AUTORIDADES SERÃO DIRIGIDAS AS COMUNICAÇÕES DE PRISÃO E O PROCEDIMENTO FLAGRANCIAL?

A fuga para outro município, após a prática de infração penal, é um comportamento corriqueiro do marginal. Talvez por isso, o Código de Processo Penal tenha disciplinado expressamente essa situação, fixando a qual autoridade competirá a lavratura do respectivo caderno flagrancial.

Ora, a regra criada é bem simples: no caso de fuga do criminoso do Município ou da comarca da culpa, a lavratura do auto de prisão respectivo dar-se-á no local onde ele for capturado. Nesse sentido, citamos a literalidade do art. 290[70] do Código de Processo Penal:

> Art. 290 – Se o réu, sendo perseguido, passar ao território de **outro município ou comarca**, o executor poderá efetuar-lhe **a prisão no lugar onde o alcançar,** apresentando-o imediatamente à **autoridade local, que, depois de lavrado**, se for o caso, o auto de flagrante, providenciará para a remoção do preso. (Código de Processo Penal, grifos nossos)

Superada essa análise primária do problema, passemos a analisar quando será possível aplicar, na prática, o art. 290 do CPP. Tal estudo é de suma importância, pois visa a desconstituir a errônea cultura policial acerca da atribuição para a lavratura do procedimento de prisão em flagrante, quando de fuga do palco do delito.

Alguns policiais insistem em afirmar que o procedimento flagrancial será sempre lavrado no local da captura, o que obviamente não está correto. Na realidade, o art. 290 do CPP deixa claro que **só será possível a aplicação desse dispositivo quando houver o transpasse do marginal para outro município ou comarca**. É para evitar este ou aquele equívoco que decidimos fazer o presente estudo.

A primeira observação que extraímos do dispositivo legal em questão é que **nem sempre o limite do Município vai corresponder à área integral de uma comarca**, já que as expressões não foram tratadas como sinônimas. Caminhou bem o legislador ao criar tal distinção, pois é comum

70 É importante notar que o art. 290 do Código de Processo Penal disciplina sobre a possibilidade de prisões (por mandado judicial e em flagrante delito) nas quais haja perseguição policial que extrapole os limites da comarca ou Município. É claro que, pela rígida delimitação do problema proposto na questão, só envidaremos esforços no estudo da aplicabilidade do art. 290 do CPP à prisão em situação flagrancial.

que Municípios muito pequenos acabem sendo conglobados dentro de uma mesma comarca, para fins de otimização da organização judiciária. Nesse caso, é evidente que **a fuga do marginal de um Município a outro, independentemente de estarem vinculados ou não a mesma comarca, já obrigará o atendimento da referida regra. Em suma, saiu do Município, o art. 290 do CPP é aplicável.**

Para exemplificar a aplicação prática desse dispositivo processual, citaremos a comarca de Senador Canedo, no estado de Goiás, como tablado hipotético. Essa comarca abrange os municípios de Senador Canedo[71] e Caldazinha.[72] Imaginemos, então, que um crime seja praticado em Caldazinha, mas o autor do fato só seja capturado, ainda em flagrante delito, em Senador Canedo. Nesse caso, mesmo que o autor do fato não tenha excedido os limites da comarca de Senador Canedo, serão aplicadas as regras do art. 290 do CPP, já que houve o transpasse dos limites do município em que consumara o crime (Caldazinha). Destarte, cabe à autoridade de Senador Canedo promover a autuação em flagrante do indigitado.

Em posição diametralmente oposta, está a situação de perseguição policial e captura no contexto do mesmo município e da mesma comarca. Ou seja, **se a consumação e captura em flagrante se deram nos limites da mesma comarca e município, mas em áreas de circunscrição de diferentes delegacias, não há que se aplicar essa regra**. Nesse caso, por não ter havido fuga de um município para outro (ou entre comarcas), não se desloca a atribuição para lavratura do correspondente procedimento flagrancial.[73]

Frisamos essa posição jurídica, pois, em virtude de ambas as delegacias estarem vinculadas à mesma comarca e ao mesmo município, não se mostra razoável atribuir ao delegado do local da captura, o qual não será o responsável pela investigação respectiva, a incumbência de lavrar o auto de prisão. **Pelo exposto, afirmamos que o fato deve ser apresentado diretamente à delegacia da área da consumação do delito, já que, assim, o delegado responsável pela futura apuração terá a possibilidade de colher mais elementos acerca de prática delituosa em questão.**

Para melhor compreensão do tema, apresentaremos o caso hipotético de um latrocínio ocorrido em Aparecida de Goiânia.[74] Tal município é sede

---

71 Senador Canedo é um Município do Estado de Goiás, distante cerca de 18 km da capital, Goiânia. A população estimada é de cerca de 80 mil habitantes.

72 Caldazinha é um Município do Estado de Goiás, distante cerca de 30 km da capital, Goiânia. A população estimada é de cerca de quatro mil habitantes.

73 Art. 290 do Código de Processo Penal: Se o réu, sendo perseguido, passar ao território de **outro município ou comarca...** (Grifo nosso)

74 Aparecida de Goiânia é um município do estado de Goiás que integra a região metropolitana de Goiânia. A população estimada é de 500.000 habitantes. Aparecida é sede de comarca, sendo que há 7 (sete) delegacias distritais e outras especializadas nessa municipalidade.

de comarca e é guarnecido por mais de dez delegacias, entre distritais e especializadas. O latrocínio em questão fora praticado na área de abrangência da 4ª DP de Aparecida de Goiânia, mas o criminoso só foi capturado na circunscrição da 5ª DP de Aparecida de Goiânia. Pelo teor do art. 290 do CPP, não incide aqui a atribuição de lavra do auto de prisão à autoridade policial do local da captura, já que não houve a evasão do município ou comarca da culpa. **Isso é importante: notar que, sem a fuga do município da culpa, não há que se aplicar tal regra processual.**

Em verdade, forçar a aplicação analógica do disposto do art. 290 do CPP ao presente exemplo seria causar um enorme prejuízo à investigação. Melhor, portanto, encaminhar a situação flagrancial para a 4ª DP (circunscrição do local da consumação do crime) para que a autoridade respectiva autue o criminoso, se for o caso, e já dê continuidade às investigações necessárias. É uma questão de razoabilidade, de economia e de efetividade[75].

Por fim, é importantíssimo salientar que, nos casos do art. 290 do Código de Processo Penal, **a comunicação da prisão deverá ser dirigida ao juiz e ao promotor do local da consumação do crime,**[76] **e não às autoridades do local da captura**. Outrossim, igual destino se dará ao caderno do flagrante, quando encaminhado ao juiz e, se for o caso, à Defensoria Pública. **Note que as autoridades competentes não são as do local da captura, mas sim aquelas que promoverão a acusação e o julgamento do crime praticado**[77]**, ou seja, as do local do fato.**[78]

75 Mesmo sabendo que a posição jurídica defendida nessa questão é a mais correta, temos que deixar claro para o leitor que o Supremo Tribunal Federal (**RHC 63.929/GO**) já decidiu que a ofensa aos ditames do artigo 290 do CPP **não ocasiona o relaxamento da prisão em flagrante**.

76 "Se a captura do agente se dá em outra circunscrição, pode o auto de prisão em flagrante ser aí lavrado, visto que a autoridade policial não exerce ato de jurisdição, **devendo, entretanto, ser dirigida a comunicação ao juiz da comarca onde o crime se consumou.**" (RT, 687/334)

77 Importante lembrar que o procedimento de prisão em flagrante também será encaminhado para o delegado responsável pela continuidade das investigações. Esse é o teor do art. 304, § 1º, do CPP: "Resultando das respostas fundada a suspeita contra o conduzido, a autoridade mandará recolhê-lo à prisão, exceto no caso de livrar-se solto ou de prestar fiança, e prosseguirá nos atos do inquérito ou processo, se para isso for competente; **se não o for, enviará os autos à autoridade que o seja**."

78 Há expressiva corrente doutrinária em sentido diverso, pugnando pelo direcionamento de tais atos às autoridades do local da captura. **Com todo o respeito a essa posição jurídica, acreditamos que não seja razoável dirigir a comunicação da prisão e o auto de prisão em flagrante para autoridades que já sabemos evidentemente incompetentes para a *persecutio criminis***. Note que tanto a redação da Constituição Federal como a do Código de Processo Penal obrigam que os atos de comunicação e remessa dos autos sejam direcionados ao juiz **COMPETENTE**. Por mais que a incompetência territorial seja um vício relativo, ainda assim não podemos negar que o ato praticado **perante um juiz relativamente incompetente ainda permanece ilegal**. Por razões lógicas, o juiz relativamente incompetente não pode ser considerado "juiz competente" para fins de comunicação e encaminhamento do caderno flagrancial. Seria, por óbvio, uma grande afronta aos ditames da Constituição Federal e da lei processual penal.

4.13. COMO DEVE PROCEDER O DELEGADO DE POLÍCIA NO CASO DE PRISÕES EM FLAGRANTE OCORRIDAS EM MOMENTOS DISTINTOS, MAS EM VIRTUDE DO MESMO FATO CRIMINOSO?

É comum que as práticas criminosas cometidas em concurso de agentes tragam grande dificuldade à ação policial. Costumam os marginais, após a concretização do delito, promover uma verdadeira diáspora delituosa: cada um foge para um rumo. Aqui mora o problema!

Engana-se o leitor se achou que o problema maior diz respeito à dificuldade de capturá-los em flagrante. Em verdade, o problema que emerge é quanto à documentação dessas capturas, principalmente se ocorrerem em momentos diversos.

Imaginemos, a título elucidativo, que uma dupla tenha praticado um roubo e empreendido fuga para locais distintos. Ao visualizar a ação criminosa, policiais saem imediatamente em perseguição e conseguem capturar um dos indivíduos. Após levá-lo à delegacia e depois de totalmente formalizada sua autuação em flagrante, outra equipe policial, fortuitamente, encontra o outro roubador na posse de produtos do crime e também o conduzem à delegacia. Tal situação, que não é rara, traz grandes dúvidas à autoridade policial. O que fazer nesse caso: complementar o auto de prisão em flagrante já finalizado ou começar um novo procedimento de prisão em flagrante delito em relação ao segundo conduzido? Acreditamos que o recomendável seja a lavratura de outro procedimento flagrancial.

Ora, tal celeuma não estaria aqui a ser discutida caso todos os envolvidos na prática criminosa fossem capturados no mesmo momento fático. Nesse caso, não haveria óbices a que todas as prisões em flagrante fossem materializadas no mesmo expediente administrativo. Apesar disso, esse não é o caso em análise.

Trata-se o presente questionamento da **possibilidade de aproveitamento de um procedimento prisional já totalmente finalizado, no caso de haver outra prisão em flagrante**. Analisa-se essa celeuma sob um duplo viés: economia processual ou legalidade. É óbvio que nos parece mais razoável, nessa fase administrativa, zelar a autoridade policial pelo atendimento inconteste das disposições legais, não se atendo a um critério duvidoso de economia.

Saliente-se que, por mais que digam respeito ao mesmo fato criminoso, **as modalidades de prisão em flagrante para os dois asseclas fundamentar-se-ão em dispositivos legais diversos**. O primeiro conduzido fora capturado imediatamente após a empreitada criminosa (flagrante impropriamente próprio), enquanto o segundo envolvido fora encontrado, logo depois, com o produto do crime, o que fez presumir ser ele o autor da infração (flagrante presumido).[79] Em suma, em relação ao primeiro autuado, há mais elementos de convicção acerca de seu envolvimento na prática criminosa; em relação ao segundo, há mera presunção. É evidente que, nesse caso, há ainda mais razões para que entendamos recomendável a lavratura de dois procedimentos flagranciais distintos.

Na prática, vislumbramos que a maioria das autoridades policiais, nesses casos, até promovem a lavratura de dois autos de prisão distintos, entretanto, acabam por fotocopiar as peças do primeiro flagrante e juntá-las ao segundo procedimento. Novamente, acreditamos que tal método não é aconselhável. **Por mais que pareça cômodo aproveitar as peças da prisão já formalizada** (por exemplo, as declarações da vítima, os depoimentos etc.) isso **pode causar uma inversão tumultuária no procedimento estatuído no Código de Processo Penal** para a prisão em flagrante.

Alertamos sobre esse risco, pois há rito específico acerca da prisão em flagrante, previsto no art. 304 do Código de Processo Penal, que deve ser inexoravelmente seguido. Ou seja, deve o delegado proceder às oitivas na seguinte ordem cronológica: condutor, testemunhas, vítimas (se houver) e suspeito. Ao final, deve a autoridade policial lavrar o auto e, se cabível, recolhê-lo à prisão.[80]

Portanto, **juntar fotocópias das oitivas do primeiro flagrante vai causar um grande problema cronológico no segundo caderno flagrancial**. Por exemplo, o horário das oitivas das testemunhas e vítima (documentos extraídos do primeiro procedimento flagrancial) serão anteriores ao horário da captura do segundo envolvido, bem como da oitiva do condutor do segundo flagrante. O procedimento policial será, em verdade, um pequeno "Frankenstein jurídico".

79 Art. 302 – Considera-se em flagrante delito quem: II – acaba de cometê-la; (**flagrante impropriamente próprio**) IV – é encontrado, logo depois, com instrumentos, armas, objetos ou papéis que façam presumir ser ele autor da infração. (**flagrante presumido**) (Código de Processo Penal)

80 Art. 304 – Apresentado o preso à autoridade competente, ouvirá esta o **condutor** e colherá, desde logo, sua assinatura, entregando a este cópia do termo e recibo de entrega do preso. Em seguida, procederá à oitiva das **testemunhas** que o acompanharem e ao **interrogatório** do acusado sobre a imputação que lhe é feita, colhendo, após cada oitiva suas respectivas assinaturas, **lavrando, a autoridade, afinal, o auto**. § 1º – Resultando das respostas fundada a suspeita contra o conduzido, a autoridade mandará **recolhê-lo à prisão**, exceto no caso de livrar-se solto ou de prestar fiança, e prosseguirá nos atos do inquérito ou processo, se para isso for competente; se não o for, enviará os autos à autoridade que o seja. (Código de Processo Penal)

Cumpre-nos alertar ao delegado de Polícia sobre os riscos dessa inversão tumultuária do procedimento previsto no art. 304 do CPP, já que, em ocorrendo, pode fazê-lo incurso nas penas do crime de abuso de autoridade.[81] É importante pontuar, também, que a inversão da ordem de oitivas pode ocasionar o relaxamento da prisão em flagrante. Nesse sentido, Nucci (2008, p. 625) entende que:

> **Assim, a ordem de inquirição deve ser exatamente a exposta no artigo**: condutor, em primeiro lugar, testemunhas, em seguida, e, por último, o indiciado. **A inversão dessa ordem deve acarretar o relaxamento da prisão, apurando-se a responsabilidade da autoridade.**

Acreditamos que o escalonamento de atos, previstos no art. 304 do CPP, visa a organizar o procedimento flagrancial e garantir que a convicção da autoridade policial acerca da situação de flagrante delito envolvendo o suspeito seja formada paulatinamente. Por isso, se o enfoque dado também é em relação à gradativa formação de juízo de "culpa" por parte do delegado, parece-nos oportuno notar que **as peças produzidas têm que ser direcionadas à comprovação da suspeita contra cada um dos increpados**.

Como as peças produzidas no primeiro procedimento de prisão em flagrante ativeram-se, preponderantemente, à demonstração da participação do primeiro capturado no crime, acabam não guardando a pertinência necessária que o segundo ato prisional necessita. Afinal, não é pelo fato de ter havido a prisão do primeiro envolvido na prática criminosa que o juízo acerca da prisão do segundo envolvido será automático.

Assim, é necessário que o **delegado forme também sua convicção sobre o envolvimento do segundo flagranteado, através de uma colheita de elementos próprios**. Por isso, repudiamos a ideia de aproveitamento de peças. Sabemos que será trabalhoso pedir que a vítima e as testemunhas retornem à Delegacia para prestar novos depoimentos; entretanto, será necessário. Dizemos isso pois, muito provavelmente, só com essas novas oitivas poderá haver verdadeira averiguação da participação do segundo flagranteado na empreitada criminosa.

Outrossim, não se pode olvidar que, **nesse novel comparecimento à delegacia, será possível que testemunhas e vítimas realizem o reconhecimento pessoal desse outro conduzido**, o que nos parece sempre

81 Art. 4º – Constitui também abuso de autoridade: a) ordenar ou executar medida privativa da liberdade individual, **sem as formalidades legais** ou com abuso de poder. (Lei nº 4.898/65 – Lei de Abuso de Autoridade)

desejável. Ora, como a prisão do segundo envolvido se deu em virtude de um flagrante presumido (art. 302, IV, do CPP), um reconhecimento pessoal auxiliaria na formação do convencimento do magistrado acerca do inegável envolvimento do indivíduo na prática criminosa em análise.

Em arremate à presente discussão, **por mais que estejamos a pugnar pela lavratura de dois procedimentos de prisão em flagrante distintos, isso não induz que tais procedimentos darão origem a dois inquéritos diferentes.** O fato criminoso é único, por isso o inquérito policial também será único. O que haverá nesse caso é mais de uma peça inicial para a mesma investigação policial, que sejam os dois autos de prisão em flagrante.

4.14. O QUE É JUÍZO DE DELIBAÇÃO DO FLAGRANTE DELITO?

Antes da Lei nº 12.403/2011, o magistrado, quando do recebimento do procedimento de autuação em flagrante, realizava um juízo meramente formal sobre aquele ato prisional, porquanto confirmava a legalidade da prisão ou a relaxava, quando vícios houvesse.

Agora, com o advento do referido diploma, o juiz tem que se aprofundar na análise do mérito (juízo de delibação prévio),[82] vez que deve decidir também pela possível conversão da prisão em flagrante em outra cautelar (inclusive em prisão preventiva) ou, ainda, conceder liberdade provisória. Essas opções estão encerradas no art. 310 do Código de Processo Penal.

> Art. 310 – Ao receber o auto de prisão em flagrante, o juiz deverá fundamentadamente:
>
> I – **relaxar** a prisão ilegal; ou
>
> II – **converter a prisão em flagrante** em preventiva, quando presentes os requisitos constantes do art. 312 deste Código, e se revelarem inadequadas ou insuficientes as medidas cautelares diversas da prisão; ou
>
> III – **conceder liberdade provisória**, com ou sem fiança.

Inegável que tal decisório fará o juiz adentrar, superficialmente, no mérito da pendenga, fazendo natural juízo de valor sobre os fatos

82 O juízo de valoração realizado pelo juiz quando do recebimento do auto de prisão em flagrante é chamado juízo de delibação. No caso em análise, se o juiz vislumbrar que não se trata de caso de relaxamento de prisão, deliberará pela conversão da prisão em flagrante ou concessão da liberdade provisória (com ou sem fiança).

criminosos ali narrados. Portanto, é **importante que a autoridade policial dote o magistrado de elementos suficientes acerca da infração penal, bem como da existência real dos requisitos da prisão preventiva**. Negritamos, pois será com base unicamente nesse auto de prisão em flagrante que o magistrado deliberará pela conversão da prisão ou concessão da liberdade provisória ao flagranteado.[83]

Se antes da reforma empreendida pela Lei nº 12.403/2011 dava--se muito relevo ao encaminhamento do inquérito policial (IP) no prazo determinado em lei (amiúde 10 dias, quando preso estivesse o indiciado), **agora a importância maior passou ao encaminhamento do procedimento de prisão em flagrante**. É possível assim afirmar que, antes da Lei nº 12.403/2011, o magistrado esperava o encaminhamento do IP para deliberar sobre a prisão ou soltura do marginal; hoje não mais ocorre assim.

Com tal reforma, o juiz decide sobre a possibilidade de conceder liberdade provisória ou manter o suspeito preso preventivamente em momento anterior à remessa final do inquérito. Importantíssimo que o delegado enxergue tal mudança legal e passe a fornecer, da forma mais detalhada possível, bastantes elementos de convicção, já no bojo do procedimento flagrancial, sobre a autoria, a materialidade, bem como os que demonstrem a real existência dos requisitos para conversão do flagrante em preventiva.[84]

Não se pode negar que, com a implantação das audiências de custódia,[85] tais deliberações acerca do *status libertatis* do flagranteado (fundadas na

83 Mesmo com o advento das tão debatidas audiências de custódia, o magistrado ainda delibera sobre o jus libertatis do investigado com base no Auto de Prisão em Flagrante (APF). Diz-se isso pois as testemunhas e as vítimas não estarão presentes quando dessa audiência de custódia, o que acaba forçando o magistrado a se ater ao que fora narrado no APF.

84 Segundo o art. 310, inciso II, do Código de Processo Penal, será possível converter a prisão em flagrante em preventiva quando presentes estiverem os requisitos previstos no art. 312 do Código de Processo Penal. Note que, no que tange a essa modalidade de prisão preventiva, não há qualquer menção de que se faz necessário levar em conta o art. 313, inciso I, do CPP. Então, para que haja a conversão basta a presença dos requisitos do art. 312 do CPP, não sendo necessário que o crime em consideração tenha pena máxima cominada superior a quatro anos.

85 É importante frisar que o Tribunal de Justiça do Estado de Goiás vem defendendo que a não realização da audiência de custódia deve ser considerada mera irregularidade procedimental. Afinal de contas, mesmo em situações em que não ocorra a dita audiência tuitiva, é possível que o magistrado, com base na remessa do APF, decida sobre o *status libertatis* do indivíduo. Dessa forma, essa mera irregularidade estaria purgada pela análise preconizada no art. 310 do Código de Processo Penal (CPP). Nesse sentido, *vide* o processo nº 02120603920168090000 (2ª Câmara Criminal – TJGO – 18/07/2016): "[...] O *habeas corpus*, por ser ação constitucional de rito célere, não se presta à apreciação de matéria que requer acurado exame probatório, ainda que se tratando da atestação da condição mental do paciente, não evidenciada de plano e inerente ao processo de conhecimento. 2 – CERCEAMENTO DE DEFESA. AUSÊNCIA DE DEFENSOR NO INTERROGATÓRIO POLICIAL. INEXISTÊNCIA DE NULIDADE. Não constitui formalidade essencial à

análise do APF), serão tomadas **prioritariamente** pelos magistrados que conduzem tais audiências propedêuticas, especificamente no momento da realização delas. Contudo, isso não impede que, em comarcas longínquas, nas quais não haja possibilidade material de imediata realização de audiências de custódia[86], o próprio magistrado que receber o APF decida, mesmo sem ter contato pessoal com o increpado, pela respectiva soltura do investigado, quando razões suficientes houver.

4.15. O DOCUMENTO DE IDENTIFICAÇÃO DO SUSPEITO DEVERÁ SER APREENDIDO PELA AUTORIDADE POLICIAL QUANDO DA LAVRATURA DO PROCEDIMENTO DE FLAGRANTE?

Depende. Caso a autuação ou investigação verse sobre a falsidade do próprio documento de identificação, deve a autoridade policial apreendê-lo; caso contrário, não.

É evidente que se o documento for a própria materialidade do delito, por exemplo, no caso de falsidade material, ideológica ou falsa identidade (art. 308 do Código Penal), é necessário apreendê-lo[87] para comprovar a existência da infração criminal. Não há aqui a retenção indevida do documento do cidadão, mas sim o resguardo do elemento de convicção acerca de uma fraude documental ocorrida.

Em sentido oposto, **não sendo o documento de identificação do suspeito a própria materialidade do crime em apuração, não deve o Delegado de Polícia privar o indivíduo do porte de sua documentação**. Nesse caso, deve a autoridade policial juntar fotocópia desse documento

---

validade do auto de prisão em flagrante a presença de advogado, apenas deve ser assegurado ao preso a possibilidade de se fazer assistir por defensor, o que foi devidamente cumprido. 3 – **AUDIÊNCIA DE CUSTÓDIA NÃO REALIZADA. MERA IRREGULARIDADE. A não realização da audiência de custódia não acarreta nulidade ao ato constritivo, sendo considerado apenas mera irregularidade, uma vez que a sistemática processual penal vigente é suficiente a viabilizar o controle preambular de legalidade e conveniência da custódia estatal, em total ressonância com as garantias constitucionais**. Ademais, operada a conversão do flagrante em prisão preventiva, fica superada a alegação de nulidade na ausência de apresentação do preso ao Juízo de origem, logo após o flagrante. Precedentes do STJ".

86 Nesse sentido, é importante mencionar que a própria **Resolução nº 213/2015 do Conselho Nacional de Justiça** permite que se dê um elastério maior de tempo para a realização da audiência de custódia, principalmente em situações de dificultosas condições estruturais. Vejamos o que diz o art. 1º, item 5º, da Resolução nº 213/2015 do CNJ: "Ouvidos os órgãos jurisdicionais locais, editará ato complementar a esta Resolução, regulamentando, em caráter excepcional, os prazos para apresentação à autoridade judicial da pessoa presa em Municípios ou sedes regionais a serem especificados, em que o juiz competente ou plantonista esteja impossibilitado de cumprir o prazo estabelecido no *caput*".

87 Art. 6º – Logo que tiver conhecimento da prática da infração penal, a autoridade policial deverá: II – **apreender os objetos que tiverem relação com o fato**, após liberados pelos peritos criminais. (Código de Processo Penal)

nos autos de investigação e devolver o original ao autuado. Qualquer outro comportamento da autoridade policial é inaceitável, pelo teor do mandamento trazido pela lei de identificação criminal, senão vejamos:

> Art. 3º, parágrafo único – **As cópias dos documentos apresentados** deverão ser juntadas aos autos do inquérito, ou outra forma de investigação, ainda que consideradas insuficientes para identificar o indiciado. (Lei nº 12.037/2009)

Se a autoridade policial insistir em proceder à apreensão desnecessária do documento de identificação do autuado, poderá se fazer incursa nas penas da lei. É importante lembrarmos que **a Lei nº 5.553/68 veda qualquer tipo de retenção indevida de documento de qualquer cidadão, sujeitando o autor de tal ato de constrição suscetível de punição nos termos desse mesmo diploma.**[88]

> **Art. 1º** – A nenhuma pessoa física, bem como a nenhuma pessoa jurídica, de direito público ou de direito privado, **é lícito reter qualquer documento de identificação pessoal**, ainda que apresentado por fotocópia autenticada ou pública-forma, inclusive comprovante de quitação com o serviço militar, título de eleitor, carteira profissional, certidão de registro de nascimento, certidão de casamento, comprovante de naturalização e carteira de identidade de estrangeiro. **(LEI Nº 5.553, DE 6 DE DEZEMBRO DE 1968)**
>
> **Art. 3º** – Constitui contravenção penal, punível com pena de **prisão simples de 1 (um) a 3 (três) meses** ou multa de NCR$ 0,50 (cinquenta centavos) a NCR$ 3,00 (três cruzeiros novos), a retenção de qualquer documento a que se refere esta Lei. **(LEI Nº 5.553, DE 6 DE DEZEMBRO DE 1968)**

Em resumo, só deve o delegado de Polícia apreender o documento de identificação do investigado caso seja ele a própria materialidade da infração penal apurada.

88 É importante dizer que tal contravenção penal, em determinadas circunstâncias, necessita do transcurso de lapso temporal para se consumar. Tal prazo é o que a lei concede para a anotação dos dados da identificação (5 dias). Esse é o teor do art. 2º da Lei nº 5.553/68: "Quando, para a realização de determinado ato, for exigida a apresentação de documento de identificação, a pessoa que fizer a exigência fará extrair, no prazo de até 5 (cinco) dias, os dados que interessarem devolvendo em seguida o documento ao seu exibidor."

Capítulo 5

Prisões Cautelares

5.1. QUAL O CONCEITO DE "DIA" PARA OS FINS DE CUMPRIMENTO DE MANDADO JUDICIAL EM UMA RESIDÊNCIA?

A certeza sobre quando começa o dia e quando começa a noite sempre foi algo muito controvertido no mundo jurídico. Essa imprecisão, sem dúvida, já causou muito desconforto aos policiais quando do cumprimento de um ou outro mandado judicial. Na prática, o policial não sabe se espera o raiar do sol ou se lhe basta o horário de seis horas da manhã para dar seguimento à entrada na residência-alvo.

Não custa lembrar que essa imprecisão advém da própria Constituição Federal. Sustentamos isso pois a Carta Magna assevera que os mandados judiciais devem ser cumpridos durante o dia,[1] mas não disciplinou expressamente o que a lei entende como noite ou dia.

> Art. 5º, XI – a casa é asilo inviolável do indivíduo, ninguém nela podendo penetrar sem consentimento do morador, salvo em caso de flagrante delito ou desastre, ou para prestar socorro, **ou, durante o dia, por determinação judicial**; (Constituição Federal)

Pela leitura do dispositivo constitucional supracitado, depreende-se que **o legislador desejou criar uma garantia ao recato e à privacidade de qualquer cidadão, quando esteja ele recolhido em sua casa no período noturno**. Quando a Constituição proíbe o adentramento policial no período noturno, no caso de cumprimento de mandado, deseja que o cidadão não seja surpreendido, no momento de seu repouso, pela ação invasiva dos policiais. Parece lógico isso! Entretanto, será necessário desvendar o conceito de dia e de noite para que possamos saber a que horas o cidadão passa a gozar dessa garantia constitucional.

1 Lembre-se de que é possível cumprir mandados de prisão e busca e apreensão domiciliares mesmo durante o período noturno. Nesse caso, é imprescindível que haja o consentimento de todos os moradores.

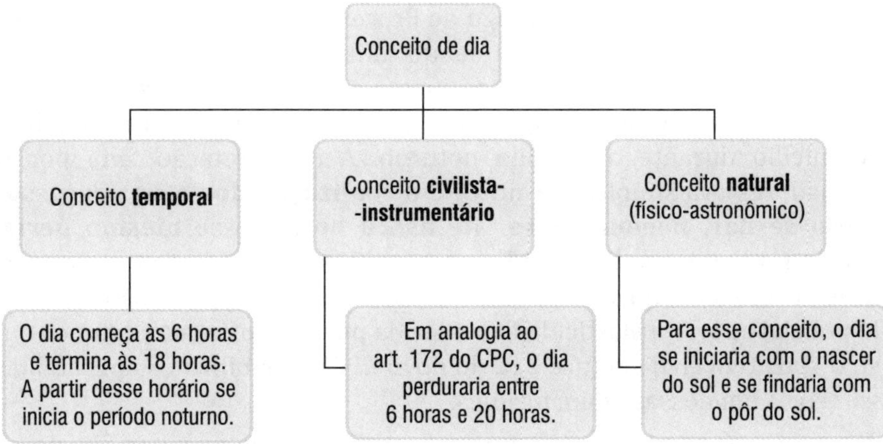

Para tentar dar solução a essa dúvida surgiram três correntes doutrinárias, as quais passaremos a dissecar. A primeira das correntes jurídicas, chamada **temporal ou cronológica**, é a que fixa um horário certo para conceituar o dia e a noite. Para os seguidores dessa teoria, o dia começa às 6 horas da manhã e se finda às 18 horas. Apesar de respeitável, tal corrente doutrinária é **inadequada para abranger os dias mais prolongados, como no caso do horário de verão e do solstício de verão, já que nessas situações o raiar do sol perdura muito além das 18 horas**.

Ora, se o desiderato da Constituição Federal é proteger o cidadão de atuações policiais durante o período de repouso noturno, crê-se que, nos casos citados acima, por ainda estar visível o sol, a proteção está além do que é desejável. Nota-se que, nos casos em que os raios solares ainda iluminam a Terra mesmo após às 18 horas, não deveria haver qualquer limitação ao cumprimento da ordem judicial. Todavia, se o critério adotado for o temporal, não poderá a equipe policial dar cumprimento à ordem do magistrado após esse horário. Por mais que tal corrente seja interessante, aparenta-nos que sua aplicação prática no Brasil é inadequada. Citamos o posicionamento de Lima (2013, p. 819), defensor da teoria em comento:

> [...] de modo a se estabelecer um critério mais seguro, deve ser considerado como dia o período compreendido entre 06:00h e 18:00h.

Já a segunda corrente doutrinária, conhecida como **civilista-instrumentária**, tentava dar solução ao presente caso aplicando analogicamente a legislação processual civil a essa lacuna jurídica. Tal teoria se utilizava do prazo fixado pelo legislador para a prática de atos processuais civis (art. 172 do CPC)[2] e buscava estender tal permissividade ao processo penal. Impende mencionar

2 Art. 172 – Os atos processuais realizar-se-ão **em dias úteis, das 6 (seis) às 20 (vinte) horas**. § 1º – Serão, todavia, concluídos depois das 20 (vinte) horas os atos iniciados antes, quando o adiamento prejudicar a diligência ou causar grave dano. (**Código de Processo Civil**)

que, com o advento do Novo Código de Processo Civil (Lei nº 13.105/2015), a referida teoria jurídica acabou sendo aniquilada, porquanto, no §2º do art. 212 do novo CPC, ficou expressamente assentado o necessário respeito aos ditames do art. 5º, inciso XI, da CF, o qual também trata da inviolabilidade de domicílio durante o período noturno. A interpretação feita por tais doutrinadores era simples: **se no CPC a realização dos atos processuais poderia se dar, normalmente, até às 20 horas, esse mesmo período também poderia ser estendido para realização dos atos processuais penais**[3], como o cumprimento de mandado de busca e apreensão. Apesar de todo policial adorar a elasticidade conferida por tal teoria, acreditamos que o novo dispositivo civilista (art. 212 do novo CPC) inviabilizou a aplicabilidade dessa teoria em nossa ordem jurídica.

De qualquer sorte, cumpre-nos contar que, o que as referidas normas processuais civis deixam claro não é bem o conceito de dia ou de noite, mas sim que, mesmo no período noturno, os atos poderiam ser realizados até determinado horário (20 h). Inobstante notarmos que essa teoria favorecia a atividade policial, visualizamos que ela era exageradamente elástica e, por ser tão abrangente, acabava por ferir o que o legislador constitucional queria proteger: o recato noturno do cidadão. Adotar tal entendimento seria permitir que policiais adentrassem em residências pouco antes das 20 horas, horário que algumas pessoas já se preparam para o descanso.

Por fim, citamos a terceira corrente doutrinária (**teoria natural ou físico-astronômica**), da qual desponta como precursor Guilherme de Souza Nucci. Cita tal doutrinador que **os conceitos de dia e de noite se confundem com os fenômenos do alvorecer e do anoitecer.**[4] Acreditamos que esse seja o melhor conceito jurídico, já que dá contornos de objetividade muito maiores do que os demais. A nosso ver, essa teoria é muito mais objetiva do que pode aparentar. Afinal, **é muito mais fácil olhar para o céu e constatar o alvorecer ou o anoitecer do que contar os ponteiros de um relógio**. Além disso, os ponteiros de um relógio podem ser alterados pelo seu dono; o pôr do sol ou o crepúsculo, só Deus pode fazê-lo. Isso é fato! Além do exposto, não podemos negar que essa teoria também traz certa flexibilidade, já que pode ser adequada aos vários padrões regionais brasileiros, inclusive o horário de verão. Defendendo a aplicação dessa teoria no caso prático, citamos Guilherme de Souza Nucci:

3 Art. 212. Os atos processuais serão realizados em dias úteis, das 6 (seis) às 20 (vinte) horas. § 1º Serão concluídos após as 20 (vinte) horas os atos iniciados antes, quando o adiamento prejudicar a diligência ou causar grave dano. § 2º Independentemente de autorização judicial, as citações, intimações e penhoras poderão realizar-se no período de férias forenses, onde as houver, e nos feriados ou dias úteis fora do horário estabelecido neste artigo, **observado o disposto no art. 5º, inciso XI, da Constituição Federal.** (Novo Código de Processo Civil – Lei nº 13.105/2015)

4 Não confunda o fenômeno do anoitecer com o mero escurecimento solar, como pode ocorrer em casos esporádicos de eclipses. O anoitecer é fenômeno natural, diário e temporalmente estimado.

> Conceito de dia: entendemos ser do alvorecer ao anoitecer, sem a especificação de um horário, devendo variar conforme a situação natural. (Código de Processo Penal Comentado, p. 579)

Frise-se, por derradeiro, que toda essa celeuma diz respeito ao conceito de dia e de noite, visando a delimitar quando o policial poderá, ou não, adentrar na casa do suspeito. No que tange ao horário de término da diligência policial, acreditamos razoável que não se fixe qualquer prazo para isso[5]. Assim, **a limitação de horário existente para a entrada na residência não obriga que o horário de término da ação policial também se dê antes de finalizado o dia.**[6] A limitação do horário de entrada protege o suspeito do susto oriundo da invasiva ação policial. Entretanto, após a entrada dos policiais na residência, não há mais qualquer surpresa, só o mero incômodo da permanência. O desconforto pela presença dos policiais em sua casa, infelizmente, o suspeito terá que suportar.

5.2. QUAIS SÃO AS MODALIDADES DE PRISÃO PREVENTIVA, APÓS A LEI Nº 12.403/2011?

Por mais que a Lei nº 12.403/2011 tenha trazido à baila várias outras modalidades de medidas cautelares, visando a criar alternativas ao uso imoderado das prisões processuais, não podemos inferir que houve o enfraquecimento da prisão preventiva. Em verdade, **tal diploma criou algumas alternativas à prisão, mas também robusteceu o encarceramento cautelar preventivo**.

A prisão preventiva foi tão fortalecida por essa lei que hodiernamente podemos afirmar a existência de seis modalidades dela: autônoma, recidiva, convertiva, identificadora, agravadora e assecuratória. É em relação a essas modalidades que passaremos a tecer nossos comentários, almejando trazer conhecimento elementar ao policial:

1. **PRISÃO PREVENTIVA AUTÔNOMA**: Essa prisão preventiva é requerida a qualquer momento da investigação ou do processo, de modo autônomo, desde que presentes os requisitos dos arts. 312 e 313, I, do Código de Processo Penal. Não pode ser decretada de ofício na fase policial. **Dá-se a esta prisão preventiva um caráter residual, vez que, quando nenhuma outra modalidade mais específica de prisão preventiva for cabível *in casu*, restará à autoridade policial pleiteá-la.**

5 Nesse mesmo sentido, citamos o Enunciado nº 22 do Fórum Nacional dos Juízes Federais Criminais (Fonacrim). Vejamos: "O cumprimento de mandados de busca e apreensão deve iniciar-se durante o dia, podendo estender-se pelo período noturno, caso necessário ao encerramento da diligência".

6 Citamos nesse mesmo sentido Lima (2013, p. 820): "[...]conquanto a violação do domicílio só possa ocorrer durante o dia, convém destacar que, iniciada a execução de mandado de busca durante o dia, é possível que a diligência se prolongue durante o período da noite, quando o adiamento do ato puder prejudicar a eficácia da medida."

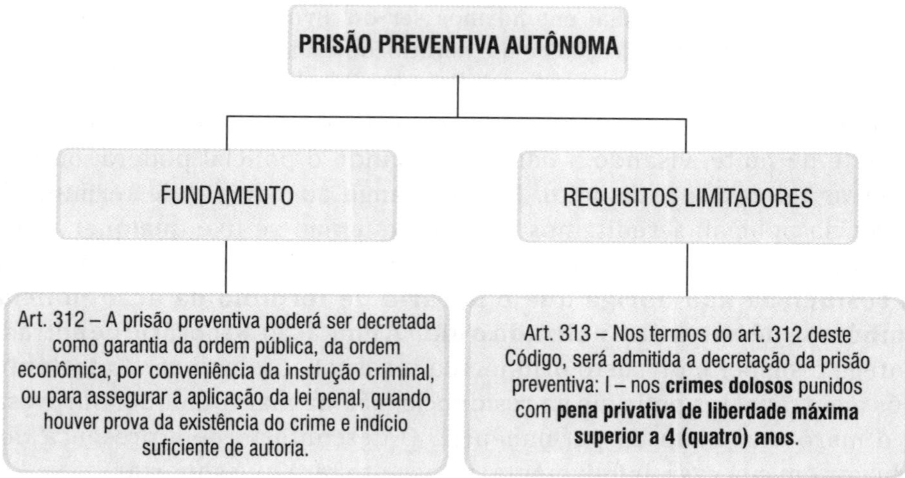

A representação pela decretação da prisão preventiva autônoma[7] deriva de investigações policiais sobre eventos criminosos em que não haja mais situação motivadora de flagrante delito. Essa é a costumeira prisão preventiva manejada pelas autoridades policiais do Brasil. O delegado, no curso da sua investigação policial, toma ciência dos riscos advindos do comportamento do suspeito e logo representa pela decretação da prisão preventiva autônoma. Simples assim!

É importante frisar que é necessário para a decretação de tal prisão preventiva que estejam atendidos ao menos um dos requisitos do art. 312, bem como os requisitos modo-temporais[8] do art. 313, I, do Código de Processo Penal. Urge salientar que, nessa modalidade, é impossível a decretação da prisão preventiva por crime culposo, por crime doloso cuja pena máxima não exceda a quatro anos, bem como em virtude da prática de contravenções penais.

2. **PRISÃO PREVENTIVA RECIDIVA**: Para essa modalidade de prisão cautelar[9], estando presentes os requisitos ensejadores da decretação da prisão preventiva (art. 312 do Código de Processo Penal) e sendo o autor do fato **reincidente em crime doloso**,[10] será possível o encarceramento

7 Para maiores detalhes, veja o modelo de representação por prisão preventiva autônoma contido no item **3.3.1.** da parte III desta obra.

8 O requisito modo-temporal em comento diz respeito a um ***quantum*** mínimo de pena máxima cominada a ser respeitado, bem como à análise sobre o elemento subjetivo afeto à prática criminosa (dolo). Lembre-se de que o dolo pode ser direto de primeiro e de segundo graus, dolo eventual ou dolo alternativo.

9 Para maiores detalhes, veja o modelo de representação por prisão preventiva recidiva contido no item **3.3.4.2.4.1.** da parte III desta obra.

10 Incontroverso é que não há que se considerar eventuais atos infracionais pretéritos para fins de reincidência (art. 63 do Código Penal). O fato ilícito antecedente tem que ser crime. Contudo, o Superior Tribunal de Justiça (STJ) firmou jurisprudência de que, em havendo prática de atos infracionais anteriores, é possível que eles sejam levados em consideração para demonstrar o risco de reiteração criminosa e, portanto, justificar a decretação da prisão preventiva. Nesse sentido, *vide* trecho do RHC 63.855 / MG

cautelar do suspeito. Essa modalidade de preventiva[11] é **muito parecida com a prisão preventiva autônoma,**[12] **mas não tem a mesma limitação acerca da pena do crime praticado**[13] (art. 313, I, do CPP). Nessa modalidade, basta ser reincidente em crime doloso e estarem presentes os requisitos do art. 312 do Código de Processo Penal que a prisão preventiva será possível. Em resumo, não se considera o tempo de pena a que fora condenado o indivíduo em face do crime anterior, tampouco a pena cominada ao segundo crime praticado; basta, nesse caso, que haja reincidência dolosa e um dos requisitos do art. 312 do CPP.

(STJ – 13/06/2016): "[...] A probabilidade de recidiva do comportamento criminoso se afere em face do passado do acusado ou pelas circunstâncias específicas relativas ao *modus operandi* do crime sob exame. Isso equivale a dizer que se o imputado cometeu o crime com, por exemplo, requintes de crueldade e excesso de violência, pode-se concluir que se trata de pessoa perigosa ao convívio social. Ou, por outro ângulo, mais centrado no passado do acusado, se os seus registros criminais denotam ser alguém que já respondeu ou responde por outros crimes de igual natureza, que traduzem um comprometimento com práticas ilícitas graves, não é leviano concluir que se trata de alguém cuja liberdade representa um consistente risco de dano à ordem pública, à paz social, à própria vítima e/ou à coletividade. 3. Os registros sobre o passado de uma pessoa, seja ela quem for, não podem ser desconsiderados para fins cautelares. A avaliação sobre a periculosidade de alguém impõe que se perscrute todo o seu histórico de vida, em especial o seu comportamento perante a comunidade, em atos exteriores, cujas consequências tenham sido sentidas no âmbito social. **Se os atos infracionais não servem, por óbvio, como antecedentes penais e muito menos para firmar reincidência (porque tais conceitos implicam a ideia de "crime" anterior), não podem ser ignorados para aferir a personalidade e eventual risco que sua liberdade plena representa para terceiros**. [...] Seria, pois, indispensável que a autoridade judiciária competente, para a consideração dos atos infracionais do então adolescente, averiguasse: a) A particular gravidade concreta do ato ou dos atos infracionais, não bastando mencionar sua equivalência a crime abstratamente considerado grave; b) A distância temporal entre os atos infracionais e o crime que deu origem ao processo (ou inquérito policial) no curso do qual se há de decidir sobre a prisão preventiva; c) A comprovação desses atos infracionais anteriores, de sorte a não pairar dúvidas sobre o reconhecimento judicial de sua ocorrência".

11 A nomenclatura "recidiva" é utilizada costumeiramente no caso de reaparecimento de tumores em pacientes com câncer. A doutrina, então, resolveu, nessa mesma linha, conferir a essa modalidade de prisão o nome de "**preventiva recidiva**". O motivo para tal opção é que só passa a ser possível a decretação dessa modalidade prisional quando da constatação da recorrência criminosa (**reincidência**) do autor do fato.

12 **A exemplo** das outras cinco modalidades de prisões preventivas, não pode a prisão preventiva recidiva ser decretada de ofício na fase policial.

13 A jurisprudência do Superior Tribunal de Justiça (STJ) é firme no sentido de que é perfeitamente possível a decretação da prisão preventiva, mesmo no caso de furto simples, **desde que o histórico penal do réu seja desfavorável**. Vejamos, nesse sentido, HC 323.853/RS (STJ – 30/03/2016): *HABEAS CORPUS*. IMPETRAÇÃO ORIGINÁRIA. SUBSTITUIÇÃO AO RECURSO ESPECIAL CABÍVEL. IMPOSSIBILIDADE. **FURTO SIMPLES**. PRISÃO EM FLAGRANTE. REVOGAÇÃO PELO JUÍZO SINGULAR. RECURSO EM SENTIDO ESTRITO DA ACUSAÇÃO. PROVIMENTO. **DECRETAÇÃO DA CUSTÓDIA PREVENTIVA À LUZ DO ART. 312 DO CPP. HISTÓRICO PENAL DO RÉU. REITERAÇÃO CRIMINOSA. PROBABILIDADE CONCRETA. PERICULOSIDADE SOCIAL. NECESSIDADE DE GARANTIR A ORDEM PÚBLICA**. DESPROPORCIONALIDADE DA MEDIDA CONSTRITIVA. INVIABILIDADE DE EXAME NA VIA ELEITA. PROVIDÊNCIAS CAUTELARES MAIS BRANDAS. INSUFICIÊNCIA E INADEQUAÇÃO. COAÇÃO ILEGAL NÃO DEMONSTRADA.

PRISÃO PREVENTIVA RECIDIVA

- FUNDAMENTO
  - Art. 312. A prisão preventiva poderá ser decretada como garantia da ordem pública, da ordem econômica, por conveniência da instrução criminal, ou para assegurar a aplicação da lei penal, quando houver prova da existência do crime e indício suficiente de autoria.
- REQUISITOS LIMITADORES
  - Art. 313. Nos termos do art. 312 deste Código, será admitida a decretação da prisão preventiva: II – se tiver sido condenado por **outro crime doloso**, em sentença transitada em julgado, ressalvado o disposto no inciso I do *caput* do art. 64 do Decreto-Lei nº 2.848, de 7 de dezembro de 1940 - Código Penal.

Importante salientar que a primariedade ou a reincidência não podem ser constatadas meramente pela ausência ou pela presença de condenações pretéritas com trânsito em julgado. **Não é porque uma pessoa já foi condenada em definitivo por um crime que ela não mais poderá ser considerada primária. Cuidado**! Na verdade, existe um período de purgação, previsto no art. 64, I, do Código Penal, que acaba por promover a desconsideração dessa condenação definitiva anterior para fins de contabilização da reincidência. É o que se chama de período de depuração.

> Art. 64 – Para efeito de reincidência: I – **não prevalece a condenação anterior**, se entre a data do cumprimento ou extinção da pena e a infração posterior tiver decorrido período de tempo superior a 5 (cinco) anos, computado o período de prova da suspensão ou do livramento condicional, se não ocorrer revogação; (Código Penal)

3. **PRISÃO PREVENTIVA CONVERTIVA**: Essa é a prisão preventiva que deriva da conversão da prisão em flagrante. Ao receber o procedimento flagrancial, se o magistrado constatar que são insuficientes ou inadequadas as outras cautelares pessoais, bem como que não seja caso de relaxamento ou liberdade provisória,[14] poderá se fazer valer dessa modalidade de prisão preventiva. **Bastará apenas que haja uma prisão em flagrante prévia (a qual não venha a ser relaxada) e que estejam presentes um dos requisitos do art. 312 do CPP.**

14 Recorde-se que só há concessão de liberdade provisória se não estiverem presentes os requisitos para a decretação da prisão preventiva. Nesse sentido, cita-se o art. 321 do CPP: "[...] **ausentes os requisitos que autorizam a decretação da prisão preventiva**, o juiz deverá conceder liberdade provisória, impondo, se for o caso, as medidas cautelares previstas no art. 319 deste Código e observados os critérios constantes do art. 282 deste Código."

No que se refere a essa preventiva[15], cabe frisar que o art. 310, II, CPP não faz menção sobre a necessidade de atendimento dos requisitos do art. 313, I, do Código de Processo Penal,[16] mas somente acerca da presença de um dos vetores do art. 312 do mesmo estatuto processual. Ou seja, pela própria literalidade do art. 310 do Código de Processo Penal, é possível a conversão mesmo nos casos em que o crime não tenha pena superior a 4 (quatro) anos.

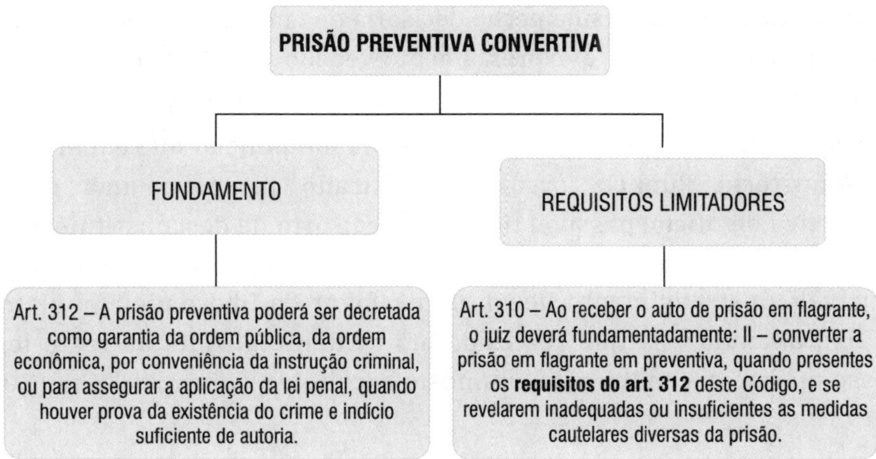

Em suma, se o legislador quisesse vincular a prisão preventiva convertiva ao limitador de pena previsto no art. 313, I, do Código de Processo Penal, te-lo-ia feito expressamente. Se não o fez, não caberá ao hermeneuta do Direito fazer esse elastério sob pena de ferir a função específica dessa modalidade de prisão cautelar. Nesse mesmo sentido, citamos ensinamentos de Capez (2012, p. 335) sobre a diferenciação entre os requisitos da prisão preventiva autônoma:

> **O tratamento foi distinto, tendo em vista a diversidade das situações.** Na preventiva convertiva, há um agente preso em flagrante e o juiz estaria obrigado a soltá-lo, mesmo diante de uma situação de *periculum in mora*, porque o crime imputado não se encontra dentre as hipóteses autorizadoras da prisão. Seria uma liberdade provisória obrigatória a quem provavelmente frustrará os fins do processo. Já na decretação autônoma da custódia cautelar preventiva, o réu ou indiciado se encontra solto e o seu recolhimento ao cárcere deve se

15 Para maiores detalhes, veja o modelo de representação por prisão preventiva convertiva contido no item 3.3.4.2.2.1. da parte III desta obra.

16 Art. 313 – Nos termos do art. 312 deste Código, será admitida a decretação da prisão preventiva: I – nos crimes dolosos punidos com pena privativa de liberdade máxima superior a 4 (quatro) anos. (Código de Processo Penal)

> cercar de outras exigências. Não se cuida de soltar quem não pode ser solto, mas de recolher ao cárcere quem vinha respondendo solto ao processo ou inquérito. Daí a diversidade do tratamento legal.

Outro importante argumento a ser posto aqui é que **não pode a autoridade judiciária converter a prisão em flagrante em prisão preventiva de ofício**. Tal conversão teria a mesma pecha decisória de uma decretação de ofício na fase inquisitorial, o que é expressamente vedado pela lei.[17] Por isso, é tão importante que os órgãos de persecução penal se atenham a esse requisito.

Não existindo representação da autoridade policial ou requerimento do Ministério Público, caso o magistrado promova uma decisão convertiva de ofício, passível ficará tal decisório de desconstituição pela via estreita do *habeas corpus*.[18] Isso porque tal decisão configurará um inegável constrangimento ilegal em desfavor da liberdade ambulatória do flagranteado,[19] já que realizada em evidente afronta ao texto legal. Nesse mesmo entendimento citamos o escólio de Tourinho Filho (2012, p. 493):

> O art. 311 do CPP (com sua nova redação) dispõe que o Juiz, de ofício, somente poderá decretar a preventiva no curso da ação penal. No mesmo sentido, o § 2º do art. 282. Sendo assim, evidente que a convolação da prisão em flagrante em preventiva somente poderá ocorrer **se houver pedido nesse sentido**. (Grifo nosso)

17 *Vide* teor do art. 311. Em qualquer fase da investigação policial ou do processo penal, caberá a prisão preventiva decretada pelo juiz, **de ofício, se no curso da ação penal**, ou a requerimento do Ministério Público, do querelante ou do assistente, ou por representação da autoridade policial. (Código de Processo Penal)

18 Em sentido diferente do que estamos a propugnar, está o HC 319.471/MG (STJ - 22/06/2016): "[...] Requerida a prisão temporária pela autoridade policial ou pelo Ministério Público, o Magistrado poderá decretar a prisão preventiva, em decisão fundamentada, na qual aponte a presença dos requisitos do art. 312 do CPP. 3. **Deve ser aplicado ao tema o mesmo entendimento que preceitua a inexistência de qualquer ilegalidade na conversão do flagrante em preventiva. Não se trata de decretação da prisão de ofício, em desconformidade com o Sistema Acusatório de Processo ou com o Princípio da Inércia, adotados pela Constituição da República de 1988. Isso porque, o julgador só atuou após ter sido previamente provocado pela autoridade policial, não se tratando de postura que coloque em xeque a sua imparcialidade**. O que deve ser analisado é se o ato judicial está amparado nos pressupostos exigidos pela lei (art. 312 do CPP) e calcado em fundamentos acolhidos pela doutrina e jurisprudência como válidos para o encarceramento prematuro do acusado".

19 Importante salientar que da denegação da decretação da prisão preventiva cabe recurso em sentido Estrito; da decretação da prisão preventiva não cabe recurso algum, mas é possível a impetração de *habeas corpus*.

Parece-nos que a posição jurídica ora defendida é a mais acertada, já que evita o enlace desnecessário do juiz na fase policial.[20] É esse risco de contaminação da imparcialidade do magistrado que foi a força motriz para a decisão do legislador acerca dessa vedação. Além disso, deve ficar claro que o juiz, por mais que aja com as melhores das intenções, decidindo de ofício pela conversão da prisão, pode atrapalhar a investigação criminal, vez que muito provavelmente não estará ciente de todo o leque investigatório em curso.

4. **PRISÃO PREVENTIVA AGRAVADORA**: É a prisão preventiva decretada em substituição às medidas cautelares pessoais descumpridas[21]. Essa modalidade desperta o interesse das autoridades policiais, já que se trata de **um hábil caminho à decretação da prisão preventiva em casos que, originariamente, ela não caberia.**[22] Note que o legislador não impôs, nesse caso, as restrições atinentes ao art. 313, I, do Código de Processo Penal, ou seja, não há que se cogitar limitador algum em face do elemento subjetivo da infração praticada (doloso ou culposo),[23] nem muito menos ao patamar máximo de pena cominada (superior ou não a 4 anos).

20 Não negamos que há corrente doutrinária que propugna que o magistrado, no caso do art. 310, II, do Código de Processo Penal, não estaria proibido de converter a prisão de ofício. Segundo os sectários desse posicionamento, o magistrado, ao receber o auto de prisão em flagrante, agiria provocado pela própria legislação, a qual ordena que ele decida sobre o *status libertatis* do flagranteado. Dessa forma, não haveria ação sem provocação, mas, sim, reação a um ato determinado pela lei (remessa do caderno flagrancial). Além disso, consoante tal corrente jurídica, decretar e converter são verbos distintos, sendo que somente a decretação de ofício foi proibida pela Lei nº 12.403/2011.

21 Para maiores detalhes, veja o modelo de representação por prisão preventiva agravadora contido no item **3.3.4.2.3.1.** da parte III desta obra.

22 Acreditamos que os crimes dolosos cuja pena máxima não excedam a quatro anos, os crimes de menor potencial ofensivo, os crimes culposos e algumas contravenções penais, todos são passíveis de prisão preventiva agravadora.

23 Em sentido oposto, pugnando pela impossibilidade de decretação de prisão preventiva em crimes culposos, citamos Luiz Flávio Gomes e Ivan Luís Marques (2011, p. 55): "A medida cautelar não pode ser desarrazoadamente superior ao que se espera como resultado final do processo. A lei processual brasileira não permite a prisão preventiva nos crimes culposos. Por quê? Porque, pelo direito vigente, normalmente o réu não é levado ao cárcere, nesses casos (incidem as penas alternativas dos arts. 43 e 44 do CP)."

PRISÃO PREVENTIVA AGRAVADORA

FUNDAMENTOS

Art. 282, § 4º – No caso de **descumprimento de qualquer das obrigações impostas**, o juiz, de ofício ou mediante requerimento do Ministério Público, de seu assistente ou do querelante, poderá substituir a medida, impor outra em cumulação, ou, **em último caso, decretar a prisão preventiva** (art. 312, parágrafo único).

Art. 312, parágrafo único – **A prisão preventiva também poderá ser decretada em caso de descumprimento de quaisquer das obrigações impostas por força de outras medidas cautelares (art. 282, § 4º)**.

REQUISITOS LIMITADORES

Art. 283, § 1º – As medidas cautelares previstas neste Título **não se aplicam à infração a que não for isolada, cumulativa ou alternativamente cominada pena privativa de liberdade**.

Louvamos pelo acerto legislativo na criação de tal modalidade prisional, pois não nos pareceria razoável criar um sistema processual no qual as medidas acautelatórias pessoais não fossem dotadas de coatividade. No processo penal brasileiro, independentemente da pena privativa de liberdade cominada à infração penal, se o magistrado entender que há risco à ordem pública ou temor de reiteração criminosa, decretará medidas cautelares (diversas da prisão) em desfavor do investigado. Essas medidas cautelares decretadas, mesmo que o *quantum* de pena cominada à infração penal não seja elevado, têm que estar inseridas em uma sistemática na qual o suspeito tenha o temor de, caso as desrespeite, fazer-se incurso em cerceamentos cautelares cada vez mais gravosos, inclusive a prisão.[24]

É essa ameaça de agravamento extremado que tornará efetivo o cumprimento das cautelares menos gravosas; afinal, melhor cumprir espontaneamente a medida menos gravosa do que ser encarcerado cautelarmente.

24 Importante frisar que, no caso de descumprimento das medidas cautelares anteriormente decretadas, a prisão preventiva será a última medida imposta (*ultima ratio*), ou seja, somente quando não for possível a resolução da contenda com as demais cautelares, possível o agravamento para a preventiva.

Apesar de reconhecermos a importância do princípio da homogeneidade,[25] o qual pugna por uma cautelar compatível com o provimento final condenatório, não vemos o porquê de parte da doutrina brasileira querer utilizá-lo para rechaçar a decretação da prisão preventiva agravadora em relação a infrações de pequeno e de médio potencial ofensivo.

Alguns doutrinadores defendem que esses tipos de infrações penais nunca levariam ninguém à prisão e, portanto, decretar a prisão preventiva agravadora para infrações desse quilate seria desproporcional. Entretanto, o problema é que tal inferência está sendo levada a cabo com base no que acontece na prática e não com fulcro no que a legislação prevê objetivamente.

Ora, se essas infrações penais cominam penas privativas de liberdade em seu preceito secundário (prisão simples, detenção ou reclusão), não há como se negar que o criminoso está hipoteticamente passível de encarceramento. Se, no caso concreto, alguns benefícios de política criminal podem favorecer o acusado e promover seu desencarceramento, isso é uma mera possibilidade.

Em continuidade ao raciocínio supracitado, frisamos que os benefícios de política criminal (por exemplo, o *sursis* da pena, transação penal, substituição por penas restritivas de direito e o *sursis* processual) são conferidos ao autor do fato somente quando houver atendimento dos requisitos objetivos (geralmente levando em consideração o fator pena cominada) e dos requisitos subjetivos (pertinência entre o instituto e a personalidade do autor do fato) de cada uma dessas benesses.

Fica claro que não é processo automático a concessão de tais institutos descarcerizadores ao suspeito, os quais podem ser negados em face de uma análise desfavorável sobre a subjetividade do autor do fato. Portanto, **por mais que criminosos comumente sejam beneficiados por tais institutos, ainda existe a possibilidade de haver a prisão, vez que, a depender da análise dos fatores subjetivos do agente, todos esses institutos podem ser negados no caso concreto**.

É evidente que, caso os institutos descarcerizadores sejam negados ao suspeito, far-se-á ele sujeito à prisão-pena. Em resumo, **da mesma forma que, no caso concreto, as cautelares podem evoluir ao ponto de se decretar a prisão preventiva agravadora, a personalidade do indivíduo também pode obstaculizar os benefícios de política criminal e ele acabar preso**. Em ambas as hipóteses, pode-se notar que,

25 Os defensores da teoria da homogeneidade afirmam que o legislador, por questões de política criminal, fez assentar um patamar mínimo para o encarceramento cautelar do investigado (pena máxima cominada superior a 4 anos). Segundo eles, entender que é possível a prisão preventiva de acusados de crimes de pequena monta (como o são os sujeitos à pena máxima cominada igual ou inferior a 4 anos) é transformar a prisão cautelar em instrumento mais gravoso do que a própria condenação final.

em abstrato, a prisão penal e a prisão cautelar serão sempre possíveis; por isso não há que se falar em falta de homogeneidade. Nesse mesmo sentido, citamos Lima (2013, p. 795):

> De fato, por mais que se deva respeitar a homogeneidade das medidas cautelares, não se pode negar ao juiz a possibilidade de decretar a prisão preventiva no caso de descumprimento das cautelares diversas da prisão, ainda que ausente qualquer hipótese do art. 313 do CPP, sob pena de se negar qualquer coercibilidade a tais medidas. Afinal, se o acusado sabe, antecipadamente, que a inobservância das cautelares jamais poderá dar ensejo à conversão em preventiva, isso implica em retirar qualquer força coercitiva das medidas cautelares recém-criadas pela Lei nº 12.403/2011. De nada terá adiantado, assim, a criação de um amplo e variado leque de medidas cautelares diversas da prisão se, uma vez aplicadas e descumpridas, nada puder ser feito para neutralizar as situações de perigo do art. 282, I, do CPP.

5. **PRISÃO PREVENTIVA IDENTIFICADORA**: Decretar-se-á essa modalidade de prisão cautelar[26] quando houver dúvida sobre a identidade civil do suspeito, ou quando ele não fornecer elementos suficientes para esclarecê-la.[27]

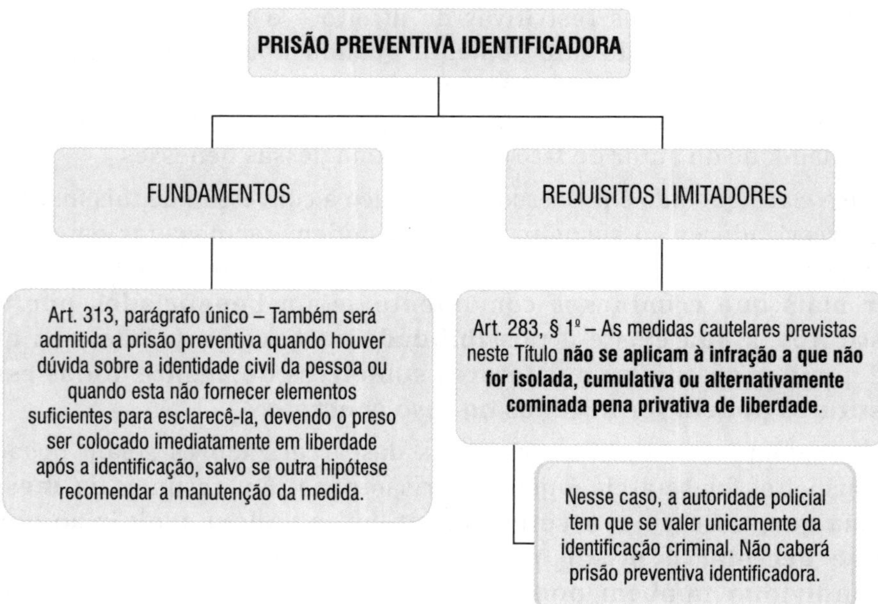

26 Para maiores detalhes, veja o modelo de representação por prisão preventiva identificadora contido no item **3.3.4.2.6.1.** da parte III desta obra.

27 Art. 313, parágrafo único – Também será admitida a prisão preventiva quando houver dúvida sobre a identidade civil da pessoa ou quando esta não fornecer elementos suficientes para esclarecê-la, devendo o preso ser colocado imediatamente em liberdade após a identificação, salvo se outra hipótese recomendar a manutenção da medida. (Código de Processo Penal)

A modalidade em questão não se liga a patamares de pena de prisão,[28] tampouco ao elemento subjetivo do crime (doloso ou culposo), visto que, novamente, não há qualquer menção de necessário atendimento dos ditames do art. 313, I, do Código de Processo Penal. O que importa, em verdade, é a necessidade de identificar cabalmente o investigado[29]. Conforme sustenta Lima (2013, p. 917):

> [...] quando a prisão preventiva for necessária para esclarecer dúvida sobre a identidade civil da pessoa ou quando esta não fornecer elementos suficientes para esclarecê-la, a relação a prisão preventiva poderá ser decretada em crimes dolosos e culposos, pouco importando o *quantum* de pena cominada ao delito.

Note-se que deve haver bom senso da autoridade policial quando da escolha de uma ou outra providência a se tomar, pois vários são os institutos jurídicos colocados à disposição do delegado para esclarecer a identidade do increpado, dentre eles a identificação criminal, a prisão preventiva identificadora e a prisão temporária.

O costumeiro instituto é a própria **identificação criminal** (por meio fotográfico e datiloscópico), a qual se dá por determinação da própria autoridade policial[30] em despacho circunstanciado. No caso da relutância do indiciado em se submeter a tal diligência elucidativa, cabe ao delegado de Polícia proceder à condução coercitiva para que esse ato identificador seja realizado. **A identificação criminal, entretanto, nem sempre atingirá a finalidade de confirmar se o suspeito é a pessoa que disse ser.**[31] Por exemplo, suponhamos que um morador de rua, o qual nunca tirou qualquer documento de identificação civil, passe a ser investigado

28 Entretanto, como ficara salientado no gráfico acima, não há que se cogitar essa modalidade de prisão preventiva nos casos mencionados no art. 283, § 1º, do CPP.

29 A necessidade de individualizar o autor do fato no curso da persecução penal (evitando que eventuais condenações recaiam sobre inocentes) atende, tacitamente, a um dos requisitos do artigo 312 do Código de Processo Penal (CPP), qual seja: **assegurar a aplicação escorreita da lei penal**.

30 Art. 6º do Código de Processo Penal. "Logo que tiver conhecimento da prática da infração penal, a autoridade policial deverá: inciso VIII: ordenar a identificação do indiciado pelo processo datiloscópico, se possível, e fazer juntar aos autos sua folha de antecedentes."

31 Note-se que a identificação criminal não se resume à mera colheita de fotografias e de impressões papiloscópicas do suspeito. É comum que, no momento da identificação criminal, também se realize o confronto dos dados do investigado com as informações contidas no banco de dados do instituto de identificação (I.I). Para não perder essa oportunidade, essencial que esse pedido de confronto se faça expresso no ofício que encaminha o suspeito para a realização da identificação criminal. Dessa forma, o papiloscopista estará expressamente autorizado a confeccionar também o laudo de identificação do investigado, encaminhando-o imediatamente ao delegado. Esse laudo, por óbvio, poderá esclarecer, com base nos dados arquivados no arquivo civil do instituto de identificação, quem é o indivíduo que está a ser identificado criminalmente.

pela suposta prática de um crime de homicídio. Ora, do que valerá a identificação criminal nesse caso uma vez que não há nenhum padrão de confronto na base de dados do instituto de identificação?!

No caso supracitado, por óbvio, a identificação criminal em comento será o primeiro ato identificador do indivíduo, já que será a primeira vez que sua fotografia será colhida, bem como suas impressões datilares. É claro que a diligência em comento não dá ao delegado de Polícia a certeza da origem do suspeito, sequer do nome fornecido por ele. Portanto, far-se-á necessário ir além e buscar elementos fidedignos acerca da qualificação do increpado e isso, sem dúvida, demandará tempo considerável. É aqui que passa a surgir a necessidade de uma medida cautelar cerceadora da liberdade do indivíduo, que seja a própria prisão temporária (nos crimes mencionados no rol exaustivo da Lei nº 7.960/89) ou a prisão preventiva identificadora (art. 313, parágrafo único, do Código de Processo Penal). **Se não houver a decretação de quaisquer dessas prisões cautelares é possível que o autor do fato, após descobrir que está sendo investigado pela Polícia, nunca mais seja encontrado para a realização do completo procedimento de individualização.**

Portanto, ciente dessa necessidade prática, criou o legislador essa modalidade específica de prisão preventiva. **É claro que, pelo exíguo prazo conferido à prisão temporária, bem como pelo reduzido rol de crimes que permitem tal cautelar, parece-nos sempre recomendável a representação pela decretação da prisão preventiva identificadora**. Frise-se que tão logo o suspeito seja individualizado, deverá ser ele colocado imediatamente em liberdade. Nesse último ponto há uma grande semelhança com a prisão temporária, já que ambas não requerem a expedição de alvará de soltura para que o suspeito seja colocado em liberdade.[32]

6. **PRISÃO PREVENTIVA ASSECURATÓRIA**: É a prisão preventiva decretada com o fito de garantir a efetividade das medidas protetivas de urgência, determinadas pelo magistrado no contexto de violência doméstica ou familiar[33]. Já é sabido que as medidas protetivas objetivam proteger gêneros em posição de hipossuficiência histórica de violações dolosas a seus direitos. Portanto, o legislador, almejando produzir um sistema coerente, **criou essa modalidade de prisão para**

---

32 *Vide* art. 2º, § 7º, da Lei nº 7.960/89: Decorrido o prazo de cinco dias de detenção, o preso deverá ser posto imediatamente em liberdade, salvo se já tiver sido decretada sua prisão preventiva. (Lei de Prisão Temporária)

33 Para maiores detalhes, veja o modelo de representação por prisão preventiva assecuratória contido no item **3.3.4.2.5.1.** da parte III desta obra.

punir o desatendimento voluntário dessas medidas tuitivas com o agravamento cautelar. Pugnar por outra solução seria tornar as medidas de proteção letra morta em um papel oficial.

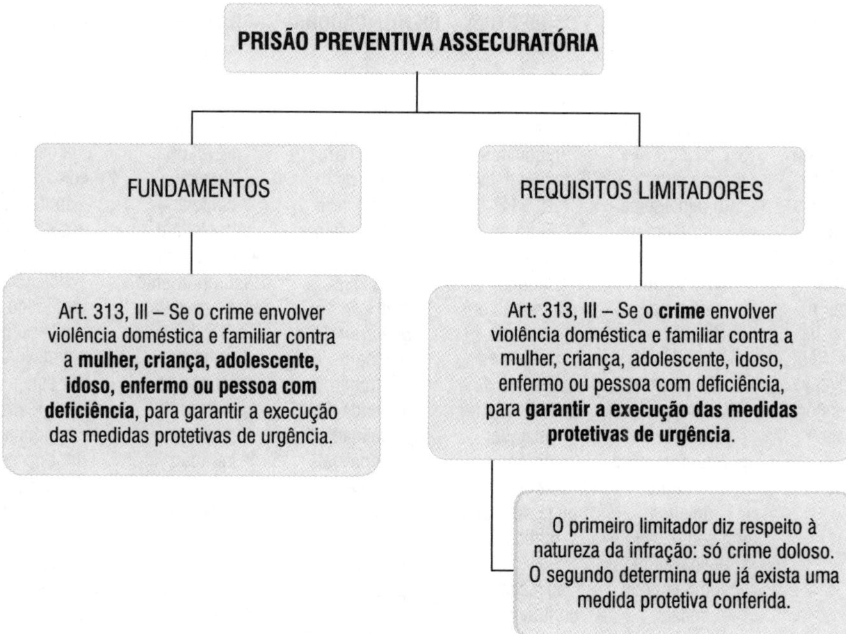

A referida prisão preventiva não se atrela unicamente ao fato de os crimes terem sido praticados contra os gêneros supracitados no âmbito doméstico ou familiar; é imprescindível citar que a prisão só será decretada nos casos em que a execução da medida protetiva estiver em risco. Disso tudo, é possível notar que só cabe prisão preventiva assecuratória quando já tiver sido conferida uma medida protetiva (relacionada a um crime doloso) e esteja ela em risco por ações deliberadas do autor do fato. **Não há dúvida que essa modalidade guarda certa semelhança com a prisão preventiva agravadora pois em ambas o agressor desatende uma medida cautelar anterior.**

Em arremate a tudo o que fora estudado nessa questão, acreditamos oportuno fazer uma grande revisão sobre o tema. Para tanto, construímos um pequeno esquema para fornecer um panorama da prisão preventiva em nosso ordenamento jurídico após a Lei nº 12.403/2011.

PRISÃO PREVENTIVA (modalidades)

- **AUTÔNOMA**
  - Requisitos: um dos requisitos do art. 312 do CPP e a pena máxima do crime **doloso** tem que exceder o patamar de 4 anos. Não é aplicável às contravenções penais.
- **RECIDIVA**
  - Requisitos: um dos requisitos do art. 312 do CPP e ser o autor do fato reincidente em crime doloso. Nesse caso, cuidado com o período de depuração (art. 64, I, do Código Penal). Não há qualquer restrição ao *quantum* de pena dos crimes dolosos praticados. Não é aplicável às contravenções penais.
- **CONVERTIVA**
  - Requisitos: um dos requisitos da preventiva (art. 312 do CPP) e não ser mais adequada a conversão em medidas cautelares diversas da prisão. Não há qualquer restrição ao *quantum* de pena do crime praticado. Não é aplicável às contravenções penais.
- **IDENTIFICADORA**
  - Requisitos: ser necessária a prisão para fins de identificar o autor do fato. Não há qualquer restrição ao *quantum* de pena da infração praticada. Tal modalidade é compatível com todos os crimes, além das contravenções penais que cominem pena de prisão simples.
- **AGRAVADORA**
  - Requisitos: existência prévia de medida cautelar decretada e haver deliberado descumprimento dessas medidas. Não há qualquer restrição ao *quantum* de pena da infração praticada. Tal modalidade é compatível com todos os crimes, além das contravenções penais que cominem pena de prisão simples.
- **ASSECURATÓRIA**
  - Requisitos: necessário que haja uma medida protetiva conferida em favor da vítima de violência doméstica ou familiar e que a efetividade dela esteja em risco em virtude de condutas do autor do fato. Só cabe tal modalidade no caso de crimes dolosos. Não há qualquer restrição ao *quantum* de pena do crime praticado. Não é aplicável às contravenções penais.

5.3. É POSSÍVEL DECRETAR A PRISÃO PREVENTIVA CUMULADA COM OUTRA MEDIDA CAUTELAR DIVERSA DA PRISÃO?

É perfeitamente possível, desde que tal cumulação se faça necessária e adequada ao caso concreto. Por mais que **a prisão preventiva** seja a medida cautelar pessoal mais extremada prevista em nossa ordem jurídica, **nem sempre ela é suficiente para garantir a anulação da perigosa influência do encarcerado na persecução penal**.

Citamos, como exemplo, um indivíduo que, preso preventivamente por ter estuprado todas as suas filhas, ainda continua a manter contato com elas. As vítimas de tais delitos acabam sendo compelidas a visitar o agressor no presídio, localidade onde ele tenta reiteradamente convencê-las a dizer ao juiz que inventaram os supostos abusos sexuais sofridos. A referida pressão psicológica chega aos ouvidos da autoridade policial, que representa imediatamente por outra medida cautelar, que seja a prevista no art. 319, III, do CPP (proibição de manter contato com pessoa determinada quando, por circunstâncias relacionadas ao fato, deva o indiciado ou acusado dela permanecer distante).

A ideia é evitar que o suspeito, mesmo preso, atrapalhe a persecução penal, vez que ainda mantém contato com essas vítimas. Parece lógico que deve o juiz decretar também tal medida cautelar, já que ela, no caso concreto, é imprescindível para evitar essa influência perniciosa do autor do fato em relação às vítimas. Por mais que essa **possibilidade aditiva** seja razoável, temos que consignar que há doutrina jurídica em sentido diverso, pugnando pela impossibilidade dessa cumulação. Vejamos:

> Evidentemente, na hipótese de decretação da prisão cautelar (ou internação provisória), não será possível a cumulação com outra medida cautelar, uma vez que já se estará impondo ao acusado o grau máximo de restrição cautelar, provando-o de sua liberdade de locomoção (LIMA, 2013, p. 788).

Apesar das razões citadas pelo doutrinador em comento, parece lógico que, no caso em análise, a prisão do indivíduo não teve a aptidão de, *per si*, evitar que as vítimas mantivessem contato com o pai abusador e, por isso, ficassem imunes à pressão psicológica por ele exercida. Logo, é irrefutável que tal cumulação cautelar é pertinente e imprescindível (adequada e necessária).

Reafirmamos que a decretação formal dessa segunda medida cautelar é de suma importância, pois só assim terão os agentes carcerários base jurídica para rechaçar o contato entre o algoz e as vítimas nos dias de visitas. Afinal, sem uma restrição desse quilate, não podem os agentes penitenciários vedar a visita das filhas ao pai, pois é direito do genitor, ainda em gozo do poder familiar, manter contato com sua prole.

5.4. É ADMISSÍVEL DECRETAR A PRISÃO PREVENTIVA AGRAVADORA QUANDO A INFRAÇÃO PENAL PRATICADA FOR MERA CONTRAVENÇÃO PENAL?

Sim. Já deixamos essa possibilidade assentada na questão que versa sobre as várias modalidades de prisão preventiva, mas decidimos deixar isso ainda mais claro por intermédio de uma questão autônoma.

Por mais que parte da doutrina ainda insista em restringir a prisão preventiva à prática de crimes dolosos, notamos que a Lei nº 12.403/2011 deu uma guinada nessa tendência. Atualmente, há seis modalidades de prisão preventiva, sendo que cada uma delas tem uma finalidade certa e requisitos totalmente diferenciados. Portanto, **a depender da modalidade da prisão preventiva analisada, será perfeitamente possível a decretação do encarceramento cautelar em face de crimes culposos e até mesmo em detrimento de algumas contravenções penais.**[34] Esse argumento é o que nos importa por agora.

De posse desse ensinamento, frisamos que a prisão preventiva agravadora (art. 312, parágrafo único, do CPP) fora instituída para garantir a efetividade do processo penal, quando o autor do fato demonstrar total desprezo pelas medidas cautelares menos gravosas decretadas em seu desfavor. Por isso, não há que se criar restrição à decretação dessa modalidade de prisão preventiva só pelo fato de a infração penal investigada se sujeitar à reclusão, à detenção ou à prisão simples. **O que importa, verdadeiramente, é ser imposta essa prisão preventiva quando estritamente necessária à salvaguarda do processo, tendo sido ignoradas outras medidas cautelares decretadas anteriormente.**

Com base nesses argumentos, se a legislação processual permite que sejam aplicadas as medidas cautelares diversas da prisão no caso de algumas contravenções penais,[35] havendo o descumprimento imotivado delas também terá que caber a agravação.[36]

É claro que nossa posição acerca do questionamento já citado mantém coerência lógica com o que já estamos a defender desde o começo do livro. Pugnamos que, **para manter a credibilidade e efetividade da jurisdição, a desobediência do autor do fato em cumprir os ditames das cautelares anteriormente decretadas poderá ocasionar, como última medida coercitiva, a decretação da preventiva agravadora.** Não

34 Em sentido diverso ao que estamos a defender, mas se referindo a período anterior à vigência da Lei nº 12.403/2011, está o RHC 11.042/MG (STJ – 18/02/2002): "PROCESSUAL PENAL. *HABEAS CORPUS*. CONTRAVENÇÃO PENAL. IMPORTUNAÇÃO OFENSIVA AO PUDOR. ART. 61 DA LCP. PRISÃO PREVENTIVA. ILEGALIDADE. ARTS. 312 E 313, DO CPC. – **A prisão preventiva é aplicável somente aos casos de crimes em sentido estrito, sendo incabível na hipótese de prática de contravenção penal, ademais punida com pena de multa. Inteligência dos arts. 312 e 313 do CPC**".

35 O legislador, no art. 283, parágrafo 1º, do CPP, disse que cabem medidas cautelares diversas da prisão em face de infrações penais que ameacem o autor do fato com pena privativa de liberdade (seja prisão simples, detenção ou reclusão). Ora, tal dispositivo, então, torna possível a decretação de medidas cautelares diversas da prisão no caso das contravenções penais, já que algumas delas cominam pena de prisão simples. *Vide* o referido dispositivo processual: art. 283, § 1º – As medidas cautelares previstas neste Título **não se aplicam à infração a que não for isolada, cumulativa ou alternativamente cominada pena privativa de liberdade**. (Código de Processo Penal).

36 No que tange às contravenções penais que não cominam pena de prisão simples, não há que se falar em decretação de medidas cautelares diversas da prisão e, por lógico, quaisquer das seis modalidades de prisão preventiva. Citamos, como exemplos de contravenções penais que não sujeitam o autor do fato a qualquer pena de prisão simples, a importunação ofensiva ao pudor (art. 61 da Lei de Contravenções, Penais) e ser ponteiro ou apostador em jogo de azar (art. 50, § 2º, da Lei de Contravenções Penais).

importa se a medida cautelar descumprida diz respeito a um crime grave ou a uma mera contravenção, o que se leva em consideração, principalmente, é o respeito às decisões judiciais e a preservação da regularidade da persecução penal. Defender qualquer tese diferente é transformar essas cautelares em medidas de atendimento facultativo.

Não negamos que parte da doutrina pátria acredita, equivocadamente, que a decretação da prisão preventiva, no caso de o fato em apuração ser uma contravenção penal, é uma ofensa evidente ao princípio da homogeneidade. É oportuno lembrar que o princípio da homogeneidade visa a manter o mínimo de paralelismo entre o provimento cautelar e o provimento final condenatório. Ou seja, só se deve prender alguém cautelarmente caso também seja possível que essa pessoa venha a ficar presa, ao final, quando da condenação. Todavia, como dito, **não há nada de incompatível entre a prisão cautelar e o provimento final condenatório no caso de contravenções penais.**[37] Dizemos isso pois, por mais que seja raro, é possível que alguém seja condenado e privado de sua liberdade pela prática de mera contravenção penal.

Acreditamos que alguns sectários do princípio da homogeneidade deturparam o seu real significado quando passaram a rechaçar a possibilidade de decretação da prisão preventiva no caso em análise. Defendem eles que, hipoteticamente, infrações de menor potencial ofensivo (inclusive as contravenções penais) nunca levariam ninguém à prisão e, portanto, decretar uma prisão preventiva para infrações desse quilate seria desproporcional. Eles citam, para comprovar esse pensamento, que alguns benefícios de política criminal, como o *sursis* da pena, a transação penal, a substituição em penas restritivas de direito e o *sursis* processual, impediriam a concretização da privação de liberdade do autor do fato.

Ainda segundo tais juristas, é muito provável que o autor de uma contravenção penal seja beneficiado por um desses institutos e, desse modo, não venha a cumprir sequer um dia de encarceramento. Dessa forma, para eles, não haveria razão para se manter o autor do fato preso cautelarmente no curso do processo se, ao final, será ele beneficiado por um desses institutos e colocado em liberdade.

Concordamos que, na maioria das vezes, os autores dessas infrações penais (inclusive as contravenções penais) não costumam ser presos; não obstante isso, não podemos negar que, hipoteticamente, a

37 Incluem-se nesse mesmo raciocínio as demais infrações de menor potencial ofensivo, bem como os crimes cuja pena máxima não excedam o patamar de 4 anos (infrações de médio potencial ofensivo).

possibilidade do encarceramento existe. Tanto há essa possibilidade real de prisão que constam julgados nos tribunais brasileiros que consubstanciam decretos condenatórios nessa mesma esteira[38] principalmente pela prática contravencional de jogos de azar e assemelhados.

Por mais que alguns institutos de política criminal dificultem o encarceramento no caso de infrações penais de menor e médio potencial ofensivo,[39] é importante lembrar que tais benefícios só são aplicáveis quando estão presentes os requisitos objetivos e subjetivos de admissibilidade. Em regra, são os requisitos subjetivos que acabam por obstaculizar a concessão dessas benesses a criminosos habituais e, assim, sujeitar o autor do fato a uma pena efetiva de prisão.

Visando a clarificar a possibilidade de o autor do fato ser preso pela prática de contravenção penal, analisaremos, cronologicamente, cada um dos institutos descarcerizadores colocados à disposição do investigado no curso do processo penal. Como a aplicabilidade de cada um desses institutos depende da presença concomitante dos requisitos objetivos e subjetivos, notaremos que, no caso de as circunstâncias pessoais do autor do fato serem extremamente desfavoráveis, será possível negar tais regalias legais ao contraventor.

O primeiro instituto colocado à disposição do autor do fato é a **transação penal.**[40] Essa, a exemplo dos demais instrumentos sobre os quais iremos discorrer, pode ser rechaçada em face da constatação da ausência de circunstâncias subjetivas favoráveis.[41] O segundo benefício, que também pode não ser conferido ao autor do fato por eventual inaptidão subjetiva,[42]

38 Citamos como exemplo o HC 81.472/RJ – STF.

39 Infrações de menor potencial ofensivo são as contravenções penais (também chamadas crimes liliputianos) e os crimes cuja pena máxima não excedam o limite de 2 anos. Já as infrações de médio potencial ofensivo são aquelas que não ultrapassam o patamar máximo de 4 (quatro) anos (e não se encaixem, por óbvio, no conceito de infrações de menor potencial ofensivo).

40 Não fizemos expressa menção ao instituto da composição civil dos danos (art. 74 da Lei nº 9.099/95) pois, como as ações penais das contravenções têm natureza jurídica pública incondicionada, o acordo financeiro celebrado nesse condão não têm efeito de impedir a *persecutio criminis*. Note que, em havendo composição civil nas infrações de ação penal pública incondicionada, somente fará incidir a minorante prevista no art. 16 do Código Penal brasileiro (arrependimento posterior), quando couber.

41 Art. 76 – Havendo representação ou tratando-se de crime de ação penal pública incondicionada, não sendo caso de arquivamento, o Ministério Público poderá propor a aplicação imediata de pena restritiva de direitos ou multas, a ser especificada na proposta. § 2º – Não se admitirá a proposta se ficar comprovado: III – **não indicarem os antecedentes, a conduta social e a personalidade do agente, bem como os motivos e as circunstâncias, ser necessária e suficiente a adoção da medida.** (Lei nº 9.099/95)

42 Art. 89. Nos crimes em que a pena mínima cominada for igual ou inferior a um ano, abrangidas ou não por esta Lei, o Ministério Público, ao oferecer a denúncia, poderá propor a suspensão do processo, por dois a quatro anos, **desde que o acusado não esteja sendo processado ou não tenha sido condenado por outro crime, presentes os demais requisitos que autorizariam a suspensão condicional da pena (art. 77 do Código Penal).** (Código Penal)

é a **suspensão condicional do processo**. O terceiro instituto de política criminal que pode ser vedado ao autor do fato, sob o mesmo fundamento anterior, é a substituição da pena privativa de liberdade por **penas restritivas de direitos** (art. 44 do Código Penal).[43] Continuando essa peregrinação jurídica, cumpre notar que, havendo condenação, é possível ser suspensa a execução dessa privação de liberdade. Esse benefício, que seja o ***sursis* da pena** (art. 77 do Código Penal), também pode ser negado por ausência de pertinência subjetiva.[44] Finalizando, não tendo sido aplicado nenhum dos institutos de política criminal supracitados, tendo sido condenado em definitivo o contraventor, ao mesmo pode ser imposto o **cumprimento inicial do cárcere** no regime aberto ou semiaberto.[45] Novamente, aspectos subjetivos do condenado serão analisados, dessa feita, para fixar o regime inicial do cumprimento da pena.

Portanto, **é possível o encarceramento do condenado pela prática de contravenção penal (em regime semiaberto), a depender das circunstâncias subjetivas que ele ostente**. Não se pode negar que há risco concreto de ser imposta prisão efetiva ao autor de contravenção penal. Fechar os olhos para essa possibilidade é esquecer que o magistrado fará detalhada análise sobre esses necessários requisitos subjetivos.

Ora, se é possível que o autor do fato seja condenado pela prática de contravenção penal à pena privativa de liberdade (e venha efetivamente a cumpri-la em regime semiaberto), não se vê qualquer óbice para que seja decretada a prisão preventiva agravadora em seu desfavor. Não há, a nosso ver, qualquer ofensa ao princípio da homogeneidade, até porque o paralelismo jurídico foi mantido: **possibilidade** de prisão como **decreto condenatório** final e **possibilidade** de prisão como medida **cautelar**. Importante citar que há respeitável posição jurídica em sentido diverso.[46] Vejamos um quadro que demonstra esse paralelismo:

43 Art. 44. As penas restritivas de direitos são autônomas e substituem as privativas de liberdade, quando: III – **a culpabilidade, os antecedentes, a conduta social e a personalidade do condenado, bem como os motivos e as circunstâncias indicarem que essa substituição seja suficiente**. (Código Penal)

44 Art. 77 – A execução da pena privativa de liberdade, não superior a 2 (dois) anos, poderá ser suspensa, por 2 (dois) a 4 (quatro) anos, desde que: II – **a culpabilidade, os antecedentes, a conduta social e personalidade do agente, bem como os motivos e as circunstâncias autorizem a concessão do benefício**; (Código Penal)

45 Art. 6º – A pena de prisão simples deve ser cumprida, sem rigor penitenciário, em estabelecimento especial ou seção especial de prisão comum, **em regime semiaberto ou aberto**. (Lei de Contravenções Penais)

46 Em sentido diverso, citamos Tourinho Filho (2012, p. 572): "[...] não é possível, por mais grave que seja a contravenção, decretar a preventiva. Esta será sempre excluída, quando a infração for contravencional."...

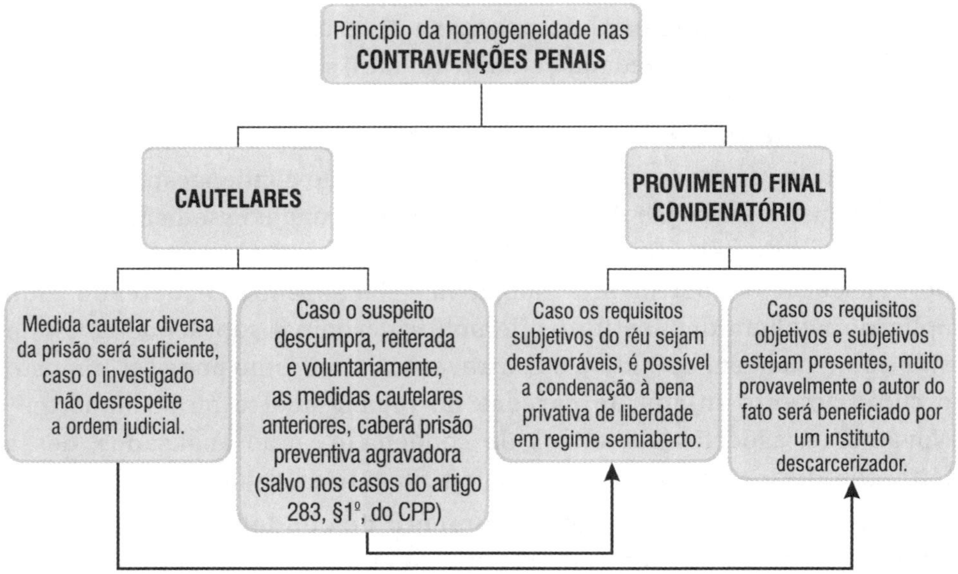

Em suma, pugnar que a prisão preventiva agravadora só pode ser decretada quando a infração penal praticada for um crime de maior potencial ofensivo é tolher qualquer possibilidade de o Estado garantir a efetividade das cautelares pessoais decretadas no contexto de infrações penais mais brandas.

Para exemplificar toda essa discussão, citaremos um caso hipotético. Um indivíduo, que já tenha sido condenado 15 vezes pela exploração de jogos de azar (contravenção penal prevista no art. 50 da Lei de Contravenções Penais), foi mais uma vez preso em flagrante. Após notar que tal pessoa relutava em permanecer na criminalidade, o delegado de Polícia representou pela decretação da medida cautelar diversa da prisão prevista no art. 319, inciso VI, do CPP, que seja a proibição de exercício de atividade econômica. Argumentou o delegado que o bar de propriedade do indivíduo serve como "fachada" para a realização da jogatina ilícita (jogo do bicho, carteado, caça-níqueis, roleta etc.). O juiz decretou a medida sem titubear, obrigando o indivíduo a não exercer, até o deslinde do processo, essa atividade econômica (bar). O magistrado, algum tempo após e já no curso do processo, é informado que o indivíduo descumpriu a medida cautelar decretada. Resolve, então, o magistrado agravar a medida cautelar anteriormente imposta e fixar fiança no valor de R$ 4.000,00 (quatro mil reais). Entretanto, o autor do fato, além de não depositar o valor da fiança, expandiu o negócio ilícito para outro bar e também para o quintal de sua casa. O que poderá fazer o magistrado nesse caso de total desrespeito às medidas cautelares anteriormente decretadas? Parece-nos que "nada" não é uma boa resposta. Por isso concordamos com a existência de alternativas jurídicas extremadas no caso de sérias violações à efetividade da jurisdição. Tolher o magistrado de um instrumento coercitivo forte, como o é a prisão preventiva agravadora, o enfraquecerá frente à criminalidade.

5.5. O DELEGADO DE POLÍCIA É OBRIGADO A REPRESENTAR PELA CONVERSÃO DA PRISÃO EM FLAGRANTE EM PRISÃO PREVENTIVA?

A resposta é **não**. O delegado de Polícia não é obrigado a representar por qualquer medida cautelar, seja probatória, assecuratória ou pessoal. **Asseveramos que esses pedidos de decretação de cautelares dependem sempre do convencimento subjetivo da autoridade policial acerca dos fatos em investigação, bem como da aferição da necessidade e da adequação da medida cautelar no caso concreto**. Por isso mesmo não pode ser a representação policial um ato automático do delegado de Polícia.

Em semelhante sentido, se a representação não é obrigatória, também não há como se obrigar o delegado, em querendo representar, fazê-lo obrigatoriamente no sentido de decretar uma medida cautelar em específico. Em outras palavras, **o delegado representa se achar necessário e, se o fizer, requererá a medida que acreditar mais adequada**.

Nesse diapasão, afirmamos que, se a autoridade policial entender que não é necessária e adequada a conversão do flagrante delito em qualquer medida cautelar, não precisa representar nesse sentido. Além dessa possibilidade, mesmo que o delegado acredite que deva representar pela conversão, não necessariamente deverá fazê-lo visando à conversão em prisão preventiva. Essa informação nos parece fundamental.

Ora, se a autoridade policial verificar que a prisão preventiva não é a melhor alternativa para o caso concreto, pode representar pela conversão da prisão em flagrante[47] em outra medida cautelar diversa da prisão ou simplesmente não representar por medida alguma. É essa gama de possibilidades que é muito interessante para o delegado de polícia.

47 Para maiores detalhes, veja o modelo de representação contido no item **3.3.4.1.3.1.** da parte III desta obra, o qual pleiteia a conversão da prisão em flagrante em medidas cautelares diversas da prisão.

Em resumo, o que queremos deixar claro nessa questão é a possibilidade de o delegado de Polícia representar pela medida que acreditar adequada; não por mera obrigação legal, mas sim como exercício motivado de sua convicção jurídica acerca da imprescindibilidade da medida.

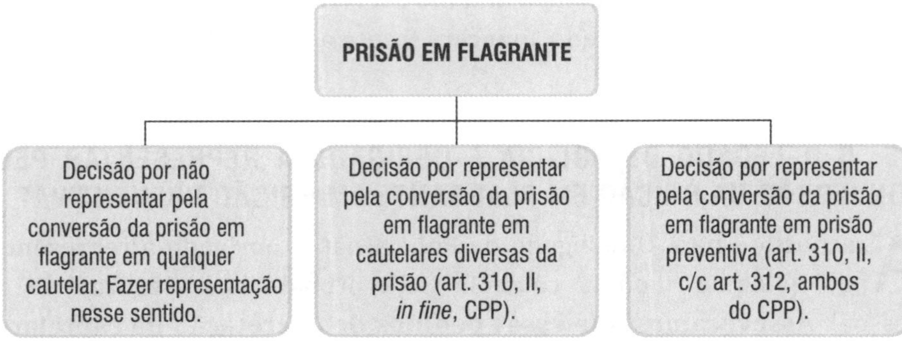

5.6. QUANDO DEVE O DELEGADO DE POLÍCIA PROCEDER À LIBERAÇÃO DO INDIVÍDUO PRESO EM VIRTUDE DE PRISÃO TEMPORÁRIA? DEVE A AUTORIDADE POLICIAL ESPERAR O ALVARÁ JUDICIAL DE SOLTURA?

É óbvio que, como o prazo de prisão temporária já vem previamente determinado no mandado, **caberá à própria autoridade policial fazer o controle do dia da soltura do preso.**[48] Nesses casos, não há que se esperar pela expedição de alvará, já que é a própria lei que obriga a imediata libertação do preso após o transcorrer do prazo prisional prefixado.

> Art. 2º, § 7º – **Decorrido o prazo de cinco dias de detenção, o preso deverá ser posto imediatamente em liberdade**, salvo se já tiver sido decretada sua prisão preventiva. (Lei nº 7.960/89 – Prisão temporária)

Portanto, mesmo quando o preso não estiver na custódia direta da autoridade policial (por exemplo, tiver sido recolhido em estabelecimento prisional), caberá ao delegado a realização de algumas ações voltadas para a libertação do suspeito no momento correto. Dentre essas medidas, **é imperativo que o delegado de Polícia deixe claro na guia de recolhimento**

48 É claro que nos casos em que o preso esteja recolhido em local não sujeito à autoridade direta do delegado de Polícia (por exemplo, casa de custódia) não terá o delegado o poder de determinar sua imediata soltura, cabendo tal dever ao responsável pelo estabelecimento prisional. Nesse caso, deverá o delegado documentar, na guia de recolhimento do preso, que aquele encarceramento se dá em virtude de prisão temporária. Além disso, deve o delegado mencionar na guia que, caso não esteja ele preso por outro motivo, a imediata soltura dar-se-á na data do término do período prisional respectivo.

do preso o termo final da prisão temporária, estipulando, inclusive, dia e hora para a soltura, sob o risco de ser responsabilizado por eventual prorrogação ilícita do cerceamento de liberdade do suspeito.[49]

Afinal, não parece razoável que o delegado de Polícia deixe à mercê do carcereiro a contagem desse prazo prisional. Cabe à autoridade policial fazer esse controle prévio, sob o risco de, por um cálculo errado, o carcereiro postergar ilegalmente a prisão do indivíduo ou antecipar a soltura do increpado sem justo motivo.

Em continuação ao que fora exposto acima, parece-nos importante também utilizar essa questão para relembrar aos policiais como fazer o cálculo do termo final da prisão temporária de um suspeito. Antes de se começar a fazer os cálculos devidos, urge salientar que o prazo em comento é material, já que diz respeito ao *jus libertatis* do indivíduo. Deixou claro o legislador que, nos prazos materiais, deve-se computar o dia de início e, *a contrario sensu*, não computar o do final.[50]

Para explicar as regras postas acima, utilizaremos uma tabela de contagem de prazo, levando em conta um caso concreto. Suponhamos que em desfavor de autor de sequestro foi decretada prisão temporária pelo prazo de 5 (cinco) dias,[51] cujo mandado foi cumprido no dia 1º/08/2016 às 23h50.[52] Para manufaturar o gráfico de análise desses prazos será necessário **adicionar cinco dias** (duração da prisão) **além da data do cumprimento do mandado**.

Após isso, poder-se-á visualizar claramente o *dies a quo* e *dies ad quem* da prisão temporária em comento.[53] Veja o quadro ilustrativo a seguir:

49 Art. 4º – i) prolongar a execução de prisão temporária, de pena ou de medida de segurança, deixando de expedir em tempo oportuno ou de cumprir imediatamente ordem de liberdade. (Lei de Abuso de Autoridade – nº 4.898/65)

50 Art. 10 – **O dia do começo inclui-se no cômputo do prazo**. Contam-se os dias, os meses e os anos pelo calendário comum. (Código Penal)

51 Urge asseverar que no caso de crimes hediondos o prazo de prisão temporária é diferenciado: 30 dias prorrogáveis por igual período. Essa é a redação do art. 2º, § 4o, da Lei nº 8.072/90: "A prisão temporária, sobre a qual dispõe a Lei nº 7.960, de 21 de dezembro de 1989, nos crimes previstos neste artigo, terá o prazo de 30 (trinta) dias, prorrogável por igual período em caso de extrema e comprovada necessidade."

52 Note que o dia do cumprimento da prisão é computado como marco inicial da contagem do prazo, independentemente do horário da execução da medida. Mesmo que no caso concreto faltem apenas 10 minutos para o dia 02/08/2016, ainda assim o dia inicial da prisão é o dia 1º/08/2016.

53 Importante aprendermos a fazer essa tabela de contagem de prazo, pois ela também pode ser utilizada na contagem de prazos processuais (art. 798, § 1º, do CPP). Nos prazos processuais, como preconizado pela lei processual, não se computa o dia de início, mas se conta o do final. Nesse contexto, caso se tratasse de prazo processual, como o dia 1º/08/2016 não iria entrar no cômputo, o dia final seria o dia 06/08/2016 (até às 23h59m59s). Vale aqui tal lembrança.

1º dia — **Último dia. Não conta.**

01/08/2016	02/08/2016	03/08/2016	04/08/2016	05/08/2016	06/08/2016
Dia da captura. 1º dia de prisão. Tanto faz o horário da efetivação da prisão.	2º dia de prisão	3º dia de prisão	4º dia de prisão	5º dia de prisão. A prisão deverá perdurar até às 23h59m59s.	Dia do término do prazo. À meia-noite em ponto o suspeito já tem que ter sido liberado.

Na referida tabela, passamos a constatar que, no total, nosso gráfico passou a ter seis dias (o dia do cumprimento da medida e mais cinco dias de duração da prisão decretada). Agora sim, estamos prontos para aplicar as regras preconizadas no art. 10 do Código Penal, ou seja, computar o dia do começo (1º/08/2016) e excluir o do final no prazo da prisão (06/08/2016). As coisas, agora, parecem clarear! Já é possível constatar que o prazo limite para manter o indivíduo preso é até às 23h59m59s do dia 05/08/2016, ou seja, às 00h00m do dia 06/08/2016 já tem que ter sido o suspeito colocado em liberdade.

Lembre-se de que essa obrigação de o suspeito já estar libertado no dia 06/08/2016 deriva da exclusão do dia do término do prazo na contagem dos dias de prisão válida, já que o tempo de prisão é um prazo material.

Sem a criação de uma tabela demonstrativa, tal contagem nos pareceu muito insólita, por isso indicamos que a autoridade policial sempre confeccione um gráfico semelhante para não proceder à incorreta contagem temporal.

5.7. É PERMITIDO AO DELEGADO DE POLÍCIA ABRIR MÃO DO TEMPO DE PRISÃO TEMPORÁRIA ANTES DO TÉRMINO DE SEU PRAZO FINAL?

Apesar de alguns doutrinadores assim o defenderem, não concordamos com tal possibilidade. O primeiro argumento é que cabe ao delegado de Polícia representar pela decretação de tal prisão; ao juiz é a quem incumbe determinar se o encarceramento cautelar será efetivado ou não, bem como quais serão seus limites temporais.[54]

54 Notemos que a Lei nº 7.960/89 não prevê essa modalidade de soltura antecipada, deixando claro que a soltura será imediata, mas somente quando findo o prazo prisional. Citamos, para demonstrar tal argumento, o art. 2º, § 7º, da Lei nº 7.960/89: **Decorrido o prazo de cinco dias de detenção, o preso deverá ser posto imediatamente em liberdade**, salvo se já tiver sido decretada sua prisão preventiva.

Adjudicar ao delegado, após o juiz ter decretado a prisão temporária, a faculdade de abrir mão do tempo remanescente do encarceramento é conferir-lhe discricionariedade exagerada acerca do *jus libertatis* do indivíduo. A nosso ver, portanto, **a partir do momento da decretação da prisão, o delegado de Polícia age como mero cumpridor dessas ordens judiciais (funções de polícia judiciária), não podendo desatendê-las por acreditar que a prisão não é mais necessária.**[55]

Alguns doutrinadores discordam da posição doutrinária em comento, asseverando que a prisão temporária é decretada pelo juiz, no interesse exclusivo da investigação policial, por isso poderia o delegado abrir mão do encarceramento quando lhe parecer conveniente. Apesar de sedutor, tal posicionamento não parece escorreito. Por mais que a prisão temporária tenha mesmo um viés instrumental em relação à investigação criminal, salienta-se que o delegado de Polícia não é o único interessado na prisão temporária do suspeito nessa fase da persecução penal.

Lembre-se de que, antes da decretação da prisão temporária requerida pelo delegado de Polícia, o Ministério Público deve necessariamente prolatar seu parecer sobre o cabimento ou não dessa cautelar.[56] Se o faz, passa o *Parquet* também a ter interesse nesse decreto prisional. **Além disso, após opinar pelo decreto de prisão temporária, o Ministério Público pode se convencer da necessidade de decretação da prisão preventiva do autor do fato e requerê-la junto ao Poder Judiciário. É aqui que a confusão estará armada, caso o delegado libere antecipadamente o suspeito!**

Se o delegado de Polícia tiver aberto mão do restante do prazo da prisão temporária e liberado o increpado, haverá grande confusão, já que, se a prisão preventiva solicitada pelo membro do Ministério Público for decretada, o suspeito muito provavelmente terá tomado rumo incerto e não sabido. Talvez seja esse o maior problema prático da adoção do posicionamento jurídico que permite ao delegado conceder a liberdade antecipada no caso de prisão temporária.

Em nosso posicionamento, caso o delegado acredite que não se faz mais necessário o encarceramento do suspeito deve trilhar outro caminho jurídico.

---

55 Art. 13º – Incumbirá ainda à autoridade policial: III – **cumprir os mandados de prisão** expedidos pelas autoridades judiciárias. (Código de Processo Penal)

56 Art. 2º, §1º – Na hipótese de representação da autoridade policial, o Juiz, antes de decidir, ouvirá o Ministério Público. (Lei nº 7.960/89 – Lei da Prisão Temporária)

A autoridade policial, nesse sentido, deverá encaminhar comunicação formal ao magistrado para que revogue a prisão temporária em face da inexistência dos motivos que a ensejaram (*rebus sic stantibus*)[57]. Nesse sentido, recorremos a Lima (2013, p. 963):

> Se a prisão temporária tiver sido decretada pelo prazo de 30 (trinta) dias, concluindo a autoridade policial, posteriormente, que não há mais necessidade de se manter o indivíduo preso, deve representar à autoridade judiciária competente solicitando a revogação da prisão temporária. Somente o juiz poderá revogar a prisão temporária, jamais a própria autoridade policial.

Apesar de ficar evidente a vedação à autoridade policial de abrir mão do prazo remanescente da prisão temporária, é possível que o delegado faça outro tipo de controle acerca do prazo prisional em comento, que seja uma dosimetria prévia. **Nesse condão, pode a autoridade policial representar pela prisão em prazo diferente do máximo previsto em lei, evitando que a prisão seja decretada por prazo superior ao necessário**[58]**.**

Ora, por mais que a Lei nº 7.960/89 preveja a decretação da prisão temporária pelo prazo de 5 (cinco) dias e a lei de crimes hediondos (Lei nº 8.072/90) por 30 (trinta) dias, é possível que a autoridade policial requeira menos prazo de encarceramento ao magistrado competente[59]. Esse argumento é importante para demonstrar que à autoridade policial só cabe fazer uma dosimetria antecipada do prazo de prisão, optando por um período menor do que o máximo possível quando da representação policial. Depois de decretada a prisão, não lhe é mais conferida a possibilidade de reduzir o prazo de prisão, mas somente cumprir a ordem do magistrado nos termos e prazos determinados.

57 Para maiores detalhes, veja o modelo de ofício contido no item **6.3.** da parte III desta obra, o qual pleiteia a revogação de prazo restante de prisão temporária.

58 Por mais que o delegado opte por prazo de prisão temporária aquém do permitido, sendo decretada a prisão, nada impede que a prorrogação respectiva se dê pelo período máximo previsto em lei (por exemplo, 30 dias previstos no art. 2º, § 4º, da Lei nº 8.072/90). O intento do legislador, ao mencionar no bojo das Leis nº 7.960/1989 e nº 8.072/1990 a expressão "prorrogável por igual período", foi o de criar um limite temporal máximo para a prisão temporária, que seja: 10 dias para os crimes comuns e 60 dias para os crimes hediondos e equiparados. Por óbvio, o legislador não visava a "engessar" o pedido de prorrogação da prisão temporária à quantidade de dias da primeira decretação.

59 Para maiores detalhes, veja o modelo de representação por prisão temporária contido no item **3.3.4.3.1.** da parte III desta obra, no qual se pleiteia a decretação de tal modalidade de prisão por prazo menor do que o conferido em lei.

5.8. NO CASO DE PRISÃO POR MANDADO JUDICIAL, A QUEM CABE A AUTORIDADE POLICIAL COMUNICAR?

Depende de o mandado de prisão estar ou não inserido no Banco Nacional de Mandados de Prisão (BNMP). Caso a ordem prisional esteja inserida no BNMP (em consonância com os §§ 3º e 4º do art. 289-A do CPP), a prisão será imediatamente comunicada ao juiz do local do cumprimento da medida prisional, à Defensoria Pública (caso o encarcerado não tenha indicado o nome de seu advogado), além da pessoa indicada pelo preso.[60] É o próprio **juiz do local da captura que, após extrair certidão do mandado no sistema nacional em comento, informará ao juízo que decretou a prisão para as providências de praxe.** Note que aqui não há menção a que o policial deve comunicar a prisão ao juiz competente, mas, sim, ao juiz do local da captura.

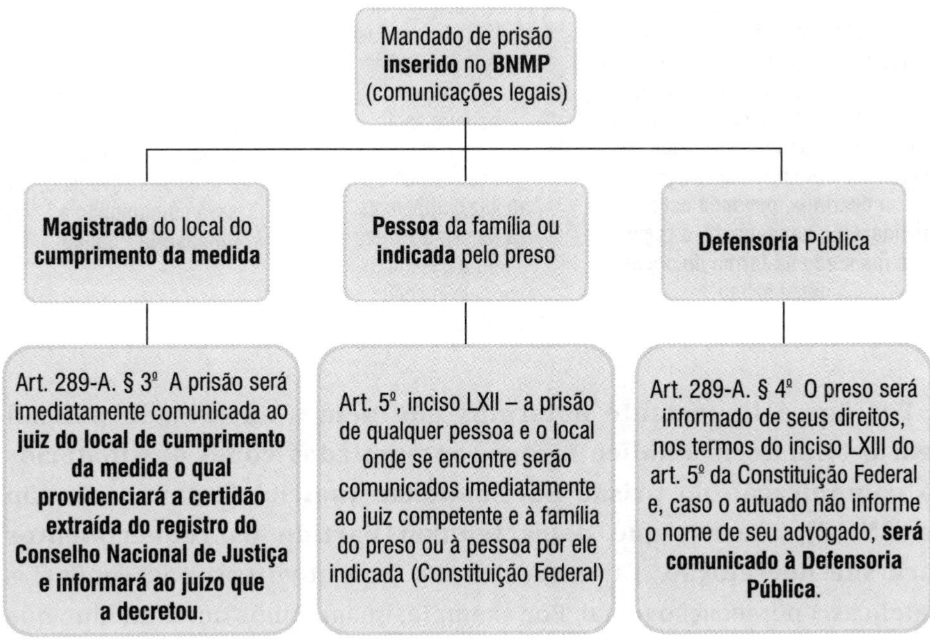

Procedimento um pouco diferente terá que adotar o policial no caso de o mandado de prisão **não estar inserido no Banco Nacional de Mandados de Prisão (BNMP)**. Nesse caso, o legislador criou um procedimento peculiar: caberá ao policial comunicar à autoridade judiciária que decretou

60 Em atendimento ao preceito da Constituição Federal previsto no art. 5º, inciso LXII, "a prisão de qualquer pessoa e o local onde se encontre serão comunicados imediatamente ao juiz competente e à família do preso ou à pessoa por ele indicada". **Possível visualizar que, diferentemente do que ocorre na prisão em flagrante, não há necessidade de comunicar o Ministério Público.**

a ordem de prisão, e não ao juiz do local da captura. A obrigatoriedade de comunicar a prisão à pessoa indicada pelo preso e à Defensoria Pública, nos termos da lei processual nacional, fica mantida.

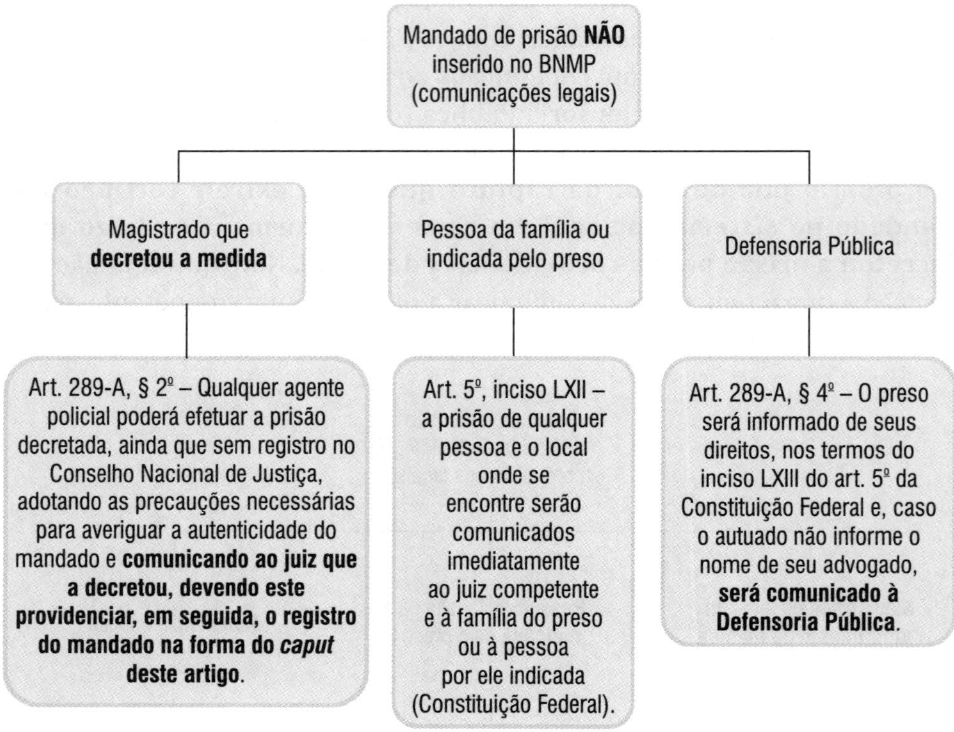

Por fim, **é importante notarmos que nem a autoridade policial nem o Ministério Público foram contemplados como destinatários da comunicação da prisão por mandado judicial (estando ou não no BNMP), mesmo que deles tenham partido os requerimentos para sua decretação**. Tal esquecimento legislativo traz consequências maléficas à persecução penal. Por exemplo, imaginemos um indivíduo que tenha praticado crime de roubo majorado e a autoridade policial tenha representado junto ao magistrado visando à decretação de sua prisão temporária pelo prazo de cinco dias. A prisão temporária é decretada, inserida no BNMP e cumprida 30 dias após em um município longínquo da comarca da culpa. Com a sistemática posta, como o delegado não será avisado imediatamente da prisão, o encarceramento cautelar do suspeito pouca utilidade terá para a investigação policial.

Evidentemente, sem saber do ato prisional, a autoridade policial não poderá implementar qualquer ato investigatório, como o reconhecimento pessoal ou até mesmo o interrogatório do indiciado. Além do exposto, o prazo para conclusão de inquérito policial, o qual passará a correr a partir do cumprimento da prisão do indivíduo, quedar-se-á inerte, já que o delegado não saberá da necessidade de concluir celeremente a investigação. Portanto, acreditamos que caminhou mal o legislador quando não criou a obrigatoriedade de o magistrado, ao ser comunicado da prisão, avisar incontinentemente a autoridade que solicitou a decretação da prisão cautelar. Sem dúvida, essa sugestão merece ser acolhida pelo nosso legislador.

Resumindo o que foi estudado nessa questão, criamos um esquema comparativo para facilitar a aplicação prática desses conhecimentos.

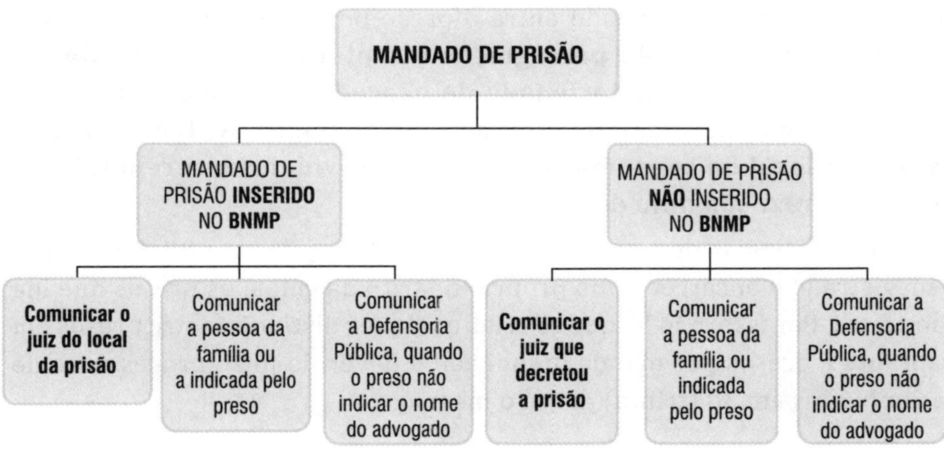

5.9. A QUEM INCUMBE PROVIDENCIAR A REMOÇÃO DO PRESO NO CASO DE PRISÃO POR MANDADO? E NO CASO DA PRISÃO EM FLAGRANTE?

Antes da Lei nº 12.403/2011, face à interpretação do disposto no art. 290 do Código de Processo Penal,[61] a incumbência de providenciar a remoção do preso era da autoridade policial do local da captura. Esse, sem dúvida, era um dos grandes fardos suportados por um delegado de Polícia.

61 Art. 290 – Se o réu, sendo perseguido, passar ao território de outro município ou comarca, o executor poderá efetuar-lhe a prisão no lugar onde o alcançar, apresentando-o imediatamente à autoridade local, que, depois de lavrado, se for o caso, o auto de flagrante, **providenciará para a remoção do preso**. (Código de Processo Penal)

A autoridade policial do local da captura, além de ter que lavrar todo o procedimento acerca da prisão do indivíduo, ainda era incumbida de providenciar sua remoção para a comarca da qual se originou a ordem prisional. Felizmente, a Lei nº 12.403/2011 mudou essa desarrazoada sistemática. Agora, segundo o art. 289, § 3º, do CPP, cabe ao juízo processante (que expediu o mandado e no qual tramita a ação penal) providenciar a remoção do preso no prazo máximo de 30 dias, inclusive sob risco de relaxamento da ordem prisional[62].

> Art. 289, § 3º - O juiz processante deverá providenciar a remoção do preso no prazo máximo de 30 (trinta) dias, contados da efetivação da medida.

Apesar de o enfoque inicial dessa questão ser sobre a remoção do indivíduo preso em virtude de ordem de prisão, não vemos por que criar tratamento diferenciado entre o preso por mandado e o preso em flagrante delito. **Havendo perseguição e captura do flagranteado em outra comarca, a obrigatoriedade de proceder à remoção do preso também será a mesma. Portanto, no caso de flagrante, também cabe ao juiz do local da consumação do delito providenciar a remoção do preso no prazo máximo de 30 (trinta) dias**.

A ideia do legislador, quando criou o art. 289, § 3º, do CPP, foi obrigar o magistrado a encarcerar, no próprio distrito da culpa, os presos que lhe são afetos. Por isso, não há que se criar qualquer distinção entre presos em flagrante e presos por mandado judicial; o dever do juízo processante de recambiá-los em 30 (trinta) dias é o mesmo.

5.10. SE FOR APRESENTADA AO DELEGADO DE POLÍCIA PESSOA NÃO IDENTIFICADA CIVILMENTE E CONTRA A QUAL SUPOSTAMENTE PENDA MANDADO DE PRISÃO JUDICIAL, O QUE DEVE FAZER A AUTORIDADE POLICIAL?

Por óbvio, não deve liberar o suspeito. Existindo dúvidas sobre a identidade do preso que lhe é apresentado, deve a autoridade policial proceder à custódia do suspeito, até que sejam confirmados seus dados de qualificação.[63] A legislação, então, trata esse tema da seguinte forma:

62 Para maiores detalhes, veja o modelo de ofício de comunicação de prisão (mandado judicial) contido no item **6.5.** da parte III desta obra.

63 Ver Costa e Oliveira Filho (2011).

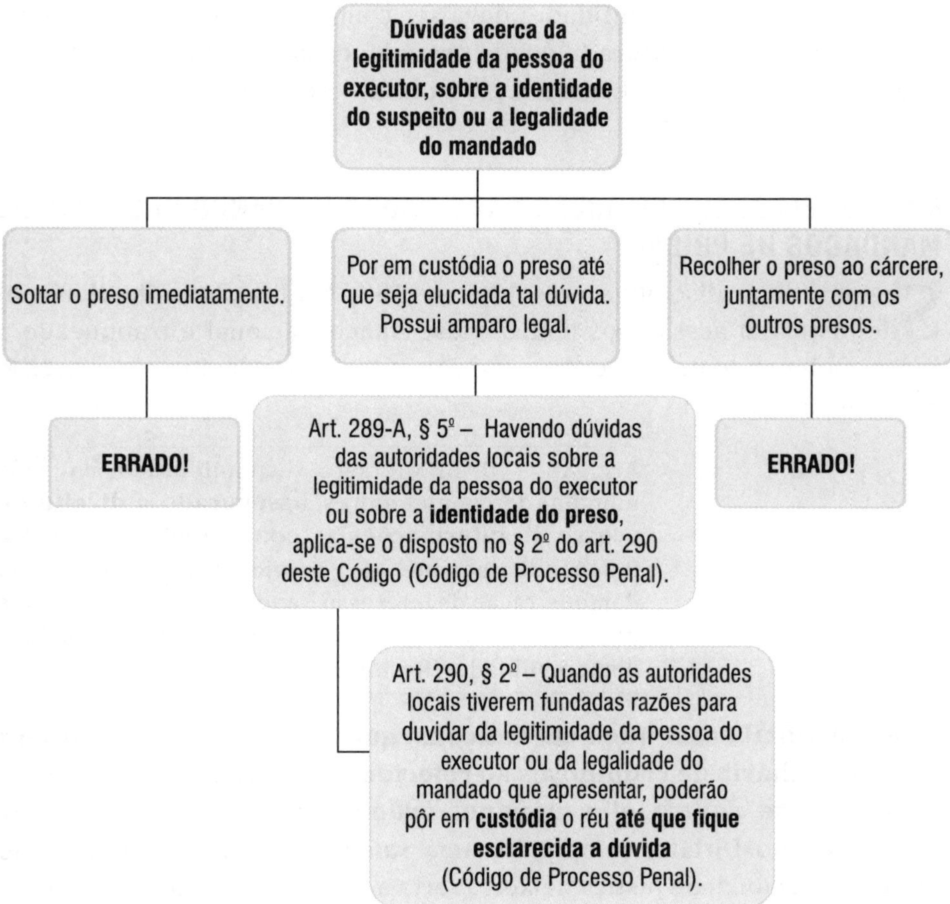

Repare que tal **custódia** se situa na linha medianeira entre o encarceramento cautelar e a colocação do suspeito em liberdade. **Trata-se de um tipo de detenção precária, na qual há limitação da liberdade ambulatória do réu, mas não tão intensamente que possa ser caracterizado como ato prisional**. Nesses termos, segundo Tourinho Filho (2012, p. 462):

> Nesse caso, deverá, *ad cautelam*, pôr o réu em custódia (ligeira privação da liberdade, com o fim de exercer sobre ela vigilância maior), tomando, em seguida, as necessárias medidas, visando ao esclarecimento da dúvida, tal como dispõe o § 2º do art. 290 do CPP.

Importante salientar que, assim que sanada a dúvida acerca da identidade do suspeito, ou se dará o imediato cumprimento ao mandado, ou se libertará o indivíduo. Acreditamos que tal circunstância (custódia para confirmação de identidade) deva ser comunicada imediatamente ao juiz da comarca da captura (além da pessoa indicada pelo preso), a fim de que acompanhem e fiscalizem a regularidade dessa detenção precária.

5.11. QUEM PODE TER ACESSO AOS DADOS DO BANCO NACIONAL DE MANDADOS DE PRISÃO?

Segundo o que disciplina a resolução nº 137/2011 do Conselho Nacional de Justiça, o acesso aos dados desse Banco Nacional é franqueado a todos, independentemente de comprovar interesse legítimo no acesso à tal informação.

> Art. 2º - O BNMP será disponibilizado na rede mundial de computadores, **assegurado o direito de acesso às informações a toda e qualquer pessoa**, independentemente de prévio cadastramento ou demonstração de interesse, sendo de responsabilidade do Conselho Nacional de Justiça a sua manutenção e disponibilidade. (Resolução nº 137/2011- CNJ)

Não é difícil notar que uma das consequências desse elastério será a consulta diária de criminosos ao referido banco de dados visando a confirmar se contra eles pendem ordens de prisão.[64] Entretanto, como tudo no Direito, sempre há uma saída pela tangente! O próprio Conselho Nacional de Justiça deixou aberta a possibilidade de flexibilizar a obrigatória inserção dos mandados de prisão nesse sistema. Dessa forma não há como o suspeito monitorar a existência de uma ordem de prisão contra si, caso ela não seja ali inserida (BNMP).

Portanto, o delegado de Polícia deve pleitear, quando da confecção de suas representações por decretos prisionais, a aplicação do dispositivo que permite a não inserção dos *mandamus* no banco nacional em questão. Essa permissividade está contida na resolução 137 do CNJ:

> Resolução nº 137 do CNJ. Art. 2º, § 2º: Na hipótese de o juiz determinar que o mandado de prisão seja expedido em **caráter restrito**, o prazo para inclusão no BNMP se iniciará após seu cumprimento ou quando afastado esse caráter por decisão judicial.

Ou seja, se o delegado não visualizar qualquer óbice na inserção da ordem prisional no BNMP, basta silenciar a esse respeito, já que essa é a regra

64 Ver Costa e Oliveira Filho (2011).

geral. Entretanto, **caso acredite que a ampla divulgação atrapalhará o cumprimento da medida, deve fazer expresso pedido ao magistrado (com fundamento na resolução nº 137 do CNJ) para que não insira, ao menos naquele momento, a ordem prisional nesse sistema de dados**[65]. Nesse último caso, a expedição do mandado dar-se-á em caráter restrito.

5.12. CASO POLICIAIS, AO ADENTRAREM EM UM DOMICÍLIO PARA CUMPRIREM MANDADO DE PRISÃO, CONSTATAREM QUE LÁ EXISTEM ELEMENTOS DE CONVICÇÃO RELACIONADOS A PRÁTICAS CRIMINOSAS, PODERÃO APREENDÊ-LOS? QUAIS AS REPERCUSSÕES JURÍDICAS DESSA APREENSÃO?

Esse acontecimento é recorrente no dia a dia policial. É comum que policiais, na posse de mandado de prisão, adentrem em uma residência para prender o suspeito, e, mesmo sem possuir mandado de busca e apreensão domiciliar, acabem dando "uma olhadinha" na casa do capturado.

Nessa busca, os policiais descobrem, fortuitamente, elementos de outra prática criminosa. Os referidos investigadores resolvem, então, apreender aquele material e o apresentam ao delegado de Polícia acreditando que estão a auxiliar em investigações acerca de outro delito. Nesse caso, deve o delegado apreender ou se recusar a apreender esses objetos criminosos?

Apesar de nossa resposta trazer espanto a muitos profissionais de segurança, pugnamos pela **não apreensão do material** pelo delegado de Polícia. Defendemos isso pelo fato de **a apreensão extrapolar evidentemente o objeto da ordem judicial (mandado de prisão); assim, tudo que derivar desse ato ilegal de apreensão também padecerá de ilegalidade**. Se o delegado, *a contrario sensu*, apreender esses objetos, estará a contaminar os atos da investigação que derivarem dessa apreensão ilegítima de elementos, criando problemas à investigação do delito respectivo.[66]

Preliminarmente, é fulcral fazer algumas observações acerca dessa ação policial. A primeira diz respeito à amplitude do mandado de prisão. Por óbvio, o mandado de prisão autoriza os policiais a prenderem a pessoa que consta da referida ordem judicial, independentemente do

---

65 Para maiores detalhes, veja o modelo de representação pela decretação de prisão temporária contido no item **3.3.4.3.1.** da parte III desta obra, o qual traz expresso pedido de não inserção do *mandamus* no BNMP.

66 Nesse caso, tanto faz se os objetos se vinculavam à prática criminosa que culminou na decretação da prisão do suspeito ou não; o que importa é que a apreensão não era permitida expressamente na ordem judicial.

local em que ela esteja.[67] Nesse sentido, é evidente que uma ordem de prisão, como medida cautelar pessoal, limita-se a fundamentar a prisão do suspeito e a realização de sua respectiva busca pessoal,[68] e só! Nesse caso, portanto, é incontroverso que a realização de busca na casa do increpado excederá o que está determinado na ordem judicial concedida. A outra observação a ser pontuada é que a ordem judicial que ampararia essa diligência de busca é o mandado de busca e apreensão domiciliar, o qual não fora conferido aos policiais que realizavam a diligência.

Assim sendo, fica cristalino que **só ficaria permitido aos policiais apreenderem esses materiais caso, juntamente com o mandado de prisão, também estivessem na posse de um mandado de busca e apreensão domiciliar (meio acautelatório de provas)**. Sentimos a necessidade de fazer tais apontamentos, pois muitos policiais tentam se utilizar da teoria do encontro fortuito de provas (ou serendipidade) para tentar legitimar essa inesperada ação de apreensão.

Contudo, a alegação de **encontro fortuito de elementos de convicção só pode ser utilizada quando a ação fortuita mantiver simetria com a autorização judicial conferida**. Ou seja, se a ordem era só para prender o suspeito, não há qualquer amparo para promover buscas de elementos de prova de outras práticas criminosas naquela residência. A ação legitimada pelo mandado é de cautela pessoal (prisão); a ação derivada fortuitamente é de cautela probatória (busca e apreensão).

Não obstante o exposto, **acreditamos que a única ressalva que seja possível fazer ao posicionamento supracitado é no caso de achado de objetos que, por si, sejam capazes de motivar a prisão em flagrante do suspeito**. Nesse caso, não é necessário manter qualquer paralelismo com a ordem judicial precedente, já que o objeto encontrado é hábil a ensejar a prisão em flagrante de seu detentor. Citamos, como exemplo, o fato de

67 Por mais que haja posição doutrinária que defenda que o cumprimento de mandado de prisão, quando o alvo está abrigado em sua própria casa, dependa da expedição do mandado de busca e apreensão domiciliar (art. 240, § 1º, alínea "a", do CPP), acreditamos que seja essa posição extremada. A nosso ver, com a expedição da ordem de prisão há implícita permissão para que se capture o indivíduo no local onde for encontrado (em uma residência ou não), bastando somente que se atenda à restrição de cumprimento do *mandamus* durante o dia. **É possível inferir a desnecessidade de mandado de busca e apreensão domiciliar nessa circunstância pela mera leitura do art. 293 do CPP. Nesse artigo, prevê-se caso de perseguição ao indivíduo (em desfavor do qual há mandado de prisão), sendo que o suspeito se abriga em residência alheia. O referido dispositivo, então, permite que, ao raiar do dia, o policial arrombe as portas e prenda o criminoso. Insta frisar que, nesse dispositivo, a exemplo do que estamos a defender, não há qualquer menção à necessidade de ordem de busca e apreensão para violar o domicílio e efetuar a prisão do investigado.**

68 É claro que, nesse caso, sempre caberá busca pessoal na pessoa do preso, consoante preconiza o art. 244 do Código de Processo Penal, até por razões de segurança do policial.

os policiais, no curso da prisão por mandado, visualizarem acima da mesa de jantar um revólver não registrado. Como a posse de tal material bélico enseja situação flagrancial, nada há que se opor à apreensão do material pelos policiais, até porque ele é a materialidade de delito em virtude do qual o suspeito será flagranteado.

Vejamos, na prática, exemplo desse **paralelismo entre medida autorizada e elemento fortuitamente encontrado** através do gráfico a seguir:

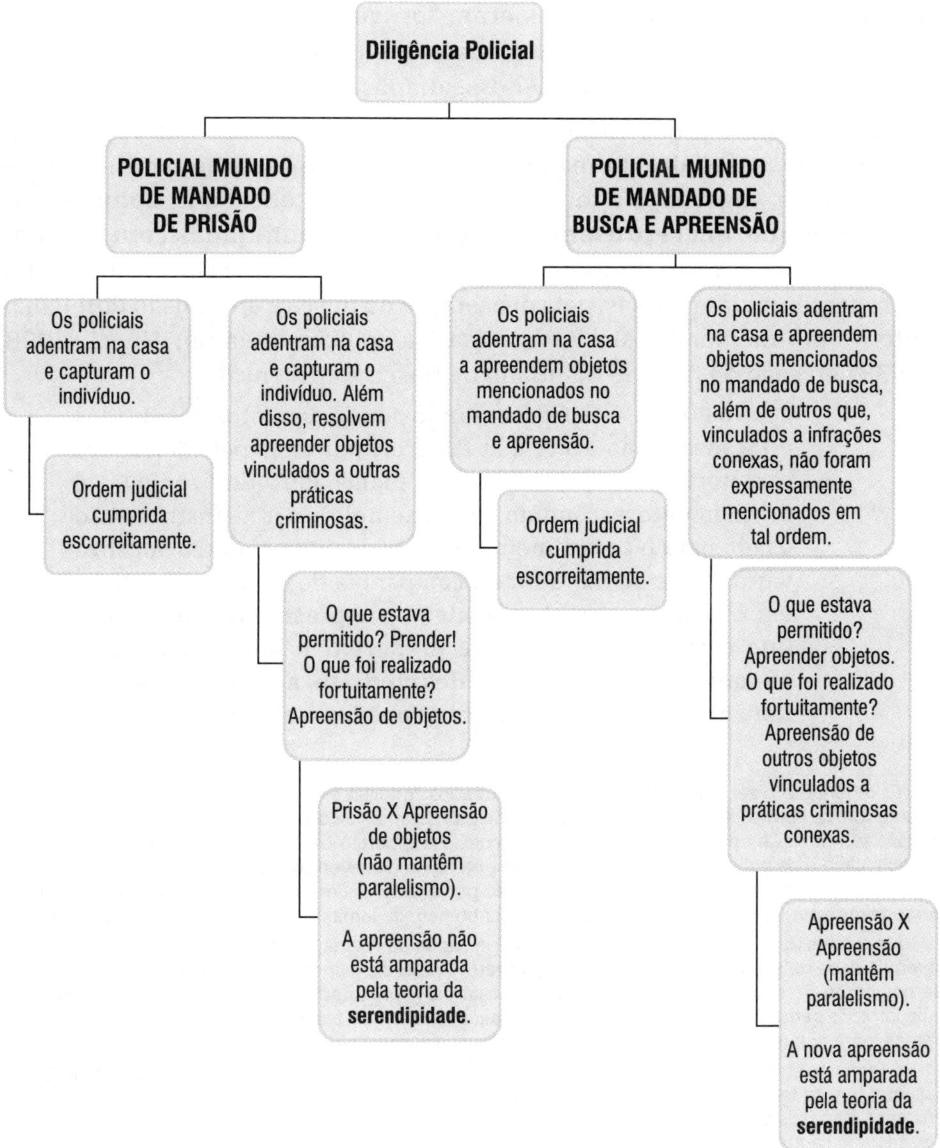

É possível notar no esquema acima que, quando os policiais estão **munidos de mandado de busca e apreensão** dirigido a colher elementos de uma prática criminosa e encontram **objetos vinculados a outros delitos conexos,**[69] passa a ser possível a aplicação do instituto da **serendipidade**. Nesse último caso, a ordem do magistrado era buscar e apreender alguns objetos, mas, fortuitamente, outros objetos criminosos (vinculados ao contexto em apuração) também foram encontrados. É fácil notar que há compatibilidade entre o que permitia o mandado e o que fora encontrado fortuitamente: ambos os objetos eram "provas", dirigidos ao mesmo raio apuratório.[70] Por conseguinte, é plenamente cabível a aplicação da teoria do encontro fortuito de provas[71] nesse diapasão.

Por derradeiro, em razão de estarmos cientes das limitações que podem derivar da falta do mandado de busca e apreensão em diligências desse quilate, sugerimos a todos os delegados de Polícia que, **sempre que possível, elaborem representações por prisão cumuladas com pedidos de busca e apreensão domiciliares.**[72] É melhor agir dessa forma do que ter que representar, às pressas, pela decretação da busca e apreensão domiciliar junto a um juiz plantonista. Aliás, essa é a solução dada por Nucci (2008, p. 538) no caso da falta de mandado de busca e apreensão:

> Caso a Polícia esteja procurando por documentos falsificados e localizar uma arma que faz crer, por suas peculiaridades características (um punhal manchado de sangue e devidamente escondido, por exemplo), ser o instrumento usado para o cometimento de outro delito ou, então, localiza várias fotos do morador na companhia de menores de idade, em atividade sexual, **não deve simplesmente ignorar o que está vendo, mas deve preservar o local e as coisas encontradas, solicitando, de imediato, ao juiz de plantão uma autorização legal para proceder à apreensão**.

69 É importante dizer que esses objetos encontrados fortuitamente têm que estar relacionados, de alguma forma, com o objeto da investigação principal. Dizemos isso pois não nos parece razoável que o mandado busca e apreensão seja concedido com o desiderato de descobrir e apreender provas de um homicídio e os policiais apreendam, com base na teoria da **serendipidade**, elementos que indiquem uma situação totalmente diversa da investigação, por exemplo, uma mera violação de direito autoral. Verdadeiramente, pareceria um absurdo sem tamanho permitir tamanha abertura do leque investigatório.

70 No contexto da teoria da serendipidade, a doutrina pátria menciona haver duas espécies: serendipidade de **primeiro grau** e de **segundo grau**. Aquela diz respeito ao achado casual de elementos de convicção de uma infração penal conexa; já esta diz respeito ao encontro fortuito de elementos de uma infração penal desconectada do raio de apuração inicial. Insta frisar que a doutrina e a jurisprudência pátrias tendem a não legitimar a apreensão com base na **serendipidade de segundo grau**.

71 A teoria do encontro fortuito de provas também é comumente conhecida como **serendipidade**. É bom salientar que tal teoria é aplicável a outras diligências investigatórias, e não só à interceptação telefônica. Frisamos isso pois boa parte dos exemplos dados pelos mais diversos doutrinadores brasileiros se atém a esse meio cautelar de produção de prova.

72 Nesse caso, poderá se fazer constar no próprio mandado de busca e apreensão a ordem prisional respectiva. Esse é o teor do art. 243, § 1º, do Código do Processo Penal.

Em arremate a tudo o que fora exposto acima e visando a clarificar as soluções jurídicas mencionadas nessa questão, resolvemos esquematizar essas diversas possibilidades em um gráfico.

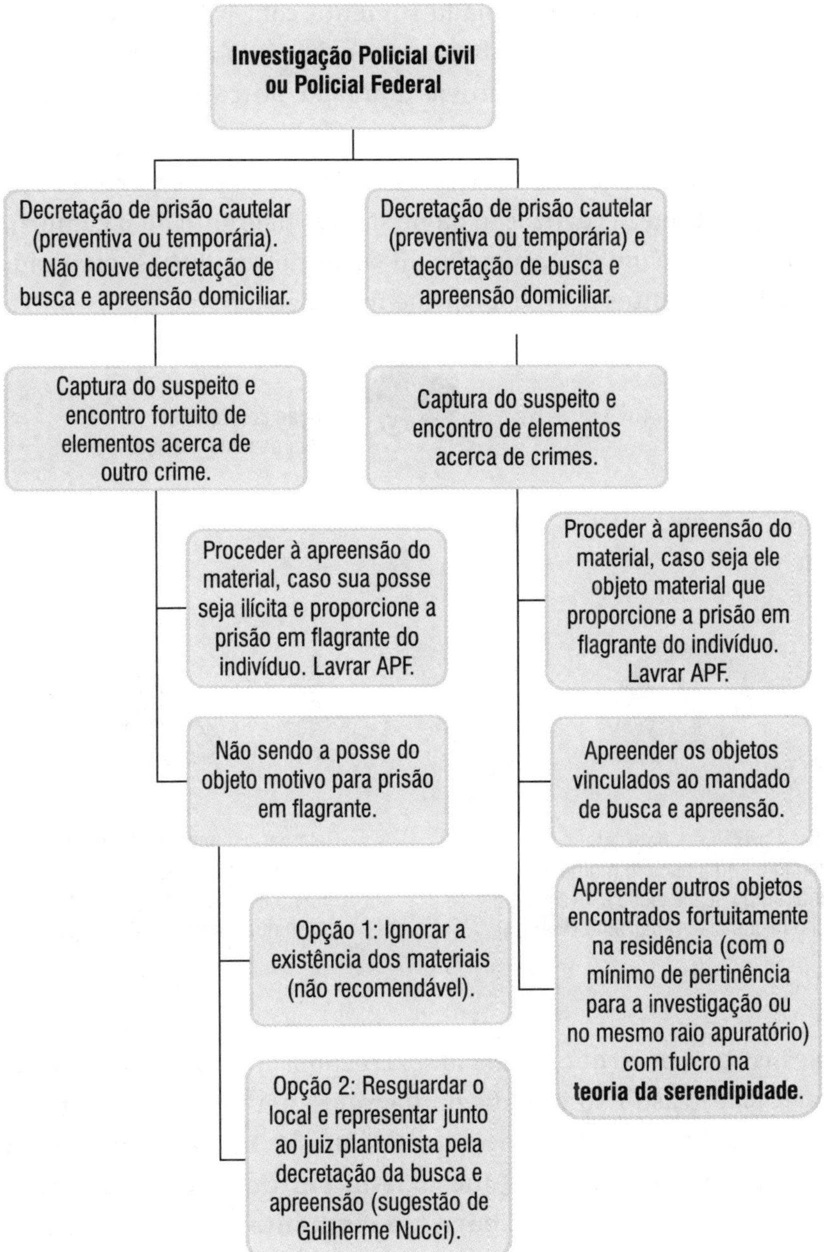

5.13. É POSSÍVEL DEIXAR DE DAR CUMPRIMENTO A UMA ORDEM DE PRISÃO COM BASE NO INSTITUTO DA AÇÃO CONTROLADA?

É claro que sim! Por mais que a doutrina pátria costume relacionar o instituto da ação controlada somente com o flagrante diferido ou retardado, mostraremos ser absolutamente viável aplicar tal método de investigação e obtenção de provas também no caso dos mandados de prisão.

Na verdade, o instituto da ação controlada visa a postergar a ação policial imediata (qual seja, a realização da prisão em flagrante ou o cumprimento da prisão por mandado), almejando alcançar melhores resultados na colheita de elementos acerca do crime investigado.

Esse instituto evita que o policial seja responsabilizado por sua leniência (prevaricação) caso não prenda em flagrante um indivíduo contra o qual caiba imediatamente essa prisão. **Além disso, tal instituto permitirá que a situação flagrancial (que existia em determinado momento) seja projetada virtualmente para um momento futuro, como se ainda estivesse a ocorrer.**[73]

73 Daremos um bom exemplo sobre essa postergação da prisão em flagrante (flagrante diferido). Imagine um traficante X, o qual foi visualizado por policiais vendendo 500 kg de drogas para outros

No que se refere ao mandado de prisão, também ocorre algo muito semelhante. A ação controlada permitirá que a autoridade policial deixe de dar cumprimento imediato à ordem de prisão visando a colher mais elementos sobre a prática criminosa, potencializando as chances de captura de maior quantidade de suspeitos[74].

Não obstante o exposto acima, há doutrinadores que defendem que as expressões **flagrante diferido** e **ação controlada** são nomenclaturas absolutamente idênticas. Essa interpretação gramatical, contudo, acaba dificultando a aplicabilidade da ação controlada aos casos de prisão cautelar.

É evidente que tal interpretação não parece escorreita, até porque o legislador nunca utilizou expressões que nos fizessem depreender que a ação controlada se restringe à prisão em flagrante. Foram alguns glosadores do Direito que inferiram isso.

Verdadeiramente, o legislador sempre deixou claro que a ação controlada visa a retardar a intervenção policial como um todo, o que demonstra que a ação controlada é gênero, da qual figuram como espécies o flagrante diferido e o mandado postergado[75]. Vejamos o que preveem as leis sobre esse instituto:

---

indivíduos. Deve ficar claro que essa venda foi única e que não havia qualquer elemento que infirmasse que o traficante X participava de uma associação para o tráfico. Pois bem, nessa situação, os policiais optam por não prender o traficante X naquele instante, porquanto querem descobrir o destino e o destinatário da droga. O magistrado é comunicado de tal circunstância e autoriza a ação controlada. Dessarte, após descobrirem o destino da droga, dias depois do fato criminoso inicial, os policiais prendem em flagrante alguns suspeitos, na posse da droga, e também o traficante X. O que fundamenta a prisão do traficante X é que a situação flagrancial ocorrida no passado (venda de drogas) foi projetada (virtualmente) para um momento futuro, como se ela ainda tivesse ocorrendo. Isso é o que se chama de flagrante postergado.

74 Imagine que um membro de uma organização criminosa tenha se apresentado à autoridade policial para interrogatório. Nessa oportunidade, se o delegado der cumprimento à ordem de prisão em desfavor desse investigado, poderá prejudicar a prisão dos demais membros desse grupo. Nesse caso, parece recomendável que a autoridade policial retarde sua intervenção, por meio do instituto da ação controlada. Se assim o fizer (nos termos da lei), não há qualquer possibilidade de alegação de ocorrência de prevaricação, nem muito menos ofensa ao dever legal preconizado pelo artigo 13, III, do Código de Processo Penal (Art. 13. Incumbirá ainda à autoridade policial: [...] III – cumprir os mandados de prisão expedidos pelas autoridades judiciárias), já que o próprio ordenamento estaria a permitir essa protelação.

75 Um dos deveres das autoridades policiais é dar cumprimento (na primeira oportunidade possível) às ordens de prisão expedidas pelo juiz. Por isso, não pode o delegado, com base em mero juízo de conveniência, cumpri-las quando quiser. Portanto, para que haja essa postergação, será necessário que a autoridade policial se utilize do instituto da ação controlada.

Lei nº 11.343/2006[76]	Lei nº 12.850/2013
Art. 53. Em qualquer fase da persecução criminal relativa aos crimes previstos nesta Lei, são permitidos, além dos previstos em lei, mediante autorização judicial e ouvido o Ministério Público, os **seguintes procedimentos investigatórios**: [...] II – **a não atuação policial** sobre os portadores de drogas, seus precursores químicos ou outros produtos utilizados em sua produção, que se encontrem no território brasileiro, com a finalidade de identificar e responsabilizar maior número de integrantes de operações de tráfico e distribuição, sem prejuízo da ação penal cabível.	Art. 8º Consiste a ação controlada em **retardar a intervenção policial** ou administrativa relativa à ação praticada por organização criminosa ou a ela vinculada, desde que mantida sob observação e acompanhamento para que a medida legal se concretize no momento mais eficaz à formação de provas e obtenção de informações.

Ainda que seja muito mais comum o uso da ação controlada para promover o retardo da prisão em flagrante, não podemos tomar essa *praxis* como se fosse o teor da própria lei. É a situação concreta que determinará se a intervenção policial diferida se aterá à ordem de prisão ou à própria prisão em flagrante.

O legislador, portanto, costuma deixar abertas essas possibilidades utilizando-se de uma nomenclatura mais abrangente (atuação policial e intervenção policial) para evitar interpretações restritivista a esse instituto[77].

Em conclusão a tudo o que foi exposto acima, aduz-se que a autoridade policial que retardar o cumprimento de mandado de prisão (almejando dar maior eficácia à coleta de elementos de convicção ou garantir a captura de maior número de investigados) também estará amparado pelo instituto da ação controlada.

---

76 Há quem promova a diferenciação entre ação controlada e entrega vigiada (prevista na Lei de Drogas). Essencialmente, a entrega vigiada nada mais é do que uma ação controlada voltada para um contexto mais específico, ou seja, o do tráfico de drogas.

77 Não se pode negar que a Lei de Lavagem de Capitais – Lei nº 9.613/98 – destoa dessa regra. Por descuido, o legislador optou por prever a ação controlada somente para as ordens judiciais (mandado de prisão e ordem de sequestro de bens), sem que correspondente técnica tenha sido prevista em relação à prisão em flagrante. Isso é absolutamente atípico! Deveria ter o legislador seguido a regra dos diplomas citados no quadro acima e, desse modo, previsto o retardamento da intervenção policial como um todo, deixando de restringir o instituto, como o fez. Vejamos o art. 4º-B da Lei nº 9.613/98 (Incluído pela Lei nº 12.683, de 2012): **A ordem de prisão de pessoas ou as medidas assecuratórias de bens**, direitos ou valores poderão ser suspensas pelo juiz, ouvido o Ministério Público, **quando a sua execução imediata puder comprometer as investigações**.

Portanto, antevendo o Delegado a necessidade de uso da ação controlada no contexto de mandado de prisão, **deve informar ao juiz competente, quando da sua representação[78], sobre essa possibilidade, solicitando que ele faça expressa menção sobre essa permissividade no referido *mandamus*.**

Nesse contexto, se o delegado tiver antecipado essa possibilidade e requerido ao magistrado as benesses do mandado diferido, não há que se alegar qualquer falta de controle judicial e fixação prévia de seus limites. **A lei falou que o juiz tinha que ser previamente consultado, mas não falou quanto tempo antes. A nosso ver, a provocação pode se dar quando da representação policial pela decretação da prisão.**

É importante dizermos que a ação controlada, por mais que esteja prevista apenas em diplomas legais muito específicos (Lei de Drogas, Lavagem de Capitais e Organização Criminosa), pode ter aplicabilidade nas mais variadas infrações penais. Dizemos isso, pois o art. 3º do Código de Processo Penal permite esse elastério.

É certo que vozes garantistas já se levantaram para tentar evitar a aplicação estendida de tal método às demais investigações. Segundo esses doutrinadores, não poderia haver tal ampliação, pois esse instituto, ao ser aplicado analogicamente, estaria promovendo prejuízos substanciais aos direitos do suspeito.

Não merece prosperar esse argumento, tendo em vista que a aplicação de tal instituto em nada influi na sanção penal (e demais gravames); em verdade, só posterga um ato prisional que já iria ocorrer naturalmente.

Afinal de contas, ninguém tem o direito constitucional de ser preso quando há menos provas contra si! Outrossim, o suspeito não está sendo compelido por ninguém, com a postergação da prisão, a permanecer na ilicitude e continuar a produzir elementos de convicção em seu desfavor.

Desse modo, sem coerção imposta ao suspeito, não há que se alegar ofensa ao princípio de vedação à autoincriminação (*nemo tenetur se detegere*). Parece um exagero demasiado não permitir a aplicação analógica de tal instituto às demais investigações com base somente nesses argumentos jurídicos pueris.

78 No caso da Lei de Drogas (Lei nº 11.343/2006) e da Lei de Lavagem de Capitais (Lei nº 9.613/98), o magistrado, ao receber tal representação, deverá decidir se autoriza ou não a aplicação do instituto da ação controlada. Lembre-se de que, para essas duas leis, é necessária a autorização do juiz, não bastando a mera comunicação prévia. Diferente dos referidos diplomas, a Lei nº 12.850/2013 contentou-se com a mera comunicação prévia ao magistrado.

Capítulo 6

Medidas Cautelares Diversas da Prisão

6.1. HÁ UMA GRADAÇÃO DAS MEDIDAS CAUTELARES PREVISTAS NA LEI Nº 12.403/2011?

O legislador não previu, expressamente, um escalonamento entre todas as medidas cautelares previstas na Lei nº 12.403/2011. No entanto, a mencionada legislação deixou transparecer que as prisões cautelares estão no extremo maior do rol de medidas cautelares pessoais; as outras medidas, por outro lado, não foram dispostas na lei de forma escalonada.

Apesar dessa lacuna, entendemos que, tacitamente, há uma gradação entre as referidas cautelares, principalmente quando se leva em consideração o grau de cerceamento aos direitos e às garantias fundamentais do investigado. De acordo com esse critério, acreditamos que as medidas cautelares se dispõem hierarquicamente da seguinte forma:

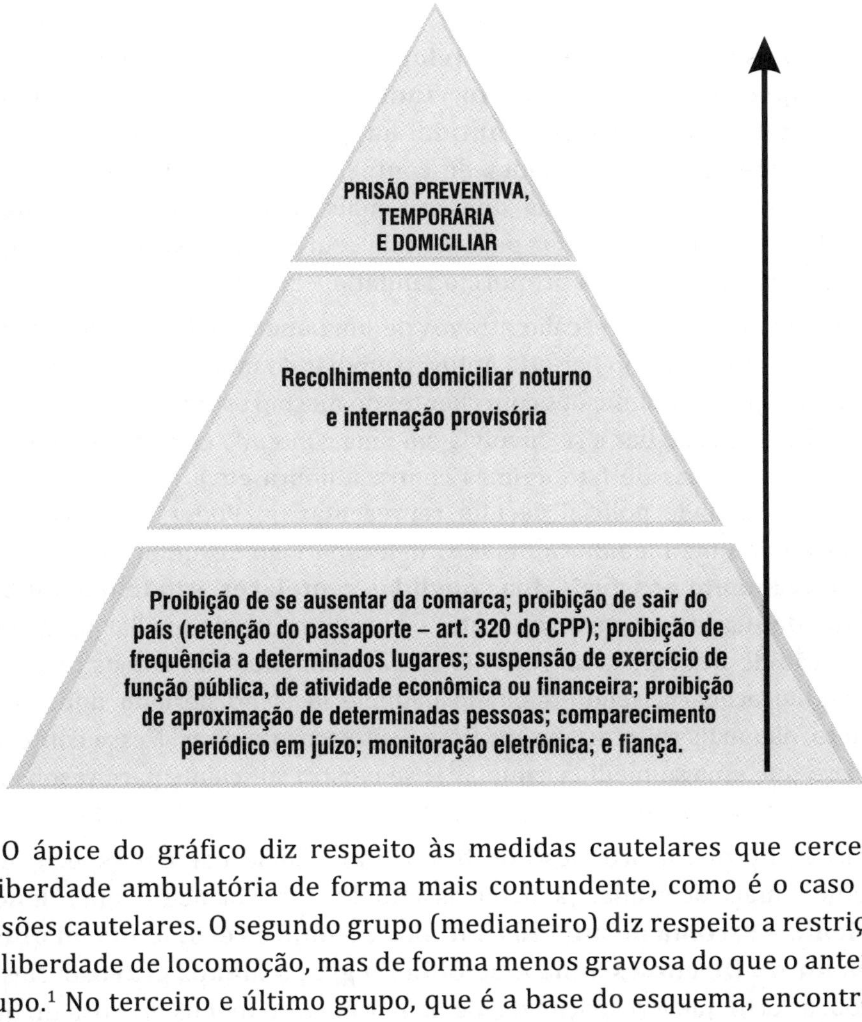

O ápice do gráfico diz respeito às medidas cautelares que cerceiam a liberdade ambulatória de forma mais contundente, como é o caso das prisões cautelares. O segundo grupo (medianeiro) diz respeito a restrições na liberdade de locomoção, mas de forma menos gravosa do que o anterior grupo.[1] No terceiro e último grupo, que é a base do esquema, encontram-se todas as cautelares que promovam uma restrição limitadora a direitos fundamentais, mas de forma menos gravosa que as demais.[2]

É claro que **não é obrigada** a autoridade policial a representar pelas medidas cautelares de forma crescente, ou seja, sempre pleiteando,

1 Por mais que a internação provisória também diga respeito à privação de liberdade do investigado, em face de sua natureza eminentemente curativa, não pode ser considerada inserta no mesmo grupo que o encarceramento cautelar do ápice dessa pirâmide. Por óbvio, a internação cautelar traz consequências muito menos gravosas do que a prisão cautelar.

2 É possível notar que dentro de cada grupo há uma gradação dentre as cautelares nele inseridas. Por exemplo, é claro que a prisão preventiva é mais gravosa do que a temporária e assim sucessivamente; já no terceiro grupo fica evidente que a proibição de frequência a determinados lugares é muito mais gravosa do que o comparecimento periódico em juízo. Obviamente, algumas cautelares são tão específicas que seria desarrazoado querer escaloná-las frente às demais integrantes do grupo (por exemplo, a suspensão do exercício de função pública). Entretanto, tentamos fazer um escalonamento, na medida do possível, abarcando todas as medidas expressamente mencionadas na Lei nº 12.403/2011.

inicialmente, uma medida cautelar prevista no terceiro grupo. Em verdade, **a escolha da medida cautelar deve se pautar na necessidade e na adequação ao caso concreto,**[3] **independentemente do segmento em que tal medida esteja contida na pirâmide em voga**. Apesar disso, às vezes, as peculiaridades do contexto criminoso habilitam como **alternativamente** adequadas duas ou mais medidas, forçando que o delegado opte por representar pela medida cautelar menos gravosa, já que assim estará a primar pela proporcionalidade.

Exemplificaremos tal escólio através de uma anedota. Um indivíduo que costumava frequentar no período noturno um bar da municipalidade, passou a arrumar repetidas confusões com clientes do mesmo estabelecimento. Todo dia, o indivíduo ia ao bar e se envolvia em uma contenda criminosa diferente (lesão corporal, vias de fato, crimes contra a honra etc.). De posse de tais dados, a autoridade policial decidiu representar ao Poder Judiciário pela decretação de uma medida cautelar. O delegado logo vislumbrou que eram **alternativamente possíveis duas medidas cautelares, sendo que ambas seriam adequadas ao caso concreto**: o recolhimento domiciliar noturno e a proibição de frequência ao referido estabelecimento. Em ambos os casos, o indivíduo acabaria sendo afastado daquele local no período noturno e, portanto, não mais reiteraria as práticas ilícitas costumeiras. Nesse contexto, fica claro que uma só medida cautelar já se mostra suficiente para resolver o problema proposto. Então, por qual medida deverá optar o delegado?

É evidente que a proibição de frequentar aquele bar em específico é a medida mais acertada. Já ficou assentado anteriormente que, **sendo suficiente a escolha de uma só cautelar, é sempre recomendável que o operador do Direito escolha a medida do grupo menos gravoso**. Nesse condão, é certo que a restrição de ida ao bar é muito menos gravosa do que o recolhimento domiciliar noturno do "brigão". Dizemos isso pois, com a proibição de frequência ao bar, o suspeito ainda está livre para sair de sua casa no período diurno e no período noturno, sendo que só não poderá frequentar aquele estabelecimento comercial em específico. Na segunda medida (recolhimento domiciliar noturno), o suspeito não poderá se ausentar de sua residência durante o período noturno, seja lá para qual local for (igreja, curso, academia etc.). Por isso, havendo várias opções possíveis, pugnamos sempre pela escolha da medida contida no grupo menos gravoso.

3 Art. 282 – As medidas cautelares previstas neste Título deverão ser aplicadas observando-se a: I – **necessidade** para aplicação da lei penal, para a investigação ou a instrução criminal e, nos casos expressamente previstos, para evitar a prática de infrações penais; II – **adequação** da medida à gravidade do crime, circunstâncias do fato e condições pessoais do indiciado ou acusado. (Código de Processo Penal - redação dada pela Lei nº 12.403, de 2011)

6.2. POR QUE A CONCESSÃO DO CONTRADITÓRIO PRÉVIO CAUTELAR DEVE SER A EXCEÇÃO NO CURSO DA INVESTIGAÇÃO POLICIAL?

Importante dizer que a figura do contraditório prévio cautelar foi uma das alterações mais criticadas que a Lei nº 12.403/2011 trouxe para o Código de Processo Penal. A ideia desse **contraditório é conceder ao investigado o poder de se contrapor à pretensão dos órgãos de persecução penal,**[4] **quando esses requererem a decretação de uma medida cautelar pessoal (diversa da prisão) contra tal indivíduo.**

Em outros termos, após o recebimento do pleito de decretação de medida cautelar pessoal, o magistrado franqueia ao polo adverso (suspeito) a oportunidade de proclamar suas razões acerca da desnecessidade ou da inadequação da medida. Somente após tal procedimento é que o magistrado decide pela decretação ou não da cautelar pessoal.

Felizmente, **tal procedimento de contradita pode ser excepcionado, quando razões suficientes forem apresentadas, precipuamente em relação à urgência da medida e demonstração do perigo de sua ineficácia**; esse é o teor do artigo infracitado.

> Art. 282, § 3º - **Ressalvados** os casos de **urgência** ou de **perigo de ineficácia da medida**, o juiz, ao receber o pedido de medida cautelar, determinará a **intimação da parte contrária**, acompanhada de cópia do requerimento e das peças necessárias, permanecendo os autos em juízo. (Grifos nossos)

Não é difícil notar que há algumas barreiras práticas à implementação do contraditório cautelar prévio no Brasil. O primeiro empecilho é a usual morosidade na decretação de medidas cautelares. Ora, se a decretação de medidas *inaudita altera pars* já nos parece demorada, imagine-se conferindo ao investigado o direito de se contrapor à referida decretação. Acreditamos que a medida pode demorar meses até sua decretação e, quando ocorrer, muito provavelmente já terá perdido seu objeto.

É claro, então, que a demora costumeira, potencializada pelo decurso temporal destinado à realização da contradita, tornará, em regra, inefetiva a medida cautelar pleiteada. Se a finalidade das

4 Cabe, outrossim, contraditório prévio cautelar quando o requerimento de decretação da medida cautelar se originar da parte adversa (querelante) na ação penal privada. Essa é a intelecção que se faz do art. 282, § 2º, do CPP: "As medidas cautelares serão decretadas pelo juiz de ofício **ou a requerimento das partes** ou, quando no curso da investigação criminal, por representação da autoridade policial ou mediante requerimento do Ministério Público."

medidas cautelares é resguardar a *persecutio criminis* e, incidentalmente, garantir a ordem pública, não nos parece razoável que seja o procedimento de decretação cautelar um ato moroso e burocratizado.

Outro forte argumento é que não se vê razão para conceder contraditório prévio cautelar em benefício do indiciado, colocando em risco a efetividade da medida, se é facultado ao mesmo, caso irresignado com a decretação, impetrar *habeas corpus* contra ato da autoridade que conferiu tal medida cautelar. Evidente que conceder contraditório prévio, quando sabida a possibilidade de impetração de remédio heroico em face da decretação da medida cautelar, é fortalecer demais o suspeito no curso da investigação criminal, atrapalhando ainda mais os órgãos incumbidos da persecução criminal.

De igual sorte, visualizamos que a **intimação do indiciado para apresentar contrarrazões vai instigá-lo a frustrar essa medida**. Essa intimação para se contrapor aos argumentos da autoridade que pleiteia a medida cautelar será um alerta para que o suspeito antecipe-se à ação da Justiça e atrapalhe as investigações mais rapidamente.

Por isso, dizemos que não é adequado que a concessão do contraditório prévio seja o procedimento padrão adotado em nosso país, apesar de o art. 282, § 3º do Código de Processo Penal o estar prevendo como regra. A dúvida que aparece é: como, então, deixar de aplicar tal instituto sem ferir o que disciplina a lei processual? Sugerimos que as autoridades, com legitimidade para pleitear a decretação de tais medidas, no bojo do próprio pedido da cautelar[5], justifiquem a necessidade de afastamento desses benefícios com base na urgência da decretação e no risco de ineficácia da medida (exceções previstas no art. 282, § 3º, do CPP).[6]

Caberá, portanto, ao delegado de Polícia ou ao membro do Ministério Público municiar a autoridade judiciária de elementos suficientes para afastar o contraditório prévio cautelar. **Caso as referidas autoridades justifiquem e demonstrem adequadamente a situação de risco à eficácia da medida ou provem a necessidade de decretação incontinenti, é pouco provável que o magistrado, ainda assim, confira o incidente procedimental do contraditório prévio cautelar no caso concreto.**

5 Para maiores detalhes, veja o modelo de representação pela decretação de medidas cautelares diversas da prisão contido no item **3.3.4.1.1.** da parte III desta obra, o qual traz expresso pedido de afastamento do contraditório cautelar prévio.

6 Sabemos que o material fático para amparar essa justificativa será farto, já que, na prática, pouquíssimas situações concretas não estarão abrangidas pelas exceções mencionadas no dispositivo em análise. Portanto, essa transmudação depende muito mais das autoridades com legitimidade para propô-la (delegado de Polícia ou membro do Ministério Público) do que do próprio magistrado, já que este somente decretará ou não a medida, com ou sem contraditório prévio, conforme o que lhe for fornecido pela autoridade pleiteante.

Caso se torne corriqueiro o pedido de afastamento do benefício da contradita, acabaremos por transformar a exceção legal (afastamento do contraditório prévio cautelar) em regra geral. Essa nos parece uma boa forma de contornar a distorção criada pelo Poder Legislativo com a criação dessa abominação jurídica chamada **contraditório prévio cautelar**.

6.3. É ADMITIDA A DECRETAÇÃO DE MEDIDA CAUTELAR PESSOAL NÃO PREVISTA EXPRESSAMENTE NO CÓDIGO DE PROCESSO PENAL, COM FUNDAMENTO NO PODER GERAL DE CAUTELA?

Antes de abordar as duas posições doutrinarias existentes sobre o tema, oportuno proporcionar ao leitor uma visão geral sobre o **poder geral de cautela**. Tal instituto jurídico **traz a possibilidade de se criar a medida cautelar mais adequada ao caso concreto, mesmo que não prevista expressamente na lei, tentando evitar ou degringolar uma situação de risco processual**.

É essa possibilidade de individualização da medida cautelar frente aos riscos processuais concretos que nos faz simpáticos a tal elastério. Afinal, melhor criar uma medida cautelar diversa da prisão do que jogar atrás das grades um molestador da regularidade processual.

Pois bem, conforme já tínhamos feito alusão acima, há duas correntes doutrinárias acerca da compatibilização do poder geral de cautela no processo penal. A primeira corrente jurídica diz que não é cabível a utilização do poder geral de cautela no processo penal, já que se estaria ferindo o princípio da taxatividade e, por conseguinte, a insopitável legalidade. A segunda vertente jurídica defende que seria possível aplicar, por analogia, os vetores do poder geral de cautela do Direito Processual Civil (art. 798 do Código de Processo Civil)[7] no processo penal, a partir da permissão contida no art. 3º do CPP.[8] Nessa última esteira, já vinham se pronunciando o Superior Tribunal de Justiça e o Supremo Tribunal Federal.[9]

Destaca-se que cada uma das supracitadas teorias possui aspectos positivos, os quais devem ser conhecidos pelo delegado de Polícia. No que tange à primeira corrente, achamos oportuno o apego dela ao princípio da legalidade (por intermédio da necessária taxatividade das medidas

7 Art. 798 – Além dos procedimentos cautelares específicos, que este Código regula no Capítulo II deste Livro, poderá o juiz determinar as medidas provisórias que julgar adequadas, quando houver fundado receio de que uma parte, antes do julgamento da lide, cause ao direito da outra lesão grave e de difícil reparação. (**Código de Processo Civil**)

8 Art. 3º – A lei processual penal admitirá interpretação extensiva e aplicação analógica, bem como o suplemento dos princípios gerais de direito. (Código de Processo Penal)

9 *Vide* HC 192.193/DF do STJ e HC 101.830/SP do STF.

cautelares); no espectro da segunda corrente, acreditamos que a flexibilidade para criar medidas substitutivas ao encarceramento cautelar também é interessante. E por notar que cada uma dessas teorias possui pontos fortes e fracos é que pugnamos pela mescla dessas duas correntes doutrinárias.

Fundindo o que há de melhor em ambas as teses jurídicas, fica assentado que **o uso do poder geral de cautela só se dará quando a alternativa cautelar a ser criada o seja para impedir iminente prisão preventiva; nos demais casos, só poderão ser aplicadas as medidas cautelares previstas em lei**[10]. A nosso ver, o poder geral de cautela, recrudescendo o rol de medidas cautelares, visa a restringir a decretação da prisão preventiva a casos verdadeiramente extremados. Sem dúvida, isso favorece o investigado.

Em resumo, com a utilização do poder geral de cautela estariam sendo criadas alternativas para não se chegar ao extremo, que seja a decretação de uma prisão cautelar do suspeito. Tentaremos esquematizar essas constatações em um pequeno gráfico ilustrativo.

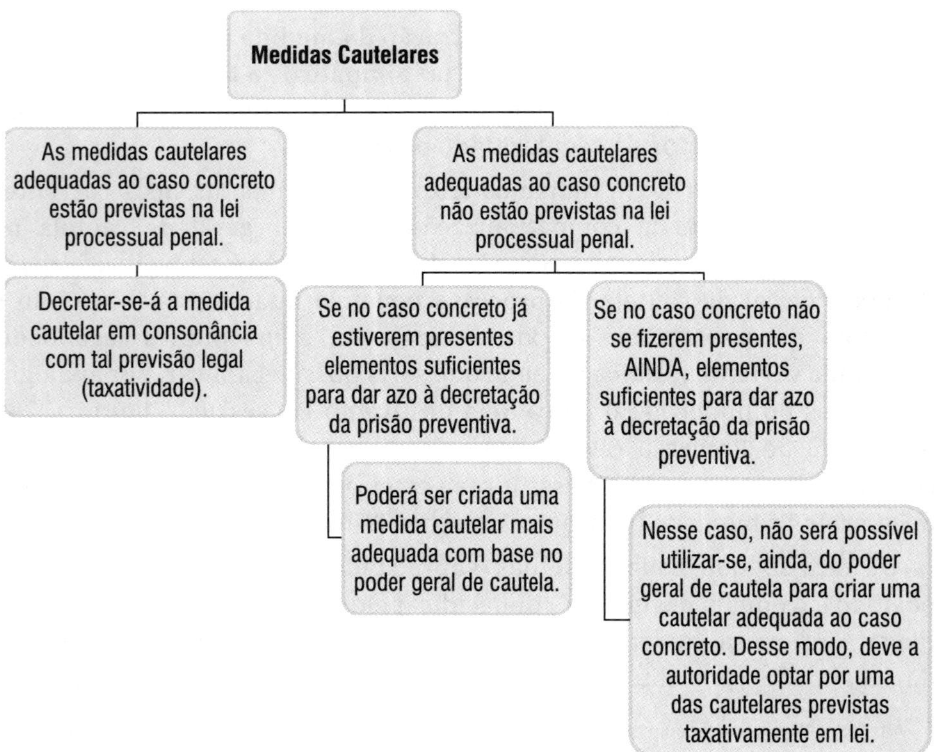

10 Estando o delegado defronte a uma bifurcação onde as únicas alternativas possíveis para representação sejam a prisão ou uma cautelar inovadora, há que se optar pela novel medida (mesmo que não esteja prevista expressamente na lei).

Para exemplificarmos essa **restrição** prática do poder geral de cautela no processo penal, imaginemos um caso hipotético de pendenga entre vizinhos. O autor do fato vem arremessando pedras no telhado do seu vizinho, causando-lhe danos materiais. O investigado pratica tais fatos de seu próprio lote e nunca chegou a conversar com a vítima (vizinho). Pelo que consta, o referido infrator da lei está de licença médica e mora "de favor" naquela casa. A vítima, ao procurar a delegacia, narrou o crime de dano ao delegado de Polícia e a autoridade policial logo passou a procurar uma medida adequada ao caso concreto. Em análise, o delegado descobriu que nenhuma das cautelares pessoais previstas em lei era perfeitamente adequada àquela situação. A medida cautelar que o delegado precisava era uma que proibisse o autor do fato de arremessar pedras na casa do vizinho, o que, por razões óbvias, não estava expresso no Código de Processo Penal.

Talvez parecesse prudente que o delegado representasse por uma medida cautelar não prevista na legislação, fundamentando tal requerimento no poder geral de cautela; entretanto, acreditamos que nesse caso será inoportuno tal elastério.

Conforme explanado, o poder geral de cautela só poderá ser implementado caso haja **IMEDIATO** risco de decretação de prisão preventiva do vizinho turbador. Nesse caso, ainda não há esse risco, até porque nem se sabe se o autor do fato vai continuar a atirar pedras na casa da vítima.[11] Destarte, deverá o operador do Direito representar pela decretação de uma ou de várias cautelares previstas no CPP,[12] vez que pareceria um exagero utilizar-se desde logo do poder geral de cautela. **É possível notar, então, que o poder geral de cautela teria suas limitações na prática, já que só poderia o operador do Direito dele fazer uso caso fosse um substitutivo direto da prisão cautelar**[13].

Em arremate, ressaltamos que, para um olhar desavisado, pode até parecer que essa celeuma sobre o poder geral de cautela nada tem a ver com o delegado de Polícia, mas sim com o magistrado. Não é bem assim! Basta lembrar que o juiz foi proibido de decretar medidas cautelares

11 Importante aduzir que o descumprimento reiterado das medidas cautelares pessoais anteriormente decretadas pode desaguar na decretação da prisão preventiva (art. 282, § 4º, do CPP). Nesse caso, quando passar a ser possível a decretação dessa prisão preventiva agravadora, emergirá como possível o uso do poder geral de cautela. Lembre-se de que estamos a defender a utilização do poder geral de cautela como um substitutivo direto da decretação da prisão cautelar.

12 Sugeriríamos, de início, o comparecimento periódico em juízo e, a depender do comportamento recalcitrante do autor do fato, a decretação da medida cautelar de fiança.

13 Para maiores detalhes, veja o modelo de representação contido no item **3.3.4.1.2.1.** da parte III desta obra, o qual traz expresso pedido de decretação de medida cautelar diversa da prisão com base no poder geral de cautela.

pessoais de ofício na fase policial; ou seja, caberá ao delegado de Polícia ou ao promotor de Justiça requerer tal medida inovadora para que haja possibilidade de decretação.

Destarte, importantíssimo que a autoridade policial tenha pleno domínio sobre esse tema para proporcionar a decretação dessas medidas inovadoras no curso da investigação policial. Afinal, **como o juiz não pode decretar medidas cautelares pessoais de ofício na fase inquisitorial, também não poderá decretá-las em desconformidade com o que fora requerido pelo delegado de Polícia (ou membro do Ministério Público)**. Esse é o ponto! Se o delegado requerer uma medida com base no poder geral de cautela, poderá o magistrado a conceder; sem esse pedido específico, estará o magistrado de mãos atadas.

6.4. APESAR DE TER HAVIDO REPRESENTAÇÃO POR PARTE DA AUTORIDADE POLICIAL NO SENTIDO DE CONCESSÃO DE UMA MEDIDA CAUTELAR, É POSSÍVEL QUE SEJA DECRETADA OUTRA PELO JUIZ?

Na fase inquisitorial não. Essencial dizer que **não pode o magistrado decretar a prisão preventiva ou qualquer outra medida cautelar na fase inquisitorial se ela não tiver sido objeto específico da representação ou do requerimento**. O art. 282, § 2º, do Código de Processo Penal, é claro no sentido de conceder a titularidade exclusiva ao Ministério Público e à autoridade policial, no curso da investigação criminal, para representarem por quaisquer medidas cautelares, vedando a decretação judicial de ofício. Em semelhante sentido se encontra o art. 311 da mesma lei adjetiva.

Do que valeriam tais dispositivos se fosse permitido ao juiz escolher outra medida cautelar que não a requerida na fase policial pelo delegado de Polícia ou pelo promotor? É evidente que a decretação da medida em desacordo com o pleito do *Parquet* ou da autoridade policial constitui uma verdadeira decretação de ofício, o que, a nosso ver, é vedado expressamente ao juiz pela lei processual (OLIVEIRA FILHO; COSTA, 2011).

> Art. 282, § 2º – As medidas cautelares serão decretadas pelo juiz, de ofício ou a requerimento das partes ou, **quando no curso da investigação criminal, por representação da autoridade policial ou mediante requerimento do Ministério Público**. (Código de Processo Penal)

> Art. 311 - Em qualquer fase da investigação policial ou do processo penal, caberá a prisão preventiva decretada pelo **juiz, de ofício, se no curso da ação penal**, ou a requerimento do Ministério Público, do querelante ou do assistente, ou por representação da autoridade policial. (Código de Processo Penal)

6.5. HÁ, ATUALMENTE, CONTROLE EFETIVO SOBRE AS MEDIDAS CAUTELARES PESSOAIS (DIVERSAS DA PRISÃO) DECRETADAS PELOS MAIS DIVERSOS JUÍZOS BRASILEIROS?

Ainda não. Apesar de o legislador, na Lei nº 12.403/2011, ter ordenado a criação de um Banco Nacional de Mandados de Prisão (BNMP),[14] acabou se esquecendo de instituir um sistema público semelhante para as cautelares diversas da prisão.[15]

Insta frisar que a falta de um registro nacional dessas cautelares pessoais coloca em xeque a efetividade dessas medidas, já que a fiscalização delas acaba ficando restrita à comarca da culpa. Citaremos um caso concreto para que se possa visualizar como a falta dessa base de dados pode atrapalhar o efetivo cumprimento dessas novéis cautelares.

Imaginemos que um indivíduo foi proibido de se ausentar da comarca[16] de Goiânia/GO, durante o curso da persecução penal, e descumpra o que fora decretado pelo magistrado, viajando, por exemplo, para Belo Horizonte/MG. É claro que, mesmo sendo o indivíduo abordado pelos órgãos policiais da cidade mineira, passará totalmente despercebido. Afinal, como não há um sistema que promova o registro dessas cautelares pessoais em âmbito nacional, só com uma bola de cristal poderia o policial mineiro descobrir que contra tal indivíduo pendia uma ordem de restrição desse quilate. Por mais que o controle sobre os passos desse suspeito pudesse também ser efetivado com a decretação conjunta da monitoração eletrônica,[17] acreditamos que o Estado ainda não tem condições econômicas e estruturais de prover tornozeleiras ou pulseiras eletrônicas para tantos suspeitos.

14 Art. 289-A – O juiz competente providenciará o imediato registro do mandado de prisão em banco de dados mantido pelo Conselho Nacional de Justiça para essa finalidade. § 6º O Conselho Nacional de Justiça regulamentará o registro do mandado de prisão a que se refere o *caput* deste artigo. (Código de Processo Penal)

15 As medidas cautelares diversas da prisão estão previstas nos arts. 317, 319 e 320 do Código de Processo Penal.

16 Art. 319, inciso IV – proibição de ausentar-se da Comarca quando a permanência seja conveniente ou necessária para a investigação ou instrução. (Código de Processo Penal)

17 Art. 319 – São medidas cautelares diversas da prisão: inciso IX – monitoração eletrônica. (Código de Processo Penal)

É incontestável que **a inserção dessas ordens de restrição em banco de dados de acesso público é uma saída muito menos onerosa do que a compra de tornozeleiras de localização.**[18] Talvez por isso aqueles que pugnam pelo uso de banco de dados tenham se fortalecido nesse contexto de busca de efetividade dessas novas cautelares.

Uma das possibilidades é a instituição de um banco de dados específico para assegurar o cumprimento dessas medidas cautelares; a segunda consiste na utilização do próprio BNMP (Banco Nacional de Mandados de Prisão)[19] para abarcar, além das ordens de prisão, essas outras cautelares. Esta última alternativa traria ainda mais economia aos cofres públicos, já que o BNMP está em franco funcionamento. A nosso ver, o fato de se poder aproveitar uma estrutura tecnológica já construída para um banco de dados afim parece mais razoável.

Com base no argumento acima, **não visualizamos qualquer empecilho em se proceder ao lançamento de tais medidas cautelares no BNMP, mesmo que a legislação não tenha mencionado essa possibilidade expressamente**. Em nosso humilde posicionamento, se o Banco Nacional de Mandados de Prisão é hábil para conter ordens de prisão das mais diversas montas (temporária, preventiva etc.), não há qualquer razão para impor óbice à divulgação de medidas muito menos gravosas. Uma resolução do Conselho Nacional de Justiça (CNJ) bastaria para promover tal elastério. Defendendo essa mesma possibilidade, citamos os ensinamentos de Lima (2013, p. 986):

> Para além dessa medida, pensamos ser possível uma interpretação extensiva do quanto disposto no art. 289-A do CPP, de modo a se entender que, no banco de dados mantidos pelo Conselho Nacional de Justiça, deve ser providenciado não só o registro imediato dos mandados de prisão, como também de qualquer outra medida cautelar que tenha sido imposta.

18 Sem dúvida, essa ampla divulgação da medida não parece desarrazoada, nem muito menos ilegal. Não há aqui a necessidade de constar onde se encontram os suspeitos que estão sendo monitorados; mas somente o nome daqueles que deveriam estar sendo monitorado por um aparelho desse quilate. Tal discussão se torna importante pelo fato de o Conselho Nacional de Justiça, na Resolução nº 213, ter deixado claro só ser possível o acesso à localização dos suspeitos monitorados eletronicamente com autorização judicial. Nesse sentido, *vide* o art. 10, parágrafo único, da Resolução nº 213 do CNJ: "Por abranger dados que pressupõem sigilo, a utilização de informações coletadas durante a monitoração eletrônica de pessoas dependerá de autorização judicial, em atenção ao art. 5º, XII, da Constituição Federal".

19 Resolução nº 137, CNJ. Art. 2º: "O BNMP será disponibilizado na rede mundial de computadores, assegurado o direito de acesso às informações a toda e qualquer pessoa, independentemente de prévio cadastramento ou demonstração de interesse, sendo de responsabilidade do Conselho Nacional de Justiça a sua manutenção e disponibilidade".

6.6. EM VIRTUDE DA FALTA DE UM BANCO DE DADOS ACERCA DAS CAUTELARES DIVERSAS DA PRISÃO, PODE-SE DIZER QUE ESSAS MEDIDAS NÃO TÊM QUALQUER EFETIVIDADE?

É claro que seria um exagero generalizar assim. Apesar de a fiscalização da maioria dessas medidas cautelares diversas da prisão depender necessariamente da implementação de um banco de dados, salientamos que outras não precisam ser inseridas em uma base de dados pública para gozar de efetividade. **Determinadas medidas cautelares possuem um método muito mais eficaz de controle, que seja o "esperneio da vítima"**.

Algumas cautelares possuem essa bipolaridade (beneficiário x restringido), o que acaba garantindo um controle muito maior sobre o cumprimento delas, já que sempre haverá a possibilidade da delação da vítima interessada. A vítima, sempre que souber do descumprimento da medida pelo coarctado, é a primeira a delatar tal fato à autoridade pública competente.

As demais cautelares, as quais não possuem a figura de um beneficiário direto, são nominadas **cautelares pessoais vagas**. A exemplo dos crimes vagos, os quais não possuem uma vítima determinada, as cautelares pessoais vagas criam uma restrição cautelar ao suspeito, sendo que o beneficiário direto dessa limitação é sempre uma abstração (coletividade, administração da Justiça etc.).

Para clarificar essa tipologia, citemos o exemplo de uma cautelar decretada com o fito de um indivíduo não frequentar determinado estádio de futebol. Segundo consta, tal indivíduo costumeiramente pratica atos de violência naquele local. Nesse caso, por mais que os atos de violência tenham sempre vítimas certas, a medida cautelar visa a proteger uma coletividade.[20] É o risco de reiteração de práticas criminosas símiles que balizará a decretação de tal restrição acautelatória, e não uma tentativa de proteção direta das vítimas de cada uma das infrações penais cometidas anteriormente. Fica claro, então, que o destinatário dessa medida cautelar é uma abstração jurídica!

Notemos que no caso supracitado, como não há uma pessoa diretamente protegida por essa restrição (beneficiário da cautelar), existe dificuldade em o magistrado competente fazer-se ciente de eventual descumprimento cautelar. Nesse tipo de medida, **a falta de banco de dados, aliado à falta**

20 Art. 319. II – proibição de acesso ou frequência a determinados lugares quando, por circunstâncias relacionadas ao fato, deva o indiciado ou acusado **permanecer distante desses locais para evitar o risco de novas infrações**; (Código de Processo Penal)

do beneficiário "dedo-duro", torna mais difícil que as autoridades constituídas sejam cientificadas do descumprimento da ordem judicial. Aqui o banco de dados faz mais falta! Pelos motivos descritos acima, opinamos por uma solução incontinenti do Estado para suprir a ausência dessa base de dados, objetivando que a maioria das medidas cautelares diversas da prisão (precipuamente as cautelares vagas) não se tornem medidas inefetivas pela falta de fiscalização estatal.

6.7. NO CASO DE DESCUMPRIMENTO DE MEDIDA CAUTELAR DIVERSA DA PRISÃO, COMO DEVERÁ PROCEDER A AUTORIDADE POLICIAL?

Podemos afirmar que a maioria das medidas cautelares pessoais decretadas no curso de investigações criminais se dá por pedido da autoridade policial, tendo em vista que os delegados são os operadores jurídicos que mantêm mais estreito contato com a sociedade. Afinal, a Polícia Civil tem "balcão de atendimento", instituto esse que os demais órgãos da persecução penal não quiseram ainda instituir.

É por esse grande fluxo de pessoas nas delegacias de Polícia que a autoridade policial acaba tendo conhecimento privilegiado acerca de grande parte dos entreveros sociais ocorridos. Por conta disso é que podemos afirmar que a maioria esmagadora das medidas cautelares pessoais decretadas na fase inquisitorial partem da autoridade policial, e não do Ministério Público. Então, parece-nos que caminhou bem o legislador quando conferiu legitimidade para a autoridade policial representar pela decretação dessas novas medidas cautelares pessoais.

Mantendo paralelismo com o que fora narrado acima, citamos que, quando houver o deliberado descumprimento de uma medida cautelar pessoal decretada, também será o delegado de Polícia da circunscrição o primeiro a ter ciência desse fato. Tal ciclo ocorre pois, como já afirmamos, quase todas as mazelas sociais que não foram degringoladas pelos outros setores da sociedade desaguam nos átrios das delegacias de Polícia. Até aqui, o raciocínio parece muito lógico.

Entretanto, temos que salientar que o legislador acabou pecando nesse ponto pela falta de atenção. Frisamos isso pois, por mais que o delegado de Polícia seja legitimado pela lei **para representar pela decretação de medidas cautelares no curso da investigação policial, o legislador não previu expressamente igual legitimidade para a autoridade policial propor a substituição delas no caso do descumprimento imotivado**.

Legitimidade para decretar medidas cautelares diversas da prisão.	**Legitimidade para propor a substituição agravadora das medidas cautelares diversas da prisão.**
Art. 282, § 2º – As medidas cautelares **serão decretadas** pelo juiz, de ofício ou a requerimento das partes ou, quando no curso da investigação criminal, **por representação da autoridade policial** ou mediante requerimento do Ministério Público. (Código de Processo Penal)	Art. 282, § 4º – No caso de descumprimento de qualquer das obrigações impostas, **o juiz, de ofício ou mediante requerimento do Ministério Público, de seu assistente ou do querelante**, poderá substituir a medida, impor outra em cumulação, ou, em último caso, decretar a prisão preventiva (art. 312, parágrafo único). (Código de Processo Penal)

Tal lacuna acabou por criar uma situação contraditória. A lei permite expressamente ao delegado de Polícia representar pela decretação da medida, mas não prevê a mesma legitimidade para propor a substituição das medidas descumpridas injustificadamente. É permitir o mais e vedar o menos. Por isso, acreditamos que essa lacuna derivou de um olvidar legislativo.

Portanto, é prudente que contornemos essa omissão do legislador, manejando as ferramentas que a própria legislação processual nos fornece. Dessarte, já que o dispositivo legal previsto no art. 282, § 4º, do Código de Processo Penal, disse menos do que queria ter dito, deve ser realizada uma interpretação extensiva do artigo em comento.[21]

Com base nesse elastério, nenhuma dúvida haverá acerca da legitimidade do delegado para representar pela substituição das medidas cautelares descumpridas, caso tal desatendimento ocorra ainda no curso da fase inquisitorial. Ora, **se a decretação, o descumprimento e a necessária substituição agravadora ocorrerem ainda no curso da fase de investigação, não há por que limitar a atuação da autoridade policial nesse viés**.

Por fim, afirmamos que esse desatendimento injustificado à ordem cautelar também pode ser considerado uma desobediência praticada pelo suspeito. Ora, tal conduta subversiva se amolda perfeitamente ao art. 330 do Código Penal (ou artigo 359 do CP), o que enseja a lavratura de termo circunstanciado em desfavor do indivíduo.[22] Dessarte, logo após

21 Art. 3º – A lei processual penal admitirá **interpretação extensiva** e aplicação analógica, bem como o suplemento dos princípios gerais de direito. (Código de Processo Penal)

22 Há forte posição em sentido diverso, asseverando apenas ser possível a imputação do crime de desobediência ao indivíduo recalcitrante se não houver outra punição específica para o caso concreto. Propugna essa corrente majoritária que, no caso em questão, por haver sanção processual específica (o agravamento da medida cautelar em virtude do descumprimento), não se pode falar em crime de desobediência (*vide* nesse sentido o AgRg no AREsp 307783 / DF – STJ – 10/08/2016 e o AgRg no REsp 1557428 / DF – STJ –01/08/2016). Não concordamos com tal posicionamento, principalmente pelo fato de a lei penal (arts. 330 ou 359 do CP) não ter imposto, expressamente, qualquer limitador nesse sentido.

a autoridade policial tomar ciência do desatendimento injustificado da ordem cautelar, deve representar pela substituição agravadora da cautelar, além de promover a lavra do procedimento apuratório acerca do crime de desobediência. Para facilitar a compreensão do tema estudado, faremos abaixo um resumo gráfico sobre:

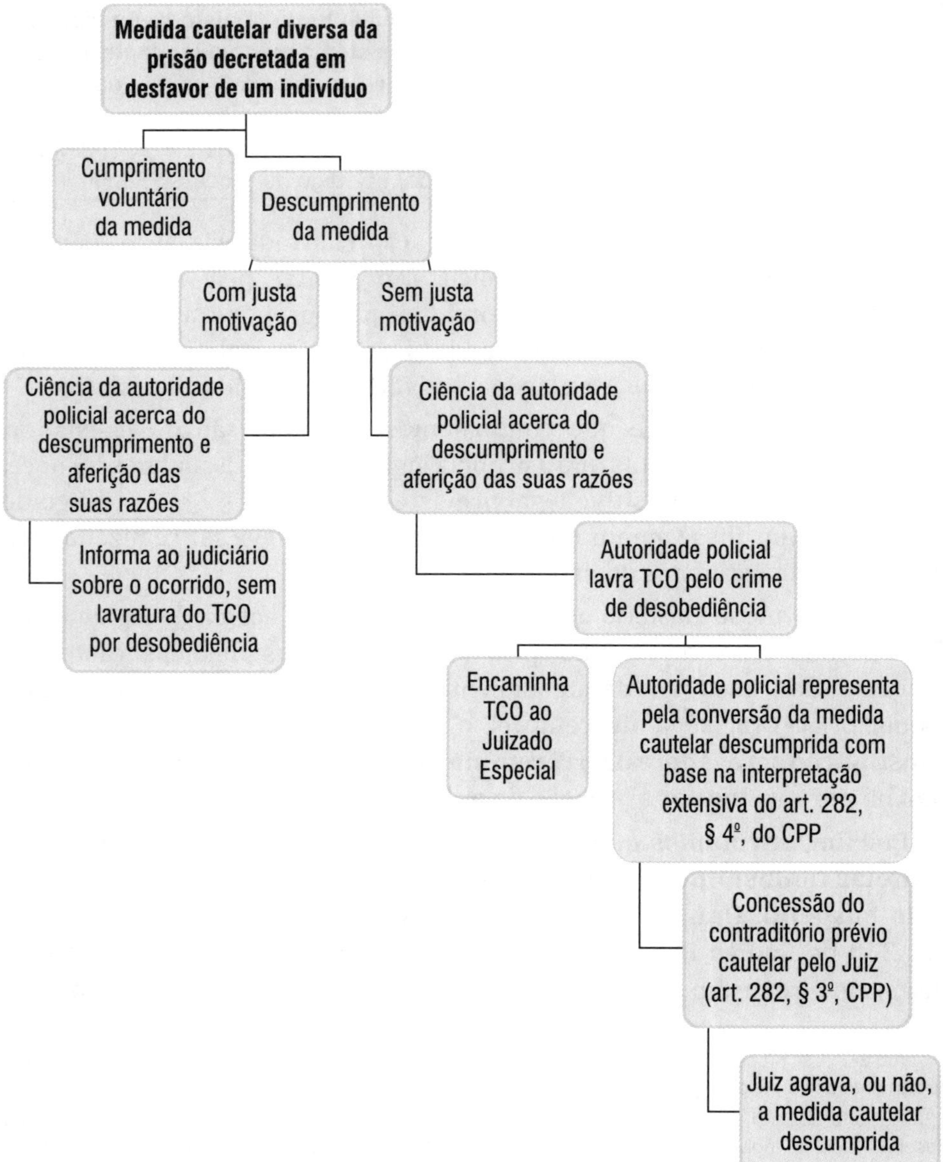

Capítulo 7
Fiança

7.1. É POSSÍVEL O ARBITRAMENTO DE FIANÇA AOS PRATICANTES DE CRIMES DE MENOR POTENCIAL OFENSIVO?

A Lei nº 9.099/95 traz procedimento muito mais benéfico ao suspeito do que a autuação em flagrante delito e consequente liberdade provisória afiançada. Por isso, geralmente, não há necessidade de o autor de infração de menor potencial ofensivo pagar a fiança, pois ele será liberado sem pagar nada! Essa é a regra geral. Entretanto, é importante que salientemos que, como toda regra, sempre há exceção.

> Art. 69, parágrafo único – Ao autor do fato que, após a lavratura do termo, for **imediatamente encaminhado ao juizado ou assumir o compromisso de a ele comparecer**, não se imporá prisão em flagrante, nem se exigirá **fiança**... (Lei nº 9.099/95, grifos nossos)

Pelo que se depreende do dispositivo legal acima citado, para que o suspeito não seja autuado em flagrante delito (nem requerido o pagamento de fiança) faz-se imprescindível que, após a lavratura do TCO, haja o imediato encaminhamento dele ao juizado competente ou que, na sua impossibilidade, ele firme o compromisso de ao juizado comparecer no dia e hora marcados.

É claro que esse procedimento é uma alternativa muito mais benéfica ao autor do fato, pois basta que o mesmo seja encaminhado ao Juizado Especial imediatamente ou assuma o compromisso de a ele comparecer, para se safar dos rigores da autuação em flagrante delito (e conseguintemente do encarceramento). Essa legislação é uma mãe mesmo! **Inegavelmente, esse compromisso assumido pelo autor do fato é uma obrigação muito**

mais branda do que os rigorosos deveres impostos na liberdade provisória afiançada, os quais estão previstos nos arts. 327 e 328 do Código de Processo Penal.[1]

Fica evidente, pela mera leitura do parágrafo único do art. 69, que a não aplicação de tal benefício apenas será possível quando não houver atendimento de um dos seguintes requisitos: imediato encaminhamento ao juizado **OU** assunção do compromisso de ao juizado comparecer. Visualiza-se, então, a *contrario sensu*, que, **no caso da negativa do autor do fato em cumprir uma dessas obrigações, deve a autoridade policial converter[2] o procedimento previamente lavrado (termo circunstanciado de ocorrência[3]) em auto de prisão em flagrante[4], arbitrando, ao final, fiança policial.**[5] Nesse mesmo sentido, citamos Lima (2013, p. 1.445-1.446):

> Se, todavia, o agente se recusar a comparecer imediatamente ao Juizado ou a assumir o compromisso de a ele comparecer, ou quando não tiver condições de assumir o compromisso

1 Art. 327 – A fiança tomada por termo obrigará o afiançado a comparecer perante a autoridade, todas as vezes que for intimado para atos do inquérito e da instrução criminal e para o julgamento. Quando o réu não comparecer, a fiança será havida como quebrada. Art. 328 – O réu afiançado não poderá, sob pena de quebramento da fiança, mudar de residência, sem prévia permissão da autoridade processante, ou ausentar-se por mais de 8 (oito) dias de sua residência, sem comunicar àquela autoridade o lugar onde será encontrado. (Código de Processo Penal)

2 Deve ficar claro que, antes de finalizado o procedimento de prisão em flagrante (lavratura do auto respectivo), pode o autor do fato optar por assinar o referido termo de compromisso de comparecimento ao Juizado Especial e fugir do gravoso procedimento de prisão em flagrante que está sendo lavrado. Note que o artigo 69 da Lei nº 9.099/1995 não é incompatível com essa interpretação, já que não trata tal ato de boa-fé processual como algo que preclui com sua inicial negativa.

3 Nesse mesmo sentido está o modelo de despacho contido no item **4.2.1.** da parte III desta obra, o qual trata da conversão do Termo Circunstanciado de Ocorrência em APF.

4 Não é possível converter o Termo Circunstanciado de Ocorrência em Auto de Prisão em Flagrante quando a infração penal praticada não se sujeitar à pena privativa de liberdade. Faz-se essa afirmação com base no art. 283 do Código de Processo Penal. **No parágrafo primeiro desse dispositivo, o legislador menciona que não se aplicam quaisquer medidas cautelares pessoais previstas no Título IX (prisão preventiva, prisão em flagrante, medidas cautelares diversas da prisão etc.) se a infração penal não ameaçar o autor do fato com a privação de liberdade.** Moral da história: caso o autor de uma infração de menor potencial ofensivo (à qual não se comine pena privativa de liberdade em seu preceito secundário) se negue a comparecer imediatamente ao Judiciário ou não assine o Termo de Compromisso de Comparecimento, não há possibilidade de converter o TCO em Auto de Prisão em Flagrante. Neste caso, deve a autoridade certificar esse ato de recalcitrância do autor do fato e encaminhar o procedimento ao Poder Judiciário.

5 Importante lembrar que, após a Lei nº 12.403/2011, não há mais previsão de infrações em que o autor do fato se livra solto. É fácil notar que a lei em questão revogara o art. 321 do CPP, o qual dava as balizas para essa forma de liberdade provisória especial. *Vide* a **redação revogada** do art. 321 do CPP: "Ressalvado o disposto no art. 323, III e IV, o réu livrar-se-á solto, independentemente de fiança: I – no caso de infração, a que não for, isolada, cumulativa ou alternativamente, cominada pena privativa de liberdade; II – quando o máximo da pena privativa de liberdade, isolada, cumulativa ou alternativamente cominada, não exceder a três meses."

por se encontrar totalmente embriagado, deve a autoridade policial proceder à lavratura do auto de prisão em flagrante, o que também não significa que o agente permanecerá preso, porquanto é possível que lhe seja concedida liberdade provisória com fiança pelo próprio delegado de Polícia, caso a infração seja punida com pena máxima não superior a 4 (quatro) anos (CPP, art. 322, com redação determinada pela Lei nº 12.403/2011).

Acreditamos pertinente fazer um resumo gráfico do procedimento estudado acima, almejando facilitar a compreensão dos ensinamentos ministrados.

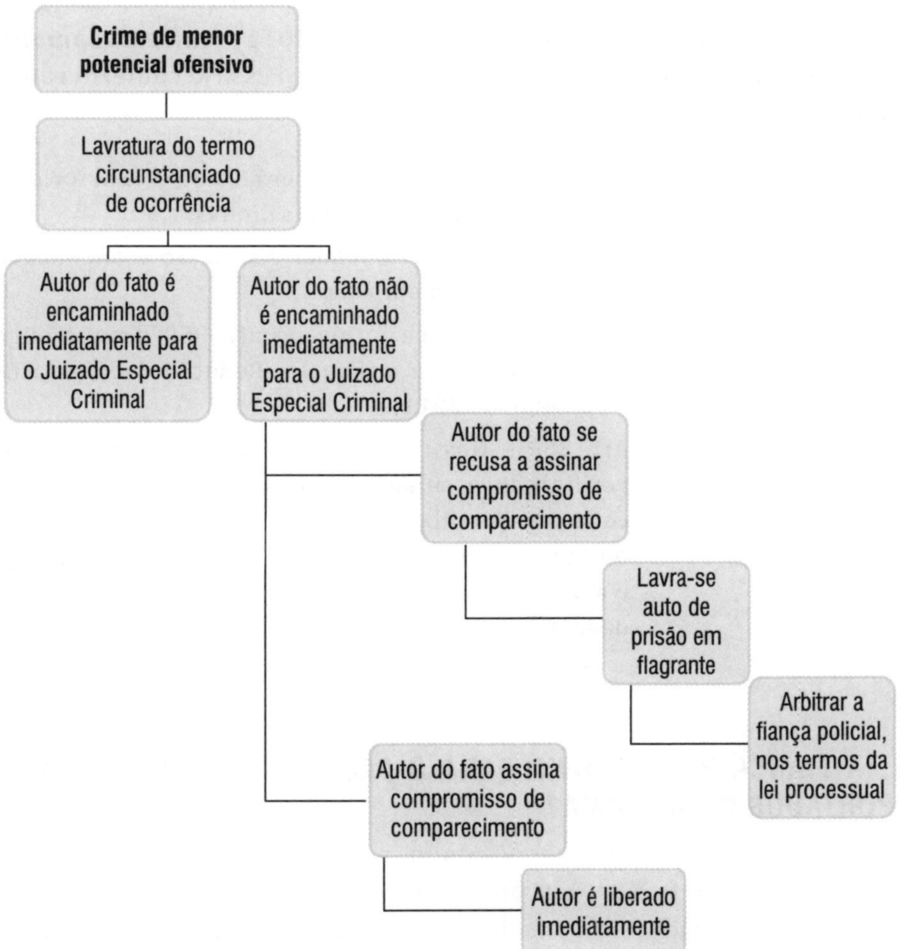

7.2. O DELEGADO PODE DISPENSAR O AUTUADO DO PAGAMENTO DA FIANÇA?

Não. **Ao delegado de Polícia nunca foi permitido dispensar fiança, nem mesmo antes da Lei nº 12.403/2011**. O art. 325, § 1º, do CPP (redação revogada) somente permitia à autoridade policial reduzir o valor da fiança em até 2/3, mas nunca dispensá-la. Com o advento da Lei nº 12.403/2011, a sistemática acerca da impossibilidade de o delegado dispensar o indiciado do pagamento da fiança foi mantida. O que trouxe tal diploma legal de novo foi a liberalidade de o delegado de Polícia aumentar o valor da fiança em até 1.000 vezes.[6]

Em suma, cabe frisar que o art. 325, § 1º, inciso I, e art. 350 do Código de Processo Penal (redação dada pela Lei nº 12.403/2011) conferem **somente ao juiz** a faculdade de dispensar a fiança, atribuição essa já conferida antes mesmo da Lei nº 12.403/2011.

> Art. 325 – O valor da fiança será fixado pela autoridade que a conceder nos seguintes limites:
>
> § 1º – Se assim recomendar a situação econômica do preso, a fiança poderá ser:
>
> I – dispensada, na forma do art. 350 deste Código; (Código de Processo Penal – Redação dada pela Lei nº 12.403, de 2011)
>
> Art. 350 – Nos casos em que couber fiança, **o juiz**, verificando a situação econômica do preso, poderá conceder-lhe liberdade provisória, sujeitando-o às obrigações constantes dos arts. 327 e 328 deste Código e a outras medidas cautelares, se for o caso. (Redação dada pela Lei nº 12.403, de 2011)

7.3. A FIANÇA PODE SERVIR PARA O PAGAMENTO DOS PREJUÍZOS SUPORTADOS PELA VÍTIMA?

A Lei nº 12.403/2011 proporcionou um avanço extraordinário no quesito referente à reparação penal, vez que permitiu que o prejuízo da vítima seja levado em consideração quando da escolha do valor da fiança. Tal inferência se faz com fulcro na redação do novel art. 336 do Código de Processo Penal:

6 Ver Costa e Oliveira Filho (2011).

> Art. 336 - O dinheiro ou objetos dados como **fiança** servirão ao pagamento das custas, **da indenização do dano**, da prestação pecuniária e da multa, se o réu for condenado. (Código de Processo Penal)

Ora, **se um dos novos desideratos da fiança é proporcionar a indenização do dano (seja moral ou material), nada mais lógico que levar esse prejuízo em consideração quando do arbitramento da fiança**[7]. Para tanto é necessário que o delegado de Polícia colacione elementos suficientes acerca do montante do prejuízo da vítima no bojo do procedimento de prisão em flagrante para justificar o incremento do *quantum* da fiança arbitrada.

Caso o delegado deixe de levar esse vetor indenizatório em consideração, arbitrando a fiança em uma monta irrisória, o numerário recolhido como fiança se mostrará insuficiente para atendimento de todas as suas finalidades (custas, indenização, prestação pecuniária e multa). Evidente, então, que diminuirão as chances da vítima de se ver ressarcida ao final da *persecutio criminis*. **Em suma, o valor da fiança tem que ser suficiente ao atendimento de todas as suas finalidades, inclusive a indenização.**

Acreditamos que tal mudança legislativa é uma tentativa de assegurar o ressarcimento da vítima já nos átrios da própria delegacia, o que, de certa forma, garantiria efetividade ao disposto no art. 387, inciso IV, do Código de Processo Penal.

> Art. 387 - O juiz, ao proferir sentença condenatória:
>
> IV - fixará **valor mínimo para reparação dos danos** causados pela infração, considerando os prejuízos sofridos pelo ofendido. (Código de Processo Penal)

Assim, **havendo condenação do autor do fato, o magistrado, na sentença, fixará o valor mínimo da indenização da vítima, valor este que provavelmente já estará contabilizado e assegurado pelo recolhimento da fiança**. Essa é a nova sistemática. A fiança, portanto, é o primeiro e mais importante passo na tentativa de recomposição material e moral da vítima.

7 Para visualizar, na prática, o que fora exposto nesta questão, veja o modelo de despacho de arbitramento de fiança contido no item **4.3.1.** da parte III desta obra.

7.4. NO CASO DE A PENA MÁXIMA DO CRIME PRATICADO NÃO EXCEDER 4 ANOS, O DELEGADO DE POLÍCIA É OBRIGADO A ARBITRAR FIANÇA POLICIAL?

Não há obrigação, pois a fiança policial só se torna um direito subjetivo do autuado se não houver qualquer óbice legal para seu arbitramento. **É importante notar que, dentre os impeditivos de arbitramento da fiança, encontra-se uma cláusula aberta denegatória, qual seja a presença dos motivos que autorizam a decretação da prisão preventiva** (art. 324, IV, CPP).[8]

> Art. 324 - **Não** será, igualmente, concedida fiança:
>
> IV - quando presentes os motivos **que autorizam a decretação da prisão preventiva (art. 312).** (Código de Processo Penal)
>
> **Art. 312** - A prisão preventiva poderá ser decretada como garantia da ordem pública, da ordem econômica, por conveniência da instrução criminal, ou para assegurar a aplicação da lei penal, quando houver prova da existência do crime e indício suficiente de autoria. (Código de Processo Penal)

O desiderato desse dispositivo, no que diz respeito à negativa de fiança policial, é manter o suspeito encarcerado e concentrar nas mãos do juiz a decisão sobre a conversão de sua prisão ou colocação em liberdade (liberdade provisória judicial[9]). Note que pouco importa nesse caso se a prisão preventiva será ou não decretada pelo juiz com base nos elementos mencionados pela autoridade (art. 312 do CPP).[10]

> A autoridade policial poderá negar fiança ao preso em flagrante por crime cuja pena seja igual ou inferior a quatro anos? Sim, quando vislumbrar a presença dos requisitos do art. 312 do CPP, consoante autorização expressa do

8 Ver Costa e Oliveira Filho (2011).

9 Para maiores detalhes, veja o modelo de despacho de negação de fiança contido no item **4.4.1.** da parte III desta obra.

10 Note que o art. 324, inciso IV, do Código de Processo Penal só requer, para a negativa da fiança, o atendimento de um dos requisitos do art. 312 do Código de Processo Penal. Não há nenhuma menção, no referido dispositivo, de que o crime em análise necessita atender aos ditames do art. 313, inciso I, do CPP, que seja, a exigência de que seja um **crime doloso** punido com **pena privativa de liberdade máxima superior a 4 (quatro) anos.**

> **art. 324, IV**, a qual **também se dirige ao delegado de polícia**. É que há casos em que, para resguardar, por exemplo, a ordem pública, recomenda-se a detenção provisória do agente, até que o juiz analise a conversão do flagrante em preventiva... **O delegado poderá deixar de conceder a fiança e manter o acusado preso até o juiz analisar a conversão do flagrante em preventiva** (CAPEZ, 2012, p. 354).

Urge salientar que **se a autoridade policial deixar de arbitrar fiança, com base no dispositivo legal em questão, também terá de representar pela correspondente prisão preventiva do flagranteado**[11], já que seria de uma incoerência sem tamanho não fazê-lo. É claro que será o magistrado quem ordenará essa prisão conforme seu convencimento; ao delegado caberá somente pleiteá-la.

Em sentido diametralmente oposto, **o juiz de direito**, caso negue o arbitramento da fiança judicial com base nesse mesmo dispositivo em análise (art. 324, inciso IV, do CPP), obrigar-se-á a decretar a prisão preventiva, desde que atendidas as demais condições legais. Lembre-se, contudo, que, na fase inquisitorial, o juiz só poderá decretar a prisão preventiva se houver representação policial ou requerimento do Ministério Público. Sem essas condições, presenciaremos uma situação no mínimo curiosa. Imaginemos que o delegado não tenha confeccionado representação com o fito da conversão da prisão em flagrante em preventiva quando do encaminhamento do procedimento flagrancial ao juízo. **Nesse caso, o magistrado, apesar de poder negar a fiança pela presença dos requisitos da preventiva (art. 324, IV, CPP), não poderá decretá-la, já que o estaria fazendo de ofício.**

Pois é, nesse caso, por mais que o juiz tenha visualizado claramente a presença dos requisitos para decretação da preventiva e tenha negado a fiança com esse fundamento, não poderá decretar tal prisão cautelar de ofício, já que a lei o veda expressamente no art. 311 do CPP. Pela ausência de opções jurídicas, o juiz, nessa situação, seria obrigado a agraciar o autuado com a liberdade provisória sem fiança.

Portanto, o delegado de Polícia tem que ficar atento às repercussões maléficas da falta de sua representação no bojo do procedimento flagrancial, já que sua inexistência pode impossibilitar o encarceramento

11 Para melhor visualização, veja o modelo de representação contido no item **3.3.4.2.2.1.** da parte III desta obra, o qual traz expresso pedido de conversão da prisão em flagrante em prisão preventiva.

cautelar do indivíduo. Para clarear o procedimento estudado acima, bem como as consequências jurídicas da falta de representação, é oportuno visualizarmos o fluxograma a seguir:

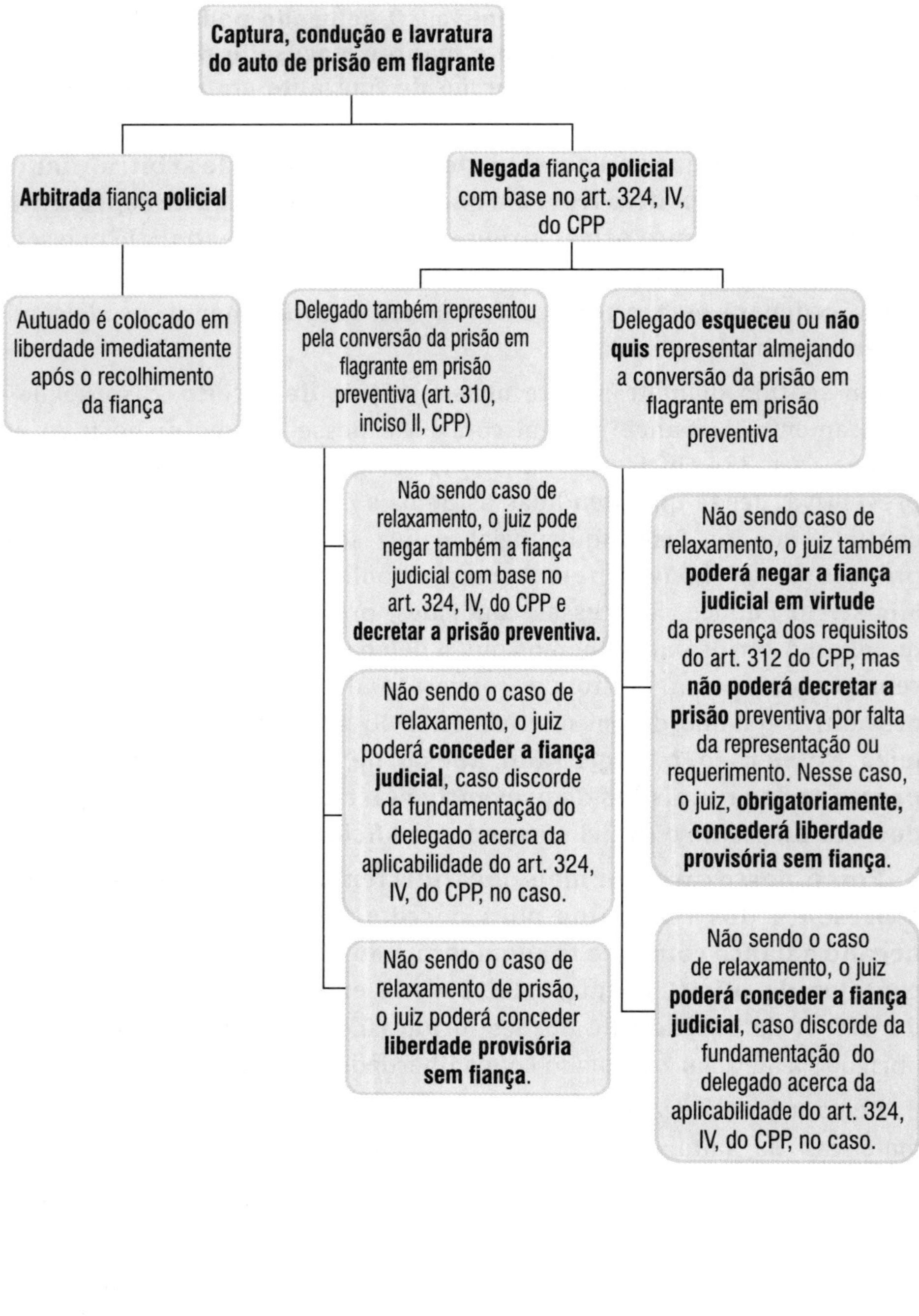

7.5. FAZ-SE NECESSÁRIO LEVAR EM CONSIDERAÇÃO O CONCURSO DE INFRAÇÕES, AS CAUSAS DE AUMENTO E AS DE DIMINUIÇÃO DE PENA PARA FINS DE ARBITRAMENTO DE FIANÇA POLICIAL?

Sim. Antes de adentramos no âmago da questão proposta, é oportuno dizer que, anteriormente à Lei nº 12.403/2011, ao delegado cabia apenas a missão de, com o fito de analisar a possibilidade de fiança policial, averiguar se a infração penal se sujeitava à pena de detenção ou à de prisão simples.

Caso a infração se relacionasse a essas modalidades de prisão (detenção ou prisão simples), poderia a autoridade policial arbitrar fiança; se prevista pena privativa de liberdade na modalidade reclusão, não poderia. O delegado não precisava olhar nem a pena mínima nem a pena máxima cominada ao crime ou à contravenção penal. **Dá para notar, então, que a análise acerca do eventual cômputo de frações referentes a majorantes e a minorantes, visando a aferir a possibilidade de arbitramento de fiança, não era da alçada do delegado**.

Entretanto, por mais que a autoridade policial tenha sido poupada de tantas contas aritméticas, o magistrado não o foi. Dizemos isso, pois, **pelo regramento anterior à Lei nº 12.403/2011, o juiz é quem tinha um parâmetro numérico para analisar antes de decidir pelo arbitramento da fiança judicial, que seja a pena mínima cominada não superior a dois anos**. Por muito tempo essa sistemática vigorou.

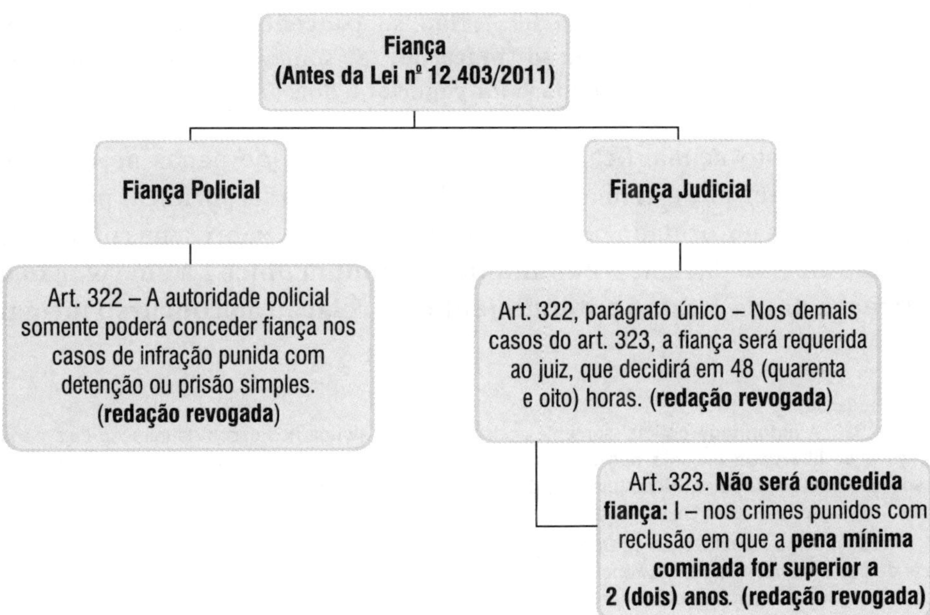

Todavia, com o advento da Lei nº 12.403/2011, as regras do jogo mudaram. **Agora, o delegado de Polícia passou a ter a incumbência de visualizar a possibilidade de arbitrar ou não a fiança policial**[12] **com base na pena cominada à infração penal, e não mais o juiz.** Por isso, é tão importante que os delegados saibam como os tribunais superiores se pronunciavam acerca desses critérios aritméticos da antiga fiança judicial, já que, agora, a análise dos **padrões matemáticos** foram transferidos às autoridades policiais.

Gostaríamos de frisar que, por mais que tais pronunciamentos do Judiciário tenham sido prolatados à época em que cabia ao magistrado aferir a pena mínima cominada para fins de concessão da fiança, não há por que não utilizá-los na remodelada fiança policial. Em verdade, o instituto da fiança continua o mesmo, mas somente a calculadora acabou mudando de mãos.

Dentre as várias posições dos tribunais superiores acerca da fiança, parece-nos salutar mencionar a **súmula 81 do STJ. Tal súmula deixa claro que a autoridade responsável pela concessão da fiança não deve se vincular à análise fria do tipo penal em isolado, mas, sim, analisar todo o contexto criminoso.** Ora, como dito acima, se assim vinha decidindo o Superior Tribunal de Justiça acerca da fiança judicial, é evidente que tais parâmetros, por paralelismo, agora devem ser utilizados pelos delegados na nova roupagem da fiança policial.[13]

> Súmula 81 – **Não se concede fiança quando, em concurso material**, a soma das penas mínimas cominadas for superior a dois anos de reclusão. (STJ)

Pelo exposto acima, fica claro que o somatório de penas no caso de concurso material de crimes, sem muita controvérsia jurídica, pode ser realizado pela autoridade policial quando da análise sobre a possibilidade de arbitramento da fiança. **Por analogia, nenhum óbice há em relação à aplicação desse mesmo entendimento em relação ao concurso formal**

12 Art. 322. A **autoridade policial** somente poderá conceder **fiança** nos casos de infração cuja **pena privativa de liberdade máxima não seja superior a 4 (quatro) anos**. Parágrafo único. **Nos demais casos, a fiança será requerida ao juiz**, que decidirá em 48 (quarenta e oito) horas (Código de Processo Penal - Redação dada pela Lei nº 12.403, de 2011).

13 Nesse mesmo sentido, citamos Capez (2012, p. 353): "Se um indivíduo, preso em flagrante, cometer mais de um crime na mesma ocorrência, todos com penas iguais ou inferiores a quatro anos, o delegado deverá calcular a somatória das penas, a fim de verificar o limite do art. 322. Ultrapassando o limite legal, somente o juiz poderá conceder a fiança."

de delitos (até porque esse instituto é mais benéfico ao autor do fato do que o concurso material).

Não obstante o exposto, queremos alçar voo ainda maior com o leitor; intentamos mostrar que, com base na súmula 81 do STJ, é imperativo que algumas outras circunstâncias do delito sejam analisadas pelo delegado quando da análise sobre a possibilidade de arbitrar fiança, precipuamente àquelas que constituam majorantes e minorantes.[14]

É aqui que a máquina calculadora acabará sendo muito utilizada, pois o delegado será obrigado a proceder a várias operações aritméticas, fazendo incidir as frações de aumento e de diminuição na pena máxima cominada das infrações penais em apuração. **Note que a incidência das majorantes minorantes vai sempre ocorrer em relação à pena máxima cominada, vez que o intento é descobrir o máximo de pena possível no caso em apuração.**[15] Parece difícil, mas notaremos que não o é!

Com base nessa proposição, deve-se ter em mente as seguintes regras antes de os cálculos começarem a ser engendrados: **no caso das minorantes, o delegado deve contabilizar a menor fração de redução possível sobre a pena máxima cominada; no caso das majorantes, deve a autoridade policial computar o maior aumento possível sobre a pena máxima em abstrato**. Dessa forma, sempre se descobrirá o máximo de pena a que o suspeito está sujeito. A ideia é essa: mesmo na redução, descobrir-se-á a pena máxima possível em abstrato; quando da majoração, igualmente buscar-se-á o teto do tempo prisional abstratamente possível.

Após o incessante teclar da máquina calculadora, de posse do resultado matemático em questão, deverá o delegado de Polícia analisar a possibilidade concreta de arbitramento de fiança policial.[16] Para visualizarmos tais ensinamentos, passaremos a expor alguns exemplos de cálculos na tabela a seguir:[17]

---

14 No caso de concurso entre uma majorante e uma minorante, deve-se fazer incidir primeiramente a causa de aumento de pena para, após, aplicar a causa de diminuição da pena sobre o total alcançado. Quando houver concurso entre mais de uma causa majorante ou minorantes deve-se levar em conta o disposto no art. 68, parágrafo único, do Código Penal. Diz tal dispositivo que: "No concurso de causas de aumento ou de diminuição previstas na parte especial, pode o juiz limitar-se a um só aumento ou a uma só diminuição, prevalecendo, todavia, a causa que mais aumente ou diminua".

15 A análise, nesse caso, não comporta qualquer valoração sobre agravantes e atenuantes.

16 Nesse mesmo sentido, citamos: "A nosso ver, a autoridade policial deve considerar as causas de aumento e de diminuição de pena já que elas alteram a pena abstratamente cominada. Na causa de diminuição deve ser considerado o patamar mínimo e na causa de aumento o patamar máximo, chegando-se, assim na maior pena abstratamente prevista [...]" (Prisão e Medidas Cautelares, LUIZ FLÁVIO GOMES, SÍLVIO MACIEL e outros, p. 197).

17 É evidente que nem todos os delitos elencados na tabela serão passíveis de fiança policial, mas, por questão de didática, os utilizaremos para demonstrar como devem ser feitos os cálculos.

Crime	Pena máxima cominada ao crime	Circunstâncias especiais	Fração utilizada	Pena máxima possível
Roubo **majorado** pelo emprego de arma	10 anos	1/3 a 1/2 **(aumento de pena)** Art. 157, § 2º, inc. I, CP.	Para saber o máximo de pena possível, faça incidir o máximo de aumento, ou seja, aumentar metade da pena máxima cominada.	10 anos + 5 anos (1/2) = **15 anos** (não cabe fiança policial)
Furto qualificado pelo concurso de pessoas **c/c arrependimento posterior**	8 anos	1/3 a 2/3 **(diminuição de pena)** Art. 16 do CP	Para saber o máximo de pena possível, fazer incidir o mínimo de redução, ou seja, reduzir 1/3 da pena máxima cominada.	8 anos – 2 anos e 8 meses (1/3) = **5 anos e 4 meses** (não cabe fiança policial)
Estelionato c/c **arrependimento posterior**	5 anos	1/3 a 2/3 **(diminuição de pena)** Art. 16 do CP	Para saber o máximo de pena possível, fazer incidir o mínimo de redução, ou seja, reduzir 1/3 da pena máxima cominada.	5 anos – 1 ano e 8 meses (1/3) = **3 anos e 4 meses** (cabe fiança policial)

7.6. É LÍCITO LEVAR EM CONSIDERAÇÃO A MINORANTE DA TENTATIVA QUANDO DO ARBITRAMENTO DA FIANÇA POLICIAL?

Evidentemente que sim. Não obstante termos sido tão assertivos em nossa resposta anterior, dúvidas são corriqueiras quando o assunto diz respeito à tentativa. Frisamos, então, que os ensinamentos ministrados na questão anterior são plenamente aplicáveis quando se tiver em voga a tentativa de um crime.

Em verdade, o delegado não só pode (como deve) levar tal circunstância em consideração quando da concessão do instituto da fiança. Para melhor compreensão do porquê de tal obrigatoriedade de valoração, **é preciso frisar que o crime tentado é essencialmente diferente do crime consumado**. **Apesar de ambos desaguarem no mesmo tipo penal, tal fato só ocorre por questão de técnica legislativa, já que a tentativa mereceria um tipo penal próprio**.

É claro que foi por uma questão de lógica que o legislador optou por não prever um tipo penal para o fato consumado e um tipo penal diverso para o fato tentado, vez que iria criar um inchaço legislativo desnecessário. Frisamos, então, que o crime tentado até mereceria um tipo penal distinto, mas o legislador, por técnica, fê-lo típico por meio de uma norma de extensão (art. 14, II, do Código Penal)[18] tornando-o um bom exemplo de adequação típica mediata.

Ora, se a tentativa é um módulo punitivo diverso, é preciso que também seja valorado de forma específica quando da análise da possibilidade da fiança. Lembre-se de que só não temos tipos penais específicos prevendo cada uma das modalidades tentadas porque senão o Código Penal conteria, no mínimo, um milhar de infrações penais.

A lei penal prevê que, no caso de crime tentado, faz-se incidir, obrigatoriamente, uma causa de diminuição de pena, visando a adequar o grau de risco ou de lesão ao bem jurídico tutelado à quantidade mínima e máxima de pena cominada ao crime em abstrato. Tal sistema proporciona o escorreito atendimento ao princípio da taxatividade (legalidade), bem como ao princípio da individualização virtual da pena. Por isso, destacamos que não pode, então, haver um tratamento igualitário, quando do arbitramento da fiança, entre crimes consumados e tentados.

Deve, portanto, o delegado fazer incidir a causa minorante da tentativa para averiguar se o delito é ou não afiançável na esfera policial. **Nesse caso,**

18 Art. 14. II – tentado, quando, iniciada a execução, não se consuma por circunstâncias alheias à vontade do agente. Parágrafo único – Salvo disposição em contrário, pune-se a tentativa com a pena correspondente ao crime consumado, **diminuída de um a dois terços**. (Código Penal)

para que se obtenha a maior pena possível no caso concreto, em se tratando de uma tentativa, será necessário fazer incidir a menor fração de diminuição de pena do *conatus* (1/3)[19] **na pena máxima cominada ao crime.** Citemos como exemplo o crime de estelionato tentado:

- Pena máxima do crime de estelionato: 5 anos de reclusão ou 60 meses.

↓

- Minorante mínima no caso da tentativa: 1/3 (corresponde a 20 meses).

↓

- Resultado final: 40 meses ou 3 anos e 4 meses (infração afiançável na esfera policial).

É fácil notar que a fórmula supracitada é a mesma apresentada na questão anterior, para a qual remetemos o leitor no caso de eventuais dúvidas. **Importante salientar que a conversão do período de anos para meses facilita muito os cálculos em questão.** Fica aqui a dica!

7.7. ATÉ QUANDO É RECOMENDÁVEL QUE A AUTORIDADE POLICIAL RECOLHA OS VALORES DA FIANÇA ARBITRADA?

Era costume que a fiança policial, após ser devidamente arbitrada pelo delegado, fosse recolhida em delegacia enquanto o inquérito policial não tivesse sido remetido ao Poder Judiciário (10 dias, em regra). Agora, em face da nova redação dada ao art. 310 do CPP (pela Lei nº 12.403/2011), tal posicionamento jurídico teve que ser revisto.

Dizemos isso pois o magistrado, após receber o auto de prisão em flagrante, decidirá imediatamente acerca da liberdade ou manutenção da prisão do indivíduo. **É claro que o recolhimento tardio da fiança pelo delegado de Polícia pode conflitar com esse decisório do juiz.** Portanto, em breves argumentos, acreditamos só poder ser a fiança policial recolhida pelo delegado até o encaminhamento do flagrante ao Judiciário.[20]

19 É sempre bom falar que a redução de pena para a modalidade tentada nem sempre segue a sorte dada no parágrafo único do art. 14 do Código Penal **(redução de 1/3 a 2/3)**. Isso só é possível pois o próprio legislador menciona no corpo de tal dispositivo legal a expressão "salvo disposição em contrário". Portanto, cabe-nos dizer que podem existir legislações, a exemplo da novel lei de terrorismo (Lei nº 13.260/2016), que tragam um patamar diferenciado de redução de pena para as modalidades tentadas. Vejamos o que fala o art. 5º do referido diploma legal: "Art. 5º Realizar atos preparatórios de terrorismo com o propósito inequívoco de consumar tal delito: Pena – **a correspondente ao delito consumado, diminuída de um quarto até a metade.**

20 É importante deixar claro que, mesmo que tenha sido recolhida a fiança policial na delegacia, será necessária a comunicação da prisão em flagrante e a remessa do APF ao Poder Judiciário (em até 24 horas após a captura): "Logo, como a Constituição não faz qualquer menção à necessidade de que essa prisão seja mantida, conclui-se que, mesmo que a autoridade policial conceda ao preso liberdade provisória com fiança (CPP, art. 322), essa comunicação deve ser feita. Afinal, em última análise, houve cerceamento da liberdade de locomoção..." (LIMA , 2013, p. 853)

Como já frisamos acima, caso outro seja o procedimento adotado, **há risco de o recolhimento da fiança na delegacia de Polícia ser incompatível com as deliberações judiciais acerca da manutenção da prisão do flagranteado**. Citamos, por exemplo, um arbitramento de fiança policial no caso de um crime de furto simples. A fiança fora arbitrada, mas não recolhida até o prazo de remessa do auto de prisão em flagrante à autoridade judiciária. Imaginemos que, após a citada remessa ao juízo, o Ministério Público, vislumbrando os motivos ensejadores da prisão preventiva, requeira a conversão da prisão em preventiva e o juiz a decrete imediatamente.[21] **Ora, se o delegado se aventurar a receber a fiança policial após a remessa do auto de prisão em flagrante, correrá o risco de soltar um indivíduo contra o qual será convertida a prisão em flagrante em prisão preventiva**. Não é difícil notarmos o problema que será criado!

Não acreditamos, portanto, que se faz recomendável às autoridades policiais correrem o risco de tomar decisões precipitadas e colocar em xeque a efetividade do sistema judicial. Portanto, razão assiste àqueles que indicam como **termo final para recolhimento da fiança em delegacia de Polícia a remessa do procedimento flagrancial ao juízo competente, vez que, a partir desse momento, o procedimento prisional foi judicionalizado**.

Recomendamos, por fim, que no termo de arbitramento de fiança, o qual será assinado pelo autuado, deverá constar que a fiança policial, se não for paga até a remessa do caderno flagrancial à autoridade Judiciária, só será recolhida em juízo.[22]

7.8. O QUE SÃO CRIMES PROPRIAMENTE INAFIANÇÁVEIS E ACIDENTALMENTE INAFIANÇÁVEIS?

Asseveramos que, por mais que a doutrina não costume fazer qualquer diferenciação, somente os delitos elencados no art. 323 do Código de Processo Penal são verdadeiramente "crimes inafiançáveis". De outro turno, as circunstâncias previstas no art. 324, I e IV, do CPP, são tais que, ocorrendo em um contexto de crime afiançável, tornarão eles,

21 Lembre-se de que a prisão preventiva convertiva (art. 310, inciso II, do CPP) não está vinculada ao limitador de pena previsto no art. 313, inciso I, do Código de Processo Penal (pena máxima cominada superior a 4 anos).

22 Nesse mesmo sentido, vide o modelo de despacho contido no item **4.3.1.** da parte III desta obra, o qual traz expressa a advertência em voga.

anomalamente, inafiançáveis. É o que chamamos, respectivamente, de crimes **propriamente** inafiançáveis e crimes **acidentalmente** inafiançáveis.

Em resumo, **os crimes propriamente inafiançáveis já vêm ligados, em abstrato, a essa restrição; já os crimes acidentalmente inafiançáveis, apesar de abstratamente considerados afiançáveis, por circunstâncias concretas, deixarão de ser passíveis de liberdade provisória com fiança**. Urge fazer tal distinção, pois uma coisa é o crime ser inafiançável em abstrato por força de opção legislativa; outra completamente distinta é o crime ser afiançável em tese, mas a situação concreta o tornar insuscetível de liberdade provisória com fiança.

Citamos, como exemplo, um crime de furto simples. O delegado, ao autuar em flagrante o suspeito, pode conceder a liberdade provisória afiançada, já que ela não se encontra vedada, em abstrato, no art. 323 do Código de Processo Penal. Não obstante o exposto, caso as circunstâncias fáticas recomendem a não concessão da fiança (no caso das circunstâncias previstas no art. 324, I e IV, do CPP), o crime, apesar de ser afiançável em abstrato, será considerado acidentalmente inafiançável. Os conhecimentos ministrados nessa questão vão ser imprescindíveis para o deslinde das próximas questões.

7.9. A DIMINUIÇÃO DE HIPÓTESES DE INAFIANÇABILIDADE PRÓPRIA, EM FACE DA LEI Nº 12.403/2011, RESTRINGIU A POSSIBILIDADE DE AUTUAÇÃO EM FLAGRANTE DELITO DE DEPUTADOS, DE SENADORES, DE ADVOGADOS, DE JUÍZES E DE PROMOTORES?

Não se pode negar que as alterações realizadas pela Lei nº 12.403/2011 no instituto da fiança acabaram refletindo diretamente na abrangência da imunidade prisional de algumas autoridades.

Esse efeito ricochete deve-se ao fato de os requisitos para a concessão da fiança também terem sido utilizados pelo legislador para parametrizar a incidência da imunidade prisional de determinadas autoridades. Vejamos, para melhor compreensão, o porquê de o legislador ter feito essa vinculação entre esses dois institutos.

Antes da Lei nº 12.403/2011, somente eram passíveis de fiança os crimes cujas penas mínimas cominadas não fossem superiores a dois anos (e desde que a infração penal não fosse inafiançável por força da Constituição).

> Art. 323 – Não será concedida fiança: I – nos crimes punidos com reclusão em que a pena mínima cominada for superior a 2 (dois) anos; (Código de Processo Penal – Redação Revogada pela Lei nº 12.403/2011)

Esse critério era tão bom que passou a ser usado para diferenciar as infrações penais verdadeiramente graves (inafiançáveis) daquelas não tão graves (afiançáveis). Por essa razão, o legislador também optou por se utilizar desse parâmetro da fiança para funcionar como requisito da imunidade prisional de algumas autoridades.

Em outras palavras, como a ideia da imunidade prisional era impedir a prisão em flagrante da autoridade nos casos de menor importância, resolveu o legislador vinculá-la ao conceito de crime afiançável. De outro turno, quando a infração penal fosse verdadeiramente grave (crimes inafiançáveis), estava permitida a autuação em flagrante de tais dignitários, vez que, nesse caso, a imunidade prisional não incidiria. É por isso que a modificação no instituto da fiança acabou afetando também a amplitude das imunidades prisionais de autoridades públicas, em relação às quais só se permitiria a prisão em flagrante se fosse pela prática de crime inafiançável.

IMUNIDADE PRISIONAL

Imunidade prisional de **deputados e de senadores**	Imunidade prisional de **magistrados**	Imunidade prisional de **membros do Ministério Público**	Imunidade prisional do **advogado**
Art. 53 – Os Deputados e Senadores são invioláveis, civil e penalmente, por quaisquer de suas opiniões, palavras e votos. § 2º – Desde a expedição do diploma, os membros do Congresso Nacional não poderão ser presos, **salvo em flagrante de crime inafiançável**. Nesse caso, os autos serão remetidos dentro de vinte e quatro horas à Casa respectiva, para que, pelo voto da maioria de seus membros, resolva sobre a prisão. (Constituição Federal)	Art. 33 – São prerrogativas do magistrado: II – não ser preso senão por ordem escrita do Tribunal ou do órgão especial competente para o julgamento, **salvo em flagrante de crime inafiançável**, caso em que a autoridade fará imediata comunicação e apresentação do magistrado ao Presidente do Tribunal a que esteja vinculado; (Lei Complementar nº 35/79)	Art. 40 – Constituem prerrogativas dos membros do Ministério Público, além de outras previstas na Lei Orgânica: III – ser preso somente por ordem judicial escrita, **salvo em flagrante de crime inafiançável**, caso em que a autoridade fará, no prazo máximo de vinte e quatro horas, a comunicação e a apresentação do membro do Ministério Público ao Procurador-Geral de Justiça; (Lei nº 8.625/93)	Art. 7, § 3º – O advogado somente poderá ser preso em flagrante, por motivo de **exercício da profissão, em caso de crime inafiançável**, observado o disposto no inciso IV deste artigo. (Lei nº 8.906/94 – Estatuto da Advocacia)

O problema, agora, era só decidir se a expressão "inafiançável" diria respeito somente à inafiançabilidade própria ou também à acidental. Pois bem, fica claro que, se os dispositivos mencionados acima restringissem a prisão em flagrante de algumas autoridades aos crimes propriamente inafiançáveis, tais imunidades passariam a ter uma abrangência absurda. Caso essa fosse a interpretação dada pelo Supremo Tribunal Federal, **como quase todos os crimes passaram a ser afiançáveis, teria sido criado, pela Lei nº 12.403/2011, involuntariamente, um bolsão de impunidade flagrancial.** Afirmamos isso, pois, nos termos do art. 323 do Código de Processo Penal, apenas são consideradas infrações propriamente inafiançáveis a prática de crimes de racismo, de tortura, de tráfico ilícito de entorpecentes e de drogas afins, de terrorismo e nos definidos como crimes hediondos, além de nos crimes cometidos por grupos armados, civis ou militares, contra a ordem constitucional e o Estado Democrático. Por conseguinte, raríssimas seriam as oportunidades em que tais dignitários seriam presos em flagrante, o que transpassaria ainda mais a sensação de impunidade em relação aos detentores de funções de relevo.

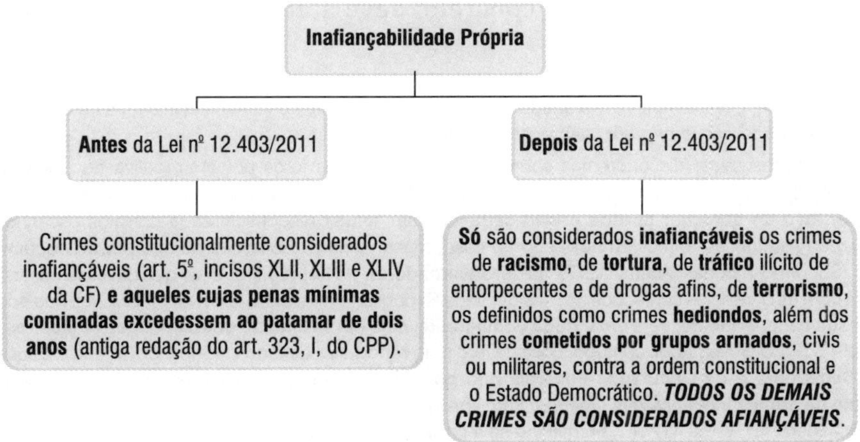

Não negamos que, nas primeiras edições desse livro, defendemos que, no contexto das imunidades prisionais, a inafiançabilidade que deveria ser levada em consideração era somente a **inafiançabilidade própria,** porquanto essa parecia ser a interpretação menos gravosa ao investigado **(*in mellius*)**. Não obstante o exposto, com a decisão do STF acerca da prisão recente de um Senador da República[23], não mais restou dúvida sobre o tema. **Decidiu o STF que a inafiançabilidade mencionada no contexto das imunidades prisionais não se restringe à inafiançabilidade própria, mas também se refere à acidental**. Em outras palavras, **caso a infração penal praticada pelo detentor da imunidade seja, em tese, afiançável, mas as circunstâncias do caso concreto justifiquem a prisão preventiva, também será possível afastar a imunidade prisional e, então, ocorrer a lavratura do Auto de Prisão em flagrante**.

Essa problemática afeta diretamente a Polícia, já que deve a autoridade policial saber qual o escorreito procedimento que deverá adotar em casos desse tipo. Asseveramos que o primeiro ponto a ser aferido pelo delegado de Polícia é se o flagranteado possui ou não imunidade prisional e qual sua abrangência, já que a extensão de tal prerrogativa depende muito do cargo que o indivíduo ocupe.

23 Nesse sentido, *vide* a Ação Cautelar nº 4.039 do STF, de relatoria do Ministro Teori Zavascki. Disponível em: <http://www.stf.jus.br/arquivo/cms/noticiaNoticiaStf/anexo/Acao_Cautelar_4039.pdf>. Acesso em: 18/01/2016, às 04h16.

Dizemos isso pois essas imunidades prisionais possuem diferenciações de uma autoridade a outra;[24] por isso, é necessária uma análise pormenorizada do dignitário que é conduzido à delegacia de Polícia[25].

Ao se constatar que o crime é afiançável e, portanto, que a imunidade prisional vai incidir no caso concreto, deve a autoridade policial apenas

24 Citamos que, por exemplo, o advogado só detém tal imunidade nos crimes praticados no exercício da função; os vereadores, *verbi gratia*, não possuem tal privilégio.

25 De forma resumida, discorreremos sobre as imunidades e os foros por prerrogativa de função mais importantes para a atuação policial cotidiana. Vejamos! Em relação ao **Presidente da República**, ele **não pode ser alvo de qualquer tipo de prisão cautelar**, nem sequer responsabilizado por atos estranhos ao exercício de sua função e, mesmo nesse último caso, manterá ele as benesses do foro por prerrogativa de função (Supremo Tribunal Federal – STF). Já os **Governadores de Estado**, por mais que devesse haver certa simetria com os benefícios conferidos ao Presidente da República, não é bem assim na prática, vez que **podem ser presos cautelarmente, seja em virtude de flagrante, seja em virtude de outras prisões cautelares** (HC 102.732 – STF). O Governador, contudo, goza de foro por prerrogativa de função (Superior Tribunal de Justiça). Já os **Senadores e os Deputados Federais não podem ser presos cautelarmente, salvo no caso de flagrante de crimes inafiançáveis** (*freedom from arrest*). Esta garantia, contudo, já foi mitigada pelo Supremo Tribunal Federal no HC 89.417/RO, permitindo-se a prisão preventiva de autoridades deste quilate, bem como no contexto da prisão preventiva do Senador D. A. em novembro de 2015. Parlamentares desse naipe também mantêm a garantia de foro por prerrogativa de função (STF). **Os Deputados Estaduais gozam das mesmas imunidades materiais e processuais dos Congressistas nacionais.** Em relação ao foro por prerrogativa de função, como o art. 27, § 1º, da Constituição Federal, não falou expressamente sobre tal benefício, os deputados estaduais somente gozam do privilégio de foro se ele estiver previsto nas respectivas Constituições Estaduais (frequentemente, optando pelo Tribunal de Justiça local como foro privilegiado). Avançando mais nesse estudo, citamos que os **Advogados podem ser presos cautelarmente e não lhes foi conferido qualquer tipo de foro por prerrogativa**. Entretanto, quando **por motivo ligado ao exercício da profissão, os causídicos só poderão ser presos no caso de flagrante delito de crime inafiançável**. Nesse caso, a lei garante que a lavratura do Auto de Prisão deverá ser feita na presença de representante da OAB (Lei nº 8.906/94). Por fim, há que se pontuar a possibilidade de prisão de **Magistrados** e de **Promotores de Justiça**. Tais autoridades podem ser presas cautelarmente, seja por ordem de prisão, seja em flagrante delito. No caso de prisão em flagrante de Magistrados e Promotores, só será ela possível caso diga respeito a **crimes inafiançáveis**, situações essas que a Autoridade Policial comunicará aos chefes dos órgãos respectivos e, **após a lavratura do auto de prisão em flagrante, procederá à imediata apresentação** do magistrado ou do membro do Ministério Público ao Presidente do Tribunal ou Procurador-Geral da Justiça, respectivamente, devendo ser observado o disposto nas Leis Orgânicas respectivas (Lei Complementar nº 35/79 e Lei nº 8.625/93). Outrossim, Juízes e Promotores devem ser julgados pelo Tribunal a que estejam vinculados, salvo no caso de crimes eleitorais, em face dos quais há que serem processados junto ao Tribunal Regional Eleitoral. Paralelamente a essas duas autoridades, citamos também a impossibilidade de prisão em flagrante dos Defensores Públicos da União (e, por simetria, dos Defensores Públicos estaduais). As autoridades em comento podem ser presas cautelarmente, nos mesmos termos de juízes e promotores, mas com a ressalva de que é o Defensor Público-Geral que deverá ser comunicado de tal ato prisional (art. 44, inc. II, da Lei Complementar nº 80/94). Neste último caso, cumpre dizer que, por mais que não tenham sido os Defensores Públicos agraciados expressamente por foro por prerrogativa de função, é costumeiro que legislações estaduais o prevejam, mantendo, de certa forma, paralelismo em relação aos Promotores de Justiça (*vide* ADI nº 2.587-2 – STF). **Pois bem, comum a todos esses casos só há uma coisa: não é proibida a condução das referidas Autoridades à Delegacia, pois é lá que se documentará toda a infração penal e, também, constatar-se-á se o indivíduo detém mesmo a prerrogativa que diz possuir (fazendo prova de seus dados de qualificação e de seu vínculo funcional com tais órgãos ou Poderes). Conduzir é somente uma das fases do complexo procedimento de prisão, a qual, por fim, só se materializará com a lavratura do Auto de Prisão em Flagrante (o que poderá ou não acontecer com base no tipo de infração que foi praticada e baseando-se, sempre, no tipo de imunidade que a autoridade detém).**

documentar o fato e proceder à liberação do conduzido[26]. Ao final, o delegado deve encaminhar os registros feitos ao órgão competente para que promova a devida apuração do fato criminoso. Esse é o caminho!

7.10. É POSSÍVEL O PAGAMENTO DA FIANÇA POLICIAL COM CHEQUE?

Depende. Se o cheque for entregue à autoridade policial durante o horário bancário e puder ser descontado de pronto, não há qualquer problema no seu recebimento[27]. Nesse sentido, deve a autoridade ordenar que o cheque seja descontado[28] no *guichê* do banco respectivo e, quando estiver na posse dos valores correspondentes àquela cártula, poderá colocar em liberdade o flagranteado[29].

Em sentido diametralmente oposto, se o cheque for apresentado fora do horário comercial, por não haver essa possibilidade de conversão imediata do título em moeda corrente, a cártula não terá o condão de afiançar o investigado[30].

A ideia da fiança é compromissar o investigado aos termos da persecução penal, ameaçando-o **de perder aquela riqueza que ele recolheu a título de garantia. Por isso, como em regra o cheque não tem valor imanente, não tem aptidão para servir como fiança.**

Note que o art. 330 do Código de Processo Penal elenca o dinheiro e outros **objetos que tenham valor intrínseco e liquidez imediata** como

26 Note que não há qualquer ilegalidade na ação do policial que captura e conduz o autor do fato à delegacia de Polícia. O fato é que os detentores de imunidade prisional não serão autuados em flagrante, mas nenhum problema há na captura e condução do indivíduo, além de correspondente documentação do fato delituoso. "Nesse caso, seja a autoridade policial, seja qualquer do povo, poderá adotar medidas no sentido de interromper a atividade ilícita, registrando a ocorrência, mas não será lavrado o auto de prisão em flagrante, nem tampouco ocorrerá o recolhimento ao cárcere." (LIMA, 2013, p. 824)

27 Essa situação é recorrente no caso de flagranteados que não possuem quaisquer parentes ou amigos nas proximidades. Dessa forma, não há quem possa sacar o dinheiro e pagar a fiança para ele. Assim, poucas alternativas restam a esse preso, dentre elas emitir um cheque (no horário de expediente bancário) e esperar que a autoridade policial promova o seu desconto. Destarte, quando o dinheiro correspondente chegar às mãos do delegado de Polícia, este deverá colocar o indivíduo em liberdade provisória afiançada.

28 Se o cheque tiver sido cruzado, por haver a necessidade de depósito e consequente espera pela respectiva compensação, não há que se aceitar tal cártula como fiança. É necessário que o cheque seja hábil ao imediato desconto na "boca do caixa".

29 Note-se que o recebimento do cheque como modalidade de fiança é possível, mas é uma clara exceção no procedimento de liberdade provisória afiançada. Nesses termos, citamos Capez (2012, p. 352): "No caso do pagamento em cheque, cabe à autoridade avaliar a conveniência de sua aceitação, justificando-a detalhadamente. Frise-se que esta hipótese é excepcional e somente admitida em situações extremas".

30 Também não parece razoável que o delegado receba a cheque, condicionando a liberdade do indivíduo à efetiva **compensação da cártula dias após**. Lembre-se de que, com o encaminhamento do Auto de Prisão em Flagrante ao magistrado, a decisão sobre a liberdade ou prisão do indivíduo já estará a cargo do juiz (artigo 310 do Código de Processo Penal). Colocar o investigado em liberdade (quando o cheque for compensado) pode confrontar com o decisório do juiz quando da análise do Auto de Prisão em Flagrante.

hábeis à garantirem a liberdade provisória do indivíduo. O cheque, por óbvio, não está previsto nesse dispositivo legal por não ser dotado desses mesmos atributos. Sendo o cheque uma **mera "ordem" de pagamento**, não pode esse instrumento ser equiparado a dinheiro ou a outro objeto que tenha valor próprio.

> Art. 330. A fiança, que será sempre definitiva, consistirá em **depósito de dinheiro, pedras, objetos ou metais preciosos, títulos da dívida pública**, federal, estadual ou municipal, ou em hipoteca inscrita em primeiro lugar.

De mais a mais, não há como se comparar os instrumentos elencados no art. 330 do Código de Processo Penal a uma nota promissória, a um cheque ou a qualquer outro papel que não tenha valor em si mesmo. Estes títulos são, em regra, meras **representações de riquezas, não tendo um valor próprio**. Vejamos isso na ilustração abaixo:

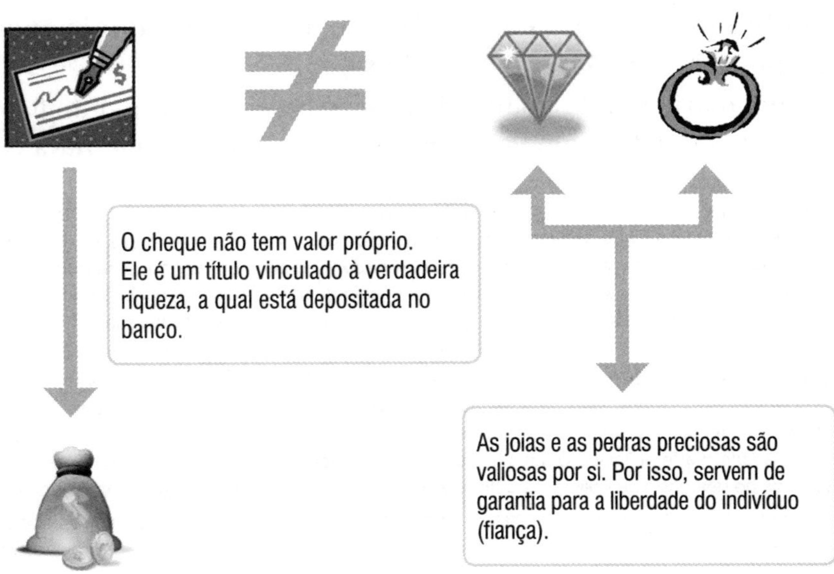

Portanto, é irrelevante se o investigado pode provar a existência atual de fundos em sua conta bancária (por exemplo, mostrando um extrato recente) quando da entrega do cheque à autoridade policial[31]. Mesmo nesses casos, **o cheque só representa a esperança de se ter acesso àquele dinheiro** que está depositado na conta corrente respectiva.

Em outros termos, a possibilidade de haver dinheiro para saldar a cártula não torna o título valioso por si mesmo, mas somente **indica a probabilidade de que, quando apresentado ao banco sacado, será descontado ou compensado**. Isso é uma prognose, até porque a conta pode estar bloqueada judicialmente, os valores podem ser de lá sacados antes da compensação ou até mesmo o cheque ser sustado!

Algumas autoridades policiais advogam que sempre se deve aceitar o cheque como exação ao valor da fiança. Para eles, se o cheque não tiver correspondente provisão de fundos (e mesmo assim o indivíduo o entregar dolosamente à autoridade policial), o afiançador se fará incurso nas penas do crime previsto no art. 171, inciso VI, do Código Penal[32] e a respectiva liberdade provisória será revogada (com consequente decretação da prisão).

Os sectários de tal vertente advertem que deve haver maior flexibilidade das autoridades policiais no recebimento do cheque, vez que é notória a dificuldade de se ter acesso a dinheiro à noite ou nos finais de semana, já que os bancos costumam limitar os saques durante esses períodos.

Por mais que haja certa racionalidade nesse posicionamento, com ele não podemos concordar. O primeiro argumento é que a lei não engessou o instituto da fiança ao dinheiro, por isso se permite o depósito de outros bens e títulos com valor próprio em benefício do flagranteado. Conseguintemente, se o investigado não possui o valor suficiente para se ver afiançado, que busque outros objetos de valor que sejam aptos a isso (art. 330 do CPP).

O segundo ponto é que, se o intento da fiança é "intimidar" o indivíduo com a possibilidade de perda dos valores recolhidos a título de garantia (caso descumpra os deveres impostos), é imprescindível que o instrumento

31 O artigo 4º, § 1º, da Lei nº 7.357/85 (Lei do Cheque) preconiza que a existência de fundos é constatada, para os fins legais, no momento da apresentação do cheque para pagamento. Dessa forma, não há que se dar grande valor ao fato de o preso apresentar ao delegado um extrato mostrando pretensa provisão de fundos. Vejamos o que diz tal dispositivo legal: "**A existência de fundos disponíveis é verificada no momento da apresentação do cheque para pagamento**".

32 Art. 171. VI – emite cheque, sem suficiente provisão de fundos em poder do sacado, ou lhe frustra o pagamento. (Código Penal)

dado como garantia seja passível de perdimento[33]. Em resumo, só se perde o que foi concretamente colocado à disposição da persecução penal, por isso não é razoável aceitarmos papéis sem valor imanente (como é o caso da nota promissória, do cheque etc.).

O argumento final é que não se pode colocar no mesmo patamar o medo de ser processado por estelionato e o temor de perder o valor que se deu como garantia, até porque a maioria dos criminosos sequer tem medo de condenações judiciais, vez que já sabem da leniência de nossas leis. A dor no bolso é, inegavelmente, mais eficaz!

É importante que o policial reflita sobre isso e passe a ter mais critério quando resolva afiançar um investigado com base na simples entrega de uma folha de cheque. Do jeito que está, daqui a pouco o flagranteado vai querer parcelar, no *carnê*, o valor da fiança!

33 Afinal de contas, uma das sanções para o descumprimento das medidas elencadas nos artigos 327 e 328 do Código de Processo Penal é a perda de parte do valor da fiança. Ora, se o que fora dado como fiança não tiver valor intrínseco, não há como se aplicar as penalidades atinentes ao quebramento ou perdimento da fiança. Perder o que nesse caso?!

Capítulo 8

Mandado de Condução Coercitiva

8.1. PODE O DELEGADO DE POLÍCIA EXPEDIR MANDADO DE CONDUÇÃO COERCITIVA OU DEVE REQUERER TAL PROVIDÊNCIA AO MAGISTRADO?

É claro que pode a autoridade expedi-lo, mesmo sem autorização judicial. **Negar a possibilidade de condução coercitiva no âmbito policial seria o mesmo que transformar as intimações policiais em atos de atendimento facultativo**[1]. Por isso, frisamos que é possível a condução de vítimas,[2] de

1 Imprescindível lembrar que a ordem de condução coercitiva é destinada à apresentação do intimado à autoridade policial ou à autoridade judiciária. Esse meio de coerção é perfeitamente compatível com o direito do intimado de se calar ou de não praticar atos que possam lhe incriminar futuramente (*nemo tenetur se detegere)*. Em suma, uma coisa é ser conduzido à delegacia; outra é produzir prova contra si.

2 Art. 201 – Sempre que possível, o **ofendido** será qualificado e perguntado sobre as circunstâncias da infração, quem seja ou presuma ser o seu autor, as provas que possa indicar, tomando-se por termo as suas declarações. § 1º – **Se, intimado para esse fim,** deixar de comparecer sem motivo justo, **o ofendido poderá ser conduzido à presença da autoridade**. (Código de Processo Penal)

testemunhas[3] e de indiciados[4] à presença da autoridade policial, desde que esse meio coativo seja necessário e adequado.[5]

Por mais que essa medida coativa, pelo Código de Processo Penal (CPP), seja expressamente conferida somente ao juiz, nenhum problema há em se fazer o elastério para também ser ela disponibilizada ao presidente da investigação policial, já que o art. 3º do CPP[6] permite a integração analógica. Inegável que, **da mesma forma que o intimado deve manter obediência ao chamamento do magistrado, igual respeito deverá ele guardar em relação aos órgãos policiais incumbidos da investigação criminal (polícias Civis e Federal)**.

Outro importante ponto a ser evidenciado é que a condução coercitiva não é a regra geral, mas, sim, a exceção oriunda do não atendimento voluntário da intimação. Importante frisar esse ponto, pois, para que seja possível a expedição da ordem de condução coercitiva, não basta que seja tal medida cômoda para a Polícia.

Em verdade, é a ausência injustificada ao ato de investigação, para o qual o indivíduo fora devidamente intimado, que fundamenta a expedição de tal ordem coercitiva.[7] Salientamos, então, que a expedição de mandado de condução sem a prova da intimação desatendida é método

---

3 Art. 218 – Se, regularmente intimada, a **testemunha deixar de comparecer sem motivo justificado**, o Juiz poderá requisitar à autoridade policial a sua apresentação ou determinar seja conduzida por oficial de Justiça, que poderá solicitar o auxílio da força pública. (Código de Processo Penal)

4 Art. 260 – Se o **acusado** não atender à intimação para o interrogatório, reconhecimento ou qualquer outro ato que, sem ele, não possa ser realizado, **a autoridade poderá mandar conduzi-lo à sua presença**. (Código de Processo Penal)

5 O STF avaliza a realização da condução coercitiva (**mesmo quando não haja qualquer expedição de mandado**). Ora, se essa gravosa modalidade de condução coercitiva (a qual estaria ligada aos momentos próximos da realização do crime) foi permitida pelo Supremo Tribunal Federal, inexiste razão para não darmos validade também para a condução coercitiva com mandado. Afinal, essa última modalidade é muito menos ácida do que aquela. Nesses termos, citamos pronunciamento do STF: "A própria Constituição Federal assegura, em seu art. 144, § 4º, às polícias civis, dirigidas por delegados de polícia de carreira, as funções de polícia judiciária e a apuração de infrações penais. II – O art. 6º do Código de Processo Penal, por sua vez, estabelece as providências que devem ser tomadas pela autoridade policial quando tiver conhecimento da ocorrência de um delito, todas dispostas nos incisos II a VI. III – Legitimidade dos agentes policiais, sob o comando da autoridade policial competente (art. 4º do CPP), para tomar todas as providências necessárias à elucidação de um delito, incluindo-se aí a **condução de pessoas para prestar esclarecimentos, resguardadas as garantias legais e constitucionais dos conduzidos**. HC 107.644/SP – SÃO PAULO/STF."

6 Art. 3º – A lei processual penal admitirá **interpretação extensiva e aplicação analógica,** bem como o suplemento dos princípios gerais de direito. (Código de Processo Penal)

7 Nesse mesmo sentido, veja o modelo de mandado de condução coercitiva contido no item **7.2.** da parte III desta obra.

ilegal, o qual pode sujeitar a autoridade policial aos rigores da lei de abuso de autoridade.[8,9]

Por fim, insta salientar que a ordem de condução coercitiva (expedida pela autoridade policial) não permite a violação da casa do intimado para conduzi-lo à presença do delegado de Polícia. Dentre as poucas possibilidades de violar o recato doméstico arroladas na Constituição Federal, não há previsão de devassa domiciliar por ordem escrita da autoridade policial.

> Art. 5º, Inciso XI – a casa é asilo inviolável do indivíduo, ninguém nela podendo penetrar sem consentimento do morador, salvo em caso de flagrante delito ou desastre, ou para prestar socorro, ou, **durante o dia, por determinação judicial**. (Constituição Federal)

Talvez essa seja a grande diferença entre o mandado de condução coercitiva judicial e o policial: **o mandado judicial permite a devassa do domicílio do intimado nos termos da lei; o mandado policial não permite o adentramento do policial na casa do intimado para conduzi--lo à autoridade policial**. Deve-se atentar a essa peculiaridade para não haver qualquer alegação futura de abuso policial.

8 Há algumas disciplinas normativas locais que fixam só ser possível a condução coercitiva após o desatendimento da segunda intimação policial, requisito este que não nos parece razoável. Citamos, como exemplo, a instrução normativa nº 01/2009 do Conselho Superior da Polícia Civil do Estado de Goiás, a qual fixa no art. 46 que: "[...] se o intimado não comparecer, a autoridade policial, após se certificar das razões do não comparecimento, expedirá nova intimação. Parágrafo único. Caso haja deliberado descumprimento à segunda intimação, a autoridade policial poderá expedir mandado de condução coercitiva do intimado." **Em nossa visão, a partir do primeiro inatendimento injustificado da intimação policial passa a ser possível a condução coercitiva**. Em virtude de o prazo para conclusão do inquérito policial ser exíguo, não nos parece razoável esperar o segundo desdém ao chamamento da autoridade policial para que a condução coercitiva seja implementada.

9 É importante dizer, também, que a condução coercitiva, segundo HOFFMANN e COSTA, "não se presta a obrigar o suspeito a colaborar com a investigação. Permanece íntegro o princípio *nemo tenetur se detegere*, não podendo o conduzido ser compelido a esclarecer os fatos criminosos" (CASTRO, Henrique Hoffmann Monteiro de; COSTA, Adriano Sousa. Condução coercitiva é legítimo mecanismo da persecução penal. **Revista Consultor Jurídico**, jan. 2016. Disponível em: <http://www.conjur.com.br/2016-jan-14/advogado-importante-inquerito-policial-nao-obrigatorio>. Acesso em: 20 set. 2016).

Capítulo 9

Apresentação Espontânea

9.1. COM O ADVENTO DA LEI Nº 12.403/2011, COMO FICA A APRESENTAÇÃO ESPONTÂNEA DO AUTOR DO FATO À AUTORIDADE POLICIAL?

Importante mencionar que a apresentação espontânea, nos moldes conhecidos pelos operadores do Direito, foi uma criação doutrinária, já que a Lei Processual Penal nunca deu a tal instituto o elastério que constatávamos na praxe policial. Em verdade, o Código de Processo Penal, no art. 317, somente mencionava que a prisão preventiva poderia ser decretada e cumprida, mesmo no caso da apresentação espontânea.

> Art. 317 – A apresentação espontânea do acusado à autoridade não impedirá a decretação da prisão preventiva nos casos em que a lei a autoriza. (Código de Processo Penal – **redação revogada pela Lei nº 12.403/2011**)

Apesar de tal dispositivo não ter mencionado expressamente nada acerca da prisão em flagrante, nem muito menos em relação à prisão temporária, a doutrina começou a entender que a legislação sinalizava que a apresentação espontânea seria causa suficiente para obstaculizar essas duas outras modalidades de prisão.

Em outras palavras: **a apresentação espontânea poderia até não ser suficiente para atrapalhar a prisão preventiva,[1] mas, em relação**

1 O Superior Tribunal de Justiça (STJ) ainda mantém seu entendimento de que, **por si só**, a apresentação espontânea não é hábil a afastar a decretação da prisão preventiva ou mesmo sua manutenção. Vejamos, nesse sentido, o HC nº 329.375/TO (STJ – 08/09/2015): "**A apresentação espontânea à autoridade policial não impede a decretação da prisão provisória, tampouco serve de motivo para a sua revogação, caso a necessidade do cárcere se faça presente (Precedentes)**. Todavia, o fundamento para a decretação da segregação cautelar fica superado com a apresentação espontânea do réu aliada às suas condições pessoais favoráveis, **se a fuga do distrito da culpa após o cometimento do delito for o único motivo constante do decreto prisional** (Precedentes)".

à prisão em flagrante e à temporária, ela o seria. Divagações à parte, foi por meio dessa interpretação extensiva do dispositivo em análise que as construções jurídicas acerca do instituto da apresentação espontânea começaram a se fortalecer. Em pouco tempo, um novo leviatã tinha se levantado: o intocável instituto da apresentação espontânea.

Por muito tempo, então, a apresentação espontânea vigorou como instituto incontestável em nossa Ordem Jurídica, tendo inclusive recebido respaldo do Supremo Tribunal Federal acerca de sua eficácia impedidora da lavratura do auto de prisão em flagrante.

> Habeas Corpus. Prisão em flagrante. Falta de pressuposto legal. Inocorre a quase-flagrância se não há perseguição ordenada a pessoa certa, logo após o fato delituoso. Tampouco tem cabimento a prisão quando o agente se entrega à polícia, depois do fracasso da perseguição contra ele empreendida. **(RHC 64.550/PA - STF)**

Não obstante o exposto, a Lei nº 12.403, datada de 4 de maio de 2011, acabou por desferir um duro golpe no instituto da apresentação espontânea. Afirmamos isso pois tal lei modificou a antiga redação do art. 317 do Código de Processo Penal, o qual era o único arcabouço legislativo expresso que disciplinava sobre a apresentação espontânea na referida lei adjetiva. **Tal revogação acabou por proporcionar a reabertura dos debates acerca da eficácia da apresentação espontânea como causa obstacularizadora da lavratura do auto de prisão em flagrante, bem como da decretação da prisão temporária.**[2] É nesse viés que queremos informar as autoridades policiais acerca de uma nova possibilidade jurídica frente à apresentação espontânea do autor do fato, principalmente como causa impedidora da autuação em flagrante.

Se antes era praticamente uníssona a corrente favorável à eficácia da apresentação espontânea com o escopo de rechaçar a lavratura do auto de flagrante, agora estão a se fortalecer teses contrárias. Portanto, passaremos a abordar, respectivamente, as três vertentes de atuação possíveis do delegado frente a um caso de apresentação espontânea: **a positivista, a negativista e a mista**.

A corrente **positivista** entende que, mesmo com a revogação do art. 317 do CPP, a apresentação espontânea ainda vige e é **sempre** causa impeditiva

2 Em relação à **prisão temporária**, com a alteração da redação do art. 317 do Código de Processo Penal (Lei nº 12.403/2011), não há mais motivo para impedir a decretação e o cumprimento dessa modalidade prisional somente com fulcro na apresentação espontânea do autor do fato. Afinal, por mais que o suspeito tenha se apresentado ao delegado de Polícia, **nem por isso deixar-se-á de ter interesse no encarceramento cautelar do increpado**.

da lavratura da prisão em flagrante. A corrente **negativista** nega vigência ao instituto da apresentação espontânea, vez que, por ter perdido amparo legal, não pode ser aplicado pela autoridade policial em nenhum caso. Por fim, **a mista** diz que, em determinados casos, a apresentação espontânea não impedirá a prisão do suspeito.

O primeiro argumento jurídico da corrente **positivista** é que não há o perfeito encaixe da situação de apresentação voluntária do suspeito às **várias modalidades de flagrante previstas no art. 302 do CPP**,[3] precipuamente em razão dos verbos e locuções verbais ali encerrados: "cometendo", "acabou de cometê-la", "é perseguido" e "é encontrado". Note que essas modalidades flagranciais previstas no art. 302 do CPP deixam transparecer que o autor do fato fora **surpreendido pela ação de um capturador** e, portanto, coercitivamente encaminhado à presença da autoridade policial, o que se mostra incompatível com o ato de se apresentar voluntariamente. Outro argumento utilizado pelos sectários dessa vertente doutrinária é que aquele que se apresenta espontaneamente à autoridade goza de presunção de que **não é um risco à sociedade**, muito menos ao regular andamento da *persecutio criminis*. É claro que se não há perigo na manutenção da liberdade do suspeito então não se resta atendido um dos requisitos das cautelares processuais penais, que seja o ***periculum libertatis***. Por fim, o último argumento favorável a tal tese é que, na apresentação espontânea, **não há que se falar em condutor**, o que também deixaria incompleto o procedimento prisional previsto no art. 304 do Código de Processo Penal.

> Art. 304 – Apresentado o preso à autoridade competente, **ouvirá esta o condutor** e colherá, desde logo, sua assinatura, entregando a este cópia do termo e recibo de entrega do preso. Em seguida, procederá à oitiva das testemunhas que o acompanharem e ao interrogatório do acusado sobre a imputação que lhe é feita, colhendo, após cada oitiva suas respectivas assinaturas, lavrando, a autoridade, afinal, o auto. (Redação dada pela Lei nº 11.113, de 2005)

Apesar dos sólidos argumentos supramencionados, temos que relembrar aos policiais que, com o advento da Lei nº 12.403/2011, surgiu a

3 Art. 302 – Considera-se em flagrante delito quem: I – está **cometendo** a infração penal; II – **acaba de cometê-la**; III – **é perseguido**, logo após, pela autoridade, pelo ofendido ou por qualquer pessoa, em situação que faça presumir ser autor da infração; IV – **é encontrado**, logo depois, com instrumentos, armas, objetos ou papéis que façam presumir ser ele autor da infração. (Código de Processo Penal)

possibilidade jurídica de o delegado ignorar a apresentação espontânea do autor do fato e prendê-lo em flagrante. Esse é o entendimento das correntes **negativista**[4] e **mista**. O que difere uma da outra é que a negativista entende que a apresentação espontânea não impede, em nenhuma circunstância, lavratura do auto, sendo que a corrente mista confere-lhe eficácia somente em determinadas circunstâncias.

Não podemos ignorar que alguns autores do fato, tentando se utilizar das lacunas legais, buscam a apresentação espontânea como forma de se salvaguardar de uma prisão cautelar, reafirmando ainda mais os valores de impunidade em nosso país. São para esses casos que decidimos clarificar essas novéis possibilidades jurídicas.

Os defensores da **corrente negativista** se enfincam na revogação do art. 317 do Código de Processo Penal, já que esse era o único arcabouço que fazia menção expressa à apresentação espontânea no Código de Processo Penal. **Ora, não podemos negar que a abolição desse artigo, sem que sua carga fosse transferida para outro dispositivo processual, faz-nos deduzir que o legislador tenha se desinteressado por tal instituto**. Para os negativistas, então, a apresentação espontânea deixa de ter amparo no Código de Processo Penal, o que por si já é um ótimo fundamento para lhe negar validade em qualquer situação.

Já a **corrente mista** confere validade à apresentação espontânea, mas condiciona tal benefício a determinadas circunstâncias concretas. Aduzem os defensores de tal posição que **não é incompatível o ato de se apresentar espontaneamente com todos os verbos e locuções verbais contidos no art. 302 do Código de Processo Penal**. Por exemplo, não se pode negar que aquele que se apresenta na delegacia imediatamente após consumar o crime, "acabou de cometer a infração penal".[5] Pontuamos isso pois o art. 302 do Código de Processo Penal é eminentemente valorativo, cabendo à autoridade policial buscar o significado dos verbos contidos no referido dispositivo legal de acordo com suas regras de experiência.

Nesse mesmo sentido, versa Nucci (2008, p. 303-304):

> Por outro lado, não se pode utilizar o artifício da apresentação espontânea unicamente para afastar o dever da autoridade policial de dar voz de prisão em flagrante, com a lavratura do auto, a quem efetivamente merece. Imagine-se o indivíduo

4 A corrente negativista, por ser extremada, também não parece adequada. É necessário que se busque o meio-termo entre a corrente positivista e a negativista, que seja a corrente mista.

5 Certamente, se a apresentação acontecer após muito tempo da consumação do crime, não há que se cogitar mais a prisão em flagrante. Nesse caso a eficácia da apresentação espontânea é absoluta no que tange à prisão em flagrante. A aplicabilidade da teoria mista se restringe aos momentos próximos à infração penal, vez que o delito ainda estaria a flagrar.

> que mata, cruelmente, várias pessoas e, logo em seguida, com a roupa manchada de sangue e o revólver na mão, adentra uma delegacia, apresentando-se. **Por que não poderia a autoridade dar voz de prisão em flagrante, se o crime acaba de ocorrer e o agente está com a arma utilizada em plena evidência de ser o autor?** Além disso, há o clamor popular e o *periculum in mora* instala-se. Certamente que, depois, poderá o juiz conceder-lhe liberdade provisória, se entender cabível, levando até em consideração o fato de ter havido apresentação espontânea.

Outro bom fundamento da corrente mista diz respeito à figura do condutor. Há quem relute em dizer que nesses casos não há a figura do condutor, por isso não haveria flagrante. Tal argumento pífio é facilmente rebatível, já que é notório que **nem todo flagrante requer a figura do condutor**, a exemplo dos crimes praticados na presença da autoridade ou contra ela (art. 307 do Código de Processo Penal).[6] Por fim, o último argumento diz respeito ao *periculum libertatis*. É essencial que o autor do fato esteja a se apresentar para esclarecer o fato de forma colaborativa, demostrando, portanto, que em liberdade não turbará a regularidade da persecução penal. Se esse não parecer ser o intento do indivíduo, não é razoável lhe conferir os benefícios da apresentação espontânea. De posse dos argumentos suso, para essa corrente, deve o delegado analisar a possibilidade de, caso a caso, fazer incidir o referido instituto de política criminal com base nos vetores discutidos acima (inclusive aferindo o *periculum libertatis*).

Em epítome, o que estamos a demonstrar ao profissional de segurança pública com toda essa discussão é que **há argumentos jurídicos para essas várias posições.**[7] **Portanto, a aplicação de uma ou outra teoria supracitada dependerá muito da constatação de que o investigado não se apresenta por "esperteza jurídica", mas, sim, com verdadeira vontade de contribuir com a investigação. Esse é o ponto-chave.**

6 Art. 307 – Quando o fato for praticado em presença da autoridade, ou contra esta, no exercício de suas funções, constarão do auto a narração deste fato, a voz de prisão, as declarações que fizer o preso e os depoimentos das testemunhas, sendo tudo assinado pela autoridade, pelo preso e pelas testemunhas e remetido imediatamente ao juiz a quem couber tomar conhecimento do fato delituoso, se não o for a autoridade que houver presidido o auto. (Código de Processo Penal)

7 Para melhor visualização do que fora exposto nesta questão, veja os modelos de despachos contidos nos itens **4.5.1.** e **4.5.2.**, ambos da parte III desta obra. O primeiro modelo diz respeito a um despacho justificando a não-autuação em flagrante delito no caso de apresentação espontânea do suspeito, sendo que o segundo versa sobre a justificativa da autuação, mesmo tendo o autor do fato se apresentado espontaneamente.

Capítulo 10

Busca e Apreensão

10.1. PODE O DELEGADO DE POLÍCIA REPRESENTAR PELA BUSCA E APREENSÃO DE BENS DO SUSPEITO VISANDO A GARANTIR A FUTURA RESPONSABILIZAÇÃO CIVIL DO CONDENADO?

Pugnamos que não. Por mais que o Código de Processo Penal confira ao delegado de Polícia legitimidade para representar pela decretação dessas duas medidas cautelares (sequestro e busca e apreensão), é importante notar que cada uma delas tem uma função distinta.

A busca e apreensão domiciliar almeja angariar elementos de prova acerca da infração penal;[1] **a medida cautelar de sequestro visa a apreender objetos com o fito de assegurar o ressarcimento da vítima e o eventual perdimento de bens.**[2] Para deixar clara essa divisão teleológica entre tais medidas cautelares o próprio legislador fez constar no art. 132 do CPP que só caberá sequestro quando não se mostrar cabível a busca e apreensão.

1 Art. 240, § 1º – Proceder-se-á à busca domiciliar, quando fundadas razões a autorizarem, para: a) prender criminosos; b) apreender coisas achadas ou obtidas por meios criminosos; c) apreender instrumentos de falsificação ou de contrafação e objetos falsificados ou contrafeitos; d) apreender armas e munições, instrumentos utilizados na prática de crime ou destinados a fim delituoso; e) descobrir objetos necessários à prova da infração ou à defesa do réu; f) apreender cartas, abertas ou não, destinadas ao acusado ou em seu poder, quando haja suspeita de que o conhecimento do seu conteúdo possa ser útil à elucidação do fato; g) apreender pessoas vítimas de crimes; h) colher qualquer elemento de convicção. **(Código de Processo Penal)**

2 Art. 125 – Caberá o sequestro dos bens imóveis, **adquiridos pelo indiciado com os proventos da infração**, ainda que já tenham sido transferidos a terceiros. (Código de Processo Penal)

> Art. 132 do CPP – Proceder-se-á ao sequestro dos bens móveis se, verificadas as condições previstas no art. 126, **não for cabível a medida regulada no Capítulo XI do Título VII deste Livro**. (Código de Processo Penal)

Em outras palavras, **só cabe pensar em ressarcimento quando o objeto buscado não se refere à própria prova da infração penal**. Então, por mais que essas duas medidas promovam a constrição de um objeto material, é necessário saber qual a função que esse objeto desempenhará no processo (meio de prova ou garantia de indenização), bem como saber qual é a natureza jurídica da mencionada *res* (instrumento, produto ou proveito do crime). Só após deve a autoridade representar pela medida cautelar adequada.

Para clarificar quando cabível a decretação da busca e apreensão ou quando adequado o sequestro de bens, o primeiro passo é saber o que são **instrumento**, **produto** e **proveito** do crime. É o que passaremos a fazer então.

Pois bem, o **instrumento** do crime é o **meio material utilizado** para concretizar a prática criminosa. Por exemplo, se um indivíduo decide roubar a carteira de outrem, por intermédio da ameaça com um revólver, o instrumento do crime é essa arma de fogo. Já quando falarmos em **produto** do crime, será em relação à vantagem direta obtida da infração penal, ou seja, os valores ou objetos diretamente auferidos pela ação criminosa. Imaginemos ainda o roubo majorado supracitado; nesse caso, os objetos subtraídos da vítima (carteira e dinheiro) são os produtos do crime. De outra sorte, **proveito** do crime é a transformação do produto do crime em algo aparentemente lícito. Nesse viés, proveito do crime é o bem adquirido com o dinheiro auferido pelo roubo, como uma televisão comprada com o dinheiro do delito. De posse de tais conceitos, fica mais fácil analisar qual é o objeto jurídico das medidas cautelares acima citadas (busca e apreensão e sequestro).

Na busca e apreensão, por sua função eminentemente probatória, almeja-se a busca e captura de elementos que auxiliem na demonstração da autoria e da materialidade delituosas. Diz-se isso pois a função da busca e apreensão é a prova da infração e de suas circunstâncias, o que a vinculará aos **instrumentos** utilizados na empreitada criminosa, bem como ao **produto** do delito.[3]

3 É importante citarmos que alguns doutrinadores interpretam a redação do art. 240, § 1º, inciso "b", do CPP, como se ela também abarcasse o proveito da prática criminosa como objeto da busca e apreensão, o que acreditamos equivocado.

> Art. 240, § 1º - Proceder-se-á à busca domiciliar, quando fundadas razões a autorizarem, para: b) apreender coisas achadas ou **obtidas por meios criminosos**; d) apreender armas e munições, **instrumentos** utilizados na prática de crime ou destinados a fim delituoso; (Código de Processo Penal)

Ora, **se a intenção da busca e apreensão é demonstrar a infração penal e sua autoria, por meio de objetos vinculados diretamente à sua prática, não há qualquer sentido em se destinar a busca e apreensão para capturar os proveitos do crime.** Asseveramos isso pois a captura do proveito do delito não prova a infração penal, mas somente indicará a destinação dada pelo criminoso ao produto do crime.[4] Em outras palavras, o proveito só demonstra o uso feito pelo criminoso dos valores que obteve com a exitosa prática delituosa. Não há, frise-se, imprescindível interesse para a prova direta do crime ou de suas circunstâncias.

Em sentido diverso, encontra-se a medida assecuratória de sequestro, a qual tem específica destinação.[5] A finalidade precípua dessa cautelar é assegurar a reparação financeira[6] do mal causado pelo autor do fato e, residualmente, promover o perdimento desses valores em favor da União. Por isso, mantém tal medida estreita ligação com o proveito do delito.[7] Essa análise é importante, pois demonstra a forte ideia que permeia as assecuratórias: a indenização pelo mal causado.[8] A salvaguarda à reparação cível é tão latente que somente

4 Caso interessante a se analisar ocorre quando o proveito de uma infração é ao mesmo tempo produto de outra. Isso ocorre, por exemplo, na lavagem de capitais. O dinheiro que é proveito da prática antecedente é, ao mesmo tempo, objeto material do crime de lavagem de capitais. Nesse caso, perfeitamente cabível a busca e apreensão ou o sequestro: busca e apreensão em relação ao crime de lavagem de capitais (meio de prova); sequestro em relação ao crime antecedente (assegurar indenização pelo mal causado + perdimento).

5 Para melhor visualização das nuances da medida assecuratória de sequestro, veja o modelo de representação contido no item **3.3.3.1.** da parte III desta obra.

6 Salientamos que nem sempre há reparação civil a ser feita, pois há crimes que, por tutelarem bens jurídicos transindividuais, não há como se determinar quanto e a quem reparar financeiramente.

7 Remetemos o leitor a uma detalhada leitura dos §§ 1º e 2º do Art. 91 do Código Penal, já que em tal dispositivo fica assentado que, em situações excepcionais, pode o sequestro se voltar ao acautelamento de outros bens, mesmo que não sejam proveitos da infração penal. Essa novel alteração foi engendrada pela Lei nº 12.694/2012.

8 A nosso ver, a medida assecuratória de sequestro é mais importante do que a própria prisão do indivíduo, já que possibilita a prevenção de outras práticas criminosas pela descapitalização do autor do fato. Como já diz o velho adágio popular, "nenhuma dor é mais dolorida do que a dor do bolso". Essa medida cautelar patrimonial, pouco difundida na prática policial, deve ser mais utilizada, já que, hoje, é forte instrumento de combate à criminalidade organizada.

o expurgo dessa reparação é que poderá ser perdido em favor dos entes da federação.[9] Então, primeiro vem a reparação, depois o perdimento.

> Art. 133 – Transitada em julgado a sentença condenatória, o juiz, de ofício ou a requerimento do interessado, determinará a avaliação e venda dos bens em leilão público. Parágrafo único: **Do dinheiro apurado, será recolhido ao Tesouro Nacional o que não couber ao lesado ou a terceiro de boa-fé.** (Grifo nosso)

Com base nesses parcos conhecimentos já é possível notar que o sequestro não pode ser confundido com a busca e apreensão, vez que o sequestro não visa a qualquer colheita de elemento sobre a prática criminosa, mas, somente, a garantir futura reparação civil e o perdimento do proveito criminoso em favor dos entes federados[10]. Por isso, caso tais medidas cautelares sejam confundidas quando da representação policial, há grande probabilidade do pleito ser indeferido ou, mesmo sendo concedido e concretizado, guerreado judicialmente por hábeis causídicos.[11] Vejamos, abaixo, um esquema ilustrado sobre o tema exposto nessa questão:

9 Em consonância com o art. 91 do Código Penal, em regra, o perdimento de bens se dá em favor da União. Não obstante o exposto, após a Lei nº 12.683/2012, no caso de lavagem de capitais (art. 7 da Lei nº 9.613/98) passou a ser possível o perdimento de bens em favor dos estados.

10 No mesmo escólio, citamos Lima (2013, p. 1117): "[...] em se tratando de bens móveis ou imóveis adquiridos pelo agente com o proveito obtido pela infração penal, a medida assecuratória a ser utilizada será o sequestro. **Em se tratado de provento do crime, ou seja, de coisas adquiridas pelo rendimento que a prática delituosa proporcionou ao agente, deve ser aplicado o sequestro previsto no art. 132 do CPP, já que incabível a apreensão. No entanto, na hipótese de se tratar de bem móvel, sendo ele próprio o produto direto da infração, a medida assecuratória a ser utilizada será a apreensão**, prevista no art. 240, § 1º, 'b', do CPP".

11 Apesar do que estamos a defender, sabemos que alguns doutrinadores ensinam ser perfeitamente possível o aproveitamento da **apreensão do proveito do crime como se tivesse sido ele regularmente sequestrado.** O dispositivo que permite isso é o art. 121 do Código de Processo Penal, o qual é conhecido como "princípio do aproveitamento das formas". Dessarte, o dispositivo processual em comento (art. 121 do CPP) visa a garantir que o proveito da infração (o qual foi alvo de busca e apreensão) receba o tratamento destinado às medidas assecuratórias (art. 133, *caput*, e parágrafo, do CPP). Nesse mesmo sentido, citamos o escólio de Lima (2014, p. 426): "[...] enquanto o dinheiro subtraído da vítima pode ser objeto de apreensão, a motocicleta comprada com essa quantia será objeto de sequestro (CPP, art. 132). Não obstante, na hipótese de haver indevida apreensão do produto indireto da infração penal, nada impede que o juiz faça a conversão desta medida em sequestro."

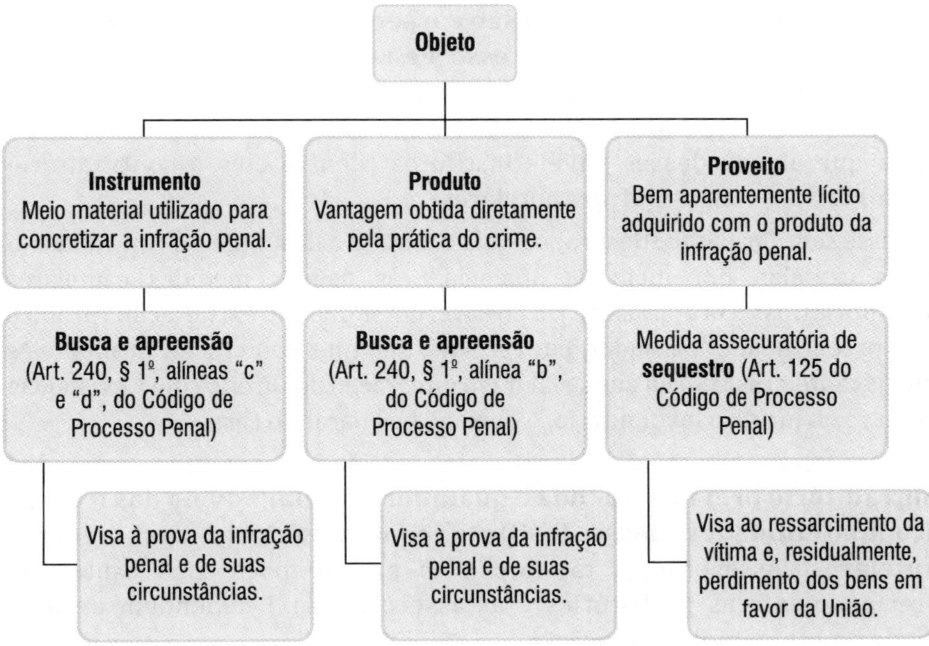

10.2. A BUSCA E APREENSÃO E A MEDIDA ASSECURATÓRIA DE SEQUESTRO TAMBÉM ESTÃO SUJEITAS À REGRA DE CONTRADITÓRIO PRÉVIO CAUTELAR PREVISTA NA LEI Nº 12.403/2011?

Acreditamos que não. Uma mera leitura do art. 282 do Código de Processo Penal (CPP) já nos indica que a novel figura do contraditório prévio cautelar se restringe às medidas cautelares pessoais elencadas na Lei nº 12.403/2011.

> **TÍTULO IX**
>
> **DA PRISÃO, DAS MEDIDAS CAUTELARES E DA PROVISÓRIA**
>
> Art. 282 – **As medidas cautelares previstas neste Título** deverão ser aplicadas observando-se a:
>
> § 3º – Ressalvados os casos de urgência ou de perigo de ineficácia da medida, o juiz, **ao receber o pedido de medida cautelar**, determinará a **intimação da parte contrária**, acompanhada de cópia do requerimento e das peças necessárias, permanecendo os autos em juízo.

Note que o legislador fez constar expressamente no *caput* do art. 282 do CPP a expressão "previstas neste Título", o que já demonstra o seu intento em manter restrito o contraditório prévio ao Título IX do Código de Processo Penal.

Então, **como a busca e apreensão e o sequestro não estão inseridos no Título IX do Código de Processo Penal, não há que se cogitar a aplicação dessa contradita prévia a esses institutos.** Acreditamos que o motivo para o legislador ter criado tal limitação seja a incompatibilidade lógica que alguns desses novéis institutos (dentre eles o contraditório prévio) teriam com as outras cautelares.

Nesse sentido, parece despropositada a tentativa de ampliar o contraditório prévio cautelar, por meio de analogia,[12] às demais medidas cautelares (probatórias, assecuratórias etc.). É possível notar que não existe lacuna jurídica a ser preenchida; o legislador, em verdade, não quis conferir tal incidente às demais cautelares.[13] Só há que se falar em integração do Direito com a existência de um vazio jurídico involuntário, o que não nos parece o caso.

Urge frisar que **o desiderato do legislador em não conceder contraditório prévio para toda e qualquer cautelar adveio das francas incompatibilidades desse instituto com a maioria das medidas cautelares.** Asseveramos tal fato pois grande parte das cautelares (precipuamente as probatórias e as assecuratórias) dependem de uma velada e rápida implementação.

Não é difícil imaginar o que ocorrerá se o juiz intimar a parte contrária para apresentar suas razões antes de uma medida assecuratória de sequestro; certamente o indivíduo vai dilapidar o patrimônio ou escondê-lo. Haverá igual consequência no caso de intimação do indivíduo acerca de busca e apreensão que será realizada em sua residência; por óbvio, após devidamente intimado para prestar seus argumentos, o suspeito obnubilará o objeto almejado. Idêntico raciocínio pode ser feito em relação à interceptação telefônica e assim por diante. **Todas essas cautelares, para que atinjam o fim colimado, necessitam de execução silenciosa e célere.** Portanto, desarrazoado tentar aplicar a essas cautelares esse retrocesso jurídico chamado contraditório cautelar prévio.[14] Citamos, para corroborar o acerto de nossa posição jurídica, que

12 Art. 3º – A lei processual penal admitirá interpretação extensiva e aplicação analógica, bem como o suplemento dos princípios gerais de direito. (Código de Processo Penal)

13 O Superior Tribunal de Justiça (STJ) tem jurisprudência sedimentada no sentido de que não cabe a aplicação do contraditório prévio cautelar no caso de pedido de decretação de prisão. Vejamos, nesse sentido, o RHC 71.371/BA (STJ – 01/08/2016): "PROCESSO PENAL. RECURSO ORDINÁRIO EM *HABEAS CORPUS*. ROUBO E RESISTÊNCIA. PRISÃO PREVENTIVA. DECRETAÇÃO. AUSÊNCIA DE NECESSIDADE DE CONTRADITÓRIO PRÉVIO. RECURSO DESPROVIDO. 1. **A orientação desta Corte está sedimentada no sentido de que a decretação da prisão preventiva prescinde da realização de um contraditório prévio, haja vista o art. 282, § 3º, do Código de Processo Penal mitigar tal exigência no caso de urgência ou de perigo de ineficácia da medida**". (Negrito nosso.)

14 Para diminuir as chances de o magistrado conceder tal instituto de contradita prévia no caso de representações pela decretação de busca e apreensão ou sequestro, faz-se oportuno que haja pedido do delegado nesse sentido. Sugerimos uma olhadela nos modelos de representações contidos nos itens **3.3.2.1.** (busca e apreensão) e **3.3.3.1.** (assecuratória de sequestro).

o Superior Tribunal de Justiça vem defendendo esse mesmo raciocínio em seus julgados.

> A manifestação prévia da defesa não ocorre na medida cautelar patrimonial de sequestro, a qual é determinada *inaldita altera pars*, em prol da integridade patrimonial e contra a sua eventual dissipação; sendo o contraditório postergado, podendo a defesa insurgir-se em oposição à determinação judicial, dispondo dos meios recursais legais previstos para tanto. (RMS 30.172-MT, Rel. Min. Maria Thereza de Assis Moura, julgado em 04/12/2012. 6ª Turma. Informativo 513 STJ)

10.3. O QUE É A ADESIVIDADE DO MANDADO DE BUSCA E APREENSÃO DOMICILIAR? TAL INSTITUTO É APLICÁVEL NO CASO DE MANDADO DE BUSCA E APREENSÃO COLETIVO?

No caso de mandado de busca e apreensão domiciliar, a regra geral é a expedição de **mandado individualizado**. Essa ordem judicial se dirige a um endereço certo (geralmente a casa do investigado), no qual é provável estarem guardados os elementos de interesse da investigação policial.

Já o **mandado coletivo** refere-se à medida cautelar invasiva destinada a muitas casas de um condomínio ou para vários apartamentos de um prédio.[15] Por não haver a possibilidade de indicar, na representação policial, qual seria o local exato onde a pessoa ou o objeto visados estão (dentre as unidades daquele conglomerado de residências), um mandado de busca e apreensão mais abrangente se faz imprescindível.

15 GRECO, Rogério. **Atividade policial:** aspectos penais, processuais penais, administrativos e constitucionais. 2. ed. Niterói, RJ: Impetus, 2009. p. 32-33.

A explanação acima tem como fim único demonstrar que, pela maior abrangência do mandado coletivo, não há possibilidade de se aplicar a **ADESIVIDADE** a essa categoria, mas somente ao mandado individualizado de busca e apreensão. Permitir ainda mais amplitude para o mandado coletivo seria praticamente tornar letra morta as rigorosas restrições legais à violação de domicílio. Pois bem, após essa breve delimitação, passemos para o tema que verdadeiramente nos interessa: a adesividade.

Essa tão falada adesividade do mandado de busca e apreensão nada mais é do que a possibilidade de o mandado de busca e apreensão ser dotado de uma capacidade perseguidora, permitindo que uma ordem judicial dirigida à violação de uma determinada casa do investigado também abranja, no caso de modificação repentina de paradeiro, a atual residência do suspeito (mesmo que não esteja previsto esse outro endereço no referido *mandamus*).

Esse atributo garante a efetividade e a celeridade que a busca e apreensão requer. Afirmamos isso, pois é costumeiro que os policiais adentrem na casa de um suspeito (o qual teve o endereço indicado no mandado de busca e apreensão) e descubram que o investigado de lá se mudou. É claro que os objetos de interesse da investigação foram junto com o fujão! Na maioria das vezes, os policiais, no curso daquela diligência, até conseguem o novo endereço do suspeito, mas, se o mandado não estiver gravado com a adesividade, pouca utilidade isso terá. Não é difícil notar que, se não for conferida a persecutoriedade em questão, por mais que os policiais dirijam-se a esse novel endereço do increpado, não poderão apreender os objetos que lá estejam. Aqui está o problema!

Em outros termos, a autoridade policial até sabia o endereço do suspeito (onde estava a coisa ou a pessoa[16] almejada), contudo ele se mudou de lá, dificultando o cumprimento da medida cautelar probatória previamente decretada.

16 Lembre-se de que existe corrente doutrinária que assevera ser imprescindível a existência de mandado de busca e apreensão domiciliar quando o cumprimento do mandado de prisão for ser realizado no interior de uma residência. Não concordamos com essa imprescindibilidade.

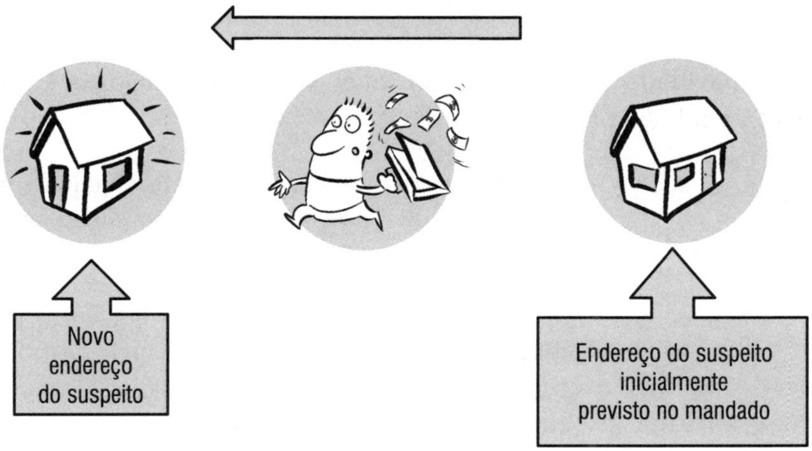

Essa particularidade do mandado de busca e apreensão (adesividade) passou a ser mais utilizada pelos delegados de Polícia quando os suspeitos passaram a se mudar constantemente de residência para tentar inviabilizar o cumprimento (com efetividade) do mandado de busca e apreensão domiciliar.

Por isso, a Polícia Judiciária precisou modernizar sua atuação e passou a requerer expressamente ao Ministério Público e ao Poder Judiciário um mandado que, *mutatis mutandis*, garantisse maior dinamismo à busca e apreensão frente à ação obnubiladora dos suspeitos.

É importante frisar que não há aqui uma ordem genérica; mas, sim, uma determinação no sentido de que, tendo sido modificado repentinamente o endereço do suspeito (mencionado na ordem judicial), possa-se dar cumprimento ao mandado de busca na atual casa do investigado,[17] **sem que se tenha que passar por um novo trâmite decretador**[18]**.**

17 No molde do que estamos a defender, a Autoridade Policial não é capaz de determinar, rapidamente, o novo endereço do suspeito, sem que isso prejudique a efetividade da referida medida cautelar probatória. Por isso, é necessário que o mandado já permita a diligência imediata rumo à atual residência do suspeito. Nesse sentido, parece importante contar que o Superior Tribunal de Justiça, em precedentes, evidencia que é possível dar certa tolerância à imprecisão dos dados no mandado sobre o endereço do investigado, desde que se leve em consideração o contexto investigado e a quantidade de dados disponíveis em sistemas de informações. Vejamos o HC 181.032/RJ (STJ – 30/10/2014): "Segundo a jurisprudência desta Corte, **a exatidão exigida para o mandado é aquela aferível levando-se em conta o contexto dos fatos delituosos e os dados disponíveis de investigação que são apresentados ao magistrado** (HC 204.699/PR, Rel. Min. OG FERNANDES, Sexta Turma, DJe de 30/09/2013)".

18 Note que o novo local a ser violado (à procura do objeto almejado) será o **atual "domicílio" do suspeito**. Que diferença faz para a lei se esse domicílio está situado no endereço "X" ou no "Y"? Afinal de contas, ele é a casa do indivíduo! Em outros termos, a lei não protege o ponto geográfico onde está situada a moradia do investigado, mas sim o recato do ambiente no qual o suspeito reside (habitat), independentemente de sua respectiva latitude e longitude. **Se a ordem judicial já autorizava a violação do domicílio do increpado, pouco importa o endereço dessa casa**.

Para o espanto de muitos, afirmamos que a adesividade do mandado de busca e apreensão não tem amparo somente na doutrina especializada; essa peculiaridade possui também suas balizas no próprio Código de Processo Penal. Vejamos:

> Art. 250 – A autoridade ou seus agentes poderão penetrar no território de jurisdição alheia, ainda que de outro estado, quando, **para o fim de apreensão, forem no seguimento de pessoa ou coisa,** devendo apresentar-se à competente autoridade local, antes da diligência ou após, conforme a urgência desta.
>
> § 1º – Entender-se-á que a autoridade ou seus agentes vão em seguimento da pessoa ou coisa, quando:
>
> a) tendo conhecimento direto de sua remoção ou transporte, a seguirem sem interrupção, embora depois a percam de vista;
>
> b) **ainda que não a tenham avistado, mas sabendo, por informações fidedignas ou circunstâncias indiciárias, que está sendo removida ou transportada em determinada direção, forem ao seu encalço.** (Grifos nossos)

No dispositivo acima transcrito, o legislador previu que, em situação de perseguição da coisa ou da pessoa, a autoridade policial poderia dar cumprimento à ordem judicial de busca e apreensão mesmo que em outro município. **Não parece difícil notar que a legislação deixou transparecer que a ordem judicial adere-se muito mais ao alvo (pessoa ou coisa almejada) do que ao local onde ele está escondido ou guardado.**[19] É claro que legislador, contudo, não deixou claro se o dispositivo supracitado também se aplicaria quando à coisa ou à pessoa perseguida se enveredasse em outra residência do suspeito (que não a prevista inicialmente no mandado). Na dúvida sobre essa possibilidade jurídica, não deve o policial dar uma interpretação tão elástica à lei, sob pena de responder pelos abusos que perpetrar.

19 Em idêntico jaez, citamos que o Superior Tribunal de Justiça (STJ) tem precedente acerca da validade do cumprimento de mandado de busca e apreensão, **mesmo havendo evidente erro material acerca do endereço insculpido no mandado**. Vejamos, nesse sentido, HC 252.156/SP (STJ – 02/02/2015): "ILICITUDE DA PROVA OBTIDA COM A BUSCA E APREENSÃO. ERRO MATERIAL NO MANDADO DE BUSCA E APREENSÃO. IRRELEVÂNCIA. DILIGÊNCIA REALIZADA NO ENDEREÇO CORRETO DOS INVESTIGADOS. 1. **A simples divergência em um número constante do mandado de busca e apreensão, que evidentemente constitui um erro material, não é suficiente para macular a diligência, já que foi realizada no endereço correto dos investigados, local em que foi encontrado o veículo que teria sido utilizado na prática do crime.**"

Portanto, se a ordem de busca e apreensão está dirigida à casa do suspeito (endereço esse que, por questões de esperteza do marginal, pode ficar desatualizado), parece recomendável que o juiz, por precaução, estenda o alcance, **por escrito**, da aludida diligência à atual residência do investigado quando da expedição do mandado. Só dessa forma, o adentramento em outra residência do suspeito, em havendo fuga, estaria totalmente legitimada.

Por mais que essa diferença entre endereços pareça um vício formal de pequena importância, o delegado não poderá dar cumprimento a esse mandado caso não tenha solicitado expressamente ao juiz[20] as benesses da **adesividade**.

É prudente, pois, que a autoridade policial passe a requerer,[21] expressamente, que o magistrado faça constar no mandado de busca e apreensão a ordem de, **em não tendo sido encontrado o indivíduo ou objeto no endereço do suspeito (originariamente previsto no mandado), possam os agentes diligenciar no sentido de apreender tais "alvos" na atual residência do increpado.**[22] Essa é a adesividade que estamos a defender, a qual deve expressamente constar do mandado judicial.[23]

Para espantar qualquer dúvida sobre o assunto tratado acima, vejamos, então, um pequeno esquema contendo algumas diferenças entre o mandado de busca e apreensão coletivo e a adesividade do mandado de busca e apreensão domiciliar individualizado:

20 É de bom alvitre que o delegado de Polícia requeira ao magistrado que conste no mandado de busca e apreensão o endereço principal do "alvo", além dos seguintes dizeres: "[...] ou na residência atual do investigado, para onde provavelmente tenham sido transportados e ocultados os objetos e pessoas visadas pela presente ordem judicial de busca e apreensão domiciliar".

21 Nesse mesmo sentido veja o modelo de representação pela decretação de busca e apreensão domiciliar contido no item **3.3.2.1.** da parte III desta obra.

22 **Se o objeto ou indivíduo estiverem em outra casa (a qual não seja residência do investigado) não há que se aplicar a adesividade aqui propugnada. Nesse caso se fará necessária uma outra ordem judicial de busca e apreensão domiciliar.**

23 Note que o próprio art. 243 não traz como requisito inflexível do mandado de busca e apreensão o endereço do local onde será realizada a diligência. Deu o legislador certa flexibilidade ao magistrado, vez que, somente se for possível, o *mandamus* irá indicar a casa em que será realizada a diligência. É claro que, nos termos que estamos a analisar, como não há possibilidade de se precisar o local para onde a coisa será transportada e escondida, não há que se atender, tão rigidamente, esse requisito previsto na lei processual. Art. 243. O mandado de busca deverá: I – indicar, **o mais precisamente possível**, a casa em que será realizada a diligência e o nome do respectivo proprietário ou morador; ou, no caso de busca pessoal, o nome da pessoa que terá de sofrê-la ou os sinais que a identifiquem. (Código de Processo Penal, grifo nosso)

Mandado coletivo de busca e apreensão domiciliar

- A autoridade policial representa pela busca e apreensão em várias casas ou apartamentos (pertencentes ao mesmo aglomerado residencial), já que não sabe, precisamente, onde pode estar o objeto ou a pessoa visados.
- Devem estar pormenorizados no mandado os endereços de todos os domicílios que serão violados ou haver ordem expressa abrangendo todo o prédio ou condomínio.

Adesividade do mandado de busca e apreensão domiciliar

- A autoridade policial representa pela busca e apreensão indicando um endereço do suspeito como sendo o palco da diligência.
- Se a autoridade judiciária conceder a ordem somente para aquele endereço, caso haja transporte da coisa visada para outra residência do suspeito, será necessário requerer outro mandado.
- Se a autoridade judiciária conceder a ordem com expressa menção à **adesividade**, caso haja o transporte da coisa/pessoa visada para outra residência do suspeito, poderá a autoridade apreendê-la (durante o dia).

É claro que não se pode confundir essa peculiaridade do mandado de busca e apreensão com um "cheque em branco assinado pelo juiz". **Antes de o policial violar o outro domicílio do suspeito (que não o originariamente previsto na ordem judicial), será imprescindível a confirmação desse novo paradeiro da coisa ou pessoa perseguida**. Caso o policial se utilize da adesividade do mandado de forma temerária ou mal-intencionada, poderá ser responsabilizado civil, penal e administrativamente pelo ato abusivo que cometer.

Capítulo 11

Apreensão de Objetos

11.1. QUAIS OS OBJETOS QUE DEVEM SER APREENDIDOS PELA AUTORIDADE POLICIAL QUANDO DA LAVRATURA DO PROCEDIMENTO DE PRISÃO EM FLAGRANTE?

Um costume antigo, mas que ainda se perpetua, é o da exibição à autoridade policial, quando da lavratura do flagrante delito, de uma gama de objetos inservíveis à prova do ilícito. É claro que os objetos úteis à prova da infração penal serão sempre apreendidos; os inúteis, por óbvio, não deveriam sê-lo.

Entretanto, na maioria das vezes, **por mais que alguns desses objetos não tenham nenhuma vinculação com o objeto da autuação em flagrante, a autoridade policial os apreende amiúde para não desmerecer o esforço do exibidor**. Essa prática, no entanto, vem causando prejuízos estruturais à Polícia Investigativa e ao Poder Judiciário.

Não há mais espaço nas delegacias, muito menos nos depósitos dos fóruns, para guardar tanta quinquilharia. A pergunta que exsurge, então, é: poderá a autoridade policial deixar de apreender esses objetos inservíveis à prova da infração penal? É óbvio que sim; passaremos a analisar os argumentos jurídicos que fundamentam essa possibilidade de recusa justificada à apreensão de objetos exibidos.

Ao analisarmos os arts. 6º e 118 do Código de Processo Penal logo podemos notar que duas são as balizas para a apreensão de objetos no curso da investigação policial, bem como para a manutenção dos mesmos em poder do Estado. Podemos claramente citar que esse binômio é formado pela **pertinência** e pela **utilidade** da apreensão.

> Art. 6º – Logo que tiver conhecimento da prática da infração penal, a autoridade policial deverá:

> II - apreender os objetos que **tiverem relação com o fato**, após liberados pelos peritos criminais; III - colher todas as **provas que servirem** para o esclarecimento do fato e suas circunstâncias. (Código de Processo Penal)
>
> Art. 118 - Antes de transitar em julgado a sentença final, as coisas apreendidas não poderão ser restituídas enquanto **interessarem ao processo**. (Código de Processo Penal)

Esse primeiro vetor, que seja a **pertinência** da apreensão, **obriga que a autoridade policial averigue se o objeto apreendido tem relação direta com o fato**; só assim sua apreensão se mostra necessária para evitar o risco do perecimento do elemento de convicção. Nesse viés já se nota que os objetos absolutamente desconexos com o fato criminoso não podem ser apreendidos, já que constituiria restrição imotivada ao direito de propriedade do suspeito.

O outro fundamento, o qual é complementar em relação à pertinência, é o da **utilidade** da apreensão do objeto; **nesse caso, analisa-se a utilidade do material para fazer prova do fato e de suas circunstâncias, bem como para delimitar a autoria criminosa**. Em síntese, por mais que o objeto tenha relação com o fato (pertinência), é também imprescindível que ele também se faça útil ao inquérito e ao processo (utilidade). **Note que nem tudo que é pertinente à infração penal faz-se útil à prova dela**, como mostra o exemplo a seguir:

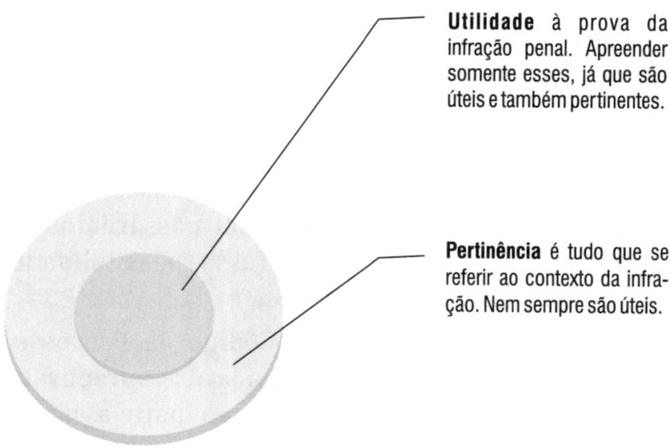

Pensemos em um indivíduo preso em flagrante pela prática de vários crimes de roubo, ocorridos no interior de um ônibus. O ônibus foi levado à delegacia para deliberação da autoridade policial sobre sua apreensão. Caberá apreensão desse veículo?

Ora, uma leitura desatenta do art. 6º, inciso II, do Código de Processo Penal, logo nos diria que se faz pertinente a sua apreensão, pois ele tem relação direta com o fato, já que foi o palco da prática criminosa. Entretanto, o segundo ponto a se perquirir é se a apreensão daquele ônibus é interessante à prova da infração penal. Por óbvio não! Em resumo, a apreensão do ônibus, por mais que seja pertinente ao fato investigado, não se mostra útil à elucidação do crime em comento.

O exemplo acima parece esdrúxulo, mas resolvemos citá-lo pois é de muita similitude com o que vem acontecendo na prática em relação a veículos "quentes" utilizados na fuga de criminosos. Por mais que tal veículo tenha pertinência com o fato criminoso, já que dera fuga aos roubadores, geralmente não tem qualquer utilidade à prova da empreitada criminosa. Nesse caso, fica evidente que, pela análise dos dois pilares em comento (pertinência e utilidade), não há que se proceder à sua apreensão.[1]

Temos certeza que se a autoridade policial começar a rechaçar, fundamentadamente, a apreensão desses objetos inúteis à prova da infração penal, essa odiosa prática policial será paulatinamente modificada. A ideia é que comecemos um círculo virtuoso na atividade policial.

Se os delegados passarem a filtrar o que será efetivamente apreendido nos procedimentos de flagrante ou inquérito, os exibidores passarão a trazer à delegacia somente o que for verdadeiramente útil à prova da infração penal e de suas circunstâncias. Afirmamos isso pois os objetos exibidos e não apreendidos serão mantidos sob a responsabilidade do exibidor, o qual deverá dar destinação escorreita aos objetos. Essa responsabilização indireta, por óbvio, tem o condão de transformar a atitude do policial exibidor, o qual passará a ter muito mais critério na apreensão de objetos encontrados na cena do crime.

11.2. NO CASO DE APREENSÃO FORMAL DE OBJETOS TOTALMENTE DESVINCULADOS DA PROVA DA INFRAÇÃO PENAL, O QUE PODERÁ FAZER O DELEGADO PARA DESENTRANHÁ-LOS DA INVESTIGAÇÃO?

Não sei se o leitor percebeu, mas a presente questão tem tudo a ver com o objeto de estudo do questionamento anterior. A diferença é que na questão pretérita foram ministrados ensinamentos para que o delegado de Polícia não apreenda objetos inservíveis à investigação; agora,

1 Não obstante o exposto, asseveramos a possibilidade de apreensão do veículo utilizado na fuga quando houver suficientes indícios de sua proveniência criminosa. Por exemplo, o veículo tem sinais característicos adulterados (art. 311 do CPP) ou é produto de prática criminosa (furto ou roubo). Além disso, é possível que o veículo "quente" tenha sido utilizado em outras práticas criminosas (crime continuado, por exemplo), o que evidenciaria o interesse policial em sua apreensão (para posterior reconhecimento por outras vítimas).

discutiremos, caso tenha havido a apreensão formal despropositada de tais materiais, como desvinculá-los do inquérito policial, restituindo-os ao seu legítimo possuidor. Em resumo, a questão anterior forneceu a vacina para que a autoridade policial não procedesse mal; agora forneceremos o antídoto quando o equívoco já tiver se materializado.

Essa discussão é de grande valia, principalmente para aqueles municípios em que houver uma central de flagrantes funcionando concomitantemente com distritos policiais. Nessas urbes, afora o período de expediente normal, os procedimentos flagranciais costumam ser lavrados na central de flagrantes e, *a posteriori*, encaminhados à delegacia circunscricional da área da consumação do delito para a continuidade das investigações. É aqui que reside o problema!

Se o delegado da central de flagrantes não for criterioso no momento da apreensão dos materiais, muitos objetos inúteis acompanharão o procedimento flagrancial encaminhado à delegacia circunscricional.

A maior preocupação causada por esse procedimento é que, como a exibição e apreensão já fora devidamente materializada em peça formal (auto de exibição e apreensão de objetos), o delegado de Polícia só poderia dar a tais pertences duas destinações legais: **restituição policial**[2] **ou remessa ao fórum (em acompanhamento aos autos do inquérito)**.[3]

Para piorar o quadro, além de serem parcas as alternativas permitidas em lei, elas são tão melindrosas que dificilmente poderão ser implementadas pela autoridade policial no caso concreto.[4] **Em resumo, esses entraves jurídicos vão acarretar o acúmulo desses bens apreendidos na delegacia de Polícia por tempo indeterminado, ocupando espaço e sendo objetos de desejo de saqueadores oportunistas**.

2 Art. 120 – **A restituição,** quando cabível, poderá ser ordenada pela **autoridade policial** ou juiz, mediante **termo nos autos**, desde que não exista dúvida quanto ao direito do reclamante. § 1º – **Se duvidoso esse direito**, o pedido de restituição autuar-se-á em apartado, assinando-se ao requerente o prazo de 5 (cinco) dias para a prova. **Em tal caso, só o juiz criminal poderá decidir o incidente**. (Código de Processo Penal)

3 O Código de Processo Penal determina expressamente no seu art. 11 que todos os objetos vinculados ao inquérito policial, independentemente de seu tamanho, sejam encaminhados, juntamente com o caderno investigativo final, ao Poder Judiciário. *Vide* a redação respectiva: "Art. 11. Os instrumentos do crime, bem como os objetos que interessarem à prova, acompanharão os autos do inquérito." (Código de Processo Penal)

4 Ora, consoante o § 1º do art. 120 do Código de Processo Penal, há severas restrições para a restituição de objetos feita pela própria autoridade policial, precipuamente quando houver qualquer controvérsia acerca da propriedade do objeto. Além disso, conseguir encaminhar o objeto ao fórum, caso não seja possível fazer a restituição policial, parece uma "Missão Impossível". Asseveramos isso pois existem limitações estruturais nos depósitos judiciais, o que impossibilita o envio, em acompanhamento ao inquérito policial, de alguns objetos apreendidos, principalmente aqueles de maior tamanho.

Foi, então, por essas e outras que passamos a pugnar que o delegado de Polícia atue de forma mais drástica nesses contextos. Ora, se a apreensão feita pelo delegado responsável pela autuação em flagrante for ilegítima, deve a autoridade policial que lhe suceder nas investigações promover a desconstituição de tal ato; é o que chamamos de **desapreensão**.

Essa ação de desapreender nada mais é do que a desconstituição administrativa do ato de apreensão ilegítima; o que é totalmente diferente da restituição de objetos em sede policial (art. 120 do Código de Processo Penal). A restituição policial se dá quando a apreensão é lícita; a desapreensão se dá quando o ato de constrição patrimonial é contrário à legislação processual **(ilegítima por ser avessa à pertinência e à utilidade)**.

O ato de desapreensão nada mais é que o exercício do princípio da autotutela administrativa, já que é a própria Administração Pública que, **por intermédio de despacho circunstanciado da autoridade policial**, corrigirá o ato ilegal praticado. **A grande vantagem da adoção da desapreensão como método saneador é que ela, diferentemente da restituição de coisas, não necessitará da prova inequívoca de propriedade para promover a restituição do bem ao suspeito**. Basta a posse anterior do bem para que a entrega possa ser feita. Vejamos um esquema prático para facilitar a compreensão sobre o tema.

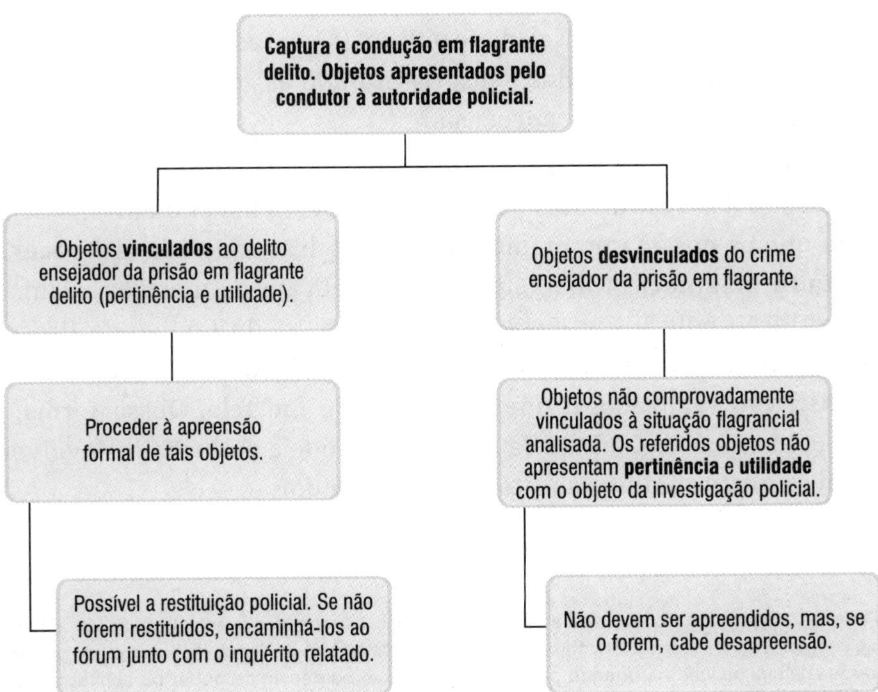

Visualizemos um caso prático acerca da possibilidade de desapreensão. Imaginemos uma autuação em flagrante delito por posse ilegal de arma de fogo. No ato da exibição da arma de fogo, o condutor da ocorrência também exibiu algumas peças de roupas encontradas na casa do suspeito, as quais, por não terem nota fiscal, poderiam ter sido produto de furto ou de receptação. A autoridade policial acaba apreendendo tais objetos, com medo de que, ao não angariá-los formalmente, atrapalhe eventual investigação acerca de furtos envolvendo objetos semelhantes. Após a finalização da prisão em flagrante, o procedimento é encaminhado ao outro delegado, o qual dará continuidade ao feito. Bem, esse é o problema posto para análise.

À primeira vista já fica assentado que as roupas apreendidas não têm qualquer vinculação com o objeto da autuação em flagrante, que seja o crime de posse de arma de fogo; por corolário, nenhuma utilidade têm em relação à investigação do fato em questão. Ora, não é difícil notar que o referido ato de constrição patrimonial é absolutamente ilegítimo.[5]

Não é porque o suspeito não tem as notas fiscais de suas roupas que teremos que enxergá-las como supostos produtos de furto. Afinal, quem de nós guarda notas fiscais das calças ou camisas que trajamos?! Dessarte, por estar evidente que o ato de apreensão foi ilegal e ilegítimo, pode a própria autoridade policial (a qual assumiu a investigação) proceder à desapreensão dos bens, restituindo as roupas apreendidas ao possuidor delas à época da apreensão.

Urge frisar que, nesse caso, por mais que não haja prova inequívoca da propriedade das vestimentas em comento, deverá haver a entrega delas à pessoa que as possuía no momento da apreensão indevida (**retrocessão ao estado original**). Afinal, aqui não se aplicam os mesmos requisitos da restituição policial prevista no art. 120, § 1º, do Código de Processo Penal, vez que essa requer, sempre, a certeza sobre a legalidade do ato de constrição realizado, o que não é o caso em tela. Dessa forma, em sendo evidente a ilegalidade da apreensão, pode a autoridade devolver os pertences, restituindo-os ao, até então, possuidor.

5 Pode o delegado de Polícia, nesse caso, ser responsabilizado por eventual abuso de autoridade. Nesse sentido: "Art. 4º – Constitui também abuso de autoridade: h) o ato lesivo da honra ou do **patrimônio** de pessoa natural ou jurídica, **quando praticado com abuso ou desvio de poder ou sem competência legal**." (Lei nº 4.898/65)

11.3. A ANÁLISE DOS DADOS SENSÍVEIS DE CELULAR APREENDIDO COM O INVESTIGADO, SEM AUTORIZAÇÃO JUDICIAL, É PERMITIDA?

É muito comum que elementos importantes acerca da prática criminosa estejam armazenados nos celulares dos suspeitos. Uma simples olhadela no conteúdo gravado nos aparelhos telefônicos de tais pessoas é capaz de dar direcionamento aos atos investigatórios policiais e aumentar consideravelmente as chances de resolução célere daquele caso[6].

A dúvida que emerge, então, é: o policial pode devassar, sem ordem judicial, esses dados contidos no telefone apreendido do suspeito ou essas informações são gravadas de algum sigilo telefônico?

Antes de responder a esse questionamento, gostaríamos de fazer uma pequena comparação. Imaginemos uma cena de crime, na qual o suspeito tenha sido encontrado na posse de uma agenda de papel, que estava trancafiada por um pequeno cadeado. Trata-se de uma dessas agendinhas telefônicas que costumamos encontrar em lojas de presentes mesmo.

Pois bem, caso a autoridade policial vislumbre que aquele objeto pode trazer algo de útil para a investigação, vai apreendê-lo como de costume, com base no art. 6º, incisos II e III, do CPP[7]. O pequeno cadeado que o lacra também vai ser rompido. Evidentemente, os dados contidos na agenda telefônica (telefones, nomes e endereços etc.) serão imediatamente conhecidos pela autoridade policial. Além disso, eventuais fotografias e cartas abertas que estiverem guardadas entre as páginas dessa agenda também passarão a ser analisadas pelo delegado de Polícia. Pergunto ao leitor: há aqui algum tipo de violação ao sigilo telefônico nesse rompimento do cadeado e conhecimento do conteúdo do que está no interior da agenda telefônica de papel?! Com certeza, a resposta é não!

Portanto, qual é a diferença da devassa dos dados contidos em um aparelho telefônico e a violação desses mesmos dados na agendinha de papel? Na essência, nenhuma. **A única diferença reside no receptáculo que guarda essas informações: um bloco de papel de um lado e um aparelho telefônico de outro**. Vejamos isso em uma ilustração:

6 Nessa análise preliminar, os policiais costumam encontrar fotografias, registros de ligações telefônicas, mensagens armazenadas e outras informações verdadeiramente relevantes para a investigação policial.

7 Art. 6º. Logo que tiver conhecimento da prática da infração penal, a autoridade policial deverá: [...] II - apreender os objetos que tiverem relação com o fato, após liberados pelos peritos criminais; III - colher todas as provas que servirem para o esclarecimento do fato e suas circunstâncias. (Código de Processo Penal)

Enfim, já foi possível notar que não há muita diferença entre as duas situações postas acima. O problema é que alguns doutrinadores (e agora o STJ) tentam conferir às informações armazenadas no celular a mesma garantia de inviolabilidade[8] de sigilo de dados telefônicos,[9] pois acreditam

8 Um dos piores efeitos acerca desse tipo de posicionamento é que o Policial que viole esse tipo de dispositivo no interesse da investigação, pode, inclusive, responder criminalmente. Diz-se isso, pois a Lei nº 12.737/2012 adicionou ao Código Penal o art. 154-A. Tal dispositivo penal versa sobre a invasão indevida de dispositivos informáticos, o que acaba deixando o policial suscetível a, ao romper barreiras do aparelho informático para analisá-lo, mesmo no interesse da investigação, ser responsabilizado por um crime. Dessarte, o policial que assim o fizer **não estaria** mais protegido pela excludente de ilicitude do **estrito cumprimento do dever legal (art. 6º, incs. II e III, do CPP), a qual teria o condão de afastar a ilicitude de sua conduta**.

9 Recentemente, o Ministro Roberto Barroso, no HC 124.322/RS – STF, decidiu sobre a possibilidade de a Autoridade Policial ter acesso aos dados de quebra de ERB, mesmo sem autorização judicial. Esse precedente acaba fortalecendo a tese de que somente a troca de informações telefônicas, em tempo real (o que caracterizaria uma comunicação telefônica) é que seria amparada pela garantia preconizada no art. 5º, inc. XII, da Constituição Federal. Vejamos o que ensina o Ministro Roberto Barroso: "[...] Obviamente o que se regula é comunicação por correspondência e telegrafia, comunicação de dados e telefônica. O que fere a liberdade de emitir pensamento é, pois, **entrar na comunicação alheia, fazendo com que o que devia ficar entre sujeitos que se comunicam privadamente passe ilegitimamente ao domínio de um terceiro**. Se alguém elabora para si um cadastro sobre certas pessoas, com informações marcadas por avaliações negativas, e o torna público, poderá estar cometendo difamação, mas não quebra sigilo de dados. A distinção é decisiva: o objeto protegido no direito à inviolabilidade do sigilo não são os dados em si, mas a sua comunicação restringida (liberdade de negação). A troca de informações (comunicação) privativa é que não pode ser violada por sujeito estranho à comunicação" (grifo nosso).

que, por estarem em um telefone, também devem estar protegidas por tal direito constitucional[10].

É óbvio que interpretações nesse sentido são descabidas, pois o sigilo que deveria ser protegido pela Constituição Federal é aquele atinente às comunicações, em tempo real, travadas pelos interlocutores, e não a quaisquer informações que estejam armazenadas em um aparelho de telefonia. Nesse sentido que defendemos está, inclusive, o HC nº 91.867/PA do Supremo Tribunal Federal.

Outro importante ponto a ser salientado é que os registros de ligações, de conversas e de mensagens (gravados no aparelho celular do suspeito) só estão acessíveis porque ele o quis. **Qualquer aparelho de telefonia permite o descarte fácil desses dados, tornando-os verdadeiramente sigilosos.** Caso sejam apagados, a autoridade policial estaria obrigada a representar pela quebra de sigilo de dados telefônicos para tentar descobri-los. **Contudo, se o indivíduo não apagou os referidos registros, pressupõem--se que essas informações são latentes e não sigilosas, o que autoriza seu conhecimento imediato por parte da autoridade policial.**

Não obstante o raciocínio suso, há pouco tempo, o Superior Tribunal de Justiça, no HC nº 51.531/2016, começou a defender que o acesso a quaisquer dados contidos no celular, inclusive no que tange ao aplicativo Whatsapp, passou a necessitar de prévia autorização judicial. Vejamos trecho desse emblemático julgado: *"Ilícita é a devassa de dados, bem como das conversas de Whatsapp, obtidas diretamente pela polícia em celular apreendido no flagrante, sem prévia autorização judicial"*.

A nosso ver, esse tipo de decisão judicial conflita com as outras dezenas de decisões de magistrados brasileiros que suspendem o funcionamento de tais aplicativos ao verem seus pedidos de informação desatendidos. Enfim, se as empresas responsáveis por essas aplicações não fornecem tais dados ao Judiciário brasileiro; se a Polícia não pode analisar as informações sensíveis dos aparelhos telefônicos; e, por fim, se é fato que o conteúdo comprometedor pode ser apagado pelo suspeito via acesso remoto; o que sobrará, então, para produzir de elementos acerca dessa fonte de prova? Triste, mas dói saber que alguns ainda culpam os órgãos policiais por não fazerem uma boa colheita de informações. Esse naipe de decisão judicial se esquece do dito garantismo positivo, o qual veda que o Estado proteja de forma deficiente o cidadão.

Não negamos que o próprio Superior Tribunal de Justiça já passa a se defrontar com as várias alternativas dadas pelas instâncias inferiores para remediarem o despropositado precedente. Prova disso é que já há

10 Art. 5º, inciso XII – "é inviolável o sigilo da correspondência e das comunicações telegráficas, **de dados** e das comunicações telefônicas, salvo, no último caso, por ordem judicial, nas hipóteses e na forma que a lei estabelecer para fins de investigação criminal ou instrução processual penal" (Constituição Federal).

decisão de Tribunal estadual que defende a possibilidade de **reanálise do conteúdo dos telefones celulares apreendidos**, agora com fulcro em uma decisão judicial, buscando-se afastar, assim, a ilicitude por derivação através dessa novel perícia. Nesse sentido, *vide* trecho da Rcl 032.311 (STJ - 05/08/2016):

> "**Portanto, a apreensão do aparelho celular ocorreu de forma legítima. Partindo dessa premissa e seguindo o posicionamento do Ministério Público, registro que o acesso aos dados constantes no telefone ainda é possível, uma vez que o aparelho permanece apreendido, tratando-se, portanto, de prova repetível**. Embora a extração de dados realizada na fase inquisitória tenha ocorrido prematuramente, tal fato não impede e nem prejudica que a prova seja novamente produzida, agora com a devida determinação judicial. **Reafirmo, a propósito, que a apreensão do celular ocorreu de forma legítima, sendo a ausência de autorização judicial o único fato que levou à nulidade das provas obtidas no aparelho**. Nunca é demais lembrar que a Teoria dos Frutos da Árvore Envenenada vem sofrendo sensível mitigação nos últimos tempos, em especial ante a aplicação do Princípio da proporcionalidade, quando se demonstrar que o direito tutelado é mais importante do que o atingido".

Enfim, melhor, então, que a Autoridade Policial, de agora em diante, por precaução, passe a pleitear ao Poder Judiciário autorização para o afastamento do sigilo de todo e qualquer dado que esteja contido no telefone apreendido. No caso de celular que possa ser capturado no contexto de busca e apreensão, recomendável fazer tal pedido de afastamento de sigilo na própria representação pela busca. Em se tratando de celular apreendido no contexto de prisão em flagrante, deve o Delegado, em documento encaminhado juntamente com o Auto de Prisão em Flagrante (APF), representar por tal afastamento de sigilo, requerendo, inclusive, que se dê caráter itinerante ao pedido, caso o juiz que realizará a audiência de custódia não seja o próprio juiz da causa.

11.4. O DELEGADO DE POLÍCIA PODE REALIZAR A ENTREGA OU O DEPÓSITO DE BEM APREENDIDO EM RELAÇÃO AO QUAL HAJA CONTROVÉRSIA SOBRE A PROPRIEDADE?

Antes de mais nada é importante frisar que só há que se apreender um objeto quando ele seja pertinente ao fato em investigação, bem como demonstre alguma utilidade probatória no referido contexto. O fato é que o Delegado de Polícia, antes de proceder à apreensão, tem que analisar muito bem a pertinência e a utilidade de tal objeto para a investigação, vez que, como já se viu nas questões acima, a devolução do bem apreendido é até mais complicada do que o mero ato de o apreender.

É claro que, quando se ferem esses vetores que norteiam a apreensão de objetos, o ato administrativo em tela é considerado ilegítimo, o que o faz passível de desconstituição (desapreensão – tema já tratado anteriormente). Temos que antecipar que esse não é o ponto colocado nesta questão, pois, aqui, o ato de apreensão, aqui, é legal. O que há de interessante é que, mesmo a apreensão tendo sido legal, é lícito ao Delegado devolver o bem apreendido a quem de direito. O problema é que, como tudo no Direito, tal possibilidade vem acompanhada de um pacote de limitações.

Tal assertiva deriva do fato de a legislação vedar ao Delegado a entrega de qualquer objeto apreendido, quando haja dúvidas sobre o direito do reclamante. Em havendo dúvida sobre a propriedade do bem (por exemplo), somente ao juiz é permitido entregar tal objeto. Vejamos o que diz o Código de Processo Penal brasileiro sobre isso:

> Art. 120. A restituição, quando cabível, **poderá ser ordenada pela autoridade policial ou juiz**, mediante termo nos autos, **desde que não exista dúvida quanto ao direito do reclamante**.
>
> § 1º **Se duvidoso esse direito**, o pedido de restituição autuar-se-á em apartado, assinando-se ao requerente o prazo de 5 (cinco) dias para a prova. Em tal caso, **só o juiz criminal poderá decidir o incidente**.
>
> § 2º **O incidente autuar-se-á também em apartado e só a autoridade judicial o resolverá**, se as coisas forem apreendidas em poder de terceiro de boa-fé, que será intimado para alegar e provar o seu direito, em prazo igual e sucessivo ao do reclamante, tendo um e outro dois dias para arrazoar.
>
> §3º Sobre o pedido de restituição será sempre ouvido o Ministério Público.
>
> §4º **Em caso de dúvida sobre quem seja o verdadeiro dono, o juiz remeterá as partes para o juízo cível, ordenando o depósito das coisas em mãos de depositário ou do próprio terceiro que as detinha, se for pessoa idônea**.

Pela análise da legislação processual supracitada fica claro que, então, o delegado está proibido de entregar o objeto apreendido se houver dúvida sobre a sua propriedade. A *contrario sensu*, **se não existir dúvida sobre a propriedade, o delegado pode entregar o bem a quem de direito, desde que, é claro, ele não se mostre mais útil ao procedimento.**

Note que o art. 120 do CPP trata a entrega e o depósito como institutos absolutamente diversos, vez que o primeiro diz respeito ao ato de devolução de um bem em relação ao qual não exista qualquer dúvida sobre o direito do requerente, sendo que o segundo diz respeito a um tipo de entrega precária, até que o juízo cível decida finalmente quem é o legítimo proprietário.

Pois é, mas o problema é que alguns delegados vêm tentando aplicar a analogia nesse caso para, então, ampliar o alcance da norma, legitimando-se também a poder **depositar bens** em favor de um ou outro indivíduo (vítima ou mesmo o autor do fato). De pronto, já antecipamos que somos absolutamente contra tal elastério, vez que, como veremos, é uma prática não amparada pela legislação.

O primeiro argumento **desfavorável** a tal tese ampliativa é que **só há que se falar em analogia (que é método de integração do Direito) quando o legislador tiver deixado uma lacuna involuntária em nossa ordem jurídica**. Assim, visando a evitar que o arcabouço jurídico de um País tivesse um buraco (colocando em xeque o princípio da completude do ordenamento jurídico) permite-se que a analogia seja utilizada como forma de completar aquela pretensa falha. Certamente, o caso que estamos a discutir não se encaixa nessa hipótese de vão legislativo, porquanto **o legislador quis evitar, intencionalmente, que o delegado devolvesse objetos no caso de incerteza sobre a sua propriedade (depósito)**.

O segundo argumento é que, se o bem passou pelas mãos do Estado (custódia), deve o agente público diligenciar no sentido de devolvê-lo para quem de direito. Portanto, em situação em que seja necessária uma análise mais profunda sobre o direito real sobre a coisa, deve a autoridade policial se dignar a não decidir sobre isso; caberá ao juiz fazê-lo.

Aqui não importa se há controvérsia cível, penal ou administrativa[11]; importa que o Estado tem que analisar se não há dúvida sobre o direito de quem pleiteia o recebimento do bem. Em havendo a mínima dúvida sobre quem é o proprietário do bem, o Delegado não deverá devolvê-lo, remetendo a lide ao crivo do juízo criminal.

11 Quando o objeto em comento se trata de veículo automotor, é comum a existência de bloqueios administrativos em veículos, o que, a nosso ver, pode gerar dúvida razoável sobre o direito daquele que solicita a entrega do bem.

Para ficar mais claro, imaginemos o seguinte caso: indivíduo A vendeu (a prazo) um veículo para o indivíduo B, sendo que este **não quitou** plenamente sua dívida com aquele. Indivíduo A, inclusive, já tinha proposto ação judicial com a finalidade de se ver ressarcido frente ao inadimplemento de indivíduo B. Passado algum tempo, um roubador subtraí o veículo em comento, o qual estava ainda na posse do indivíduo B, sendo que o veículo é encontrado pela Polícia e o roubador é preso em flagrante. Indivíduo A e indivíduo B, ao saberem do fato, comparecem à delegacia. Lá chegando, o indivíduo A (que estava na posse de cópia da documentação do carro – CRLV) diz ser o proprietário do veículo em voga, sendo que indivíduo B também se irroga como tal, aduzindo que a propriedade do carro foi transferida para ele quando da tradição. O Delegado, então, pede que ambos os indivíduos apresentem elementos concretos acerca das versões alegadas, sendo que somente o indivíduo A apresenta cópia do Certificado de Registro de Veículo em seu nome; já o indivíduo B conta que, infelizmente, não tem testemunhas da transferência da propriedade pela tradição[12], mas que detém um canhoto de cheque provando parte do pagamento que tinha feito a título de sinal. Esse é o problema posto. A solução para tal celeuma, por óbvio, já demos acima, vez que, como dito, em havendo qualquer tipo de controvérsia sobre o direito do(s) reclamante(s), deve a autoridade policial negar a entrega, ou seja, não devolver o veículo a quaisquer deles, informando-lhes que devem pleitear o depósito de tal objeto junto ao juízo criminal.

Enfim, com base no exposto acima, parece ter ficado claro que, em havendo qualquer dúvida sobre a legitimidade do direito do reclamante (inclusive dúvidas sobre a propriedade do bem), o caminho a ser trilhado pelo delegado é o seguinte: negar a entrega do bem a quaisquer dos envolvidos, com base no art. 120, *caput*, do Código de Processo Penal. Ato contínuo, a(s) parte(s) interessada(s) deve(rão) pleitear, junto ao juízo criminal competente, o depósito do referido bem. O juízo criminal poderá decidir sobre tal pedido (depósito), mas remeterá, imediatamente, as partes para o juízo cível para a decisão definitiva sobre a propriedade do bem. Em outros termos, note que, nesse caso, nem o juiz criminal tem lá essa autonomia toda; caberá ao juízo cível a decisão final sobre essa questão.

12 Era possível que o indivíduo B fosse considerado o legítimo proprietário do bem, vez que, como sabido, a propriedade dos bens móveis se transfere pela tradição. O problema é que não foi possível comprovar tal ato de transferência de propriedade. Nesse sentido, vejamos o teor do art. 1.267 do Código Civil: A propriedade das coisas não se transfere pelos negócios jurídicos antes da tradição.

Capítulo 12

Exame de Corpo de Delito *Ad Cautelam*

12.1. O QUE É EXAME DE CORPO DE DELITO *AD CAUTELAM*? TEM ELE AMPARO NO CÓDIGO DE PROCESSO PENAL?

A prova da existência da infração penal, quando possível, será materializada em um exame pericial, que seja o de corpo de delito.[1] Esse exame, geralmente necessário à demonstração da materialidade delituosa, deverá ser requerido pelo delegado de Polícia nos casos em que houver vestígios constatáveis da prática criminosa.

> Art. 6º – Logo que tiver conhecimento da prática da infração penal, a autoridade policial deverá:
>
> VII – determinar, se for caso, que se proceda a exame de corpo de delito e a quaisquer outras perícias;

Não podemos negar que esse requerimento de realização de exame de corpo de delito é dotado de certa ambivalência. Exemplificaremos essa ambivalência através do exame pericial de natureza e eficiência de uma arma de fogo vinculada a suposto autor de disparos em via pública.

Se o resultado dessa perícia for negativo em relação à eficiência da arma apreendida na posse do suspeito, isso indicará que talvez não tenha sido ele o autor de tais disparos ou não tenha sido essa a arma utilizada. **É isso que chamamos de ambivalência probatória do exame pericial.** Ou seja, **se o intento era provar algo, com a não comprovação pericial da circunstância almejada, passou-se a dar força à tese contrária.**

1 Nem todos os crimes deixam vestígios. É o caso, por exemplo, dos crimes transeuntes. Nesse caso, por não deixarem vestígios, a eles não se aplicam as regras acerca da necessidade de exame de corpo de delito.

Foi com base nessa peculiaridade que o exame de corpo de delito de lesão corporal acabou dando origem ao exame de corpo de delito *ad cautelam*.

Nos primórdios, em situações que havia fortes suspeitas de abuso policial, o delegado de Polícia expedia requisição de exame de corpo de delito de lesões corporais e encaminhava o preso ao Instituto Médico Legal. Em resposta a tal exame, o laudo eventualmente trazia como resultado a inexistência de lesões físicas no conduzido, o que acabava por favorecer os policiais (suspeitos de agressão). **Curioso que o exame de corpo de delito, o qual almejava catalogar as sevícias sofridas pelo conduzido, acabava por fazer prova negativa sobre essas supostas agressões. Lembre-se de que isso só é possível pela famigerada ambivalência probatória mencionada acima**.

Não é difícil inferir que, com o passar do tempo, foram os próprios condutores do preso que passaram a requerer a expedição de tal exame, mesmo que não houvesse qualquer indício de violência policial. Tal exame, então, passou a ser um instrumento para o policial se defender de uma enxurrada de denúncias falsas sobre abuso policial; o intento dos encarregados de aplicar a lei era comprovar, através do resultado negativo do exame médico-pericial, que não houvera qualquer prática ilegal perpetrada contra o preso. Sem sombra de dúvidas, tal exame popularizou-se e adquiriu *status* de procedimento obrigatório para toda e qualquer forma de prisão.

Por mais que notemos a grande utilidade da realização desse exame acautelatório, não negamos a falta de amparo legal para tal procedimento. Conforme já frisado, à autoridade policial cabe requerer exame de corpo de delito para demonstrar autoria e materialidade delituosas, e não para, por cautela, afastá-las. **Qualquer disciplina legal, estadual ou municipal, que discipline sobre esse meio negativo de prova (*exame ad cautelam*), estaria ferindo a divisão constitucional de competências legislativas,**[2] **já que cabe à União legislar sobre Direito Processual Penal.**[3] Por

2 A Resolução nº 213 do Conselho Nacional de Justiça (CNJ) é mais um típico exemplo de ofensa ao princípio da tripartição dos Poderes. Aqui, novamente, o Poder Judiciário age como legislador, passando a versar sobre procedimentos em matéria Processual Penal. O pior é que, nessa resolução, a qual versa sobre as famigeradas audiências de custódia, deixou o "legislador-juiz" de esclarecer se a realização do exame de corpo de delito *ad cautelam* seria ou não obrigatória à autoridade policial. É claro que, da forma que a redação está escrita, transpareceu-se sua necessidade, porquanto o magistrado, mesmo não havendo alegações de tortura, **deve**, quando não tiver sido realizado, requerê-lo. Vejamos o art. 8º da dita Resolução do CNJ: "VII – verificar se houve a realização de exame de corpo de delito, **determinando** sua realização nos casos em que: **a) não tiver sido realizado**; b) os registros se mostrarem insuficientes; c) a alegação de tortura e maus-tratos referir-se a momento posterior ao exame realizado; d) o exame tiver sido realizado na presença de agente policial, observando-se a Recomendação CNJ 49/2014 quanto à formulação de quesitos ao perito".

3 *Vide* art. 22, inciso I, da Constituição Federal de 1988.

isso, forçoso é concluir que quaisquer regras estaduais ou municipais que tentem exigir das autoridades policiais a realização de exames *ad cautelam*[4] são flagrantemente inconstitucionais, já que ofendem a Carta Magna brasileira.

Enquanto tal exame não tiver previsão expressa em lei processual nacional, constituirá flagrante ilegalidade submeter o preso ao exame de corpo de delito *ad cautelam*, já que, em verdade, nenhum indício de violência há no corpo do autuado. **Por conseguinte, a condução do preso, amiúde transportado em um cubículo de viatura, almejando produzir documento defensivo aos policiais, sem qualquer amparo legal, não nos parece ser uma boa prática.**[5]

Deixando-se de lado esse aspecto eminentemente técnico, acreditamos que uma reforma legislativa, nesse ponto, faz-se necessária. O exame *ad cautelam* é de suma importância para manter rígida divisão sobre a cadeia de custódia do preso, desde a captura até o recolhimento ao cárcere. Entretanto, é necessário que ele esteja previsto em lei processual nacional[6] para que se evitem alegações de constrangimento ilegal aos presos.

4 Alguns estabelecimentos prisionais do Brasil determinam (por meio de portaria ou de resolução) que só haverá recolhimento do preso caso ele se faça acompanhar do exame de corpo de delito *ad cautelam* respectivo. Note que o Código de Processo Penal não faz nenhuma menção quanto a tal exigência. Citamos para demonstrar nossa assertiva o art. 288 do Código de Processo Penal: "Ninguém será recolhido à prisão, sem que seja exibido o mandado ao respectivo diretor ou carcereiro, a quem será entregue cópia assinada pelo executor ou apresentada a guia expedida pela autoridade competente, devendo ser passado recibo da entrega do preso, com declaração de dia e hora."

5 É importante salientar que na Lei nº 11.343/2006 há um tipo de exame de corpo de delito *sui generis* (art. 48, § 4º, da Lei nº 11.343/2006). Nesse caso, o legislador optou por, quando do término da lavratura de termo circunstanciado de ocorrência, em face da prática das condutas previstas no art. 28 da lei de drogas, conferir ao autor do fato a discricionariedade de requerer a realização de exame de corpo de delito. Nesse caso, o que chama a atenção é que pode o "usuário" requerer a confecção desse laudo pericial, não ficando vinculado unicamente à percepção da autoridade policial acerca de eventual abuso. **Entretanto, essa possibilidade não pode ser confundida com o exame de corpo de delito *ad cautelam*, já que no caso em questão (lei de drogas) o desejo de se submeter ao exame parte da "suposta vítima do abuso" (preso na posse das drogas) e não do "capturador" (frequentemente um policial).** *Vide* redação do art. 48, § 4º, da Lei 11.343/2006 para clarificar o que fora exposado: "Concluídos os procedimentos de que trata o § 2º deste artigo, o agente será submetido a exame de corpo de delito, se o requerer ou se a autoridade de polícia judiciária entender conveniente, e em seguida liberado."

6 Insta frisar que na Câmara dos Deputados tramitou o Projeto de Lei nº 318/2007, o qual visava a tornar obrigatório o exame de corpo de delito *ad cautelam*, mas, até o presente momento, não há qualquer menção de que se transformará em lei. Portanto, a sugestão que fazemos é que, até que surja lei permissiva, só seja expedida requisição de realização de exame pericial quando houver indícios suficientes de prática criminosa, já que esse é o real desiderato do exame de corpo de delito.

Capítulo 13

Poder Geral de Requisição do Delegado de Polícia

13.1. PODE A AUTORIDADE POLICIAL REQUISITAR AO REPRESENTANTE LEGAL DE HOSPITAL O FORNECIMENTO DIRETO DE INFORMAÇÕES DE PACIENTES OU ESSAS INFORMAÇÕES SÃO SIGILOSAS?

Após o advento da Lei nº 12.830/2013, a qual codificou o que resolvemos convencionar de **poder geral de requisição do delegado de Polícia**,[1] não restam dúvidas de que a autoridade policial pode requerer as mais diversas informações a quaisquer órgãos ou pessoas com o fito de elucidar a autoria e a materialidade delituosas.[2] É claro que os hospitais não ficaram a salvo dessa possibilidade, por mais que costumeiramente busquem se esquivar desse dever de fornecer dados utilizando-se do argumento de absoluto sigilo médico-profissional.[3]

Não se contesta aqui que algumas informações que o paciente confidencia ao médico, as quais são relatadas no respectivo prontuário, estão abarcadas pelo sigilo profissional referido no art. 154 do Código

1 Art. 2º, § 2º – Durante a investigação criminal, cabe ao delegado de polícia a requisição de perícia, informações, documentos e dados que interessem à apuração dos fatos. (Lei nº 12.830/2013)

2 Nessa mesma esteira salientamos que a lei de lavagem de capitais (Lei nº 9.613/98 alterada pela Lei nº 12.683/2012) e a nova lei de crime organizado (Lei nº 12.850/2013) trazem dispositivos que permitem o acesso direto do delegado a dados cadastrais do investigado.

3 Curioso dizer que os médicos e os hospitais utilizam-se do dever de sigilo profissional não só para negar o fornecimento de quaisquer dados da consulta para o delegado de Polícia, mas também para os magistrados. Percebe-se que esses dados são tratados pelos médicos como se fossem absolutamente indevassáveis, mesmo quando o requerimento é originário da própria autoridade judiciária.

Penal.[4] **Entretanto, no prontuário médico, é comum haver também informações não sigilosas, as quais, por óbvio, não poderão ser ocultadas da autoridade policial quando de sua requisição.**[5] Ou seja, no que se refere a essas informações objetivas e não sigilosas, as quais possam ser dissociadas do conteúdo sigiloso da consulta, não há razão para não serem fornecidas à autoridade policial.

Uma recusa injustificada nesse sentido, sem dúvida, pode fazer incurso o profissional recalcitrante nas penas do crime de desobediência. Por exemplo, nada justificaria a recusa do hospital em fornecer ao delegado um relatório médico acerca das lesões de uma vítima de disparos de arma de fogo ou mesmo seus dados cadastrais contidos no banco de dados do hospital; que confidencialidade profissional há nesses dados?

Não obstante o exposto, alguns nosocômios **recusam-se a fornecer** quaisquer informações médicas agarrando-se há priscos julgados do Supremo Tribunal Federal, os quais acreditamos que não mais se compatibilizam com nossa realidade sociojurídica.[6] Outros hospitais, em posição pouco menos ortodoxa, acabam permitindo que os **médicos peritos**, a pedido do delegado, tenham acesso a todo o prontuário do paciente e assim confeccionem um **exame de corpo de delito indireto.**[7]

4 Art. 154 – Revelar alguém, sem justa causa, segredo, de que tem ciência em razão de função, ministério, ofício ou profissão, e cuja revelação possa produzir dano a outrem: Pena – detenção, de três meses a um ano, ou multa. Parágrafo único – Somente se procede mediante representação. (Código Penal brasileiro). No caso de o médico ser funcionário público ou do hospital ser público, deve-se analisar a violação de sigilo sobre o espectro punitivo do art. 325 do Código Penal.

5 É importante frisar que, por mais que haja dispositivos penais proibindo o médico de violar o sigilo profissional (arts. 154 e 325 do Código Penal, por exemplo), há também outros que obrigam o médico a comunicar a autoridade competente acerca de dados de que tenha tido ciência em razão do cargo. Isso nos mostra claramente que o dever de sigilo médico não pode ser considerado absoluto. Nesse sentido, citamos o art. 66 **da Lei de Contravenções Penais**, o qual aduz: Art. 66 – Deixar de comunicar à autoridade competente: inciso II – crime de ação pública, de que teve conhecimento no exercício da medicina ou de outra profissão sanitária, desde que a ação penal não dependa de representação e a comunicação não exponha o cliente a procedimento criminal: Pena – multa, de trezentos mil réis a três contos de réis.

6 **Ementa:** Segredo profissional. Constitui constrangimento ilegal a exigência da revelação do sigilo e participação de anotações constantes das clinicas e hospitais. Habeas corpus concedido. **(HC 39.308 – STF – julgado em 19/09/1962)**

7 "Segredo profissional. A obrigatoriedade do sigilo profissional do médico não tem caráter absoluto. A matéria, pela sua delicadeza, reclama diversidade de tratamento diante das particularidades de cada caso. A revelação do segredo médico em caso de investigação de possível abortamento criminoso faz-se necessária em termos, com ressalvas do interesse do cliente. **Na espécie o hospital pôs a ficha clínica à disposição de perito médico, que "não estará preso ao segredo profissional, devendo, entretanto, guardar sigilo pericial" (art. 87 do Código de Ética Médica). Por que se exigir a requisição da ficha clínica? Nas circunstâncias do caso o nosocômio, de modo cauteloso, procurou resguardar o segredo profissional.** Outrossim, a concessão do "writ", anulando o ato da autoridade coatora, não impede o prosseguimento regular da apuração da responsabilidade criminal de quem se achar em culpa. Recurso extraordinário conhecido, em face da divergência jurisprudencial, e provido. Decisão tomada por maioria de votos." **(RE 91.218/SP – SÃO PAULO – STF – Julgamento em 10/11/1981)**

Por mais que a segunda posição jurídica seja melhor do que a primeira, reputamos que as duas opções são inadequadas. Dizemos isso pois, mesmo no caso dessa última solução, a demora atinente à realização desse exame indireto pelo médico perito impossibilitará o cumprimento do prazo legal de conclusão das investigações policiais (geralmente 30 dias).

A nosso ver, quando um delegado de Polícia requer informações médicas do paciente ao hospital, ele o faz para comprovar circunstância de interesse público, que seja a busca incessante pela elucidação de uma infração penal. Portanto, **é necessário que haja um meio-termo entre o interesse do paciente no resguardo de algumas informações privadas e o interesse dos órgãos incumbidos da *persecutio criminis* em solucionar o crime.**[8] Afinal, nenhum direito individual é absoluto.

Por isso, **a solução encontrada para a presente demanda é o fornecimento pelo médico responsável (ou pelo respectivo hospital), quando requisitado, de um extrato da papelada médica do paciente, em que constem as informações requeridas pelo delegado e não abrangidas pelo supracitado sigilo.**[9] Acreditamos que essa seja a solução jurídica adequada, vez que permite o atendimento da ordem da autoridade policial, sem ofensa ao sigilo médico-profissional, na celeridade que o caso demanda.

Em síntese, acreditamos que o dever de sigilo imposto ao médico deve se cingir ao conteúdo indivulgável da consulta médica, sendo considerada criminosa[10] a recusa em fornecer ao delegado dados médicos não gravados por esse dever de sigilo[11].

8 No escólio de Cunha (2012, p. 154), no que tange ao crime previsto no art. 154 do Código Penal: "[...] exige-se que o segredo seja relevado sem justa causa. Havendo licitude na revelação (ou consentimento do ofendido), o fato será atípico. **Estará configurada justa causa sempre que o interesse público se sobrepuser ao profissional.**" (arts. 121 ao 361)

9 Nesse mesmo sentido, vide o modelo de ofício contido no item **6.2.** da parte III desta obra, o qual trata de requisição de informações de paciente a Hospital.

10 Art. 330 – Desobedecer a ordem legal de funcionário público: Pena – detenção, de quinze dias a seis meses, e multa. (Código Penal).

11 O referido ofício de requisição deve ser dirigido nominalmente ao responsável pelo fornecimento das referidas informações, **sob pena de se inviabilizar a punição por eventual crime de desobediência**. Nesse sentido, citamos o mestre Mirabete (2012, p. 336): "Para que se tipifique o crime em apreço, **a ordem deve ser transmitida diretamente ao desobediente**, o que pode ser feito por várias maneiras e modos (por escrito, verbalmente etc.)" (Grifo nosso).

Capítulo 14

Interceptação Telefônica

14.1. É POSSÍVEL EMPRESTAR DADOS COLETADOS EM UMA INTERCEPTAÇÃO TELEFÔNICA PARA OUTRA INVESTIGAÇÃO POLICIAL?

Sim, é absolutamente possível, mas será necessário atender a determinados requisitos legais.

É muito comum que, no curso de uma interceptação telefônica, o policial auscultador[1] descubra elementos de outras práticas criminosas e os compartilhe, sem muito critério, com outros policiais (os quais investigam fatos conexos).

Será que a mencionada prática pode gerar algum tipo de problema para o policial e para essa outra investigação? Pois é, **a depender de como for feita essa divulgação de informações, é possível haver problemas sim**.

O policial deve entender que ele não pode, por si, promover esse ato de compartilhamento de informações; é o juiz que decretou a medida probatória em curso quem deverá fazê-lo.

Ferir esse mandamento pode colocar o policial em risco jurídico (pois ele pode responder pelo crime previsto no artigo 10 da Lei de Interceptação Telefônica)[2], bem como nodoar toda a investigação que receberá esses informes. Pois bem, é para evitar esse cataclisma jurídico que resolvemos escrever sobre esse tema!

Deixemos claro aqui que, tratando-se de encontro fortuito de elementos de convicção (serendipidade), não haverá problemas em cedê-los para outras investigações policiais. Entretanto, **há que se preservar o sigilo**

1 Policial auscultador é aquele responsável por ouvir as conversas desviadas do telefone-alvo da interceptação.

2 Art. 10. Constitui crime realizar interceptação de comunicações telefônicas, de informática ou telemática, ou quebrar segredo da Justiça, sem autorização judicial ou com objetivos não autorizados em lei (Lei nº 9.296/96).

de tais dados, fazendo tramitar o procedimento de compartilhamento pelo juiz que decretou a medida cautelar probatória, sob risco de "envenenar" a investigação receptora.

Ora, se a interceptação telefônica só pode se dar com autorização judicial, o respectivo empréstimo de provas também fica vinculado à autorização do mesmo juízo. É uma questão de paralelismo. Pouco importa se o compartilhamento se dará no âmbito de inquéritos policiais ou para procedimentos administrativos, vez que o essencial é que haja autorização do juiz da causa para que ocorra essa comunhão[3]. Vejamos isso em uma ilustração:

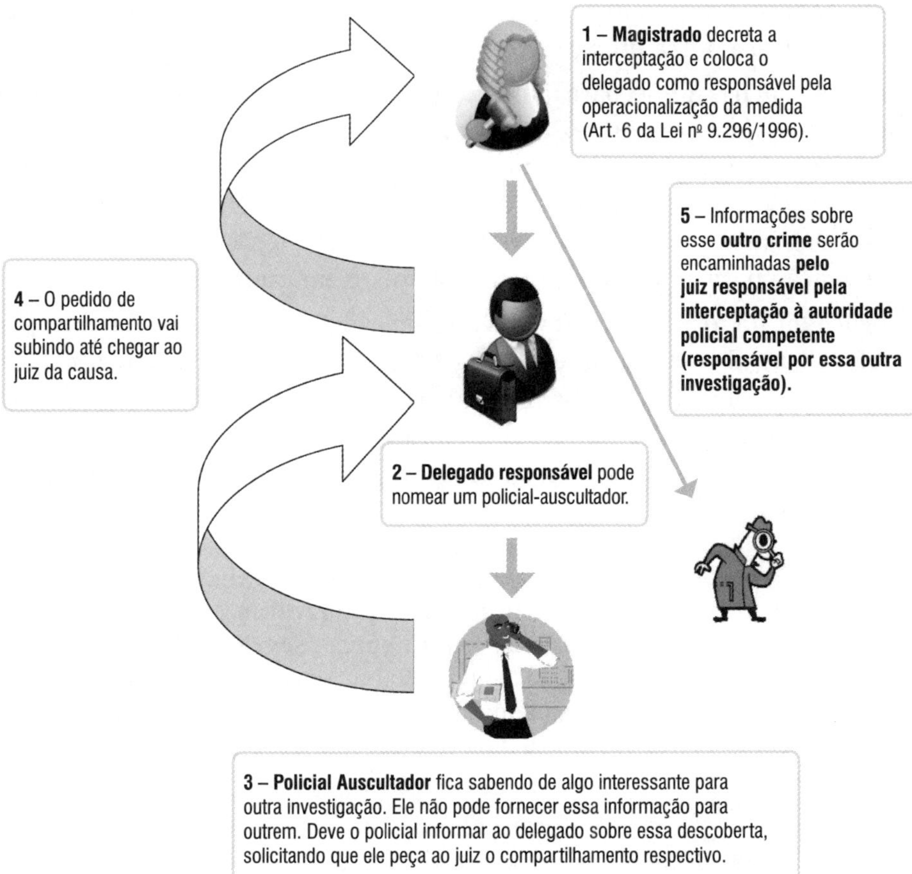

3 **Nesse sentido, citamos Guilherme Madeira Dezen** (**Leis penais especiais**, 2ª ed. Marco Antônio Araújo Jr. e Darlan Barroso (Coords.). São Paulo: Editora Revista dos Tribunais, 2013 - Coleção elementos do Direito, p. 175, v. 18): "[...] há necessidade de autorização do juiz do processo criminal em que colhida a prova que se pretende emprestar para o outro processo consoante afirma a jurisprudência: 'É cabível o uso excepcional de interceptação telefônica em processo disciplinar, desde que seja também observado no âmbito administrativo, como na espécie, o devido processo legal, respeitados os princípios constitucionais do contraditório e ampla defesa, bem como haja autorização do Juízo Criminal, responsável pela preservação do sigilo de tal prova, de sua remessa e utilização pela Administração' (STF, MS 14.598/ DF, j. 22/06/2011, Rel.ª Min.ª Maria Thereza de Assis Moura)."

Nesse condão, para promover esse compartilhamento, **o delegado deverá encaminhar representação policial para a autoridade judiciária que decretou a referida medida cautelar, informando-lhe da existência de elementos de convicção afetos a outro crime e solicitando, portanto, o compartilhamento com a autoridade policial responsável por essa outra investigação**.

A melhor forma de fazer esse pedido é em uma **representação sintética sigilosa**,[4] na qual a autoridade policial requererá que cópia dos elementos de convicção coletados[5] (inclusive o áudio da interceptação e respectivos dados cadastrais) sejam compartilhados com o órgão competente pela apuração dessa outra infração.

É essencial frisar que, para que se compartilhe tais informações telefônicas, é necessário que, no mínimo, a execução de tal medida probatória já tenha sido finalizada, ou seja, quando não haja mais necessidade de prorrogação da interceptação ou decretação em desfavor de outros números relacionados. Diz-se isso, pois, só assim a comunhão de tais elementos não atrapalhará a investigação para a qual a interceptação foi originariamente concedida.

Proceder da forma que estamos a sugerir evitará sérios problemas para o policial. Lembre-se de que a Lei nº 9.296/1996 trata como um ilícito penal a coleta ilegal de dados telefônicos (interceptação clandestina), bem como a posterior divulgação do conteúdo sigiloso de conversas telefônicas. Há até um tipo penal só para essas situações, qual seja o artigo 10 do referido diploma legal.

> Art. 10. Constitui crime **realizar interceptação de comunicações telefônicas**, de informática ou telemática, ou **quebrar segredo da Justiça**, sem autorização judicial ou com objetivos não autorizados em lei. Pena: reclusão, de dois a quatro anos, e multa. (Lei nº 9.296/1996)

4 Para melhor visualização do assunto tratado, vide o modelo de representação contido no item **3.3.2.3.** da parte III desta obra. Trata-se de modelo de representação para o compartilhamento de resultado de interceptação telefônica.

5 O Supremo Tribunal Federal defende que o compartilhamento de áudios de interceptação deve se dar em sua integralidade (e não unicamente de trechos), evitando-se qualquer alegação de cerceamento ao exercício de defesa. Nesse mesmo sentido, citamos: "**A utilização de prova emprestada legalmente produzida em outro processo de natureza criminal não ofende os princípios constitucionais do processo. 2. O amplo acesso à totalidade dos áudios captados realiza o princípio da ampla defesa. De posse da totalidade das escutas, o investigado não possui direito subjetivo à transcrição, pela Justiça, de todas as conversas interceptadas. Não há ofensa ao princípio da ampla defesa. Precedentes desta Corte (AI 838.500 AgR-ED / RJ – Julgamento: 07/06/2011 – Órgão Julgador: Segunda Turma – STF)**".

Capítulo 15

Lei nº 12.850/2013 – Organizações Criminosas

15.1. SE O DELEGADO DE POLÍCIA REPRESENTAR PELO ACORDO DE COLABORAÇÃO PREMIADA E O PROMOTOR SE MANIFESTAR CONTRÁRIO A ESSE PACTO, PODE O JUIZ, MESMO ASSIM, HOMOLOGÁ-LO?

Antes de se abordar o cerne do questionamento apresentado, é preciso ressaltar que estamos a analisar a colaboração premiada[1] somente pelo espectro da **Lei nº 12.850/2013 (Lei de Organização Criminosa)**,[2] por mais que seja **absolutamente possível aplicar, analogicamente, tais regras a situações de concurso de agentes[3] e às associações criminosas**. Pois bem, delimitada a abrangência dessa questão, passemos a discorrer sobre tal instituto colaborativo.

É por meio da concessão de alguns benefícios penais que o Estado visa a conseguir provas (até então desconhecidas), utilizando-se para tanto

1 É importante salientar que a delação premiada não se confunde com o instituto da colaboração premiada. Por mais que, em ambas as modalidades, o colaborador **tenha que confessar sua participação no crime**, só na delação premiada há a necessidade de indicação de eventuais partícipes e coautores da empreitada criminosa. Já a colaboração premiada não está ligada inexoravelmente a esse requisito, referindo-se, portanto, a um conceito colaborativo mais amplo. Em verdade, na colaboração premiada (a qual é um meio de obtenção prova) o indivíduo pode ofertar ao Estado dados de outras circunstâncias que auxiliarão na administração da justiça e na manutenção da ordem pública, não se restringindo à necessária indicação dos outros envolvidos na prática criminosa. Exemplo disso é que haverá colaboração voluntária quando o indivíduo fornecer informações que auxiliem na descoberta da localização de eventual vítima sequestrada, acompanhada ou não de informações sobre os autores do sequestro. Em resumo, a colaboração premiada é gênero do qual a delação premiada é espécie.

2 Consoante o art. 1º, § 1º, da Lei nº 12.850/2013: "Considera-se organização criminosa a associação de 4 (quatro) ou mais pessoas estruturalmente ordenada e caracterizada pela divisão de tarefas, ainda que informalmente, com objetivo de obter, direta ou indiretamente, vantagem de qualquer natureza, mediante a prática de infrações penais cujas penas máximas sejam superiores a 4 (quatro) anos, ou que sejam de caráter transnacional."

3 Como exemplo de prática criminosa (em concurso de pessoas) passível de acordo de colaboração voluntária, citamos o crime de extorsão mediante sequestro (artigo 159 do Código Penal brasileiro).

da colaboração voluntária de um ou outro envolvido na prática delituosa em apuração. Impossível negar que quando o Estado passa a **buscar informações privilegiadas de um esquema criminoso organizado oferecendo regalias para um "dedo-duro"[4] acaba demonstrando sua deficiência em comprovar, pelos outros meios lícitos, a autoria e a materialidade das infrações penais praticadas.** Infelizmente esse é o preço que teremos que pagar para dar um passo a mais na busca pela eficiência nas investigações de grupos criminosos organizados.[5]

Portanto, se a ideia do instituto é facilitar a colheita de elementos acerca da autoria e da materialidade criminosas, o legislador entendeu por bem legitimar não só o Ministério Público a propor tal acordo, mas também o delegado de Polícia. ***In casu*, o delegado de Polícia ou o promotor de Justiça proporão acordo ao investigado, o qual, sendo aceito, será submetido à homologação judicial. Após decisão judicial favorável, as provas passarão a ser produzidas.**

O que há de curioso, quando o acordo de colaboração premiada parte do delegado de Polícia, é que (antes de se conceder o pedido) o magistrado deve requerer o pronunciamento opinativo do Ministério Público sobre o pleito da autoridade policial. Na prática, não há qualquer inovação significativa nisso, vez que esse procedimento já é costumeiro em relação a outras medidas cautelares (por exemplo, a prisão temporária).

> Art. 4º, § 6º - O juiz não participará das negociações realizadas entre as partes para a formalização do acordo de colaboração, que ocorrerá entre **o delegado de polícia,** o investigado e o defensor, **com a manifestação do Ministério Público**, ou, conforme o caso, entre o **Ministério Público** e o investigado ou acusado e seu defensor. (Lei nº 12.850/2013)

4 É cristalino que o contato do delegado de Polícia com fato criminoso (e seu autor) ocorre antes e de forma muito mais constante do que o ocorre em relação ao promotor de Justiça. Como já é sabido, a delegacia de Polícia tem balcão de atendimento, coisa rara de se ver nos outros órgãos incumbidos da persecução penal (Ministério Público, por exemplo). Portanto, não há como se negar que as negociações acerca desses benefícios vão ser comumente propostas e executadas ainda na fase inquisitorial e com o delegado de Polícia. Foi por esse motivo que o legislador conferiu ao delegado a prerrogativa de ofertar e de executar o acordo de colaboração voluntária, após sua homologação pelo Poder Judiciário, se no curso da fase policial.

5 Restringimos a aplicabilidade das benesses da colaboração premiada às informações prestadas pelo colaborador que não pudessem ser colhidas facilmente pelo Estado. Não é qualquer colaboração que pode ser objeto desse pacto, mas somente aquela que se mostre **verdadeiramente relevante** para a prova das infrações penais praticadas, para a libertação de eventual vítima, bem como para evitar a reiteração criminosa de tal organização.

Portanto, pelo que fixa a referida Lei de Crime Organizado, a colaboração premiada proposta pelo delegado de Polícia terá o seguinte trâmite:

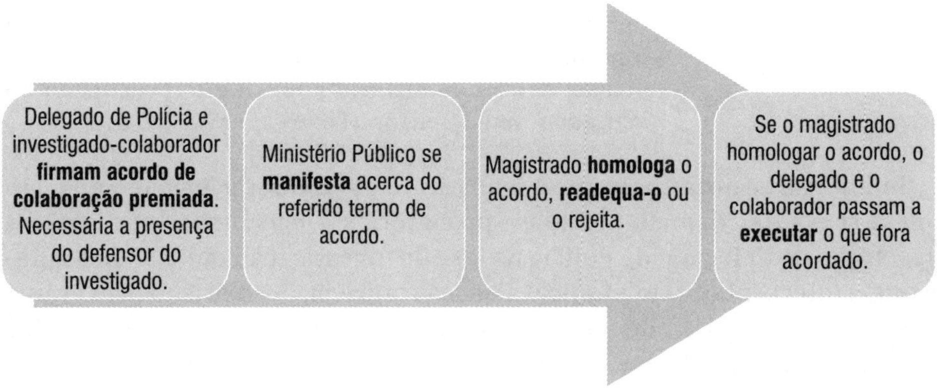

Assim sendo, é de clareza mediana que se ao delegado foi conferida a legitimidade autônoma para representar pela concessão de tal meio colaborativo de prova é porque sua posição nessa relação pactual jamais será de dependência do *Parquet*.[6]

Com base no exposto acima, já se pode antever que, em resposta ao questionamento feito na presente questão, não vislumbramos qualquer empecilho de o acordo firmado pelo delegado (mesmo sem manifestação favorável do membro do Ministério Público) ser levado a cabo pelo magistrado.[7]

Em outras palavras, o **legislador não mencionou que é necessária a aquiescência do membro do *Parquet* ao termo de acordo de colaboração voluntária firmado entre o delegado e o investigado, mas somente que o Ministério Público deverá se manifestar sobre a conveniência, a oportunidade ou a legalidade do referido termo**. É, como de costume, um parecer.

6 Note que a própria redação do art. 4º, § 6º da Lei nº 12.850/2013 previu que o acordo entre investigado e Ministério público será uma excepcionalidade. É possível visualizar isso pela expressão "conforme o caso", a qual deixou transparecer que o acordo direto entre Ministério Público e investigado, no curso do inquérito policial, raramente ocorrerá. A referida regra, a nosso ver, denota todo o prestígio que a legislação quis conferir a figura do delegado, legitimando-o a propor, via de regra, a colaboração voluntária. *Vide* a redação do dispositivo em comento. Art. 4º, § 6º – O juiz não participará das negociações realizadas entre as partes para a formalização do acordo de colaboração, que ocorrerá entre o delegado de polícia, o investigado e o defensor, com a manifestação do Ministério Público, **ou, conforme o caso, entre o Ministério Público e o investigado ou acusado e seu defensor**. (Lei nº 12.850/2013)

7 Apesar da racionalidade do que estamos a propugnar, tramita no Supremo Tribunal Federal a Ação Direta de Inconstitucionalidade nº 5.508, a qual tem como objeto a declaração da constitucionalidade/inconstitucionalidade do acordo de colaboração premiada firmado por Delegados de Polícia.

> Art. 4º, § 6º - O juiz não participará das negociações realizadas entre as partes para a formalização do acordo de colaboração, que ocorrerá entre o delegado de polícia, o investigado e o defensor, **com a manifestação do Ministério Público**, ou, conforme o caso, entre o Ministério Público e o investigado ou acusado e seu defensor. (Lei nº 12.850/2013)

É importante notarmos que esse instituto da colaboração premiada não foge à regra das demais medidas (probatórias e prisionais) que estão à disposição do delegado de Polícia na fase de investigação policial. Ressalte-se que a interceptação telefônica, a busca e apreensão, a prisão preventiva e a prisão temporária podem ser igualmente decretadas pelos magistrados com base unicamente na representação da autoridade policial, ou seja, mesmo que tenha o Ministério Público emitido parecer desfavorável à medida pleiteada ou, em alguns casos, mesmo quando nem tenha opinado[8]. Ora, por que então a colaboração premiada não o poderia?

Soa desarrazoado permitir que o delegado de Polícia represente por várias medidas invasivas (prisão preventiva,[9] sequestro de bens, busca e apreensão),[10] as quais poderão ser decretadas mesmo sem a concordância do membro do Ministério Público, e se rechace a possibilidade de o delegado firmar autônomo acordo benéfico com o investigado. Lógico que quem pode o mais, também pode o menos. **Lembre-se, afinal, de que estamos falando em proposta de acordo,[11] a qual será submetida à análise jurídica do magistrado, o qual poderá negar a homologação ao acordo, deixando tal pacto de surtir qualquer efeito concreto.**

8 A Lei de Interceptação Telefônica (Lei nº 9.296/1996) deixa claro que a decretação da referida medida cautelar probatória pode se dar **sem o parecer prévio do Ministério Público**. O referido diploma prevê que somente após decretada dar-se-á ciência de tal medida ao *Parquet*. Nesse sentido, transcrevemos o artigo 6° da Lei nº 9.296/1996: "**Deferido o pedido**, a autoridade policial conduzirá os procedimentos de interceptação, **dando ciência ao Ministério Público**, que poderá acompanhar a sua realização."

9 "Apresentada a representação da autoridade policial, o juiz, antes de decidir, deve ouvir o Ministério Público, que opina livremente a favor ou não da representação, não vinculando seu parecer à decisão do magistrado." (MIRABETE, 2001, p. 396)

10 Nesse mesmo sentido, *vide* o HC 119.205/MS (STJ – 16/11/2009): "*HABEAS CORPUS*. ASSOCIAÇÃO E TRÁFICO DE ENTORPECENTES. ORGANIZAÇÃO CRIMINOSA. **BUSCA E APREENSÃO. DEFERIMENTO. AUSÊNCIA DE PRÉVIA OITIVA DO MINISTÉRIO PÚBLICO**. NULIDADE. PECULIARIDADES DO CASO. INOCORRÊNCIA. 1. **Não havendo previsão legal acerca da necessidade de manifestação prévia do Ministério Público para o deferimento da medida cautelar de busca e apreensão, não se pode reputar nulo o ato praticado com tal omissão**, mormente em razão da urgência verificada no caso e da ausência do representante do Órgão Ministerial na subseção judiciária na qual o pleito foi deferido. ORGANIZAÇÃO CRIMINOSA. AÇÃO POLICIAL CONTROLADA. ART. 2º, INC. II, DA LEI Nº 9.034/95. PRÉVIA AUTORIZAÇÃO JUDICIAL. AUSÊNCIA DE PREVISÃO LEGAL. CONSTRANGIMENTO ILEGAL NÃO EVIDENCIADO. ORDEM DENEGADA". (Negrito nosso.)

11 Para facilitar a compreensão sobre o tema, sugerimos que o leitor analise atentamente o modelo de termo de colaboração premiada constante no item **5.2.2.** da parte III desta obra.

Não se nega que a manifestação favorável do Ministério Público é importante no contexto da colaboração voluntária, mas também queremos deixar claro que ela não é essencial à homologação desse pacto, quando o requerimento partir da autoridade policial no curso da fase de investigação. Se a lei determinou a submissão dessa proposta de colaboração premiada ao parecer do Ministério Público, acreditamos que ele se faz imprescindível. Entretanto, **não podemos confundir isso com a necessidade de o parecer ser favorável, ou seja, de que haja aquiescência do Ministério Público ao pedido formulado pela autoridade policial**.

É oportuno lembrar que a Lei nº 12.850/2013 também usou a expressão **"manifestação"** em outra oportunidade, que seja nos dispositivos que tratam da medida de infiltração de agentes. **Óbvio que essa expressão, também nessa oportunidade, expressa o caráter meramente opinativo do parecer**. Entender que a expressão "manifestação" é sinônima de anuência (concordância) seria tornar a **infiltração de agentes**, quando requerida pelo Ministério Público, também dependente de uma **manifestação técnica favorável** do delegado de Polícia. É claro que esse também não foi o intento do legislador.

> Art. 10 – A infiltração de agentes de polícia em tarefas de investigação, representada pelo delegado de polícia ou requerida pelo Ministério Público, **após manifestação técnica do delegado de polícia quando solicitada no curso de inquérito policial**, será precedida de circunstanciada, motivada e sigilosa autorização judicial, que estabelecerá seus limites. (Lei nº 12.850/2013)

Verdadeiramente, o efeito prático da manifestação favorável do *Parquet* à representação da autoridade policial é que existirá a possibilidade de o promotor recorrer de eventual decisão do magistrado que denegue a decretação da medida,[12] vez que o pedido da autoridade policial terá sido encampado pelo promotor. Na ausência desse alinhamento, não caberá qualquer recurso do delegado de Polícia no caso de indeferimento.[13] Essa, em síntese, é a grande diferença prática do parecer do Ministério Público ser ou não favorável.

12 Nesse mesmo sentido, importante mostrar o que a doutrina ensina acerca da função do parecer do Ministério Público no caso de representação do delegado de Polícia pela decretação da prisão preventiva: "Se houver representação da autoridade policial, negada a preventiva, nada há a fazer, exceto se o Ministério Público concordou com o pleito e, portanto, passou a uma posição de interessado. Se tal se der, cabe-lhe interpor recurso em sentido estrito, como já mencionamos." (NUCCI, 2013, p. 621.)

13 É claro que, havendo a modificação da situação fática, o delegado de Polícia que tiver sua representação indeferida pode formular novos pedidos com base nesses novos argumentos (cláusula *rebus sic stantibus*).

É importante frisar esse posicionamento jurídico, pois alguns doutrinadores tentam dar ao parecer opinativo do *Parquet* mais funções do que a ele cabem,[14] desmerecendo a representação autônoma elaborada pelo delegado de Polícia. Segundo Nucci (2013, p. 618), que com maestria ensina:

> [...] REPRESENTAÇÃO DA AUTORIDADE POLICIAL: é o modo pelo qual a autoridade policial faz ver ao juiz a necessidade de realização de alguma diligência ou de decretação de alguma medida indispensável, no interesse da investigação criminal, **sem que, com isso, adquira o direito de questionar, depois, a decisão tomada pela autoridade judiciária**. Assim, caso seja desacolhida a proposta, nada resta ao delegado fazer. Por vezes, quando o representante do Ministério Público, ouvido que é, recomenda, também, a decretação da preventiva, uma vez que o juiz não acolha a representação, pode haver recurso do órgão acusatório. **Entende-se, nessa hipótese, que o parecer favorável do Ministério Público implica autêntico requerimento pela decretação da prisão, legitimando-o a recorrer**". (Grifos nossos)

Apesar de tudo o que se discute acima, é importante salientar que não se quer colocar a função de delegado de Polícia no mesmo patamar da de promotor público. Ambos têm funções distintas na persecução penal, cada um detendo autonomia e leque de atribuições próprios. **Em verdade, o texto da lei deixa absurdamente claro que o Ministério Público tem uma amplitude negocial até maior do que a do delegado de Polícia.**

Incompreensível, portanto, a razão de tão ferrenha busca de alguns para eliminar a possibilidade de o delegado também promover a proposta autônoma de barganha jurídica, já que quinhão muito maior foi conferido ao promotor. Dizemos isso pois, além de poder oferecer institutos que mitigam a punição a ser imposta em desfavor do colaborador, o Ministério Público também pode ofertar, em troca de valiosas informações, a possibilidade de não iniciar a ação penal em face do investigado.[15] Essa última possibilidade não foi conferida ao delegado de Polícia, o que coloca o *Parquet* muitos passos à frente.

14 Essas posições mais radicais, visando a diminuir a capacidade autônoma de o delegado representar pelas medidas cautelares e probatórias, amiúde são defendidas por doutrinadores que também ocupam cargos e funções no Ministério Público. Por mais que respeitemos essa posição jurídica, acreditamos que ela esteja mais motivada por um espírito de guerra classista do que verdadeiramente voltada para a técnica jurídica e bem coletivo.

15 Art. 4º – O juiz poderá, a requerimento das partes, conceder o perdão judicial, reduzir em até 2/3 (dois terços) a pena privativa de liberdade ou substituí-la por restritiva de direitos daquele que tenha colaborado efetiva e voluntariamente com a investigação e com o processo criminal, desde que dessa colaboração advenha um ou mais dos seguintes resultados: § 4º – Nas mesmas hipóteses do caput, o **Ministério Público poderá deixar de oferecer denúncia** se o colaborador: I – não for o líder da organização criminosa; II – for o primeiro a prestar efetiva colaboração nos termos deste artigo. (Lei nº 12.850/2013)

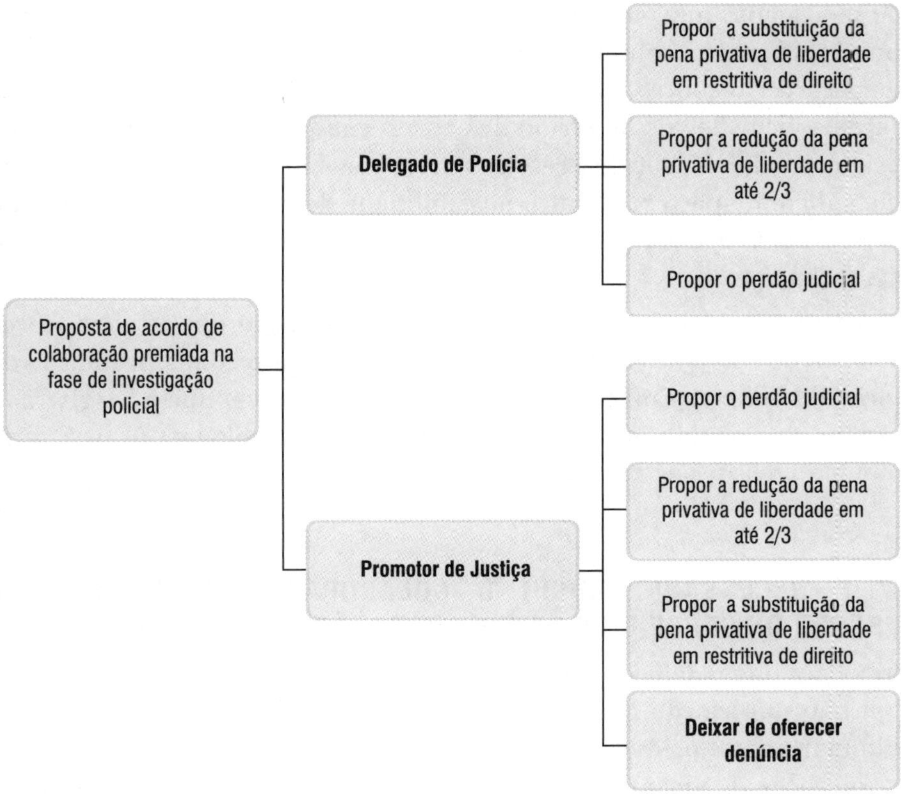

É claro que, em alguns casos, sabemos que o parecer desfavorável do Ministério Público pode motivar a não homologação do acordo firmado entre o delegado de Polícia e o colaborador. Afinal, essa manifestação não pode ser um pronunciamento inútil. **No caso de o membro do *Parquet* detectar desconformidade legal do acordo pactuado entre delegado e colaborador, deverá, em seu parecer, apontar os vícios do pacto, visando a que o juiz tenha substrato para não homologá-lo[16] ou readequá-lo.**[17]

16 A sentença judicial que decide acerca do acordo de colaboração voluntária é meramente homologatória. Cabe ao juiz analisar a regularidade, a voluntariedade e a legalidade do acordo entabulado, sem adentrar no mérito da questão. Caso o juiz visualize que o referido pacto não atende aos requisitos legais, poderá recusar sua homologação ou adequá-lo à lei. Nesses termos, *vide* o Art. 4, §§ 7º e 8º, da Lei nº 12.850/2013: § 7º – Realizado o acordo na forma do § 6º, o respectivo termo, acompanhado das declarações do colaborador e de cópia da investigação, será remetido ao **juiz para homologação, o qual deverá verificar sua regularidade, legalidade e voluntariedade**, podendo para este fim, sigilosamente, ouvir o colaborador, na presença de seu defensor. § 8º – O juiz poderá recusar homologação à proposta que não atender aos requisitos legais, ou adequá-la ao caso concreto.

17 O magistrado foi proibido de participar da negociação do pacto de colaboração voluntária, visando a manter sua isenção (art. 4, § 6, da Lei nº 12.850/2013). Nesse mesmo viés, o magistrado não pode readequar substancialmente o acordo de colaboração voluntária que lhe seja encaminhado, vez que assim estaria se imiscuindo no conteúdo do pacto, saindo de sua desejável posição de imparcialidade.

Acreditamos que o parecer do Ministério Público terá grande importância nesse contexto, principalmente pelo fato de o promotor poder exercer o controle externo da atividade policial, bem como indicar eventuais vícios legais no termo de acordo em questão. Em epítome, se a irresignação do promotor se referir à mera conveniência do acordo, não há razão suficiente para se negar a possibilidade de homologação do acordo pelo juiz; mas, caso guerreada for a legalidade do pacto, pode convencer o juiz a rechaçá-lo.

Em suma, é sempre desejável que a manifestação do *Parquet* acerca do acordo de colaboração voluntária seja coincidente com a pretensão da autoridade policial. Entretanto, se não o for, é possível que o magistrado encampe tal pedido da autoridade policial, homologando o acordo entabulado pelas "partes" e as provas passem a ser produzidas.

15.2. É NECESSÁRIO OUVIR O COLABORADOR ANTES DE LHE OFERECER OS BENEFÍCIOS DA COLABORAÇÃO VOLUNTÁRIA?

Sim. Para que o delegado de Polícia analise a conveniência de entabular ou não um acordo de colaboração voluntária, será necessário ouvir, preliminarmente, o investigado e ver que tipo de informações ele tem para oferecer. É um processo natural, já que o acordo de colaboração voluntária não pode ser banalizado ao ponto de haver barganha em troca de informações que seriam facilmente colhidas com atos investigativos simples. Essa prévia oitiva está prevista na Lei de Organização Criminosa (Lei nº 12.850/2013) como um requisito essencial ao termo de acordo de colaboração voluntária:

> Art. 6º – O termo de acordo da colaboração premiada deverá ser feito por escrito e conter:
>
> I – **o relato da colaboração e seus possíveis resultados;** II – as condições da proposta do Ministério Público ou do delegado de polícia; III – a declaração de aceitação do colaborador e de seu defensor; IV – as assinaturas do representante do Ministério Público ou do delegado de polícia, do colaborador e de seu defensor; V – a especificação das medidas de proteção ao colaborador e à sua família, quando necessário. (Lei nº 12.850/2013)

Essa colheita prévia de declarações[18] proporcionará substrato suficiente para que a autoridade analise a conveniência de propor o acordo ao investigado, entabule-o e o envie ao magistrado para homologação. **É claro, também, que essa declaração não pode ser tão pormenorizada ao ponto de tornar desnecessária uma nova oitiva do investigado--colaborador, porque isso esvaziaria o ato a ser realizado após a decisão judicial homologatória**.

Importante lembrar que o investigado só passará a figurar como testemunha-colaboradora quando o acordo tiver sido homologado pelo magistrado. Após isso, o delator abrirá mão de seu direito de permanecer silente,[19] fazendo-se incurso nas penas do crime de falso testemunho,[20] caso fira o **dever de dizer toda a verdade**.

É indubitável que, na prática, raras serão as informações fornecidas pelo investigado sem que se veja antes o acordo assinado pelo juiz. Afinal, o colaborador quererá garantias de que as promessas de benefícios não serão palavras ao vento.

15.3. QUAL A VANTAGEM PARA O MEMBRO DE ORGANIZAÇÃO FAZER O ACORDO DE DELAÇÃO PREMIADA JÁ NA FASE DE INQUÉRITO POLICIAL?

A Lei de Organização Criminosa (Lei nº 12.850/2013) asseverou que o acordo de colaboração abrangerá, via de regra, o auxílio do colaborador na investigação preliminar e no processo penal respectivo. O referido diploma legal deixou transparecer, portanto, que a regra é a da **integralidade da colaboração**.

> Art. 4º – O juiz poderá, a requerimento das partes, conceder o perdão judicial, reduzir em até 2/3 (dois terços) a pena privativa de liberdade ou substituí-la por restritiva

18 Corroborando a tese de que deve haver prévia oitiva do colaborador quando da pactuação em comento está o artigo 4º, § 7º, da Lei nº 12.850/2013: "Realizado o acordo na forma do § 6º, o respectivo termo, **acompanhado das declarações do colaborador** e de cópia da investigação, será remetido ao juiz para homologação, o qual deverá verificar sua regularidade, legalidade e voluntariedade, podendo para este fim, sigilosamente, ouvir o colaborador, na presença de seu defensor".

19 Nesse sentido, art. 4, § 14. Nos depoimentos que prestar, o colaborador renunciará, na presença de seu defensor, ao direito ao silêncio e estará sujeito ao compromisso legal de dizer a verdade. (Lei nº 12.850/2013)

20 Lembre-se de que a Lei nº 12.850/2013 aumentou as penas do crime de falso testemunho (art. 342 do Código Penal), elevando os patamares mínimo e máximo em um ano. Ou seja, os limites da pena privativa de liberdade cominada ao crime de falso testemunho passaram de 1 a 3 anos para 2 a 4 anos.

> de direitos **daquele que tenha colaborado efetiva e voluntariamente com a investigação e com o processo criminal,** desde que dessa colaboração advenha um ou mais dos seguintes resultados... (Lei nº 12.850/2013)

A intenção do legislador é a de que, desde a investigação policial, o Estado já conte com os atos de ajuda do investigado, proporcionando a coleta de algumas informações perecíveis,[21] as quais tendem a se esvair com o passar do tempo. Portanto, parece primordial que o acordo seja firmado o mais breve possível e com a primeira autoridade legitimada para tal, qual seja o delegado de Polícia.

Insta salientar que todos aqueles envolvidos na organização criminosa que colaborarem com a investigação e com o processo penal poderão ser agraciados com as benesses da colaboração premiada previstas na Lei de Organização Criminosa[22]. Essa informação é importante, já que é possível que a autoridade policial proponha os referidos benefícios a muitos membros da organização criminosa, criando um tipo de competição para aferir quem "colabora primeiro".

Alguns leitores vão logo se perguntar: qual é a vantagem para o investigado de ter sido o primeiro a auxiliar o Estado? Em verdade, a grande vantagem é que o Ministério Público poderá deixar de oferecer a denúncia em face daquele investigado que primeiro prestar efetiva colaboração (desde que não seja um dos "cabeças" da organização). **Em outras palavras, a tão famigerada disponibilidade da ação penal, como costumamos assistir nos filmes norte-americanos (*plea bargaining*), nesse caso terá aplicabilidade no Brasil.**

21 É inegável que as gravações das conversas telefônicas são mais proveitosas quanto maior a brevidade da operacionalização da medida, por isso se reputa que elas são **perecíveis**. O tempo decorrido atrapalha a descoberta do crime (autoria e materialidade), já que o delito investigado deixa de ser assunto dos criminosos com o passar do tempo.

22 É essencial dizer que, além de ter contribuído com informações relevantes para o fim de desmantelar a organização criminosa, o colaborador também deve confessar sua participação no contexto em apuração. Nesse sentido, citamos Lima (2014, p. 513): "de se notar que uma simples confissão não se confunde com a colaboração premiada. O agente fará jus aos prêmios previstos nos dispositivos legais que tratam da colaboração premiada apenas **quando admitir sua participação no delito e fornecer informações objetivamente eficazes para a descoberta de fatos dos quais os órgãos incumbidos da persecução penal não tinham conhecimento prévio**, permitindo, a depender do caso concreto, a identificação dos demais coautores, a localização do produto do crime, a descoberta de toda a trama delituosa ou a facilitação da libertação do sequestrado".

> Art. 4º – O juiz poderá, a requerimento das partes, conceder o perdão judicial, reduzir em até 2/3 (dois terços) a pena privativa de liberdade ou substituí-la por restritiva de direitos daquele que tenha colaborado efetiva e voluntariamente com a investigação e com o processo criminal, desde que dessa colaboração advenha um ou mais dos seguintes resultados: § 4º – **Nas mesmas hipóteses do *caput*, o Ministério Público poderá deixar de oferecer denúncia se o colaborador: I – não for o líder da organização criminosa; II – for o primeiro a prestar efetiva colaboração nos termos deste artigo. (Lei nº 12.850/2013)**

Nesse contexto, **fica claro que tem maior chance de ser o primeiro a prestar efetiva colaboração aquele que o faz já na fase de investigação policial**. Nesses termos, é perceptível que os colaboradores que decidirem firmar o pacto somente na fase de ação penal (com o promotor de Justiça) correm o risco de não concorrerem a esse benefício, vez que o fizeram tardiamente.

Por conseguinte, aquele que se antecipa e presta auxílio à Polícia logo de início tem maiores chances de nem se fazer figurar como processado, já que contra ele a ação penal pode não ser iniciada. É isso que o delegado de Polícia tem que esclarecer para seus investigados, visando a garantir, ainda na fase inquisitorial, uma competição sadia entre os possíveis colaboradores.

15.4. É POSSÍVEL HAVER A REPACTUAÇÃO DO ACORDO DE COLABORAÇÃO VOLUNTÁRIA?

Claro que sim. Como todo e qualquer acordo, é possível que haja repactuação, bem como distrato. A repactuação[23] ocorrerá quando o grau de participação do investigado superar as expectativas da autoridade pública, fazendo esse sujeito merecedor de um benefício ainda maior do que o previsto anteriormente. É o que se pode depreender do art. 4º, § 2º, da Lei nº 12.850/2013.

23 Nesse caso, por exemplo, a autoridade policial e o promotor de Justiça teriam proposto o benefício da redução de pena ou substituição da pena privativa de liberdade em restritiva de direito (e o acordo fora homologado pelo magistrado), mas, em face da frutífera participação do colaborador, vislumbra-se a necessidade de ampliar o benefício do investigado.

> Art. 4º, § 2º – **Considerando a relevância da colaboração prestada**, o Ministério Público, a qualquer tempo, e o delegado de polícia, nos autos do inquérito policial, com a manifestação do Ministério Público, poderão requerer ou representar ao juiz **pela concessão de perdão judicial ao colaborador, ainda que esse benefício não tenha sido previsto na proposta inicial**, aplicando-se, no que couber, o art. 28 do Decreto-Lei nº 3.689, de 3 de outubro de 1941 (Código de Processo Penal). (Lei nº 12.850/2013)

Em sentido diametralmente oposto, é possível que tenha havido o rompimento do que fora pactuado, o que faz o investigado desmerecedor dos benefícios de política criminal que lhe foram prometidos.

Nesse último caso, se o investigado já tiver prestado algum auxílio, a lei confere a possibilidade de as provas formadas serem valoradas em desfavor do ex-colaborador, mas, *in casu*, deverá também lhe fornecer algum tipo de benefício, que seja, a nosso ver, a concessão das atenuantes da confissão espontânea[24] e a genérica prevista no art. 66 do Código Penal[25].

> Art. 4º, § 10 – As partes podem retratar-se da proposta, caso em que as provas autoincriminatórias produzidas pelo colaborador **não poderão ser utilizadas exclusivamente em seu desfavor.** (Lei nº 12.850/2013, grifo nosso)

15.5. QUAIS SÃO AS PARTICULARIDADES QUE DEVEM SER CONHECIDAS PELO DELEGADO DE POLÍCIA ANTES DE FIRMAR UM ACORDO DE COLABORAÇÃO PREMIADA COM O INVESTIGADO?

Já se pôde perceber, pelas questões anteriores, que o acordo de colaboração premiada não é um acordo de vontades qualquer. Na verdade, é um pacto solene, o qual se vincula a um protocolo bem definido de atos, sendo que tudo isso está contido nas entrelinhas da Lei nº 12.850/2013. Desconhecer essas peculiaridades pode colocar em risco a regularidade

24 Art. 65. São circunstâncias que sempre atenuam a pena: [...] d) confessado espontaneamente, perante a autoridade, a autoria do crime. (Código Penal)

25 Art. 66 do Código Penal – A pena poderá ser ainda atenuada em razão de circunstância relevante, anterior ou posterior ao crime, embora não prevista expressamente em lei.

e a legalidade do pacto, podendo ocasionar, inclusive, que o juiz não o homologue imediatamente ou mesmo o rejeite peremptoriamente[26].

Pois bem, a primeira dessas idiossincrasias é que o acordo de colaboração premiada é um **acordo de vontades**. Portanto, deve ficar claro que o pacto tem que ser bom para ambos os lados. É certo que o Estado ganha quando vê elementos probatórios produzidos sobre situações a que os métodos ordinários de investigação nunca poderiam chegar; já o investigado ganha por receber benefícios de política criminal que mitigarão os rigores de eventual condenação penal.

Dessa forma, não haveria outra forma, senão todo o acordo ser feito às claras. É fato que o acordo correrá em sigilo em relação a outros investigados[27] (seja na fase policial, seja na judicial), mas sempre **deve haver a desejada transparência entre as partes contraentes**, principalmente em relação ao advogado do suspeito e a autoridade pública que o assina.

Outro ponto bem interessante é que, necessariamente, o colaborador abrirá mão do seu direito de se manter silente[28] e, por corolário, **confessará sua participação nos crimes em apuração**. É nesse ponto que acabamos deixando os leitores de cabelos arrepiados. A razão para asseverarmos isso é que: se o indivíduo intenta receber benefícios de política criminal (os quais mitigam a pena a ser imposta) é porque ele está envolvido no esquema criminoso. O direito de se manter silente é, como dito, uma faculdade (um direito), o qual pode ou não ser exercitado. Se prefere falar e receber como 'prêmio' alguns benefícios penais, o investigado logicamente abrirá mão dessa possibilidade silenciosa. Certamente, ninguém está sendo obrigado a produzir nada; fá-lo porque deseja se ver beneficiado com institutos de

26 Vide nesse sentido o art. 4º, §§7º e 8º, da Lei nº 12.850/2013. No §7º consta o seguinte: "Realizado o acordo na forma do § 6º, o respectivo termo, acompanhado das declarações do colaborador e de cópia da investigação, **será remetido ao juiz para homologação, o qual deverá verificar sua regularidade, legalidade e voluntariedade,** podendo para este fim, sigilosamente, ouvir o colaborador, na presença de seu defensor". Já no §8º faz-se menção à: "O juiz poderá **recusar homologação à proposta que não atender aos requisitos legais**, ou adequá-la ao caso concreto."

27 Vejamos o que fala o art. 7º da Lei nº 12.850/2013: "Art. 7º. O pedido de homologação do acordo será **sigilosamente distribuído,** contendo apenas informações que não possam identificar o colaborador e o seu objeto. § 1º As informações pormenorizadas da colaboração serão dirigidas diretamente ao juiz a que recair a distribuição, que decidirá no prazo de 48 (quarenta e oito) horas. § 2º **O acesso aos autos será restrito ao juiz, ao Ministério Público e ao delegado de polícia**, como forma de garantir o êxito das investigações, assegurando-se ao defensor, no interesse do representado, amplo acesso aos elementos de prova que digam respeito ao exercício do direito de defesa, devidamente precedido de autorização judicial, **ressalvados os referentes às diligências em andamento**. § 3º **O acordo de colaboração premiada deixa de ser sigiloso assim que recebida a denúncia**, observado o disposto no art. 5º.".

28 Nesse sentido, vide o artigo 4º, § 14: Nos depoimentos que prestar, o colaborador renunciará, na presença de seu defensor, ao direito ao silêncio e estará sujeito ao compromisso legal de dizer a verdade.

política criminal. Não há, portanto, que se falar em ofensa ao princípio *nemo tenetur se detegere*[29].

Quanto à dita confissão, há que se quebrar o mito nefasto posto sobre ela. Como visto, os benefícios de política criminal, elencados no art. 4º, *caput*, da Lei nº 12.850/2013[30], dizem respeito à diminuição da reprimenda estatal àqueles que delinquiram (inclusive confessam isso) e agora desejam colaborar.

Indo um pouco além do trivial, importa-nos frisar, então, que essa assunção de culpa não é um aspecto desfavorável para o investigado-colaborador. Dizemos isso, pois tudo o que o colaborador confessar vai ser objeto do acordo de colaboração premiada e, por corolário, da incidência dos benefícios que foram acordados. Dessa forma, quanto mais sobre sua participação nos crimes o investigado contar, mais abrangente será a incidência dos institutos de política criminal. Ora, **os benefícios que forem pactuados incidirão somente em relação aos crimes que foram mencionados e confessados no acordo de colaboração, por isso é tão importante confessar o máximo possível.** Se o investigado omitir um ou outro crime praticado e o pacto não o mencionar, não haverá incidência de nenhum instituto de política criminal sobre a pena desse delito, pois, como visto, nada em relação a ele foi pactuado.

Outro ponto a ser sobrelevado é que o abrandamento penal acordado só ocorrerá se forem atingidas certas metas pactuadas. **Como todo acordo de resultados, a colaboração premiada tem os seus objetivos.** E não me venham falar que essas metas são antiéticas, pois elas, hipoteticamente, fomentariam que alguns dos investigados se voltassem contra os interesses dos demais. **Seria verdadeiramente assustador se nós constatássemos que o direito está a tutelar a fidelidade entre os infratores da lei.** Certamente, contra a ética estaria o Estado se não garantisse meios à Administração da Justiça, dificultando, então, a descoberta dos fatos de forma eficiente e célere.

Outro ponto interessante é que, como veremos, as obrigações assumidas pelo colaborador **são de fim, e não de meio**. Portanto, só há que se falar

29 Este princípio veda que o indivíduo seja compelido a produzir elementos probatórios em seu desfavor. Segundo a doutrina majoritária, tal princípio possui amparo em nossa Constituição Federal no artigo 5º, inciso LXIII. Vejamos: "o preso será informado de seus direitos, **entre os quais o de permanecer calado,** sendo-lhe assegurada a assistência da família e de advogado. "

30 Art. 4º O juiz poderá, a requerimento das partes, conceder **o perdão judicial, reduzir em até 2/3 (dois terços) a pena privativa de liberdade ou substituí-la por restritiva de direitos** daquele que tenha colaborado efetiva e voluntariamente com a investigação e com o processo criminal, desde que dessa colaboração advenha um ou mais dos seguintes resultados:.... (Lei n. 12.850/2013).

em efetividade da colaboração premiada se, ao menos, um dos vários objetivos elencados no *caput* do art. 4º da Lei de Organização criminosa for atingido. **É o que se chama de eficácia objetiva da colaboração premiada**. Isso tem que ficar claro para o colaborador antes mesmo do firmamento do pacto. Vejamos quais são esses objetivos:

> Art. 4º O juiz poderá, a requerimento das partes, conceder o perdão judicial, reduzir em até 2/3 (dois terços) a pena privativa de liberdade ou substituí-la por restritiva de direitos daquele que tenha colaborado efetiva e voluntariamente com a investigação e com o processo criminal, desde que dessa colaboração advenha um ou mais dos seguintes resultados:
>
> I – a identificação dos demais coautores e partícipes da organização criminosa e das infrações penais por eles praticadas;
>
> II – a revelação da estrutura hierárquica e da divisão de tarefas da organização criminosa;
>
> III – a prevenção de infrações penais decorrentes das atividades da organização criminosa;
>
> IV – a recuperação total ou parcial do produto ou do proveito das infrações penais praticadas pela organização criminosa;
>
> V – a localização de eventual vítima com a sua integridade física preservada.

Sem dúvida, a peculiaridade acima é uma das mais interessantes sobre esse assunto. Essa idiossincrasia acaba desestimulando colaboradores-aventureiros. Enfim, se o colaborador tem que assumir sua culpa perante o Estado (quando do firmamento do pacto), caso ele blefasse quanto à sua capacidade de auxiliar a persecução penal, correria o risco de **não ser agraciado** pelos benefícios elencados na proposta de acordo (pois não cumprira sua meta) e, ainda assim, teria confessado sua culpa frente aos crimes investigados pela Polícia. Por isso, não é comum ver os suspeitos arriscando a sorte em acordos desse tipo; mais comum é o firmamento de acordos quando o suspeito-colaborador tem certeza da existência de elementos que corroboram a sua delação.

Talvez, por isso, a própria legislação já deixa transparecer que, em casos semelhantes, o magistrado não deva considerar essa confissão do pretenso colaborador somente em seu desfavor, sendo necessário que isso seja apreciado, também, em seu benefício. Nesse sentido, *vide* o que diz a Lei de Organização Criminosa sobre isso:

> Art. 4º [...]
>
> § 10. As partes podem retratar-se da proposta, caso em que **as provas autoincriminatórias produzidas pelo colaborador não poderão ser utilizadas exclusivamente em seu desfavor**. (Lei nº 12.850/2013).

Por fim, é importante saber que o colaborador **não terá** prazo indeterminado para fornecer as informações e as provas que ele disse ser capaz de produzir. Em verdade, há um prazo, o qual precisa ficar bem claro quando do firmamento do acordo de colaboração premiada. O referido prazo é o mesmo da suspensão da oferta da denúncia, qual seja, de 6(seis) meses, prorrogável por igual período.

Em outras palavras, **enquanto estiver colaborando**, o prazo de oferta da denúncia ficará suspenso (6 meses, prorrogáveis por igual período)[31], em relação ao suspeito-colaborador. Isso só ocorre, pois a oferta da denúncia (se vai mesmo acontecer e em que termos se dará) depende muito do desfecho da colaboração premiada. Afinal de contas, quando do oferecimento da exordial, o Promotor já deve saber se o colaborador atingiu a dita eficácia objetiva do pacto e, portanto, em qual instituto de política criminal ele deve se fazer incurso. Além disso, **há a possibilidade de não haver, inclusive, a oferta da peça inicial** em desfavor do colaborador, nos casos elencados no art. 4º, § 4º, da Lei nº 12.850/2013. Vejamos: "Nas mesmas hipóteses do *caput*, o Ministério Público **poderá deixar de oferecer denúncia se o colaborador**: I –não for o líder da organização criminosa; II – for o primeiro a prestar efetiva colaboração nos termos deste artigo."

Por fim, mas não menos importante, asseveramos que a lei de Organização Criminosa determina que o profissional de defesa deverá acompanhar, sempre, os atos a serem realizados no contexto do acordo de colaboração premiada[32]. Por mais que a lei não tenha sido expressa, parece óbvio que **não necessariamente** o mesmo defensor deva estar presente em todos os atos de colaboração. Afinal de contas, é sempre possível que haja substabelecimento de procurações, bem como a nomeação conjunta de vários defensores pertencentes a um mesmo escritório de advocacia.

31 Vide, nesse sentido, o art. 4º, §3º, da Lei nº 12.850/2013: "O prazo para oferecimento de denúncia ou o processo, relativos ao colaborador, **poderá ser suspenso por até 6 (seis) meses, prorrogáveis por igual período, até que sejam cumpridas as medidas de colaboração, suspendendo-se o respectivo prazo prescricional**".

32 Nesse sentido, *vide* o art. 4º, § 15, da Lei nº 12.850/2013: Em todos os atos de negociação, confirmação e execução da colaboração, **o colaborador deverá estar assistido por defensor**.

Capítulo 16

Lei nº 12.965/2014 – (Marco Civil da Internet) e investigação de crimes cibernéticos

16.1. QUAIS OS PROCEDIMENTOS BÁSICOS PARA INVESTIGAR UM CRIME VIRTUAL?

A *priori*, queremos deixar claro que não é a nossa intenção discorrer sobre todo o procedimento de investigação de crimes cibernéticos. Isso seria impossível, na verdade! De fato, queremos somente dar ao policial uma boa noção de como funciona uma investigação virtual e indicar quais são as medidas de cautela mais basilares a serem adotadas.

Pois bem, inicialmente, é importante entender como funcionam as coisas na *Internet* para, aí assim, passarmos a falar sobre a investigação propriamente dita.

A rede mundial de computadores é um terreno bem democrático, mas, mesmo assim, possui algumas regras básicas de funcionamento. É que, para se transitar nela, é necessário que os usuários falem a mesma língua. Essa língua, por óbvio, não é o francês, o italiano, o inglês, o português etc., mas, sim, **uma linguagem técnica, a qual garante a compatibilidade necessária para a transferência de dados entre os vários computadores ligados em tal rede**. Essa linguagem é representada pela sigla TCP/IP – Transfer Control Protocol/Internet Protocol.

Quem domina essa linguagem peculiar são as empresas que dão acesso à Internet, nominadas **provedoras de acesso**. Em outros termos, foi incumbida a essas empresas a função de intermediar a vontade das pessoas de se conectarem a tal rede, assegurando-se que todas estejam falando a mesma língua técnica (TCP/IP).

Dessa forma, as provedoras de acesso à Internet franqueiam a cada um de seus clientes um "veículo" (o qual é compatível com a linguagem supracitada) para que o internauta se conecte e passeie livremente pela rede mundial. Esse "veículo" se chama **endereço de protocolo de Internet (endereço de IP)**[1].

O endereço de Protocolo da Internet[2]**, por ser de quantidade limitada, é cedido temporariamente pela provedora de acesso aos seus vários clientes-internautas (IP variável), sendo que, quando um cliente finaliza o respectivo acesso à rede, outro, sucessivamente, passará a usar esse mesmo endereço de IP para navegar**. Comparativamente, é como se fosse um carro alugado, o qual, após liberado por um cliente, é logo alugado por outro. Em resumo, ninguém é dono do endereço de IP. Essa é a regra geral[3]. A razão lógica para esse rodízio é que seria extremamente dispendioso para a provedora de acesso conferir um desses **endereços de IP**, de forma fixa, para cada cliente.

Portanto, como as provedoras de acesso foram as incumbidas de viabilizar o acesso dos seus clientes à Internet, é lógico que elas possuam os dados de todos os seus assinantes. Assim, tanto os dados de qualificação dos clientes, como o registro de quando eles acessaram à rede (registros de conexão[4] ou *logs* de acesso) ficam armazenados em tais empresas por certo tempo (1 ano[5]). É uma rica, mas perene, base de informações.

Já foi possível notar que, quando um indivíduo pratica um ilícito penal na Internet, fá-lo-á se utilizando de um endereço de IP, o qual lhe fora "emprestado" por alguma das muitas provedoras de internet. De posse

1 O endereço de IP não é um número fixo do dispositivo informático utilizado para acessar à Internet, como o é o IMEI (número de identificação de um aparelho celular). O IP identifica somente a conexão virtual realizada, em determinado intervalo de tempo (por um determinado usuário) à rede mundial de computadores. Quem detém esse controle de IPs é um provedor de acesso à Internet.

2 Nos termos do art. 5º, inc. III, da Lei nº 12.965/2014 (Marco Civil da Internet), endereço de protocolo de internet (endereço IP) é o código atribuído a um terminal de uma rede para permitir sua identificação, definido segundo parâmetros internacionais.

3 É claro que existem situação em que tais endereços são permanentemente cedidos para alguns clientes, o que faz com que o referido IP seja considerado permanente. Isso é caro e, com certeza, uma exceção.

4 Nos termos do art. 5º, inc. VI, da Lei nº 12.965/2014 (Marco Civil da Internet), registro de conexão é o conjunto de informações referentes à data e hora de início e término de uma conexão à internet, sua duração e o endereço IP utilizado pelo terminal para o envio e recebimento de pacotes de dados.

5 Nos termos do art. 13 da Lei nº 12.965/2014: "Na provisão de conexão à internet, cabe ao administrador de sistema autônomo respectivo o dever de manter os registros de conexão, sob sigilo, em ambiente controlado e de segurança, pelo prazo de 1 (um) ano, nos termos do regulamento".

dessa informação, fica fácil notar que **as informações mais importantes a serem coletadas pela Polícia são: o endereço de IP que fora utilizado pelo criminoso em seu ataque e o exato momento do crime (dia e hora[6])**.

Lembre-se de que, sem a determinação da hora da utilização do IP, é difícil que a provedora de acesso consiga determinar qual foi o usuário responsável pelo ataque, já que, como dito alhures, esse endereço de IP vai sendo fornecido para outros clientes, sucessivamente, à medida que os anteriores vão se desconectando da Internet.

Entendida essa parte inicial, passaremos, agora, para um contexto mais prático. É essencial notarmos que há investigações cibernéticas que precisam de menor labor e outras, de maior. O que há de comum entre essas duas formas de investigação é que elas se mostram absolutamente dependentes da descoberta do endereço de IP, instituto exaustivamente tratado nos parágrafos acima. Vamos, então, analisar dois tipos de investigação, uma mais simplória e outra mais complexa.

No caso de o crime ter sido perpetrado por meio de um correio eletrônico (e-mail), o trabalho do policial será mais fácil. Dizemos isso, pois **o endereço de IP do emissor de tal carta eletrônica criminosa (bem como o horário e dia de seu envio) são costumeiramente fornecidos nos próprios cabeçalhos dos e-mails**. Bastará ao policial, nesse caso, copiar esse endereço de IP e fazer uma pesquisa em um site especializado **para descobrir a qual provedora de acesso à internet pertence o respectivo endereço de IP (por exemplo, GVT, NET, OI etc.). Utiliza-se, para tanto, de uma ferramenta de nome *WHOIS***[7]. Dentre os sites recomendados está o registro.br (http://registro.br). Não será necessária qualquer autorização do juiz para ter acesso a tais dados, pois eles são de domínio público.

Com base nessas informações colhidas na ferramenta WHOIS, a autoridade policial já poderá representar ao magistrado pela expedição de mandado de afastamento de sigilo de dados informáticos. Essa ordem judicial deverá ser dirigida à recém-descoberta provedora de acesso à Internet, para que informe quem é o assinante que, no dia e hora

6 É essencial que o delegado informe ao magistrado o horário e dia exatos da prática criminosa, inclusive mencionado o fuso horário respectivo.

7 Essa ferramenta visa a descobrir a qual provedora de internet se relaciona determinado endereço de IP, por isso who is (quem é).

mencionados no cabeçalho do e-mail, utilizava-se de tal endereço de IP[8]. Nesse caso, por incrível que pareça, uma só representação será suficiente para desvendar de qual cliente se originou aquele e-mail criminoso. Quando a resposta da provedora chegar, o delegado saberá quem é o indivíduo responsável por tal conta (junto à provedora), além do referido endereço físico daquele ponto de acesso à internet.

Situação um pouco mais complexa ocorrerá quando estiver envolvida uma dessas empresas de aplicações da Internet[9], por exemplo, o Facebook e o Twitter. Esses casos são mais intrincados, pois o agressor costuma se utilizar de um perfil *fake* para praticar o crime, bem como pelo fato de o IP do agressor não poder ser visualizado tão facilmente como nos e-mails. Aqui, serão necessárias, no mínimo, duas representações para esclarecer quem é o indivíduo responsável pela infração penal[10]: a primeira para descobrir os IPs utilizados nos vários acessos[11] a tal aplicação da Internet; a segunda para que, na posse de tais IPs e dos horários de acesso, a provedora de acesso à Internet indique quem era o cliente que os estava utilizando. Veremos isso melhor agora.

Pois bem, no contexto suso, como já dito, o começo da investigação será bem diferente. O primeiro passo é descobrir de qual perfil originou-se a agressão virtual. Muito provavelmente, tratar-se-á de um *nickname fake*[12].

8 Lembre-se de que dois são os dados importantes a serem informados à provedora: o número do IP e o momento exato da prática criminosa (hora, minuto e segundo – e respectivo fuso horário). Afinal de contas, como os IPs não costumam ser fixos, só será possível saber quem se utilizava de tal dígito (quando do crime) se for fornecido à provedora o exato momento da perpetração da infração penal. Qualquer erro no que tange ao horário pode ser desastroso para a investigação.

9 Nos termos do art. 5º, inc. VII, da Lei nº 12.965/2014 (Marco Civil da Internet), aplicações de internet são o conjunto de funcionalidades que podem ser acessadas por meio de um terminal conectado à internet. É o caso do facebook, twitter etc.

10 A Lei nº 12.965/2014 conferiu ao delegado o poder de determinar (por meio de ofício) o resguardo de dados informáticos armazenados nas provedoras de internet (ou nas empresas de aplicações de internet), garantindo-se que, até que a ordem judicial acerca do afastamento do respectivo sigilo chegue às mãos de tais empresas, os dados não se percam. Em verdade, sabendo da costumeira demora na decretação de uma medida cautelar probatória, o legislador conferiu ao delegado a possibilidade de lançar mão de um tipo de "cautelar da cautelar" (art. 13, § 2º, e art. 15, § 2º, da Lei nº 12.965/2014). Dessa forma, o ofício do Delegado terá força de ordem cautelar, ordenando-se a guarda daquelas informações até que a ordem judicial seja efetivamente encaminhada pelo juízo competente à provedora de internet.

11 Nesse contexto, não pode o Delegado se restringir a buscar somente o IP utilizado quando da prática da infração penal, até porque, quando decide delinquir, o suspeito acaba se cobrindo de maior cautela (por exemplo, procura uma Lan house, arruma um servidor PROXY). Contudo, se o pedido do delegado for um pouco mais elástico, é possível ter ele mais sucesso. Diz-se isso, pois, em um dos outros vários acessos à referida aplicação da Internet, o suspeito pode ter cometido uma falha e, assim, tenha acessado seu perfil de um local familiar. Aqui sim a pista será quente! Por isso, é tão importante pedir que a empresa forneça todos os *logs* de acesso àquele perfil, e não só os do momento do crime.

12 *Nickname Fake* nada mais é do que um perfil falso criado em uma dessas várias redes sociais informáticas.

Mesmo sabendo que o nome do perfil é falso, o delegado de Polícia deve saber que esse perfil é uma mina de informações e, portanto, não deve ser descartado. Dizemos isso pois é com base nesse perfil falseado que a autoridade policial pleiteará a primeira medida de afastamento de sigilo de dados.

O delegado deverá representar ao magistrado para que ele ordene à empresa de aplicações de Internet que forneça quais foram os endereços de IP utilizados em cada um dos acessos que o suspeito fez àquele perfil falso (logs de acesso à aplicação da Internet). Assim o delegado saberá quantas vezes o criminoso acessou aquele perfil falso, bem como quais foram os endereços de IP utilizados por ele quando desses acessos. A investigação, agora, começa a tomar corpo.

Ao receber os referidos dados da empresa de aplicações de Internet (Facebook ou Twitter, por exemplo), a autoridade policial poderá aferir que, no envelope sigiloso respectivo, há documento **fazendo menção a vários endereços de IP, acompanhados das respectivas horas e datas de cada acesso**. É comum que as empresas de aplicações da Internet também forneçam informações acerca das provedoras de acesso a que tais endereços de IPs estão adstritos (OI, GVT etc.). Caso não o façam, cabe ao delegado de Polícia ordenar que seus agentes o pesquisem, por meio da famigerada ferramenta WHOIS.

Já na posse desses vários endereços de IP (e também já sabendo a quais provedoras de internet eles se relacionam), deverá a autoridade policial confeccionar uma segunda representação policial. Nessa outra representação policial,[13] o delegado de Polícia deverá pleitear ao magistrado

13 Não negamos que o Superior Tribunal de Justiça (STJ) decidia, conforme consta em seu informativo 409, que o fornecimento de dados cadastrais pela empresa (nome do usuário e endereço cadastrado) **não estava abarcado da reserva judicial elencado no art. 5º, inc. XII, da Constituição Federal de 1988**, o que permitia o pedido formulado, nesse sentido, pelo próprio Delegado de Polícia. Ademais, a redação do art. 10, § 3º, da Lei nº 12.965/2014 também dá a entender essa possibilidade. Contudo, atualmente, a **jurisprudência do STJ firmou-se (e até agora está imutável) no sentido de que é necessária uma autorização judicial para o acesso a tais informações**. Vejamos, nesse sentido, REsp nº 1.068.904/RS (STJ – 30/3/2011): "RECURSO ESPECIAL – AÇÃO CAUTELAR DE EXIBIÇÃO DE DOCUMENTOS – INFORMAÇÕES ACERCA DA ORIGEM DE MENSAGENS ELETRÔNICAS DIFAMATÓRIAS ANÔNIMAS PROFERIDAS POR MEIO DA INTERNET – LIDE CONTEMPORÂNEA – POSSIBILIDADE DE IDENTIFICAÇÃO DO AUTOR – ACESSO AOS DADOS CADASTRAIS DO TITULAR DE CONTA DE E-MAIL – MANDADO JUDICIAL – NECESSIDADE – SIGILO DE DADOS – PRESERVAÇÃO – ÔNUS SUCUMBENCIAIS – CONDENAÇÃO – IMPOSSIBILIDADE – AUSÊNCIA DE RESISTÊNCIA DO PROVEDOR – PRINCÍPIO DA CAUSALIDADE – AFASTAMENTO – NECESSIDADE – RECURSO ESPECIAL PROVIDO. I – A presente controvérsia é uma daquelas questões que a vida moderna nos impõe analisar. Um remetente anônimo utiliza-se da Internet, para, e por meio dela, ofender e denegrir a imagem e reputação de outrem. Outrora, a carta era um dos meios para tal. Doravante, o e-mail e as mensagens eletrônicas (SMS), a substituíram. Todavia, o fim continua o mesmo: ofender sem ser descoberto. O caráter anônimo de tais instrumentos pode até incentivar tal conduta ilícita. Todavia, os meios existentes atualmente permitem rastrear e, portanto,

que ordene aos provedoras de acesso à Internet[14] que forneçam os dados dos clientes que se utilizavam daqueles endereços de IP, nos respectivos dia e hora indicados pela empresa de aplicações da Internet (Facebook e Twitter).

Sem dúvida, com a chegada dessas novas informações, o delegado de Polícia terá algo palpável para trabalhar. Afinal de contas, a autoridade policial agora terá informações concretas sobre o cliente da provedora de acesso à Internet, bem como o respectivo endereço do ponto de acesso à internet.

É importante sobrelevar que os resultados das informações obtidas junto às provedoras de acesso só indicarão quem é o responsável pelo ponto de acesso à Internet, sem indicar precisamente qual morador ou funcionário (no caso de uma multiplicidade de pessoas suspeitas) foi o responsável por tais ilícitos.

Por conseguinte, por mais que os afastamentos de sigilos de dados informáticos, citados nesta questão, costumem trazer muitas informações sobre o crime, eles nunca trarão a certeza de quem foi o verdadeiro autor da infração penal, **principalmente quando várias pessoas se utilizem daquele ponto de acesso à Internet**. Afinal de contas, é como na interceptação telefônica ou na quebra de sigilo de dados telefônicos: é possível precisar a linha telefônica utilizada, mas não é possível, *a priori*, precisar quem são os interlocutores. Só com base em uma investigação mais apurada que isso será esclarecido.

Dessa forma, é imprescindível que os dados angariados por tais afastamentos de sigilos de dados informáticos sejam aliados a outros elementos coletados no curso da investigação (prova testemunhal, busca e apreensão, interceptação telefônica etc.), visando a se formar um conjunto probatório mais robusto e certo sobre a autoria criminosa. Fica aqui a dica.

---

localizar o autor das ofensas, ainda que no ambiente eletrônico. II – À luz do que dispõe o art. 5º, inc. XII, da Constituição Federal, infere-se que, somente por ordem judicial, frise-se, a ora recorrente, UNIVERSO ONLINE S. A., poderia permitir acesso a terceiros ao seu banco de dados cadastrais. [...] V – **Dessa forma, como o acesso a dados cadastrais do titular de conta de e-mail (correio eletrônico) do provedor de Internet só pode ser determinada pela via judicial, por meio de mandado**, não há que se falar em aplicação do princípio da causalidade, apto a justificar a condenação nos ônus sucumbenciais. VI – Recurso especial provido". (Negrito nosso.)

14 Não se esqueça que, também nesse caso, é imprescindível que o delegado descubra a quais provedoras de acesso à Internet estão vinculados os referidos endereços de IP fornecidos como resposta a esse primeiro mandado judicial. Deverá o policial copiar esse endereço de IP e fazer uma pesquisa em um site especializado para descobrir qual provedora de acesso à Internet é detentora de tal endereço de IP (por exemplo, GVT, NET, OI etc.). Utiliza-se, para tanto, de uma ferramenta de nome *WHOIS*. Dentre os sites recomendados está o registro.br (http://registro.br). Não será necessária qualquer autorização do juiz para ter acesso a tais dados, pois eles são de domínio público.

II

Parte II

TEMAS DE DIREITO PENAL

Capítulo 1

Parte Geral do Código Penal

1.1. AS FIGURAS DE AUTOR E PARTÍCIPE

1.1.1. Como definir quem é autor ou particípe da empreitada criminosa?

Hodiernamente, existem várias teorias que tentam distinguir com clareza quem é autor e quem é partícipe da empreitada criminosa. Contudo, somente duas dessas merecem nossa detalhada análise: teoria objetivo-formal e teoria do domínio do fato.

A teoria objetivo-formal define que autor é quem pratica ao menos um dos verbos principais do tipo penal e partícipe é aquele que pratica qualquer outra ação ou omissão, teleologicamente voltada para o êxito criminoso, desde que não prevista expressamente no tipo penal. Por exemplo, no caso de um furto, autor é quem subtrai a coisa alheia móvel; partícipe é qualquer envolvido que não pratique esse verbo, mas venha a contribuir na prática criminosa com outra ação ou omissão relevante. Por fornecer tanta objetividade na diferenciação entre autor e partícipe, essa teoria ainda é muito utilizada por alguns operadores do Direito, sendo a que melhor se adequa aos ditames do princípio da legalidade, já que se vincula a um fator objetivo do tipo penal, que seja o verbo.

Para a teoria do domínio do fato, defendida por Welzel e Roxin, autor é aquele que domina funcionalmente o fato criminoso, ou seja, aquele indivíduo que detém o controle sobre ato necessário à consumação do delito, podendo obstaculizar sua concretização. **Note que para essa teoria não há necessária vinculação da figura do autor do fato com a prática dos verbos nucleares do tipo penal, mas, sim, enfoca-se a relevância da conduta do agente no contexto criminoso**. Na obra de Gomes (2009, p. 364-365), sectário da teoria do domínio do fato, autor funcional em Direito Penal é:

Para Luiz Flávio Gomes, pode ser considerado **autor funcional do crime**, consoante a teoria do domínio do fato:

- (a) – quem realiza o verbo núcleo do tipo (quem tem o domínio da ação típica);
- (b) – quem tem o domínio organizacional da ação típica (quem organiza, quem planeja etc.);
- (c) – quem tem o domínio funcional do fato, ou seja, quem participa funcionalmente da execução do crime mesmo sem realizar o verbo núcleo do tipo (quem segura a vítima para que seja golpeada por outra pessoa), ou ainda;
- (d) – quem tem o domínio da vontade de outras pessoas (isso é o que ocorre na autoria mediata, que está prevista expressamente no art. 20, § 2º, do CP).

Fica fácil notar que a **teoria do domínio do fato é muito mais elástica do que a teoria objetivo-formal; por isso é capaz de dotar a autoridade policial de uma maior flexibilidade quando do indiciamento de um suspeito como autor da prática criminosa**. Afinal, nesse caso, não fica a autoridade policial vinculada à mera análise de quem praticara o verbo principal, mas, sim, deve analisar, caso a caso, a relevância da conduta do suspeito no contexto criminoso. Por essas e outras é que a teoria do domínio do fato deve ser muito bem explorada pelas autoridades policiais do Brasil. Vejamos um breve resumo sistêmico sobre as teorias estudadas acima:

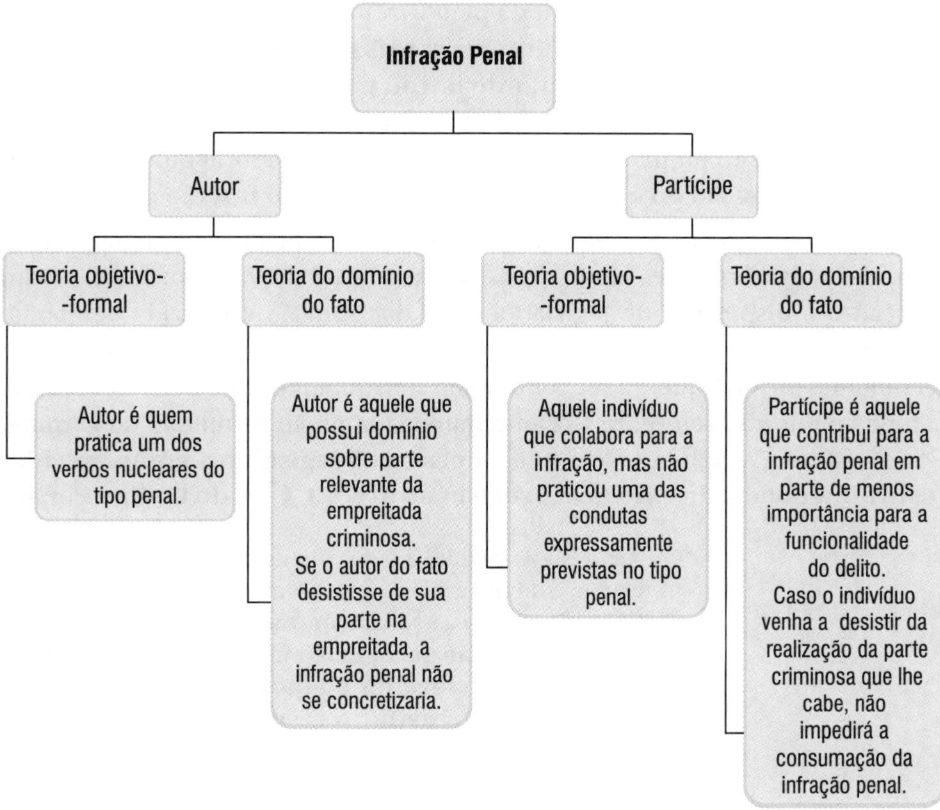

1.2. A FIGURA DO GARANTE

1.2.1. A omissão criminosa imputável à figura do garante será sempre dolosa?

Evidentemente que não. Entretanto, para que se possa compreender o porquê dessa resposta é preciso fazer uma pequena introdução, principalmente em relação à figura do garante e de suas características peculiares.

Garante é o indivíduo que se comprometeu, por meio de um vínculo jurídico, a evitar a concretização de lesão ou perigo de lesão a um bem jurídico tutelado. Trata-se de um indivíduo que deve agir para evitar um resultado desvaloroso a um bem jurídico a que ele se obrigou proteger. Por isso, o Direito Penal acaba sendo implacável com a omissão, nominando-a omissão penalmente relevante.[1]

Diga-se, então, que, por mais que a regra seja a punição somente a título de ações, no caso do garante, a sua ação ou inação (omissão imprópria)

1 A omissão também é penalmente relevante quando o legislador incrimina, em um tipo penal autônomo, a conduta omissiva das pessoas (omissão própria). Nesse caso, não há que se levar em consideração qualquer atributo pessoal do omitente, como ocorre na figura do garante. Exemplo dessa categoria de crimes omissivos (omissão própria) é o crime de omissão de socorro (art. 135, CP).

passa a ser igualmente incriminada pelo Direito Penal. **É claro que o fator que faz a figura do garante interessantíssima é a possibilidade de punir sua omissão, mesmo quando o tipo penal só prever a punição a título comissivo (ação), nos rigores da mesma pena.** Apesar da relativa facilidade em se compreender o que fora mencionado acima, no Código Penal a visualização do que acabamos de afirmar não fica tão clara assim.

O legislador teve que trabalhar com a boa técnica jurídica para possibilitar a punição das omissões dos garantes. Duas alternativas, portanto, foram colocadas à disposição do legislador para dar solução à referida demanda: fazer constar tal possibilidade punitiva artigo por artigo; ou criar uma ferramenta jurídica que, ao ser combinada com qualquer tipo penal comissivo, estenda a punição referente à ação criminosa também à omissão do garante. Por evidente a segunda tese é que emplacou. **O legislador, então, decidiu instituir a norma de extensão prevista no art. 13, § 2º, do Código Penal:**

> Art. 13 – O resultado, de que depende a existência do crime, somente é imputável a quem lhe deu causa. **Considera-se causa a ação ou omissão sem a qual o resultado não teria ocorrido.** § 2º – **A omissão é penalmente relevante quando o omitente devia e podia agir para evitar o resultado.** O dever de agir incumbe a quem:
>
> a) tenha por lei obrigação de cuidado, proteção ou vigilância;
>
> b) de outra forma, assumiu a responsabilidade de impedir o resultado;
>
> c) com seu comportamento anterior, criou o risco da ocorrência do resultado. (Código Penal Brasileiro)

Essas normas de extensão visam a alargar o alcance da tipicidade para, em atendimento ao princípio da legalidade, proporcionar punição para casos não previstos expressamente no tipo penal. Elas podem ser facilmente compreendidas quando fazemos uma comparação a uma extensão elétrica, que nada mais é do que uma ponte entre a fonte de energia (tomada) com o aparelho que necessita da energia. A ideia da norma de extensão é a mesma. **O desiderato é interligar um tipo penal incriminador a um tipo penal extensor, criando uma nova possibilidade punitiva.** O princípio da legalidade, assim, restará atendido.

O art. 13, § 2º, do Código Penal, o qual conceitua a figura do garante, é uma dessas normas de extensão. **Tal dispositivo permite que haja a equiparação da conduta humana comissiva, prevista nos tipos penais em**

geral, com a conduta omissiva do garante. O efeito prático da combinação dessa norma de extensão com um tipo penal incriminador é a possibilidade da punição pela omissão do garante como se tivesse praticado uma ação em detrimento do mesmo bem jurídico protegido. Só isso! **Lembre-se de que o elemento subjetivo do tipo permanecerá o mesmo, ou seja, se a omissão do garante for dolosa, responderá pela respectiva modalidade comissiva dolosa; se a omissão for culposa, responderá o garante pela respectiva modalidade comissiva culposa, se existir.**[2] Fica mais claro tal assertiva se visualizarmos, esquematicamente, alguns exemplos:

- Homicídio **DOLOSO** e a figura do garante.

  Art. 121: Matar alguém (mediante ações dolosas).

↓

O art. 13, § 2º, CP faz a equiparação entre a ação prevista no tipo penal (matar) com a **omissão deliberada do garante visando ao resultado morte**.

↓

Art. 121 combinado com art. 13, § 2º, do Código Penal: **Deixar alguém morrer** (dolosamente) também será punido nas mesmas penas.

- Homicídio **CULPOSO** e a figura do garante.

  Art. 121, § 3º: Matar alguém **culposamente** (mediante **ações** descuidadas).

O art. 13, § 2º, CP, faz a equiparação entre a **ação negligente** prevista no tipo penal (matar por culpa) com a **omissão negligente do garante, a qual ocasione morte não querida**.

↓

Art. 121, § 3º, combinado com art. 13, § 2º, ambos do Código Penal: **Deixar alguém morrer (culposamente)** também será punido nas mesmas penas.

Para exemplificar os ensinamentos supracitados, imaginemos uma médica de plantão na emergência de um hospital estadual. Certa hora, ela visualiza quando um antigo desafeto seu, o qual acabara de ser esfaqueado, chega solicitando socorro médico naquele nosocômio. A médica, **querendo vê-lo morto**, deixa de prestar socorro, vindo o paciente a morrer à mingua. Ora, inegável que, analisando unicamente o art. 121 do Código Penal, não haveria tipicidade, já que a médica não teria praticado qualquer ação no sentido de matar o indivíduo. Entretanto, notamos que a omissão da médica foi penalmente relevante, já que ela vinculou-se à proteção da vida

2 Não se pode falar em omissão imprópria culposa em crime doloso, muito menos em omissão imprópria dolosa em crime culposo.

humana quando se dispôs a trabalhar na emergência daquele hospital. É fato que a **inação** da médica era destinada para a ocorrência do resultado morte do indivíduo; afinal, ela deixou, dolosamente, de prestar qualquer atendimento curativo para que aquele paciente viesse a óbito.[3] Portanto, feita a extensão do art. 121 do Código Penal, pela interligação à norma prevista no art. 13, § 2º, do Código Penal, autorizar-se-á a punição da médica por esse homicídio doloso, mesmo advindo de uma conduta omissiva dela (crime comissivo por omissão).

Solução parecida ocorreria se essa mesma médica tivesse, **por descuido, omitido cuidados** a esse paciente e ele viesse a morrer. Evidentemente, não responderia a médica por homicídio doloso, já que não havia *animus necandi* permeando a sua omissão. Também não haveria possibilidade de punir a médica como se tivesse cometido um homicídio culposo (art. 121, § 3º, do CP), vez que ela não praticara nenhuma ação descuidada que tenha gerado esse resultado morte. Em verdade, foi a omissão culposa da médica que ocasionou o falecimento da vítima. O que fazer, então? Nesse caso, por paralelismo com o que fora exposto no exemplo anterior, a omissão incauta dessa médica se **equiparará à ação negligente** prevista no tipo penal do art. 121, § 3º, do Código Penal, o que possibilitará sua punição nas mesmas penas. Dessarte, a norma de extensão prevista no art. 13, § 2º, do Código Penal, fará a conexão, dessa vez, com o art. 121, § 3º, do Código Penal, permitindo a responsabilização da profissional de saúde pelo homicídio culposo, em virtude de sua omissão culposa. Nessa mesma linha de raciocínio citamos a opinião doutrinária de Greco (2009, p. 130):

> Os resultados, nos crimes omissivos impróprios, podem ser alcançados em razão das conduta dolosa ou culposa do agente, querendo-se dizer com isso que esta espécie de crime omissivo admite tanto a inação dolosa quanto a inação culposa como meio para se atribuir o resultado ao agente. Tanto pode agir com dolo o salva-vidas que ao avistar o seu desafeto se afogando, volitivamente, não lhe presta o devido socorro e permite que este venha a falecer, como pode dar causa ao resultado morte não por ter agido dolosamente, mas, sim, por ter sido negligente no tardio atendimento.

Em síntese, necessário difundir tais conhecimentos para desmistificar a falsa ideia de que a figura do garante está atrelada inexoravelmente à responsabilização dolosa, quando da ocorrência de uma omissão penalmente relevante. Esse pensamento é errôneo, como visto acima.

3 Não há que se falar, nesse caso, em punição pela omissão de socorro (art. 135 do Código Penal), já que o crime comissivo por omissão (homicídio) é mais específico (princípio da especialidade) e mais gravoso (princípio da subsidiariedade) do que ele.

Capítulo 2

Parte Especial do Código Penal

2.1. DOS CRIMES CONTRA A PESSOA

2.1.1. Violação de domicílio

2.1.1.1. Para a consumação do crime de invasão de domicílio há necessidade de haver o dissenso de todos os moradores da casa?

Sobre tal tema é importante frisar que o art. 150 do Código Penal visa a resguardar o direito de o indivíduo escolher que visitantes adentrarão ou permanecerão em seu lar.[1]

Trata-se de um direito individual o qual deve ser respeitado mesmo quando a casa for habitada por uma coletividade e a presença desse visitante seja querida por boa parte dos moradores. Não seria razoável obrigar a realização de uma enquete entre os moradores para aferir se a maioria quer ou não a entrada ou permanência do indivíduo naquele lar.

A ideia é proteger o recato individual do cidadão em seu domicílio, por isso se privilegia o ato de proibição de um dos moradores em detrimento da permissividade concedida por uma maioria (*melior est conditio prohibentis*). Portanto, só deve o indivíduo entrar ou permanecer em uma residência se a unanimidade dos moradores permitir o ingresso ou permanência dele nesse domicílio.[2]

1 Tratamos nesse condão de meros "visitantes", pois, por óbvio, se as pessoas indesejadas forem moradoras da mesma habitação, não há que se falar em invasão de domicílio. Nesse viés, fica claro que irmãos que coabitam na mesma residência não podem alegar que um ou outro permaneceu no quarto alheio sem consentimento devido e, portanto, praticou violação de domicílio.

2 O policial deve ficar atento a esse ensinamento, pois, no caso de adentramento na casa de um suspeito (com fundamento no consentimento do morador mencionado no art. 5º, inciso XI, da Constituição Federal), essa regra também deverá ser levada em consideração. Por isso, se houver mais de um morador (com poder de mando sobre a casa), o policial deverá coletar a autorização de todos eles, visando a evitar a futura alegação de falta de concordância cabal para a devassa do domicílio.

Não obstante o exposto é importante sabermos que nem todos os moradores podem ser considerados detentores do direito de decidir quem entra ou permanece em sua casa. Nessa mesma esteira, o art. 150 do Código Penal determina quais são os indivíduos que têm essa faculdade jurídica de vedar a entrada ou de exigir a saída de pessoas desse lar; os detentores desse poder decisório foram nominados pelo legislador como **quem de direito**.

> Art. 150 - Entrar ou permanecer, clandestina ou astuciosamente, ou contra a vontade expressa, ou tácita **de quem de direito**, em casa alheia ou em suas dependências: Pena - detenção, de um a três meses, ou multa. (Código Penal)

Urge frisar que **"quem de direito" é uma expressão valorativa que indica a pessoa que detém poder de mando sobre a entrada ou a permanência de pessoas nas dependências do domicílio**. Por exemplo, por mais que um filho menor de 14 anos[3] seja morador de uma residência, são seus pais que decidem quem entra ou permanece na referida casa. O jovem nesse caso não é considerado "quem de direito" para esses fins. Sob idêntico fundamento dizemos que a empregada doméstica que more na casa do patrão não pode rechaçar a entrada ou permanência de amigos do dono na casa, salvo no quarto onde ela mantiver seu repouso noturno.

Por fim, insta mencionar que, caso haja divergência entre duas pessoas consideradas legitimadas para controlar a entrada e a permanência em um domicílio ("quem de direito"), é necessário que se privilegie sempre o dissenso. Como já afirmado anteriormente: *melior est conditio prohibentis* (melhor é a condição de quem proíbe). Defender qualquer posição diversa é obrigar o indivíduo a tolerar o ingresso de pessoas que lhe enxovalham o sossego e a paz. Caso os demais moradores queiram manter contato com a pessoa indesejada que busquem outro lugar para fazê-lo, pois a casa, para um indivíduo, deve ser o seu refúgio sagrado.

3 Importante frisar que o menor de idade será considerado "quem de direito" quando um terceiro estranho tentar invadir o recato do seu lar.

2.2. DOS CRIMES CONTRA O PATRIMÔNIO

2.2.1. Furto

2.2.1.2. Quais são as teorias existentes acerca do momento consumativo do crime de furto? Como diferenciar, na prática, o furto tentado do consumado, com base em cada uma dessas teorias?

Fortes dúvidas assolam os operadores do Direito quando têm que decidir se capitulam uma subtração patrimonial como furto consumado ou como furto tentado; a linha que divide essas duas modalidades é muito tênue.

Essa dificuldade de determinação tem sua gênese na **imprecisão conceitual** da **elementar "subtrair"** contida no art. 155 do Código Penal.[4] **Afirmamos isso pois não resta expresso no tipo penal quando a subtração patrimonial se perfaz na prática: se quando o furtador toca na coisa, se quando toma posse dela, se quando a esconde, se quando a move de local do fato, se quando a transporta para um local seguro etc.**

Sem poder precisar o momento exato da concretização da subtração patrimonial, fica difícil determinar quando o fato deixa de ser uma mera tentativa de furto e passa a ser um crime de furto consumado. Para espancar as dúvidas sobre esse tema, passaremos a analisar as mais importantes teorias jurídicas que versam sobre o momento consumativo do crime de furto, quais sejam: *contrectatio*, *amotio*,[5] *ablatio* e *ilatio*.

A primeira teoria, nominada ***contrectatio***, defende que a efetivação da subtração (consumação) dá-se pelo simples **contato** do agente com a coisa alheia almejada. A segunda teoria, nominada ***amotio*** (ou ***apreehensio***), assevera que a concretização da subtração se dá com a **inversão da posse** da coisa, passando ela para o poder do possuidor, mesmo que por um curto espaço de tempo, independentemente da posse mansa, pacífica e sem obrigatório deslocamento para um local seguro. A terceira teoria, ***ablatio***, assevera que a subtração ocorrerá quando a *res furtiva*, após apoderada, for **deslocada** do seu local originário. A quarta teoria, de nome ***ilatio***, propugna que a consumação do crime de furto, após o apoderamento da *res furtiva* e manutenção dela fora do espectro de vigilância da vítima, dá-se com seu **deslocamento para um local seguro**.

---

4 Art. 155 – **Subtrair,** para si ou para outrem, coisa alheia móvel: Pena – reclusão, de um a quatro anos, e multa. (Código Penal)

5 O STJ adota a teoria da *amotio* para determinar, também, o momento consumativo do crime de roubo. *Vide*, nesse sentido, a Súmula nº 582 do STJ: "Consuma-se o crime de roubo com a inversão da posse do bem mediante emprego de violência ou grave ameaça, ainda que por breve tempo e em seguida à perseguição imediata ao agente e recuperação da coisa roubada, sendo prescindível a posse mansa e pacífica ou desvigiada."

De posse desses conceitos, não é difícil notar que entre essas teorias há uma ideia de sucessão geográfico-temporal. **É só notar que os atos que importarão à consumação do crime de furto, de acordo com uma ou outra teoria, vão ocorrendo na medida em que o autor do fato se afasta do palco do crime e com o natural desenrolar do tempo**. Essa constatação é importantíssima!

Demonstraremos isso com um exemplo prático. Imaginemos um carro, deixado aberto no estacionamento de um shopping, o qual teve o aparelho de som automotivo dele subtraído. O punguista intentava, após apossar-se do bem, deixá-lo em um terreno baldio nas proximidades do estabelecimento comercial em voga para, posteriormente, vendê-lo ao receptador. Vejamos, então, em uma tabela, como cada uma das teorias citadas acima poderiam ser aplicadas nesse caso concreto:

Consumação &Tentativa	Furtador abre a porta do carro	Furtador **toca** no aparelho de som e começa a retirá-lo do painel	Furtador arranca o som do painel e o **toma para si**	Furtador, na posse da *res furtiva*, **dirige-se à saída** do estacionamento	Furtador esconde a *res furtiva* **no terreno baldio (local seguro)**
Contrectatio	Tentado	**Consumado**	Consumado	Consumado	Consumado
Amotio	Tentado	Tentado	**Consumado**	Consumado	Consumado
Ablatio	Tentado	Tentado	Tentado	**Consumado**	Consumado
Ilatio	Tentado	Tentado	Tentado	Tentado	**Consumado**

Apesar de todas as teorias supracitadas serem de inegável valia, é a teoria da *amotio* (ou *apreehensio*) que vem sendo majoritariamente adotada pelos tribunais pátrios e pela doutrina.[6] Como dito acima, para essa teoria, a concretização da subtração se dá com a inversão da posse da coisa, passando ela para o poder do possuidor, mesmo que por um curto espaço de tempo, independentemente da posse mansa, pacífica e sem obrigatório deslocamento para um local seguro.

> O delito de roubo, **assim como o de furto**, consuma-se com a **simples posse, ainda que breve, da coisa alheia móvel subtraída, sendo desnecessário que o bem saia da esfera de vigilância da vítima**. Precedentes. II. Para que o agente adquira o caráter de posse ou detenção, **basta a cessação da**

6 Nesse sentido, citamos Cunha (2012, p. 246): "O STF e o STJ adotam a segunda (*amotio*). Assim, já se decidiu consumado o delito no momento em que o proprietário perde, no todo ou em parte, a possibilidade de contato material com a *res* ou de exercício da custódia dominical, seja porque o agente logrou bem-sucedida fuga, seja porque destruiu a coisa apoderada."

clandestinidade ou da violência, mesmo que a vítima venha a retomar o bem, via perseguição própria ou de terceiro. (HC 238.355/SP - Superior Tribunal de Justiça).

Pelo que fora posto no quadro acima, visualizamos que, enquanto o furtador ainda tenta retirar o som do painel do veículo, o crime ainda não se consumara com base na teoria da *amotio*. Fácil notar isso, pois a atividade clandestina de surrupiar ainda estava em andamento. Somente após o arrancamento do som do painel e a consequente inversão da posse do bem, o fato se aperfeiçoara completamente. Nesse momento a elementar "subtrair" fora realizada cabalmente!

Pois bem, são essas pequenas minúcias que devem ser consideradas pela autoridade policial quando de sua decisão sobre a escorreita capitulação jurídica do fato que lhe for apresentado. Fica aqui a dica!

2.2.2. Imunidade penal

2.2.2.3. No caso de estar o delito patrimonial abarcado por uma imunidade penal absoluta (art. 181 do Código Penal) é vedado ao delegado de Polícia instaurar o inquérito policial?

A imunidade penal absoluta é um instituto que exclui a punibilidade de determinados crimes patrimoniais,[7] em virtude do estreito laço que liga o autor do fato à vítima do delito.

Esse instituto demonstra o desinteresse estatal na punição do autor de alguns crimes de lesa-patrimônio em face de saber que a ação punitiva do Estado trará ainda mais contendas para o seio dessa família. Em verdade, **o Estado lava as mãos nesses casos, visando a não agravar ainda mais a situação familiar conflituosa**.

7 Os crimes patrimoniais cometidos com violência ou grave ameaça à pessoa estão excluídos da possibilidade de aplicação da imunidade penal absoluta. Esse é o teor do art. 183, inciso I, do CP: "Não se aplica o disposto nos dois artigos anteriores: I – se o crime é de roubo ou de extorsão, ou, em geral, quando houver emprego de grave ameaça ou violência à pessoa."

Imunidade Penal Absoluta

(Artigo 181 do Código Penal)

Art. 181 - É isento de pena quem comete qualquer dos crimes previstos neste título, em prejuízo:

I - do cônjuge, na constância da sociedade conjugal;

II - de ascendente ou descendente, seja o parentesco legítimo ou ilegítimo, seja civil ou natural.

Apesar de parte considerável da doutrina brasileira asseverar não ser razoável a instauração do inquérito policial nos casos de imunidade penal absoluta, pugnamos que o procedimento apuratório não só deve ser iniciado como também concluído.

Na realidade, basta a existência de um crime para que haja justa causa para instauração do inquérito policial;[8] o que nesse caso o há. Um crime[9] houve; se é ou não punível, aí é outro problema! **Acreditamos que pugnar por uma posição diversa é incentivar a autoridade policial a se imiscuir em questões acerca da punibilidade, promovendo periclitante invasão das competências adstritas ao juiz natural da causa.**[10] Lembre-se de que cabe somente ao juiz o decisório acerca da extinção da punibilidade.

8 Não acreditamos que a verificação da procedência das informações (art. 5º, § 3º, CPP) seja instrumento hábil para encerrar as investigações nesses casos. Afirmamos isso pois tal instrumento visa a averiguar se a notícia criminosa possui o mínimo de credibilidade, principalmente no caso de dúvida sobre a verdade do que fora noticiado. Com certeza esse não é o caso! Aqui a denúncia é verossímil, já que não há dúvida acerca do cometimento de um crime; entretanto, por opção legislativa, não haverá punição no caso concreto.

9 Lembre-se de que a punibilidade, para a doutrina majoritária, não é um elemento integrante do conceito analítico de crime, mas somente uma consequência jurídica decorrente da prática de um injusto penal.Somente no conceito analítico tetrapartido de crime, o qual tem aceitação pífia na doutrina pátria, a punibilidade é requisito essencial ao conceito de crime.

10 Note que o art. 61 do CPP deixa claro que cabe somente ao juiz declarar extinta a punibilidade, seja de ofício ou por requerimento. Além do mais, é possível notar que a declaração da extinção da punibilidade ficará restrita à fase de processo penal, o que exclui a possibilidade de seu reconhecimento em sede de fase inquisitória. *Vide* redação: art. 61 do CPP: "**Em qualquer fase do processo**, o juiz, se reconhecer extinta a punibilidade, **deverá declará-lo de ofício**. Parágrafo único. **No caso de requerimento do Ministério Público, do querelante ou do réu**, o juiz mandará autuá-lo em apartado, ouvirá a parte contrária e, se o julgar conveniente, concederá o prazo de cinco dias para a prova, proferindo a decisão dentro de cinco dias ou reservando-se para apreciar a matéria na sentença final."

Não concordamos com o argumento que assevera ser contraproducente se utilizar do aparelhamento estatal para investigar um fato criminoso que muito provavelmente está fadado a não punição.[11] Tal posição doutrinária nos parece precipitada. Acreditamos que toda investigação policial tem a capacidade inata de surpreender o investigador, principalmente pelo seu resultado final. **Costumamos dizer que a investigação é como uma viagem de balão, ou seja, tem ponto certo de saída, mas nunca sabemos aonde, precisamente, vai nos levar.**

O ponto inicial de toda investigação é o relato do fato criminoso; o desfecho, entretanto, que seja a descoberta dos elementos acerca da autoria e da materialidade, comumente nos surpreende. Na maioria dos casos, a Polícia descobre, no curso da investigação policial, um ou outro autor e partícipe que não foram mencionados na denúncia inicial.

Pois é, caso o delegado de Polícia seja impedido de instaurar inquérito policial pela mera aparência de estar abrangido pela imunidade do art. 181 do Código Penal, muito provavelmente não poderá aprofundar-se na investigação e descobrir eventuais comparsas da infração penal. Esse é o ponto que queremos sobrelevar.

Essa abertura do leque investigatório é essencial, pois a imunidade penal absoluta, como já dito, só ampara os autores e os partícipes que tenham um vínculo muito estreito com a vítima; os demais coautores e partícipes não devem ser beneficiados por esse instituto de política criminal.[12] Portanto, deixar de investigar o fato por meio do inquérito policial pode manter os demais autores e partícipes obnubilados sob o manto da ausência de apuração. Para tentar clarificar essa nossa posição, faz-se interessante analisar um caso prático.

Imagine-se que um delito de furto, aparentemente abarcado pela imunidade penal absoluta, tenha sido informado à autoridade policial por meio do registro de ocorrência. Nesse mesmo informe foi omitido deliberadamente que houve participação de terceiros nessa prática criminosa patrimonial narrada. O delegado de Polícia deixou de instaurar o inquérito policial, pois acreditava que não havia justa causa para sua instauração, já que só constava como autor do fato pretenso beneficiário de imunidade absoluta (art. 181 do Código Penal).

11 "Existindo um caso de imunidade absoluta, não pode ser instaurado inquérito policial e muito menos ação penal por falta de interesse de agir. Não se permite a instauração de um procedimento (ação penal condenatória) quando não se pode impor sanção penal" (MIRABETE, 2011, p. 331.)

12 Art. 183 – Não se aplica o disposto nos dois artigos anteriores: II – **ao estranho que participa do crime**. (Código Penal brasileiro)

Nesse caso, é fácil notar que, com a inércia do delegado, muito provavelmente nunca serão descobertos os coautores ou os partícipes dessa prática criminosa. De certa forma, essa não instauração do inquérito policial acabará por tornar o inciso II do art. 183 do Código Penal letra morta. Afirmarmos isso pois, por mais que tal dispositivo tenha proibido a aplicação desse benefício para os autores e partícipes que não tivessem tamanha proximidade com a vítima, tais envolvidos nunca serão investigados e processados. **Nesse caso, a falta de investigação policial acaba por estender, involuntariamente, a imunidade penal absoluta a todos os autores e partícipes do delito (mesmo que não gozassem de tal privilégio em virtude da lei). Essa impunidade por ricochete tem que ser evitada.**

2.2.3. Dano

2.2.3.4. O preso que danificar a cela da delegacia ou presídio, visando à fuga, pode ser autuado pela prática de crime de dano qualificado?

Consoante o entendimento do Superior Tribunal de Justiça (STJ) não. O STJ consolidou entendimento de que o crime de dano necessita, além do dolo genérico, de um especial fim de agir, que seja a finalidade do agente em causar prejuízo econômico à vítima (*animus nocendi*). É o que pode ser chamado de crime de intenção especial.

Nesse caso, então, **o referido sodalício deixou claro que, além de o autor do dano ter a vontade e a consciência dirigidas a destruir ou deteriorar o objeto material (cela), o fim para tal ação deve ser a vontade de causar prejuízo patrimonial ao Estado.**[13] Por conseguinte, na hipótese de destruição ou de deterioração de cela para a fuga, o referido Tribunal Superior pontua que o encarcerado não quer causar um prejuízo ao Estado, mas somente fugir. Portanto, em virtude da ausência dessa motivação especial (*animus nocendi*), a conduta praticada torna-se um fato atípico. Nesse sentido, citamos reiteradas decisões do Superior Tribunal de Justiça:

> Não configura o crime de dano a conduta do preso que destrói, inutiliza ou deteriora os obstáculos materiais à consecução da fuga, porque ausente o elemento subjetivo do injusto,

13 Importante frisar que o crime de dano em desfavor de patrimônio público é qualificado. *Vide* o art. 163 – Parágrafo único – do Código Penal: Se o crime é cometido: III – contra o patrimônio da União, Estado, Município, empresa concessionária de serviços públicos ou sociedade de economia mista: Pena – detenção, de seis meses a três anos, e multa, além da pena correspondente à violência.

> o fim especial de agir, ou seja, o propósito de causar prejuízo ao titular do objeto material do crime – "animus nocendi". (STJ HC 25.657/SP)
>
> Consoante entendimento firmado por esta Corte, o delito de dano ao patrimônio público, quando praticado por preso para facilitar a fuga da prisão, exige o dolo específico (*animus nocendi*) de causar prejuízo ou dano ao bem público. Precedentes. (HC 226.021/SP – STJ)

Apesar de conhecermos o posicionamento do STJ acerca desse ato de dilapidação do patrimônio público, acreditamos ser desarrazoado. Essa permissividade jurisprudencial vem trazendo sérios prejuízos ao patrimônio do Estado, bem como à regularidade do seu serviço penitenciário. Afinal, emplacando essa interpretação jurídica, que tipo de mensagem está o Estado enviando para seus encarcerados? Com certeza a **ideia de que danificar a cela buscando a fuga é um direito do réu**[14]**. Indiretamente, transpassa-se a falsa mensagem de que a depredação é uma conduta tolerada pelo Direito**.

É importante lembrar que o réu tem o direito de buscar sua liberdade pelos meios legalmente previstos, mas não pela violência, nem por atitudes desordeiras. Qualquer outra interpretação será incentivo à depredação pública.

Impende destacar que, por mais que o STJ[15] venha se posicionando de tal forma, o Supremo Tribunal Federal, em um prisco julgado, já havia decidido que nessa mesma situação (depredação da cela) não havia que se perquirir pelo elemento subjetivo especial (*animus nocendi*), mas somente pelo dolo genérico. **Para esse viés, então, bastaria somente a demonstração da vontade do agente em destruir a cela, independentemente da motivação para tal ato (fuga ou desejo de causar prejuízo patrimonial).** É claro que, com fulcro em tal posicionamento jurídico, livre estará o delegado para flagrantear o depredador do patrimônio público.

> EMENTA: PENAL. PROCESSUAL PENAL. "HABEAS CORPUS". CRIME DE DANO. PRESO QUE DANIFICA A CELA PARA FUGIR. EXIGÊNCIA APENAS DO DOLO GENÉRICO. CP, art. 163, parágrafo único, III. I. – Comete o crime de dano qualificado o preso que, para fugir, danifica a cela do estabelecimento prisional em que está recolhido. Cod.

14 O investigado **não tem** direito subjetivo à destruição de patrimônio público, mesmo quando a finalidade última é a fuga. Nesse mesmo sentido, citamos **PACELLI** (2015, p. 42-43): *"O que se poderá alegar, com maior ou menor sucesso, a depender do caso concreto, é que o agente – que tenta a fuga, que mente sobre sua identidade etc. – é a eventual justificação da conduta (excludente de ilicitude) ou inexigibilidade de conduta diversa (exclusão da culpabilidade). Jamais o exercício de qualquer direito subjetivo".*

15 Outro julgado do STJ, em semelhante sentido, é o HC 162.662/MG (03/08/2015): "Consoante entendimento firmado por esta Corte, o delito de dano ao patrimônio público, quando praticado por preso para facilitar a fuga da prisão, **exige o dolo específico (*animus nocendi*) de causar prejuízo ou dano ao bem público. Precedentes**". (Negrito nosso.)

Penal, art. 163, parág. único, III. II. – O crime de dano exige, para a sua configuração, apenas o dolo genérico. III. – HC indeferido. (STF HC 73.189/MS)

Enfim, notando que tal celeuma jurídica ainda não se encontra pacificada, **não visualizamos qualquer impedimento de o delegado de Polícia autuar em flagrante delito o autor da depredação[16] (dano qualificado) e arbitrar, ao final, fiança**. A grande importância prática de tal procedimento é que, após a Lei nº 12.403/2011, a fiança passou a ter o escopo de garantir eventual indenização pelos prejuízos causados à vítima (art. 336 do Código de Processo Penal). Tal permissão proporcionará ao delegado que, quando da dosimetria da fiança, opte por valor compatível com o *quantum* dos prejuízos causados ao patrimônio público. Se o valor de fiança for arbitrado e recolhido, pode o Estado, valendo-se dos meios legais, ressarcir-se em face dos valores públicos que foram gastos no conserto da cela destruída. Dai a César o que é de César!

2.2.4. Extorsão

2.2.4.5. Como diferenciar a tentativa de extorsão de sua forma consumada?

Essa é uma dúvida recorrente. O problema é tão grave que o policial chega a confundir o fato de o crime de extorsão ser formal com a impossibilidade de haver tentativa desse delito. É um grande equívoco! Detalharemos isso melhor ao longo desta questão.

Não é porque o crime de extorsão[17] é considerado formal (consoante Súmula nº 96 do STJ) que a mera exigência feita à vítima basta para fazer

16 Melhor seria se o Brasil tivesse uma fórmula semelhante à que fora adotada pela Venezuela. Em tal país, o dano à cela, mesmo com o fito de fuga, ficou expressamente tipificado. Vejamos o que diz o referido estatuto penal alienígena: *Artículo 259. Cualquiera que, hallándose legalmente detenido, se fugare del establecimiento en que se encuentra, haciendo uso de medios violentos,* ***contra las personas o las cosas****, será castigado con prisión de cuarenta y cinco días a nueve meses* (Código Penal de Venezuela) (negrito nosso).

17 Antes de mais nada é importante diferenciar a extorsão do crime de roubo. No roubo, não há uma participação **necessária** da vítima na consecução do proveito patrimonial ilícito. Na extorsão, a vítima tem que auxiliar para viabilizar a vantagem econômica indevida que o autor do fato tanto quer. Alguns alunos não entendem bem o que falamos acima. Para eles, se a vítima participar de alguma forma desse processo de obtenção da vantagem, não há que se falar em roubo, mas sim em extorsão. Isso está errado. O que importa não é se a vítima participa de alguma forma do delito, mas sim se aquela ação ou omissão é imprescindível para a consumação do delito. Imaginemos um roubo de relógio. Se a vítima entrega-o voluntariamente, quando a arma está apontada para sua cabeça, ou se o relógio é arrancado de seu braço, tanto faz. Na verdade, a entrega voluntária é ato desnecessário, já que o roubador poderia ter tomado a posse do objeto à força mesmo. Note que o fato de a vítima entregar o relógio ao roubador não é imprescindível, por isso, tal fato é capitulado como roubo.

esse crime se consumar. É importante que haja mais do que isso para que afirmemos que o crime está totalmente aperfeiçoado.

O delito de extorsão é formado por um complexo de atos e, de acordo com a ocorrência dessas fases, vamos evoluindo da tentativa para sua forma consumada.

É que, entre a **exigência da vantagem** patrimonial ilícita e a **efetiva entrega** dos bens ou valores desejados pelo marginal, há uma fase intermediária, qual seja a **prática de ações da vítima (ou omissões) almejando a conferir ao marginal a vantagem patrimonial que ele exigiu**. Vejamos isso em uma ilustração:

(fase do temor) (condutas forçadas) (entrega da vantagem)

Note que a "fase do temor" é caracterizada pela ameaça ou pela violência empregada pelo marginal para minar a resistência da vítima e "convencê-la" a lhe dar a vantagem ilícita almejada. Já a fase de "condutas forçadas" se resume ao constrangimento pessoal da vítima propriamente dito. É nesse módulo que a vítima dará vazão às ações e às omissões forçadas (constrangidas) almejando a viabilizar a vantagem desejada pelo criminoso. Por fim, a última fase é a de entrega dessa vantagem ao coator.

Pois bem, de posse do exposto acima, **podemos afirmar que o fato de o crime de extorsão ser formal indica que é suficiente para a sua consumação a "fase do temor" e a de "prática de condutas forçadas". A entrega da vantagem ilícita almejada será mero exaurimento do crime em questão.**

De posse do exposto acima, fica evidente que, enquanto estivermos na fase de temor (sem que nenhuma ação ou omissão seja realizada com o fito de dar ao marginal o proveito econômico que deseja), estaremos diante de uma **tentativa de extorsão**. Afinal de contas, ainda não terá a vítima agido ou deixado de agir em desconformidade com o que o Direito lhe permite. Aqui não houve, portanto, nem o tolhimento da liberdade pessoal da vítima, nem tampouco qualquer lesão patrimonial efetiva. Em suma, trata-se ainda de *conatus*!

Entretanto, quando a vítima começar a realizar ações (ou omissões) com o objetivo de dar ao criminoso o que ele deseja[18], passaremos a ter o tal "constrangimento" a que o art. 158 do Código Penal faz referência.

> Art. 158. **Constranger** alguém, mediante violência ou grave ameaça, e com o intuito de obter para si ou para outrem indevida vantagem econômica, **a fazer, tolerar que se faça ou deixar fazer alguma coisa**:
>
> Pena – reclusão, de quatro a dez anos, e multa.

Note que o "constrangimento" de que fala o artigo acima transcrito não pode ser confundido com o medo, o receio, o temor da vítima. Na verdade, o sentido do verbo "constranger" previsto aqui é "forçar

18 No caso de crime de extorsão, perpetrado por telefone, não é preciso analisar de onde fora realizada a ligação telefônica para, então, decidir quem é o delegado com atribuições para apurar o referido fato ilícito. Basta somente saber qual foi o local no qual a vítima realizou as condutas coarctadas visando, então, a conferir ao criminoso a vantagem por ele desejada. Por exemplo, se o criminoso faz uma ligação telefônica ameaçadora do Presídio de Pedrinhas (Maranhão/MA), constrangendo a vítima (que está no Rio de Janeiro/RJ) a depositar dinheiro em sua conta, a atribuição investigativa é da Polícia Civil do Estado do Rio de Janeiro, e não do Maranhão. **Em suma, o que importa não é o local da ligação, mas sim o local da realização das condutas no sentido de dar ao criminoso o proveito espúrio desejado.** Vejamos, nesse mesmo sentido, como se pronunciou o Supremo Tribunal Federal (STF) sobre semelhante conflito de atribuições: "*Em registro de ocorrência formalizado na Delegacia Policial de Porto Feliz/SP, a suposta vítima, Valmir Gropo, afirma que, em 3 de agosto de 2013, teria recebido telefonema de uma pessoa, identificando-se como seu filho, dizendo estar refém de um sequestro e depender a liberação do pagamento de R$ 5.000,00 (cinco mil reais), que foi realizado. Assevera que foram inúmeras ligações ao longo de, aproximadamente, três horas (folha 3), todas provenientes da cidade do Rio de Janeiro. A conta bancária na qual feito o depósito seria de agência localizada na Estrada da Portela nº 22, loja 108, Madureira, Rio de Janeiro (folha 5), havendo sido o montante transferido, ulteriormente, para a agência bancária da Caixa Econômica Federal situada à Rua Goiás nº 92, Centro, Mesquita/RJ. O órgão do Ministério Público do Estado de São Paulo vinculado ao Juízo da 1ª Vara de Porto Feliz, com base na promoção da autoridade policial, tipificou a conduta, em tese, como estelionato, que se consumou no local onde foi obtida a vantagem, isto é, Mesquita/RJ, declinando da atribuição para o Ministério Público do Estado do Rio de Janeiro (folha 33 a 35). Este último veio a tipificar a prática como extorsão, e não estelionato. Enquanto, no segundo, "no sentido de viciar a vontade do sujeito passivo do delito, fazendo com que ele, iludido, venha a, voluntariamente, entregar a coisa", na primeira, "emprega-se um meio fraudulento voltado a atemorizar a vítima, de modo a obrigá-la a realizar a entrega exigida, contra a sua vontade". No estelionato, "pretende-se viciar a vontade do sujeito passivo, convencendo-o". Na extorsão, busca-se "sobrepor sua vontade à do sujeito passivo, subjugando-o". Citou precedentes do Superior Tribunal de Justiça e do Supremo encampando essa orientação (folha 49 a 53). Em virtude da natureza formal do delito de extorsão, não carecendo da efetiva obtenção da vantagem para consumar-se, o que se dá a partir da violência ou grave ameaça, o Ministério Público do Estado do Rio de Janeiro entendeu caber a persecução penal ao Ministério Público que oficia junto ao Juízo da 1ª Vara de Porto Feliz/SP [...] O caso versa sobre o crime de extorsão, e não de estelionato, porquanto a vítima depositou o montante, na conta bancária indicada pelo agente, não voluntariamente, e sim contra a própria vontade, atemorizada pela comunicação, falsa, do sequestro. O Pleno assim já decidiu, à unanimidade, na Ação Cível Originária nº 889, Relatora Ministra Ellen Gracie, em 11 de setembro de 2008, com acórdão publicado no Diário da Justiça de 28 de novembro subsequente. **Implementada a extorsão, o tipo penal do artigo 159, cabeça, do Código Penal – constranger alguém, mediante violência ou grave ameaça, e com o intuito de obter para si ou para outrem indevida vantagem econômica, a fazer, tolerar que se faça ou deixar de fazer alguma coisa – é formal, consumando-se, independentemente da obtenção da vantagem, com o constrangimento. Na situação concreta, este último ocorreu na Comarca de Porto Feliz/SP.** 3. Ante o quadro, resolvendo o conflito, reconheço a atribuição do Ministério Público do Estado de São Paulo a oficiar junto ao Juízo da 1ª Vara de Porto Feliz/SP*" (Pet 5.573/RJ – Petição. Rel. Min. Marco Aurélio. Julgamento: 16/09/2015 – STF).

a barra", ou seja, obrigar a vítima a realizar (ou omitir) uma conduta que a lei não lhe determina[19].

Importante salientar que, quando a vítima começar a praticar atos voltados a conseguir o proveito para o criminoso, o fato deixará de ser uma mera tentativa e se consumará. Se o dinheiro chegar ou não às mãos do criminoso, isso pouco importará para a consumação (mero exaurimento). Por isso o crime de extorsão é formal, ou seja, a consumação independe de o resultado almejado ocorrer (vantagem patrimonial chegar às mãos do marginal).

Isso tudo é muito curioso, pois, por mais que o crime de extorsão seja um crime complexo inserido no rol de crimes patrimoniais, leva-se muito mais em conta, para fins de consumação, o tolhimento da liberdade pessoal da vítima do que a efetiva lesão ao patrimônio[20].

Nesses mesmos termos, há julgados que, inclusive, nos dão conta de que a inexistência de bastante saldo em dinheiro na conta bancária da vítima não impede o reconhecimento da consumação do crime de extorsão, **desde que a vítima tenha praticado atos no sentido de conseguir esses valores** (ações forçadas).

> A ausência de saldo no banco não torna impossível a prática do crime de extorsão nem prejudica sua consumação, pois o constrangimento já foi sofrido pela vítima. Trata-se de crime formal, consumando-se, portanto, independentemente da obtenção de vantagem indevida. Inteligência do enunciado da Sumula nº 96 do Superior Tribunal de Justiça (HC 177.676 / SP – STJ).

2.3. DOS CRIMES CONTRA A FÉ PÚBLICA

2.3.1. Como diferenciar a falsidade material, a falsidade ideológica e a falsa identidade?

Antes de imiscuirmos na discussão propriamente dita, importante salientar que todos os referidos delitos protegem o mesmo bem jurídico: a Fé Pública. A proteção a esse bem jurídico visa a assegurar o

19 Nesse mesmo sentido, citamos o escólio do mestre André Estefam (2011, p. 407): "A tentativa, por outro lado, mostra-se perfeitamente admissível quando o agente tenta constranger e não consegue por circunstâncias alheias à sua vontade, vale dizer, quando, apesar da exigência, a vítima não realiza a conduta positiva ou negativa por ele pretendida ("vítima da ameaça que suportou estado de constrangimento, não entregando o dinheiro exigido pelo réu por ter convocado o concurso da polícia – agente que só não atingiu seu desiderato por circunstâncias alheias à sua vontade –TACrSP, *RT* 799/602) [...] Notam-se, assim, três momentos distintos na extorsão: 1º) momento da exigência (há crime tentado); 2º) momento em que o ofendido, constrangido, realiza o ato esperado pelo sujeito (há crime consumado); 3º) momento da obtenção da indevida vantagem econômica (há exaurimento)."

20 Citamos, nesse sentido, o ensinamento do mestre Greco (2014, p. 98): "A extorsão, da mesma forma que o roubo, é um delito considerado complexo, ou seja, aquele que é formado pela fusão de duas ou mais figuras típicas. Assim, percebe-se, pela redação do tipo penal do art. 158 do Código Penal, que, além do patrimônio (aqui entendido num sentido mais amplo do que a posse e a propriedade, pois a lei penal fala em indevida vantagem econômica), também podemos visualizar **a liberdade individual**, a integridade física e psíquica da vítima como os bens por ele juridicamente protegidos". (Grifo nosso).

sentimento de **confiança pública** que determinados papéis, moedas,[21] documentos, informações e sinais precisam gozar para o bom desenrolar das relações jurídicas cotidianas.

Para tanto, **o legislador acabou por dividir o Título X do Código Penal (Crimes contra a Fé Pública) em vários capítulos, cada um defendendo precipuamente a confiança pública em relação a um objeto diferenciado**. Por exemplo, o Capítulo I protege a confiança pública nas moedas de curso legal; o Capítulo II a dos papéis ou títulos públicos; o Capítulo III tutela a confiabilidade dos documentos públicos e particulares; o Capítulo IV defende a fé pública em relação a algumas informações ou sinais de interesse coletivo; por fim, o Capítulo V protege a credibilidade pública através do resguardo de informações sigilosas acerca de certames de interesse coletivo.

Essa breve introdução é de suma importância para que consigamos notar que a primeira grande diferença entre os crimes de falsidade material, ideológica e falsa identidade está no capítulo no qual estão inseridos. Ora, **se nem todos os crimes em comento estão inseridos no mesmo capítulo é porque os espectros protetivos são diferenciados**. Visualizemos, então, em quais capítulos estão situados os delitos em estudo.

Capítulo I	Capítulo II	Capítulo III	Capítulo IV	Capítulo V
Falsidade de moedas de curso legal	Falsidades de títulos ou papéis públicos	Falsidade **documental**	Outras falsidades (**informações** e sinais de interesse público)	Fraudes em certames de interesse público
		Art. 297. Falsidade material **Art. 299. Falsidade ideológica**	**Art. 307. Falsa identidade**	

Nota-se que os crimes de falsidade material e de falsidade ideológica estão inseridos na sistemática do Capítulo III, ou seja, protegem a

21 O crime de moeda falsa (art. 289 do Código Penal) também traz reflexos patrimoniais, malgrado o enfoque maior sempre se dê em relação ao potencial abalo à Fé Pública (interpretação sistemática). Nesse sentido, inclusive, vem decidindo o STJ de que não há que se falar em aplicação do princípio da insignificância em tal tipo de infração penal, pois tal tipo penal protege vários bens jurídicos (crime pluridimensional ou pluriofensivo). Nesse sentido, vide o HC 210764/SP (28/06/2016): "O crime de moeda falsa (CP, art. 289, *caput*, e § 1º do Código Penal) é formal e de perigo abstrato, tendo em vista que a mera execução da conduta típica presume absolutamente o perigo ao bem jurídico tutelado, sendo prescindível a obtenção de vantagem ou prejuízo a terceiros para a consumação. **Ainda, trata-se de crime pluridimensional, pois, além de proteger preponderantemente a fé pública, de forma mediata, assegura o patrimônio particular e a celeridade das relações empresariais e civis**. Por conseguinte, a quantidade de notas falsificadas e o valor do negócio jurídico celebrado são fatores coadjuvantes da tutela penal do tipo, não havendo falar, pois, em ausência de periculosidade social da ação, diante da pluriofensividade do crime." (negrito nosso)

confiança coletiva acerca dos documentos; já o crime de falsa identidade está inserido no Capítulo IV, o qual protege principalmente a relevância de algumas informações de interesse coletivo, dentre elas os dados de identidade dos indivíduos.

Só por essa análise sistêmica dos crimes contra a fé pública, já fica fácil notar que o crime de falsa identidade (art. 307 do Código Penal) não diz respeito à falsificação de um **documento** de identidade. **É possível visualizar que o crime de falsa identidade quase que se restringe, na prática, aos casos em que o indivíduo verbalmente fornece dados inverídicos sobre sua identidade.**[22]

Se uma pessoa apresenta um documento de identificação falso à autoridade policial, não está a cometer o crime de falsa identidade, mas, sim, uma fraude documental (a depender do caso, falsificação de documento ou uso de documento falso).[23] Em outras palavras, se um documento de identificação foi objeto de falsidade, não há que se argumentar que ali haverá a incidência dos arts. 307[24] ou 308[25] do Código Penal (modalidades de falsa identidade). Enfim, sendo o objeto material da falsificação um documento público a capitulação jurídica acerca do crime praticado deverá estar inserida no Capítulo III do Título em análise (falsidade de documentos).

Superada a análise sobre o crime de falsa identidade, passemos a analisar os crimes de falsidade material e falsidade ideológica. Essas, sim, são duas figuras típicas relacionadas à proteção da confiabilidade de documentos públicos e particulares (Capítulo III). **O que vai diferir uma da outra é que na falsidade material há atingimento das formalidades atinentes ao documento, ao passo que na falsidade ideológica nenhuma formalidade do documento foi desatendida, mas somente**

22 É possível que haja falsa identidade também em relação a alguns escritos. O que possibilita tal interpretação é que nem todo escrito pode ser considerado um documento. Imaginemos o caso de um indivíduo que, ao ser questionado sobre seu nome, escreve em um papel seus dados pessoais e o entrega à autoridade policial. Esse é um típico caso de falsa identidade. É importante que frisemos que só podemos considerar um escrito como sendo um documento quando ele tiver aptidão probatória e relevância jurídica. Nesse caso, essa papeleta não é dotada de qualquer eficácia probatória, por isso não é um documento. Não sendo considerado um documento, não há que se buscar a capitulação jurídica no Capítulo III, o qual se refere às fraudes documentais.

23 Insta frisar que, além da interpretação sistemática do crime em questão, o crime de falsa identidade é expressamente subsidiário. É o que se constata da redação do próprio preceito secundário do art. 307 do Código Penal: Art. 307 – Atribuir-se ou atribuir a terceiro falsa identidade para obter vantagem, em proveito próprio ou alheio, ou para causar dano a outrem: Pena – detenção, de três meses a um ano, ou multa, **se o fato não constitui elemento de crime mais grave**.

24 Art. 307 – Atribuir-se ou atribuir a terceiro falsa identidade para obter vantagem, em proveito próprio ou alheio, ou para causar dano a outrem: Pena – detenção, de três meses a um ano, ou multa, se o fato não constitui elemento de crime mais grave. (Código Penal)

25 Art. 308 – Usar, como próprio, passaporte, título de eleitor, caderneta de reservista ou qualquer documento de identidade alheia ou ceder a outrem, para que dele se utilize, documento dessa natureza, próprio ou de terceiro: Pena – detenção, de quatro meses a dois anos, e multa, se o fato não constitui elemento de crime mais grave. (Código Penal)

a ideia encerrada no documento não é a que ali devia constar.[26] É possível notar essa diferença pelo gráfico a seguir:[27]

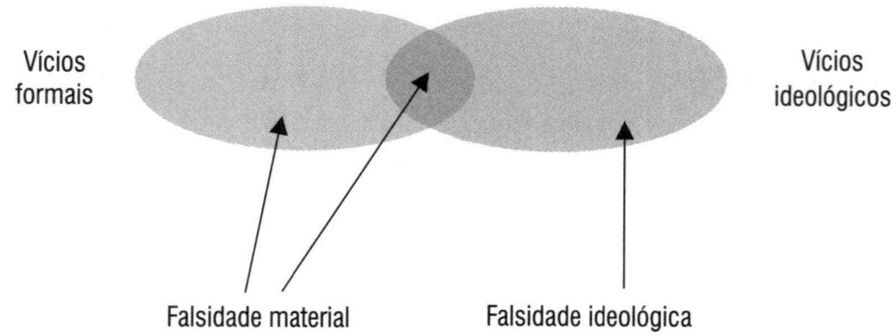

É de se notar que, mesmo quando há um vício formal associado a um vício ideológico (intersecção das duas elipses), há ainda falsidade material. Esse gráfico é importante para que se repare que pode existir falsidade material quando houver no documento somente vícios formais (mesmo sem qualquer atingimento da ideia encerrada no documento) ou quando, visando a atingir a ideia, forem burladas as formalidades documentais.

Para deixar tal estudo mais claro, citaremos um bom exemplo de falsidade material (em relação às formalidades documentais). Pense em um indivíduo que, mesmo sendo habilitado para conduzir veículo automotor, resolve fazer uma nova carteira de motorista, já que acredita que sua foto digitalizada na CNH esteja feia. O sujeito, então, em papel muito semelhante ao utilizado em uma carteira de habilitação verdadeira, consegue **apor os seus dados verídicos e sua fotografia atualizada naquele documento contrafeito**, passando a circular pelas ruas normalmente. Fica claro que, nesse caso, não há mentira sobre os dados de qualificação do indivíduo, nem sobre sua fotografia,[28] nem muito menos sobre a sua permissão para dirigir. Entretanto, o indivíduo desatendeu as formalidades para a confecção de tal documento legal, colocando em xeque a confiabilidade dos demais documentos públicos. A fé pública, nesse caso, foi colocada em perigo.

26 Frisamos que, para que haja falsidade documental, não basta que o *falsum* esteja encerrado em um papel escrito, mas que tal papel seja considerado um documento. Salienta-se que nem todo papel pode ser considerado um documento; **documento é somente o papel escrito dotado de relevância jurídica e aptidão probatória**.

27 Note que mesmo quando houver vícios formais associados a vícios ideológicos (intersecção do desenho) ainda assim há que se falar em falsidade material. Falsidade ideológica, como vimos, restringe-se somente aos casos em que só a ideia é diferente da que deveria constar do documento (não havendo qualquer mácula às formalidades documentais).

28 Insta frisar que o STJ já entendeu que a inserção de fotografia falsa em documento de identificação é capitulada como falsidade material, e não como a modalidade de falsa identidade prevista no art. 308 do Código Penal. Vejamos o teor do HC 198066/RJ (29/02/2012): "O delito previsto no artigo 308 do Código Penal exige, para a sua configuração, que o agente se utilize de documento verdadeiro, de titularidade de outrem, como se fosse seu, para ocultar a sua verdadeira identidade. 2. **Na hipótese, o paciente utilizou-se de passaporte alheio, nele inserindo a sua fotografia, circunstância que evidencia a falsidade do documento e impede a desclassificação pretendida**" (negrito nosso)

A outra modalidade de falsidade material é aquela na qual o falsário burla as formalidades de produção do documento, bem como altera a ideia que nele deveria constar. Bom exemplo dessa situação é a de um indivíduo que, com o objetivo de fugir de mandado de prisão que pende contra si, resolve manufaturar uma nova carteira de identidade utilizando-se dos dados de um vizinho já falecido. Para tanto, compra uma impressora a laser, uma resma de papel A4 e contrafaz o documento, o qual fica com aparência assemelhada a de um original. Nesse caso, para se fazer passar pelo seu falecido vizinho (falsidade na ideia), o autor do fato teve que falsear as formalidades documentais. Houve aqui também uma falsidade material.[29]

Em posição diametralmente oposta encontram-se as falsificações documentais ideológicas.[30] Nesses casos, não há qualquer alteração das formalidades documentais, ou seja, a origem do documento é a legítima e não há qualquer falseamento em relação ao papel de segurança; só há vícios no seu conteúdo ideativo. Verdadeiramente, a falsidade ideológica é aquela em que se altera somente a ideia juridicamente relevante de um documento com o fim de causar repercussões jurídicas. **Essa falsidade é muito mais rara do que a material, pois, para que se configure, é necessário que o falsário corrompa ou engane o responsável pela manufatura do documento.** Afinal, é necessário que o documento seja originário do órgão ou da pessoa competente para tal expedição e materializado no papel de segurança destinado a tal fim.

2.3.2. A mentira do réu acerca de seus dados de qualificação é crime? Tal infração penal será sempre capitulada como crime contra a fé pública?

Hodiernamente, pelos recentes posicionamentos do Supremo Tribunal Federal e Superior Tribunal de Justiça,[31] notamos que o réu **não pode**, mesmo sob o falacioso argumento de estar amparado pelo seu direito de defesa, esquivar-se da obrigação de fornecer dados verdadeiros de sua identidade às autoridades responsáveis pela investigação.[32]

29 No caso supracitado, **a primeira formalidade descumprida diz respeito à fonte de produção do documento, já que a expedição de tal documento não foi obra dos funcionários do instituto de identificação (Polícia Civil). A outra formalidade vilipendiada diz respeito ao papel de segurança destinado à confecção de tais documentos, já que o documento fora construído em um papel A4 comum**.

30 Citamos o escólio de Cunha (2012, p. 688), o qual aduz que: "como a falsidade ideológica afeta o documento tão somente em sua ideação e não a sua autenticidade ou inalterabilidade, é desnecessária perícia (RTJ 178/770)".

31 Nesse mesmo sentido, citamos: "A Sexta Turma deste Superior Tribunal de Justiça, alinhando-se à posição adotada pelo Supremo Tribunal Federal, firmou a compreensão de que tanto a conduta de utilizar documento falso como a de atribuir-se falsa identidade, para ocultar a condição de foragido, caracterizam, respectivamente, o crime do art. 304 e do art. 307 do Código Penal, sendo inaplicável a tese de autodefesa." (HC 149.333/MS – STJ)

32 Se o investigado negar-se a fornecer seus dados de qualificação fará incurso nas penas da contravenção penal prevista no art. 68 da Lei de Contravenções Penais.

Apesar de, na maioria dos casos, o falseamento dos dados de identificação ocasionar a responsabilização dos suspeitos mentirosos pelos crimes de falsa identidade ou uso de documento falso,[33] essa regra comporta algumas exceções.

Não obstante ter ficado assentado que essa mentira receberá a punição criminal devida, cumpre-nos dizer que a capitulação jurídica do crime dependerá muito do modo e da amplitude desse *falsum*. **Por isso, deve haver diferenciação entre o fato de o suspeito apresentar dados absolutamente falsos (portanto de uma pessoa inexistente) e a apresentação de dados verdadeiros, como se fossem seus, de uma pessoa existente**.

É necessário avaliar as duas condutas por espectros distintos. No primeiro caso, o flagranteado fornece dados falsos, mas não pertencentes a ninguém. É claro que dessa forma não há reflexos jurídicos em desfavor de nenhuma outra pessoa, já que os dados são absolutamente fictícios. No segundo caso, o flagranteado fornece dados verdadeiros de uma pessoa alheia à prática da infração penal, fazendo pesar contra ela todas as repercussões maléficas decorrentes da prática criminosa. Nesse caso, por mais que em um primeiro momento o flagranteado venha a sofrer pessoalmente o encarceramento, caso colocado em liberdade, muito provavelmente eventuais penalidades acabarão sendo aplicadas em desfavor do verdadeiro titular daqueles dados de qualificação.

Almejando tornar clara tal diferenciação, citamos um caso prático. Imagine a situação de um autor do fato que, ao ser capturado em flagrante delito pelo crime previsto no *caput* art. 148 do Código Penal (sequestro), apresenta o documento de identidade de seu irmão, e, no ato de interrogatório, acaba por confessar a prática criminosa. O flagranteado, em verdade, sabe que tudo que está a ser lavrado será imputado futuramente a seu irmão já que essa falsidade não foi percebida por ninguém. Em virtude de o crime praticado ser afiançável na esfera policial, foi o indivíduo colocado em liberdade provisória, sem que se realizasse a identificação criminal, já que o documento de identificação civil apresentado era bem convincente. O inquérito tramitou e o "inocente" foi até indiciado no lugar do "irmão-falsário". Ainda podemos piorar! Se o autor do fato fugir do distrito da culpa, muito provavelmente a autoridade policial representará pela decretação de sua prisão temporária. Destarte, quando o mandado for expedido, quem acabará sendo preso, efetivamente, será o irmão inocente, já que os dados constantes no mandado serão os seus. Sem dúvida essa situação, a qual parece fantasiosa, acontece mais do que podemos

33 O crime de uso de documento falso (art. 304 do CP) aperfeiçoa-se quando o indivíduo faz efetivo uso de documento materialmente ou ideologicamente falsificado. O crime de falsa identidade (art. 307 do CP) se dá, frequentemente, quando o indivíduo fornece dados falsos, verbalmente, à autoridade policial.

imaginar. Vários são os casos em que pessoas inocentes foram presas em virtude de parentes próximos terem se utilizado de seus dados de qualificação para se safarem do gravame policial.

Acreditamos, portanto, que a situação em questão merece, pelos riscos sociais trazidos, uma reprimenda criminal de maior vulto. Fica evidente que a imputação de um mero crime de uso de documento falso ou falsa identidade é muito branda frente à lesão aos bens jurídicos tutelados (Fé Pública e Administração da Justiça). Por essa razão, analisando principalmente a lesão à "administração regular da Justiça Criminal", acreditamos que, nesse caso, essa falsidade, a qual pode ocasionar potencial hecatombe no sistema punitivo estatal, deve ser capitulada como denunciação caluniosa.

> Art. 339 – Dar causa à instauração de investigação policial, de processo judicial, instauração de investigação administrativa, inquérito civil ou ação de improbidade administrativa contra alguém, imputando-lhe crime de que o sabe inocente: Pena – reclusão, de dois a oito anos, e multa. (Código Penal)

Não vemos qualquer dificuldade em capitular o fato em comento como denunciação caluniosa, já que todos os requisitos típicos do art. 339 do Código Penal encontram-se plenamente atendidos.[34] O malfeitor, com sua mentira, acabou imputando um crime que ele mesmo cometera a outrem (seu irmão). Fica evidente que a imputação é sabidamente falsa e, por consequência, deu azo à instauração de investigação policial em desfavor do inocente titular dos dados de qualificação.[35]

Em resumo, **imputação falsa de um crime não se dá unicamente quando um indivíduo dispara mentirosas acusações criminosas na direção de outra pessoa, mas também quando se finge ser outrem**

34 É claro que, na mesma esteira dos crimes de uso de documento falso e falsa identidade, não acreditamos que a prática dessa infração penal (art. 339 do CP) também possa ser entendida como exercício do direito de defesa do réu.

35 Por mais que estejamos defendendo uma diferente imputação no caso das peculiaridades postas, cumpre dizer que o STJ trata (erroneamente, a nosso ver) como falsa identidade as duas circunstâncias. Nesse sentido, vide o REsp 1312874 (18/06/2012): "**Referente ao crime do art. 307 do Código Penal** por ter o agente atribuído-se falsa identidade, **utilizando documento de identidade pertencente a seu primo Luiz Rocha**, vale ressaltar que a jurisprudência desta Corte Superior de Justiça possuía entendimento no sentido de que não constituía o delito de falsa identidade a conduta do acusado que apresenta falso documento de identidade perante a autoridade policial com intuito de ocultar antecedentes criminais e manter o seu *status libertatis*, tendo em vista se tratar de hipótese de autodefesa, já que atuou amparado pela garantia consagrada no art. 5º, inciso LXIII, da Constituição Federal]...[Contudo, o Supremo Tribunal Federal, ao examinar o RE 640.139/DF, cuja repercussão geral foi reconhecida, entendeu de modo diverso, assentando que o princípio constitucional da ampla defesa não alcança aquele que atribui falsa identidade perante autoridade policial com o objetivo de ocultar maus antecedentes, sendo, portanto, típica a conduta praticada pelo agente.". (negrito nosso)

assumindo a prática criminosa[36]**. Inegável que, com tal mentira, o indivíduo brinca com a administração da Justiça, vez que sabe que a eventual apuração do ilícito praticado por ele redundará em uma malfadada aberração apuratória.** Nesse caso, havendo instauração do procedimento apuratório, deve o fato ser capitulado como denunciação caluniosa, já que esse crime abarca a proteção adequada à honra do indivíduo, à fé pública e precipuamente à administração regular da Justiça.

2.4. DOS CRIMES CONTRA A ADMINISTRAÇÃO PÚBLICA

2.4.1. Os crimes contra a Administração Pública, praticados por 'funcionários públicos por equiparação', são considerados exemplos de normas penais em branco por justaposição?

A *priori*, é importante mencionar que quase todos os crimes contra a Administração Pública (elencados no Código Penal) são tidos pela doutrina como normas penais em branco[37]. Isso se dá porque o conceito de "funcionário público", o qual é essencial para a aplicação dos referidos tipos penais, **encontra-se explicitado em outros dispositivos legais, que não as próprias normas incriminadoras.**

Assim, não há como se aplicar o tipo penal de peculato (art. 312 do CP), de corrupção passiva (art. 317 do CP), de concussão (art. 318 do CP), de resistência (art. 329 do CP), de desobediência (art. 330) e outros, sem que se saiba quem são, nos termos da lei, os funcionários públicos (ou funcionários públicos por equiparação[38]).

36 Ensina MIRABETE (2012, p. 372) que é possível que o advogado seja responsabilizado criminalmente pela denunciação caluniosa praticada por seu cliente. Vejamos: "em tese, também o advogado pode praticar o delito como autor ou coautor, mesmo no exercício do mandato, se agiu com consciência da falsidade da imputação feita por seu cliente, máxime quando o cliente não subscreve o requerimento em que se pleiteia a instauração do inquérito policial ou o sujeito ativo age em desconformidade com a orientação do representado. " (Grifo nosso.)

37 Nem todos os tipos penais previstos neste Capítulo trazem como elementar a expressão *funcionário público*, a exemplo do descaminho (art. 334 do Código Penal) e do contrabando (art. 334-A do Código Penal).

38 Nesse sentido, citamos MIRABETE (2015, p. 278-279): "*Embora o artigo 327 do Código Penal esteja no capítulo dos crimes praticados por funcionários públicos, o conceito aí definido, como é pacífico na jurisprudência, estende-se não só à toda a parte especial como às leis penais extravagantes, tendo a característica de regra geral, como a chama o art. 12 do CP. O fato de ter sido incluída na parte especial não lhe retira essa qualidade.* ***Ademais, referindo-se a lei genericamente a "efeitos penais", não há porque se excluir do conceito de sujeito passivo do crime aqueles que a lei equipara ao funcionário público como agentes do delito, máxime quando se admite como vítima de crimes praticados contra funcionários públicos, aqueles que não o são no sentido estrito, como os vereadores, e mesmo os particulares quando exercem função púbica, como os peritos judiciais e guardas-noturnos***" (negrito nosso).

Ora, como tal conceito de funcionário público não poderia ser algo sujeito ao juízo de interpretação dos magistrados (elemento valorativo do tipo), sob pena de alargamento demasiado do tipo penal, preferiu o legislador explicitar, na própria lei, qual seria a referida definição (art. 327 do Código Penal). **Isso faz com que esses crimes, os quais precisam de tal complemento conceitual, sejam chamados de normas penais em branco.** Vejamos agora algumas peculiaridades e classificações desse peculiar tipo de norma penal.

Pois bem, as normas penais em branco são divididas em **próprias** (ou heterogêneas) e **impróprias** (homogêneas). As normas penais em branco **impróprias são divididas em: univitelinas, bivitelinas e "por justaposição".**[39] Por mais que a doutrina costume discorrer somente sobre as duas primeiras modalidades, passa a ser absolutamente imprescindível demonstrar ao leitor a existência da norma penal em branco "por justaposição" (**ou norma penal de conteúdo complementador justaposto**). Sem dúvida, esse conceito fará toda a diferença para o entendimento do conceito de funcionário público por equiparação e sua relação com os crimes contra a Administração Pública.

Passemos, então, à pormenorização dos conceitos dados acima. Quando falamos em uma norma penal em branco própria (ou heterogênea), referimo-nos ao instituto da forma como ele foi idealizado. **Asseveramos isso, pois a norma penal em branco, como técnica legislativa que é, surgiu para garantir que o princípio da legalidade fosse atendido, mas, de igual sorte, houvesse a possibilidade de fácil alteração dos conceitos de algumas elementares dos crimes, sem que, para tanto, tivéssemos que passar pelo trâmite legislativo ordinário.**

Por isso, na norma penal em branco própria, o conteúdo que complementa alguns conceitos essenciais da norma incriminadora está em uma norma de menor dignidade (portaria, regulamento etc.), o que facilita eventual mudança desse conteúdo complementador, caso seja necessário. Exemplo desse tipo de norma está na Lei de Drogas (Lei nº 11.343/2006) e no Estatuto do Desarmamento (Lei nº 10.826/2003). Lembre-se de que o conceito de drogas ilícitas está na Portaria nº 344 da Vigilância Sanitária e os conceitos de armas, de munições e de acessórios, no que tange ao Estatuto do Desarmamento, encontram-se no Regulamento 105 (Decreto nº 3.665/2000). Dessa forma, caso se necessite mudar alguns desses conceitos (vinculados às elementares dos respectivos tipos penais incriminadores), não haverá necessidade de uma mudança legislativa

39 A doutrina costuma utilizar tal terminologia como sinônimo de **norma penal em branco ao quadrado**.

ordinária, mas, somente, de alterar a norma de menor dignidade (portaria, regulamento etc.), a qual, como dito, disciplina tal conteúdo.

Já as normas penais em **branco impróprias (ou homogêneas)** são uma verdadeira frustração da ideia original das famigeradas normas penais em branco. Diz-se isso, pois, aqui, o conteúdo complementador, de que a norma penal incriminadora tanto precisa, está em uma outra lei. Ora, se o intento original era garantir, com tal técnica legislativa, uma possibilidade de mudança mais célere do conceito de elementares da norma penal incriminadora, caso seja necessária tal mudança na referida norma complementadora, como ela também é uma lei, terá que se submeter ao rito legislativo ordinário. **Nesses termos, alterar a norma penal incriminadora - ou alterar a norma penal complementadora - demorará igualmente, vez que, como visto, as duas são leis em sentido estrito.** Sem dúvida, essa não era a intenção originária quando da criação de tal técnica legislativa.

Deve ficar claro que, nas normas penais em branco impróprias, a norma incriminadora principal está necessariamente na seara penal (já que é uma norma punitiva), e **a norma penal complementadora** está materializada em outra lei, **a qual pode - ou não - estar em uma legislação penal**. A depender de a norma penal complementadora estar ou não na senda penal, haverá modificações em sua classificação doutrinária: univitelina[40] ou bivitelina. Dessa sorte, se a norma complementadora estiver em **uma lei não penal**, a norma penal em branco imprópria será chamada bivitelina (a exemplo do art. 236 do Código Penal[41], o qual necessita do conceito de impedimento ao casamento elencado no art. 1.521[42] do Código Civil);

40 Quando se fala em norma penal imprópria univitelina, é preciso ter em mente que a norma complementadora deve estar no ramo do Direito Penal, independentemente de estar no Código Penal ou mesmo em uma legislação penal especial. Também não importa se a norma incriminadora e a norma complementar estão ou não no mesmo diploma legal.

41 Art. 236. Contrair casamento, induzindo em erro essencial o outro contraente, ou ocultando-lhe **impedimento** que não seja casamento anterior:
Pena – detenção, de seis meses a dois anos.
Parágrafo único. A ação penal depende de queixa do contraente enganado e não pode ser intentada senão depois de transitar em julgado a sentença que, por motivo de erro ou impedimento, anule o casamento. (Código Penal)

42 Art. 1.521. Não podem casar:
I – os ascendentes com os descendentes, seja o parentesco natural ou civil;
II – os afins em linha reta;
III – o adotante com quem foi cônjuge do adotado e o adotado com quem o foi do adotante;
IV – os irmãos, unilaterais ou bilaterais, e demais colaterais, até o terceiro grau inclusive;
V – o adotado com o filho do adotante;
VI – as pessoas casadas;
VII – o cônjuge sobrevivente com o condenado por homicídio ou tentativa de homicídio contra o seu consorte. (Código Civil)

contudo, se a norma penal complementadora estiver também em uma **lei penal**, estaremos a tratar de uma norma penal univitelina (a exemplo do art. 150, §§ 4º e 5º do Código Penal[43], o qual explica o que seria o conceito de casa no contexto do crime de invasão de domicílio – art. 150, *caput*, do Código Penal[44]).

Até aqui parece que os livros acadêmicos costumam ensinar! O problema realmente surge quando estamos defronte a uma norma penal em branco "por justaposição". Antes de falarmos dessa novel classificação, cumpre frisar que todas as modalidades de norma penal em branco citadas acima (inclusive a norma por justaposição) precisam atender ao princípio da taxatividade. **Em outras palavras, tais normas necessitam, ao final da análise do conteúdo complementador (ou dos conteúdos complementadores), da certeza sobre o que está sendo incriminado e punido. Não pode o operador do Direito, ao final da análise dos conceitos complementadores (independentemente de estarem em uma lei ou em uma norma de menor dignidade) ficar em dúvida e, então, sentir-se obrigado a valorar o alcance de uma ou outra elementar**.

Enfim, se a norma penal incriminadora em abstrato, no caso de lei penal em branco, precisa de um complemento normativo, é imprescindível que esse remate conceitual seja suficiente para tornar a norma incriminadora inexoravelmente inteligível. Em outros termos, **não é razoável que, mesmo com a análise do conteúdo complementador, ainda persistam dúvidas sobre a extensão da referida norma penal incriminadora.** Se não fosse essa busca por certezas jurídicas (mesmo que isso só seja encontrado na norma penal complementadora), a lei penal em branco poderia ser considerada uma burla ao princípio da legalidade, principalmente em relação ao princípio da *lex certa.*[45]

---

43 Artigo 150. [...]
§ 4º A expressão "casa" compreende:
I – qualquer compartimento habitado;
II – aposento ocupado de habitação coletiva;
III – compartimento não aberto ao público, onde alguém exerce profissão ou atividade.
§ 5º Não se compreendem na expressão "casa":
I – hospedaria, estalagem ou qualquer outra habitação coletiva, enquanto aberta, salvo a restrição do nº II do parágrafo anterior;
II – taverna, casa de jogo e outras do mesmo gênero. (Código Penal)

44 Art. 150. Entrar ou permanecer, clandestina ou astuciosamente, ou contra a vontade expressa ou tácita de quem de direito, em casa alheia ou em suas dependências:
Pena – detenção, de um a três meses, ou multa. (Código Penal)

45 Afinal de contas, se o conceito da elementar tivesse que ser interpretado não precisaríamos buscar solução pelo instituto da norma penal em branco, mas, somente, valorá-lo, sob o argumento de ser ele um elemento normativo do tipo penal.

Portanto, no caso de a análise do conteúdo complementador não ser suficiente para o esclarecimento total da elementar do tipo penal incriminador, será necessário que se busque outro conceito para completá-lo. Assim, **demandar-se-á uma justaposição[46] de normas complementadoras, para, só assim, alcançar a completude de que o preceito incriminador do tipo penal precisava**. Aqui pouco importa se os conteúdos complementadores estão em uma lei penal ou não! Por isso, **a lei penal em branco por justaposição difere das outras duas classificações de normas penais em branco impróprias (univitelina e bivitelina), pois para estas será suficiente o conteúdo complementador imediato para solucionar a dúvida conceitual, não sendo necessário buscar qualquer outro**.

Bons exemplos de normas penais em branco por justaposição são alguns crimes contra a Administração Pública, principalmente os perpetrados por **funcionários públicos por equiparação**, pois, como se verá, esse conceito não foi cabalmente elucidado no art. 327 do Código Penal[47], ou seja, vai ser preciso buscar um complemento a mais. **Aqui, então, está a resposta da questão proposta**.

Não negamos que a doutrina majoritária ignora essa lacuna conceitual do art. 327 do Código penal e defende que a relação existente entre o conceito de funcionário público (previsto no art. 327, *caput* e §1º, do Código Penal) e os crimes contra a Administração Pública é típica de uma norma penal em branco imprópria univitelina. Em verdade, tais sectários deixam transparecer que o art. 327 do Código Penal teria conceituado, perfeitamente, a elementar "funcionário público" (e também o que são os funcionários equiparados), o que, então, tornaria os tipos penais inseridos nos Capítulos I e II[48] do Título XI do Código Penal (Dos crimes contra a Administração Pública) perfeitamente aplicáveis no caso concreto.

Até concordamos que, em relação ao conceito de funcionário público em sentido estrito (art. 327, *caput*, do CP), não há muita controvérsia mesmo. Contudo, em relação à definição de alguns funcionários públicos

46 Na justaposição de normas complementadoras, cada uma mantém ainda sua autonomia sistêmica.

47 Note que o conceito de funcionário público é tratado como gênero, sendo que figuram como espécies o de funcionário público em sentido estrito (art. 327, *caput*, do Código Penal) e do funcionário público por equiparação (art. 327, § 1º, do Código Penal).

48 Nem todos os tipos penais previstos neste Capítulo trazem como elementar a expressão *funcionário público*, o que, então, faz despicienda, sobre eles, a análise feita nessa questão. Por exemplo, o descaminho (art. 334 do Código Penal) e o contrabando (art. 334-A do Código Penal) não trazem como elementar a expressão *funcionário público*.

equiparados[49], ousamos divergir. É preciso um pouco mais de esforço técnico para atingir a tipicidade. Diz-se isso, pois os sectários dessa doutrina dominante advogam que o conceito de "funcionário equiparado" (previsto no art. 327, § 1º, do Código Penal) abarcaria, por corolário lógico, os agentes públicos vinculados à Administração indireta[50].

O problema é que os defensores[51] da teoria citada acima não perceberam que o **conceito de "entidade paraestatal"** não foi cunhado no art. 327, § 1º, do Código Penal de forma tão esclarecedora como eles dizem. Alguns doutrinadores, na verdade, tentam interpretar tal expressão para alcançar seu real conceito[52]; mas, como já fora alertado acima, tal expressão não deve ser interpretada, e sim definida por meio de norma complementadora[53]. Vejamos o que diz o art. 327 do Código Penal:

> Art. 327. Considera-se funcionário público, para os efeitos penais, quem, embora transitoriamente ou sem remuneração, exerce cargo, emprego ou função pública. § 1º **Equipara-se a funcionário público quem exerce cargo, emprego ou função em entidade paraestatal,** e quem trabalha para empresa prestadora de serviço contratada ou conveniada para a execução de atividade típica da Administração Pública.
>
> § 2º A pena será aumentada da terça parte quando os autores dos crimes previstos neste Capítulo forem ocupantes de cargos em comissão ou de função de

49 Remanescem em dúvidas conceituais sobre somente alguns funcionários públicos por equiparação, pois, em relação aos que trabalham em empresas prestadores de serviço contratadas ou conveniadas para execução de atividade típica da Administração Pública, não há qualquer dúvida.

50 Nesse mesmo sentido, discorre Fernando Capez, que defende que o conceito de funcionário público (inclusive por equiparação) corresponde ao conceito de agente público, utilizando como fundamento uma interpretação do § 2º do art. 327 do Código Penal fundada nos ensinamentos do Direito Administrativo. Nesse sentido, *vide* CAPEZ, 2012, p. 459.

51 "Nos termos do disposto no § 1º do art. 327, são equiparados ao funcionário público, para efeitos penais, quem exerce cargo, emprego ou função em **entidade paraestatal (autarquia, sociedades de economia mista, empresas públicas e fundações instituídas pelo Poder Público)**, bem como quem trabalha para empresa prestadora de serviço contratada (concessionária ou permissionária de serviço público) ou conveniada para a execução de atividade típica da Administração Pública, v.g., Santa Casa de Misericórdia" (CUNHA, 2012, p. 789) (negrito nosso).

52 Lembre-se de que, como dito acima, se o operador do Direito tiver que valorar o que é "entidade paraestatal", o instituto da norma penal em branco terá falhado em sua missão, pois a norma complementadora não terá conferido a certeza que dela se esperava.

53 "O § 1º, acrescentado ao art. 327 pela Lei nº 9.983, de 14 de julho de 2000, criou o chamado funcionário público por equiparação, passando a gozar desse *status* o agente que exerce o cargo, emprego ou função em **entidades paraestatais (aqui compreendidas as autarquias, sociedades de economia mista, empresas públicas e fundações instituídas pelo Poder Público),** bem como aquele que trabalha para empresa prestadora de serviço contratada ou conveniada para a execução de atividade típica da Administração Pública" (GRECO, 2014, p. 397).

> direção ou assessoramento de órgão da administração direta, sociedade de economia mista, empresa pública ou fundação instituída pelo poder público.

Como dissemos, divergimos da doutrina majoritária suso pois, conforme se nota, o conceito de funcionário público por equiparação não está perfeitamente esclarecido no art. 327 do Código Penal[54] (o qual é a norma complementadora dos crimes contra a Administração Pública). Por conseguinte, é preciso dar um passo à frente e buscar um outro conteúdo complementador, para que se dê concretude ao que é exigido pelos referidos tipos penais incriminadores. **Será necessária a união, por justaposição, de dois conceitos acerca dos agentes públicos para, só assim, chegar à definição correta de "entidades paraestatais" e, enfim, ao conceito cabal de funcionário público por equiparação**.

É para evitar contestáveis interpretações legais que asseveramos ser, em tais casos, necessário se **buscar em outra norma (penal ou não penal) o complemento necessário para o referido conteúdo complementador** (art. 327 do Código Penal[55]). É aqui que se dá a junção conceitual. A pergunta que exsurge é: E qual é essa outra norma complementadora que vai se unir, por justaposição, ao art. 327 do Código Penal? Veremos que a Lei Geral de Licitações (Lei nº 8.666/93) traz a solução conceitual para essa lacuna, porquanto lá está bem disciplinado o que é **entidade paraestatal**. Vejamos:

> Art. 84. Considera-se servidor público, para os fins desta Lei, aquele que exerce, mesmo que transitoriamente ou sem remuneração, cargo, função ou emprego público.
>
> § 1º Equipara-se a servidor público, para os fins desta Lei, quem exerce cargo, emprego ou função em **entidade paraestatal, assim consideradas, além**

54 Note que, pela leitura do dispositivo acima (art. 327 do Código Penal), não é possível precisar quem é (ou não) funcionário público por equiparação. Difícil saber, por exemplo, onde estão encaixados os agentes públicos da Administração Pública indireta, autárquica e fundacional. **Não dá para saber se entidade paraestatal é um gênero do qual a Administração Pública indireta, autárquica e fundacional são espécies, ou se o intento do legislador era falar daqueles entes do Setor S (Sesc, Senat, Sesi etc.)**.

55 Art. 327 do Código Penal Brasileiro: Considera-se funcionário público, para os efeitos penais, quem, embora transitoriamente ou sem remuneração, exerce cargo, emprego ou função pública. § 1º – Equipara-se a funcionário público quem exerce cargo, emprego ou função em entidade paraestatal, e quem trabalha para empresa prestadora de serviço contratada ou conveniada para a execução de atividade típica da Administração Pública. § 2º – A pena será aumentada da terça parte quando os autores dos crimes previstos neste Capítulo forem ocupantes de cargos em comissão ou de função de direção ou assessoramento de órgão da administração direta, sociedade de economia mista, empresa pública ou fundação instituída pelo poder público.

das fundações, empresas públicas e sociedades de economia mista, as demais entidades sob controle, direto ou indireto, do Poder Público (Lei nº 8.666/93).

Agora sim, após essa união conceitual, podemos afirmar que as sociedades de economia mista são, sim, entidades paraestatais. **Não há aqui qualquer interpretação de elementos do tipo penal, mas, sim, uma junção necessária de duas normas complementadoras, porquanto a norma complementadora direta não deu conta de conceituar a elementar paraestatal sozinha. Agora é possível definir que empregado de sociedade de economia mista é, sim, considerado funcionário público por equiparação.**

Para alguns, mais afoitos, pode até parecer que se poderia utilizar o art. 84 da Lei de Licitações (Lei nº 8.666/93) como sendo o complemento imediato dos crimes contra a Administração Pública elencados no Código Penal, ignorando-se, então, o art. 327 do Código Penal. Certamente, isso não seria escorreito, pois a norma complementadora imediata (art. 327 do Código Penal), inserta no próprio diploma legal em que está o tipo penal incriminador, em homenagem ao princípio da especialidade, deve ser utilizada com primazia frente às demais. **Só se pode buscar um algo a mais fora da norma complementadora imediata (art. 327 do CP), caso isso se faça absolutamente necessário para atender ao imperativo da taxatividade**.

Além do mais, insta frisar que o resultado favorável só será alcançado se as duas normas explicativas forem interpretadas em conjunto, pois, isoladamente, não trariam o mesmo efeito. Para demonstrar isso urge mencionar que a terminologia utilizada no art. 84 da Lei nº 8.666/93 é "servidor público por equiparação" e não "funcionário público por equiparação". Interpretadas isoladamente, portanto, elas dariam mais confusão do que solução ao presente caso.

Em arremate, para resumir o que acabamos de debater, vejamos um pequeno esquema acerca da hipotética prática de crime de desacato em desfavor de um empregado público de uma sociedade de economia mista[56]:

56 Sempre oportuno lembrar que são considerados funcionários públicos, no contexto de crimes praticados por particulares contra a Administração Pública (Título XI, Capítulo II, do Código Penal), também os ditos funcionários públicos por equiparação. Portanto, plenamente possível o empregado público de uma sociedade de economia mista ser vítima de desacato (art. 331 do Código Penal) ou de desobediência (art. 330 do Código Penal). Não negamos que há doutrina em sentido diverso, vez que alguns doutrinadores interpretam a equiparação feita no art. 327 do Código Penal como restrita aos crimes praticados por *intraneus* contra a Administração Pública (Título XI, Capítulo I, do Código Penal). Não

- Crime de desacato praticado contra empregado público de Sociedade de Economia Mista
- Art. 331. Desacatar funcionário público no exercício da função ou em razão dela. Pena: detenção, de seis meses a dois anos, ou multa. (Código Penal)

É preciso elucidar o conceito de **funcionário público por equiparação**, visando a saber se o caso se adequa ao aspecto dos "crimes contra a Administração Pública" (Título XI, Capítulo II, do Código Penal)

- Art. 327. Considera-se funcionário público, para os efeitos penais, quem, embora transitoriamente ou sem remuneração, exerce cargo, emprego ou função pública.
- § 1º Equipara-se a funcionário público quem exerce cargo, emprego ou função em **entidade paraestatal**, e quem trabalha para empresa prestadora de serviço contratada ou conveniada para a execução de atividade típica da Administração Pública. **(Código Penal)**

É necessário descobrir se as Sociedades de Economia Mista se adequam ao conceito de "entidade paraestatal" previsto no § 1º do art. 327 do CP. Lembre-se de que não se pode valorar esse conceito, e sim achá-lo em uma lei complementadora. Em resumo, precisar-se-á encontrar uma norma que complemente essa norma complementadora incompleta (art. 327 do CP), trazendo-se, então, a certeza de que o tipo penal incriminador necessita.

- Art. 84. Considera-se servidor público, para os fins desta Lei, aquele que exerce, mesmo que transitoriamente ou sem remuneração, cargo, função ou emprego público.
- § 1º Equipara-se a servidor público, para os fins desta Lei, quem exerce cargo, emprego ou função em entidade paraestatal, assim consideradas, além das fundações, empresas públicas e sociedades de economia mista, as demais entidades sob controle, direto ou indireto, do Poder Público.

A Lei nº 8.666/93 (Licitações e Contratos) é uma norma híbrida (misto de Direito Administrativo e de Direito Penal). Ela é suficiente para espancar a dúvida sobre o conceito de entidade paraestatal, ao deixar claro que a Administração indireta também faz parte dele. Combinando-as, fica claro que tal norma trouxe a completude que o art. 327, § 1º, do Código Penal precisava. Aqui, então, se perfaz uma modalidade de norma penal em branco por justaposição.

---

obstante isso, há inúmeros julgados do STJ e do STF defendendo o entendimento de que o conceito de funcionário público por equiparação também é alcançado pelos crimes praticados por particulares contra a Administração Pública. Vejamos alguns desses precedentes: *"A teor do disposto no art.* 327 *do* Código Penal, *considera-se, para fins penais,* ***o estagiário de autarquia funcionário público, seja como sujeito ativo ou passivo do crime"*** (STJ, HC 52.989/AC, Rel. Min. Félix Fischer, j. 23/05/2006); *"O artigo* 327 *do* Código Penal *equipara a funcionário Público servidor de sociedade de economia mista.* ***Essa equiparação não tem em vista os efeitos penais somente com relação ao sujeito ativo do crime, mas abarca também o sujeito passivo"*** (STF, HC 79.823-RJ, Rel. Min. Moreira Alves, j. 28/03/2000); e "Criminal. Conflito de competência. **Desacato. Crime cometido contra funcionário de sociedade de economia mista.** Súm. nº 42/STJ. Competência da Justiça Comum Estadual. I. Compete à Justiça Comum Estadual o processo e julgamento de crimes relativos à Sociedades de Economia Mista. Incidência da Súm. nº 42 desta Corte. II. Conflito conhecido para declarar a competência do Tribunal de Justiça do Estado do Rio Grande do Sul, o Suscitado" (STJ, CC 32.069/RS, Rel. Gilson Dipp, j. 27/02/2002).

2.4.2. A solicitação de entrada em espetáculo ou em cinema por meio de "carteirada" pode configurar alguma prática ilícita?

A depender do caso sim. A cultura difundida de que agentes do Estado não devem pagar pela entrada em quaisquer locais de diversão pública que frequentem deve ser melhor esclarecida.[57] **O fato de o policial ter livre acesso a todos os ambientes sujeitos à fiscalização do Estado, quando exercendo sua atividade pública, não dá direito à isenção da taxa de acesso respectiva quando ele estiver fora de seu horário de trabalho.**[58] O intuito do não pagamento de tais taxas de entrada é permitir que o policial, quando exercendo o seu mister público, não seja obrigado a "pagar" para trabalhar. Afora isso, qualquer outra interpretação atingirá o dever de moralidade do agente público.[59]

Um dos argumentos utilizados por aqueles que defendem a "carteirada" é que os policiais, por serem obrigados a agir a qualquer momento do dia ou da noite, não podem ser obrigados a pagar tais taxas, já que, em tese, estão constantemente no exercício de sua função policial. Por mais que tal assertiva tenha alguma lógica, não nos parece a mais acertada. Uma coisa, a nosso ver, é o policial estar trabalhando normalmente, em horário e em área de circunscrição determinados; outra, totalmente diversa, é ele, em horário de folga, ser obrigado a não se omitir por expressa disposição legal.

Fique claro, portanto, que **estar no exercício regular da atividade policial é diferente de ser obrigado a não se omitir em casos extremados**. Notemos que um policial federal não é obrigado a, por exemplo, entregar intimações fora de seu horário de serviço, nem muito menos o policial militar aplicar multas de trânsito no caso de infrações administrativas ocorridas no seu horário de descanso. O que a lei obriga, verdadeiramente, é a não omissão do policial frente a um fato criminoso atual ou iminente, desde que o policial possa agir para evitar o resultado.

57 Apesar de focarmos nossa análise sobre a atitude do policial, não a restringimos a esses profissionais. Idênticas considerações são extensíveis aos promotores de Justiça, aos magistrados e a outros funcionários públicos que, de uma forma ou outra, acreditarem que seu poder fiscalizador lhe permita tal benesse.

58 É comum que algumas unidades da federação franqueiem o acesso de policiais a eventos ocorridos em espaços públicos. Nesses casos, quando encerrada em lei, o franco acesso do policial não está eivado de qualquer ilegalidade, já que o próprio Estado o avaliza. Nesse sentido, citamos a Lei nº 9.860/85 do estado de Goiás, a qual menciona: "Art. 1º – Ficam o Estádio Serra Dourada, o Ginásio de Esportes José de Assis (antigo Ginásio Rio Vermelho), o Estádio Olímpico, o Autódromo Internacional de Goiânia e demais praças de esportes deste Estado liberados à frequência gratuita dos policiais civis."

59 O Deputado Federal Romário apresentou o Projeto de lei nº 8.152/2014 visando a pacificar tal pendenga, tornando em ilícito específico a tão falada "carteirada". Contudo, até o fechamento desta edição, tal projeto não havia sido convertido em lei.

Essa figura é chamada de **GARANTE**, sobre a qual, inclusive, já tecemos alguns comentários em uma questão anterior.

> Art. 13, § 2º - A omissão é penalmente relevante quando o omitente devia e podia agir para evitar o resultado. O dever de agir incumbe a quem:
>
> a) **tenha por lei obrigação de cuidado, proteção ou vigilância**;
>
> b) de outra forma, assumiu a responsabilidade de impedir o resultado;
>
> c) com seu comportamento anterior, criou o risco da ocorrência do resultado.

Em suma, no interregno de seu período de trabalho e estando amparado por determinação expressa da autoridade superior (ou pelo próprio texto da lei), não há qualquer ilegalidade em o policial adentrar em qualquer recinto que seja, até porque está ali para desempenhar sua função, e não para se divertir.[60] Em sentido totalmente diverso está a situação do policial que esteja em um local para se divertir e, potencialmente, possa vir a ser chamado a atuar em uma situação flagrancial ocorrida. Esse é o preço que pagamos por termos sido vocacionados a proteger a sociedade.

Esse encargo legal, oriundo da figura do garante, não é conferido somente ao policial. O médico, por exemplo, também deve intervir em casos em que a vida de outrem esteja em risco e nem por isso dá "carteirada" para adentrar em um cinema. Parece que tal argumento é extremamente lógico. É claro que em uma situação dessas, na qual o policial tenha pagado sua entrada e agido efetivamente para evitar um mal maior, deve ele ter seu dinheiro restituído pelos responsáveis do local, sob o risco de eles estarem a se locupletar imotivadamente.

Ora, conforme o já exposto, acreditamos que o policial que **exija** adentrar em uma dessas localidades de diversão, mesmo sabendo não estar a trabalho, pode se fazer incurso nas penas do art. 316 do Código

60 Importante notar que o art. 22 do Código de Processo Penal cria restrições às diligencias policiais realizadas em área de outra comarca, só permitindo que atos de investigação sejam realizados na área de circunscrição da própria delegacia ou na de outra delegacia afeta à mesma comarca. Nos demais casos, necessária será a carta precatória. *Vide* o referido dispositivo processual: "Art. 22. No Distrito Federal e nas comarcas em que houver mais de uma circunscrição policial, a autoridade com exercício em uma delas poderá, nos inquéritos a que esteja procedendo, ordenar diligências em circunscrição de outra, independentemente de precatórias ou requisições, e bem assim providenciará, até que compareça a autoridade competente, sobre qualquer fato que ocorra em sua presença, noutra circunscrição."

Penal.[61] Se, entretanto, optar por não exigir, mas apenas **solicitar** sua entrada, sujeita-se em tese às penas do crime previsto no art. 317 do Código Penal.[62] O que diferencia essas condutas é que em uma há a exigência da vantagem indevida (concussão)[63] e, na outra (corrupção passiva[64]) há a mera solicitação ou recebimento dela.

Tais alertas são importantes, pois, às vezes, um ou outro policial acaba por criar uma grande confusão quando tem sua entrada "barrada" nessas localidades e nem sempre tem a ciência dos riscos jurídicos que está a correr. Pois é, parece-nos que bom senso é primordial para que o policial não se veja em maus lençóis por uma banalidade desse quilate.

---

61 Art. 316 – **Exigir**, para si ou para outrem, direta ou indiretamente, ainda que fora da função ou antes de assumi-la, mas em razão dela, vantagem indevida: Pena – reclusão, de dois a oito anos, e multa. (Código Penal)

62 Art. 317 – **Solicitar ou receber**, para si ou para outrem, direta ou indiretamente, ainda que fora da função ou antes de assumi-la, mas em razão dela, vantagem indevida, ou aceitar promessa de tal vantagem: Pena – reclusão, de 2 (dois) a 12 (doze) anos, e multa. (Código Penal)

63 O crime de **concussão** necessita da prova acerca da **exigência de indevida vantagem** perpetrada por agente do Estado, mesmo que ele não a tenha recebido efetivamente. Esse funcionário público, aproveitando-se do medo que os cidadãos têm de passar a ser perseguidos pela máquina estatal, cede à **exigência** espúria do agente público, entregando-lhe vantagem ilegítima. O problema surge quando tal exigência **é acompanhada de violência física ou mesmo de grave ameaça**. Nesse caso, deve-se analisar o problema sob outro espectro. Se o elemento especializante da conduta for o emprego de violência ou de grave ameaça, mesmo que o agente seja um funcionário público, há que se enquadrar a conduta no tipo penal previsto no art. 158 do CP. Dizemos isso, pois haverá, aqui, evidente extorsão. Em outros termos, por mais que o crime praticado tenha inegável viés funcional (crime contra a Administração), não há como se levar em consideração a elementar "funcionário público" e descartar a elementar "violência ou grave ameaça". O que estamos a falar parece ficar mais óbvio quando comparamos as penas do crime de concussão e do crime de extorsão. A pena da extorsão é, por óbvio, maior do que o crime de concussão, deixando transparecer, então, que o legislador optou por uma pena mais branda na concussão, já que neste caso não haveria qualquer emprego de violência ou de grave ameaça, mas somente o *metus publicae potestatis*.

64 **Segundo CAPEZ (2012, p. 505), só há que se falar em corrupção passiva (art. 317 do CP) se a vantagem solicitada, recebida ou prometida tiver ligação direta com um ato de ofício que possa ser realizado ou omitido pelo funcionário público corrupto. Nessa esteira, não se poderia falar em corrupção passiva do Policial que solicita sua entrada gratuita no cinema, principalmente quando ele não detenha atribuição para exercer quaisquer atos naquela circunscrição (por exemplo, por ser lotado em outro Município, outra unidade da Federação etc.). Por mais que seja valiosa a lição de Fernando Capez, não concordamos com ela. Ora, o principal argumento é que o legislador previu expressamente no art. 333 do Código Penal (corrupção ativa) o dolo específico "para determiná-lo a praticar, omitir ou retardar ato de ofício", conquanto optou por não fazê-lo na corrupção passiva (art. 317 do CP)**. Com base nisso, temos que concluir que o desvalor da conduta do corrupto (no caso da corrução passiva) está na **utilização do prestígio** (do qual qualquer funcionário público goza perante os demais membros da sociedade) para lograr proveito indevido. Não importa se esse funcionário pode ou não, naquele momento e local, praticar um ato de ofício que prejudique ou beneficie a pessoa que fora assediada a entregar a vantagem ilícita. **O importante é que, por medo de represálias futuras (*metus publicae potestatis*), acabe o cidadão se sentindo coagido por essa conduta espúria, colocando em risco a confiança que a sociedade tem na idoneidade dos agentes públicos como um todo (Administração Pública em geral).**

Capítulo 3

Legislação Penal Especial

3.1. DECRETO-LEI Nº 3.688/1941 – LEI DAS CONTRAVENÇÕES PENAIS

3.1.1. Pessoa que for surpreendida portando uma faca pode ser presa em flagrante pela prática de alguma infração penal?

Por incrível que pareça não.[1] Apesar de a Lei de Contravenções Penais prever, em seu art. 19, a vedação ao porte de armas (próprias e impróprias cruentas),[2] a aplicabilidade de tal dispositivo penal se encontra prejudicada.

Tal infração penal condiciona sua ocorrência à falta de licença da autoridade competente para que o cidadão porte tais materiais, o que até hoje não foi disciplinado em lei nacional.

> Art. 19. – Trazer consigo arma fora de casa ou de dependência desta, **sem licença da autoridade**: Pena – prisão simples, de quinze dias a seis meses, ou multa, de duzentos mil réis a três contos de réis, ou ambas cumulativamente. (Lei de Contravenções Penais)

1 Excepcionalmente, se a faca for o objeto que indica o envolvimento do indivíduo em crime mais grave (homicídio, roubo etc.), a apreensão dela pode possibilitar, a depender do caso, a autuação do suspeito em flagrante delito (art. 302, inciso IV, do CPP).

2 Defendemos que a incidência **hipotética** de tal dispositivo penal se restringe às armas próprias e às impróprias cruentas. As armas próprias são aquelas que foram projetadas para ferir um ser vivo (punhal, arma de fogo etc.). Já as armas impróprias são aquelas que, por mais que não sejam teleologicamente destinados à ofensa da integridade física de outrem, podem ser utilizadas eventualmente para este fim. **As armas impróprias podem ser divididas em cruentas e incruentas.** As cruentas são as que, por mais que não destinadas exclusivamente para ferir, carregam em si uma grande potencialidade para tal, já que sua arquitetura é extremamente favorável a esse desiderato (faca, furador de gelo, taco de beisebol etc.). Armas impróprias incruentas são aquelas que, além de não destinadas a ferir alguém, pela sua arquitetura, são dotadas de inaptidão parcial para lesar a integridade de outrem (exemplo, extintores, pneus, mesas etc.). É claro que as armas impróprias incruentas podem ser utilizadas para lesar a integridade de outrem, mas, evidentemente, o esforço que o agente terá que empregar para fazê-lo será muito maior. Por todo o exposto, fica claro que as armas impróprias incruentas não podem ser consideradas, de forma alguma, objetos materiais da conduta prevista no art. 19 da Lei de Contravenções Penais. Se assim o for, correr-se-ia o risco de prender em flagrante quem estivesse a portar capacetes, vassouras, caixas térmicas, cadeiras, lanternas etc.; afinal, todos esses objetos podem ser, eventualmente, utilizados para a ofensa à integridade corpórea de outrem (armas impróprias incruentas).

Ora, como o legislador pátrio **ainda** não fez o porte de arma branca depender de qualquer autorização emitida por autoridade pública, não há que se flagrantear o cidadão por tal conduta. **Em outras palavras, sem uma norma que discipline o porte de tais armas não há como se dizer que a elementar "sem licença da autoridade" foi violada**. Portanto, sem o devido complemento da regra limitadora do direito ao porte de arma branca, não há que se cobrar do cidadão que não transite com tais materiais.[3]

Parece que o intento do legislador era incriminar (no art. 19 da Lei de Contravenções Penais) o porte de armas que, por seu risco intrínseco, torna razoável haver o controle do Estado sobre sua circulação. Sem o aval do Estado, então, tais instrumentos não poderiam ser portados pelos cidadãos, já que esta conduta recrudesceria os riscos à segurança coletiva.

Contudo, **é possível visualizar que o legislador só mostrou franco interesse, no passar dos anos, pelas armas de fogo, pelas munições e pelos acessórios**. Asseveramos isso pois o legislador, notando a fragilidade do art. 19 da Lei de Contravenções Penais, resolveu criar um estatuto repressivo próprio somente para esses materiais bélicos, retirando-os dessa vala comum (por exemplo, a Lei nº 9.437/1997 e, posteriormente, a Lei nº 10.826/2003).

As demais armas foram relegadas ao descaso legislativo. Esse comportamento desidioso do legislador, por mais de meio século, transparece a ideia de que as armas brancas não necessitam do controle de circulação.[4] É evidente que, se o quisesse, uma normativa nacional sobre o assunto já teria surgido.[5] Isso é lastimável, pois até parece que ninguém morre de facada neste país!

3 Nesse mesmo sentido, citamos o mestre Guilherme de Souza Nucci (2010, p.152): "Não há lei regulamentando o porte de arma branca de que tipo for. Logo, é impossível conseguir licença da autoridade para carregar consigo uma espada. Segundo o disposto no art. 5º, II, da Constituição Federal, ninguém é obrigado a fazer ou deixar de fazer alguma coisa senão em virtude de lei. Há outro ponto importante. Cuida-se de tipo penal incriminador, razão pela qual não pode ficar ao critério do operador do direito aplicá-lo ou não, a seu talante. Primamos pela legalidade (não há crime – ou contravenção – sem prévia definição legal) e não encontramos lei alguma que disponha sobre o tema."

4 O Superior Tribunal de Justiça enxerga o emprego de arma branca no roubo como suficiente para fazer incidir a majorante do § 2º do art. 157 do Código Penal. Ora, isso indica que armas brancas são relevantes no contexto de proteção do Direito Penal, o que, então, faz estranho o descaso legislativo para resolver tal lacuna jurídica. Nesse sentido, vide que o STJ decidiu que mesmo um garfo é suficiente para fazer incidir a dita majorante. Por óbvio, uma faca, então, traz ainda maior perigo social. Nesse sentido, vide o HC 207806/SP (11/04/2014): "A utilização de arma no delito de roubo é causa de aumento de pena prevista no inciso I, § 2º do art. 157 do Código Penal. 3. **Tem-se como arma, em seu conceito técnico e legal, o "artefato que tem por objetivo causar dano, permanente ou não, a seres vivos e coisas", de acordo com o art. 3º, IX, do anexo do Decreto nº 3.665, de 20.11.2000, aqui incluídas a arma de fogo, a arma branca, considerada arma imprópria, como faca, facão, canivete, e quaisquer outros "artefatos" capazes de causar dano à integridade física do ser humano ou de coisas, como por exemplo um garfo, um espeto de churrasco, uma garrafa de vidro, etc.** 4. No caso vertente, a comprovação da efetiva utilização da arma branca – garrafa de vidro – na prática do delito se deu com base em outros elementos de prova, em especial pelos depoimentos da vítima e do próprio réu, conforme assentaram as instâncias ordinárias". (negrito nosso)

5 É só contabilizar que desde o início da vigência da Lei de Contravenções Penais (Decreto-Lei nº 3.688, de 3 de outubro de 1941) até os dias atuais já se passaram mais de 70 anos sem que o Legislativo nacional (ou o próprio Executivo por meio de regulamento) disciplinasse sobre as armas próprias e impróprias incruentas. Note que tanto tempo de inércia do Estado faz-nos presumir o desinteresse do legislador no conteúdo proibitivo do art. 19 da Lei de Contravenções Penais.

Neste caso, é possível notar que inexiste adequação típica para dar azo à prisão em flagrante delito[6] daquele que transite com facas e símiles com base unicamente no art. 19 da Lei de Contravenções Penais.

Por mais que saibamos que o Supremo Tribunal Federal ainda não se pronunciou definitivamente sobre o tema (ao menos até o fechamento desta edição), acreditamos que em breve o fará. A matéria, inclusive, é objeto de Repercussão Geral. Nesse sentido, citamos a ementa do ARE-901.623/RG –SP / STF:

> **Ementa: CONSTITUCIONAL. PENAL. ART. 19 DA LEI DAS CONTRAVENÇÕES PENAIS. PORTE DE ARMA BRANCA. PRINCÍPIO DA LEGALIDADE PENAL. ANÁLISE SOBRE A OBSERVÂNCIA DO PRINCÍPIO DA TAXATIVIDADE DA CONDUTA DESCRITA. REPERCUSSÃO GERAL RECONHECIDA. Questão relevante do ponto de vista social e jurídico.**

De mais a mais, não negamos que existam doutrinadores que pugnam pela aplicabilidade dessa infração penal, mesmo sem o completo atendimento de todas as suas elementares; por óbvio, não acreditamos que deva ser essa a decisão tomada pela autoridade policial.[7] Decerto, até que o legislador se digne a dar a celeridade devida aos projetos[8] que visam a tornar crime o porte de armas brancas, ou mesmo que o STF se pronuncie definitivamente sobre o tema, deve o Delegado de Polícia, por respeito à legalidade estrita, deixar de prender suspeitos flagrados nesse contexto.[9]

6 Hipoteticamente, no caso de a autoridade policial decidir por flagrantear o indivíduo pela prática do artigo 19 da Lei de Contravenções Penais, o procedimento a ser lavrado seria o termo circunstanciado de ocorrência, em virtude de a infração ser considerada de menor potencial ofensivo.

7 Não obstante a posição que estamos a defender nessa questão, é sempre bom mencionar que o Superior Tribunal de Justiça já decidiu pela vigência e pela aplicabilidade do art. 19 da Lei de Contravenções penais quanto ao porte de armas brancas. Vejamos o RHC 380.003/MG – STJ – 04/02/2014: "*RECURSO ORDINÁRIO EM HABEAS CORPUS. ART.* 19 *DA* LEI DAS CONTRAVENCOES PENAIS. *ATIPICIDADE. INEXISTÊNCIA. ART.* 10 *DA LEI Nº* 9.437/97. *REVOGAÇÃO PARCIAL. SUBSISTÊNCIA DA CONTRAVENÇÃO QUANTO AO PORTE DE ARMA BRANCA. RECURSO DESPROVIDO. 1. A edição da Lei nº* 9.437/97 *– diploma que instituiu o Sistema Nacional de Armas e elevou à categoria de crime o porte não autorizado de armas de fogo – não revogou o art.* 19 *da* Lei das Contravencões Penais, *subsistindo a contravenção quanto ao porte de arma branca. Precedentes".*

8 O Projeto de **Lei nº 2967/04** e o Projeto de **Lei nº 1873/15** tramitam no Legislativo nacional e buscam a criminalização do porte de armas brancas.

9 No sentido que estamos a defender, citamos o HC nº 5467-75.2016.8.09.0000 do Tribunal de Justiça do Estado de Goiás (08/04/2016): "PORTE DE ARMA BRANCA. REGULAMENTAÇÃO INEXISTENTE. ATIPICIDADE DA CONDUTA. **Inexistindo regulamentação de licença para porte ou uso de arma branca, atípica é a conduta daquele que é surpreendido portando uma faca**". (negrito nosso)

3.2. LEI Nº 4.737/1965 – CÓDIGO ELEITORAL – CRIMES ELEITORAIS

3.2.1. Qual o fundamento jurídico para que a Polícia Civil atue supletivamente à época de eleições? Tal atribuição investigatória não caberia à Polícia Federal?

A regra é que as atribuições de polícia investigativa e judiciária no contexto de crimes eleitorais incumbem à Polícia Federal. Não obstante isso, sabemos que o reduzido quadro de pessoal da Polícia Federal, quando comparado às dimensões continentais de nosso país, acaba por inviabilizar o trabalho exclusivo de tal instituição nos pleitos em geral. Por isso, o Tribunal Superior Eleitoral (TSE) resolveu, por meio da resolução nº **23.363/2011**,[10] conceder atribuição supletiva à Polícia Civil acerca de tal nicho de atuação policial.

Apesar do relevo dado às resoluções do TSE acerca desse tema, mais importante é sabermos que nesse mesmo sentido já vinha se pronunciando o Supremo Tribunal Federal. O supremo sodalício pátrio já havia permitido que as autoridades policiais estaduais atuassem supletivamente na senda eleitoral, principalmente nas localidades que não fossem sede de órgãos do Departamento da Polícia Federal. Citamos, nesse sentido, o julgado a seguir:

> Se é certo que a investigação penal dos crimes **eleitorais** compete, em princípio, à **Polícia** Federal (CF, art. 144, § 1º, IV), nada impede - especialmente nas localidades que não sediam órgãos do Departamento de **Polícia** Federal - que as atribuições concernentes à **Polícia** Judiciária **Eleitoral** sejam desempenhadas, concorrentemente, em caráter excepcional, pela **Polícia Civil** do Estado-membro, consoante esclarece o magistério doutrinário (JOEL JOSÉ CÂNDIDO, "Direito **Eleitoral** Brasileiro", p. 303, 4ª ed., 1994, EDIPRO) e proclama a jurisprudência do próprio Tribunal Superior **Eleitoral**: "Crime **eleitoral.** Recadastramento. Denúncia: descrição de fatos que, em tese, configuram crime. Inquérito realizado pela **polícia** estadual irrelevância. **HC 73.424 MC/RS** - RIO GRANDE DO SUL (1995) - STF

Portanto, parece-nos importante que o delegado de Polícia Civil se mantenha atento sobre temas controvertidos afetos a delitos eleitorais, pois, vez ou outra, podem lhe ser necessários, principalmente quando estiver atuando supletivamente nesse contexto jurídico.

---

10 Tal Resolução substituiu a Resolução nº **23.222/2010 – TSE.**

3.2.2. O que é a imunidade prisional de eleitores e quais são suas exceções mais relevantes?

A imunidade prisional de eleitor é um mecanismo limitador ao cumprimento de algumas modalidades prisionais em dias próximos à eleição visando a garantir o pleno exercício do sufrágio. Deve ficar claro que tal benefício legal almeja assegurar ao eleitor em potencial[11] a liberdade de votar, mesmo que contra ele penda medida cautelar prisional.

Portanto, durante o interregno mencionado no art. 236 do Código Eleitoral, haverá limitações ao cumprimento dos mandados de prisão temporária e preventiva, **restando possíveis somente a prisão em flagrante e a prisão em virtude de sentença condenatória irrecorrível.**[12] É o que prevê a lei eleitoral:

> Art. 236 (art. 298) - Nenhuma autoridade poderá, **desde 5 (cinco) dias antes e até 48 (quarenta e oito) horas depois** do encerramento da eleição, **prender ou deter qualquer eleitor**, salvo em flagrante delito ou em virtude de sentença criminal condenatória por crime inafiançável, ou, ainda, por desrespeito a salvo-conduto. (Código Eleitoral - Lei nº 4.737/65)

Não negamos que tal imunidade foi de suma importância à época ditatorial, já que, naquela época, era preciso criar maiores garantias frente à ação abusiva do Estado. **A ideia do legislador era garantir o livre exercício do sufrágio, evitando que as prisões de sectário de um grupo oposto fossem concentradas na época eleitoral.** Afinal, nada mais cômodo do que escolher realizar a prisão de um seguidor de um grupo político rival quando do período de eleições. Em verdade, matar-se-iam dois coelhos com um golpe só: prende-se o desafeto e se evita um voto a mais para o grupo político adversário.

Para evitar tal estratégia abjeta, o legislador criou uma infração penal para aquelas autoridades que, mesmo sabendo do disposto no art. 236 do Código Eleitoral, ainda assim procedessem à detenção ilegal. Trata-se do art. 298 do referido diploma legal:

11 Note que outros protagonistas envolvidos diretamente no processo eleitoral também foram protegidos no referido diploma legal (Lei nº 4.737/65), dentre eles: membro de mesa receptora, fiscal, delegado de partido ou candidato. Entretanto, debruçaremos nossos estudos somente na imunidade de "eleitores".

12 Importante notar que o art. 283 do Código de Processo Penal, alterado pela Lei nº 12.403/2011, proibiu a execução provisória de pena e extinguiu algumas modalidades de prisões cautelares, dentre elas a prisão automática por condenação recorrível. Portanto, parece evidente que, após a Lei nº 12.403/2011, só há, nesse período eleitoral, possibilidade de prisão do eleitor em flagrante delito e prisão por condenação em definitivo.

> Art. 298 – Prender ou deter **eleitor**, membro de mesa receptora, fiscal, delegado de partido ou candidato, com violação do disposto no Art. 236: Pena – Reclusão até quatro anos. (Código Eleitoral)

Apesar da função importante que tal dispositivo desempenhou no passado, em nosso humilde posicionamento **acreditamos que o art. 236 do referido estatuto eleitoral já não parece mais adequado à contemporaneidade**. O mais importante argumento que milita em favor da desnecessidade dessa proteção ao eleitor é que estão cada vez mais difundidas as zonas especiais temporárias instaladas nas penitenciárias em épocas de eleições.

Ora, **se o direito de voto pode assim ser assegurado aos presos que ainda não tiveram seus direitos políticos suspensos pelo trânsito em julgado da condenação, não nos parece razoável deixar de encarcerá-los.** Não obstante ao exposto acima, temos que deixar claro ao leitor que a maioria esmagadora da doutrina e da jurisprudência ainda entende que tal dispositivo limitador ao poder do Estado ainda vige.

É importante que fique claro que a proteção encerrada no art. 236 do Código Eleitoral é voltada ao eleitor, e não a todo e qualquer ser humano. **Por mais que pareça redundante, frisamos que nem toda pessoa humana é dotada de capacidade eleitoral imediata; sem esse direito a voto, o indivíduo não se faz amparado pela tutela da norma protetiva em comento.**

Para exemplificar tal posicionamento, citaremos o caso de um condenado em definitivo que, beneficiado pelo regime semiaberto, venha a praticar outros crimes fora do contexto da colônia agrícola. Em apuração, a autoridade policial representa pela decretação da prisão preventiva do increpado, a qual é imediatamente decretada. É evidente que, nesse caso, poderá haver o cumprimento de tal ordem de prisão, mesmo que no período eleitoral em análise (cinco dias antes do pleito e até 48 horas após seu encerramento). A justificativa para a nossa afirmação reside no fato de o indivíduo não estar em gozo de seus direitos políticos, vez que, com o trânsito em julgado da condenação pelo delito anterior, promoveu-se a suspensão dos seus direitos políticos pelo prazo que perdurarem os efeitos do decreto condenatório. Portanto, **estando o increpado cumprindo pena no regime fechado, no semiaberto ou no aberto, seus direitos políticos se encontram igualmente suspensos, por isso nenhuma ofensa haverá ao seu direito de voto caso seja dado cumprimento a uma ordem prisional cautelar**. Por isso é importante ter em mente que a proteção dada pelo art. 236 da Lei nº 4.737/65 volta-se ao eleitor, e não à pessoa humana como um todo.[13]

> Art. 15 - É vedada a cassação de direitos políticos, cuja perda ou suspensão só se dará nos casos de: [...] III - **condenação criminal transitada em julgado, enquanto durarem seus efeitos**; (Constituição Federal)

3.2.3. O indivíduo que for agraciado com a substituição da pena (art. 44 do Código Penal), *sursis* da pena, *sursis* processual ou transação penal poderá ser preso cautelarmente no período previsto no art. 236 da Lei nº 4.737/65?

O que é importante para resolver tal celeuma é averiguar se tal benefício de política criminal impediu ou não a condenação definitiva do indivíduo.

Ora, **se o increpado, mesmo no gozo de algum benefício de política criminal, tiver sido condenado em definitivo pelo crime, haverá que se falar na suspensão dos direitos políticos[14] dele e, por conseguinte, autorizada está a prisão cautelar nesse período**. Ou seja, havendo condenação definitiva, mesmo que o cumprimento da pena tenha sido postergado ou mitigado, não há que se criar qualquer restrição ao cumprimento de cautelares durante o mesmo interregno.[15]

Em sentido diametralmente oposto, **se o benefício de política criminal impediu a condenação em definitivo do indivíduo, não poderá ele ser preso cautelarmente nesse período, já que ainda estará em pleno gozo de seus direitos políticos.**

Fica claro, então, que o salutar a ser analisado é a suspensão ou não dos direitos políticos em virtude da condenação em definitivo. Se os direitos políticos estiverem suspensos, cadeia neles!

13 Por exemplo, o menor de idade (maior de 12 e menor de 16 anos), por não possuir capacidade eleitoral, poderá ser apreendido cautelarmente por ordem judicial (mandado de internação provisória ou de busca e apreensão), mesmo no curso de tal interstício eleitoral. O estrangeiro, que se encontre em nosso país a passeio, por não ter capacidade eleitoral, pode ter contra si executada ordem de prisão cautelar nesse mesmo período. Em ambos os casos vislumbramos que as ordens prisionais cautelares serão executadas validamente, porque tais indivíduos não possuem capacidade eleitoral ativa.

14 Art. 15 - É vedada a cassação de direitos políticos, cuja perda ou suspensão só se dará nos casos de: [...] III - **condenação criminal transitada em julgado, enquanto durarem seus efeitos**; (Constituição Federal)

15 Art. 236 - Nenhuma autoridade poderá, desde 5 (cinco) dias antes e até 48 (quarenta e oito) horas depois do encerramento da eleição, prender ou deter qualquer eleitor, salvo em flagrante delito ou em virtude de sentença criminal condenatória por crime inafiançável, ou, ainda, por desrespeito a salvo-conduto. (Lei nº 4.737/65)

Com base no exposto, passaremos a analisar, uma a uma, as benesses descarcerizadoras mencionadas na presente questão, visando a aferir sua aptidão para afastar ou não a imunidade prisional do eleitor. O primeiro dos referidos institutos, que seja a **substituição de pena** (art. 44 do Código Penal), preconiza que será possível, em determinadas situações, substituir a pena privativa de liberdade por restritiva de direitos. Nesse condão, não é difícil notar que, mesmo que a pena do condenado em definitivo tenha sido substituída por pena restritiva de direito, ainda assim terá havido condenação com trânsito em julgado em seu desfavor. **Só se converte a pena privativa de liberdade em restritiva de direitos quando houver certeza da condenação (trânsito em julgado).**[16] Nesse caso, como consequência lógica de toda e qualquer condenação definitiva, obrigar-se-á a suspensão dos direitos políticos do condenado, enquanto se protraírem os efeitos da condenação, permitindo-se, dessa forma, a prisão nesse período eleitoral. Nesse sentido citamos posição do Tribunal Superior Eleitoral:

> ELEIÇÕES 2008. Pena restritiva de direitos substitutiva da pena privativa de liberdade. Incidência do art. 15, III, da Constituição Federal, enquanto perdurarem os efeitos da condenação. Princípios da proporcionalidade e da razoabilidade. Não violados. Precedente. Agravo a que se nega provimento. A pena restritiva de direito e a prestação de serviços à comunidade não afastam a incidência do art. 15, III, da Constituição Federal, enquanto durarem os efeitos da condenação. (AgR-REspe nº 29.939, Rel. Min. Joaquim Barbosa, Sessão 13.10.2008)

Na mesma linha de raciocínio amolda-se a situação do indivíduo que estiver em gozo de **suspensão condicional da pena (*sursis* da pena)**. Nesse caso, **por ter havido a condenação do indivíduo e somente o cumprimento da pena (efeito penal primário) ter sido sobrestado, a suspensão dos direitos políticos também irá se operar**. Nesse caso, o increpado também não tem capacidade eleitoral imediata, por isso passível de ser alvo de prisões cautelares mesmo que em período eleitoral.

16 Lembre-se de que, no caso em questão, há condenação e posterior substituição da pena privativa de liberdade por restritivas de direito. Isso não pode ser confundido com a transação penal. No caso da transação, o autor do fato cumpre voluntariamente algumas medidas (prestação de serviço à comunidade, prestação inominada, prestação pecuniária etc.), almejando não ter contra si o pesar de um processo criminal.

> É que o art. 15, III, da Constituição Federal exige apenas o trânsito em julgado da condenação criminal para suspender os direitos políticos, independentemente da natureza do crime ou de norma reguladora para sua aplicabilidade. Nesse sentido, confiram-se: - Condição de elegibilidade. Cassação de diploma de candidato eleito vereador, porque fora ele condenado, com trânsito em julgado, por crime eleitoral contra a honra, estando em curso a suspensão condicional da pena. Interpretação do art. 15, III, da Constituição Federal. **- Em face do disposto no art. 15, III, da Constituição Federal, a suspensão dos direitos políticos se dá ainda quando, com referência ao condenado por sentença criminal transitada em julgado, esteja em curso o período da suspensão condicional da pena**. **(REspe - Recurso Especial Eleitoral nº 214.637 - Vitória/ES - 27/10/2010)**

Em sentido diametralmente oposto está a situação do investigado beneficiado com **a suspensão condicional do processo e a transação penal**. Tais benefícios foram instituídos pela Lei nº 9.099/95 e visam a evitar o desenvolvimento da relação processual em desfavor do autor do fato. **Em tais casos, por óbvio, é possível notar que não haverá condenação do indivíduo, já que, cumpridas as condições impostas, o processo nem se desenrolará até esse ponto.** Ora, nesses casos, o beneficiário de tais institutos de política criminal ainda mantém sua capacidade eleitoral, já que não fora condenado em definitivo. Portanto, diz-se que, nesses casos, o indivíduo detém a imunidade prisional prevista no art. 236 do Código Eleitoral.[17] Faremos um breve resumo sobre tudo que fora estudado aqui a seguir:

17 Nesse mesmo sentido, Acórdão nº 24.086, de 23.8.00, do TRE/PR, relatoria do des. Roberto Pacheco Rocha, originado do Recurso Eleitoral nº 633/00, em que se discutia registro de candidatura.

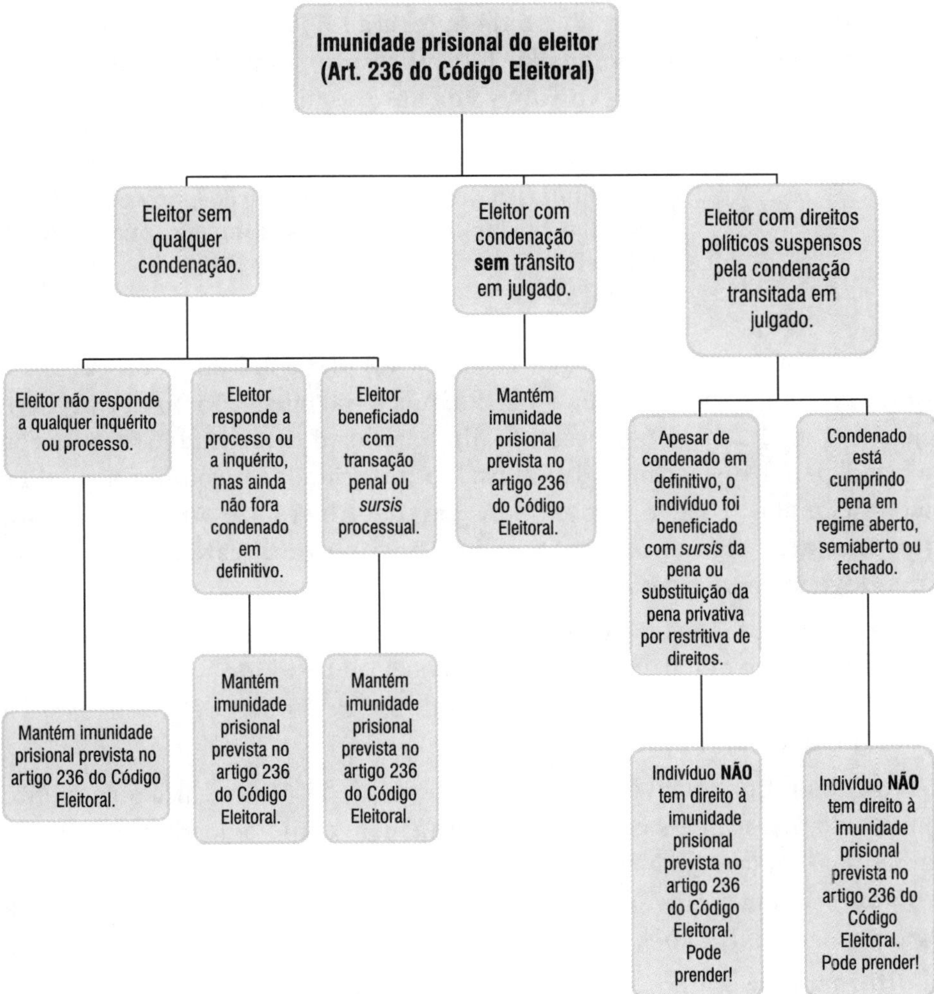

3.3. LEI Nº 4.898/1965 – LEI DE ABUSO DE AUTORIDADE

3.3.1. No caso de crime de abuso de autoridade, faz-se necessária a colheita de representação da vítima para que se promova a investigação do fato?

Não é preciso. Apesar disso, sabemos que algumas autoridades policiais, com base em uma leitura superficial do texto da Lei de Abuso de Autoridade (Lei nº 4.898/65), ainda requerem a colheita dessa condição de procedibilidade para dar início às investigações sobre eventual abuso de autoridade.

Temos que concordar que, pela simples leitura do art. 12 da Lei nº 4.898/65, os crimes de abuso de autoridade parecem estar sujeitos à ação penal pública condicionada; tal impressão, contudo, é equivocada. Vejamos o que consta da lei de abuso de autoridade:

> Art. 12 – A ação penal será iniciada, independentemente de inquérito policial ou justificação por denúncia do Ministério Público, **instruída com a representação da vítima do abuso**. (Lei nº 4.898/65 – abuso de autoridade)

É importante mencionar que a Lei nº 4.898/65 foi alterada cerca de dois anos após o início de sua vigência, por uma legislação posterior, qual seja a **Lei nº 5.249/67**. O referido diploma legal transmudou a natureza da ação penal dos crimes de abuso de autoridade, tornando-a pública incondicionada. Esse é o ponto! **A Lei de Abuso de Autoridade foi alterada, mas alguns operadores do Direito ainda estão levando em consideração a sua redação original**.

Para que se consiga compreender o porquê dessa modificação de natureza da ação penal dos crimes de abuso de autoridade é necessário que remontemos ao período de produção da Lei de Abuso de Autoridade, a época do Golpe Militar de 1964.

No Brasil, por incrível que pareça, o golpe de 1964 e a consequente tomada do poder pelos militares contaram com o apoio da elite brasileira. Tal união heterogênea adveio do temor de que João Goulart (Jango) promovesse um golpe comunista no Brasil, particularmente devido a algumas nacionalizações que ele já teria engendrado em território pátrio.

Utilizando-se, então, de argumentos acerca dos riscos dessa afinidade do presidente João Goulart com o regime comunista, os militares, com apoio de segmentos importantes da sociedade civil (Igreja, empresários etc.), promoveram a tomada do Estado.

Até aqui os livros de história do Brasil conseguem nos narrar! Entretanto, o que amiúde nunca ficou claro é por que a Lei nº 4.898/65 surgiu logo após um golpe militar? Parece difícil acreditar que no auge de um golpe ditatorial o próprio Estado tenha permitido um "boom" de legislações que garantiam os direitos do cidadão frente a eventuais abusos do Estado. Em verdade, o esperado é que surgissem legislações que alargassem os poderes do Estado frente os cidadãos, mas não algumas que viessem a criminalizar condutas abusivas das autoridades públicas.

Para que entendamos melhor esse garantismo repentino é importante visualizarmos que, em verdade, o exército não era de todo autoritário. Dizemos isso pois existiam dois grandes grupos de militares: os **castellistas** e os **costistas**. Esses grupos tinham ideologias diversas e, portanto, digladiavam-se constantemente nos bastidores das casernas brasileiras. Por mais que tenha havido um acordo de paz temporário entre os dois grupos no curso do golpe militar; após implementado, tais segmentos passaram a brigar novamente pelo poder.

Castello Branco era líder de uma ala mais democrata do Exército, vulgarmente nominada castellista. Para tais militares, o golpe militar seria o trampolim para afastar o risco de instalação do comunismo, mas, logo que tal risco fosse degringolado, os militares devolveriam o poder ao povo. Evidente que tal grupo tinha maior apoio da sociedade civil, já que disseminava ideias um pouco mais liberais. Para tal grupo, a democracia era o caminho da consolidação do país, e não o militarismo.

Entretanto, havia uma outra ala dentro do Exército brasileiro, os costistas (encabeçados pelo oficial Costa e Silva), os quais tinham ideias muitos menos democráticas do que as dos castelistas. Tal segmento intentava promover, mesmo após a tomada do Estado, uma perseguição aos nazi-comunistas. A ideia era espancar definitivamente os riscos de instalação do comunismo, mesmo que fosse através do banimento dos sectários de tal regime.

Com o implemento do referido golpe militar, Castello Branco assumiu o Poder Executivo, passando a governar nosso país. No entanto, eram constantes as ameaças de perda de poder para o grupo austero encabeçado por Costa e Silva. **Talvez tenha sido esse temor de ver os costistas tomarem o poder e governar com mãos de ferro o Brasil que tenha impulsionado Castello Branco a sancionar a Lei de Abuso de Autoridade (Lei nº 4.898/65). Foi nesse mesmo contexto que Castello Branco também sancionou o Código Eleitoral (Lei nº 4.737/65) visando a salvaguardar um processo eleitoral "limpo" e "isento", afastando os riscos de manipulação eleitoral pelos costistas**. Não podemos negar que Castello Branco sofreu, no contexto de criação de tais legislações, aberta pressão dos grupos civis organizados que o apoiaram a chegar ao poder.

Castello Branco, contudo, dois anos após a criação da Lei nº 4.898/65 (Lei de Abuso de Autoridade), pode visualizar que pouco de efetivo tinha conseguido com a referida lei. **Notou o presidente que essa legislação**

tuitiva, por fazer imprescindível a representação da vítima para que a autoridade pública fosse processada, era pouco colocada em prática.

É fácil notar que os cidadãos temiam dar início à persecução penal contra a autoridade agressora e passar a sofrer severas retaliações; por isso acabavam por nunca representar em face dos abusos. Essa noção de impunidade acabava por fortalecer ainda mais o grupo militar mais radical. **Assim, Castello Branco, em 9 de fevereiro de 1967, acabou sendo impelido a sancionar a Lei nº 5.249/67, a qual transformou os crimes de abuso de autoridade em infrações de ação penal pública incondicionada.**

> Art. 1º – A falta de representação do ofendido, nos casos de abusos previstos na Lei nº 4.898, de 9 de dezembro de 1965, não obsta a iniciativa ou o curso de ação pública. (Lei nº 5.249/67)

Ou seja, **desde 1967, não mais se faz necessária a colheita de representação para que se proceda à apuração e à punição da autoridade pública infratora em relação a tais delitos**. Essa legislação, infelizmente, costuma ser esquecida pelos operadores do Direito, os quais amiúde se contentam com o estudo genérico da Lei de Abuso de Autoridade e acabam por tratar tais delitos como sendo sujeitos à ação penal pública condicionada. É bom o leitor ficar alerta a essa peculiaridade.

3.3.2. O crime de abuso de autoridade absorve os demais crimes praticados no contexto do ato arbitrário?

É claro que não. A Lei de Abuso de Autoridade visa a proteger um bem jurídico muito específico, que seja **o padrão de conduta esperado dos agentes do Estado (ações probas e fundadas em lei)**. De posse de tais informações fica evidente que a referida legislação, apesar de fazer menção em seus tipos penais a algumas violações de direitos individuais do cidadão (inviolabilidade de domicílio, patrimônio, honra etc.), não almeja incriminar diretamente esses atos atentatórios.[18] Verdadeiramente, já existem tipos penais próprios para isso, como a violação de domicílio, o dano, a injúria etc.

18 Art. 3º da Lei nº 4.898/65: Constitui abuso de autoridade qualquer atentado: a) à liberdade de locomoção; b) à inviolabilidade do domicílio; c) ao sigilo da correspondência; d) à liberdade de consciência e de crença; e) ao livre exercício do culto religioso; f) à liberdade de associação; g) aos direitos e garantias legais assegurados ao exercício do voto; h) ao direito de reunião; i) à incolumidade física do indivíduo; j) aos direitos e garantias legais assegurados ao exercício profissional. (Incluído pela Lei nº 6.657, de 05/06/79)

Trocando em miúdos, os crimes previstos na Lei nº 4.898/65 só se utilizam dessas ofensas aos direitos personalíssimos do indivíduo para demonstrarem a quebra do padrão de conduta por parte da autoridade pública. Simples assim! Por isso, nenhuma incompatibilidade há na punição do agente público pela ofensa real ao bem jurídico do indivíduo, bem como pelo fato de ter ele fugido ao padrão regular de conduta que dele era esperado. Nesse mesmo sentido:

> O objeto jurídico principal, em nosso entendimento, é a dignidade da função pública e a lisura do exercício da autoridade pelo Estado... Não fosse assim, desnecessária seria a Lei de Abuso de Autoridade, pois os tipos penais nela previstos encontram-se igualmente situados em outros diplomas legais. (NUCCI, 2010, p. 34.)

Para clarificar essa afirmação, imaginemos um contexto de violência física policial em abordagem rotineira. Como o crime de abuso de autoridade protege principalmente a lisura da ação do policial, enquanto a lesão corporal protege a integridade física do cidadão, não há que se falar em conflito aparente entre essas normas. É possível afirmar que, **por protegerem bens jurídicos tão diversos, não há que se falar em aplicação do princípio da especialidade**. Em outras palavras, se não há conflito aparente entre os referidos tipos penais **não tem o operador que escolher somente um deles para ser aplicado nesse caso concreto; os dois tipos penais serão, então, aplicáveis.** Nesse mesmo sentido citamos julgado do Supremo Tribunal Federal:

> Lesões corporais e abuso de autoridade. **Se o agente, além do crime de abuso de autoridade (art. 3, letra "i", da Lei nº 4.898, de 9.12.1965) também praticar lesões corporais na vítima, aplicar-se-á a regra do concurso material.** (HC 59.403/SP - STF, grifo nosso)

Então, já tendo ficado clara a possibilidade de cumular ambas as infrações penais cometidas nesse mesmo contexto fático, cumpre agora fazer uma análise percuciente acerca da atribuição investigatória e da competência julgadora dos delitos em questão.

Asseveramos que nem sempre esses crimes praticados serão de julgamento da Justiça comum,[19] o que acaba por gerar um problema atinente à persecução penal. Visando a exemplificar a celeuma, imaginemos que a violência policial, narrada no exemplo acima, tenha sido praticada por um policial militar.

---

19 Lembremos que, no caso de abuso de autoridade praticado por autoridades públicas federais (inclusive policial federal), o Superior Tribunal de Justiça vem decidindo no sentido de que competente para tal julgamento é a Justiça Federal. Nesse sentido, CC 20.779/RO (1997) STJ.

Como já é sabido, **a maioria dos crimes cometidos por militares tem previsão específica em uma legislação penal, que seja o Código Penal Militar (Decreto-Lei nº 1.001/69)**. No caso em análise, a lesão à integridade física do indivíduo encontra-se incriminada no art. 209 do CPM,[20] o que fará obrigatório o julgamento de tal infração perante a Justiça castrense. De outro turno, sabemos que o crime de abuso de autoridade é um crime comum e de menor potencial ofensivo, o que faz seu julgamento de competência dos juizados especiais criminais. No caso em comento, inegável que deverá haver **cisão obrigatória dos processos apuratórios, já que a competência para a persecução penal também será cindida**. Esse mandamento, inclusive, é o teor do art. 79 do Código de Processo Penal.[21] Em idêntico sentido, citamos julgado do Superior Tribunal de Justiça:[22]

> 1 - Mesmo havendo a conexão entre o crime de abuso de autoridade, de competência da Justiça comum e de lesão corporal leve e violação de domicílio, previsto no Código Penal Militar, não é possível o seu julgamento por uma única das Justiças, diante de vedação expressa. **2 - O crime de abuso de autoridade deve ser examinado pelo Juizado Especial e os de invasão de domicílio e lesão corporal leve pela Justiça Militar. (HC 81.752/RS - STJ - 2007)**

Com base no exposto acima, como o delegado já sabe, de antemão, que haverá cisão dos respectivos processos judiciais, deverá, por lógica jurídica, também proceder à respectiva divisão dos procedimentos apuratórios.

Portanto, caberá a lavratura do procedimento pelo abuso de autoridade à Polícia Civil (já que caberá ao Juizado Especial criminal o julgamento do feito), mas, em relação à lesão corporal, o delegado deverá promover somente a documentação acerca desse crime militar, inclusive com a respectiva expedição da requisição de exame de corpo de delito.[23] *A posteriori*, deverá a autoridade policial encaminhar esse termo circunstanciado de ocorrência ao Juizado Especial competente (em relação

20 Art. 209 - Ofender a integridade corporal ou a saúde de outrem: Pena - detenção, de três meses a um ano. (Código Penal Militar)

21 Art. 79 - A conexão e a continência importarão unidade de processo e julgamento, salvo: I - no concurso entre a jurisdição comum e a militar. (Código de Processo Penal)

22 Importante mencionar que nesse mesmo sentido há duas súmulas do Superior Tribunal de Justiça: súmula 90 e súmula 172. A súmula 90 assevera que "compete à Justiça Estadual Militar processar e julgar o policial militar pela prática do crime militar, e à Comum pela prática do crime comum simultâneo àquele". O teor da súmula 172 é "Compete à justiça comum processar e julgar militar por crime de abuso de autoridade, ainda que praticado em serviço".

23 Acreditamos que a realização imediata do exame de corpo de delito se faz necessária para comprovar a ofensa à integridade física da vítima (art. 209 do CPM) e reflexamente também demonstrar a conduta do agente público em desconformidade com o padrão esperado (abuso de autoridade).

ao abuso de autoridade), bem como as peças relacionadas à ofensa física para o órgão militar com atribuições pela instauração do inquérito policial militar.[24] *Vide* abaixo o esquema sobre essa temática:

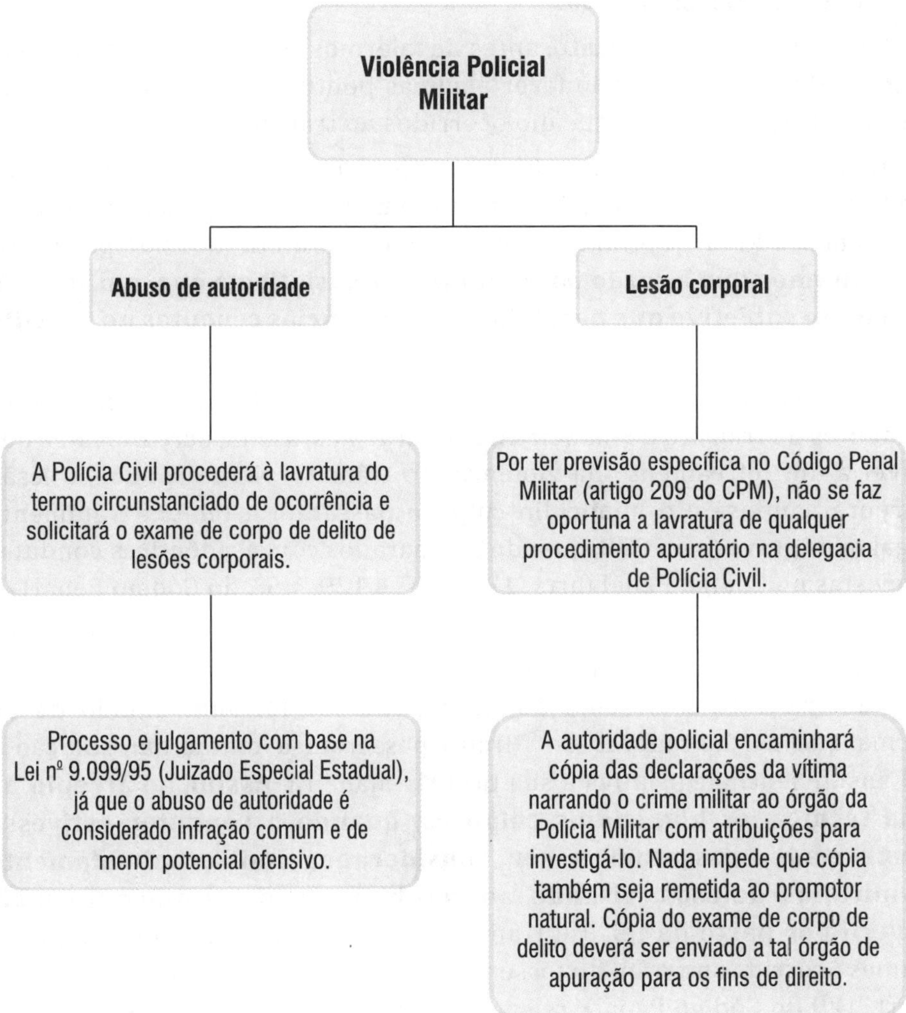

24 Tal comunicação à Polícia Militar dar-se-á com fundamento no art. 66, inciso I, da Lei de Contravenções Penais.

3.4. LEI Nº 9.503/1997 – CÓDIGO DE TRÂNSITO BRASILEIRO – CRIMES DE TRÂNSITO

3.4.1. O homicídio no trânsito praticado por quem tenha ingerido bebida alcoólica será sempre doloso?

É claro que não. Entretanto, antes de falarmos sobre o tema em análise, acreditamos necessário fazer algumas pontuações acerca dos crimes de lesão corporal e de homicídio ocorridos no trânsito.

Tais delitos, por opção do legislador pátrio, foram previstos no Código de Trânsito brasileiro somente em suas modalidades culposas,[25] permanecendo a capitulação, caso dolosos, afeta ao Código Penal. **Acreditamos que a razão para tal opção legislativa é que, em regra, o elemento subjetivo que permeia tais ocorrências cruentas no trânsito é a culpa.**

É fatídico que o Código de Trânsito Brasileiro (CTB) surgiu para punir os delitos de trânsito de maneira mais dura, pois, assim, acreditava-se que haveria um refreamento da violência no trânsito. Nesse condão, a lesão corporal culposa e o homicídio culposo passaram a ter um tratamento legal mais gravoso no CTB, quando comparados com as idênticas condutas previstas no Código Penal (arts. 121, § 3º, e 129, § 6º, do Código Penal).

Entretanto, parece que tal incremento do rigor legal não fora suficiente, já que os motoristas continuaram a matar; em verdade, até mais do que anteriormente. A sensação de impunidade foi aumentando de tal forma que os operadores do Direito passaram a tentar dar solução a tal insuficiência legislativa à sua própria maneira. **Assim, ao arrepio da boa técnica, os homicídios culposos, quando o condutor estivesse embriagado, passaram a ser considerados indiscriminadamente homicídios dolosos, visando ao recebimento de tratamento mais severo por parte da lei.** Tal transmudação fez com que, novamente, os crimes ocorridos no trânsito fossem se abeberar no Código Penal (art. 121 e art. 129 do Código Penal), relegando a alguns poucos casos a incidência da lesão corporal e do homicídio culposos previstos na Lei nº 9.503/97.

25 **Art. 302** – Praticar **homicídio culposo** na direção de veículo automotor: Penas – detenção, de dois a quatro anos, e suspensão ou proibição de se obter a permissão ou a habilitação para dirigir veículo automotor. (Lei nº 9.503/97 – Código de Trânsito brasileiro) **Art. 303** – Praticar **lesão corporal culposa** na direção de veículo automotor: Penas – detenção, de seis meses a dois anos e suspensão ou proibição de se obter a permissão ou a habilitação para dirigir veículo automotor. (Lei nº 9.503/97 – Código de Trânsito brasileiro)

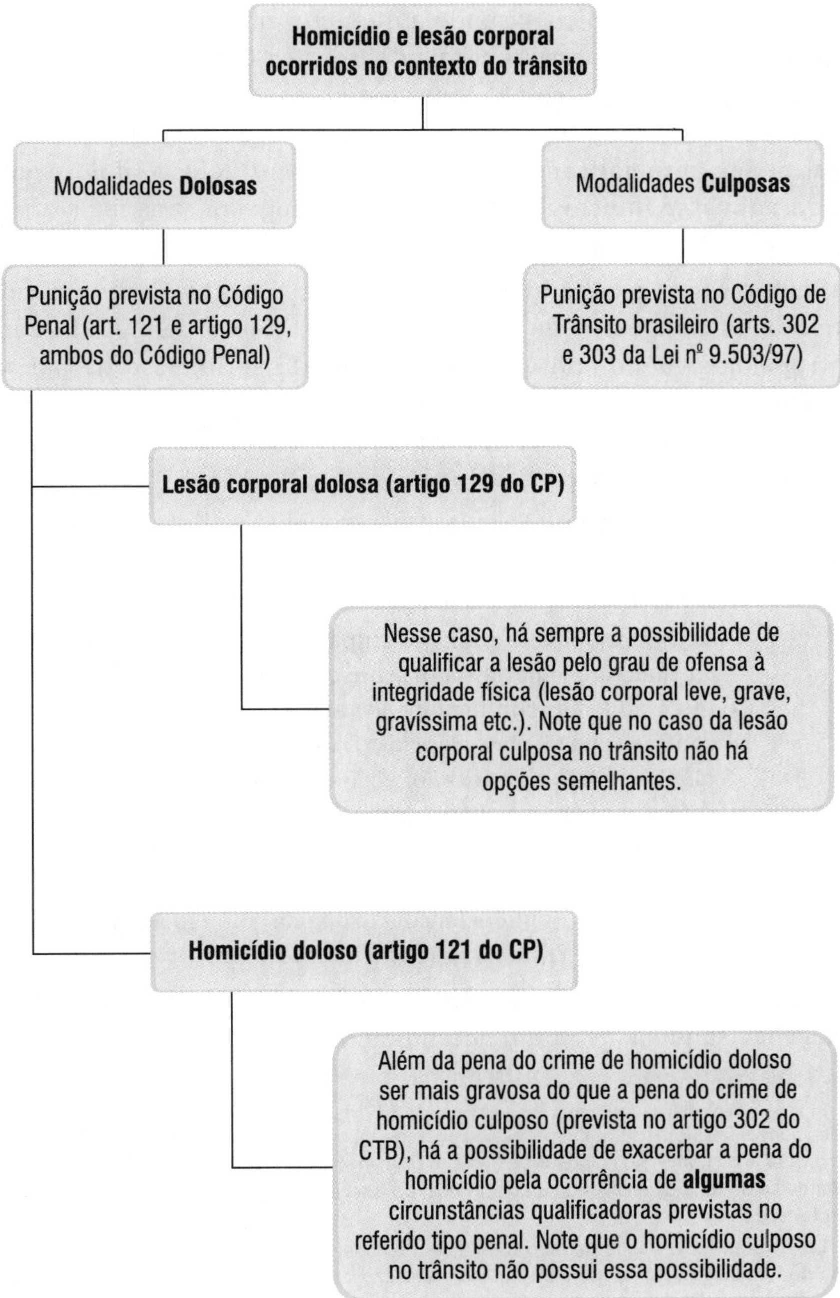
Homicídio e lesão corporal ocorridos no contexto do trânsito
Modalidades Dolosas
Modalidades Culposas
Punição prevista no Código Penal (art. 121 e artigo 129, ambos do Código Penal)
Punição prevista no Código de Trânsito brasileiro (arts. 302 e 303 da Lei nº 9.503/97)
Lesão corporal dolosa (artigo 129 do CP)
Nesse caso, há sempre a possibilidade de qualificar a lesão pelo grau de ofensa à integridade física (lesão corporal leve, grave, gravíssima etc.). Note que no caso da lesão corporal culposa no trânsito não há opções semelhantes.
Homicídio doloso (artigo 121 do CP)
Além da pena do crime de homicídio doloso ser mais gravosa do que a pena do crime de homicídio culposo (prevista no artigo 302 do CTB), há a possibilidade de exacerbar a pena do homicídio pela ocorrência de algumas circunstâncias qualificadoras previstas no referido tipo penal. Note que o homicídio culposo no trânsito não possui essa possibilidade.

Esse arremedo jurídico, visando a impingir uma punição mais gravosa aos motoristas que praticassem tais delitos, fez com que a diferenciação entre dolo eventual e culpa consciente[26] se restringisse aos bancos catedráticos. Infelizmente, a prática de um crime de homicídio no trânsito passou a ser automaticamente capitulada como dolosa (dolo eventual) quando houvesse indícios de embriaguez e ninguém sabe mais o porquê de tal opção. Ficamos pasmos com essa falta de técnica jurídica.

Afinal, a regra geral é que ninguém toma a condução de um veículo, mesmo após a ingestão de bebida alcoólica, com a deliberada vontade de atropelar alguém, muito menos assumindo sério risco de matar um pedestre ou outro motorista. Aduzimos isso pois a pessoa que assim o faz estaria atentando contra sua própria integridade física; esse, sem dúvida, não é o **padrão normal de conduta.**[27]

Acreditamos que, visando a evitar tal atropelo jurídico, se faz necessário relembrar os mais basilares conceitos de dolo eventual e de culpa consciente. Para tanto, nas palavras de Gomes (2009, p. 288):

> Não se pode confundir a culpa consciente com o dolo eventual. Na primeira (culpa consciente) o sujeito representa o resultado, mas confia que não vai acontecer (representação + confiança na não ocorrência do resultado). No dolo eventual o sujeito prevê o resultado, aceita-o e ainda atual com total indiferença frente ao bem jurídico (representação + aceitação + indiferença). Enquanto na culpa consciente temos dois requisitos, no dolo eventual são três. Dentre outros fatores, é na aceitação (anuência, concordância) ou não aceitação do resultado que reside a essência da diferença.

Ilustraremos esse ensinamento do mestre Luiz Flávio Gomes em uma animação, visando a facilitar o entendimento:

26 Mencionamos que há também a possibilidade de culpa inconsciente no contexto dos crimes de lesão corporal e de homicídio culposos de trânsito. Essa modalidade ocorre quando o agente não prevê, por falta de cuidado, a possibilidade da ocorrência do resultado desvaloroso, quando era possível que ele a antevisse.

27 A Lei nº 12.971/2014 tinha deixado claro que a embriaguez se compatibilizava com a modalidade culposa do homicídio ocorrido no trânsito. A constatação da embriaguez tinha o condão de, somente, sancionar tal homicídio à pena de reclusão, em detrimento da regra que era a de detenção. Nesse sentido estava o art. 302, § 2º, do Código de Trânsito Brasileiro. Esse dispositivo deixava claro que o desequilíbrio psicomotor advindo do consumo de bebidas ou drogas, no contexto do acidente automobilístico fatal, não produzia automaticamente a capitulação do fato como homicídio doloso, porquanto era perfeitamente possível compatibilizar o evento morte culposo com tal circunstância. **Contudo, com o advento da lei nº 13.281/2016, as discussões se reabriram. Tal legislação, a qual entrará em vigor em novembro de 2016, revoga o art. 302, § 2º, do Código de Trânsito Brasileiro, o que, certamente, ressuscitará os debates sobre essa questão.**

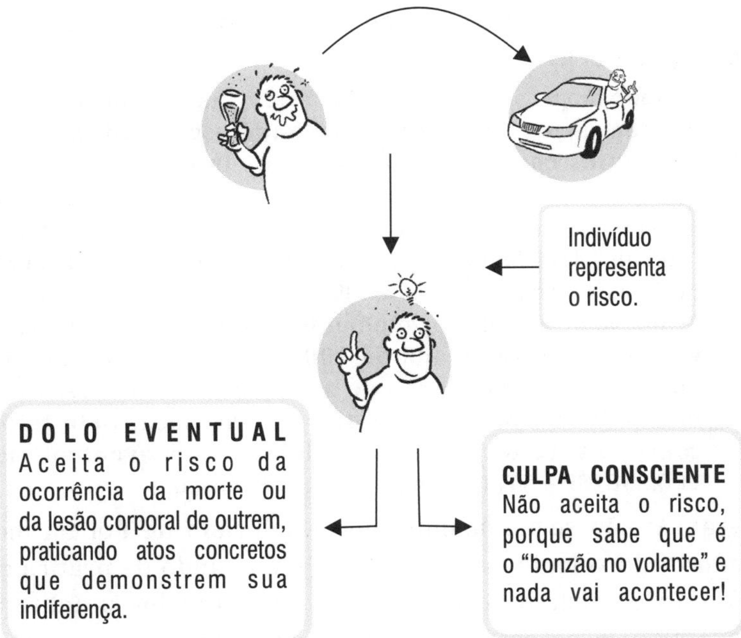

Inegável que é na diferenciação prática entre dolo eventual e culpa consciente que a autoridade policial pode encontrar alguma dificuldade. Afinal, só será possível fazer a descoberta sobre o real elemento subjetivo do motorista quando a Polícia comprar algumas bolas de cristal ou qualquer outro mecanismo de adivinhação. Enfim, para que as autoridades policiais descubram o pensamento do agente no caso em comento (se assumiu o risco ou fora simplesmente indiferente frente a ele) seria necessário entrar em sua cabeça. É evidente que isso é impossível. É nessa impossibilidade técnica que se dá margem a uma discricionariedade muito grande das autoridades legais.

Não obstante o empecilho mencionado acima, acreditamos ser perfeitamente possível, **através da colheita das migalhas fáticas deixadas pela prática do delito, visualizar como o autor do fato se comportou frente ao risco potencial ao bem jurídico alheio e, portanto, aproximar-se da descoberta do seu elemento subjetivo verdadeiro.**

Se o motorista deixou vestígios de que agiu com indiferença frente ao risco de ocorrência do resultado, haverá dolo eventual; se não há qualquer elemento que indique sua indiferença frente aos riscos, mas só o desleixo com os cuidados devidos, há culpa. Essa detalhada colheita de vestígios limita a discricionariedade do operador do Direito, já que é necessário que se faça a comprovação concreta do porquê da imputação do crime doloso em vez do crime culposo. É nesse sentido que já se pronunciou o STJ:[28]

> De todo modo, a Sexta Turma já decidiu que, "sendo os crimes de trânsito em regra culposos, **impõe-se a indicação de elementos concretos dos autos que indiquem o oposto**, demonstrando que o agente tenha assumido o risco do advento do dano, em flagrante indiferença ao bem jurídico tutelado" (HC 58.826/RS, Relatora Ministra Maria Thereza de Assis Moura, DJe de 8.9.2009). 3. Entretanto, na ação penal de que aqui se cuida, **os elementos apontados na origem - velocidade aproximada de 100 km/h, em movimentada via, acrescida do avanço do sinal fechado, são hábeis a, num primeiro momento, autorizar a acusação pelo delito contra a vida, na modalidade dolosa (dolo eventual)**. HC 160.336/SP - STJ (18/06/2012, grifos nossos)

Asseveramos não ser suficiente que o delegado de Polícia mencione que o condutor do veículo estava embriagado quando da prática da lesão corporal ou do homicídio no trânsito para imputar-lhe o delito a título de dolo eventual; é necessário colacionar elementos de convicção que indiquem a total indiferença do autor do fato frente aos riscos de sua ação.

Ou seja, não basta demonstrar a embriaguez e o resultado desvaloroso, mas, também, a indiferença do autor do fato, através de outras ações concretas, que apontem seu total menoscabo aos riscos à vida e à integridade física das pessoas. Isso, com certeza, é plenamente possível de ser realizado.

3.4.2. É possível a instauração de inquérito policial no caso de lesão corporal culposa ocorrida no trânsito? É necessário colher a representação da vítima nesses casos?

Já frisamos na questão anterior que o Código de Trânsito brasileiro (CTB) veio para impor maior punição às práticas delituosas ocorridas no contexto de proteção da segurança viária. Tal rigor, entretanto, não foi suficiente para obstaculizar o crescente número de vítimas de crimes cruentos ocorridos diuturnamente em nossas vias terrestres.

Destarte, mesmo após a vigência do Código de Trânsito brasileiro, foram necessárias alterações legislativas visando a incrementar ainda mais esse rigor; **por isso, alguns benefícios de política criminal, antes aplicáveis ao crime de lesão corporal culposa no trânsito, foram sendo paulatinamente afastados.**

28 Nesse mesmo sentido, HC 107.801/SP – São Paulo – STF.

Dentre essas modificações legislativas, citamos o afastamento de alguns benefícios de política criminal previstos na Lei nº 9.099/95,[29] que seja o termo circunstanciado de ocorrência,[30] a necessidade de representação da vítima para os crimes de lesão corporal leve ou culposa,[31] a composição civil[32] e a transação penal.[33] É importante dizer que tais benefícios de política criminal só serão **inaplicáveis** quando o agente tiver ocasionado a lesão corporal culposa agindo sob embriaguez, participando de exibição ou competição desautorizada ou estiver a transitar na via, quando do fato, com velocidade superior à máxima permitida para via em 50 km por hora.[34] Nos demais casos, devem tais benesses ser concedidas ao investigado.

Em outras palavras, mesmo sendo a lesão corporal culposa no trânsito um crime de menor potencial ofensivo, a depender das circunstâncias do delito, será necessária a lavratura do auto de prisão em flagrante e a instauração do inquérito policial, independentemente da colheita da representação da vítima.

29 Importante aduzir que em relação ao crime de **homicídio culposo no trânsito** (art. 302 do Código de Trânsito brasileiro) tais institutos de política criminal já se restam totalmente afastados em face do patamar de pena máxima cominada a essa infração. Ora, como tais institutos se vinculam amiúde às infrações de menor potencial ofensivo, em sendo o homicídio culposo no trânsito infração de médio potencial, não há que se cogitar aplicação de tais benesses. *Vide* o teor do art. 302 do referido diploma legal: Praticar homicídio culposo na direção de veículo automotor: Penas – detenção, **de dois a quatro anos**, e suspensão ou proibição de se obter a permissão ou a habilitação para dirigir veículo automotor.

30 Art. 69 – A autoridade policial que tomar conhecimento da ocorrência lavrará termo circunstanciado e o encaminhará imediatamente ao juizado, com o autor do fato e a vítima, providenciando-se as requisições dos exames periciais necessários. (Lei nº 9.099/95)

31 Art. 88 – Além das hipóteses do Código Penal e da legislação especial, dependerá de representação a ação penal relativa aos crimes de lesões corporais leves e lesões culposas. (Lei nº 9.099/95)

32 Art. 74 – A composição dos danos civis será reduzida a escrito e, homologada pelo juiz mediante sentença irrecorrível, terá eficácia de título a ser executado no juízo civil competente. Parágrafo único. Tratando-se de ação penal de iniciativa privada ou de ação penal pública condicionada à representação, o acordo homologado acarreta a renúncia ao direito de queixa ou representação. (Lei nº 9.099/95)

33 Art. 76 – Havendo representação ou tratando-se de crime de ação penal pública incondicionada, não sendo caso de arquivamento, o Ministério Público poderá propor a aplicação imediata de pena restritiva de direitos ou multas, a ser especificada na proposta. (Lei nº 9.099/95)

34 Art. 291, § 1º – Aplica-se aos crimes de trânsito de lesão corporal culposa o **disposto nos** arts. 74, 76 **e** 88 da Lei nº 9.099, de 26 de setembro de 1995, **exceto se o agente estiver**: I – sob a influência de álcool ou qualquer outra substância psicoativa que determine dependência; II – participando, em via pública, de corrida, disputa ou competição automobilística, de exibição ou demonstração de perícia em manobra de veículo automotor, não autorizada pela autoridade competente; III – transitando em velocidade superior à máxima permitida para a via em 50 km/h (cinquenta quilômetros por hora). (Lei nº 9.503/97 – Código de Trânsito brasileiro – **redação alterada pela Lei nº 11.705/2008**)

3.4.3. Quais são os métodos possíveis para a comprovação da embriaguez ao volante pelo uso de substâncias entorpecentes?

Antes de adentrarmos no âmago da questão é importante frisarmos que o art. 306 do Código de Trânsito brasileiro incrimina a embriaguez ao volante, seja ela fruto da ingestão imoderada de bebidas alcoólicas, seja ela ocasionada pelo uso de substâncias entorpecentes.[35] Essa afirmação é essencial, pois às vezes se dá muito relevo à embriaguez alcoólica e se olvida que o torpor pelo uso de drogas ilícitas também é incriminado pelo mesmo dispositivo legal.

Essa outra forma de embriaguez traz maior dificuldade na constatação, já que as drogas ilícitas (maconha, cocaína, "crack" etc.) não causam o odor característico que as bebidas alcoólicas ocasionam no indivíduo. **Por óbvio, é possível que nem todos os métodos pertinentes à constatação da embriaguez alcoólica se façam adequados à constatação da embriaguez por consumo de drogas ilícitas.**

Nessas situações, logicamente, a prova da infração penal dar-se-á pelo exame laboratorial especializado, exame clínico[36] ou pela constatação de evidentes sinais de embriaguez por parte de agentes públicos ou testemunhas. Nesse mesmo sentido citamos o art. 7º da Resolução 432/2013 do Conselho Nacional de Trânsito.

> Art. 7º - O crime previsto no art. 306 do CTB será caracterizado por qualquer um dos procedimentos abaixo:
>
> III - exames realizados por **laboratórios especializados**, indicados pelo órgão ou entidade de trânsito competente ou pela Polícia Judiciária, em caso de consumo de outras substâncias psicoativas que determinem dependência;
>
> IV - **sinais de alteração da capacidade psicomotora** obtido na forma do art. 5º.

Urge frisar que a Lei nº 12.971/2014, a qual alterou o § 2º do artigo 306 do Código de Trânsito, deixou clara a possibilidade de realização de **exame toxicológico** no contexto de embriaguez ao volante, ampliando, dessa maneira, as formas de demonstrar a utilização de drogas ilícitas por parte dos motoristas[37].

35 Art. 306 – Conduzir veículo automotor com capacidade psicomotora alterada em razão da **influência de álcool ou de outra substância psicoativa que determine dependência**: Penas – detenção, de seis meses a três anos, multa e suspensão ou proibição de se obter a permissão ou a habilitação para dirigir veículo automotor. (Código de Trânsito brasileiro)

36 Art. 5º – Os sinais de alteração da capacidade psicomotora poderão ser verificados por: I – **exame clínico** com laudo conclusivo e firmado por médico perito [...] (Redação da Resolução nº 432/2013-CONTRAN)

37 As alterações previstas na Lei nº 12.971/2014 só passarão a viger a partir de 1º de novembro de 2014, em virtude de período de *vacatio legis* preconizado no artigo 2º do referido diploma legal.

Enfim, de uma ou outra forma, para que haja autuação em flagrante delito, far-se-á necessária a prova do uso da substância entorpecente e do correspondente estado de alteração psicomotor do motorista. Urge frisar tal imperativo, pois não raras são as vezes que policiais apresentam ao delegado pessoas que estavam a dirigir com um cigarro de maconha na boca e desejam a autuação em flagrante delito pelo crime previsto no art. 306 do CTB.

Nesse caso, não basta a prova do uso da referida substância psicodisléptica,[38] mas também será necessária a prova da afetação do equilíbrio do motorista. Portanto, só cabe ao delegado autuar em flagrante delito o indivíduo caso, associado ao uso da substância ilícita, consiga visualizar (por meio de exame pericial ou de demais meios probatórios) que houve afetação do equilíbrio do condutor (embriaguez). Salvo essa hipótese, a autoridade documentará o fato e, deixando de lavrar o auto de prisão em flagrante, liberará imediatamente o indivíduo.

3.5. LEI Nº 9.613/1998 – LEI DE LAVAGEM DE CAPITAIS

3.5.1. O que diferencia o crime de lavagem de capitais da mera dissipação do dinheiro conseguido com a prática criminosa anterior? Qual a utilidade prática dessa distinção?

É costumeiro que os criminosos, logo após o delito, esbanjem o dinheiro conseguido ilicitamente. Para este tipo de delinquente, o gasto rápido e descomedido do produto do crime é um de seus maiores prazeres! **Em face disso, o dispêndio desses valores passou a ser considerado pela doutrina como um desdobramento lógico do crime anterior, por isso um pós-fato impunível.** Diz-se que tal gasto é um indiferente penal, pois não há nele um desvalor maior do que o que já adviera com a prática do crime patrimonial antecedente.

Em sentido contrário, se o infrator da lei decidir dificultar a descoberta desse proveito[39] da infração anterior, promovendo atos de ocultação ou dissimulação de tais valores, passa a ser possível fazê-lo responder por outra modalidade criminosa, a lavagem de capitais[40].

38 As substâncias psicodislépticas produzem uma dissociação do psiquismo do usuário levando-o a alucinações e delírios. Nesse grupo de drogas é que vamos encontrar a "maconha", cocaína, heroína etc.

39 Como já chegamos a citar em questões anteriores, o **instrumento** do crime é o meio material utilizado para concretizar a prática criminosa. Já quando falarmos em **produto** do crime, referenciamo-nos à vantagem direta obtida da infração penal, ou seja, os valores ou os objetos diretamente auferidos pela ação criminosa. De outra sorte, **proveito** do crime é a transformação do produto do crime em algo aparentemente lícito.

40 Nesse mesmo sentido, citamos Lima (2014, p. 307): "se a ocultação for perpetrada pelo agente com o único objetivo de aguardar o melhor momento para usufruir do produto da infração antecedente, e não com o objetivo de lhe conferir uma aparência supostamente lícita, ter-se-á mero exaurimento da infração antecedente, jamais a prática do crime de lavagem de capitais".

Portanto, pode-se concluir que a lavagem de dinheiro nada mais é do que o processo de ocultação ou de dissimulação do produto ou proveito da infração precedente, por meio de engenhosas e sucessivas transações, na busca da ofuscação de sua ilicitude.

Note que, nesse caso, pouco importa se há uma estrutura criminosa articulada com o fito de lavar o dinheiro ou se a dissimulação é feita de forma amadora; o que importa é a **utilização de métodos fraudulentos idôneos com esse desiderato, seja ele realizado por uma ou por várias pessoas**. Em resumo, **são essas técnicas dissimulatórias que vão promover a distinção entre o mero gasto do proveito do crime anterior e a prática da lavagem de capitais.**

Para elucidar melhor essa diferenciação, citemos duas circunstâncias criminosas muito parecidas: na primeira, o indivíduo pratica roubo à mão armada e adquire um aparelho de som como **proveito final** da infração penal; na segunda, o indivíduo pratica roubo à mão armada, compra vários aparelhos de som e promove **várias operações com o fito de disfarçar o proveito** desse crime. Ao final de todo esse processo, o criminoso compra um carro de luxo com o dinheiro advindo dessas várias operações.

No primeiro caso exposto acima, a mera aquisição do aparelho de som com o dinheiro conseguido pela prática do crime originário é um pós-fato impunível, já que tal desdobramento é tido como uma consequência esperada daquele indivíduo que subtraíra o bem da vítima. Nesse condão, possível notar que **não há** desejo do marginal em utilizar-se daquele proveito como moeda de troca por outros bens, visando a dificultar a descoberta dos valores derivados da infração originária. **O marginal compra o aparelho eletrodoméstico para tê-lo, e só!**

Já no segundo caso, há um típico exemplo de lavagem de capitais. É possível notar que o dinheiro proveniente do roubo foi utilizado para comprar vários aparelhos de som para posterior revenda, por exemplo, em loja de eletrodomésticos (estabelecimentos-ponte). Com o dinheiro da revenda, o autor do fato, de forma muito engenhosa, decide aplicá-lo na compra de um veículo caro. **Essas sucessivas operações, por óbvio, visavam a dificultar a descoberta do dinheiro subtraído da vítima do roubo, afastando as suspeitas sobre o patrimônio que agora o criminoso possui (automóvel).** Afinal, as contínuas operações comerciais e a consequente mescla com dinheiro lícito do estabelecimento comercial (loja de eletrodomésticos), dão a tal proveito do roubo uma aparência lícita, embranquecendo-o.[41] Vejamos a diferenciação dessas duas possibilidades, de forma mais didática, no esquema a seguir:

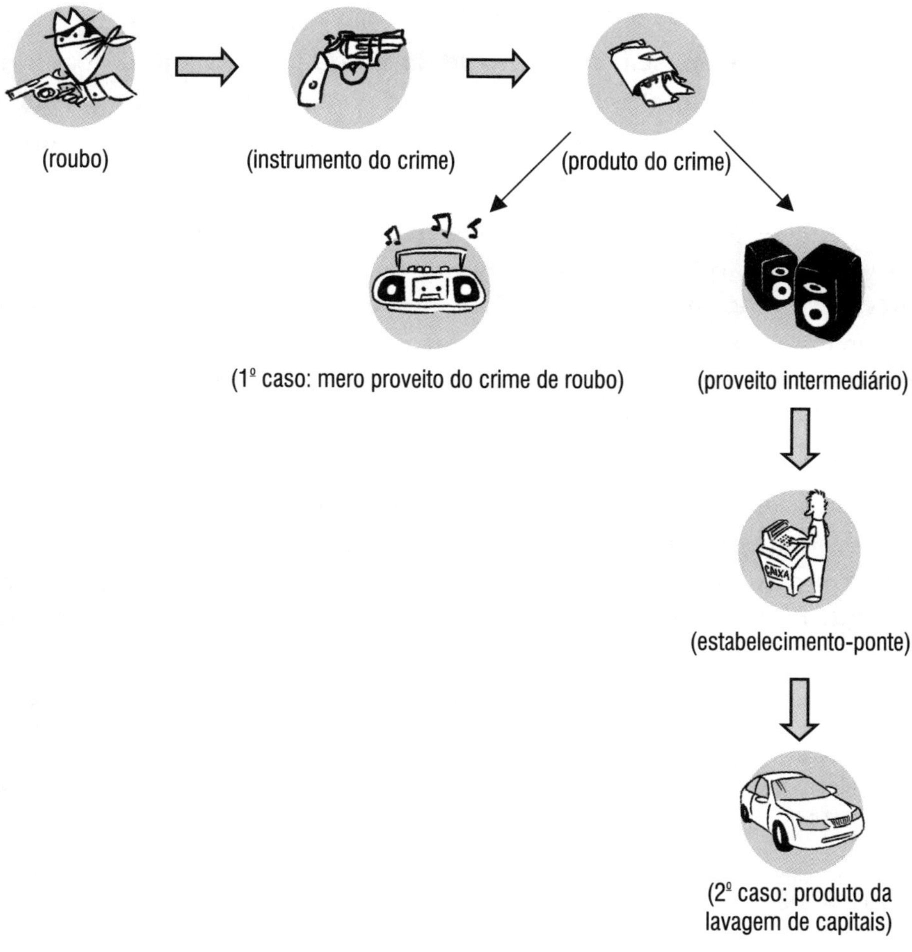

41 A lavagem de capitais é formada, em regra, por três fases bem definidas. A primeira fase é a **colocação**. Essa etapa é a entrada do dinheiro no sistema econômico. **A colocação se efetua por meio de depósitos, compra de instrumentos negociáveis ou compra de bens**, com o fim deliberado de dificultar a ação de rastreamento do produto do crime. A segunda etapa é a **ocultação ou dissimulação**. Essa fase consiste em dificultar o rastreamento contábil dos recursos ilícitos. O objetivo é quebrar a CADEIA DE EVIDÊNCIAS ante a possibilidade da realização de investigações sobre a origem do dinheiro, buscando os criminosos movimentá-lo de forma maliciosa. No curso desse processo, o dinheiro ilícito mistura-se com quantias movimentadas legalmente. A terceira etapa é a **integração. Nessa última etapa, os ativos são incorporados formalmente ao sistema econômico.** Nessa fase, a organização procura investir em negócios que facilitem a continuação de suas atividades delitivas. Nossos tribunais superiores já entenderam que não se faz necessária a presença de todas essas fases para a configuração do crime de lavagem de capitais. Vide STF, RHC nº 80.816/SP.

Não fica difícil notar, pelo exposto acima, que a lavagem de capitais pode ocorrer em face de valores ilícitos provenientes de qualquer infração penal antecedente (crime ou contravenção),[42] seja esse ilícito praticado por uma só pessoa, seja por uma grande organização criminosa.[43]

É preciso desmascarar a falsa ideia de que a lavagem de capitais está necessariamente ligada a grandes estruturas criminosas e passar a tê-la como de possível ocorrência em face de toda e qualquer infração penal que tenha cunho patrimonial[44].

É em virtude dessas peculiaridades que acreditamos que todo policial deva conhecer os aspectos gerais acerca da lavagem de capitais para que, ao se defrontar com sua ocorrência, possa identificá-la, apurá-la e, por conseguinte, passar a fruir das vantagens que a legislação confere aos órgãos persecutórios (Lei nº 9.613/98 alterada pela Lei nº 12.683/2012) quando de sua investigação.

Por falar em benefícios, é importante frisar que a constatação da ocorrência de lavagem de capitais, no contexto criminoso que esteja a se investigar, aumentará consideravelmente o leque de ferramentas jurídicas colocadas à disposição do delegado de Polícia. **Essas novas possibilidades vão desde o acesso[45] direto a dados cadastrais[46] dos**

42 Art. 1º da Lei nº 9.613/98: Ocultar ou dissimular a natureza, origem, localização, disposição, movimentação ou propriedade de bens, direitos ou valores provenientes, direta ou indiretamente, **de infração penal**. (Redação dada pela Lei nº 12.683, de 2012)

43 Há doutrinadores que defendem que é possível a aplicação do princípio da insignificância no caso de lavagem de dinheiro. Tudo dependerá da quantia que for "lavada" pelo criminoso. É bom ficar alerta a isso!

44 Em semelhante sentido, citamos Lima (2014, p. 282): "em síntese, a lavagem de capitais é o ato ou conjunto de atos praticados por determinado agente com o objetivo de conferir aparência lícita a bens, direitos ou valores provenientes de uma infração penal. Não se exige, para a caracterização do crime, um vulto assustador das quantias envolvidas, nem tampouco grande complexidade das operações transnacionais para reintegrar o produto delituoso na circulação econômica legal, do mesmo ou de outro país. Apesar de ser muito comum a utilização do sistema bancário e financeiro para a prática da lavagem de capitais, esta pode ser levada a efeito em outras áreas de movimentação de valores e riquezas (v.g., agronegócios, construtoras, igrejas, importação e exportação de bens, loterias, bingos etc.)" (Grifo nosso).

45 Também há previsão de acesso direito da Autoridade Policial a dados cadastrais na nova lei de organização criminosa (Lei nº 12.850/2013). Nesse sentido transcrevemos: "Art. 15. O delegado de polícia e o Ministério Público terão acesso, **independentemente de autorização judicial**, apenas aos dados cadastrais do investigado que informem exclusivamente a qualificação pessoal, a filiação e o endereço mantidos pela Justiça Eleitoral, empresas telefônicas, instituições financeiras, provedores de internet e administradoras de cartão de crédito."

46 "Embora colocado na Lei de lavagem de capitais, este dispositivo pode ser invocado para a apuração de qualquer delito, especialmente as infrações penais antecedentes. Não teve o legislador qualquer intenção de limitar seu escopo à lavagem de capitais e nem teria razão pra fazê-lo, já que o tipo penal de branqueamento depende de uma infração antecedente" (LIMA, 2013, p. 728.)

acusados,[47] até a possibilidade de perdimento dos valores referentes ao proveito da infração em favor da Polícia Civil, quando do trânsito em julgado da condenação.[48]

3.6. LEI Nº 10.826/2003 – ESTATUTO DO DESARMAMENTO

3.6.1. O porte de arma de fogo estragada e o de arma de fogo desmuniciada é considerado penalmente típico?

Por incrível que pareça, o tratamento dado pela jurisprudência a essas duas situações é diferente. O porte de arma[49] estragada não é conduta típica; já o de arma desmuniciada é. O problema é que os operadores do Direito costumam tentar aplicar o mesmo raciocínio às duas hipóteses e acabam, portanto, incorrendo em erro. Veremos o porquê dessa diferenciação de tratamentos jurídicos logo a seguir.

Pois bem, para chegar ao resultado desejado, ou seja, entender o porquê de tais situações serem tratadas de forma distinta pela doutrina e pela jurisprudência, faz-se necessário submeter essas duas hipóteses a alguns filtros jurídicos. O primeiro juízo a ser realizado é o da **tipicidade formal da conduta**; já o segundo (necessariamente subsequente) trata-se

47 Art. 17-B da Lei nº 9.613/98: **A autoridade policial** e o Ministério Público terão acesso, exclusivamente, **aos dados cadastrais do investigado** que informam qualificação pessoal, filiação e endereço, **independentemente de autorização judicial**, mantidos pela **Justiça Eleitoral, pelas empresas telefônicas, pelas instituições financeiras, pelos provedores de internet e pelas administradoras de cartão de crédito**. (redação dada pela Lei nº 12.683/2012). **Em desfavor desse dispositivo foi proposta ADIN 4906 de relatoria do Ministro CELSO DE MELLO, mas ainda não houve concessão de liminar que suspendesse o efeito da referida norma.**

48 Art. 7º, inciso I, da Lei nº 9.613/98: a **perda**, em favor da União – **e dos Estados**, nos casos de competência da Justiça Estadual –, de todos os bens, direitos e valores relacionados, direta ou indiretamente, à prática dos crimes previstos nesta Lei, inclusive aqueles utilizados para prestar a fiança, ressalvado o direito do lesado ou de terceiro de boa-fé. § 1º A União e os **Estados**, no âmbito de suas competências, regulamentarão a forma de destinação dos bens, direitos e valores cuja perda houver sido declarada, assegurada, quanto aos processos de competência da Justiça Federal, a sua utilização pelos órgãos federais encarregados da prevenção, do combate, da ação penal e do julgamento dos crimes previstos nesta Lei, e, **quanto aos processos de competência da Justiça Estadual, a preferência dos órgãos locais com idêntica função**. (Redação dada pela Lei nº 12.683/2012)

49 Situação curiosa diz respeito ao entendimento do Superior Tribunal de Justiça acerca de **arma enterrada na residência do autor do fato**. Nesse caso, por demasiado apego aos verbos nucleares, o STJ entende se tratar de porte de arma de fogo, e não de posse. Nesse sentido, vide o HC 72035/MS (05/11/2007): "Comprovado nos autos, pelos laudos de apreensão, que as armas do paciente (uma delas utilizada no crime) estavam enterradas no jardim de sua casa, **não há como se pretender a desclassificação para o delito de posse de arma (art. 12 da Lei nº 10.826/03), porquanto a conduta do paciente subsume-se ao tipo descrito no art. 14 da referida lei (porte ilegal de arma de uso permitido, na modalidade de ocultação)**". (negrito nosso)

de um juízo acerca da possibilidade de consumação do crime com base **nos meios escolhidos pelo autor e na própria aptidão do objeto de sofrer a conduta criminosa**[50] (art. 17 do CP)[51].

Quanto ao juízo de tipicidade, deve o delegado de Polícia analisar se os fatos que lhe são apresentados se encaixam perfeitamente no tipo penal incriminador. A essa análise chama-se de juízo de **subsunção**. Já no segundo filtro a ser realizado, a aferição não se resume à mera tipicidade, pois, como visto, esse juízo foi feito anteriormente. O segundo parâmetro, enfim, inquire se o objeto material da conduta e os meios utilizados no crime são verdadeiramente hábeis a colocar em xeque o bem jurídico protegido (art. 17 do Código Penal – crime possível/impossível).

Pois bem, quando analisamos as duas situações postas (arma de fogo estragada e arma de fogo desmuniciada) já notamos que uma das hipóteses (a primeira) não transporá a primeira barreira, qual seja a da tipicidade formal. Diz-se isso, pois, no caso da arma estragada, o Superior Tribunal de Justiça entende que tal objeto nem pode ser considerado, tecnicamente, uma arma de **fogo**. Para tal Corte, se o instrumento não tem aptidão para o disparo de projéteis, não pode ser considerada arma de "**fogo**". Tal objeto estragado pode até servir para machucar alguém (por meio de coronhadas, por exemplo), mas não teria a capacidade de disparar projétil de arma de fogo, o que é uma característica essencial de uma arma **de fogo**. Vejamos o que diz o art. 3º do Regulamento-105 (Decreto-Lei nº 3.665/2000) sobre o conceito técnico de arma de fogo:

---

50 Para melhor esclarecer sobre a aplicabilidade do art. 17 do Código Penal, citaremos dois exemplos. O primeiro caso é o de um indivíduo que faz gestos obscenos para um cego, com a finalidade de lhe ultrajar a honra. É evidente que, nesse caso, o crime é impossível. Não haverá a consumação do crime, nem muito menos a sua tentativa. Afinal de contas, por mais que **a vítima seja apta** a ter a honra ofendida (objeto material próprio), **o meio escolhido pelo agressor é ineficaz** para ofender efetivamente o bem jurídico **honra**. Outro bom exemplo diz respeito à tentativa de furto de um objeto sem valor econômico. Um indivíduo tenta subtrair um pequeno pedaço de pano, no qual acredita haver uma pequena pepita de ouro. O problema é que só há uma pequena pedra – sem valor – enrolada naquele pano, a qual foi guardada pela vítima como recordação. O indivíduo, então, emprega técnica eficaz para subtrair o objeto, vindo, inclusive, a tê-lo em sua posse. Nota-se, então, que o meio escolhido pelo punguista é absolutamente eficaz para a realização de uma subtração. O problema, contudo, reside no objeto material da conduta, ou seja, na coisa sobre a qual recaiu a conduta da subtração. **Nesses termos, a pequena pedra, por não ter qualquer valor econômico, não pode ser objeto material próprio para a configuração de tentativa de furto, nem muito menos para sua consumação, vez que tal objeto não é hábil para, ao ser subtraído, concretizar um prejuízo patrimonial para a vítima**. Note, então, que a questão primordial posta pelo art. 17 do Código Penal é, após a realização do juízo de tipicidade, aferir se o meio e o objeto material da conduta são hábeis a garantir a consumação do crime (ou mesmo a configuração da tentativa), seja porque são aptos a colocar em risco o bem jurídico protegido (crimes de perigo), seja porque são aptos a concretizar o efetivo atingimento de tal bem jurídico (crimes de dano).

51 Art. 17. Não se pune a tentativa quando, por ineficácia absoluta do meio ou por absoluta impropriedade do objeto, é impossível consumar-se o crime

> Artigo 3º [...]
>
> XIII - arma de fogo: arma que arremessa projéteis empregando a força expansiva dos gases gerados pela combustão de um propelente confinado em uma câmara que, normalmente, está solidária a um cano que tem a função de propiciar continuidade à combustão do propelente, além de direção e estabilidade ao projétil;

Assim sendo, **não haveria que se falar em tipicidade formal no caso de arma estragada, vez que, no caso concreto, a elementar "arma de fogo" não teria sido alcançada**. Sem tipicidade formal, por lógico, não há que se avançar para a realização de juízo acerca da ocorrência (ou não) de um crime impossível. Essa discussão fora trazida à baila pelo Superior Tribunal de Justiça na emblemática decisão de **AgRg no AREsp 397.473/DF (Informativo 544 do STJ)**, da qual extraímos o seguinte trecho:

> "A classificação do crime de porte ilegal de arma de fogo como de perigo abstrato traz, em seu arcabouço teórico, a presunção, pelo próprio tipo penal, da probabilidade de vir a ocorrer algum dano pelo mau uso da arma. [...]
>
> 4. Flagrado o recorrido portando um objeto eleito como arma de fogo, temos um fato provado - o porte do instrumento - e o nascimento de duas presunções, quais sejam, de que o objeto é de fato arma de fogo, bem como tem potencial lesivo.
>
> 5. **Sendo a tese nuclear da defesa o fato de o objeto não se adequar ao conceito de arma, por estar quebrado e, consequentemente, inapto para realização de disparo,** circunstância devidamente comprovada pela perícia técnica realizada, temos, indubitavelmente, o rompimento da ligação lógica entre o fato provado e as mencionadas presunções. Nesse contexto, impossível a manutenção do decreto condenatório por porte ilegal de arma de fogo" (grifo nosso).

É evidente que, se o objeto que está na posse do indivíduo não pode ser enquadrado como **arma de fogo**, não há que se evoluir para o segundo filtro, qual seja a análise sobre os riscos que ele traz ao bem jurídico protegido. A questão, então, no caso de arma estragada, resolve-se já no primeiro filtro (tipicidade) e por lá mesmo se dissipa.

Diferente é a situação da arma de fogo desmuniciada. Afinal de contas, neste caso há tipicidade formal, porquanto tal arma é apta a arremessar projéteis, mesmo que, naquela situação em específico, ela não esteja carregada. O conceito de arma nesse contexto foi alcançado. Aqui é que está a grande diferença da arma estragada. **A estragada não tem aptidão para disparo, mesmo que estivesse municiada; já a arma de fogo desmuniciada tem aptidão para o disparo, mas o que lhe falta é a munição para pronto emprego.**

Por mais que hipoteticamente o bem jurídico defendido nesses dois casos seja o mesmo (sentimento de Paz Social e de Segurança Pública)[52], vez que ambas as condutas acabam afetando a tranquilidade das pessoas, no caso de arma estragada nem haverá que se analisar se tal objeto coloca em perigo tal bem jurídico, pois, como dito, ele não conseguiu transpor a barreira mais elementar do Direito Penal: a da tipicidade. Em resumo, sem a tipicidade formal comprovada, não há que se analisar a eficácia do meio e a propriedade do objeto (art. 17 do CP) para colocarem em risco o bem jurídico protegido. Esse é o ponto!

Vejamos, nesse sentido, um esquema que sintetiza bem o que acabamos de discutir:

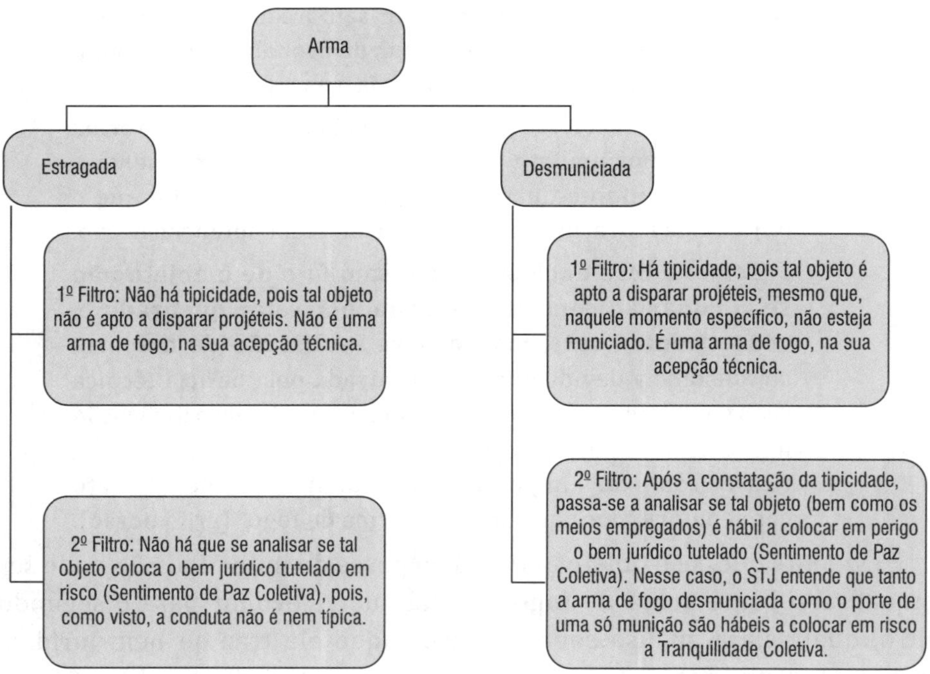

52 No caso do porte de arma de fogo desmuniciada ou até mesmo do porte de uma só munição (AgRg no REsp 1.556.845 / RJ – STJ) há incidência do tipo penal, pois há risco potencial aos bens jurídicos tutelados, quais sejam a Paz coletiva, a Segurança Pública e o Sentimento de Tranquilidade Social).

3.6.2. O crime de disparo de arma de fogo absorve sempre o crime de porte dessa mesma arma?

Urge salientar que nem sempre haverá absorção entre tais delitos. Por mais que seja muito comum a absorção do crime de porte de arma pelo crime de disparo de arma de fogo, essa consunção não é automática. O que importa averiguar para aferir essa possibilidade é se o porte e o disparo de arma de fogo ocorreram no mesmo contexto fático e se havia uma relação jurídica de crime-meio e crime-fim[53] entre eles.

Frisamos tais requisitos, pois, se tais crimes forem praticados no mesmo contexto, o perigo aos bens jurídicos tutelados (segurança pública e a paz social) será único, por isso possível a absorção de um pelo outro.

> Segundo iterativa jurisprudência desta Corte, não há falar em aplicação do princípio da consunção quando dos delitos de porte ilegal de arma e disparo de arma de fogo são praticados em **momentos diversos, em contextos distintos**. (HC 128.533/MG - STJ - 2011)[54]

Nesse mesmo viés, se os contextos (geográfico ou cronológico) do porte de arma e do disparo não forem coincidentes, não há como se dizer que houve única lesão ao bem jurídico tutelado. Por conseguinte, deve o autor do fato ser responsabilizado pelas duas condutas ilícitas. Vamos tentar visualizar isso em um pequeno gráfico ilustrativo:

53 A relação de crime-fim e de crime-meio, nesses casos, é praticamente automática; afinal, quem porta uma arma de fogo geralmente tem o desiderato final de dispará-la. Nesse viés, parece que tal requisito é meramente tautológico. O que vai fazer toda a diferença nesse caso é a análise do contexto de consumação de cada um desses crimes. Para que haja absorção é necessário que os delitos tenham sido consumados em contextos coincidentes.

54 Nesse mesmo sentido, citamos: "**Esta Corte vem entendendo que a absorção do delito de porte de arma pelo de disparo não é automática, dependendo, assim, do contexto fático do caso concreto**. Por conseguinte, em se tratando de contextos fáticos distintos, há a possibilidade de configuração de delitos autônomos." **(HC 94.673/MS - STJ - 2008)**

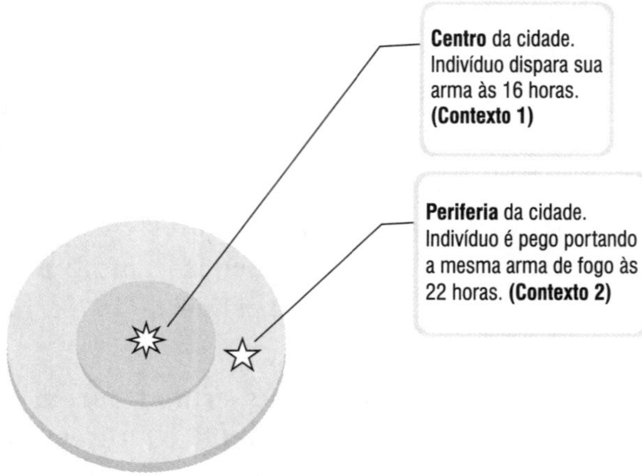

Citamos, como exemplo, o indivíduo que, após disparar várias vezes sua arma de fogo em uma boate, dirige-se à outra festividade e lá é surpreendido, horas depois, em uma batida policial rotineira portando a mesma arma de fogo. Note que o indivíduo praticara os delitos em locais diversos (contexto geográfico), bem como em horários diferentes (contexto cronológico); por isso, não há que se falar em ofensa única ao bem jurídico tutelado. Deverá, então, o autor do fato responder pelos dois delitos em espécie.

3.7. LEI Nº 11.340/2006 – VIOLÊNCIA DOMÉSTICA – LEI MARIA DA PENHA

3.7.1. Após o julgamento da ADI 4.424/DF, todos os crimes cometidos contra mulheres no contexto da Lei Maria da Penha passaram a ser sujeitos à ação penal pública incondicionada?

Por óbvio que não. Tal decisório do Supremo Tribunal Federal só diz respeito às ações penais dos crimes de lesão corporal leve e culposa praticados no contexto protetivo da Lei nº 11.340/2006. Os demais crimes, mesmo que também considerados violações aos direitos de mulheres,[55] não sofreram qualquer modificação quanto à categoria de ações penais a que estão adstritos.[56]

55 Para exemplificar, citamos que o crime de injúria simples continua sendo de ação penal privada; o crime de dano, em sua modalidade simples, continua sendo de ação penal privada; e, por fim, o crime de ameaça continua de ação penal pública condicionada à representação.

56 Informativo 654 do STF: "Em seguida, o Plenário, por maioria, julgou procedente ação direta, proposta pelo Procurador-Geral da República, para atribuir interpretação conforme a Constituição aos arts. 12, I; 16 e 41, todos da Lei nº 11.340/2006, e **assentar a natureza incondicionada da ação penal em caso de crime de lesão corporal, praticado mediante violência doméstica e familiar contra a mulher**."

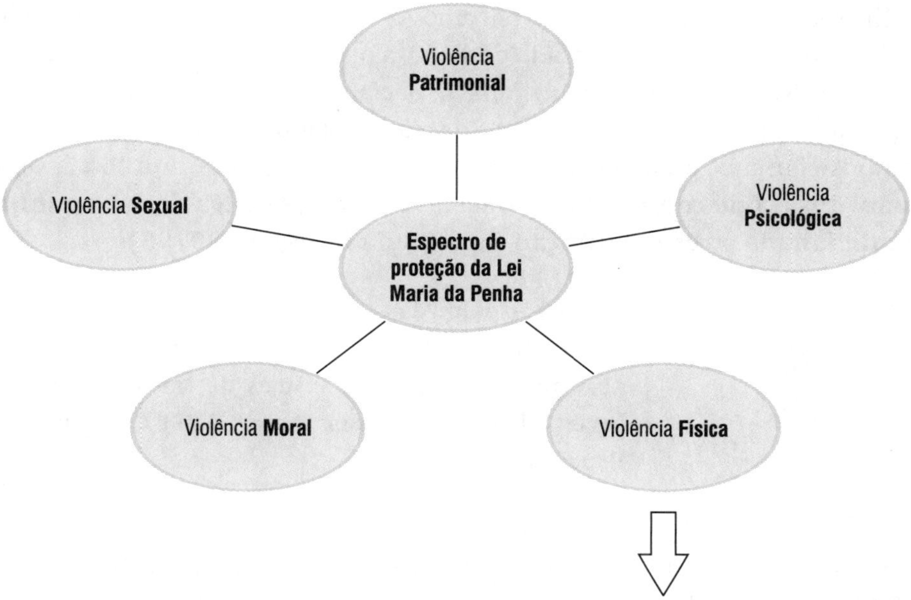

O pronunciamento do STF na **ADI 4.424/DF** só diz respeito às ações penais dos crimes de lesão corporal leve e culposa, os quais estão inseridos em uma das modalidades de proteção da Lei nº 11.340/2006 (Violência física). Os demais crimes de violência física, bem como as demais modalidades de proteção (moral, sexual, psicológica e patrimonial), permaneceram inalterados.

Apesar de já termos antecipado a resposta ao presente questionamento, acreditamos oportuna uma breve digressão sobre o histórico da ação penal nas várias modalidades de crimes de lesão corporal,[57] visando ao melhor entendimento sobre o tema proposto.

Nos primórdios, todas as modalidades de lesão corporal (leve, culposa, grave, gravíssima etc.) eram de ação penal pública incondicionada. Nesse caso, como já sabido, a persecução penal independia de qualquer expressão de vontade da vítima; tal irracionalidade acabou por entupir as delegacias e os fóruns com contendas que facilmente poderiam ser resolvidas pelo consenso. Por muito tempo assim vigorou o sistema persecutório em relação aos crimes de lesão corporal.

57 Importante notar que no Código Penal há previsão de lesão corporal culposa e várias modalidades de lesão corporal dolosa. Dentre as modalidades de lesão corporal dolosa citamos: leve, preterdolosa, privilegiada, grave, gravíssima, violência doméstica.

Entretanto, com o afã de promover o desafogamento do Poder Judiciário, em meados da década de 1990, a ordem jurídica foi inovada pela **Lei nº 9.099/95** (Lei de Juizados Especiais Estaduais). Tal legislação, além de criar vários institutos descarcerizadores (transação penal, composição civil e suspensão condicional do processo), **mudou a ação penal dos crimes de lesão corporal leve e culposa para de ação pública condicionada à representação (art. 88 da Lei nº 9.099/95)**.

> Art. 88 - Além das hipóteses do Código Penal e da legislação especial, dependerá de representação a ação penal relativa aos crimes de **lesões corporais leves e lesões culposas**. (Lei nº 9.099/95 - Juizados Especiais)

O intento da transmudação da ação penal desses dois delitos era vedar o encaminhamento ao Judiciário de demandas de lesão corporal quando a vítima demonstrasse evidente desinteresse em ver seu agressor processado. Nos casos das outras modalidades de lesões corporais (por exemplo, grave e gravíssima), a ação penal continuou a ser pública incondicionada. Tal sistemática vigorou sem maiores problemas por mais de 10 anos. Em verdade, houve até certo alento ao Poder Judiciário, já que foi possivel filtrar demandas criminais desnecessárias e os juízos criminais acabaram se debruçando em pendengas verdadeiramente relevantes.

Entretanto, com o advento da **Lei Maria da Penha (Lei nº 11.340/2006)**, houve uma quebra dessa harmonia jurídica, já que um novo problema jurídico se criou. Esse diploma legal, visando a dar maior proteção às mulheres, intentou afastar alguns benefícios instituídos pela Lei nº 9.099/95 (transação penal, composição civil e *sursis* processual) nas hipóteses de violência de gênero contra a mulher. **Contudo, por falta de técnica, o referido dispositivo legal (art. 41 da Lei nº 11.340/2006) não só afastou os benefícios de política criminal supracitados, mas também todo o resto que estava inserido na Lei nº 9.099/95**.

> Art. 41 - Aos crimes praticados com violência doméstica e familiar contra a mulher, independentemente da pena prevista, **não se aplica a** Lei nº 9.099, de 26 de setembro de 1995.

Não fica difícil notar que, pelo fato de o art. 41 ter afastado a aplicabilidade total da lei dos juizados especiais no âmbito protetivo da Lei Maria da Penha, os crimes de lesão corporal leve e culposa voltaram a se submeter, nesses casos, à ação penal pública incondicionada.

Ora, se tudo que estava na Lei nº 9.099/95 foi afastado, o art. 88 (o qual mudou a ação penal dos crimes de lesão leve e culposa) também o foi. Foi nesse viés que se pronunciou o STF na ADI 4.424/DF. Urge salientar que esse fenômeno prático não pode ser comparado à repristinação,[58] já que não houve revogação de norma alguma. Afinal, lembre-se de que o art. 88 da Lei de Juizados Especiais, que transformou a ação penal dessas duas modalidades de lesão corporal em delitos de ação penal pública condicionada à representação, ainda continua vigente; o que houve é o afastamento do teor da Lei nº 9.099/95, no caso da Lei Maria da Penha. Prestem atenção nisso! **Não houve revogação do art. 88 da Lei nº 9.099/95, só afastamento dele quando se tratar de violência doméstica ou familiar contra mulher.**

De posse desses dados históricos, não fica difícil compreender por que o Supremo Tribunal Federal chegou à conclusão, na ADI 4.424,[59] que os crimes de lesão corporal leve e culposa, praticados no contexto da Lei nº 11.340/2006, são de ação penal pública incondicionada. **Frise-se que as demais modalidades criminosas praticadas em desfavor de mulheres, mesmo que no contexto tuitivo da Lei nº 11.340/2006, mantêm imutada a natureza jurídica da ação penal respectiva**.

Tal constatação é importante, pois cabe ao delegado, sabendo da natureza jurídica da ação penal do crime de violência doméstica que lhe for narrado, colher ou não a condição de procedibilidade e proceder à lavratura do procedimento administrativo respectivo.

Na prática, o que temos hodiernamente é que no caso de qualquer modalidade de lesão corporal (leve, culposa,[60] grave, gravíssima etc.)

58 O fenômeno da repristinação é ocasionado pela revogação de uma norma revogadora. Tal instituto acaba por trazer novamente ao mundo jurídico uma lei revogada quando a norma que a revogou também deixar de viger. É como se, com a revogação da norma revogadora, aquela primeira lei revogada voltasse à tona, como se nada tivesse acontecido com ela. Daremos um exemplo prático: imagine que a lei **A** tenha sido revogada pela lei **B**. Se a lei **C** tiver como desiderato somente revogar a lei **B**, a lei **A** voltaria a viger.

59 Informativo 654 do STF.

60 Por mais que a ADI 4424/DF (STF) obrigue à interpretação de que a ação penal do **crime de lesão corporal culposa** também passou a ter natureza **pública incondicionada**, com isso não podemos concordar. Certamente, o intento da Lei Maria da Penha (Lei nº 11.340/2006) é punir de forma efetiva o agressor por lesões de gênero **dolosas**, e não as culposas. Fugiria à lógica se assim pugnássemos. Contudo, sabemos que há diversos julgados que advogam posição diversa da que estamos a defender aqui. Vejamos, por exemplo, o AgRg no REsp 1440089 / SP (STJ – 23/11/2015): "PROCESSUAL PENAL. AGRAVO REGIMENTAL NO RECURSO ESPECIAL. ART. 129, § 9º, DO CÓDIGO PENAL. VIOLÊNCIA DOMÉSTICA. INDISPONIBILIDADE DA AÇÃO PENAL. ADI N. 4.424/DF. RECURSO NÃO PROVIDO. 1. **Os crimes de lesão corporal, ainda que leve ou culposa**, praticados no âmbito das relações domésticas, serão sempre processados por meio de ação penal pública incondicionada, ainda que o fato praticado tenha ocorrido antes do julgamento da ADI nº 4.424/DF pelo Plenário do Supremo Tribunal Federal, em 9/2/2012." (grifo nosso)

caberá ao delegado de Polícia a autuação em flagrante e o indiciamento do agressor em inquérito policial, independentemente do aval da mulher-vítima dessa violência doméstica ou familiar. Caso se trate de qualquer outra infração penal, essencial será conferir a necessidade ou não de condição de procedibilidade, lavrando, em continuação, o auto de prisão em flagrante ou indiciando o autor do fato, se for o caso.

3.8. LEI Nº 11.343/2006 – DROGAS ILÍCITAS

3.8.1. Para que o policial prenda alguém, com base na Lei nº 11.343/2006, é necessário encontrar drogas com o referido suspeito?

Não é preciso! Essa questão é essencial para os policiais que lidam diretamente com a repressão e a investigação de tráfico de drogas. Quando se pensa em Lei de Drogas (Lei nº 11.343/2006), logo se imagina que o único objeto material dos tipos penais incriminadores são as **substâncias entorpecentes**. Contudo, notaremos que essa impressão está equivocada.

Às vezes, o policial se atém muito à procura de narcóticos e acaba se esquecendo de que **há outros objetos materiais que poderão garantir a prisão em flagrante do criminoso, mesmo que nenhuma droga tenha sido localizada com ele**.

Por esse motivo, o policial deve procurar, com maior zelo, matéria-prima vegetal *in natura*, produtos químicos, insumos, maquinários, aparelhos e instrumentos voltados à fabricação, à produção, à preparação, à transformação e à venda de drogas ilícitas, já que eles **também proporcionarão** o flagranteamento do suspeito.

Vejamos um esquema ilustrado que confere uma visão global sobre os vários tipos penais previstos na Lei nº 11.343/2006 e seus respectivos objetos materiais:

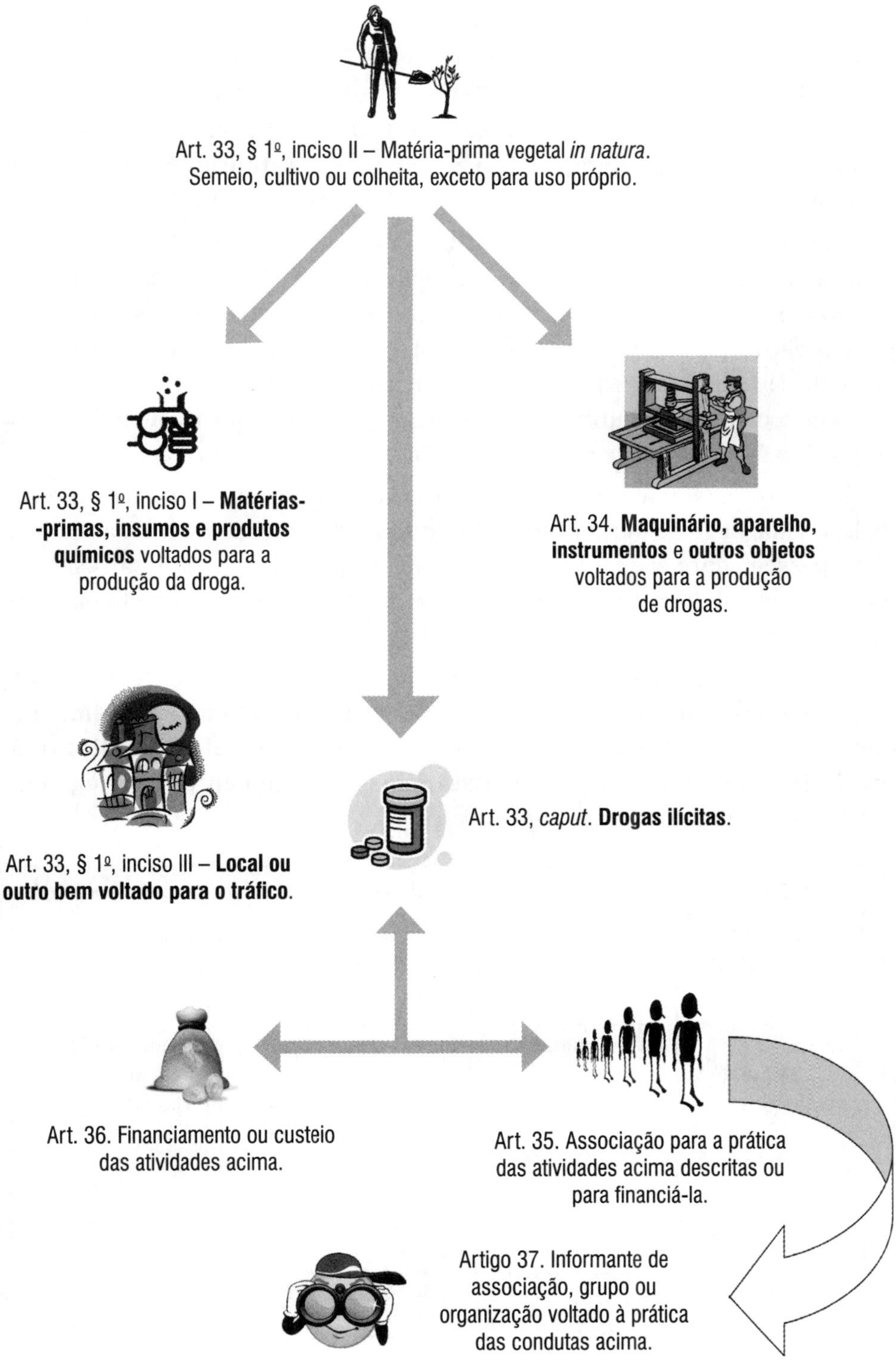
Art. 33, § 1º, inciso II – Matéria-prima vegetal in natura. Semeio, cultivo ou colheita, exceto para uso próprio.
Art. 33, § 1º, inciso I – Matérias-primas, insumos e produtos químicos voltados para a produção da droga.
Art. 34. Maquinário, aparelho, instrumentos e outros objetos voltados para a produção de drogas.
Art. 33, § 1º, inciso III – Local ou outro bem voltado para o tráfico.
Art. 33, caput. Drogas ilícitas.
Art. 36. Financiamento ou custeio das atividades acima.
Art. 35. Associação para a prática das atividades acima descritas ou para financiá-la.
Artigo 37. Informante de associação, grupo ou organização voltado à prática das condutas acima.

Pois bem, para que se compreenda perfeitamente o que estamos a ensinar, é imprescindível conceituar objeto material e, principalmente, diferenciá-lo de outro conceito afim, qual seja o objeto jurídico do tipo penal.

Objeto material é a coisa, pessoa ou animal sobre o qual recai a conduta (verbo) prevista no tipo penal; já a objetividade jurídica é o bem jurídico tutelado pela norma penal incriminadora.

É de costume descobrir qual o objeto material da conduta ilícita por meio da mesma pergunta que fazíamos no colegial para desvendar o **objeto direto de um verbo**. Por exemplo, no caso de um crime de furto devemos perguntar para o verbo principal: furtou **o quê**? A resposta será: uma carteira, por exemplo. Ou seja, a carteira é o objeto material da referida prática criminosa (vez que a conduta de subtrair recaiu sobre ela), sendo que o objeto jurídico respectivo é o patrimônio protegido pela norma penal em questão.

Outro bom exemplo é o crime de homicídio. No caso da prática desse crime de lesa-vida, deve-se perguntar: matou **quem**? A resposta será: uma mulher viva (pessoa sobre a qual teria recaído a conduta de matar). Essa resposta indica que o objeto material é o corpo vivo daquela mulher e o objeto jurídico é a vida que lhe fora retirada.

Pois é, passando a fazer essa mesma pergunta aos verbos previstos nos mais diversos tipos penais afetos à Lei de Drogas, constata-se, claramente, que **há vários objetos materiais elencados no referido diploma incriminador (e não só as substâncias entorpecentes)**[61]. Veja um gráfico que deixará clara essa proposição:

Tipo Penal	Conduta	Objeto material	Objeto jurídico
Artigo 33, *caput*, da Lei nº 11.343/2006.	Expor à venda.	Expor à venda o quê? Resposta: **drogas.**	**Saúde Pública** (bem jurídico protegido)
Artigo 33, § 1º, inciso I, da Lei nº 11.343/2006.	Ter em depósito.	Ter em depósito o quê? Resposta: **matéria-prima, insumo ou produto químico destinado à preparação de drogas.**	**Saúde Pública** (bem jurídico protegido)

61 Ressalta-se que todos esses objetos materiais (elencados na Lei nº 11.343/2006) estão vinculados à proteção de um bem jurídico principal: a Saúde Pública.

Artigo 33, § 1º, inciso II, da Lei nº 11.343/2006.	Cultivar.	Cultivar o quê? Resposta: **plantas que se constituam em matéria-prima** para a preparação de drogas **(não voltadas para o uso próprio)**.	**Saúde Pública** (bem jurídico protegido)
Artigo 33, § 1º, inciso III, da Lei nº 11.343/2006	Utilizar.	Utilizar o quê? Resposta: **local ou bem de qualquer natureza** para o tráfico ilícito de drogas.	**Saúde Pública** (bem jurídico protegido)
Artigo 34 da Lei nº 11.343/2006	Possuir.	Possuir o quê? Resposta: **maquinário, aparelho, instrumento ou qualquer objeto** destinado à **fabricação, preparação, produção ou transformação de drogas**.	**Saúde Pública** (bem jurídico protegido)

Frisamos que os tipos penais que se vinculam a esses outros objetos materiais (matéria-prima, maquinário, equipamentos etc.) acabam orbitando em torno das drogas, ou seja, mantendo uma certa dependência funcional delas.

Em outras palavras, será sempre necessário demonstrar que tais objetos estão teleologicamente voltados para a atividade de produção ou venda de drogas ilícitas, mesmo que os entorpecentes não sejam encontrados no mesmo contexto fático[62]. Se não fosse assim, um simples ourives que fosse surpreendido com uma balança de precisão

62 Para provar essa íntima vinculação entre os outros objetos materiais e a atividade de produção ou venda de drogas ilícitas, deve-se buscar outros elementos probatórios como, por exemplo: a apreensão de uma caderneta com contabilidade do tráfico, uma papeleta contendo a fórmula da droga, uma conversa captada em interceptação telefônica etc.

ou um professor de química na posse de um vidro de éter ou de ácido bórico estariam em maus lençóis[63].

Talvez por isso sejam os referidos delitos considerados **crimes subsidiários em relação ao tráfico de drogas propriamente dito** (artigo 33, *caput*, da Lei nº 11.343/2006). Como esses outros crimes funcionam como "soldados de reserva", é natural que, em ocorrendo o tráfico de drogas em espécie (conduta prevista na cabeça do artigo 33 da referida lei), as infrações penais subsidiárias se restem absorvidas por esta conduta principal.

Em arremate a tudo o que fora mencionado acima, fica claro que, por mais que a legislação em análise gire em torno das substâncias entorpecentes, nem todo tipo penal contido na Lei nº 11.343/2006 depende da apreensão dos psicotrópicos para legitimar a prisão em flagrante do suspeito[64].

Destarte, o policial tem que ficar atento a esse ensinamento, pois, em uma busca domiciliar, sendo encontrados esses **outros objetos materiais, também será possível a prisão em flagrante do suspeito, mesmo que nenhum grama de drogas ilícitas ali haja**. É evidente que, como já salientado, será preciso demonstrar que esses outros objetos materiais estão vinculados à atividade de produção ou mercancia de drogas ilícitas. Fica aqui a dica!

63 Note que, por mais que não se tenha que apreender drogas nesses casos, será necessário vincular esses outros objetos materiais com a produção ou venda de entorpecentes. No mesmo sentido citamos Lima (2014, p. 732): "Nesse caso, faz-se necessária a realização do exame pericial para atestar que o produto apreendido era utilizado, mesmo que eventualmente, como matéria-prima, insumo ou produto químico destinado à preparação de drogas [...] Até mesmo para se evitar que uma pessoa seja responsabilizada por esse crime pelo simples fato de ser flagrada trazendo consigo éter ou acetona, a tipificação do crime sob comento demanda a comprovação de que a matéria-prima, os insumos e os produtos químicos apreendidos com o acusado eram destinados à preparação de drogas."

64 Há grande discussão doutrinária acerca da possibilidade de se condenar um indivíduo por tráfico de drogas (art. 33, *caput*, da Lei nº 11.343/2006) quando nenhuma substância entorpecente tiver sido apreendida pela polícia. **Note que, nesse caso, o objeto material da conduta é a droga ilícita, o que dificulta a responsabilização do indivíduo quando não for possível apreender sequer um grama de entorpecente. Aqui, por óbvio, a não apreensão desse objeto material faz muita falta!** Apesar de sermos sectários de que não há qualquer problema na realização do exame de corpo de delito indireto nesses casos (REsp nº 1.065.592/DF – STJ), a doutrina e a jurisprudência ainda patinam quando esse é o assunto a ser debatido. Prova disso são os recentes pronunciamentos do Superior Tribunal de Justiça sobre o tema. Há uma tendência de que o STJ só valide condenações por tráfico de drogas (art. 33 da Lei nº 343/2006) quando pautadas em laudos toxicológicos definitivos, o que, então, reforça a tese de obrigatória apreensão precedente de drogas. Nesse sentido, vide o HC 213643 / RJ (STJ – 18/05/2016): "Em crimes de drogas é imprescindível o exame pericial no corpo do delito, na forma do art. 158 do CPP. 5. Conforme a orientação atual desta Sexta Turma, a ausência do laudo toxicológico definitivo impõe a absolvição pela prática do crime de tráfico ilícito de drogas, pois incerta a materialidade do delito".

3.9. CÓDIGO PENAL MILITAR (DECRETO-LEI Nº 1.001/69).

3.9.1. Por que os crimes militares possuem penas diferentes daqueles semelhantes delitos previstos no Código Penal brasileiro?

A maior parte dos crimes previstos no Código Penal Militar possuem tipos correspondentes elencados no Código Penal de 1940[65]. Na verdade, as disposições incriminadoras desses dois diplomas legais só não estão mais parecidas porque um acidente de percurso ocorreu.

Nos idos de 1969, o legislador brasileiro criou um pacotão de leis penais e processuais, dentre elas um novo Código Penal (Decreto-Lei nº 1.004/69), um Código Penal Militar (Decreto-Lei nº 1.001/69) e o famigerado Código de Processo Penal Militar (Decreto-Lei nº 1.002/69).

Com base no exposto acima, podemos constatar que, quando da criação do Código Penal Militar, também estava se elaborando, concomitantemente, um novo Código Penal brasileiro (Projeto de Nelson Hungria). Por isso, esses dois diplomas acabaram saindo do forno com disposições muito aproximadas.

O problema é que o pretenso novo Código Penal (Nelson Hungria) não chegou a viger um dia sequer, vez que ficou por cerca de nove anos em período de *vacatio legis*. É, sem dúvida, na seara penal, um dos maiores períodos de vacância legal já ocorrido. Portanto, graças a isso é que ainda está vigente a parte especial do Código Penal de 1940, e não o Código Penal de Hungria. Já o Código Penal Militar entrou em vigor sem maiores problemas, sendo que ainda assim permanece.

Portanto, se há algumas incongruências entre o Código Penal brasileiro e o Código Penal Militar (principalmente em relação a penas cominadas às infrações penais semelhantes), é muito mais por um acidente de percurso (do Código Penal de 1969) do que propriamente por uma vontade deliberada do legislador em proteger de forma diferenciada os bens jurídicos militares[66].

---

65 Os **crimes propriamente militares** são os delitos que estão previstos somente no Código Penal Militar, não havendo qualquer correspondente no Código Penal brasileiro. Já os **crimes impropriamente militares** são os delitos que estão previstos igualmente no Código Penal Militar e no Código Penal brasileiro. Estes últimos são mais comuns que aqueles outros.

66 Para exemplificar esse problema, citamos o caso do crime de extorsão. O nosso Código Penal, no art. 158, comina a pena de quatro a dez anos para aqueles que praticarem tal delito. No entanto, o Código Penal de Hungria (art. 168 do Decreto-Lei nº 1.004/69) bem como o Código Penal Militar (art. 243 do Decreto-Lei nº 1.001/69) preveem a pena de quatro a quinze anos. Dessa forma, como o Código de Hungria não chegou a entrar em vigor, temos uma distorção entre as penas cominadas no nosso ainda vigoroso Código Penal (Decreto-Lei nº 2.848/40) e o Código Penal Militar, vez que as penas máximas acabam sendo bastante diferentes. É claro que esse não era o intento do legislador, portanto, se o Código de Hungria estivesse vigente, as penas seriam iguais.

É muito importante deixar isso claro, pois já visualizamos operadores do Direito dizendo que os bens jurídicos militares são de maior dignidade do que os tutelados pelo Código Penal brasileiro, o que justificaria penas maiores em desfavor dos Militares[67]. Isso, certamente, não é correto.

3.9.2. Quando um crime praticado por militar deve ser investigado pela Polícia Judiciária (Civil ou Federal) e quando deverá sê-lo pela própria instituição militar?

Antes de entrarmos na discussão proposta, é preciso frisar que há crimes que tutelam bens jurídicos tão próprios da senda castrense que só têm previsão típica no Código Penal Militar. Esses são os famigerados **crimes propriamente militares** (também nominados crimes militares puros). Citamos, por exemplo, a embriaguez em serviço (CPM, art. 202) e a conduta de dormir em serviço (CPM, art. 203). Nesses casos, como são crimes que se voltam a um contexto de proteção de bens eminentemente militares, pode-se constatar a sua atipicidade quando perpetrados em um contexto não militar.

Por óbvio, o supracitado naipe de delitos (delitos propriamente militares[68]) não costuma trazer problemas ao delegado de Polícia, pois, de pronto, a autoridade policial já consegue detectar que lhe foge à atribuição investigá-los.

Entretanto, quando falamos em **crimes impropriamente militares (também chamados crimes militares impuros)**, um problema maior acaba aparecendo. Diz-se isso, pois tais delitos militares possuem um crime correspondente (com definição incriminadora idêntica) previsto na legislação penal comum, o que acaba gerando um **aparente conflito de normas**. O delegado passa a viver um dilema, vez que tem que descobrir o que se deve aplicar no caso concreto: a legislação penal comum ou a legislação penal militar?

67 Na verdade, há situações inclusive em que o crime militar possui penas muito menores do que as previstas no Código Penal brasileiro. É o caso do crime de estupro. No nosso Código Penal a pena prevista para a prática do *caput* do art. 213 é de seis a dez anos, enquanto o Código Penal Militar prevê a pena de três a oito anos (art. 232 do CPM).

68 Esses crimes não se restringem a sujeitos ativos militares. **É possível que um não militar seja responsabilizado pela prática de um crime militar**. Pasmem! Para tanto, basta analisar se uma das circunstâncias elencadas no art. 9º do CPM está presente no caso ou mesmo se esse crime não está previsto unicamente no Código Penal Militar (e no tipo penal se possibilite a imputação a não militares). Como exemplo, citamos um dos vários crimes que, mesmo que seja praticado por um "civil", é considerado crime propriamente militar. Trata-se do delito de uso indevido de uniforme, distintivo ou insígnia militar por qualquer pessoa – art. 172 do CPM (Art. 172. Usar, indevidamente, uniforme, distintivo ou insígnia militar a que não tenha direito: Pena – detenção, até seis meses – CPM).

Bem, no caso desses crimes militares impuros, deve-se resolver a aparente antinomia com base nos vetores especializantes fornecidos pelo art. 9º do Código Penal Militar[69]. É aqui que está a chave desta questão. São os referidos elementos especiais que dirão se a conduta se amolda a um crime militar ou a um crime comum. Vejamos, então, na prática, como esses elementos especializantes do art. 9º, ao se conjugarem com os variados tipos penais elencados na legislação militar, acabam obrigando a incidência da legislação penal militar ao caso concreto.

Imagine que um policial militar de folga, ao chegar no quartel[70] para buscar um pertence que havia esquecido, depara-se com um cidadão que estava a formular denúncia contra ele junto ao comandante da unidade. Indignado com a atitude do cidadão, o policial militar ameaça o denunciante de matá-lo em momento futuro. Nesse caso, que tipo penal aplicar no caso concreto? A dúvida é fundada, pois o art. 147 do Código Penal bem como o art. 223 do Código Penal Militar[71] preveem que constitui um ilícito penal ameaçar alguém. Há aqui um aparente conflito de normas.

Pois bem, como já dito acima, para se promover o escorreito juízo de adequação típica (subsunção) é necessário visualizar se algumas das circunstâncias previstas no art. 9º se encaixam ao caso em estudo. Só assim poderemos aferir se o crime é militar ou não[72]. Vejamos, então, uma representação gráfica sobre isso:

69 No art. 9º do Código Penal Militar há menção a várias circunstâncias que atraem o fato para a senda penal militar. Tais elementos servem como norte magnético para a escorreita aplicação do princípio da especialidade no contexto em estudo. A doutrina entende que o art. 9º funciona como um tipo de norma de extensão (adequação típica mediata), já que é ela que dá a pitada final no juízo de tipicidade, definindo se o crime é comum ou militar. A nosso ver, tal dispositivo não funciona somente como norma de extensão de tipicidade, mas, também, como norma fixadora de competência criminal.

70 Entende-se, no escólio de Lima (2013, p. 343), que lugar sujeito à administração militar é "[...] o espaço físico no qual as Forças Armadas, as Polícias Militares e os Corpos de Bombeiros Militares desenvolvem suas atividades profissionais, como quartéis, aeronaves e navios militares ou mercantes em serviço militar, fortalezas, estabelecimentos de ensino militar, campos de prova ou de treinamento. Abrange tanto o local pertencente ao patrimônio das instituições militares, como também aquele sob sua administração por disposição legal. Este local pode ser imóvel ou móvel (v.g., aeronave, embarcação)".

71 Art. 223. Ameaçar alguém, por palavra, escrito ou gesto, ou qualquer outro meio simbólico, de lhe causar mal injusto e grave: Pena – detenção, até seis meses, se o fato não constitui crime mais grave. Parágrafo único. Se a ameaça é motivada por fato referente a serviço de natureza militar, a pena é aumentada de um terço. (Código Penal Militar)

72 Não é pelo fato de o autor do fato ser Policial Militar que, automaticamente, o ilícito será militar. Vejamos o que nos ensina o Superior Tribunal de Justiça sobre o tema: "***A competência militar não é firmada pela condição pessoal de militar do réu, mas sim, pela natureza militar da infração, configurada no disposto no art. 9º do Código Penal Militar***". (CC 28.251/RJ – STJ)

(Ameaça policial)

Dúvidas sobre a aplicabilidade do art. 147 do CP ou do art. 223 do CPM no caso concreto. Aferir se está nele presente algum dos elementos especializantes do art. 9º do CPM. Caso exista, haverá adequação ao tipo penal militar do art. 223. Caso negativo, será crime comum (art. 147, CP).

O art. 9º, inc. II, alínea "b", do CPM diz que os crimes praticados por militar da ativa, mesmo que não esteja em serviço, em desfavor de civil, no âmbito de lugar sujeito à administração militar (por exemplo, quartel) deverá ser considerado crime militar. Esse é o dito elemento especializante da conduta, do qual precisávamos para confirmar que o tipo penal aplicável é o art. 223 do CPM (ameaça).

Se o fato não tivesse sido praticado por militar da ativa, em local sujeito à administração militar, o tipo penal aplicável, por falta de elementos especializantes (tipo penal de extensão), seria o art. 147 do Código Penal.

Deu para ver, pelo exemplo acima, que é imprescindível que o leitor saiba quais são os elementos especializantes previstos no art. 9º do CPM. Tentaremos resumir na tabela que segue quais são essas situações específicas (elementos) que, ao serem conjugadas com um tipo penal previsto no Código Penal Militar, afastam a aplicabilidade da Legislação Penal comum. Vejamos:

Art. 9º, inc. I, CPM	*Art. 9º, inc. II, CPM*	*Art. 9º, inc. III, CPM.*
– Este dispositivo não trata propriamente de um elemento especializante, por isso não ajuda a resolver aparente conflito de normas. É um inciso meramente explicativo, vez que deixa claro que, se a incriminação em análise só se der no Código Penal Militar ou se o tipo penal militar for diferente do tipo penal previsto na legislação penal comum, aplica-se a norma mais específica, qual seja o Código Penal Militar. Na verdade, esse dispositivo se aplica somente aos **CRIMES MILITARES PUROS** ou quando o tipo penal previsto no Código Penal Militar é absolutamente diferente do tipo penal incriminador que está no Código Penal. Neste último caso, por óbvio, não há que se falar em suposto conflito de normas, vez que não resta dúvida que há de se aplicar a norma mais específica.	– Este dispositivo trata de um aparente conflito entre normas (penal comum x penal militar). A definição criminosa é idêntica no Código Penal Militar e no Código Penal brasileiro. É preciso, então, aferir se os elementos especializantes se adequam ao caso concreto, para, então, constatar que houve um crime militar.	– No inc. III também está presente um aparente conflito entre normas (penal comum x penal militar). A definição criminosa é idêntica no Código Penal Militar e no Código Penal brasileiro. É preciso, então, aferir se os elementos especializantes previstos neste inciso se adequam ao caso concreto, para, então, constatar que houve um crime militar.

	Neste caso, o elemento especializante (que atrai a competência para a Justiça Militar) diz respeito à categoria do sujeito ativo do crime, o qual tem que ser**, sempre, militar da ATIVA, estando ou não em serviço** (a depender do caso). Vejamos, a seguir, quais são essas circunstâncias que, agregadas ao tipo penal militar, afastam a incidência da legislação penal comum:	Neste inciso, o elemento especializante (que atrai a competência para a Justiça Militar) não diz respeito à categoria do sujeito ativo do crime (como o faz o inc. II do mesmo artigo). Neste inciso, o sujeito ativo **nem precisa ser militar**. Na verdade, só pode figurar como sujeito ativo, neste caso, o "CIVIL[1]" e os policiais da INATIVIDADE (da reserva ou reformado). Incrimina-se neste inciso as violações ao patrimônio sob a administração militar, infrações em desfavor da ordem administrativa militar, crimes perpetrados em local sujeito à administração militar *ou contra militar da ativa e em determinadas situações de labor*. ***Vejamos as hipóteses nos quadros a seguir:***
	–1ª Hipótese: crime praticado **por militar em situação de atividade ou assemelhado**, contra militar na mesma situação ou assemelhado;	– 1ª hipótese: os crimes praticados por militar da reserva, ou reformado, ou por civil, **contra o patrimônio sob a administração militar, ou contra a ordem administrativa militar;**
	– 2º hipótese: crime praticado por **militar em situação de atividade ou assemelhado,** em lugar sujeito à administração militar, contra militar da reserva, ou reformado, ou assemelhado, ou civil;	– 2ª hipótese: os crimes praticados por militar da reserva, ou reformado, ou por civil, **em lugar sujeito à administração militar contra militar em situação de atividade ou assemelhado**, ou contra funcionário de Ministério militar ou da Justiça Militar, no exercício de função inerente ao seu cargo;
	3ª hipótese: crime praticado **por militar em serviço ou atuando em razão da função, em comissão de natureza militar, ou em formatu**ra, ainda que fora do lugar sujeito à administração militar contra militar da reserva, ou reformado, ou civil;	3ª hipótese: os crimes praticados por militar da reserva, ou reformado, ou por civil, **contra militar em formatura, ou durante o período de prontidão, vigilância, observação, exploração, exercício, acampamento, acantonamento ou manobras;**

	4ª hipótese: crime praticado **por militar durante o período de manobras ou exercício,** contra militar da reserva, ou reformado, ou assemelhado, ou civil;	4ª hipótese: os crimes praticados por militar da reserva, ou reformado, ou por civil, ainda que fora do lugar sujeito à administração militar, **contra militar em função de natureza militar, ou no desempenho de serviço de vigilância, garantia e preservação da ordem pública, administrativa ou judiciária,** quando legalmente requisitado para aquele fim, ou em obediência a determinação legal superior.
	5ª hipótese: crime praticado **por militar em situação de atividade, ou assemelhado, contra o patrimônio sob a administração militar, ou a ordem administrativa militar.**	

Para fixar o tema aqui tratado, usaremos outra história fictícia para exemplificarmos como um delegado de Polícia deve se utilizar dos elementos especializantes supracitados e decidir se tem atribuições para investigar tal crime ou se deve, caso se trate de crime militar, remeter a papelada aos militares com atribuições para tanto.

Imagine um policial militar que, em razão do exercício de sua função de Comandante de um quartel, praticou o crime de corrupção passiva. Esse militar da ativa[73] solicitara que um comerciante lhe entregasse alta quantia em dinheiro, a fim de que seu estabelecimento comercial não fosse alvo de batida policial (no qual supostamente haveria venda de produtos de origem ilícita). Tal fato chega ao conhecimento da autoridade policial. Nesse caso, a conduta corrupta do militar se subsume ao art. 317 do Código Penal brasileiro[74] ou ao art. 308 do Código Penal Militar[75]? Deve

73 Ser Militar da Ativa não é a mesma coisa que estar em serviço ou em atividade. A expressão "ativa" faz um contraponto com estar na "inatividade ou reserva". Portanto, se não estiver na reserva, o militar, mesmo fora de serviço (folga, férias etc.) será considerado "Militar da Ativa".

74 Art. 317. Solicitar ou receber, para si ou para outrem, direta ou indiretamente, ainda que fora da função ou antes de assumi-la, mas em razão dela, vantagem indevida, ou aceitar promessa de tal vantagem:
Pena – reclusão, de 2 (dois) a 12 (doze) anos, e multa.

75 Art. 308. Receber, para si ou para outrem, direta ou indiretamente, ainda que fora da função, ou antes de assumi-la, mas em razão dela vantagem indevida, ou aceitar promessa de tal vantagem:
Pena – reclusão, de dois a oito anos.
§ 1º A pena é aumentada de um terço, se, em consequência da vantagem ou promessa, o agente retarda ou deixa de praticar qualquer ato de ofício ou o pratica infringindo dever funcional.

o delegado instaurar inquérito ou deve encaminhar a investigação aos órgãos militares com atribuição para instaurar o Inquérito Policial Militar respectivo?

Pois bem, antes de mais nada é importante lembrar que o fato em questão é considerado um crime militar impuro, porquanto ele tem previsão típica no Código Penal brasileiro (art. 319 do Código Penal Brasileiro), bem como no Código Penal Militar (art. 308 do CPM). Dessa forma, já fica claro que precisaremos sacar mão dos vetores previstos no art. 9º (incs. II ou III) do Código Penal Militar para, assim, conferirmos se a situação se amoldará à legislação castrense ou ao Código Penal brasileiro.

No caso em tela, é fácil notar que não há que se aplicar o **inc. I do art. 9º do CPM**, pois o crime em análise é impropriamente militar, ou seja, tem previsões típicas paralelas no Código Penal comum e no Militar. Ora, **se o crime não é propriamente militar, não há que se aplicar o inc. I**. Lembre-se disso! Dessa forma, resta-nos saber se devemos aplicar os vetores dos incs. II ou III do art. 9º da aludida lei.

O terceiro inciso não tem aplicabilidade no caso em comento, isso porque o sujeito ativo do crime é um militar da ativa, sendo que **o inc. III só se atém a militares inativos e a civis como autores do fato**. Portanto, restou-nos, apenas, o inc. II do referido artigo.

O segundo inciso do art. 9º traz várias possibilidades, dentre elas a de incidir os ditames do Código Penal Militar quando o crime for "praticado por militar em serviço ou atuando em razão da função, mesmo que fora de lugar sujeito à administração militar" (art. 9º, inc. II, alínea c, do CPM). Esse parece o caso em voga, pois o militar, quando da solicitação da vantagem, estava em serviço (e atuando em razão de sua função).

Agora, finalmente, podemos afirmar que o caso em tela é um crime militar, ou seja, a competência para apurar, processar e julgar o fato é da Justiça Castrense Estadual, porquanto se trata de um crime castrense perpetrado por um militar estadual. Nesse caso, cabe ao delegado de Polícia encaminhar a papelada propedêutica ao órgão da Polícia Militar com atribuições para instaurar o Inquérito Policial Militar respectivo.

É sempre interessante fazer uma síntese do que acabamos de estudar, até porque isso facilita o entendimento sobre esse dificultoso procedimento de diferenciação entre um crime comum e um crime militar impuro.

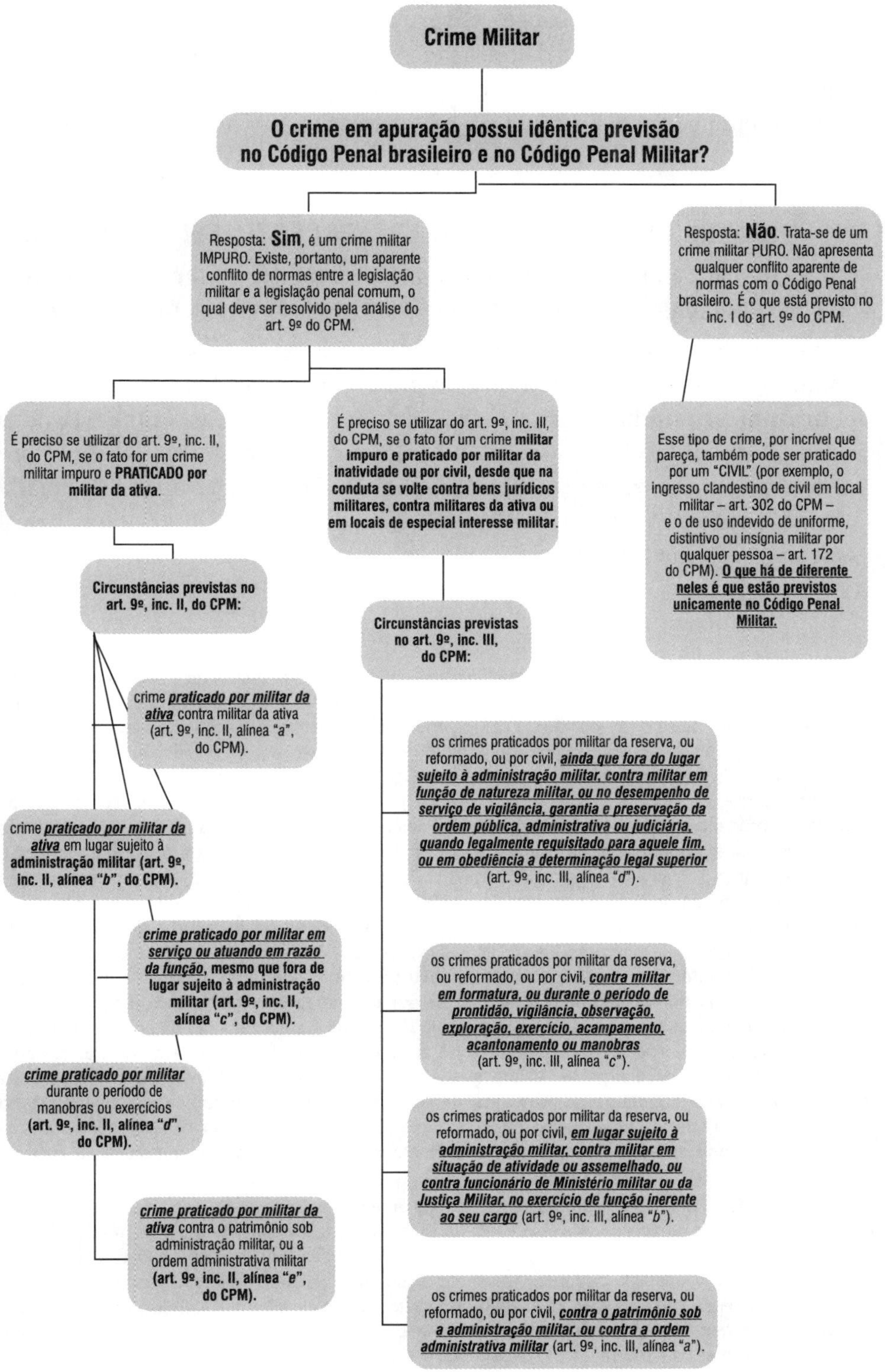
Crime Militar
O crime em apuração possui idêntica previsão no Código Penal brasileiro e no Código Penal Militar?
Resposta: Sim, é um crime militar IMPURO. Existe, portanto, um aparente conflito de normas entre a legislação militar e a legislação penal comum, o qual deve ser resolvido pela análise do art. 9º do CPM.
Resposta: Não. Trata-se de um crime militar PURO. Não apresenta qualquer conflito aparente de normas com o Código Penal brasileiro. É o que está previsto no inc. I do art. 9º do CPM.
É preciso se utilizar do art. 9º, inc. II, do CPM, se o fato for um crime militar impuro e PRATICADO por militar da ativa.
É preciso se utilizar do art. 9º, inc. III, do CPM, se o fato for um crime militar impuro e praticado por militar da inatividade ou por civil, desde que na conduta se volte contra bens jurídicos militares, contra militares da ativa ou em locais de especial interesse militar.
Esse tipo de crime, por incrível que pareça, também pode ser praticado por um "CIVIL" (por exemplo, o ingresso clandestino de civil em local militar – art. 302 do CPM – e o de uso indevido de uniforme, distintivo ou insígnia militar por qualquer pessoa – art. 172 do CPM). O que há de diferente neles é que estão previstos unicamente no Código Penal Militar.
Circunstâncias previstas no art. 9º, inc. II, do CPM:
Circunstâncias previstas no art. 9º, inc. III, do CPM:
crime praticado por militar da ativa contra militar da ativa (art. 9º, inc. II, alínea "a", do CPM).
crime praticado por militar da ativa em lugar sujeito à administração militar (art. 9º, inc. II, alínea "b", do CPM).
crime praticado por militar em serviço ou atuando em razão da função, mesmo que fora de lugar sujeito à administração militar (art. 9º, inc. II, alínea "c", do CPM).
crime praticado por militar durante o período de manobras ou exercícios (art. 9º, inc. II, alínea "d", do CPM).
crime praticado por militar da ativa contra o patrimônio sob administração militar, ou a ordem administrativa militar (art. 9º, inc. II, alínea "e", do CPM).
os crimes praticados por militar da reserva, ou reformado, ou por civil, ainda que fora do lugar sujeito à administração militar, contra militar em função de natureza militar, ou no desempenho de serviço de vigilância, garantia e preservação da ordem pública, administrativa ou judiciária, quando legalmente requisitado para aquele fim, ou em obediência a determinação legal superior (art. 9º, inc. III, alínea "d").
os crimes praticados por militar da reserva, ou reformado, ou por civil, contra militar em formatura, ou durante o período de prontidão, vigilância, observação, exploração, exercício, acampamento, acantonamento ou manobras (art. 9º, inc. III, alínea "c").
os crimes praticados por militar da reserva, ou reformado, ou por civil, em lugar sujeito à administração militar, contra militar em situação de atividade ou assemelhado, ou contra funcionário de Ministério militar ou da Justiça Militar, no exercício de função inerente ao seu cargo (art. 9º, inc. III, alínea "b").
os crimes praticados por militar da reserva, ou reformado, ou por civil, contra o patrimônio sob a administração militar, ou contra a ordem administrativa militar (art. 9º, inc. III, alínea "a").

A importância de saber sobre esse procedimento é que, com a delimitação escorreita sobre a natureza da infração penal praticada, evitar-se-ão nódoas ao procedimento investigatório que tramita na Delegacia de Polícia, bem como aos elementos de informação e às provas que ali sejam coletados[76].

3.10. ESTATUTO DA CRIANÇA E DO ADOLESCENTE (LEI Nº 8.069/90).

3.10.1. Quando o delegado de Polícia pode deixar de liberar imediatamente o adolescente, capturado em situação flagrancial, aos seus responsáveis?

Antes de responder ao questionamento em questão, é essencial entender quais são os procedimentos que podem ser lavrados em detrimento de um adolescente infrator[77]. De fato, somente três peças de investigação podem ser confeccionadas em relação aos adolescentes: o Auto de Apreensão em Flagrante (AAF), o Boletim de Ocorrência Circunstanciada (BOC) e o Relatório Policial (RP). Vejamos algumas peculiaridades sobre essas peças técnico-jurídicas.

76 Questão muito importante diz respeito à interceptação telefônica realizada no curso de investigação policial (civil ou federal), em relação à qual, com o desenrolar das investigações, descubra-se que a autoridade judiciária que a decretou não era competente para processar e julgar aquele feito. Isso acontece muito quando está a se investigar um crime militar impuro. Nesse caso, em um primeiro momento, parecia que tal magistrado era competente para decidir sobre tal cautelar probatória, mas, com o tramitar da persecução penal, evidenciou-se que não era. Pois bem, mesmo nesse caso não há que se desesperar. É que a jurisprudência do Supremo Tribunal Federal defende que tais provas não sejam descartadas de pronto, até porque, no momento da decretação da medida cautelar, **parecia que o juiz comum era o competente para tal**. Essa é a famigerada TEORIA DO JUÍZO APARENTE, a qual se funda em interpretação razoável do art. 567 do Código de Processo Penal (Art. 567. A incompetência do juízo anula somente os atos decisórios, devendo o processo, quando for declarada a nulidade, ser remetido ao juiz competente). Citamos, para provar o que estamos a aduzir, um *leading case* do STF sobre o tema: "**Quando, no entanto, a interceptação telefônica constituir medida cautelar preventiva, ainda no curso das investigações criminais, a mesma norma de competência há de ser entendida e aplicada com temperamentos, para não resultar em absurdos patentes: aí, o ponto de partida à determinação da competência para a ordem judicial de interceptação – não podendo ser o fato imputado, que só a denúncia, eventual e futura, precisará –, haverá de ser o fato suspeitado, objeto dos procedimentos investigatórios em curso. Não induz à ilicitude da prova resultante da interceptação telefônica que a autorização provenha de Juiz Federal – aparentemente competente, à vista do objeto das investigações policiais em curso, ao tempo da decisão – que, posteriormente, se haja declarado incompetente, à vista do andamento delas" (HC 81.260/ES – STF).**

77 **Crianças** que tenham sido surpreendidas em flagrante de ato infracional (mesmo sendo graves ou cometidos mediante violência ou grave ameaça) não serão alvo de lavratura de BOC, ou mesmo do AAF, nem mesmo do Relatório Policial. Nesse caso, cumpre a documentação do fato (mediante Boletim de Ocorrência) e entrega imediata do menor, mediante termo de responsabilidade, aos responsáveis legais (ou quem lhe faça as vezes). A documentação de tal fato em um Boletim de Ocorrência atende a duas finalidades: documentar a apresentação do menor impúbere na Delegacia de Polícia, bem como garantir elementos suficientes para o começo da investigação acerca de eventual crime em seu desfavor, a exemplo da corrupção de menores (art. 244-B do ECA).

O primeiro ponto a ser sobrelevado é que, no caso da **apreensão em flagrante** do menor infrator[78], abrem-se somente duas dessas possibilidades: **a lavratura do Auto de Apreensão em Flagrante (AAF) e a lavra do Boletim de Ocorrência Circunstanciada (BOC)**. No caso de investigação (que não derive da captura em flagrante), só há a possibilidade de confecção de **Relatório Policial (RP)**.

O Boletim de Ocorrência Circunstanciada (BOC) substitui a lavratura do Auto de Apreensão em Flagrante (AAF) no caso de fatos praticados sem violência ou grave ameaça à pessoa e que, como dito, tenha o adolescente sido objeto de flagranteamento. A *contrario sensu*, em não havendo violência ou grave ameaça contra pessoa, há que se lavrar o AAF[79].

Essa informação é importante, pois, por mais que o crime de tráfico de drogas seja grave (equiparado a hediondo), como ele não é praticado mediante violência ou grave ameaça, não há que se falar em lavra do Auto de Apreensão em Flagrante (AAF), mas sim de BOC. Outros exemplos costumeiros que não proporcionam a lavratura do AAF são: porte de arma de uso restrito e associação criminosa. Vejamos o que diz a legislação sobre esse ponto:

> Art. 173. Em caso de flagrante de ato infracional cometido **mediante violência ou grave ameaça a pessoa**, a autoridade policial, sem prejuízo do disposto nos arts. 106, parágrafo único, e 107, deverá:
>
> I - **lavrar auto de apreensão**, ouvidos as testemunhas e o adolescente (Estatuto da Criança e do Adolescente).

Até aqui parece tranquilo o ensinamento. O que há de verdadeiramente importante é o que vem agora. Algumas autoridades policiais costumam confundir o fato de o ato infracional ter sido materializado em um AAF

78 No caso de não ser possível determinar a idade do suspeito (se maior ou se menor de idade), há que se levar em conta o princípio da proteção integral extraído da Lei nº 8.069/90. Não se deve presumir, então, a maioridade do indivíduo, mas, sim, presumi-lo menor de idade. É a interpretação mais razoável *in casu*. Se tal indivíduo estiver mentindo sobre os dados de qualificação e/ou nascimento, a autoridade deverá também imputar a ele a prática da conduta prevista no art. 307 do Código Penal: "Atribuir-se ou atribuir a terceiro falsa identidade para obter vantagem, em proveito próprio ou alheio, ou para causar dano a outrem: Pena – detenção, de três meses a um ano, ou multa, se o fato não constitui elemento de crime mais grave".

79 No que tange à Apreensão em Flagrante de Menores de Idade, só há que se falar em comunicação válida quando realizada à autoridade judiciária especializada, ou seja, ao **JUÍZO DA INFÂNCIA E DA JUVENTUDE**. Neste caso, em sendo feita (dolosamente) a comunicação ao Juízo errado, há que se falar em incidência do art. 231 do ECA: "Deixar a autoridade policial responsável pela apreensão de criança ou adolescente de fazer imediata comunicação **à autoridade judiciária competente** e à família do apreendido ou à pessoa por ele indicada: Pena – detenção de seis meses a dois anos".

(ato praticado mediante violência ou grave ameaça contra pessoa) com a necessidade de o adolescente ter que ficar apreendido cautelarmente, isto é, impedir que ele seja entregue aos seus familiares ou aos seus responsáveis legais após a lavratura do procedimento. Aqui é que está o erro!

Na verdade, a escolha do procedimento a ser lavrado tem os seus vetores (ato infracional cometido com violência ou grave ameaça contra pessoa); já a possibilidade de liberação imediata do adolescente aos seus responsáveis possui outros requisitos, quais sejam: manutenção da ordem pública e garantia da segurança pessoal do menor, quando a gravidade do ato infracional e sua repercussão social o recomendarem[80]. Vejamos o que traz a legislação sobre isso:

> Art. 174. Comparecendo qualquer dos pais ou responsável, **o adolescente será prontamente liberado** pela autoridade policial, sob termo de compromisso e responsabilidade de sua apresentação ao representante do Ministério Público, no mesmo dia ou, sendo impossível, no primeiro dia útil imediato, exceto quando, **pela gravidade do ato infracional e sua repercussão social, deva o adolescente permanecer sob internação para garantia de sua segurança pessoal ou manutenção da ordem pública**. (Estatuto da Criança e do Adolescente)

Na prática, o efeito da liberação (ou não liberação) do menor de idade aos seus pais/responsáveis resume-se à forma pela qual tal adolescente será apresentado ao Promotor de Justiça. Se for liberado, seus responsáveis é que irão com ele à presença do *Parquet*. Se não for liberado, quem encaminhará tal menor ao Promotor será a própria autoridade policial (ou seus agentes). Para clarificar todo esse ensinamento aqui ministrado, *vide* o gráfico a seguir:

80 Não fica difícil perceber que, **inclusive no caso da lavra de um Boletim de Ocorrência Circunstanciada (BOC), é possível que o menor de idade fique apreendido, isto é, não seja liberado imediatamente aos seus responsáveis legais**. Vejamos o que fala o art. 175 do ECA, *in fine*: Em caso de não liberação, a autoridade policial encaminhará, desde logo, o adolescente ao representante do Ministério Público, juntamente com cópia do auto de apreensão **ou boletim de ocorrência.**

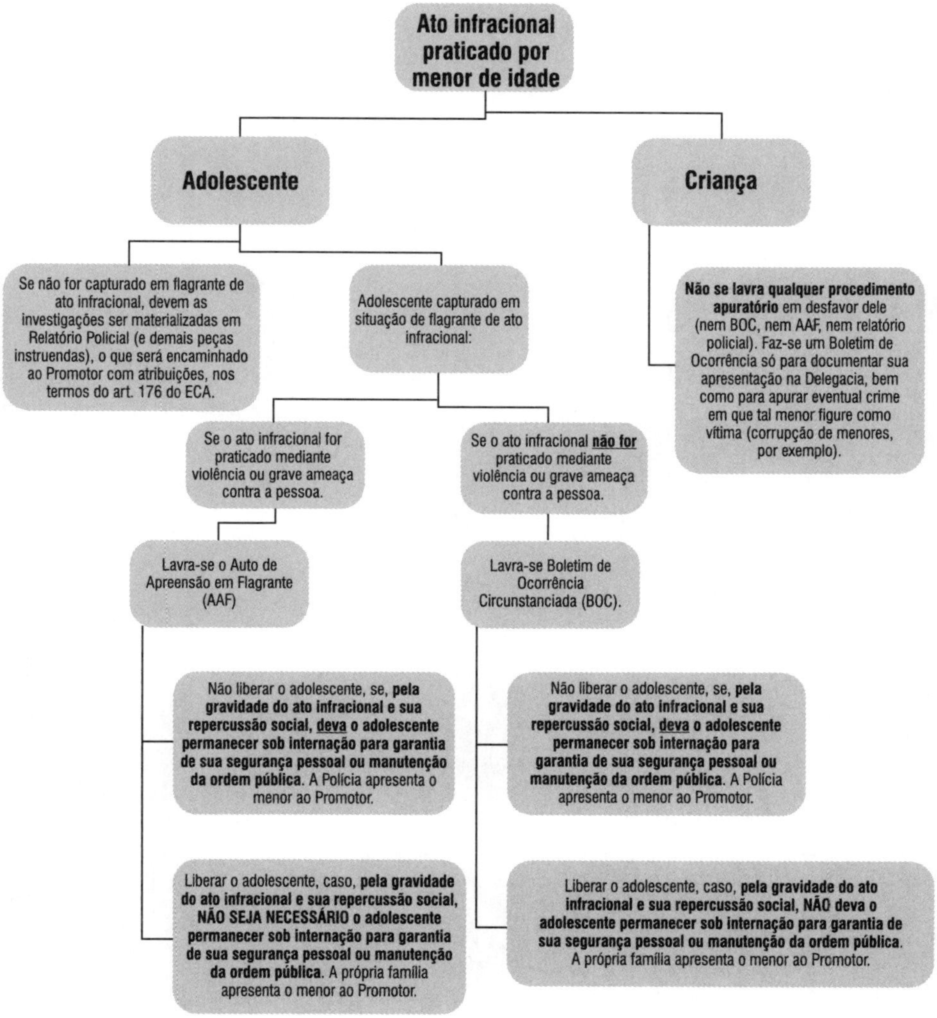
Ato infracional praticado por menor de idade
Adolescente
Criança
Se não for capturado em flagrante de ato infracional, devem as investigações ser materializadas em Relatório Policial (e demais peças instruendas), o que será encaminhado ao Promotor com atribuições, nos termos do art. 176 do ECA.
Adolescente capturado em situação de flagrante de ato infracional:
Não se lavra qualquer procedimento apuratório em desfavor dele (nem BOC, nem AAF, nem relatório policial). Faz-se um Boletim de Ocorrência só para documentar sua apresentação na Delegacia, bem como para apurar eventual crime em que tal menor figure como vítima (corrupção de menores, por exemplo).
Se o ato infracional for praticado mediante violência ou grave ameaça contra a pessoa.
Se o ato infracional não for praticado mediante violência ou grave ameaça contra a pessoa.
Lavra-se o Auto de Apreensão em Flagrante (AAF)
Lavra-se Boletim de Ocorrência Circunstanciada (BOC).
Não liberar o adolescente, se, pela gravidade do ato infracional e sua repercussão social, deva o adolescente permanecer sob internação para garantia de sua segurança pessoal ou manutenção da ordem pública. A Polícia apresenta o menor ao Promotor.
Não liberar o adolescente, se, pela gravidade do ato infracional e sua repercussão social, deva o adolescente permanecer sob internação para garantia de sua segurança pessoal ou manutenção da ordem pública. A Polícia apresenta o menor ao Promotor.
Liberar o adolescente, caso, pela gravidade do ato infracional e sua repercussão social, NÃO SEJA NECESSÁRIO o adolescente permanecer sob internação para garantia de sua segurança pessoal ou manutenção da ordem pública. A própria família apresenta o menor ao Promotor.
Liberar o adolescente, caso, pela gravidade do ato infracional e sua repercussão social, NÃO deva o adolescente permanecer sob internação para garantia de sua segurança pessoal ou manutenção da ordem pública. A própria família apresenta o menor ao Promotor.

PARTE

III

PEÇAS PRÁTICO-PROFISSIONAIS

Capítulo 1

Das Disposições Gerais

Esta parte de nosso livro será de grande valia para os **delegados de Polícia da ativa**, os quais poderão dar uma boa atualizada nos modelos utilizados cotidianamente em suas delegacias.

É claro que **os concurseiros e os alunos de prática jurídica** também poderão se aproveitar muito desta parte da obra, já que também lhes daremos muitas dicas para a confecção de peças jurídicas privativas do delegado de Polícia.

Nesse tópico, trataremos da estrutura elementar de várias peças jurídicas de atribuição da autoridade policial, dentre elas as representações, os relatórios finais, o mandado de condução coercitiva, alguns despachos, o termo de colaboração premiada, o auto de prisão em flagrante e outras.

1.1. DICAS INICIAIS PARA OS CONCURSEIROS

Nesse primeiro momento, apresentaremos algumas dicas que acreditamos essenciais para aqueles estudantes que aspiram ao cargo de delegado de Polícia e se preparam para a prova prática do certame.

- **Opte pela peça jurídica com a visão de uma autoridade policial, mas sempre com os olhos na lei**. Por exemplo, na prova prática de delegado da Bahia (Cespe 2013), por mais que também fosse juridicamente cabível a representação pela decretação da prisão preventiva, a temporária foi a peça tida como escorreita pela banca examinadora. Na verdade, o que o examinador quis deixar claro é que o prazo para a conclusão das investigações no caso de prisão temporária (crime hediondo) excedia ao prazo que é conferido para remessa do inquérito no caso de prisão preventiva (art. 10 do Código de Processo Penal). Enfim, isso fazia com que a prisão temporária fosse a opção desejável para aquela banca examinadora.

- Lembre-se de que **os recursos são escassos, mas as necessidades do candidato são ilimitadas**. Sabendo disso, analise, antes de começar a peça, o número de linhas disponibilizado pelo examinador. Um planejamento errado pode fazer faltar espaço, importando em que sua peça não contenha todos os dados necessários para uma boa pontuação.
- **Planeje a sua peça antes de começar a escrevê-la**. Planejar é diferente de fazer rascunho! Nem sempre rascunhar sua peça é adequado, pois lhe fará perder muito tempo. É recomendável que o aluno faça um esboço de ideias antes da prova, para que não se esqueça de nenhum ponto-chave.
- É possível que o candidato **capte boas ideias nas próprias questões objetivas**, caso a prova prática seja realizada no mesmo dia. Dê uma olhadela nas questões objetivas para angariar mais ideias.
- **Cuidado com a terminologia utilizada na peça**: Por exemplo, SUSPEITO ou INVESTIGADO é aquele indivíduo em relação ao qual há frágeis indícios, ou seja, há mero juízo de possibilidade de que ele seja o autor do fato; INDICIADO é aquele que fora formalmente indiciado, pois contra ele pendem indícios convergentes que o apontam como provável autor da infração penal. Por fim, recebida a peça acusatória pelo magistrado, surge a figura do ACUSADO. É claro que em todas essas situações a expressão suposto AUTOR DO FATO cabe perfeitamente. Além de tudo o que foi exposto, evite expressões depreciativas como, por exemplo, meliante, vagabundo etc.
- Cuidado com as **capitulações esdrúxulas**.
- Lembre-se de que a *opinio delicti* é do Ministério Público. **As capitulações contidas na peça devem ser sempre acompanhadas de "em tese"**.
- **Não invente informações**, a não ser que o examinador assim o requeira (por exemplo, o número do inquérito, o nome de suspeitos e de testemunhas, dados sobre o fato em apuração etc.). Isso pode, inclusive, ser considerado como identificação da prova prático-profissional.
- **Não faça remissão direta aos fatos narrados no comando da questão**. O examinador lhe pediu uma peça, e não para resolver a questão. Por exemplo, seria um absurdo o candidato mencionar em sua peça: "consoante fatos mencionados no comando dessa questão, há indícios suficientes de que o suspeito teria matado[...]".
- **Não identifique sua prova! Não assine a peça, nem muito menos dê um nome para a autoridade policial!** Prefira, ao final da peça ou em seu preâmbulo, utilizar-se da expressão delegado(a) de polícia ou autoridade

policial (substantivo sobrecomum). No caso da utilização da palavra "delegado(a)", é essencial que se mantenha sempre entre parenteses a letra "a", visando a evitar a alegação da banca do concurso acerca de eventual identificação do gênero do candidato.

- **Melhore a letra**. Lembre-se de que o examinador tem muitas provas para corrigir e sua letra é um fator determinante para ele entender (ou não) a mensagem que está encerrada na sua folha de respostas. **A letra é o primeiro passo para a intelecção de suas ideias.**
- **Citar o embasamento legal é essencial**. Entretanto, se o candidato estiver em dúvida, passe longe de chutar! Um erro desse tipo coloca em xeque a credibilidade de sua peça e de seus conhecimentos jurídicos.
- **Um artigo para nunca esquecer: art. 144, § 4º, da CF!** Este artigo legitima as funções de Polícia Investigativa e da Polícia Judiciária no âmbito estadual. Caso a prova seja para delegado da Polícia Federal, o candidato deverá mencionar o **art. 144, inciso I e § 1º, da CF**.
- Após a Lei nº 12.830/2013 (art. 3º), o tratamento protocolar do delegado foi modificado. Para a maior parte da doutrina, **Vossa Excelência** é o pronome de tratamento adequado atualmente à autoridade policial.
- **Não se importe tanto com as formalidades de sua peça, até porque não há um regramento legal (ou administrativo) que fixe as balizas para a confecção de uma peça desse tipo**. Não se olvide que não existe nada semelhante ao manual da Presidência da República (o qual disciplina acerca das formalidades das comunicações oficiais entre órgãos) que crie regras claras de como fazer uma peça jurídica desse tipo. A forma é livre.

Após essas dicas preliminares, passemos a analisar, especificamente, algumas peças jurídicas que podem ser cobradas pelas bancas examinadoras em certames para delegados de Polícia.

Capítulo 2

Peças iniciais da investigação policial: O Auto de Prisão em Flagrante e a Portaria

2.1. AUTO DE PRISÃO EM FLAGRANTE

O Auto de Prisão em Flagrante (APF) é uma das peças mais complexas que o examinador pode requerer do candidato em um certame público desse tipo. Caso essa seja a vontade do examinador, preparem-se para um árduo labor.

Antes de adentrarmos no âmago da peça, é essencial lembrar ao leitor que a expressão Auto de Prisão em Flagrante é utilizada no Código de Processo Penal com duas acepções distintas.

O primeiro viés diz respeito ao Auto de Prisão em Flagrante como sendo a **peça finalizadora do complexo procedimento de prisão em flagrante previsto no art. 304 do Código de Processo Penal (APF em sentido estrito)**. Nesses termos, o delegado de Polícia, após ouvir todos os envolvidos na suposta situação flagrancial, decide, como último ato, lavrar ou não o APF em desfavor do suspeito. Vejamos, então, o que diz o art. 304 do Código de Processo Penal:

> Art. 304. Apresentado o preso à autoridade competente, ouvirá esta o condutor e colherá, desde logo, sua assinatura, entregando a este cópia do termo e recibo de entrega do preso. Em seguida, procederá à oitiva das testemunhas que o acompanharem e ao interrogatório do acusado sobre a imputação que lhe é feita, colhendo, após cada oitiva suas respectivas assinaturas, **lavrando, a autoridade, afinal, o auto**. (Código de Processo Penal)

No segundo viés, o Auto de Prisão em Flagrante é confundido com a integralidade do procedimento de prisão em flagrante elencado no art. 304 do Código de Processo Penal. Desse modo, chama-se APF em sentido lato. **Em outras palavras, o APF em sentido estrito e as demais peças produzidas formam o Auto de Prisão em Flagrante em sentido amplo[1].**

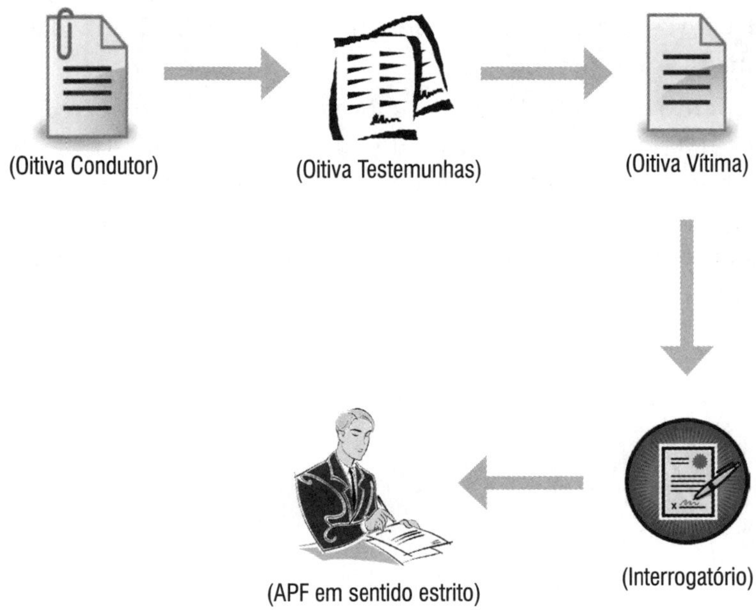

O conjunto de todas as peças citadas acima formam o APF em sentido lato.

1 O delegado de Polícia, após a lavratura de todo esse procedimento prisional, deverá encaminhá-lo, nos termos do art. 306, § 1º, do CPP, ao magistrado e, não tendo o suspeito indicado o nome de seu advogado, à Defensoria. Por óbvio, neste contexto, a lei não está a ordenar o mero encaminhamento da última peça que foi lavrada no curso do procedimento elencado no art. 304 do CPP (Auto de Prisão em Flagrante em sentido estrito), mas, sim, a tudo o que fora feito. Por isso, o que deve ser encaminhado ao magistrado é o Auto de Prisão em Flagrante em sentido lato.

Enfim, o leitor já notou que a nomenclatura APF tem dois sentidos diversos e que o Auto de Prisão em Flagrante em sentido estrito comporá o Auto de Prisão em Flagrante em sentido lato. Não obstante o exposto, a pergunta prática que sempre surge em sala de aula é: quando, como e onde estará encerrada a ordem do delegado para se fazer a junção do APF em sentido estrito com as demais peças, surgindo, então, o APF em sentido lato?

Em resposta ao questionamento suso, mencionamos que é comum que haja **expressa menção no próprio APF em sentido estrito de que todos os documentos que lhe antecederam (oitivas) passarão a fazer parte integrante do APF em sentido lato**[2]. A partir desse momento, o APF em sentido estrito se torna parte componente do Auto de Prisão em Flagrante em sentido amplo.

Outro ponto importante de se sobrelevar é que, como o APF é tido pela doutrina como peça inicial do inquérito policial respectivo, por mais que tenha sido a última peça a ser lavrada, quando ele passar a ser parte integrante do APF em sentido lato, será transportado do final do procedimento para o começo, passando a figurar, então, como a primeira folha dessa peça jurídica[3].

2 A frase que costumeiramente materializa a lavratura do APF em sentido estrito e a subsequente formação do APF em sentido lato é: "Ao final, às _______ horas do dia __________, a Autoridade Policial, resultando demonstradas, pelos elementos colhidos, a autoria e a materialidade da infração penal, e, portanto, **formado seu convencimento jurídico, determinou a lavratura deste AUTO DE PRISÃO EM FLAGRANTE DELITO** em face do indivíduo ___________________________, fazendo-se **juntar as peças produzidas acima, as quais, desde já, passam a fazer parte deste Auto de Prisão em flagrante.**"

3 Para mais detalhes do complexo procedimento de prisão em flagrante sugerimos a leitura da questão **4.1.** da parte de Direito Processual Penal desta obra.

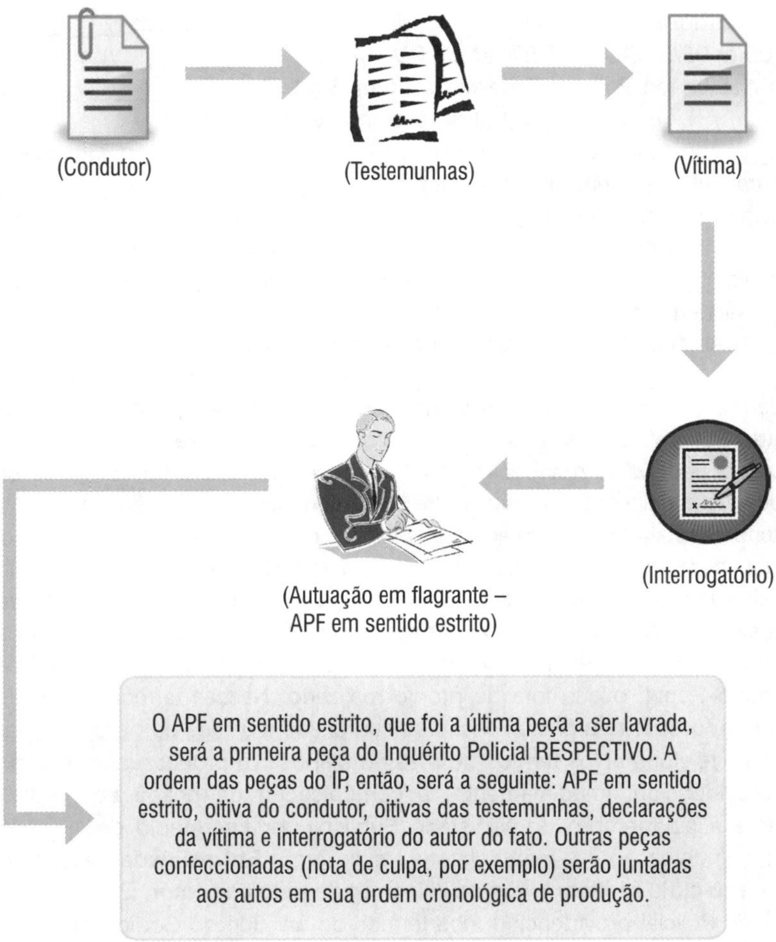

Por fim, após a finalização do Auto de Prisão em flagrante, o delegado de Polícia ordenará (por meio de despacho ordinatório) a realização de demais atos policiais que a legislação brasileira prevê, além da instauração de inquérito policial correspondente.

É claro que outras diligências podem ser determinadas pelo delegado, o que acaba fazendo com que esse despacho ordinatório tenha uma estrutura muito parecida com a de uma Portaria inicial. Lembre-se de que a Portaria inicial também é peça inicial do inquérito policial de crime de ação penal pública incondicionada, contudo desde que não tenha havido prisão em flagrante do investigado.

2.1.1. Modelo de auto de prisão em flagrante em sentido estrito

AUTO DE PRISÃO EM FLAGRANTE

Às____horas do dia___do mês de_____de______, nesta cidade de____________, na sede do(a) *DELEGACIA DISTRITAL DE POLÍCIA DE* ____________, onde presente estava a Autoridade Policial, Excelentíssimo(a) Sr(a) ______________, comigo, ____________, Escrivão(ã) de Polícia, aí compareceu o condutor ____________, RG nº __________, conduzindo o preso __________________, por infração(ões) penal(is) capitulada(s), em tese, no(s) artigo(s) ________ da Lei nº __________, por ter sido este capturado em situação de flagrância quando praticava (ou após) o(s) ilícito(s) penal(is) em questão no ___(pormenorizar o local do crime)__, às ______ horas do dia __________. Portanto, em face da dinâmica supracitada, foi prolatada voz de prisão em desfavor do conduzido mencionado acima, o qual foi levado à presença da Autoridade Policial que subscreve este auto. Foram testemunhas do fato: __________________ e __________________. Insta frisar que o preso foi devidamente **cientificado, no primeiro momento em que teve contato com a Autoridade Policial, quanto aos seus direitos individuais previstos no art. 5º da Constituição Federal** (em especial os de receber assistência de familiares ou de advogado que indicar, de não ser identificado criminalmente senão nas hipóteses legais, de ter respeitadas suas integridades física e moral, de manter-se em silêncio e/ou declinar informações que reputar úteis à sua autodefesa, de conhecer a identidade do autor de sua prisão e, se admitida, prestar fiança e livrar-se solto). Nesse momento, foi franqueado ao conduzido indicar a pessoa da família (ou outra qualquer) a ser informada de sua prisão, em atendimento ao disposto no **art. 306, *caput*, do Código de Processo Penal**, o que fora de pronto realizado. Nesses termos, o conduzido requereu que fosse feita a comunicação de sua prisão a (nome da pessoa e grau de parentesco – telefone). Nos termos do mesmo dispositivo processual, a Autoridade Policial providenciou, imediatamente, a comunicação da prisão ao magistrado competente e ao membro do Ministério Público, por intermédio de ___(citar a forma de comunicação – e-mail, telefone, ofício etc.). **Entrevistadas as partes, a Autoridade decidiu ratificar a voz de prisão dada pelo condutor**. Em continuação, a Autoridade Policial providenciou, nos termos do art. 304 do Código de Processo Penal, **conforme a documentação adiante acostada, a lavra das seguintes peças:** 1) oitiva do condutor com entrega de cópia do termo; 2) expedição de recibo de entrega do(s) preso(s) em favor do condutor; 3) oitiva das testemunhas e da(s) vítima(s); 4) interrogatório do(s) conduzido(s). Constou das oitivas acostadas ao presente auto que (resumir o que foi colhido nas oitivas acerca da autoria e materialidade criminosas ______________________________). Ao final, às ______ horas do dia __________, a Autoridade Policial, resultando demonstradas, pelos elementos colhidos, a autoria e a materialidade da infração penal, e, portanto, **formado seu convencimento jurídico, determinou a lavratura deste AUTO DE PRISÃO EM FLAGRANTE DELITO** em face do indivíduo ________________, fazendo-se **juntar as peças produzidas acima, as quais, desde já, passam a fazer parte deste Auto de Prisão em flagrante**.

Acompanhou a lavratura de todo o procedimento de prisão em flagrante o advogado ____________, OAB nº ____/______. Por fim, a Autoridade Policial determinou ao Escrivão do feito a expedição de nota de culpa ao(s) preso(s) e demais providências elencadas no despacho ordinatório anexo. Nada mais havendo, determinou a Autoridade Policial o encerramento deste auto, que assina com o(s) autuado(s) e com o(a) Escrivão de Polícia, que o digitou e imprimiu.

Autoridade Policial

Autuado 1

Autuado 2

Escrivão

Advogado

2.2. PORTARIA INICIAL

Como dito no tópico anterior, a Portaria é também uma das peças precursoras do inquérito policial nos casos de crimes de ação penal pública **incondicionada**. O que há de diferente em relação ao APF é que, no caso da Portaria, não há qualquer situação flagrancial que motive o início das investigações.

A investigação, nesse condão, não se inicia porque uma situação flagrancial foi apresentada à autoridade policial, mas em razão de o delegado ter ordenado (por ter tomado conhecimento de suposta situação criminosa) sua instauração de ofício. A função de materializar essa ordem de início das investigações cabe à Portaria Inicial.

Importante citar que essa peça exordial também precisa ser confeccionada atendendo-se a algumas peculiaridades. Dentre esses requisitos, a portaria deve conter dados suficientes sobre a autoria e a materialidade criminosas, sua dinâmica, bem como sobre a forma que essa infração penal chegou ao conhecimento da autoridade. Sem esses dados mínimos, não há que se instaurar o inquérito por portaria, principalmente quando houver fundadas dúvidas sobre a veracidade da informação que chegou ao conhecimento do delegado[4].

4 Em outros termos, não se lavrará, ainda, a portaria inicial caso haja dúvidas sobre as informações sobre o crime que chegaram ao conhecimento do Delegado. Nesse viés, é sempre recomendável a instauração anterior de uma Verificação Preliminar de Informações. Para maiores detalhes sobre esse instrumento de investigação propedêutica, *vide* a **questão 1.1. da parte** de direito processual penal desta obra.

A Portaria Inicial não é só a primeira peça que se encontra quando se folheia um inquérito policial. Sua importância vai além de ser um resumo dos fatos que chegaram ao conhecimento do delegado. **A portaria, em verdade, é a peça da qual a autoridade policial se utiliza para ordenar a instauração do inquérito e delimitar o raio apuratório da investigação dali por diante**.

Só após ser registrada em livro próprio e autuada, a portaria terá aptidão para ensejar a instauração do inquérito. Por isso, é inexorável que o delegado mencione, expressamente, na própria portaria, que deve o escrivão registrá-la e autuá-la, antes mesmo mesmo da instauração formal do Inquérito Policial (IP)[5].

Outro importante ponto a ser sobrelevado é que se deve fazer menção na portaria ao art. 5º, inciso I, do Código de Processo Penal. Por mais que esse dispositivo não mencione, expressamente, nada sobre a "portaria", o candidato tem que demonstrar ao seu examinador ter conhecimento do dispositivo que legitima a instauração de ofício do inquérito policial.

Citamos, também, que o delegado **não é obrigado a fazer constar todas as diligências investigatórias possíveis na portaria.** Essa peça é só o *start* para a investigação. Por essa razão, é muito comum que haja menção, no fecho da peça, de que, ao se realizarem as diligências previstas na portaria, os autos do inquérito devem ser devolvidos à autoridade policial para que outras diligências sejam requeridas, caso necessárias. Por isso, não há necessidade de que se exauram todas as possibilidades investigatórias nesse primeiro momento.

Outra observação importante é que o delegado deve mencionar as diligências que devem ser realizadas sem pormenorizar como elas serão colocadas em prática. Por exemplo, cabe ao delegado mencionar que serão realizadas as oitivas das testemunhas X e Y, e só! Não deve a autoridade policial mencionar na sua portaria que, por exemplo, "vai ouvir as testemunhas X e Y com o fito de entrarem em contradição no que tange à arma que viram na mão do suspeito". Por óbvio, o delegado que assim fizesse constar em sua portaria, agiria com extrema impropriedade, antecipando aos advogados dos investigados os métodos de investigação que seriam utilizados na descoberta da verdade, dificultando ainda mais esse difícil processo de clarificação dos fatos. Fica essa dica!

5 Uma boa frase para expressar esses mandamentos é: "De posse de todo o exposto, com fulcro no artigo 5º, inciso I, do Código de Processo Penal, determino o registro e a autuação desta peça e a instauração do inquérito policial respectivo, com o fito de delimitar a autoria e a materialidade da infração penal em comento".

2.2.1. Modelo de portaria inicial

PORTARIA

Chegou ao conhecimento desta Autoridade Policial, por intermédio do boletim de ocorrência nº _____/____, informações acerca da prática criminosa capitulada, em tese, no artigo ______ da Lei nº _________, fato ocorrido no dia _________, por volta das _______horas, na ___________________________, Bairro ________, no Município de _________. Constam dessas investigações preliminares que no dia, na hora e no local mencionados acima, (pormenorizar a dinâmica criminosa de acordo com os dados já coletados). De posse de todo o exposto, com fulcro no art. 5º, inciso I, do Código de Processo Penal, determino o registro e a autuação desta peça e a instauração do inquérito policial respectivo, com o fito de delimitar a autoria e a materialidade da infração penal em comento. Determino, também, a realização das seguintes diligências investigatórias:

1 – juntar o boletim de ocorrência nº ____/_____ e demais peças que lhe acompanham;

2 – juntar gravações (filmagens) referentes aos momentos próximos do crime em apuração, se houver;

3 – juntar exame de corpo de delito de (quando o exame já tiver sido realizado antes da instauração do IP, pois ele era essencial para o começo das investigações – por exemplo, laudo de constatação preliminar de drogas);

4 – expedir ofício requisitando exame pericial de ______________, nos termos do art. 178 do Código de Processo Penal;

5 – juntar laudo de exame de local (art. 169 do Código de Processo Penal);

6 – expedir ordem de missão aos agentes de polícia com o objetivo de localizarem, qualificarem e intimarem outras testemunhas do fato ilícito em investigação;

7 – intimar e reduzir a termo o depoimento das testemunhas elencadas no boletim de ocorrência nº ___ /___ e outras que forem posteriormente descobertas;

8 – intimar e reduzir a termo a oitiva da vítima, se houver;

9 – submeter a vítima à realização de retrato falado, caso possível;

10 – encaminhar o autor do fato para identificação criminal, fazendo-se juntar a documentação fotográfica e a datiloscópica aos presentes autos de inquérito, consoante preceitua o art. 5º da Lei nº 12.037/2009;

11 – expedir ofício para o Instituto de Criminalística requisitando a reprodução simulada do crime, nos termos do art. 7º do Código de Processo Penal;

12 – averiguar a vida pregressa do autor do fato, sob o ponto de vista individual, familiar e social, sua condição econômica, fazendo-se juntar os documentos afetos, nos termos do art. 6º, inciso IX, do Código de Processo Penal;

13 – intimar, pregressar e reduzir a termo o interrogatório do indiciado, nos termos do art. 185 do Código de Processo Penal.

Cumpra-se.

Em seguida, volvam-se os autos conclusos para ulteriores deliberações.

Dada e lavrada nesta cidade de ________/ UF, na Delegacia de Polícia de _________, aos ____ dias do mês de ______ de ________.

Delegado(a) de Polícia

Capítulo 3

Representação Policial e Relatório Policial Conclusivo

3.1. ESTRUTURA BÁSICA DE UMA REPRESENTAÇÃO POLICIAL OU DE UM RELATÓRIO POLICIAL CONCLUSIVO

Antes de começarmos a falar destas duas importantes peças jurídicas, é necessário frisar que entre elas há algo em comum: a estrutura. Parece estranho, mas é isso mesmo! Por mais que as referidas peças tenham funções distintas, a estrutura delas se funda na mesma arquitetura.

Embora a função do relatório final seja pormenorizar tudo o que foi colhido no curso da investigação policial e a da representação policial se referir a um pedido de medida dirigido à autoridade judiciária competente, ambas possuem uma estrutura assemelhada.

Os elementos essenciais dessas duas peças são: o vocativo, a contextualização da demanda, os fatos apurados, a fundamentação legal e, ao final, o pedido ou a conclusão. Por isso, dizemos que os referidos documentos terão, essencialmente, o mesmo esqueleto.

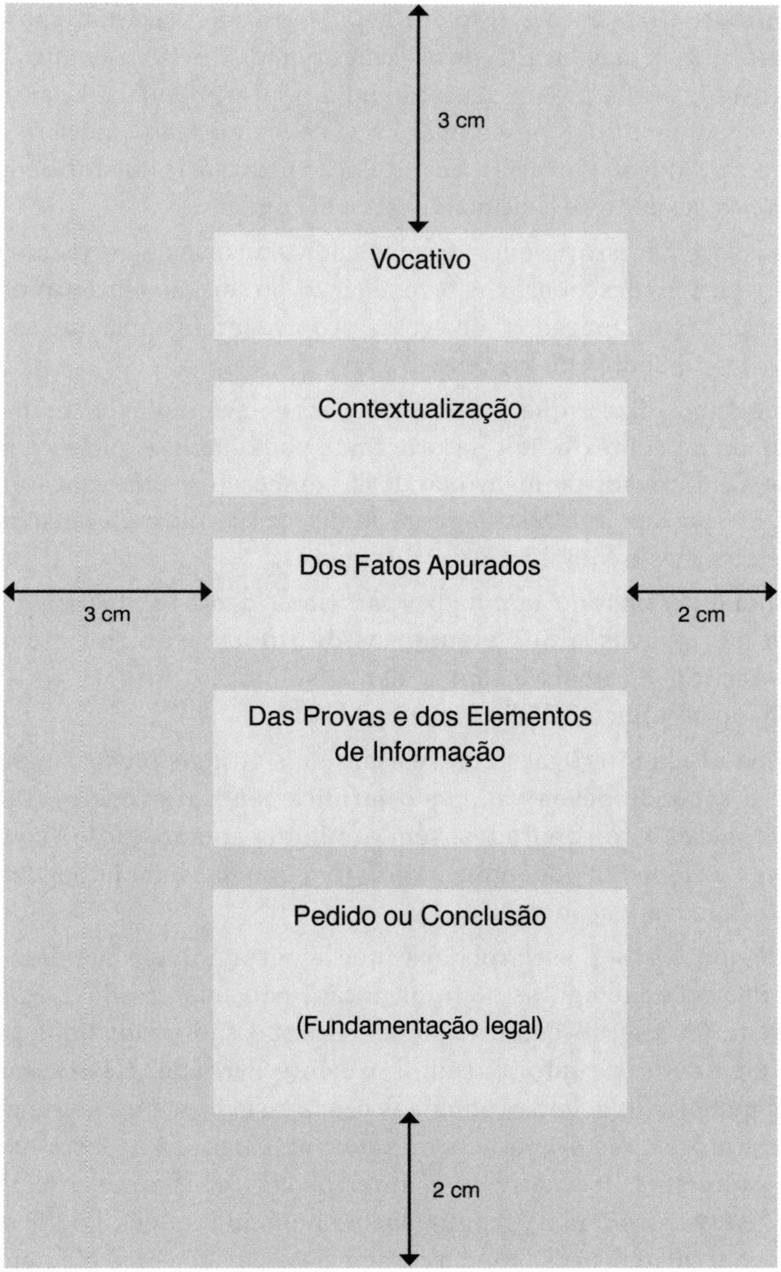

O **vocativo** é direcionado ao magistrado, pois a ele cabe a decisão acerca dos pedidos encerrados na representação policial, bem como é o destinatário da remessa do Inquérito Policial finalizado, nos termos do art. 10, § 1º, do Código de Processo Penal.

A **contextualização** diz respeito aos dados que precisam constar da peça para que o magistrado possa compreender a circunstância fática na qual está inserida a representação ou o relatório policial final que lhe está sendo submetido. É nesse ponto que se faz menção à peça inicial da investigação (APF ou Portaria), à capitulação provisória do fato, bem como quem são os suspeitos e a vítima do fato em comento.

Após isso, é necessário que passemos por uma fase de pormenorização de tudo o que fora descoberto na investigação, ou seja, **dos fatos apurados**. A expressão "fatos apurados" deriva da própria inteligência que se faz do art. 10, § 1º, do Código de Processo Penal[1].

É oportuno dizer que, conquanto essa terminologia tenha sido mencionada no contexto do relatório final, nada impede que este mesmo termo seja empregado também quando da confecção de uma representação policial, até porque a necessidade de se discorrer sobre o que se apurou nas investigações é comum a essas duas peças.

Continuando nossa caminhada, passemos agora a discorrer sobre o tópico **das provas e dos elementos de informação (ou elementos de convicção)**, os quais visam a dar sustentação jurídica ao que foi mencionado no tópico DOS FATOS APURADOS.

Há uma nítida interligação entre esses dois últimos blocos analisados, vez que o segundo acaba validando juridicamente o primeiro. Dizemos isso pois meros fatos apurados, sem a mínima comprovação (com base em provas e elementos de informação), têm pouquíssima importância no contexto da investigação policial.

Outro ponto a ser esclarecido é que a terminologia adotada neste tópico (Provas e Elementos de Informação) não está errada. Há pessoas que acreditam que no curso do inquérito não são produzidas provas, mas só elementos de informação. Isso não é verdade. É perfeitamente possível que provas sejam produzidas nessa fase, precipuamente no caso de contraditório postergado ou mesmo antecipado. Por isso, havendo provas cautelares, irrepetíveis e antecipadas (consoante art. 155 do Código de Processo Penal) produzidas no bojo do inquérito policial, elas devem ser arroladas nesse tópico como provas, e não como elementos de informação.

1 Art. 10. § 1º A autoridade fará minucioso relatório **do que tiver sido apurado** e enviará autos ao juiz competente. (Código de Processo Penal)

Por fim, é necessário que o delegado **finalize a peça com um pedido (no caso da representação) ou com uma conclusão (no caso do relatório policial conclusivo)**. É nesse momento que o candidato deve aduzir suas razões jurídicas (fundamentação), apondo os dispositivos de legitimação profissional, bem como aqueles que amparam a ação ou o pedido que ele está a encaminhar ao magistrado.

3.2. RELATÓRIO POLICIAL FINAL

Após as valiosas informações gerais sobre a estrutura comum do relatório e da representação policial, passaremos agora a estudar mais minudentemente o relatório policial final.

Pois bem, a função do relatório final é sintetizar tudo o que foi apurado no curso do inquérito policial para que, assim, o magistrado e o titular da ação penal[2] possam, de forma mais fácil e inteligível, inteirar-se de tudo o que de relevante fora descoberto.

Na verdade, o relatório é um grande instrumento facilitador no que tange à cadeia de custódia das informações da investigação policial, fazendo com que elas cheguem de forma mais conectada e ordenada ao titular da ação penal e ao magistrado.

É inegável que, nesse primeiro momento, o relatório facilitará muito mais o trabalho do promotor de Justiça (ou do querelante), pois ele tem, em tese, pouco tempo para o oferecimento da petição inicial. A função para o magistrado, nesse primeiro instante, é reduzida.

Entretanto, isso não pode levar o aluno a acreditar que o destinatário imediato do inquérito e do respectivo relatório policial é, por conseguinte, o *Parquet*. A nossa lei processual é clara no sentido de que o IP é encaminhado

2 É mais comum que o titular da ação penal seja o Ministério Público. Entretanto, não podemos negar que idêntico procedimento de remessa de autos seja aplicável quando o fato se refira a crime de ação penal privada. Nesses termos, consoante a lei, o inquérito, com relatório final anexado, também é encaminhado ao Poder Judiciário com o fito de aguardar a iniciativa processual do ofendido ou de seu representação legal. Vejamos: Art. 19. **Nos crimes em que não couber ação pública, os autos do inquérito serão remetidos ao juízo competente**, onde aguardarão a iniciativa do ofendido ou de seu representante legal, ou serão entregues ao requerente, se o pedir, mediante traslado. (Código de Processo Penal)

ao juiz[3], e não ao Ministério Público[4]. **Portanto, é fundamental que o vocativo da peça se refira ao magistrado competente, e não ao promotor**. Cuidado com esse peguinha!

Outro tópico a ser sobrelevado é que podem haver questões incidentais[5] na investigação que deverão ser alocadas no bojo do relatório policial, por exemplo, a destinação das coisas apreendidas, o indiciamento, uma eventual representação etc...

É aqui que geralmente surgem as dúvidas dos alunos. Onde devem ser colocados esses tópicos? **Pois bem, lembre-se de que não há uma normativa legal sobre a estrutura desse tipo de peça, por isso não há aqui uma receita de bolo a se seguir**. Contudo, sugerimos que essas

---

3 Vejamos, então, o que fala nossa legislação sobre isso: Art. 10. [...] § 1º A autoridade fará minucioso relatório do que tiver sido apurado e **enviará autos ao juiz competente**. (Código de Processo Penal)

4 O Supremo Tribunal Federal asseverou ser **ilícito** o encaminhamento direto dos autos de inquérito policial ao *Parquet, principalmente quando tal fluxo procedimental for fixado por lei estadual. Nesse sentido,* vide *teor da ementa da ADI 2.886//RJ – STF:* "Ementa: Ação direta de inconstitucionalidade. Incisos IV e V do art. 35 da Lei Complementar nº 106/2003, do Estado do Rio de Janeiro. Necessidade de adequação da norma impugnada aos limites da competência legislativa concorrente prevista no art. 24 da Constituição Federal. Ação julgada parcialmente procedente apenas para declarar a inconstitucionalidade do inciso IV do art. 35 da Lei Complementar Estadual. A legislação que disciplina o inquérito policial não se inclui no âmbito estrito do processo penal, cuja competência é privativa da União (art. 22, I, CF), pois o inquérito é procedimento subsumido nos limites da competência legislativa concorrente, a teor do art. 24, XI, da Constituição Federal de 1988, tal como já decidido reiteradamente pelo Supremo Tribunal Federal. O procedimento do inquérito policial, conforme previsto pelo Código de Processo Penal, torna desnecessária a intermediação judicial quando ausente a necessidade de adoção de medidas constritivas de direitos dos investigados, razão por que projetos de reforma do CPP propõem a remessa direta dos autos ao Ministério Público. No entanto, apesar de o disposto no inc. IV do art. 35 da LC 106/2003 se coadunar com a exigência de maior coerência no ordenamento jurídico, a sua inconstitucionalidade formal não está afastada, pois insuscetível de superação com base em avaliações pertinentes à preferência do julgador sobre a correção da opção feita pelo legislador dentro do espaço que lhe é dado para livre conformação. Assim, o art. 35, IV, da Lei Complementar estadual nº 106/2003, é inconstitucional ante a existência de vício formal, pois extrapolada a competência suplementar delineada no art. 24, § 1º, da Constituição Federal de 1988. Já em relação ao inciso V do art. 35 da Lei Complementar estadual nº 106/2003, inexiste infração à competência para que o Estado-membro legisle, de forma suplementar à União, pois o texto apenas reproduz norma sobre o trâmite do inquérito policial já extraída da interpretação do art. 16 do Código de Processo Penal. Ademais, não há desrespeito ao art. 128, § 5º, da Constituição Federal de 1988, porque, além de o dispositivo impugnado ter sido incluído em lei complementar estadual, o seu conteúdo não destoou do art. 129, VIII, da Constituição Federal de 1988, e do art. 26, IV, da Lei nº 8.625/93, que já haviam previsto que o Ministério Público pode requisitar diligências investigatórias e a instauração de inquérito policial. Ação direta julgada parcialmente procedente para declarar a inconstitucionalidade somente do inciso IV do art. 35 da Lei Complementar nº 106/2003, do Estado do Rio de Janeiro.

5 No caso da Lei de Drogas é essencial que o candidato mencione, em um tópico distinto, sobre a capitulação jurídica provisória dada ao fato, demonstrando conhecimento acerca do teor do artigo 52 da Lei nº 11.343/2006. Vejamos o que diz o referido dispositivo: Art. 52. Findos os prazos a que se refere o art. 51 desta Lei, a autoridade de polícia judiciária, remetendo os autos do inquérito ao juízo: I - **relatará sumariamente as circunstâncias do fato, justificando as razões que a levaram à classificação do delito, indicando a quantidade e natureza da substância ou do produto apreendido, o local e as condições em que se desenvolveu a ação criminosa, as circunstâncias da prisão, a conduta, a qualificação e os antecedentes do agente**. (Lei nº 11.343/2006)

questões incidentais sejam alocadas entre o tópico das *provas e elementos de informação* e a *conclusão*.

Urge frisar ainda que, quando da conclusão da peça, será necessário que algumas informações essenciais também sejam ali inseridas. Por exemplo, se alguma testemunha não tiver sido ouvida no curso da investigação policial (em virtude do exíguo prazo de conclusão das investigações), é fundamental que essa circunstância esteja mencionada no final do relatório, bem como o paradeiro dela[6].

Além disso, é possível que a autoridade policial tenha a intenção de ainda realizar algumas diligências imprescindíveis e, para tanto, solicite a dilação de prazo para a continuidade das investigações[7]. Isso é bem costumeiro!

No que tange à dilação de prazo, o Código de Processo Penal deixou claro que a prorrogação nesses casos só se dará se o fato for de difícil elucidação, bem como se o indiciado estiver solto. Nesse jaez, o magistrado, após ouvir o Ministério Público, concederá o prazo que achar suficiente para que o delegado dê continuidade às investigações respectivas. Aqui é que está o problema!

A prática policial é muito diferente disso. São comuns as dilações de prazo, mesmo com réu preso, o que acaba deixando o candidato confuso. Nossa dica é: siga o que está na lei, pois é sempre possível fundamentar eventual recurso. A prática costumeira, infelizmente, nem sempre respeita a estrita legalidade.

Após tudo o que fora exposto acima, vamos analisar dois modelos sintéticos de relatório policial, respectivamente, um sem indiciamento do suspeito e outro com indiciamento.

6 Artigo 10. § 2º No relatório poderá a autoridade indicar testemunhas que não tiverem sido inquiridas, mencionando o lugar onde possam ser encontradas. (Código de Processo Penal).

7 Recorde-se que o Código de Processo Penal não trata de assunto da mesma forma que fazem outras legislações mais específicas, como, por exemplo, o art. 51 da Lei nº 11.343/2006. Na lei de drogas pode haver dilação de prazo, mesmo que o réu esteja preso. Para o Código de Processo Penal, não pode haver prorrogação, no caso de réu preso. Vejamos o que diz a lei adjetiva brasileira no seu art. 10. § 3º: Quando o fato for de difícil elucidação, e o **indiciado estiver solto**, a autoridade poderá requerer ao juiz a devolução dos autos, para ulteriores diligências, que serão realizadas no prazo marcado pelo juiz.

3.2.1. Modelo de relatório policial sem indiciamento (excludente de ilicitude)

RELATÓRIO POLICIAL

Meritíssimo(a) Juiz(íza), ← **Vocativo**

Trata-se de Inquérito Policial de nº ______, instaurado mediante __(citar peça inicial), visando a averiguar as circunstâncias do fato típico capitulado, em tese, no artigo ____ da Lei nº ______, perpetrado por _______________ em desfavor de ________________.

↑ **Contextualização**

DOS FATOS APURADOS

Tal conduta típica fora praticada (expor o fato delituoso com todas as suas circunstâncias, inclusive o local, a data, a hora, os meios de execução, os motivos e as consequências) ____.

DAS PROVAS E DOS ELEMENTOS DE INFORMAÇÃO

As testemunhas _______, dando maior credibilidade a essa sintética narrativa dos fatos, contaram que ________________.

Esses elementos subjetivos, supracitados, são corroborados por provas objetivas, quais sejam: _(citar as provas cautelares, irrepetíveis ou antecipadas, colhidas no curso da investigação, que corroboram a autoria e a materialidade do fato típico em apuração).

Pelo breve relato supracitado é possível perceber que houve a prática de um fato típico por parte do ora investigado, qual seja o capitulado, em tese, no artigo _______ da Lei nº ______.

Entretanto, a apuração policial também constatou que existem incontestáveis elementos acerca do amparo dessa conduta por uma causa excludente de ilicitude (citar qual a excludente aplicável ao caso concreto). Portanto, é possível concluir que o ora investigado praticara um fato típico, mas não ilícito, o que impede que falemos na existência, aqui, de um crime.

Questão Incidental

↓

DO NÃO INDICIAMENTO DO AUTOR DO FATO

Para um olhar desatento, até pode parecer que o delegado, ao analisar eventual ocorrência concreta de causa excludente de ilicitude, estaria atropelando as atribuições do Ministério Público (o qual detém a legítima *opinio delicti*). Com certeza, nesse caso, não há qualquer usurpação de tarefas.

Em verdade, para que promovamos o indiciamento (ou não) do autor do fato, é essencial que o delegado averigue se houve ou não um delito.

Importante lembrar que, sob qualquer conceito analítico de crime que estivéssemos a aferir o fato em questão, não há que se falar em delito se a conduta não for ao menos típica e ilícita.

Em epítome, deixaremos de indiciar o autor do fato por não estarem presentes indícios da prática de crime algum. *In casu*, como dito anteriormente, visualizamos um fato típico, mas não a ilicitude da referida conduta.

Entretanto, a Polícia Investigativa não se contentou com a análise da mera existência de uma causa justificante no caso concreto (mencionar qual a excludente de ilicitude), mas também buscou averiguar se houve eventual excesso nessa causa, ou seja, se o(a) autor(a) do fato utilizou-se com moderação dessa conduta defensiva (ou agressiva) permitida pelo Direito.

Para demonstrar ter havido proporcionalidade na conduta do(a) autor(a) do fato, citamos (mencionar elementos que indicam moderação nos meios e na intensidade, quando da conduta).

Essencial foi mostrarmos que houve detalhada análise sobre esse ponto em específico, pois, se tivesse ocorrido excesso, a Autoridade Policial subscritora indiciaria o(a) autor(a) do fato com base no teor do art. 23, parágrafo único, do Código Penal.

De posse de todo o exposto acima, com base na análise técnico-jurídica preconizada no art. 2º, § 6º, da Lei nº 12.830/2013, deixamos de indiciar o Sr(a). ____________ ________________ como incurso nas penas do fato ilícito em questão.

CONCLUSÃO

Por derradeiro, encaminhamos os autos do presente inquérito policial a Vossa Excelência com a constatação de que, salvo melhor juízo, não há infração penal a se punir.

Não concordando com o que fora mencionado acima, requeremos que volvam os autos a esta Autoridade Policial, com a respectiva dilação de prazo por _______ dias, consoante teor do art. 10, § 3º, do Código de Processo Penal, com menção pormenorizada das diligências investigatórias que devem ser realizadas para o deslinde do presente feito.

É o relatório.

Local e Data

Delegado(a) de Polícia

3.2.2. Modelo de relatório policial com indiciamento

RELATÓRIO POLICIAL

Meritíssimo(a) Juiz(íza),

Trata-se de Inquérito Policial de nº ______, instaurado mediante __(citar peça inicial – Portaria ou Auto de Prisão em Flagrante), visando a averiguar as circunstâncias do fato típico capitulado, em tese, no artigo ____ da Lei nº _______, perpetrado por ___________________________ em desfavor de ________________________.

DOS FATOS APURADOS

Tal conduta típica fora praticada (expor o fato delituoso com todas as suas circunstâncias, inclusive o local, a data, a hora, os meios de execução, os motivos e as consequências).

DAS PROVAS E DOS ELEMENTOS DE INFORMAÇÃO

As testemunhas _________, dando maior credibilidade a essa sintética narrativa dos fatos, contaram que ___________________.

Esses elementos subjetivos, supracitados, são corroborados por provas objetivas, quais sejam: _(citar as provas cautelares, irrepetíveis ou antecipadas, colhidas no curso da investigação, as quais corroboram a autoria e a materialidade da prática criminosa em apuração).

Por todo o exposto, de acordo com os elementos de convicção pinçados acima, inegável que há fortes indícios acerca do envolvimento do suspeito na empreita criminosa em apuração, ficando delineadas, inclusive, as demais circunstâncias da prática criminosa, quais sejam: (pormenorizar circunstâncias da prática criminosa, inclusive as que figurem como majorantes, como minorantes, como qualificadoras e como privilégio etc.).

DO INDICIAMENTO

Então, com fundamento em análise técnico-jurídica sobre tudo o que fora mencionado acima, nos termos do art. 2º, § 6º, da Lei nº 12.830/2013, indiciamos o(a) Sr(a) ______________________ pela prática da conduta tipificada, em tese, no artigo ______ da Lei nº ____________.

DOS OBJETOS VINCULADOS AO INQUÉRITO

Ademais, em relação aos objetos vinculados à presente investigação, informamos que os produtos do crime foram restituídos à vítima, mediante termo de entrega (às fls.).

Em relação ao instrumento do crime, qual seja o(a) ____________, em razão de ter sido encaminhado para realização do exame pericial previsto no art. 175 do Código de Processo Penal, o qual ainda pende de resultado, não será possível sua remessa imediata ao Poder Judiciário, nos termos do art. 11 do Código de Processo Penal.

CONCLUSÃO

Em arremate, encaminham-se os presentes autos de inquérito policial a Vossa Excelência, com fulcro no art. 10, § 1º, do Código de Processo Penal, com a solicitação de dilação de prazo (nos termos do art. 10, § 3º, do CPP) para a realização das diligências pendentes, dentre elas a oitiva da testemunha ___________, a qual pode ser encontrada em _________________.

É o relatório.

Local e Data

Delegado(a) de Polícia

3.3. ASPECTOS GERAIS DA REPRESENTAÇÃO POLICIAL

Por mais que **a autoridade policial não seja parte da ação penal que futuramente será intentada** em desfavor do investigado, a legislação concede ao delegado a faculdade de provocar o Poder Judiciário no que tange à decretação de algumas medidas essenciais à persecução penal. Nessa senda, citamos as medidas cautelares pessoais, as assecuratórias e as probatórias, as quais serão melhor esmiuçadas nos tópicos a seguir.

A lei confere essa atribuição ao delegado por acreditar que, sendo ele a primeira autoridade jurídica a tomar pé dos fatos criminosos ocorridos, poderá agir de forma mais eficaz e rápida (do ponto de vista da persecução penal) até mesmo do que o próprio titular da ação penal.

É por meio de uma representação policial que o delegado de Polícia incita a deliberação do magistrado sobre essas medidas, e não por meio de um ofício. Isso precisa ficar claro, pois o candidato que optar por representar à autoridade judiciária por meio de um ofício fustigará a boa técnica e provavelmente será eliminado do certame que estiver a prestar.

Não obstante o exposto acima, mesmo que seja inconteste a função da representação policial no contexto da *persecutio criminis*, não pode ela ser confundida com o requerimento das partes acusadoras (ministério público e querelante).

No caso do requerimento, por ser originário de uma parte da futura ação penal, é possível haver a interposição de recurso caso o pleito seja indeferido pelo juiz. Na hipótese de ocorrer o indeferimento da representação formulada pelo delegado de Polícia, isso não será possível.

De tal sorte, por mais que a autoridade policial possa provocar o magistrado a decretar uma medida (nos casos em que a lei assim permite), se esse pleito não for atendido, não caberá qualquer recurso[8] a ser interposto pela referida autoridade, já que ela não tem essa capacidade postulatória **em juízo**.

É claro que, no caso de indeferimento da representação policial, não há qualquer vedação ao pedido de reconsideração formulado pelo delegado de Polícia. Além disso, não há nada que impeça (com base em fatos novos) uma nova representação policial. Entretanto, essas duas possibilidades não podem ser confundidas com o pedido de reforma da decisão denegatória anterior (recurso), faculdade esta cabível somente às partes.

Pois bem, após esse breve introito, passaremos a analisar alguns pontos que devem ser abordados quando da confecção de uma representação policial. Vamos lá! O primeiro ponto é que deve ser feito, sempre que possível, um cabeçalho que indique o endereçamento da peça ao magistrado com atribuição para decidir sobre o pedido.

Por óbvio, se o examinador não tiver mencionado nada acerca do juízo competente, não há que se inventar nenhum dado sobre isso. Nesse caso, recomendável que se deixem lacunas para evitar a identificação da peça.

Ademais, os outros tópicos (do vocativo, da contextualização, dos fatos apurados e das provas e dos elementos de informação) devem ser preenchidos atendendo-se à estrutura ditada no item anterior (relatório policial).

8 A doutrina diz que o parecer favorável do Ministério Público acerca da representação formulada pelo delegado de polícia é suficiente para legitimar o *Parquet* a recorrer em caso de suposta denegação de tal pleito. Curioso, então, é que, mesmo sem que tenha o pedido saído das mãos de um promotor, haveria a possibilidade de recurso, com base somente em um parecer opinativo por ele exarado. Em outros termos, é como se esse parecer se equiparasse a um requerimento dele acerca da mesma medida.

Quanto à fundamentação jurídica para a decretação de uma ou outra medida, é necessário que o delegado entenda que terá que trabalhar dois blocos distintos. O primeiro bloco conterá os fundamentos atinentes aos aspectos legais que devem estar presentes no caso concreto para que aquela medida pleiteada seja conferida pelo magistrado (fundamentos para decretação); já o segundo bloco conterá os dispositivos legais que legitimam o delegado a pedir aquela medida em específico (fundamentos de legitimação[9]).

Esses dois grupos de fundamentos podem ser colocados em um tópico único, nominando-o "da fundamentação legal", o qual se situaria entre as *Provas e os Elementos de Informação* e o *Pedido*. Há manuais, contudo, que ensinam que a fundamentação para a decretação da medida e os requisitos de legitimação deveriam ser mencionados dentro do tópico *dos pedidos.* Por fim, há quem prefira conjugar essas duas formatações (o nosso caso). De uma ou de outra forma, o aluno não errará! É só uma questão de opção. Na verdade, pouco importa a estrutura adotada na peça, desde que essas duas fundamentações se façam presentes.

Não se pode esquecer que outras questões incidentais também podem ser alocadas no bojo da referida representação, consoante veremos no modelo adiante.

Ao final da peça, o candidato deverá finalizar a representação com os derradeiros pedidos, fechando seu trabalho apondo a data e a assinatura. É claro que, no caso de peça prática para certames públicos, o candidato deve se abster de assinar a peça, fazendo, unicamente, menção ao seu pretenso cargo: Delegado(a) de Polícia.

Vejamos, agora, um modelo de uma representação policial para facilitar o aprendizado sobre os ensinamentos supracitados.

9 Para exemplificar o que estamos a narrar, citamos o artigo 144, §4º, da Constituição Federal, o artigo 13, inciso IV, e o artigo 311, do Código de Processo Penal. Esses três dispositivos legitimam o delegado a representar pela decretação da prisão preventiva. Não há nesses dispositivos enfoque direto nos requisitos para a decretação da medida (requisitos de decretação), mas somente dados sobre quem seria legitimado para requerê-la. Vejamos: Artigo 144. § 4º, da Constituição Federal: – **às polícias civis**, dirigidas por delegados de polícia de carreira, incumbem, ressalvada a competência da União, as funções de polícia judiciária e a apuração de infrações penais, exceto os militares. Art. 13. Incumbirá ainda à autoridade policial: IV – **representar acerca da prisão preventiva**. (Código de Processo Penal) Art. 311. Em qualquer fase da investigação policial ou do processo penal, caberá a prisão preventiva decretada pelo juiz, de ofício, se no curso da ação penal, ou a requerimento do Ministério Público, do querelante ou do assistente, **ou por representação da autoridade policial**. (Código de Processo Penal).

3.3.1. Modelo de representação (prisão preventiva autônoma)

EXCELENTÍSSIMO(A) SENHOR(A) DOUTOR(A) JUIZ(ÍZA) DE DIREITO DA ___ VARA CRIMINAL______________/___.

Cabeçalho

Meritíssimo(a) Juiz(íza), ← **Vocativo**

A representação em comento se insere no contexto de apuração de crime capitulado, em tese, no artigo_____ da Lei nº _________, perpetrado pelo indiciado ___________________________ em desfavor da vítima _______________, sendo que tal delito é o objeto de investigação do Inquérito Policial nº _______.

Contextualização

DOS FATOS APURADOS

Tal conduta típica foi praticada (discorrer sobre o fato delituoso com todas as suas circunstâncias, inclusive os locais, as datas, as horas, os meios de execução, os motivos e as consequências)____.

DAS PROVAS E DOS ELEMENTOS DE INFORMAÇÃO

Visando a dar maior credibilidade a essa sintética narrativa dos fatos, passamos a transcrever importantes trechos de oitivas materializadas no curso dessa investigação.

> "..
> ....".
> (Termo de depoimento de _______, às fls. ____).
> "..".
> (Termo de declarações de _______, às fls. ____).

Os elementos subjetivos são corroborados por provas objetivas, quais sejam: (citar as provas cautelares, irrepetíveis ou antecipadas, colhidas no curso da investigação, as quais corroboram a autoria e a materialidade da prática criminosa em apuração)

Não restam dúvidas, então, sobre a materialidade criminosa, bem como sobre a existência de indícios suficientes ligando o ora indiciado ao delito em apuração.

Passaremos, agora, a demonstrar o cabimento da prisão preventiva no caso concreto.

DA FUNDAMENTAÇÃO LEGAL PARA A DECRETAÇÃO DA PRISÃO PREVENTIVA

Em face dos argumentos jurídicos mencionados abaixo será possível visualizar que é cabível a decretação da prisão preventiva autônoma no presente caso.

De primeiro turno, o crime **doloso** em apuração possui pena máxima cominada superior a 4 anos de privação de liberdade, o que promove o atendimento dos requisitos previstos no art. 313, inciso I, do Código de Processo Penal.

No que tange aos requisitos elencados no art. 312 do Código de Processo Penal, (justificar aqui o porquê de ao menos um desses requisitos estar presente no caso concreto).

Urge dizer que a opção pela decretação da prisão preventiva se deu pela franca inadequação das medidas cautelares diversas da prisão (arts. 317, 319 e 320 do Código de Processo Penal) para degringolar, sozinhas, o risco processual (ou à ordem pública) causado pelo ora investigado. É necessária uma medida cautelar mais gravosa, qual seja o encarceramento cautelar preventivo.

Questão Incidental

↓

DA EXPEDIÇÃO DOS MANDADOS EM CARÁTER RESTRITO

Em sendo conferida a prisão ora pleiteada, nos termos citados acima, é essencial dotar de maior sigilo a sua decretação, evitando-se o risco de fuga precoce do indiciado, bem como o alerta para que o autor do fato passe a obnubilar elementos de convicção acerca da prática criminosa em investigação. Assim, requeremos que a expedição de tal mandado se dê em caráter restrito, consoante permite o art. 2º, § 2º, da Resolução nº 137 do CNJ.

> Resolução nº 137 do CNJ. Art. 2º [...] § 2º: Na hipótese de o juiz determinar que o mandado de prisão seja expedido em caráter restrito, o prazo para inclusão no BNMP se iniciará após seu cumprimento ou quando afastado esse caráter por decisão judicial.

Além disso, (discorrer sobre outros motivos que justifiquem a não inserção imediata da prisão no BNMP).

DOS PEDIDOS

Fundamentos de legitimação profissional

Em face dos fatos, dos elementos de convicção e dos fundamentos supracitados, a Autoridade Policial que subscreve a presente peça, com fulcro na atribuição que lhe conferem o art. 144, § 4º, da Constituição Federal, o art. 13, inciso IV, e o art. 311, ambos do Código de Processo Penal, vem a Vossa Excelência representar pela decretação na prisão preventiva autônoma do indiciado __________, vez que se encontram plenamente atendidos os requisitos elencados no art. 312 e no art. 313, inciso I, ambos do Código de Processo Penal.

Fundamentos de Decretação

Sendo decretada a medida prisional ora pleiteada (nos estritos termos que foram requeridos), solicitamos que seja expedido o mandado no mais exíguo prazo, sendo remetido, em envelope lacrado, ao Delegado que subscreve a presente representação com o fim de se dar cumprimento o mais célere possível à ordem judicial em comento.

Data e Local

Delegado(a) de Polícia

3.3.2. Da representação policial pela decretação de medidas cautelares probatórias.

As medidas cautelares probatórias são voltadas para a captura de elementos que sirvam como material probante na persecução penal. Como exemplo de medidas cautelares desse quilate, citamos a busca e apreensão domiciliar, a interceptação telefônica e a quebra de sigilo de dados bancários e financeiros.

Em uma representação desse tipo, a estrutura básica será mantida, consoante vimos nos tópicos anteriores. A grande diferença reside mesmo nos fundamentos de decretação, os quais, a depender da medida que o delegado esteja a pleitear, deverão ser modificados.

A seguir, serão mostradas duas representações para a decretação de medidas cautelares probatórias (uma busca e apreensão e uma quebra de sigilo de dados bancários) visando a facilitar a visualização do candidato acerca da estrutura básica de uma peça nesse sentido.

Uma terceira representação será também postada aqui; trata-se do compartilhamento de dados e de áudios obtidos mediante interceptação telefônica.

Esta última peça é de interesse prático enorme para os delegados de Polícia da ativa. Entretanto, dificilmente ela será cobrada em certames públicos, a não ser que o examinador queira verdadeiramente complicar a vida do candidato.

Pois bem, no que tange à medida de busca e apreensão domiciliar (infracolacionada) pedimos especial atenção do aluno ao pedido da adesividade e também ao pleito de afastamento do contraditório prévio cautelar. Por mais que esses pontos ainda não estejam pacificados na doutrina e na jurisprudência brasileira, é comum que os Delegados de Polícia os utilizem para garantir maior abrangência e efetividade ao seu mandado de busca e apreensão domiciliar. Não obstante o exposto, não indicamos que os candidatos abusem dessas novas ferramentas em suas provas de concursos, visando a evitar que o examinador lhes conteste a validade e a legalidade do que estão a pedir.

3.3.2.1. Modelo de representação pela decretação de busca e apreensão domiciliar (com adesividade)

EXCELENTÍSSIMO(A) SENHOR(A) DOUTOR(A) JUIZ(ÍZA) DE DIREITO DA __ VARA CRIMINAL______________/___.

Meritíssimo(a) Juiz(íza),

A representação em comento se insere no contexto de apuração de crime capitulado, em tese, no artigo_____ da Lei nº __________, perpetrado pelo indiciado __________________________ em desfavor da vítima _________________, sendo que tal delito é o objeto de investigação do Inquérito Policial nº _______.

DOS FATOS APURADOS

Tal conduta típica foi praticada (discorrer sobre o fato delituoso com todas as suas circunstâncias, inclusive os locais, as datas, as horas, os meios de execução, os motivos e as consequências).

DAS PROVAS E DOS ELEMENTOS DE INFORMAÇÃO

As testemunhas _________, dando maior credibilidade a essa sintética narrativa dos fatos, contaram que ____________________.

Esses elementos subjetivos, supracitados, são corroborados por provas objetivas, quais sejam: _(citar as provas cautelares, irrepetíveis ou antecipadas, colhidas no curso da investigação, as quais corroboram a autoria e a materialidade da prática criminosa em apuração).

Pelos breves relatos supracitados já é possível perceber os indícios razoáveis que ligam o ora investigado à prática criminosa em apuração. Demonstrado isso, passemos a analisar a necessidade e a fundamentação para a decretação da medida cautelar probatória de busca e apreensão domiciliar.

DA FUNDAMENTAÇÃO

A finalidade dessa medida cautelar é buscar e apreender elementos probatórios escondidos na residência do investigado, os quais possibilitem a prova da autoria e da materialidade da infração penal em investigação. O referido pedido está abalizado no disposto no art. 240 do Código de Processo Penal

Além dos objetos mencionados anteriormente, são alvos da presente diligência os celulares que estiverem na posse dos moradores, na de pessoas que lá coabitem ou guardados no interior da referida residência, em relação aos quais, desde já, roga-se pela permissão de devassa de seus conteúdos armazenados.

Importante notar que a medida cautelar probatória em questão é essencial para que sejam buscados e apreendidos, em específico, os seguintes objetos vinculados ao delito: (______________, ______________ e ______________).

As fundadas razões, então, para a decretação de tal medida cautelar probatória residem na necessidade de se conseguir maior substrato probatório acerca do delito em comento.

Indicamos como a última morada conhecida do indiciado a casa situada no seguinte endereço: ____. Nos termos do art. 243 do Código de Processo Penal, também indicamos outros dados caracterizadores da casa que será alvo desta diligência policial, quais sejam: __(por exemplo, cor do portão, tipo de muro etc.).

DA ADESIVIDADE

Por mais que o endereço citado no tópico acima seja, provavelmente, o endereço do indiciado, não raras são as vezes em que criminosos, após descobrirem que a Polícia já sabe de seu envolvimento com o delito, mudem-se para outros locais. Por isso, é necessário que a Polícia tenha, em mão, um mandado de busca e apreensão domiciliar dotado de maior flexibilidade (adesividade do mandado de busca e apreensão domiciliar).

Adriano Costa e Laudelina Inácio, no livro *Prática Policial Sistematizada* (Editora Impetus, p. 182) conceituam essa peculiaridade do mandado de prisão da seguinte forma:

> Essa tão falada adesividade do mandado de busca e apreensão nada mais é do que a possibilidade de o mandado de busca e apreensão ser dotado de uma capacidade perseguidora, permitindo que uma ordem judicial dirigida à violação de uma determinada casa do investigado também abranja, no caso de modificação repentina de paradeiro, a atual residência do suspeito (mesmo que não esteja previsto esse outro endereço no referido *mandamus*). Esse atributo garante a efetividade e a celeridade que o cumprimento da busca e apreensão requer. Afirmamos isso, pois é costumeiro que os Policiais adentrem na casa de um suspeito (o qual teve o endereço indicado no mandado de busca e apreensão) e descubram que o investigado de lá se mudou. É claro que os objetos de interesse da investigação foram junto com o fujão! Na maioria das vezes, os Policiais, no curso daquela diligência, até conseguem o novo endereço do suspeito, mas, se o mandado não estiver gravado com a adesividade, pouca utilidade isso terá. Não é difícil notar que, se não for conferida a persecutoriedade em questão, por mais que os Policiais dirijam-se a esse novel endereço do increpado, não poderão apreender os objetos que lá estejam.

Ainda no escólio dos doutrinadores citados acima, não há que se alegar (no caso da adesividade) afronta aos dispositivos constitucionais que protegem o recato do domicílio do cidadão (art. 5º, inciso XI, da Constituição Federal). Afinal, há uma ordem judicial validando a entrada dos Policiais no lar do investigado, não importando, verdadeiramente, qual é o endereço deste *habitat*.

Em verdade, o único ponto diferente entre o endereço sabido do suspeito e o outro domicílio dele a ser violado é o ponto geográfico dessas habitações, vez que ambos os endereços seriam "casa do indivíduo". Nesse sentido, citamos novamente Adriano Costa e Laudelina Inácio (Editora Impetus, p. 183):

> É importante frisar que não há aqui uma ordem genérica; mas, sim, uma determinação no sentido de que, **tendo sido modificado repentinamente o endereço do suspeito (mencionado na ordem judicial), possa-se dar cumprimento ao mandado de busca na atual casa do investigado**, sem que tenha que se passar por um novo trâmite decretador. Note que o novo local a ser violado (à procura do objeto almejado) será o **atual "domicílio" do suspeito**. Que diferença faz para a lei se esse domicílio está situado no endereço "X" ou no "Y"? Afinal de contas, ele é a casa do indivíduo! Em outros termos, a lei não protege o ponto geográfico onde está situada a moradia do investigado, mas sim o recato do ambiente no qual o suspeito reside (*habitat*), independentemente da sua respectiva coordenada. Se a ordem judicial já autorizava a violação do domicílio do increpado, pouco importa o endereço dessa casa.

DO AFASTAMENTO DO CONTRADITÓRIO PRÉVIO CAUTELAR

A Lei nº 12.403/2011 inovou a ordem jurídica brasileira com outras medidas cautelares pessoais. Junto com esse pacote inovador, alguns institutos foram trazidos, dentre eles o contraditório cautelar prévio (art. 282, § 3º, do CPP). No escólio de Adriano Costa e Laudelina Inácio na obra supracitada (Editora Impetus, p. 135) é possível determinar qual é a função do referido instituto de contradita prévia:

> A ideia desse contraditório é conceder ao investigado o poder de se contrapor à pretensão dos órgãos de persecução penal, quando esses requererem a decretação de uma medida cautelar pessoal (diversa da prisão) contra tal indivíduo. Em outros termos, após o recebimento do pleito de decretação de medida cautelar pessoal, o magistrado franqueia ao polo adverso (suspeito) a oportunidade de proclamar suas razões acerca da desnecessidade ou da inadequação da medida. Somente após tal procedimento é que o magistrado decide pela decretação ou não da cautelar pessoal.

Segundo a lei, este instituto de contradita deveria se restringir aos pedidos de medidas cautelares pessoais diversas da prisão, mas não é isso que vemos alguns doutrinadores defendendo. Existe doutrina que tenta alargar a incidência desse contraditório para outras medidas cautelares, inclusive as assecuratórias e as probatórias, o que nos parece despropositado. Sobre o tema, explicam-nos os doutrinadores Adriano Costa e Laudelina Inácio (p. 179-180):

> Note que o legislador fez constar expressamente no *caput* do art. 282 do CPP a expressão "previstas neste Título", o que já demonstra o seu intento em manter restrito o contraditório prévio ao Título IX do Código de Processo Penal. Então, como a busca e apreensão e o sequestro não estão inseridos no Título IX do Código de Processo Penal, não há que se cogitar a aplicação dessa contradita prévia a esses institutos. Acreditamos que o motivo para o legislador ter criado tal limitação seja a incompatibilidade lógica que alguns desses novéis institutos (dentre eles o contraditório prévio) teriam com as outras cautelares.

De posse do exposto, forçoso é pedir o afastamento do contraditório prévio cautelar já na presente representação. Mesmo sabendo da total incongruência que seria a concessão de tal instituto no caso em comento, acreditamos oportuno que, por precaução, já nos posicionemos desfavoráveis a sua aplicabilidade, visando a não atrapalhar a eficácia das investigações como um todo.

Em epítome, a intimação do suspeito sobre a pretensão policial de promover buscas em sua residência (com a finalidade de angariar elementos acerca de seu envolvimento com a prática criminosa) será um convite à inefetividade da cautelar em comento.

DOS PEDIDOS

Em face dos fatos, dos elementos de convicção e dos fundamentos supracitados, a Autoridade Policial que subscreve a presente peça, com fulcro na atribuição que lhe conferem o art. 144, § 4º, da Constituição Federal, e o art. 6º, inciso III, do Código de Processo Penal, vem a Vossa Excelência representar pela decretação da busca e apreensão domiciliar, com fundamento no art. 240 do Código de Processo Penal.

Sendo acatado o presente pleito (nos estritos termos que foram requeridos), solicitamos que seja expedido o mandado de busca e apreensão domiciliar no mais exíguo prazo possível, avalizando-se a entrada dos Policiais na residência do investigado, situada em ______________________________ ou em seu mais recente domicílio (adesividade).

No que tange aos celulares, aos *tablets*, aos computadores e a quaisquer outros dispositivos símiles apreendidos, representa-se pelo imediato afastamento do sigilo de dados telefônicos, telemáticos e informáticos, sendo lícito aos Policiais violar senhas de acesso e analisar as informações contidas nos aparelhos. Tal autorização visa a evitar a nódoa das informações coletadas, bem como de outras que delas derivarem (RHC 51.531/RO – STJ).

Solicitamos, para tanto, que o Excelentíssimo Magistrado faça constar no Mandado de Busca e Apreensão a ordem de: "**em não tendo sido encontrado o indivíduo ou objeto no endereço do suspeito (citar o endereço ______________________________), possam os agentes diligenciar no sentido de apreender tal pessoa ou tais objetos na atual residência do increpado**".

Ato contínuo, remeta-se o mandado, em envelope lacrado, ao Delegado que subscreve a presente representação, com o fim de se dar cumprimento à referida ordem judicial, nos estritos termos da lei e do art. 5º, inciso XI, da Constituição Federal, com a celeridade que o caso demanda.

Data e Local

Delegado(a) de Polícia

3.3.2.2. Modelo de representação pela decretação de quebra de sigilo de dados bancários

EXCELENTÍSSIMO(A) SENHOR(A) DOUTOR(A) JUIZ(ÍZA) DE DIREITO DA ___ VARA CRIMINAL______________/___.

Meritíssimo(a) Juiz(íza),

A representação em comento se insere no contexto de apuração de crime capitulado, em tese, no artigo_____ da Lei nº _________, perpetrado pelo indiciado _______________________ em desfavor da vítima _______________, sendo que tal delito é o objeto de investigação do Inquérito Policial nº _______.

DOS FATOS APURADOS

Tal conduta típica foi praticada (discorrer sobre o fato delituoso com todas as suas circunstâncias, inclusive os locais, as datas, as horas, os meios de execução, os motivos e as consequências).

DAS PROVAS E DOS ELEMENTOS DE INFORMAÇÃO

As testemunhas ________, dando maior credibilidade a essa sintética narrativa dos fatos, contaram que ____________________.

Esses elementos subjetivos, supracitados, são corroborados por provas objetivas, quais sejam: _(citar as provas cautelares, irrepetíveis ou antecipadas, colhidas no curso da investigação, as quais corroboram a autoria e a materialidade da prática criminosa em apuração).

Pelos breves relatos supracitados já é possível perceber os indícios razoáveis que ligam o ora investigado à prática criminosa em apuração. Demonstrado isso, passemos a analisar a necessidade e a fundamentação para decretação da medida cautelar probatória de quebra de sigilo de dados bancários.

DA FUNDAMENTAÇÃO

Antes de mais nada, é essencial frisar que a finalidade dessa medida probatória para o deslinde da presente apuração criminal é demonstrar que _(discorrer sobre a importância da quebra de sigilo de dados bancários no contexto em apuração).

É possível notar, então, que o pedido em questão traz consigo comprovado e irreprochável interesse em prol da descoberta da autoria e da materialidade criminosas, o que desde já legitima seu deferimento.

Por mais que a intimidade e a vida privada das pessoas sejam invioláveis nos termos da Carta Magna de 1988 (art. 5º, inciso X), essa proteção não é absoluta. É necessário, sempre, cotejar a inviolabilidade das liberdades individuais dos cidadãos com a necessária proteção do interesse público, qual seja na elucidação de um crime. É nítido o critério de proporcionalidade e convivência harmônica dos ditames Constitucionais. Nesse mesmo sentido citamos:

> "RECURSO EM *HABEAS CORPUS*. CRIMES CONTRA A ORDEM TRIBUTÁRIA. QUEBRA DO SIGILO BANCÁRIO. POSSIBILIDADE, DESDE QUE DEVIDAMENTE FUNDAMENTADA A MEDIDA. **O direito aos sigilos bancário e fiscal não configura direito absoluto, podendo ser elidido se presentes indícios ou provas que o justifiquem**, desde que devidamente demonstrados na decisão do Magistrado. Recurso desprovido" (STJ – RHC nº 15.643/RS, Rel. Min. JOSÉ ARNALDO DA FONSECA. DJU, 01/02/2005, p. 580).

Além do que fora exposto acima, parece fundamental salientar que há permissão legal expressa que ampara a quebra de sigilo de dados bancários, nos mesmos termos que estamos a pleitear. Trata-se da Lei Complementar nº 105/2001. Vejamos o que a referida legislação dispõe:

> Art. 1º [...] § 4º A quebra de sigilo poderá ser decretada, quando necessária para apuração de ocorrência de qualquer ilícito, **em qualquer fase do inquérito** ou do processo judicial, e **especialmente nos seguintes crimes**: [...] (Lei Complementar nº 105/2001)

DO AFASTAMENTO DO CONTRADITÓRIO CAUTELAR PRÉVIO

Desde já pleiteamos o afastamento do contraditório prévio cautelar no que tange ao objeto da presente representação. Mesmo sabendo da total incongruência que seria a concessão de tal instituto no caso em comento, acreditamos oportuno que, por precaução, já nos posicionemos desfavoráveis à sua aplicabilidade, visando a não atrapalhar a eficácia das investigações como um todo.

Lembre-se de que a Lei nº 12.403/2011 inovou a ordem jurídica brasileira com outras medidas cautelares pessoais. Junto com esse pacote inovador, algumas disposições foram criadas para dar substrato à aplicação dessas novas ferramentas jurídicas, dentre elas o contraditório cautelar prévio (art. 282, § 3º, do CPP). A ideia deste instituto é que, após o recebimento do pleito de decretação de medida cautelar pessoal, o magistrado deve franquear ao polo adverso (suspeito) a oportunidade de proclamar suas razões acerca da desnecessidade ou da inadequação da medida. Somente após tal procedimento é que o magistrado decide pela decretação ou não da cautelar.

Por óbvio, esse instituto de contradita deveria se restringir aos pedidos de medidas cautelares pessoais diversas da prisão, mas não é isso que vemos alguns doutrinadores defendendo. Existe doutrina que tenta alargar a incidência dele para outras medidas cautelares, inclusive as assecuratórias e as probatórias, o que nos parece despropositado. Visando a demonstrar a inadequação dessa contradita cautelar prévia no presente caso, mencionamos abaixo decisão do Supremo Tribunal Federal sobre o tema:

> INQUÉRITO. AGRAVO REGIMENTAL. SIGILO BANCÁRIO. QUEBRA. AFRONTA AO ART. 5º, X E XI,I DA CF: INEXISTÊNCIA. INVESTIGAÇÃO CRIMINAL. CONTRADITÓRIO. NÃO PREVALECE.
>
> I – **A quebra do sigilo bancário não afronta o art. 5º, X e XII, da Constituição Federal** (Precedente: PET.577).
>
> II – **O princípio do contraditório não prevalece na fase inquisitória** (HHCC 55.447 e 69.372; RE 136.239, *inter alia*). Agravo regimental não provido (Inq 897 AgR, Rel. Min. Francisco Rezek, **Tribunal Pleno do STF**. DJ, 24/03/1995).

DOS PEDIDOS

Em face dos fatos, dos elementos de convicção e dos fundamentos supracitados, a Autoridade Policial que subscreve a presente peça, com fulcro na atribuição que lhe conferem o art. 144, § 4º, da Constituição Federal, e o art. 6º, inciso III, do Código de Processo Penal, vem a Vossa Excelência representar pela decretação da quebra de sigilo de dados bancários do indiciado ____________________, com fundamento no art. 1º, § 4º, da Lei Complementar nº 105/2001.

Em arremate, sendo acatado o presente pleito (nos estritos termos que foram requeridos), solicitamos que a decretação do **afastamento do sigilo de dados bancários** do investigado ____________________, inscrito no CPF/M sob o registro ____________, dê-se no interstício de ____/___/_____ a ____/___/_____.

Para efetivação da aludida medida, pede-se que seja oficiado o Banco Central do Brasil para que:

1 – efetue pesquisa no Cadastro de Clientes do Sistema Financeiro Nacional (CCS) com o intuito de comunicar exclusivamente às instituições financeiras com as quais o investigado tem ou teve relacionamento no período do afastamento do sigilo bancário, acelerando, assim, a obtenção dos dados junto a tais entidades;

2 – comunique-se e encaminhe-se às instituições financeiras, com base nas informações obtidas no item acima, o teor da decisão judicial decretadora, determinando que os dados bancários dos investigados, bem como os dados cadastrais das contas relacionadas, sejam enviados diretamente à Delegacia ______________________ para análise e investigações de praxe.

Data e Local

Delegado(a) de Polícia

3.3.2.3. Modelo de representação para o compartilhamento de resultado de interceptação telefônica

EXCELENTÍSSIMO(A) SENHOR(A) DOUTOR(A) JUIZ(ÍZA) DE DIREITO DA __ VARA CRIMINAL_______________/____.

Meritíssimo(a) Juiz(íza),

A representação em comento se insere no contexto de apuração de crime capitulado, em tese, no artigo_____ da Lei nº __________, perpetrado pelo indiciado ____________________________ em desfavor da vítima ________________, sendo que tal delito é o objeto de investigação do Inquérito Policial nº _______.

DOS FATOS APURADOS

Tal conduta típica foi praticada (discorrer sobre o fato delituoso com todas as suas circunstâncias, inclusive os locais, as datas, as horas, os meios de execução, os motivos e as consequências).

DAS PROVAS E DOS ELEMENTOS DE INFORMAÇÃO

As testemunhas _________, dando maior credibilidade a essa sintética narrativa dos fatos, contaram que _____________________.

Esses elementos subjetivos, supracitados, são corroborados por provas objetivas, quais sejam: _(citar as provas cautelares, irrepetíveis ou antecipadas, colhidas no curso da investigação, as quais corroboram a autoria e a materialidade da prática criminosa em apuração).

Pelos breves relatos supracitados já é possível perceber os indícios razoáveis que ligam o ora investigado à prática criminosa em apuração. Foi com base nesses elementos que se decretou, inclusive, a medida cautelar probatória de interceptação telefônica.

DA FUNDAMENTAÇÃO PARA O COMPARTILHAMENTO

Insta frisar que, no transcorrer da auscultação da interceptação telefônica citada acima, surgiram elementos acerca de outra prática criminosa, qual seja a capitulada, em tese, no artigo _____ da Lei nº___________, infração esta também sujeita à pena de reclusão.

Essa outra atividade delituosa encontra plena vinculação com o objeto principal da presente investigação. Nesse caso, é possível afirmar que o referido encontro fortuito de elementos de convicção se trata de típico caso de serendipidade de primeiro grau, o que autoriza a comunhão de tais elementos com outra investigação, mantendo-se seu valor probatório intocado.

É isso, então, que estamos a pleitear: o compartilhamento integral do resultado da presente interceptação com o órgão policial incumbido legalmente da apuração desse outro delito. De tal sorte, almejamos fornecer a essa investigação distinta, com valor probatório idêntico, elementos de provas cabais sobre a autoria e a materialidade delituosas dessa outra infração penal.

É claro que não poderíamos fazer esse compartilhamento de provas diretamente com a Autoridade Policial que está a investigar esse outro delito, vez que fustigaríamos o necessário sigilo que se deve manter sobre o conteúdo das conversas telefônicas interceptadas, consoante preconiza o art. 8º da Lei nº 9.296/96.

DO PEDIDO

Portanto, pleiteamos que Vossa Excelência promova o compartilhamento dessas provas cautelares, encaminhando à Delegacia _____________ do Município de _____________ a integralidade dos áudios e dos dados auferidos no curso da interceptação telefônica em tela.

Local e Data

Delegado(a) de Polícia

3.3.3. Da representação policial pela decretação de medidas cautelares assecuratórias

A legislação processual brasileira conferiu ao delegado de Polícia uma forte ferramenta de repressão à criminalidade, que é a medida cautelar assecuratória de sequestro de bens e de valores. Infelizmente, pouco uso a autoridade policial tem feito dela.

É importante dizer que o delegado só tem legitimidade para pleitear a medida assecuratória de sequestro, ficando impossibilitado, por falta de previsão legal, de representar pela decretação do arresto e da especialização da hipoteca.

O desiderato da medida cautelar de sequestro é garantir a apreensão de objetos e valores com o fito de assegurar a futura indenização da vítima, bem como o perdimento dos bens e proveitos ilícitos do condenado em favor do Estado.

A referida medida tanto pode incidir em relação a bens móveis (art. 132 do CPP), como em relação a bens imóveis (art. 125 do CPP). Em ambos os casos, é essencial que, nos termos do art. 126 do CPP, demonstre-se **haver indícios veementes acerca da proveniência ilícita do bem que será sequestrado**.

Também é fundamental que a representação traga os valores aproximados do prejuízo da vítima, bem como o valor do bem que será sequestrado. O laudo pericial que consubstancia essas informações é o merceológico, previsto no art. 172 do Código de Processo Penal. Sugerimos, então, a criação de um tópico específico sobre esse ponto, alocando-o depois da fundamentação da medida propriamente dita e antes dos pedidos finais.

Frise-se que essa assecuratória está muito em voga atualmente, já que houve recente alteração legislativa que permitiu que tal ato de constrição recaia, inclusive, sob o **patrimônio lícito** do indiciado, quando o verdadeiro proveito ilícito da infração penal não for encontrado ou se encontrar fora do Brasil. **É o que chamamos de fungibilidade do objeto do sequestro**. Vejamos a redação atual do art. 91 do Código Penal brasileiro (redação dada pela Lei nº 12.694/2012):

Art. 91. São efeitos da condenação:

> [...]
>
> § 1º Poderá ser decretada a perda de bens ou valores equivalentes ao produto ou proveito do crime quando estes não forem encontrados ou quando se localizarem no exterior.
>
> § 2º **Na hipótese do § 1º, as medidas assecuratórias previstas na legislação processual poderão abranger bens ou valores equivalentes do investigado ou acusado para posterior decretação de perda.** (grifo nosso)

Ademais, a exemplo do que já se falou em relação às medidas cautelares probatórias, é recomendável haver um tópico específico na representação visando a afastar o contraditório prévio cautelar da medida em análise. Esse ponto, em especial, é importante para o concurseiro, vez que o Superior Tribunal de Justiça (RMS 30.172) já se pronunciou acerca desse tema. Discorrer sobre isso na prova é auferir preciosos pontos com o seu examinador.

Vejamos, então, um bom modelo de representação policial acerca da decretação da medida cautelar assecuratória de sequestro.

3.3.3.1. Modelo de representação pela decretação da medida assecuratória de sequestro

EXCELENTÍSSIMO(A) SENHOR(A) DOUTOR(A) JUIZ(ÍZA) DE DIREITO DA __ VARA CRIMINAL_______________/___.

Meritíssimo(a) Juiz(íza),

A representação em comento se insere no contexto de apuração de crime capitulado, em tese, no artigo_____ da Lei nº __________, perpetrado pelo indiciado ____________________________ em desfavor da vítima ________________, sendo que esse delito é o objeto de investigação do Inquérito Policial nº _______.

DOS FATOS APURADOS

Tal conduta típica foi praticada (discorrer sobre o fato delituoso com todas as suas circunstâncias, inclusive os locais, as datas, as horas, os meios de execução, os motivos e as consequências).

DAS PROVAS E DOS ELEMENTOS DE INFORMAÇÃO

As testemunhas _________, dando maior credibilidade a essa sintética narrativa dos fatos, contaram que ____________________.

Esses elementos subjetivos, supracitados, são corroborados por provas objetivas, quais sejam: _(citar as provas cautelares, irrepetíveis ou antecipadas, colhidas no curso da investigação, as quais corroboram a autoria e a materialidade da prática criminosa em apuração).

DA FUNDAMENTAÇÃO

Pelos breves relatos supracitados já é possível perceber a existência de elementos razoáveis que ligam o ora investigado à prática criminosa em apuração. Outrossim, há indícios veementes de que existem frutos patrimoniais da infração penal em comento, o que, nos termos do art. 126 do Código de Processo Penal, avaliza a representação pelo sequestro de bens e valores em desfavor do autor do fato.

DA AVALIAÇÃO MERCEOLÓGICA DO PRODUTO DO CRIME

Segundo consta do laudo de avaliação merceológica I (art. 172 do CPP), em anexo, o produto do crime (________________) estava avaliado em cerca de R$ ______________________________.

DA AVALIAÇÃO MERCEOLÓGICA DO PROVEITO DA INFRAÇÃO PENAL

No presente caso, compulsando os autos do inquérito policial respectivo, há indícios veementes de que o indiciado comprou, utilizando-se do produto do crime (*producta sceleris*), o seguinte objeto: ______________________________________ ________.

Tal objeto material foi adquirido com esses valores espúrios, passando a figurar, a partir daquele momento, como proveito da infração penal (*fructus sceleris*).

O aludido bem tem o valor estimado de R$ ______________, conforme avaliação merceológica II (art. 172, parágrafo único, do Código de Processo Penal), acostada à presente representação.

DA FUNGIBILIDADE DO PROVEITO DA INFRAÇÃO PENAL

Não obstante o exposto, apesar de incansáveis diligências policiais realizadas com o fito de encontrar o proveito da infração, não foi ele localizado, nem tampouco determinado seu paradeiro. Forçoso inferir que o ora indiciado já se desfez dele, não sendo possível informar, inclusive, se a referida coisa está na posse de terceiro ou fora do Brasil.

Curioso que, talvez por saber dessa volatilidade dos produtos e proveitos da infração penal, o legislador, recentemente, promoveu uma mudança no Código Penal, passando a prever que a medida cautelar de sequestro também possa se voltar contra bens lícitos do indiciado, em situações semelhantes a esta. Nesses termos, vejamos a redação atual do art. 91 do Código Penal:

> Art. 91. São efeitos da condenação:
>
> [...]
>
> II – a perda em favor da União, ressalvado o direito do lesado ou de terceiro de boa-fé:
>
> [...]
>
> b) do produto do crime ou de qualquer bem ou valor que constitua proveito auferido pelo agente com a prática do fato criminoso.
>
> § 1º **Poderá ser decretada a perda de bens ou valores equivalentes ao produto ou proveito do crime quando estes não forem encontrados** ou quando se localizarem no exterior.

§ 2º **Na hipótese do § 1º, as medidas assecuratórias previstas na legislação processual poderão abranger bens ou valores equivalentes do investigado ou acusado para posterior decretação de perda**. (Código Penal – redação dada pela Lei nº 12.694, de 2012).

De posse disso, solicitamos que o magistrado decrete a ordem de sequestro dirigida ao (objeto material que integra o patrimônio lícito do indiciado), com base na dita fungibilidade, vez que o valor desse bem é absolutamente compatível com o do objeto que figura, na presente investigação, como proveito da infração penal.

Segundo consta dos autos, o (objeto material que integra o patrimônio lícito do indiciado) está avaliado em R$ ______________, consoante laudo de avaliação merceológica III, em anexo.

DO PEDIDO DE AFASTAMENTO DO CONTRADITÓRIO CAUTELAR PRÉVIO

Ademais, pugnamos pelo afastamento do contraditório cautelar previsto no art. 282, § 3º, do Código de Processo Penal, vez que há necessidade de decretação rápida dessa medida, em razão de haver fortes suspeitas de que o indiciado está dilapidando seu patrimônio.

Além disso, caso a medida não seja decretada *inaudita altera pars*, é bem provável que o autor do fato, caso intimado, obnubile o objeto material em tela.

Igualmente, urge salientar que o Superior Tribunal de Justiça, no Recurso em Mandado de Segurança nº 30.172/ MT – STJ, já se pronunciou desfavorável à aplicabilidade do contraditório cautelar prévio, por incompatibilidade lógica, quando a medida pleiteada seja o sequestro de bens e de valores.

DOS PEDIDOS

Com base no exposto acima, a Autoridade Policial vem a presença de Vossa Excelência, com fulcro no art. 144, § 4º, da Constituição Federal, e no art. 126 do Código de Processo Penal, representar pela decretação da medida assecuratória de **SEQUESTRO de bens e valores**, em face do objeto que figura como proveito do crime em voga, qual seja ______________, ou (o outro bem que, por fungibilidade, seja considerado seu substituto). Tal medida cautelar se ampara no art. 132 do CPP (ou 125 – se o bem for imóvel).

Em se tratando de bem móvel, solicitamos que seja decretada a ordem de BUSCA e SEQUESTRO do (objeto pormenorizado), no endereço do indiciado (ou no local em que se encontre), com a menção de que, cumprida a referida medida, promova-se o imediato encaminhamento da coisa sequestrada ao Poder Judiciário.

Data e Local

Delegado(a) de Polícia

3.3.4. Da representação policial pela decretação de medidas cautelares pessoais

Sem dúvida este é o tópico mais importante para os aspirantes ao cargo de delegado. Afinal de contas, mais da metade das peças práticas requeridas em certames públicos para o cargo de delegado de Polícia se relacionam às prisões provisórias (cautelares).

É importante frisar que, quando utilizamos a nomenclatura prisão provisória, intentamos fazer evidente diferenciação com a prisão definitiva, a qual deriva de condenação com trânsito em julgado definitivo. Nesses termos, então, a expressão "prisão cautelar" é sinônima de "prisão provisória". Lembre-se de que isso, inclusive, foi cobrado na última prova prática de Delegado de Polícia de Tocantins (2014).

De qualquer sorte, é importante que o candidato saiba que as medidas cautelares pessoais não se restringem às prisões provisórias. Em verdade, em face da Lei nº 12.403/2011, as prisões ficaram relegadas às situações mais extremadas de perigo à ordem jurídica e à persecução penal. Os demais casos de riscos ao processo devem ser solucionados com as medidas cautelares pessoais diversas da prisão.

As medidas cautelares diversas da prisão surgiram como alternativas mais brandas ao rigoroso regime de encarceramento cautelar. A ideia é que, com algumas restrições menos gravosas aos direitos individuais do suspeito, talvez seja possível evitar os riscos processuais, sem que para tanto tenha-se que lhe cercear plenamente a liberdade ambulatória. Essas noveis medidas são uma consequência lógica do princípio da proporcionalidade.

Prova desse caráter residual das prisões cautelares é que a Lei nº 12.403/2011, vez ou outra, faz menção expressa ao caráter subsidiário e extremado da prisão preventiva, deixando antever uma predileção pelas medidas cautelares pessoais mais brandas. Vejamos alguns dispositivos do Código de Processo Penal:

> Art. 282. [...]
>
> § 4º No caso de descumprimento de qualquer das obrigações impostas, o juiz, de ofício ou mediante requerimento do Ministério Público, de seu assistente ou do querelante, poderá substituir a medida, impor outra em cumulação, **ou, em último caso, decretar a prisão preventiva** (art. 312, parágrafo único).
>
> [...]

> § 6º A prisão preventiva será determinada quando **não for cabível a sua substituição por outra medida cautelar** (art. 319).
>
> Art. 310. Ao receber o auto de prisão em flagrante, o juiz deverá fundamentadamente: II – converter a prisão em flagrante em preventiva, quando presentes os requisitos constantes do art. 312 deste Código, **e se revelarem inadequadas ou insuficientes as medidas cautelares diversas da prisão**.

Ora, se o intento do legislador é que os operadores do Direito se utilizem, prioritariamente, de medidas cautelares menos gravosas, atendendo-se ao requisito da proporcionalidade, parece razoável que o candidato justifique o porquê de sua opção pela prisão, e não pelas outras medidas cautelares pessoais menos gravosas, no caso concreto.

Em resumo, ao fazer a opção pelo regime de segregação cautelar, deve o candidato justificar porque não optou pelas medidas menos severas, demonstrando conhecimento sobre esse ponto em específico.

3.3.4.1. Das regras gerais da representação por medidas cautelares diversas da prisão

Como dito acima, as prisões provisórias não são mais as únicas medidas cautelares pessoais que podem ser solicitadas pelo delegado quando da constatação de riscos à persecução penal.

Isso é importante, pois o examinador pode, com base nisso, solicitar que o candidato prepare uma representação por medidas cautelares diversas da prisão, fugindo à mesmice de sempre se cobrar uma medida cautelar prisional.

Desde já, frisamos que essas medidas cautelares diversas da prisão não se limitam a crimes de menor potencial ofensivo. **Essas medidas são menos gravosas do que as prisões, mas isso não indica que elas não possam ser utilizadas, no caso concreto, quando a infração investigada seja grave ou até mesmo hedionda**. O que norteará a escolha por representar pelas medidas cautelares diversas da prisão (e não pela prisão) é a necessidade e a adequação delas ao caso concreto. Esse é, inclusive, o binômio previsto no art. 282 do Código de Processo Penal.

> Art. 282. As medidas cautelares previstas neste Título deverão ser aplicadas observando-se a:

> I - **necessidade** para aplicação da lei penal, para a investigação ou a instrução criminal e, nos casos expressamente previstos, para evitar a prática de infrações penais;
>
> II - **adequação da medida** à gravidade do crime, circunstâncias do fato e condições pessoais do indiciado ou acusado. (Código de Processo Penal)

Outro ponto relevante a ser sobressaltado diz respeito ao contraditório prévio a que essas medidas cautelares se sujeitam. A ideia deste instituto é que o magistrado, ao receber a representação do Delegado, abra vistas ao suspeito para que dê suas razões para a não decretação daquela limitação pessoal em seu desfavor.

É claro que, na maioria das vezes, esse contraditório prévio cautelar é inadequado ao caso concreto, pois ele acaba colocando em xeque a medida pleiteada, principalmente pelo fato de tal procedimento dialético ser inegavelmente muito demorado.

Mesmo nos casos muito evidentes de inadequação da contradita prévia cautelar, o delegado deverá mencionar em sua peça o motivo plausível para ela não ser conferida, nos termos do art. 282, § 3º, do Código de Processo Penal, sob pena de o magistrado não ter material suficiente para afastá-la.

> Art. 282. [...]
>
> § 3º **Ressalvados os casos de urgência ou de perigo de ineficácia da medida**, o juiz, ao receber o pedido de medida cautelar, determinará a intimação da parte contrária, acompanhada de cópia do requerimento e das peças necessárias, permanecendo os autos em juízo. (Código de Processo Penal)

Por fim, asseveramos que não há qualquer problema de, no caso concreto, haver a decretação de mais de uma medida cautelar diversa da prisão, com fundamento no art. 282, § 1º, do Código de Processo Penal. Em sendo necessárias e adequadas, várias medidas cautelares podem ser cumuladas[10].

Essa, sem dúvida, é uma informação que deve ser bem administrada pelo candidato caso lhe seja requerida a confecção de uma representação nessa senda. Analisando-se, pois, a necessidade e a adequação ao caso concreto, o candidato pode representar por tantas medidas quantas forem necessárias.

10 Defendemos, inclusive, que pode haver a decretação cumulativa de prisão cautelar com outras medidas cautelares pessoais (diversas da prisão). Para mais detalhes veja a **questão 5.3. da parte I** desta obra.

3.3.4.1.1. Modelo de representação pela decretação de medidas cautelares diversas da prisão

EXCELENTÍSSIMO(A) SENHOR(A) DOUTOR(A) JUIZ(ÍZA) DE DIREITO DA __ VARA CRIMINAL______________/___.

Meritíssimo(a) Juiz(iza),

A representação em comento se insere no contexto de apuração da infração penal capitulada, em tese, no artigo_____ da Lei nº __________, perpetrada por ___________________________ em desfavor da vítima _________________, sendo que tal ilícito é o objeto de investigação do (Inquérito Policial ou Termo Circunstanciado de Ocorrência) nº _______.

DOS FATOS APURADOS

Tal conduta típica foi praticada (discorrer sobre o fato delituoso com todas as suas circunstâncias, inclusive os locais, as datas, as horas, os meios de execução, os motivos e as consequências).

DAS PROVAS E DOS ELEMENTOS DE INFORMAÇÃO

As testemunhas _________, dando maior credibilidade a essa sintética narrativa dos fatos, contaram que ____________________.

Esses elementos subjetivos, supracitados, são corroborados por provas objetivas, quais sejam: _(citar as provas cautelares, irrepetíveis ou antecipadas, colhidas no curso da investigação, as quais corroboram a autoria e a materialidade da prática criminosa em apuração).

Não restam dúvidas, portanto, sobre a existência de indícios suficientes ligando o ora indiciado à prática criminosa em apuração.

Passaremos, agora, a demonstrar o cabimento, no caso concreto, da decretação de medida(s) cautelar(es) diversa(s) da prisão.

DA FUNDAMENTAÇÃO

Acreditamos que a situação de risco causado pelo autor do fato, qual seja _______ __________________________, será eficazmente degringolada com a decretação da(s) medida(s) cautelar(es) elencada(s) no artigo _______, inciso(s) ______, do Código de Processo Penal.

Portanto, sabendo que a prisão cautelar, após o advento da Lei nº 12.403/2011, ficou restrita aos casos absolutamente extremados, parece adequada ao caso concreto, então, a medida cautelar diversa da prisão mencionada acima.

DOS PEDIDOS

De posse de todo o exposto, a Autoridade Policial, ora subscritora, vem à presença de Vossa Excelência, com fundamento no art. 144, § 4º, da Constituição Federal e art. 282, § 2º, do Código de Processo Penal, representar pela decretação da(s) medida(s) cautelar(es) pessoal(is) diversa(s) da prisão elencada(s) no artigo ____, inciso _____, do Código de Processo Penal, em desfavor do investiga do_________________________.

Em sendo decretada(s) a(s) medida(s) cautelar(es) pleiteada(s), solicitamos que não seja conferido o contraditório prévio. Tal pleito se fundamenta na necessidade de cumprimento célere de tal medida e, por óbvio, a contradita prévia colocaria em xeque a efetividade da cautelar ora solicitada. O referido pedido está abalizado no art. 282, § 3º, do Código de Processo Penal.

Sendo acatado o presente pleito (nos estritos termos que foram requeridos), solicitamos que seja expedido o mandado no mais exíguo prazo possível, remetendo-se, em envelope lacrado, ao Delegado (o qual subscreve a presente representação) com o fim de se dar cumprimento à ordem judicial em comento.

Local e Data

Delegado(a) de Polícia

3.3.4.1.2. Da representação pela decretação de medidas cautelares diversas da prisão com base no poder geral de cautela.

Há uma outra peculiaridade que gostaríamos de deixar assentada para o nosso leitor ainda neste tópico das medidas cautelares diversas da prisão. É o caso de o delegado de Polícia necessitar de uma medida cautelar diversa de prisão que não esteja prevista no rol dos arts. 317, 319 e 320 do Código de Processo Penal. A pergunta que se faz é: o poder geral de cautela pode ser utilizado no Processo Penal?! Respondemos que sim.

Não obstante a resposta afirmativa dada acima, é necessário frisar que o Poder Geral de Cautela terá uma aplicação restrita no Código de Processo Penal, vez que **só será possível utilizá-lo caso a inovação venha para beneficiar o investigado.**[11]

Ou seja, estando o delegado defronte a uma bifurcação onde as únicas alternativas possíveis para representação sejam a prisão ou uma cautelar inovadora, há que se optar pela novel medida (mesmo que não esteja prevista expressamente na lei).

11 Para mais detalhes, vide a **questão 6.3.** da parte I deste livro.

Nesses termos, não há dúvida de que o poder geral de cautela é mais favorável ao investigado do que o encarceramento cautelar. Não há que se falar nesse contexto em analogia *in malam partem*.

Destarte, caso o examinador requeira esse tipo de formulação do candidato, aconselhamos que se faça uma representação com pedidos alternativos, ou seja, solicitando uma medida inovadora (com base no poder geral de cautela) e, caso indeferida, pleiteando a decretação, por exemplo, da prisão preventiva agravadora.

Só assim será possível demonstrar que, em verdade, a engenharia cautelar é a a alternativa mais favorável ao indiciado. Vejamos, então, um modelo, dentre os vários possíveis, que são passíveis de serem utilizados da construção jurídica supracitada.

3.3.4.1.2.1. Modelo de representação pela decretação de medidas cautelares diversas da prisão ou, alternativamente, pela decretação da prisão preventiva agravadora

EXCELENTÍSSIMO(A) SENHOR(A) DOUTOR(A) JUIZ(ÍZA) DE DIREITO DA __ VARA CRIMINAL______________/___.

Meritíssimo(a) Juiz(íza),

A representação em comento se insere no contexto de apuração da infração penal capitulada, em tese, no artigo_____ da Lei nº _________, perpetrada por _________________________ em desfavor da vítima _____________, sendo que tal ilícito é o objeto de investigação do (Inquérito Policial ou Termo Circunstanciado de Ocorrência) nº _______.

DOS FATOS APURADOS

Tal conduta típica foi praticada (discorrer sobre o fato delituoso com todas as suas circunstâncias, inclusive os locais, as datas, as horas, os meios de execução, os motivos e as consequências).

DAS PROVAS E DOS ELEMENTOS DE INFORMAÇÃO

As testemunhas _________, dando maior credibilidade a essa sintética narrativa dos fatos, contaram que ___________________.

Esses elementos subjetivos, supracitados, são corroborados por provas objetivas, quais sejam: _(citar as provas cautelares, irrepetíveis ou antecipadas, colhidas no curso da investigação, as quais corroboram a autoria e a materialidade da prática criminosa em apuração).

Não restam dúvidas, então, sobre a existência de indícios suficientes ligando o ora investigado à prática criminosa em apuração.

DAS MEDIDAS CAUTELARES DESCUMPRIDAS

É essencial mencionar que, em virtude da necessidade e da adequação ao caso concreto, a Autoridade Policial, ora subscritora, representou ao Excelentíssimo Sr. Dr. ____________________________, Juiz de direito da Comarca de ______ ______________________, acerca da decretação de medidas cautelares diversas da prisão, elencadas nos artigos ______________ do Código de Processo Penal, o que foi de pronto decretado em desfavor do ora investigado. Não obstante o exposto, o autor do fato descumpriu, injustificadamente, tais medidas.

Em agravamento às referidas medidas cautelares descumpridas, o referido magistrado decretou, mediante provocação do Delegado infra-assinado, as medidas cautelares elencadas nos artigos _________ do CPP.

Insta frisar que o autor do fato também desatendeu estas últimas medidas cautelares decretadas em seu desfavor. Portanto, será necessário, novamente, agravar as medidas cautelares anteriormente impostas.

DA FUNDAMENTAÇÃO

Em face do reiterado descumprimento das medidas cautelares menos gravosas, que foram decretadas em desfavor do ora indiciado, faz-se justo e adequado buscar uma cautelar mais contundente, vez que essas mais brandas não convenceram o autor do fato a não atrapalhar a persecução penal.

Entretanto, não mais se vislumbra uma medida cautelar pessoal (diversa da prisão), prevista expressamente no Código de Processo Penal, que se amolde ao presente caso. Nesses termos, é necessário que representemos a Vossa Excelência pela decretação de uma medida cautelar pessoal não elencada em lei, com base no poder geral de cautela (art. 798 do Código de Processo Civil aplicado analogicamente ao Processo Penal em virtude do disposto no art. 3º deste diploma).

Só fazemos tal proposição inovadora por ficar evidente que nos cabem duas opções: ou representamos pela decretação de uma medida cautelar inovadora (vez que mais adequada ao caso concreto), ou o teremos que fazer diretamente em relação à prisão preventiva agravadora.

Nesse caso, então, acreditamos que criar uma medida cautelar diversa da prisão é uma alternativa muito mais benéfica ao autor do fato, não sendo cabível aqui qualquer alegação de analogia *in malam partem*.

Nesse sentido, representamos pela decretação da seguinte medida cautelar inovadora: (pormenorizar a medida cautelar inovadora que deseja o Delegado de Polícia).

DO PEDIDO ALTERNATIVO DE PRISÃO PREVENTIVA AGRAVADORA

Contudo, não sendo acolhido nosso pleito de decretação de medida cautelar inovadora, representamos, desde já, pela decretação **alternativa** da prisão preventiva agravadora do ora indiciado, porquanto os seus requisitos já se encontram cabalmente demonstrados acima.

DOS PEDIDOS

De posse de todo o exposto, a Autoridade Policial, ora subscritora, vem a presença de Vossa Excelência, com fundamento no art. 282, §§ 2º e 4º, do Código de Processo Penal, combinado com o art. 798 do Código de Processo Civil, representar pela decretação da medida cautelar pessoal inovadora (________________________), em desfavor do indiciado ________________, ou, **ALTERNATIVAMENTE**, com fulcro no art. 282, § 4º, e art. 312, parágrafo único, ambos do CPP, representar pela decretação de sua prisão preventiva agravadora.

Por fim, sendo decretada a medida cautelar inovadora (diversa da prisão), solicitamos que não seja conferido o contraditório prévio cautelar. Tal pleito se fundamenta na necessidade de cumprimento célere dessa medida e, por óbvio, a sua contradita prévia colocará em xeque também sua efetividade (art. 282, § 3º, do CPP).

Em arremate, pleiteamos que, sendo acatado qualquer um dos pedidos (nos estritos termos que foram requeridos), seja expedido o referido mandado no mais exíguo prazo possível. Ato contínuo, remeta-se o referido instrumento jurídico em envelope lacrado ao delegado infra-assinado com o fim de se dar cumprimento o mais célere possível à ordem judicial em comento.

Data e Local

Delegado(a) de Polícia

3.3.4.1.3. Da representação por conversão da prisão em flagrante em medidas cautelares diversas da prisão

Ainda no tópico acerca das medidas cautelares diversas da prisão, sentimos a necessidade de discorrer sobre a possibilidade de conversão da prisão em flagrante em uma dessas medidas cautelares pessoais menos gravosas.

A prática policial cotidiana acaba criando no inconsciente do policial a ideia de que a prisão em flagrante só pode ser convertida em prisão preventiva, o que é um grande equívoco. É claro que, na prática, a conversão da prisão em flagrante em prisão preventiva é muito mais comum, mas isso não elimina a possibilidade de a conversão se dar em favor de uma medida cautelar menos contundente.

Em verdade, pasmem, **a conversão da prisão em flagrante em medidas cautelares diversas da prisão é para ser, inclusive, a regra geral.** A preferência legal é pela conversão do flagrante em medidas mais brandas e só em último caso, quando estas não forem adequadas, utilizar-se-á a prisão preventiva. Vejamos isso pela redação do art. 310, inciso II, do CPP:

> Art. 310. [...]
>
> II – converter a prisão em flagrante em preventiva, quando presentes os requisitos constantes do art. 312 deste Código, **e se revelarem inadequadas ou insuficientes as medidas cautelares diversas da prisão**;

Outro ponto que deve ficar claro é que só há de se falar em conversão (seja em prisão preventiva, seja em outra medida cautelar diversa) se o indivíduo ainda estiver preso quando do recebimento pelo juiz do auto de prisão em flagrante.

Nesses termos, deve ficar justificada, na representação, a subsistência da prisão em flagrante do indivíduo em face da impossibilidade de o delegado arbitrar fiança no caso concreto (art. 322 do Código de Processo Penal), ou, mesmo quando arbitrada, pelo fato de o investigado não ter recolhido os valores correspondentes até a remessa dos autos ao Poder Judiciário. Sobre esse tema, *vide* a questão 7.4 da parte I de nossa obra.

Para facilitar a visualização do tema tratado, segue abaixo um modelo de representação pela conversão da prisão em flagrante em medidas cautelares diversas da prisão.

3.3.4.1.3.1. Modelo de representação pela conversão da prisão em flagrante em medidas cautelares diversas da prisão

EXCELENTÍSSIMO(A) SENHOR(A) DOUTOR(A) JUIZ(ÍZA) DE DIREITO DA __ VARA CRIMINAL______________/___.

Meritíssimo(a) Juiz(íza),

A representação em comento se insere no contexto de apuração de crime capitulado, em tese, no artigo_____ da Lei nº __________, perpetrado pelo indiciado ___________________________ em desfavor da vítima ________________, sendo que tal delito foi o objeto do Auto de Prisão em Flagrante de nº_____, de lavra da Delegacia de Polícia de _______________/UF.

DOS FATOS APURADOS

Tal conduta típica foi praticada (discorrer sobre o fato delituoso com todas as suas circunstâncias, inclusive os locais, as datas, as horas, os meios de execução, os motivos e as consequências).

DAS PROVAS E DOS ELEMENTOS DE INFORMAÇÃO

As testemunhas _________, dando maior credibilidade a essa sintética narrativa dos fatos, contaram que ____________________.

Esses elementos subjetivos, supracitados, são corroborados por provas objetivas, quais sejam: (citar as provas cautelares, irrepetíveis ou antecipadas, colhidas no curso da autuação em flagrante delito, as quais corroboram a autoria e a materialidade da prática criminosa em apuração).

Não restam dúvidas, então, acerca dos bastantes elementos sobre a ocorrência da infração penal, bem como da existência de indícios suficientes ligando o ora indiciado ao referido ilícito.

DA FIANÇA POLICIAL

Insta frisar que, no que tange à fiança policial, (justificar o porquê do não arbitramento da fiança policial – com base nos arts. 322, 323 ou 324, inciso IV, do Código de Processo Penal – ou mencionar que não houve o recolhimento tempestivo dos valores da fiança até o encaminhamento do APF para o Poder Judiciário).

DOS FUNDAMENTOS

Optou-se por representar pela conversão da prisão em flagrante em medidas cautelares pessoais menos gravosas, vez que o ora autuado não ostenta antecedentes policiais, tem residência fixa, trabalho certo e (citar outros fatores que justificam a adoção de uma medida cautelar pessoal menos gravosa).

Evidencia-se, portanto, que as medidas cautelares diversas da prisão são mais adequadas para o resguardo da paz social e para a manutenção da regularidade da persecução criminal do que a decretação da prisão preventiva.

Com base no exposto acima, representamos, no caso em tela, à Autoridade Judiciária pela conversão da prisão em flagrante na(s) seguinte(s) medida(s) cautelar(es) diversa(s) da prisão:

1 – ____;

2 – ____.

Requeremos, entretanto, que a conversão da prisão em flagrante em medidas cautelares pessoais diversas da prisão, ora pretendidas, dê-se de forma urgente e *inaudita altera pars*. Esse pedido de afastamento do contraditório prévio cautelar (art. 282, § 3º, do CPP) se funda no fato de o decurso de tempo ser elemento agravador das tensões sociais, bem como razão da costumeira ineficiência das medidas cautelares.

Em resumo, a intimação do investigado para expor suas razões, tornará morosa a decretação das cautelares em questão, colocando, assim, em risco a própria efetividade das medidas em apreço.

DOS PEDIDOS

Em face dos fatos, dos elementos de convicção e dos fundamentos supracitados, a Autoridade Policial que subscreve a presente peça, com fulcro na atribuição que lhe conferem o art. 144, § 4º, da Constituição Federal e o art. 282, § 2º, do Código de Processo Penal, vem a Vossa Excelência representar pela conversão da prisão em flagrante do investigado ____________ em medidas cautelares diversas da prisão, vez que se encontram plenamente atendidos os requisitos elencados no art. 310, inciso II, do Código de Processo Penal.

Por fim, sendo convertida a prisão em flagrante nas medidas cautelares supracitadas, solicitamos que a Autoridade Policial subscritora seja cientificada, por meio de ofício, de tal decisório. Dessa forma, o delegado de Polícia poderá manter estreita fiscalização acerca do cumprimento ou não da referida ordem judicial por parte do coarctado.

Data e Local

Delegado(a) de Polícia

3.3.4.2. Das regras gerais acerca da representação por prisão preventiva

Hodiernamente, temos seis modalidades de prisão preventiva. Por terem surgido para atender a funções diferentes no âmbito da persecução penal, cada uma delas possui fundamentos diversos, requerendo, portanto, para a correspondente decretação, o atendimento de requisitos bem específicos. São essas peculiaridades que serão melhor detalhadas aqui.[12]

Por mais que o legislador não tenha nominado essas várias modalidades de prisão preventiva com nomes jurídicos diferenciadores, utilizamo-nos deles por questão didática.

A partir de agora, então, discorreremos sobre a prisão preventiva autônoma, a convertiva, a assecuratória, a agravadora, a recidiva e a identificadora, tratando-as como se fossem modalidades específicas do gênero prisão preventiva.

Para melhor demonstrar aos leitores essas espécies de prisão preventiva, bem como seus fundamentos legais específicos, traremos, abaixo, uma breve tabela esquemática. Ademais, será possível visualizar, nesse mesmo quadro, não só os requisitos para decretação da medida (os quais já foram pormenorizados na **questão 5.2** da Parte I de nosso livro), mas também os fundamentos que legitimam o delegado a pleiteá-la ao magistrado. Lembrem-se de que esses últimos fundamentos dizem respeito aos dispositivos legais de legitimação profissional, dos quais constam a possibilidade jurídica de o delegado pugnar pela decretação daquela medida cautelar em específico[13].

12 É sempre bom saber que o Superior Tribunal de Justiça (STJ) tem jurisprudência sedimentada no sentido de que não cabe a aplicação do contraditório prévio cautelar ao pedido de decretação de prisão preventiva. Vejamos, nesse sentido, o RHC 71371/BA (STJ – 01/08/2016): "PROCESSO PENAL. RECURSO ORDINÁRIO EM HABEAS CORPUS. ROUBO E RESISTÊNCIA. PRISÃO PREVENTIVA. DECRETAÇÃO. AUSÊNCIA DE NECESSIDADE DE CONTRADITÓRIO PRÉVIO. RECURSO DESPROVIDO. 1. **A orientação desta Corte está sedimentada no sentido de que a decretação da prisão preventiva prescinde da realização de um contraditório prévio, haja vista o art. 282, § 3º, do Código de Processo Penal mitigar tal exigência no caso de urgência ou de perigo de ineficácia da medida**". (negrito nosso)

13 Para exemplificar o que estamos a narrar, citamos **o artigo 144, §4º, da Constituição Federal, o artigo 13, inciso IV, e o artigo 311, do Código de Processo Penal. Esses três dispositivos legitimam a representação do Delegado para a decretação da prisão preventiva.** Não há nesses dispositivos menção acerca dos requisitos para a decretação da medida (requisitos de decretação), mas somente dados acerca de quem seria legitimado para requerê-la (requisitos de legitimação profissional). Vejamos: Artigo 144. § 4º, da Constituição Federal: - às polícias civis, dirigidas por delegados de polícia de carreira, incumbem, ressalvada a competência da União, as funções de polícia judiciária e a apuração de infrações penais, exceto as militares. Art. 13. Incumbirá ainda à autoridade policial: IV - representar acerca da prisão preventiva. (Código de Processo Penal) Art. 311. Em qualquer fase da investigação policial ou do processo penal, caberá a prisão preventiva decretada pelo juiz, de ofício, se no curso da ação penal, ou a requerimento do Ministério Público, do querelante ou do assistente, **ou por representação da autoridade policial**. (Código de Processo Penal).

Modalidade da Prisão	Especificidades	Dispositivos
Prisão Preventiva Convertiva	• Deriva do pedido de conversão da prisão em flagrante em prisão preventiva, quando não seja o caso de relaxamento da prisão em flagrante, de concessão de liberdade provisória e de conversão em medidas cautelares diversas da prisão.	**Fundamentos de Legitimação Profissional:** • Art. 13, IV, CPP • Art. 311, CPP • Art. 144, § 4º, da Constituição Federal **Fundamentos de Decretação:** • Art. 310, II, CPP • Art. 312, CPP
Prisão Preventiva Agravadora	• Deriva do pedido de agravamento de medidas cautelares diversas da prisão descumpridas deliberadamente pelo investigado. Nesse caso, deve a autoridade demonstrar que não é cabível a substituição agravadora por outra medida cautelar diversa da prisão, nos termos do art. 282, § 6º, do Código de Processo Penal.	**Fundamentos de Legitimação Profissional:** • Art. 13, IV, CPP • Art. 311, CPP • Art. 144, § 4º, da Constituição Federal **Fundamentos de Decretação:** • Art. 312, *caput* e parágrafo único, CPP. • Art. 282, § 4º, CPP
Prisão Preventiva Assecuratória	• Deriva do pedido de decretação de prisão preventiva com o fito de assegurar a eficácia de medida protetiva conferida em favor de mulheres, de crianças, de adolescentes, de idosos, de enfermos ou de pessoas com deficiência, quando vítimas de violência doméstica ou familiar.	**Fundamentos de Legitimação:** • Art. 13, IV, CPP • Art. 311, CPP • Art. 144, § 4º, da Constituição Federal **Fundamentos de Decretação:** • Art. 312, CPP • Art. 313, III, CPP

<table>
<tr>
<td rowspan="2">Prisão Preventiva Identificadora</td>
<td rowspan="2">• Deriva do pedido de decretação de prisão preventiva com o fito de esclarecer a identidade de investigado, evitando indiciamentos e condenações em desfavor de pessoas inocentes.</td>
<td>Fundamentos de Legitimação:
• Art. 13, IV, CPP
• Art. 311, CPP
• Art. 144, § 4º, da Constituição Federal</td>
</tr>
<tr>
<td>Fundamentos de Decretação:
• Art. 313, parágrafo único, CPP.
• Art. 312, CPP (implicitamente).

OBS: Por mais que o legislador não tenha requerido, expressamente, o atendimento dos requisitos do art. 312 do CPP para a decretação da prisão preventiva identificadora, acreditamos que a identificação do suspeito tem tudo a ver com a necessidade de se assegurar a escorreita aplicação da lei penal (art. 312 do CPP). Por isso, tacitamente, esse requisito do art. 312 do CPP está subentendido.</td>
</tr>
<tr>
<td rowspan="2">Prisão Preventiva Recidiva</td>
<td rowspan="2">• Deriva do pedido de decretação de prisão preventiva em virtude da necessidade de refreamento das ilicitudes praticadas por reincidente em crime doloso.</td>
<td>Fundamentos de Legitimação:
• Art. 13, IV, CPP
• Art. 311, CPP
• Art. 144, § 4º, da Constituição Federal</td>
</tr>
<tr>
<td>Fundamentos de Decretação:
• Art. 312, CPP
• Art. 313, II</td>
</tr>
</table>

Prisão Preventiva Autônoma	• Deriva do pedido de decretação de prisão preventiva ocorrida no curso da investigação e desde que não se ampare em quaisquer das circunstâncias anteriores. Só é cabível quando o crime doloso investigado tiver como pena máxima período superior a 4 anos.	**Fundamentos de Legitimação:** • Art. 13, IV, CPP • Art. 311, CPP • Art. 144, § 4º, da Constituição Federal **Fundamentos de Decretação:** • Art. 312, CPP • Art. 313, I, CPP.

É importante visualizar que, mesmo com tantas modalidades de prisão preventiva, só os fundamentos jurídicos de decretação é que são verdadeiramente diferentes. A estrutura da peça é a mesma para todas elas, bem como os fundamentos de legitimação.

Além disso, é sempre fundamental que o candidato se lembre de que, por mais que tenhamos sugerido uma estrutura básica de uma peça, outros pontos bem específicos podem ser requeridos pelo examinador.

Por exemplo, caso decretada a prisão respectiva, uma das idiossincrasias pode ser a não inserção do mandado de prisão no banco nacional de mandados de prisão do Conselho Nacional de Justiça (BNMP-CNJ). Nesse caso, o candidato pode formular esse pedido incidental no título *Dos Pedidos* ou abrir um título anterior para que lá ele figure.

3.3.4.2.1. Da prisão preventiva autônoma

Essa modalidade de prisão preventiva é a modalidade da qual as autoridades policiais já se utilizavam no cotidiano policial. O que há de novo nela é a criação de um limitador para sua decretação, que seja um patamar mínimo de pena máxima cominada ao crime em investigação (acima de 4 anos). Além disso, o legislador deixou expresso que é essencial que o crime em voga seja doloso, o que impossibilita sua decretação em face de crimes culposos.

Como já colacionamos neste módulo um modelo de prisão preventiva autônoma, deixaremos de repeti-lo, remetendo o leitor para o **item 3.3.1.** desta parte do livro.

3.3.4.2.2. Da prisão preventiva convertiva

Essa modalidade de prisão preventiva é verdadeiramente inovadora. Antes da Lei nº 12.403/2011, o juiz recebia o auto de prisão em flagrante e somente aferia sua legalidade, passando a aguardar o inquérito policial finalizado para decidir sobre a manutenção (ou não) da prisão do indiciado.

Após a referida legislação, o magistrado passou a ter que tomar essa decisão sobre a manutenção do encarceramento mais rapidamente, ou seja, logo após receber o procedimento flagrancial encaminhado pelo delegado de Polícia.

Nesses termos, pela nova redação do art. 310 do Código de Processo Penal, fica evidente que o magistrado deve não só analisar a regularidade formal do APF e decidir pelo seu relaxamento ou homologação, mas também deliberar, imediatamente, pela liberdade ou manutenção da prisão do flagranteado.

O problema é que a Lei nº 12.403/2011 também proibiu o juiz de determinar de ofício a prisão do suspeito antes da fase de ação penal. Ora, nesse jaez, fica claro que o juiz precisará de uma provocação jurídica para dar azo à eventual conversão da prisão em flagrante em prisão preventiva. Esse empurrão jurídico dar-se-á, na fase de investigação inquisitorial, pela representação da autoridade policial ou pelo requerimento do Ministério Público.

> Art. 311. Em qualquer fase da investigação policial ou do processo penal, caberá a prisão preventiva decretada pelo juiz, de ofício, se no curso da ação penal, **ou a requerimento do Ministério Público, do querelante ou do assistente, ou por representação da autoridade policial**. (Código de Processo Penal)

Por isso, é importante que o candidato não se esqueça dessa peculiaridade e, caso lhe seja requerido algo semelhante em uma prova de certame público, opte por representar pela conversão da prisão em flagrante em preventiva.

Outro ponto que deve ficar claro é que só há de se falar em conversão (seja em prisão preventiva, seja em outra medida cautelar diversa da prisão) se o indivíduo ainda estiver preso em flagrante quando do recebimento e análise pelo juiz do Auto de Prisão em flagrante. **Só se converte algo que está vigente, e não algo que não mais subsiste. Caso o suspeito já esteja em liberdade, há que se pleitear a decretação, e não tecnicamente a conversão.**

Portanto, deve ser mencionada na representação a subsistência da prisão em flagrante do indivíduo, seja em face da impossibilidade de o delegado arbitrar fiança no caso concreto (arts. 322, 323 ou 324 do Código de Processo Penal), ou, mesmo quando arbitrada, pelo fato de o investigado não ter recolhido os valores até a remessa dos autos ao Poder Judiciário.

3.3.4.2.2.1. Modelo de representação pela conversão da prisão em flagrante em prisão preventiva

EXCELENTÍSSIMO(A) SENHOR(A) DOUTOR(A) JUIZ(ÍZA) DE DIREITO DA ___ VARA CRIMINAL_______________/___.

Meritíssimo(a) Juiz(íza),

A representação em comento se insere no contexto de apuração de crime capitulado, em tese, no artigo_________ da Lei nº _______________, perpetrado pelo indiciado ____________________________ em desfavor da vítima _______________, sendo que tal delito foi o objeto do Auto de Prisão em Flagrante de nº _____.

DOS FATOS APURADOS

Tal conduta típica foi praticada (discorrer sobre o fato delituoso com todas as suas circunstâncias, inclusive os locais, as datas, as horas, os meios de execução, os motivos e as consequências).

DAS PROVAS E DOS ELEMENTOS DE INFORMAÇÃO

As testemunhas _________, dando maior credibilidade a essa sintética narrativa dos fatos, contaram que ___________________.

Esses elementos subjetivos, supracitados, são corroborados por provas objetivas, quais sejam: _(citar as provas cautelares, irrepetíveis ou antecipadas, colhidas no curso da autuação em flagrante delito, as quais corroboram a autoria e a materialidade da prática criminosa em apuração).

Não restam dúvidas, então, acerca dos bastantes elementos sobre a materialidade criminosa, bem como sobre a existência de indícios suficientes ligando o ora indiciado ao referido delito.

DA FIANÇA POLICIAL

Insta frisar que, no que tange à fiança policial, (justificar o porquê do não arbitramento da fiança policial – com base nos arts. 322, 323 ou 324, inciso IV, do Código de Processo Penal – ou mencionar que não houve o recolhimento tempestivo dos valores da fiança até o encaminhamento do APF para o Poder Judiciário) ________________ ____________________________________.

DOS FUNDAMENTOS

Portanto, como o flagranteado não foi colocado em liberdade provisória afiançada, tendo continuado o investigado preso, deliberou-se por representar pela conversão da prisão em flagrante em uma das medidas cautelares possíveis.

Na presente situação, representar-se-á pela conversão da prisão em flagrante em prisão preventiva, vez que essa opção é a necessária e a adequada ao caso concreto.

É oportuno dizer que essa escolha não é a mais desejável, vez que o legislador deixou transparecer que a conversão da prisão em flagrante em prisão preventiva deve ser a última dentre as possibilidades legais (inteligência essa feita da própria redação do art. 310, inciso II, do Código de Processo Penal).

Contudo, a situação de risco à persecução penal e à coletividade são tão evidentes que imperiosa é a representação pela conversão da prisão flagrancial na medida cautelar pessoal mais gravosa de nossa ordem jurídica, qual seja, a prisão preventiva. (Citar elementos concretos que indiquem a necessidade e a adequação dessa medida prisional no caso concreto).

Outrossim, é possível notar, compulsando os documentos que acompanham o Auto de Prisão em Flagrante, que estão presentes alguns dos requisitos autorizadores da prisão preventiva (Art. 312 do Código de Processo Penal), quais sejam:____. O atendimento desses vetores legitima a conversão ora pleiteada.

DOS PEDIDOS

Em face dos fatos, dos elementos de convicção e dos fundamentos jurídicos supracitados, a Autoridade Policial que subscreve a presente peça, com fulcro na atribuição que lhe conferem o art. 144, § 4º, da Constituição Federal, o art. 13, inciso IV, e o art. 311, ambos do Código de Processo Penal, vem a Vossa Excelência representar pela conversão da prisão em flagrante do indiciado ____________ em prisão preventiva, tendo em vista que se encontram plenamente atendidos os requisitos elencados no art. 312 e no art. 310, inciso II, ambos do Código de Processo Penal.

Sendo decretada a medida prisional ora pleiteada (nos estritos termos que foram requeridos), requeremos que seja expedido o mandado no mais exíguo prazo possível e remetido, em envelope lacrado, ao Delegado que subscreve a presente representação, com o fim de se dar cumprimento o mais célere possível à ordem judicial em comento.

Data e Local

Delegado(a) de Polícia

3.3.4.2.3. Da prisão preventiva agravadora

Essa modalidade de prisão preventiva deriva da resistência do autor do fato em cumprir as medidas cautelares pessoais menos gravosas que contra ele foram decretadas.

Note que a lei processual não diz ser necessário mais de um descumprimento para que seja decretada a prisão preventiva agravadora, entretanto, na prática, pouquíssimas são as vezes que o primeiro inatendimento já dá ensejo à decretação dessa modalidade prisional.

> Art. 312. [...]
>
> Parágrafo único. **A prisão preventiva também poderá ser decretada em caso de descumprimento de qualquer das obrigações impostas por força de outras medidas cautelares (art. 282, § 4º).** (Código de Processo Penal)

De qualquer sorte, será sempre importante que se faça constar na representação o descumprimento (ou os descumprimentos) das medidas cautelares anteriores para que fique evidenciado esse requisito primordial para a decretação dessa espécie de preventiva.

Nessa modalidade de prisão preventiva, por mais que esse ponto não seja pacífico na doutrina, não há que se atender ao patamar de pena previsto no art. 313, I, do Código de Processo Penal, vez que o legislador não fez qualquer menção acerca dessa necessidade. Para mais detalhes sobre esse tema, *vide* as **questões 5.2. e 5.4.** da parte I desta obra.

3.3.4.2.3.1. Modelo de representação pela decretação da prisão preventiva agravadora

EXCELENTÍSSIMO(A) SENHOR(A) DOUTOR(A) JUIZ(ÍZA) DE DIREITO DA ___ VARA CRIMINAL______________/___.

Meritíssimo(a) Juiz(íza),

A representação em comento se insere no contexto de apuração de crime capitulado, em tese, no artigo_____ da Lei nº __________, perpetrado pelo indiciado ______________________________ em desfavor da vítima ______________, sendo que tal delito é o objeto de investigação do Inquérito Policial nº ________.

DOS FATOS APURADOS

Tal conduta típica foi praticada (discorrer sobre o fato delituoso com todas as suas circunstâncias, inclusive os locais, as datas, as horas, os meios de execução, os motivos e as consequências).

DAS PROVAS E DOS ELEMENTOS DE INFORMAÇÃO

As testemunhas _________, dando maior credibilidade a essa sintética narrativa dos fatos, contaram que ____________________.

Esses elementos subjetivos, supracitados, são corroborados por provas objetivas, quais sejam: _(citar as provas cautelares, irrepetíveis ou antecipadas, colhidas no curso da investigação, as quais corroboram a autoria e a materialidade da prática criminosa em apuração).

Não restam dúvidas, então, acerca dos bastantes elementos sobre a materialidade criminosa, bem como da existência de indícios suficientes ligando o ora indiciado ao delito em apuração.

DOS FUNDAMENTOS

O Excelentíssimo Sr. Dr. ____________________________, Juiz de Direito da Comarca de ______________________________, decretou medidas cautelares diversas da prisão, elencadas nos artigos _________________ do Código de Processo Penal, sendo que o autor do fato as descumpriu deliberadamente.

Em agravamento às medidas cautelares descumpridas, o referido Magistrado decretou as cautelares elencadas nos artigos ______________________________ do CPP.

Entretanto, por mais que o magistrado tenha ofertado nova oportunidade para que o autor do fato evidenciasse sua intenção de não atrapalhar a persecução penal, nota-se que o indiciado demonstra ter interesse em turbar o bom andamento do processo, realizando, inclusive, condutas ofensivas à vítima.

Além do exposto acima, frisa-se que, no que tange aos requisitos elencados no art. 312 do Código de Processo Penal, (justificar aqui o porquê de ao menos um dos requisitos do referido artigo estar presente no caso concreto).

Destarte, em face dos fatos mencionados acima, é possível visualizar que já é cabível a decretação da prisão preventiva agravadora.

DA INADEQUAÇÃO DE MEDIDAS CAUTELARES INOVADORAS

Infelizmente, não há mais qualquer medida cautelar pessoal (diversa da prisão) que se adeque ao presente caso. Afinal de contas, várias medidas já foram utilizadas no presente contexto, mas se mostraram absolutamente inadequadas ao grau de risco que o autor do fato impõe ao procedimento.

É oportuno lembrar que o agravamento das medidas cautelares foi se dando com base nas opções elencadas pelo legislador nos arts. 317, 319 e 320 do Código de Processo Penal, o que acabou por exaurir as medidas que poderiam ser utilizadas no caso concreto.

Surge, então, a possibilidade de uma medida cautelar inovadora, fundada no poder geral de cautela. Por mais que tal opção até pareça adequada a maior parte das situações concretas, aqui não o é.

É evidente que mesmo uma medida inovadora não evitaria a perniciosa influência do autor do fato na persecução penal. Portanto, não há outra alternativa cautelar que se amolde ao presente caso senão a própria prisão preventiva agravadora.

DOS PEDIDOS

Em face dos fatos, dos elementos de convicção e dos fundamentos supracitados, a Autoridade Policial que subscreve a presente peça, com fulcro na atribuição que lhe conferem o art. 144, § 4º, da Constituição Federal, o art. 13, inciso IV, e o art. 311, ambos do Código de Processo Penal, vem a Vossa Excelência representar pela decretação da prisão preventiva agravadora do indiciado __________, tendo em vista que se encontram plenamente atendidos os requisitos elencados no art. 282, § 4º, e no art. 312, *caput* e parágrafo único, todos do Código de Processo Penal.

Sendo decretada a medida prisional ora pleiteada (nos estritos termos que foram requeridos), solicitamos que seja expedido o mandado no mais exíguo prazo possível e remetido, em envelope lacrado, ao Delegado que subscreve a presente representação com o fim de se dar cumprimento o mais célere possível à ordem judicial em comento.

Data e Local

Delegado(a) de Polícia

3.3.4.2.4. Da prisão preventiva recidiva

Essa modalidade de prisão preventiva é muito semelhante à prisão preventiva autônoma. O que as difere é que a autônoma requer um patamar mínimo de pena máxima cominada ao crime doloso para legitimar sua decretação; já a prisão preventiva recidiva não requer qualquer patamar de pena cominada, mas, somente, que haja reincidência em crime doloso para que o encarceramento seja possível.

Nesses termos, fica evidente que o candidato terá que tomar bastante cuidado com os critérios legais para definição da primariedade ou da reincidência do indiciado, consoante os ditames previstos nos arts. 63 e 64 do Código Penal. Para maiores detalhes sobre essa modalidade, *vide* **questão 5.2** da Parte I desta obra.

3.3.4.2.4.1. Modelo de representação pela decretação da prisão preventiva recidiva

EXCELENTÍSSIMO(A) SENHOR(A) DOUTOR(A) JUIZ(ÍZA) DE DIREITO DA ___ VARA CRIMINAL_____________/___.

Meritíssimo(a) Juiz(íza),

A representação em comento se insere no contexto de apuração de crime capitulado, em tese, no artigo_____ da Lei nº _________, perpetrado pelo indiciado ________________________ em desfavor da vítima ______________, sendo que tal delito é objeto de apuração no inquérito policial nº ____.

DOS FATOS APURADOS

Tal conduta típica foi praticada (discorrer sobre o fato delituoso com todas as suas circunstâncias, inclusive os locais, as datas, as horas, os meios de execução, os motivos e as consequências).

DAS PROVAS E DOS ELEMENTOS DE INFORMAÇÃO

As testemunhas ________, dando maior credibilidade a essa sintética narrativa dos fatos, contaram que ___________________.

Esses elementos subjetivos, supracitados, são corroborados por provas objetivas, quais sejam: _(citar as provas cautelares, irrepetíveis ou antecipadas, colhidas no curso da investigação, as quais corroboram a autoria e a materialidade da prática criminosa em apuração).

Não restam dúvidas, então, dos bastantes elementos acerca da materialidade criminosa, bem como da existência de indícios suficientes ligando o ora indiciado ao delito em apuração.

DOS FUNDAMENTOS

De primeiro turno, evidencia-se que o crime em apuração se trata de uma infração penal dolosa, capitulada, em tese, no artigo _______ da Lei nº ___________.

Além disso, há comprovação de que o investigado ___________________ já fora condenado definitivamente pela prática dolosa do crime de _______________, o que lhe faz, tecnicamente, reincidente (art. 63 do Código Penal).

É essencial frisar que esse novo fato criminoso (em apuração) fora praticado durante o período de depuração previsto no art. 64, inciso I, do Código Penal, o que permite que a condenação definitiva anterior seja levada em consideração quando da análise da reincidência.

Além disso, no que tange aos requisitos elencados no art. 312 do Código de Processo Penal, (justificar aqui, requisito a requisito, o porquê de alguns dos fundamentos do art. 312 se encontrarem presentes no caso concreto) ______________________
________________________________.

Ademais, urge dizer que a opção pela decretação da prisão preventiva recidiva se deu pela franca inadequação das medidas cautelares diversas da prisão (arts. 317, 319 e 320 do Código de Processo Penal) à presente demanda.

Em verdade, a situação de risco à persecução penal e à coletividade são tão evidentes que forçoso é admitir a necessidade, no presente caso, de uma medida cautelar pessoal mais gravosa, qual seja, a prisão preventiva.

Destarte, em virtude da confluência de tais requisitos, passa a ser perfeitamente possível a decretação da prisão preventiva recidiva.

DOS PEDIDOS

Em face dos fatos, dos elementos de convicção e dos fundamentos supracitados, a Autoridade Policial que subscreve a presente peça, com fulcro na atribuição que lhe conferem o art. 144, § 4º, da Constituição Federal, o art. 13, inciso IV, e o art. 311, ambos do Código de Processo Penal, vem a Vossa Excelência representar pela decretação da prisão preventiva recidiva do indiciado __________, tendo em vista que se encontram plenamente atendidos os requisitos elencados no art. 312 e no art. 313, II, ambos do Código de Processo Penal.

Sendo decretada a medida prisional ora pleiteada (nos estritos termos que foram requeridos), solicitamos que seja expedido o mandado no mais exíguo prazo possível e remetido, em envelope lacrado, ao Delegado que subscreve a presente representação com o fim de se dar cumprimento o mais célere possível à ordem judicial em comento.

Data e Local

Delegado(a) de Polícia

3.3.4.2.5. Da prisão preventiva assecuratória

Essa modalidade de prisão preventiva almeja à defesa dos grupos de pessoas socialmente vulneráveis, sejam elas homens ou mulheres. **Note-se, então, que essa espécie não se restringe aos casos de violência doméstica ou familiar contra a mulher, o que acaba sendo uma associação natural que o candidato despreparado faz na hora de seu certame**. Vejamos o que fala o Código de Processo Penal:

> Art. 313. Nos termos do art. 312 deste Código, será admitida a decretação da prisão preventiva:
>
> [...]
>
> III – se o crime envolver violência doméstica e familiar contra **a mulher, criança, adolescente, idoso, enfermo ou pessoa com deficiência**, para garantir a execução das medidas protetivas de urgência.

Outro importante ponto é que o legislador atrelou essa modalidade prisional à necessidade de assegurar a execução das medidas protetivas de urgência, o que denota que **deve existir uma medida desse quilate já decretada e em risco**. Lembre-se de que não necessariamente a medida protetiva se referirá à Lei Maria da Penha!

Portanto, deve haver expressa menção na peça preparada pelo candidato acerca da medida protetiva decretada em desfavor do indiciado, bem como da situação de risco existente em face das ações deliberadas do autor do fato. Para maiores detalhes sobre essa modalidade, *vide* **questão 5.2.** da parte I desta obra.

3.3.4.2.5.1. Modelo de representação pela decretação de prisão preventiva assecuratória

EXCELENTÍSSIMO(A) SENHOR(A) DOUTOR(A) JUIZ(ÍZA) DE DIREITO DA ___ VARA CRIMINAL_______________/____.

Meritíssimo(a) Juiz(íza),

A representação em comento se insere no contexto de apuração de crime capitulado, em tese, no artigo_____ da Lei nº __________, perpetrado pelo indiciado ______________________ em desfavor da vítima _________________, sendo que tal delito é objeto de apuração no inquérito policial nº _____.

DOS FATOS APURADOS

Tal conduta típica foi praticada (discorrer sobre o fato delituoso com todas as suas circunstâncias, inclusive os locais, as datas, as horas, os meios de execução, os motivos e as consequências).

DAS PROVAS E DOS ELEMENTOS DE INFORMAÇÃO

As testemunhas _________, dando maior credibilidade a essa sintética narrativa dos fatos, contaram que ______________________.

Esses elementos subjetivos, supracitados, são corroborados por provas objetivas, quais sejam: _(citar as provas cautelares, irrepetíveis ou antecipadas, colhidas no curso da investigação, as quais corroboram a autoria e a materialidade da prática criminosa em apuração)_______________________________________.

Não restam dúvidas, então, dos bastantes elementos acerca da materialidade criminosa, bem como da existência de indícios suficientes ligando o ora indiciado ao delito em apuração.

DOS FUNDAMENTOS

De primeiro turno, é essencial dizer que o caso em comento se trata de uma infração penal dolosa, que seja ______________________________, a qual fora praticada no âmbito doméstico ou familiar.

Além disso, há comprovação de que já fora decretada em desfavor do investigado a medida protetiva de urgência que ordenava que ele (objeto da medida protetiva de urgência).

Ora, como o indiciado descumpriu essa medida protetiva, mostrando seu total menoscabo à ordem judicial em comento, colocou em risco a efetividade e a execução de tal medida. Desta forma, evidencia-se que os requisitos elencados no art. 313, III, do Código de Processo Penal se mostram totalmente atendidos.

Além disso, no que tange aos requisitos elencados no art. 312 do Código de Processo Penal, (justificar aqui o porquê de ao menos um desses requisitos estar presente no caso concreto).

Outrossim, urge dizer que a opção pela decretação da prisão preventiva assecuratória se deu pela franca inadequação das medidas cautelares diversas da prisão (arts. 317, 319 e 320 do Código de Processo Penal) à presente demanda.

Em verdade, a situação de risco à persecução penal e à coletividade são tão evidentes que forçoso é admitir a necessidade, no presente caso, de uma medida cautelar pessoal mais gravosa, qual seja a prisão preventiva assecuratória.

DOS PEDIDOS

Em face dos fatos, dos elementos de convicção e dos fundamentos supracitados, a Autoridade Policial que subscreve a presente peça, com fulcro na atribuição que lhe conferem o art. 144, § 4º, da Constituição Federal, o art. 13, inciso IV, e o art. 311, ambos do Código de Processo Penal, vem a Vossa Excelência representar pela decretação da prisão preventiva assecuratória do indiciado __________, tendo em vista que se encontram plenamente atendidos os requisitos elencados no art. 312 e no art. 313, III, ambos do Código de Processo Penal.

Em sendo decretada a medida prisional ora pleiteada (nos estritos termos que foram requeridos), requeremos seja expedido o mandado no mais exíguo prazo possível e remetido, em envelope lacrado, ao Delegado que subscreve a presente representação, com o fim de se dar cumprimento o mais célere possível à ordem judicial em comento.

Data e Local

Delegado(a) de Polícia

3.3.4.2.6. Da prisão preventiva identificadora

Essa modalidade prisional é muito interessante, pois amplia as possibilidades de se prender um suspeito quando não houver certeza de sua identidade. Se antes já era possível a prisão temporária deste tipo de suspeito (em determinados crimes), agora também será possível a decretação de sua prisão preventiva identificadora.

A grande diferença entre essas duas modalidades de prisão cautelar é que não há limites temporais para a preventiva identificadora como o há para a prisão temporária (5 dias - Lei nº 7.960/89, e 30 dias - Lei nº 8.072/90).

Além disso, nessa nova modalidade de preventiva não há um rol de crimes que se sujeitam a tal modalidade de encarceramento cautelar, o que também discrepa da sistemática da prisão temporária.

O que há de comum entre elas é que ambas se justificam juridicamente pela necessidade de trazer à tona a escorreita identificação do suspeito. Vejamos o que diz a lei a respeito:

> Art. 1º Caberá prisão temporária:
>
> [...]
>
> II – quando o indicado não tiver residência fixa ou **não fornecer elementos necessários ao esclarecimento de sua identidade**. (Lei nº 7.960/89)
>
> Art. 313. [...]
>
> Parágrafo único. Também será admitida a prisão preventiva **quando houver dúvida sobre a identidade civil da pessoa ou quando esta não fornecer elementos suficientes para esclarecê-la**, devendo o preso ser colocado imediatamente em liberdade após a identificação, salvo se outra hipótese recomendar a manutenção da medida. (Código de Processo Penal)

Lembre-se de que, para a decretação de ambas as modalidades de prisão provisória, é necessário provar que não há como se resolver o problema da falta de identificação do suspeito com meios menos gravosos, como, por exemplo, a identificação criminal compulsória (método fotográfico e colheita de impressões papilares).

Portanto, só em último caso, buscar-se-á o encarceramento cautelar como ferramenta para garantir a descoberta dos verdadeiros dados de qualificação do suspeito.

É evidente que, como as duas modalidades de prisão são muito semelhantes, o examinador, caso venha a solicitar do candidato uma representação nesse viés, muito provavelmente tratará de um crime para o qual não caiba, em tese, prisão temporária, visando a evitar a confusão do candidato quando da confecção da peça (se preventiva ou se temporária).

3.3.4.2.6.1. Modelo de representação pela decretação de prisão preventiva identificadora

EXCELENTÍSSIMO(A) SENHOR(A) DOUTOR(A) JUIZ(ÍZA) DE DIREITO DA __ VARA CRIMINAL________________/___.

Meritíssimo(a) Juiz(íza),

A representação em comento se insere no contexto de apuração de crime capitulado, em tese, no artigo_____ da Lei nº _________, perpetrado pelo indiciado __________________ em desfavor da vítima _______________, sendo que tal delito é objeto de apuração no inquérito policial nº _____.

DOS FATOS APURADOS

Tal conduta típica foi praticada (discorrer sobre o fato delituoso com todas as suas circunstâncias, inclusive os locais, as datas, as horas, os meios de execução, os motivos e as consequências).

DAS PROVAS E DOS ELEMENTOS DE INFORMAÇÃO

As testemunhas ________, dando maior credibilidade a essa sintética narrativa dos fatos, contaram que __________________.

Esses elementos subjetivos, supracitados, são corroborados por provas objetivas, quais sejam: _(citar as provas cautelares, irrepetíveis ou antecipadas, colhidas no curso da investigação, as quais corroboram a autoria e a materialidade da prática criminosa em apuração).

Não restam dúvidas, então, acerca dos bastantes elementos da materialidade criminosa, bem como da existência de indícios suficientes ligando o ora indiciado ao delito em apuração.

DOS FUNDAMENTOS

Por mais que haja elementos cabais que liguem a autoria do delito ao ora investigado, não é possível determinar, ainda, sua identidade. Mesmo já tendo realizado várias diligências no sentido de detalhar a identidade civil do suspeito (discorrer sobre esses atos de investigação), a Polícia investigativa não logrou ainda o êxito esperado (consoante consta do relatório policial em anexo).

É fundamental que afirmemos que a imprecisão acerca da identidade do suspeito, coloca em risco a **escorreita aplicação da lei penal**. O legislador, por óbvio, não se preocupa somente com o mero aplicar da lei penal, mas também em fazê-lo em relação à pessoa que verdadeiramente praticou o ilícito. Nesses termos, acreditamos que há suficientes fundamentos para dizer que um dos requisitos elencados no art. 312 do Código de Processo Penal (assegurar a aplicação escorreita da lei penal) também está atendido na situação em análise.

> Art. 312. A prisão preventiva poderá ser decretada como garantia da ordem pública, da ordem econômica, por conveniência da instrução criminal, **ou para assegurar a aplicação da lei penal**, quando houver prova da existência do crime e indício suficiente de autoria, (Código de Processo Penal).

Lembramos que, *in casu*, a identificação criminal não teve o condão de determinar quem é o indivíduo que está sendo investigado. Dizemos isso, pois, como o suspeito não tem qualquer registro formal de sua identificação civil no Estado de _________, a identificação criminal só serviu para, dali por diante, cadastrá-lo no banco de dados do Instituto de Identificação com as informações que ele mesmo quis fornecer.

Nesse mesmo sentido, citando essa relativa ineficácia do sistema de identificação criminal, transcrevemos o escólio de Adriano Costa e Laudelina Inácio no livro *Prática Policial Sistematizada* (Editora Impetus, p. 28):

> [...] a identificação criminal **inovadora** diz respeito àquelas pessoas que nunca foram submetidas a qualquer procedimento de identificação civil e, por isso, será infrutífera qualquer comparação de seus dados biométricos com os padrões armazenados no banco de dados do instituto de identificação. Imaginemos, *verbi gratia*, um morador de rua que não teve seu registro de nascimento feito, nem muito menos confeccionado qualquer outro documento de identidade. Caso venha a praticar um crime, a sua identificação criminal só terá o condão de inovar o banco de dados do instituto de identificação com os dados por ele fornecidos. Portanto, essa identificação criminal fará a inserção inaugural de dados do suspeito, por isso considerada uma inovação. Note que, nesse caso, **os dados fornecidos pelo suspeito vão servir como os seus dados de identificação dali para frente**. Casos desse quilate acabam por sugerir que, até que os dados sobre a qualificação do investigado sejam desvendados, o suspeito deva ficar encarcerado, com base na prisão temporária ou prisão preventiva identificadora. Acreditamos que, no caso, o delegado de Polícia deva representar pela medida prisional que acreditar mais adequada.

Com base na situação posta, percebe-se a imprescindibilidade do encarceramento cautelar do investigado até que se busquem os elementos necessários para o esclarecimento de sua identidade, visando a evitar incertezas e injustiças na presente fase de apuração policial, bem como na eventual fase de ação penal.

Ademais, pelo fato de o crime em investigação (____________) não ser suscetível de prisão temporária (Lei nº 7.960/89), só nos resta a prisão preventiva identificadora, a qual, diga-se de passagem, tem requisitos muito mais elásticos do que a própria prisão temporária. Vejamos os requisitos da prisão preventiva identificadora nos ensinamentos de Adriano Costa e Laudelina Inácio (*Prática Policial Sistematizada*, Editora Impetus, p. 96):

> A modalidade em questão não se liga a patamares de pena de prisão, tampouco ao elemento subjetivo do crime (doloso ou culposo), visto que, novamente, não há qualquer menção de necessário atendimento dos ditames do art. 313, I, do Código de Processo Penal. O que importa, em verdade, é a necessidade de identificar cabalmente o investigado.

DOS PEDIDOS

Em face dos fatos, dos elementos de convicção e dos fundamentos supracitados, a Autoridade Policial que subscreve a presente peça, com fulcro na atribuição que lhe conferem o art. 144, § 4º, da Constituição Federal, o art. 13, inciso IV, e o art. 311, ambos do Código de Processo Penal, vem a Vossa Excelência representar pela decretação da prisão preventiva identificadora do indiciado __________, vez que se encontram plenamente atendidos os requisitos elencados no art. 312 e no art. 313, parágrafo único, ambos do Código de Processo Penal.

Sendo decretada a medida prisional ora pleiteada (nos estritos termos que foram requeridos), requeremos seja expedido o mandado no mais exíguo prazo possível e remetido, em envelope lacrado, ao Delegado que subscreve a presente representação com o fim de se dar cumprimento o mais célere possível à ordem judicial em comento.

Cumpre salientar que, ao final do processo de identificação, a Autoridade Policial, subscritora da presente peça, colocará imediatamente em liberdade o investigado, consoante preconiza o Código de Processo Penal.

> Art. 313. [...]
>
> Parágrafo único. Também será admitida a prisão preventiva quando houver dúvida sobre a identidade civil da pessoa ou quando esta não fornecer elementos suficientes para esclarecê-la, **devendo o preso ser colocado imediatamente em liberdade após a identificação, salvo se outra hipótese recomendar a manutenção da medida**. (Código de Processo Penal)

Data e Local

Delegado(a) de Polícia

3.3.4.3. Da prisão temporária

A prisão temporária, sem dúvida, é a modalidade de prisão mais vantajosa à autoridade policial, seja pelos seus requisitos mais elásticos, seja pelo maior prazo conferido para o término das investigações policiais respectivas[14].

A grande dificuldade que o candidato encontra, quando a peça requerida pelo examinador é uma prisão cautelar, é determinar se ele deseja a confecção de uma representação por prisão temporária ou por preventiva (em uma das suas seis modalidades). É claro que não há fórmula para elucidar de pronto essa dúvida do aluno, mas algumas dicas são verdadeiramente úteis nesse momento de agonia.

Pois bem, a primeira dica diz respeito ao grau de certeza que deve haver nos autos acerca do envolvimento do indiciado na prática criminosa em comento. Afirma-se isso pois a legislação deixa evidenciar que, para a decretação da prisão preventiva, são necessários mais elementos probatórios do que para a decretação da prisão temporária.

Em outros termos, a prisão temporária, no quesito necessidade de elementos de convicção, precisa de menos material do que a prisão preventiva.

Isso fica evidente quando da análise da terminologia de que o próprio legislador se utilizou para falar sobre os requisitos dessas duas modalidades de encarceramento cautelar. Note-se que para a decretação

---

14 A doutrina brasileira diverge acerca do prazo conferido à autoridade policial para término das investigações do inquérito policial **quando o indiciado tenha sido preso temporariamente**. Tal multiplicidade de posicionamentos jurídicos deriva do fato de o legislador não ter feito constar expressamente no *caput* do artigo 10 do Código de Processo Penal que o prazo para término das investigações policiais, no caso de réu preso temporariamente, também teria que se dar em 10 dias. Portanto, várias teorias surgiram para tentar resolver essa pendência. **A primeira corrente diz que não há que se conferir prazo diferenciado para o término das investigações no caso de prisão temporária, ou seja, sempre cabível o término do inquérito policial em 10 dias, independentemente da modalidade de prisão.** O problema dessa posição é que, no caso de prisão temporária por 30 dias (lei nº 8.072/90), o indivíduo ficaria encarcerado desnecessariamente por, no mínimo, 20 vinte dias, já que o inquérito deverá ser remetido ao expirar do decêndio. **A segunda corrente (a qual é a majoritária) assevera que o prazo mínimo para conclusão das investigações é de 10 dias, sendo que, em perdurando a prisão temporária por mais tempo, o prazo para término das investigações lhe acompanhará.** Por conseguinte, para essa corrente, no caso de o prazo de prisão temporária ser de 30 ou de 60 dias (no caso de prorrogação), o prazo para remessa do IP será, respectivamente, 30 e 60 dias. Ademais, para os sectários dessa posição, se o prazo da prisão temporária for de cinco dias, o prazo para o término das investigações será de 10 dias, já que este seria o prazo mínimo para o fechamento das investigações. **Para a terceira corrente, o prazo para conclusão das investigações será sempre o da prisão temporária e mais 10(dez) dias.** Dessa forma, sendo o caso de prisão temporária por 30 dias, terá a autoridade policial, quando da expiração do prazo de prisão temporária, mais 10 dias para conclusão das investigações (ou seja, 30 + 10). Na mesma linha, sendo a duração da prisão temporária de 5 dias, o prazo para o encaminhamento do IP será de 10 dias após findo esse prazo de prisão (ou seja, 5 + 10).

da prisão temporária bastam **fundadas razões** de autoria e participação no rol de crimes elencados na Lei nº 7.960/89, sendo que a prisão preventiva requer a prova da materialidade e **indícios suficientes de autoria**.

Por mais que não exista uma régua para medir o quanto de elementos são suficientes para o atendimento de uma ou de outra terminologia jurídica, é possível inferir que a preventiva demanda material probante mais farto.

> Art. 1º Caberá prisão temporária:
>
> [...]
>
> III – **quando houver fundadas razões**, de acordo com qualquer prova admitida na legislação penal, **de autoria ou participação do indiciado nos seguintes crimes**: (Lei nº 7.960/89)
>
> Art. 312. A prisão preventiva poderá ser decretada como garantia da ordem pública, da ordem econômica, por conveniência da instrução criminal, ou para assegurar a aplicação da lei penal, **quando houver prova da existência do crime e indício suficiente de autoria**. (Código de Processo Penal)

Outra importante observação é que a prisão temporária se restringe a um rol de crimes especificados em lei, o que não acontece em relação à prisão preventiva. Esse fator é muito importante, pois demonstra que determinadas infrações penais não se sujeitarão à prisão temporária, mesmo que tal medida pareça adequada ao caso concreto. Exemplo disso é o "sequestro-relâmpago" (artigo 158, §3º, do CP), o qual, por não estar previsto no rol de crimes que se sujeitam à prisão temporária, não possibilita tal encarceramento cautelar.

Portanto, o mero fato de o crime em apuração não estar no rol de crimes da Lei nº 7.960/89 (prisão temporária) ou da Lei nº 8.072/90 (crimes hediondos e equiparados) é motivo suficiente para impedir a decretação de tal modalidade cautelar no caso concreto. Destarte, o candidato teria a vida facilitada caso o examinador optasse por um crime que não estivesse elencado nas leis em comento, o que faria restar, somente, a opção pela prisão preventiva.

Lembre-se de que, quando se fala em prisão temporária, fala-se em uma prisão voltada para as necessidades da investigação policial. Enquanto a preventiva tem desideratos mais pulverizados e coletivos (preservação da ordem pública, por exemplo), a prisão temporária tem como um de seus grandes pilares a eficácia da investigação do inquérito policial.

Por isso, parece recomendável que a própria autoridade que representou pela prisão coordene ou execute o seu cumprimento, evitando-se disponibilizar essa ordem de prisão em sistemas públicos nacionais (Infoseg, BNMP etc.).

Sugerimos a não inserção da ordem de prisão temporária em um sistema desse quilate, pois qualquer delegado (de qualquer comarca) poderia cumpri-la, o que pode ser um grande problema.

Ora, como o Código de Processo Penal não determina que a autoridade policial que deu cumprimento à prisão (ou o juiz competente) comunique o cumprimento do *mandamus* ao delegado responsável pelas investigações, a prisão do suspeito acabará não chegando ao conhecimento do presidente da investigação policial. Para que servirá, então, a detenção cautelar do suspeito? Para nada, com certeza!

Em outros termos, essa falha legislativa faz com que o encarceramento realizado por uma outra autoridade policial não chegue ao conhecimento do responsável pela investigação, eliminando qualquer utilidade prática daquela prisão para a investigação respectiva. **Afinal de contas, sem essa informação, o prazo de prisão, o qual seria utilizado para a realização das diligências investigatórias (por exemplo, interrogatório, reconhecimento etc.), transcorrerá sem que tais atos sejam concretizados**.

Por conseguinte, parece-nos adequado, então, que se mencione no bojo da representação sobre a impertinência de inserção do mandado de prisão temporária no banco de dados (BNMP – CNJ). Essa possibilidade encontra-se prevista na resolução do CNJ que disciplina o referido banco de dados. Vejamos:

> Resolução nº 137 do CNJ.
>
> Art. 2º [...]
>
> § 2º: Na hipótese de o juiz determinar que o mandado de prisão seja expedido em **caráter restrito**, o prazo para inclusão no BNMP se iniciará após seu cumprimento ou quando afastado esse caráter por decisão judicial.

Outro ponto bem interessante acerca da temporária, diz respeito à possibilidade de a autoridade policial representar por menos tempo de prisão do que o previsto em lei. Essa é uma possibilidade pouco utilizada na prática, por mais que tenha um inegável viés de proporcionalidade, o que sempre parece desejável.

Em epítome, de posse de todo o exposto, passemos a visualizar um modelo de representação de prisão temporária para clarificarmos os ensinamentos acima ministrados.

3.3.4.3.1. Modelo de representação pela decretação de prisão temporária

EXCELENTÍSSIMO(A) SENHOR(A) DOUTOR(A) JUIZ(ÍZA) DE DIREITO DA __ VARA CRIMINAL______________/___.

Meritíssimo(a) Juiz(íza),

A representação em comento se insere no contexto de apuração de crime capitulado, em tese, no artigo_____ da Lei nº _________, perpetrado pelo indiciado ____________________ em desfavor da vítima _______________, sendo que tal delito é objeto de apuração no inquérito policial nº ____.

DOS FATOS APURADOS

Tal conduta típica foi praticada (discorrer sobre o fato delituoso com todas as suas circunstâncias, inclusive os locais, as datas, as horas, os meios de execução, os motivos e as consequências).

DAS PROVAS E DOS ELEMENTOS DE INFORMAÇÃO

As testemunhas _________, dando maior credibilidade a essa sintética narrativa dos fatos, contaram que ____________________.

Esses elementos subjetivos, supracitados, são corroborados por provas objetivas, quais sejam: _(citar as provas cautelares, irrepetíveis ou antecipadas, colhidas no curso da investigação, as quais corroboram a autoria e a materialidade da prática criminosa em apuração).

Não restam dúvidas, então, da existência de fundadas razões que ligam o ora indiciado, como autor ou como partícipe, à prática criminosa em apuração.

DOS FUNDAMENTOS

Compulsando os autos do inquérito em epígrafe, é possível visualizar que é cabível a decretação da prisão temporária no caso em comento, já que o crime em apuração (________________) está elencado no rol taxativo do art. 1º, inciso III, da Lei nº 7.960/89 (ou no art. 2º da Lei nº 8.072/90).

Além disso, está atendido o requisito previsto no inciso (I ou II) da Lei de Prisão Temporária, o que possibilita a decretação da prisão cautelar em voga. (Justificar o porquê de um desses dois últimos requisitos estar presente no caso em comento).

DA DECRETAÇÃO POR PRAZO MENOR DO QUE O CONFERIDO EM LEI

Não visualizamos qualquer limitação à decretação da prisão temporária por prazo menor do que o previsto em lei. Afinal de contas, essa possibilidade é muito mais vantajosa ao autor do fato, além de demonstrar que a autoridade policial está pleiteando a manutenção do encarceramento cautelar do indiciado pelo prazo estritamente necessário à investigação.

Nesses termos, então, a autoridade policial solicita que seja decretada a prisão temporária do indiciado pelo prazo de __________ dias, por mais que seja sabido que, pelo texto da lei, seria possível a decretação por tempo maior.

Essa possibilidade de solicitar menos prazo do que o previsto em lei é avalizada pela doutrina especializada. Em semelhante sentido, citamos o escólio de Adriano Costa e Laudelina Inácio no livro *Prática Policial Sistematizada* (Editora Impetus, p. 112-113):

> Apesar de ficar evidente a vedação à autoridade policial de abrir mão do prazo remanescente da prisão temporária, é possível que o delegado faça outro tipo de controle acerca do prazo prisional em comento, que seja uma dosimetria prévia. **Nesse condão, pode a autoridade policial representar pela prisão em prazo diferente do máximo previsto em lei, evitando que a prisão seja decretada em prazo superior ao necessário**. Ora, por mais que a Lei nº 7.960/89 preveja a decretação da prisão temporária pelo prazo de 5 (cinco) dias e a Lei de Crimes Hediondos (Lei nº 8.072/90) por 30 (trinta) dias, é possível que a autoridade policial requeira menos prazo de encarceramento ao magistrado competente. Esse argumento é importante para demonstrar que à autoridade policial só cabe fazer uma dosimetria antecipada do prazo de prisão, optando por um período menor do que o máximo possível quando da representação policial. Depois de decretada a prisão, não lhe é mais conferida a possibilidade de reduzir o prazo de prisão, mas somente cumprir a ordem do magistrado nos termos e prazos determinados.

DOS PEDIDOS

De posse de todo o exposto, a Autoridade Policial, ora subscritora, com fulcro no art. 2º, § 1º, da Lei nº 7.960/89 (ou no art. 2º, § 4º, da Lei nº 8.072/90), representa pela decretação da prisão temporária do indiciado ____________________, pelo prazo de ________ dias.

Sendo conferida a prisão, nos termos citados acima, é essencial dotar de maior sigilo a sua decretação, evitando-se o risco de fuga precoce do indiciado, bem como o alerta para que o autor do fato passe a obnubilar elementos de convicção acerca da prática criminosa em investigação. Assim, requeremos que a expedição de tal mandado se dê em caráter restrito, consoante permite o art. 2º, § 2º, da Resolução nº 137 do CNJ.

> Resolução nº 137 do CNJ.
>
> Art. 2º [...]
>
> § 2º Na hipótese de o juiz determinar que o mandado de prisão seja expedido em **caráter restrito**, o prazo para inclusão no BNMP se iniciará após seu cumprimento ou quando afastado esse caráter por decisão judicial.

Em arremate, nos estritos termos que foram requeridos e no exíguo prazo em que a lei o determina – art. 2º, § 2º, da Lei nº 7.960/89, solicitamos que seja remetido o mandado, em envelope lacrado, ao Delegado que subscreve a presente representação com o fim de se dar cumprimento o mais célere possível à referida ordem judicial.

Data e Local

Delegado(a) de Polícia

Capítulo 4
Dos Despachos

4.1. REGRAS GERAIS SOBRE OS DESPACHOS

A regra geral é que o delegado decida, no bojo dos autos de inquérito, sobre tudo o que disser respeito à investigação (indiciamento, exibição e apreensão, pedidos de diligências etc.). Tais atos são realizados, comumente, sem que seja necessária qualquer interveniência de outra autoridade pública (por exemplo, o magistrado). Por isso é que o delegado é considerado o presidente das investigações policiais, pois as conduz por meio de atos de império. Esses decisórios se dão por meio de **despachos ou de decisões. Por mais que prefiramos adotar a terminologia despacho, há doutrinadores que, pela inegável carga decisória desses atos, preferem a terminologia decisão. De qualquer sorte, como não há regras oficiais sobre essas terminologias, não errará o delegado se usar uma ou outra**.

Portanto, os despachos são documentos preparados pelo delegado de Polícia com o fim de dar encaminhamento, sanear, ordenar ou decidir sobre atos ou fatos da investigação policial.

A maioria dos despachos tem uma redação muito simples, o que acaba nos fazendo desinteressar pela sua menção neste livro. Entretanto, há outros que, por sua inegável carga jurídica, necessitam de maior atenção do delegado de Polícia. São esses que decidimos mencionar no nosso livro, visando a facilitar a vida da autoridade policial.

Dentre os modelos de despachos que escolhemos para figurar em nossa obra, citamos:

1 - Despacho de conversão do Termo Circunstanciado de Ocorrência em Auto de Prisão em Flagrante;

2 - Despacho de arbitramento de fiança;

3 - Despacho de negação de fiança com base na presença dos requisitos da prisão preventiva;

4 - Despacho de negativa de autuação em flagrante em face da apresentação espontânea;

5 - Despacho justificando a autuação em flagrante delito mesmo com apresentação espontânea;

6 - Despacho de negativa de autuação em flagrante em face da atipicidade material da conduta;

7 - Despacho de negativa de autuação em flagrante em face da falta de condição de procedibilidade (representação ou requerimento);

8 - Despacho de negativa de autuação em flagrante delito em face do amparo por causa excludente de ilicitude.

4.2. DESPACHO DE CONVERSÃO DE TERMO CIRCUNSTANCIADO DE OCORRÊNCIA EM AUTO DE PRISÃO EM FLAGRANTE.

A Lei nº 9.099/95 veio à tona para evitar a prisão em flagrante de pessoas que tenham praticado infrações de menor potencial ofensivo. Esse **desencarceramento** se justifica pela boa-fé do autor do fato ao assumir o compromisso de comparecer ao Juizado Especial Criminal (em data previamente marcada) ou mesmo pelo fato de ele ter sido conduzido imediatamente à autoridade judiciária para as deliberações de praxe.

> Art. 69. A autoridade policial que tomar conhecimento da ocorrência lavrará termo circunstanciado e o encaminhará imediatamente ao Juizado, com o autor do fato e a vítima, providenciando-se as requisições dos exames periciais necessários.

> Parágrafo único. **Ao autor do fato que, após a lavratura do termo, for imediatamente encaminhado ao juizado ou assumir o compromisso de a ele comparecer, não se imporá prisão em flagrante, nem se exigirá fiança.** Em caso de violência doméstica, o juiz poderá determinar, como medida de cautela, seu afastamento do lar, domicílio ou local de convivência com a vítima. (Lei nº 9.099/95)

É claro que, pela falta de estruturação adequada, não é muito comum que o autor do fato seja imediatamente conduzido ao Juizado Especial Criminal para resolução da contenda. O que é mais costumeiro é o autor do fato firmar compromisso de comparecer espontaneamente ao Juizado Especial, no dia marcado, evitando-se, assim, o encarceramento.

Um problema jurídico surge quando o referido autor, acreditando estar fazendo uma boa opção, decide não assinar esse compromisso de comparecimento ao Juizado. Como muito provavelmente não haverá possibilidade de encaminhamento imediato do indivíduo ao Juizado especial, só caberá ao delegado tomar uma atitude: converter o Termo Circunstanciado de Ocorrência já lavrado no procedimento flagrancial previsto no art. 304 do Código de Processo Penal.

Portanto, nesses casos, é necessário que o delegado de Polícia manufature um despacho justificando o porquê de tal decisório, evitando-se alegações futuras de rigor imotivado. Passemos a analisar um modelo de peça nesse sentido.

4.2.1. Modelo de despacho de conversão de termo circunstanciado de ocorrência em auto de prisão em flagrante

DESPACHO

A presente investigação se refere à conduta típica capitulada, em tese, no artigo ______ da Lei nº ________, ilícito imputado ao Sr. _________________________, fato esse que teria ocorrido no (local e data). Trazido a esta Delegacia de Polícia, após entrevista prévia com as pessoas elencadas no presente caderno apuratório, deliberou-se pela lavratura do Termo Circunstanciado de Ocorrência (nº / ANO).

DA NEGATIVA DE ASSINATURA DE TERMO DE COMPROMISSO DE COMPARECIMENTO

No Município da culpa, não há possibilidade de se encaminhar, de imediato, o autor do fato ao Juizado Especial Criminal. O Poder Judiciário não instalou Juizados suficientes, o que **inviabiliza a apresentação imediata** dos autores de infrações de menor potencial ofensivo à Autoridade Judiciária competente. Como já sabemos, esta era uma das duas alternativas legais colocadas à disposição do delegado para evitar o encarceramento do autor de uma infração desse quilate.

Por incrível que pareça, essa deficiência do Estado acaba trazendo ainda mais benefícios para o suspeito. Afinal de contas, só restou à autoridade policial colocá-lo em liberdade (quando ainda nos átrios da Delegacia de Polícia) com base no seu simples comprometimento de comparecer à audiência judicial previamente marcada. Em idêntico sentido, vejamos o teor do parágrafo único do artigo 69 da lei nº 9.099/95:

> Art. 69. [...]
>
> Parágrafo único. Ao autor do fato que, após a lavratura do termo, for **imediatamente encaminhado ao juizado ou assumir o compromisso de a ele comparecer**, não se imporá prisão em flagrante, nem se exigirá **fiança** [...] (Lei nº 9.099/95, grifos nossos).

Pois bem, mesmo advertido desse simples compromisso que deveria firmar, o autor do fato se negou a assinar o referido documento. Admoestado, novamente, pela Autoridade Policial, na presença das testemunhas ________________________ e ________________, acerca da repercussão jurídica de sua recalcitrância, disse ele estar ciente de que será autuado em flagrante e, ao final, analisada a possibilidade de arbitramento de fiança policial, nos termos da lei.

DA AUTUAÇÃO EM FLAGRANTE DELITO

De posse do exposto, a Autoridade Policial, ora subscritora, dará início ao complexo procedimento de *autuação* em flagrante delito (nos termos do art. 304 do Código de Processo Penal), ficando ressalvado que, antes de findo o procedimento de prisão em flagrante (lavratura do auto respectivo), pode o autor do fato optar por assinar o referido termo de compromisso e escapar deste gravoso procedimento.

Dê-se ciência ao autor do fato acerca de todo o conteúdo deste despacho. Colham-se as assinaturas das testemunhas fedatárias em comento.

Local e Data

Delegado de Polícia
Testemunha 1:
Testemunha 2:

4.3. DESPACHO DE ARBITRAMENTO DE FIANÇA.

A fiança policial foi fortalecida pela Lei nº 12.403/2011. Se antes a fiança policial se limitava a valores baixos e era restrita a infrações penais sujeitas à detenção e à prisão simples, hodiernamente ela tem uma abrangência um pouco maior.

> Art. 322. A autoridade policial somente poderá conceder fiança nos casos de infração cuja pena privativa de liberdade máxima não seja superior a 4 (quatro) anos. (Código de Processo Penal)
>
> Art. 325. O valor da fiança será fixado pela autoridade que a conceder nos seguintes limites:
>
> **I - de 1 (um) a 100 (cem) salários-mínimos, quando se tratar de infração cuja pena privativa de liberdade, no grau máximo, não for superior a 4 (quatro) anos**;
>
> II - de 10 (dez) a 200 (duzentos) salários-mínimos, quando o máximo da pena privativa de liberdade cominada for superior a 4 (quatro) anos.

> § 1º Se assim recomendar a situação econômica do preso, a fiança poderá ser:
>
> I - dispensada, na forma do art. 350 deste Código;
>
> II - **reduzida até o máximo de 2/3 (dois terços)**; ou
>
> III - **aumentada em até 1.000 (mil) vezes**. (Código de Processo Penal) (grifo nosso).

Outra observação importante é que o valor da fiança necessita ser dosado com base nos vetores elencados nos arts. 326[1] e 336[2] do Código de Processo Penal, dentre eles o **provável valor da indenização do dano**.

Nesse viés, há que se aplaudir a atitude do legislador ao permitir que, já na Delegacia de Polícia, comece-se a pensar em reparação da vítima. É uma quebra importante de paradigmas.

Esta foi uma boa opção legislativa, que visa a minimizar, desde os primeiros momentos da persecução penal, o mal-estar ocasionado à vítima por ter tido seu bem jurídico vulnerado pelo criminoso. De certa forma, já é um alento saber que sua futura indenização estará garantida no dinheiro entregue pelo autor do fato a título de fiança.

Outra boa peculiaridade da remodelada fiança policial é a possibilidade de sua majoração (em até mil vezes) ou minoração (em até 2/3), consoante as condições financeiras do autuado em flagrante. É claro que, como se tratam de causas extraordinárias de exasperação ou de minoração de valores, há que se justificar a incidência dessas frações no caso concreto.

Por fim, deve-se dizer que há vários objetos ou papéis que são aptos a pagar o valor da fiança arbitrada, os quais se encontram previstos no art. 330 do Código de Processo Penal. É o que a doutrina nomina de **modalidades de fiança**. Por mais que não tenha previsão legal, há doutrinadores que defendem que o recebimento de cheque, em qualquer circunstância, é cabível. Não concordamos, por óbvio, com essa possibilidade incondicionada. Para mais detalhes, *vide* a **questão 7.10.** da parte I desta obra.

1 Art. 326. Para determinar o valor da fiança, a autoridade terá em consideração a **natureza da infração, as condições pessoais de fortuna e vida pregressa do acusado, as circunstâncias indicativas de sua periculosidade, bem como a importância provável das custas do processo**, até final julgamento. (Código de Processo Penal). Grifo nosso.

2 Art. 336. O dinheiro ou objetos dados como fiança servirão ao **pagamento das custas, da indenização do dano, da prestação pecuniária e da multa**, se o réu for condenado. (Código de Processo Penal). Grifo nosso.

4.3.1. Modelo de despacho de arbitramento de fiança

DESPACHO

O Excelentíssimo Senhor ____________________, Delegado de Polícia de ________ classe, matrícula funcional nº _________, lotado na ______ Delegacia de ______________, com fundamento no art. 322 do Código de Processo Penal, arbitra fiança policial em favor de _______________________________________, pelas seguintes razões de fato e de direito que se passa a aduzir.

DOS FATOS APURADOS

A presente apuração se refere ao fato ilícito tipificado, em tese, no artigo ___________ da Lei nº _______, conduta esta imputada ao autuado __________________________, dinâmica criminosa que ocorreu no (local e data). Trazido a esta Delegacia de Polícia, após oitiva das pessoas elencadas no presente caderno apuratório, deliberou-se pela lavratura do auto de prisão em flagrante (nº / ANO), ao qual o presente despacho de arbitramento de fiança encontra-se acostado.

DA POSSIBILIDADE DE ARBITRAMENTO DA FIANÇA

Em face de o delito em apuração ser afiançável na esfera policial (nos termos do art. 322 do Código de Processo Penal), e não haver qualquer óbice legal para a concessão deste benefício de Política Criminal em favor do autuado, arbitrar-se-á a fiança.

DA DOSIMETRIA DA FIANÇA-BASE

No que tange ao *quantum* da fiança, os seguintes vetores legais (arts. 326 e 336 do CPP) serão cotejados a fim de encontrar o valor escorreito e proporcional da fiança-base:

1 – *natureza da infração*: (crime de dano/perigo; bem jurídico tutelado; pena máxima cominada em abstrato etc.);

2 – *as condições pessoais de fortuna:* (salário individual, bens móveis e imóveis em nome do autuado, casa alugada ou própria, renda familiar, número de filhos etc.);

3 – *vida pregressa do acusado:* (antecedentes policiais e criminais, com ou sem trânsito em julgado);

4 – *as circunstâncias indicativas de sua periculosidade:* (pormenorizar);

5 – *importância provável das custas do processo:* (analisar tabela de custas do Tribunal respectivo);

6 – *importância provável da indenização do dano:* (levar em consideração prejuízo da vítima – material e moral);

7 – *importância provável da prestação pecuniária e da multa:* (pormenonizar).

Destarte, após minudente análise dos vetores supracitados, com base nas balizas fixadas no art. 325, inciso I, do Código de Processo Penal, arbitro a fiança no **valor provisório** de R$ ____________ (correspondente a ____ salários-mínimos).

> Art. 325. O valor da fiança será fixado pela autoridade que a conceder nos seguintes limites:
>
> I – de **1 (um) a 100 (cem) salários-mínimos**, quando se tratar de infração cuja pena privativa de liberdade, no grau máximo, **não for superior a 4 (quatro) anos**. (Código de Processo Penal)

DA INCIDÊNCIA DAS CAUSAS ESPECIAIS DE MAJORAÇÃO OU DE MINORAÇÃO DO VALOR DA FIANÇA-BASE

Após a análise supracitada, cabe averiguar a possibilidade de incidir causas especiais de exasperação ou de minoração do *quantum* provisório de fiança arbitrada, quais sejam as preconizadas no art. 325, § 1º, inciso II e III.

> Art. 325. [...]
>
> § 1º Se assim recomendar a situação econômica do preso, a fiança poderá ser:
>
> II – **reduzida até o máximo de 2/3 (dois terços)**; ou
>
> III – **aumentada em até 1.000 (mil) vezes**. (Código de Processo Penal)

Portanto, em virtude de (motivos), resolve-se por (aumentar ou diminuir) o valor provisório da fiança na proporção de (fração de aumento ou de diminuição).

Após essa última análise jurídica, fixa-se o valor da fiança, **agora em definitivo**, em R$________________ (por extenso), já que ele está, agora, compatível com os critérios elencados no Código de Processo Penal.

MODALIDADES DA FIANÇA

Insta frisar que pode o autuado recolher os valores correspondentes à fiança policial em comento por meio de dinheiro, de títulos ou de demais objetos elencados no art. 330 do Código de Processo Penal.

> Art. 330. A fiança, que será sempre definitiva, consistirá em depósito de dinheiro, pedras, objetos ou metais preciosos, títulos da dívida pública, federal, estadual ou municipal, ou em hipoteca inscrita em primeiro lugar. (Código de Processo Penal)

Em relação à possibilidade de recolhimento da fiança policial mediante cheque (apesar de não estar prevista essa modalidade no artigo supracitado), não é de todo descartado. Frisamos que tal método peculiar, por não ter amparo expresso na lei processual penal, só será possível caso haja tempo hábil para o imediato desconto desse título no estabelecimento bancário respectivo. Por isso, se a expedição da referida cártula se der fora do horário bancário ou o cheque estiver cruzado, não se aceitará tal modalidade como hábil a afiançar o autuado. Não haveria aqui a liquidez necessária.

DO PRAZO PARA RECOLHIMENTO DA FIANÇA POLICIAL

Caberá o direito de recolher a fiança policial arbitrada, no valor supra, **até o encaminhamento do auto de prisão em flagrante respectivo ao Poder Judiciário**. Após esse ato, caberá unicamente ao magistrado a concessão da liberdade provisória.

Outrossim, informamos ao autuado que, em se recolhendo os valores da fiança respectiva, será lavrado **Termo de Fiança** (consoante preconiza o art. 329 do Código de Processo Penal), notificando-se o afiançado das obrigações previstas nos arts. 327 e 328 do Código de Processo Penal, colocando-o, ao final, em liberdade, exceto se por outro motivo não estiver preso.

Dê-se ciência imediata ao autor do fato acerca de todo o conteúdo deste despacho.

Local e Data

Delegado(a) de Polícia

4.4. DESPACHO DE NEGAÇÃO DE FIANÇA COM BASE NA PRESENÇA DOS REQUISITOS DA PRISÃO PREVENTIVA

Há situações excepcionais em que **a negação da fiança é possível**. O problema é que, como a fiança é um direito subjetivo do autor do fato, será necessário que o delegado justifique detalhadamente o porquê de sua negação, visando a evitar alegações de que agiu arbitrariamente.

Há três dispositivos que promovem o afastamento da fiança policial. O primeiro é o próprio art. 322 do Código de Processo Penal. Afinal, a infração penal que não se encaixar nesse parâmetro (pena máxima cominada não superior a 4 anos), é insuscetível de fiança policial.

O segundo dispositivo está elencado no art. 323 do CPP, o qual já taxa quais são os delitos insuscetíveis de fiança (crimes propriamente inafiançáveis). O último é o art. 324, inciso IV, do Código de Processo Penal. Neste caso, a lei diz que, se estiverem presentes os requisitos da prisão preventiva, não há que se conceder fiança policial.

Analisaremos, no despacho abaixo, somente o caso da negação da fiança com base na presença dos requisitos da prisão preventiva (art. 324, inciso IV, do CPP). Lembre-se de que, neste caso em específico, é necessário que o delegado, após confeccionar o despacho *infra*, represente pela conversão da prisão em flagrante em prisão preventiva. Para mais detalhes sobre o tema, vide a questão **7.4. da parte I** desta obra.

4.4.1. Modelo de despacho de negação de fiança com base na presença dos requisitos da prisão preventiva

DESPACHO

A presente apuração se refere ao crime tipificado, em tese, no artigo ______ da Lei nº __________, imputado ao Sr. _________________________, fato este que ocorreu no (local e data). Trazido a esta Delegacia de Polícia, após oitiva das pessoas elencadas no presente caderno apuratório, deliberou-se pela lavratura do presente auto de prisão em flagrante (nº / ANO).

DA PRESENÇA DOS REQUISITOS PARA A NEGATIVA DE FIANÇA

É possível notar, compulsando o Auto de Prisão em Flagrante em comento, que estão presentes alguns dos requisitos autorizadores da prisão preventiva (art. 312 do Código de Processo Penal), quais sejam:___________________________.

Então, se tais requisitos para a decretação da prisão preventiva já se encontram aqui vislumbrados, não há que se conceder a fiança policial, antecipando a soltura do suspeito antes mesmo da análise pormenorizada dos fatos pela autoridade judiciária (art. 310 do CPP).

Nesses mesmos termos, citamos os ensinamentos de Adriano Costa e Laudelina Inácio no livro Prática Policial Sistematizada (Editora Impetus, p. 152) sobre a cláusula denegatória de fiança prevista no art. 324, inciso IV, do Código de Processo Penal:

> **O desiderato desse dispositivo, no que diz respeito à negativa de fiança policial, é manter o suspeito encarcerado concentrando nas mãos do juiz a decisão sobre a conversão de sua prisão ou colocação em liberdade (liberdade provisória judicial).** Note que pouco importa nesse caso se a prisão preventiva será ou não decretada pelo juiz com base nos elementos mencionados pela autoridade (art. 312 do CPP).

Em epítome, com base nos elementos colacionados acima, denega-se o arbitramento da fiança policial em favor de ______________________________.

Cópia deste despacho acompanhará, também, a representação policial pela conversão da prisão em flagrante em prisão preventiva (artigo 310, inciso II, do Código de Processo Penal).

Dê-se imediata ciência ao autor do fato acerca de todo o conteúdo deste despacho.

Local e Data

Delegado(a) de Polícia

4.5. DESPACHO DE NEGATIVA DE AUTUAÇÃO EM FLAGRANTE EM FACE DA APRESENTAÇÃO ESPONTÂNEA & DESPACHO JUSTIFICANDO A AUTUAÇÃO EM FLAGRANTE, MESMO COM A APRESENTAÇÃO ESPONTÂNEA DO AUTOR DO FATO

Por muito tempo a apresentação espontânea vigorou como instituto incontestável em nossa ordem jurídica. A razão disso foi a interpretação que parte da doutrina fazia da já revogada redação do art. 317 do Código de Processo Penal.

> Art. 317. A apresentação espontânea do acusado à autoridade não impedirá a decretação da prisão preventiva nos casos em que a lei a autoriza. (Código de Processo Penal – **redação revogada pela Lei nº 12.403/2011**)

O artigo suso discorria sobre a **legitimidade** de se dar cumprimento a um mandado de **prisão preventiva**, mesmo quando houvesse a **apresentação espontânea** do autor do fato.

O problema é que alguns doutrinadores passaram a entender que o referido dispositivo deixava transparecer que a prisão temporária e a prisão em flagrante não estariam inseridas nessa regra, ou seja, a apresentação espontânea do autor do fato impossibilitaria essas duas modalidades prisionais.

Pois bem, o art. 317 do Código de Processo Penal teve sua redação antiga revogada pela Lei nº 12.403/2011 e agora tal dispositivo trata de uma medida cautelar pessoal, qual seja a prisão domiciliar. Com essa modificação na lei processual brasileira os debates sobre a eficácia da apresentação espontânea se reabriram.

Três posições jurídicas sobre a apresentação espontânea afloraram, quais sejam: **a positivista, a negativista e a mista**. Trocando em miúdos, a corrente positivista defende que a apresentação espontânea **sempre será causa obstacularizadora da prisão em flagrante**, independentemente da situação em concreto. Já a corrente negativista defende que a apresentação espontânea **nunca será causa impeditiva da prisão em flagrante**, sendo irrelevante a análise da situação em concreto. Por fim, a corrente mista, a qual nos parece mais razoável, apresenta uma solução mais moderada. Esta corrente eclética defende que **é necessário analisar se, no caso em tela, os requisitos para a prisão em flagrante se encontram atendidos, pois, caso contrário, não haveria que se flagrantear o indivíduo que se apresenta espontaneamente à autoridade policial**. Para o aprofundamento desse tema, sugerimos a leitura da **questão 9.1** da parte I desta obra.

O que recomendamos, então, é que o delegado de Polícia, ao decidir por uma ou outra posição doutrinária, justifique isso em um despacho circunstanciado, visando a evitar alegações de que agiu de forma abusiva ou negligente frente ao fato criminoso que lhe chegou ao conhecimento.

Vejamos, então, dois modelos de despachos nesse condão. O primeiro despacho justificará o porquê da não autuação em flagrante delito em virtude da apresentação espontânea; já o segundo dará as razões para a autuação em flagrante delito, mesmo tendo havido a apresentação espontânea do autor do fato.

4.5.1. Modelo de despacho de negativa de autuação em flagrante em face da apresentação espontânea

DESPACHO

Trata-se de *notitia criminis* materializada no boletim de Ocorrência nº ______________, de lavra da Delegacia de ____________________________, na qual figura como autor do fato ____, como testemunhas ____________________________ e ____________________________, e como vítima ____.

DOS FATOS

A conduta típica mencionada acima fora praticada (expor o fato delituoso com todas as suas circunstâncias, inclusive o local, a data, a hora, os meios de execução, os motivos e as consequências).

DA APRESENTAÇÃO ESPONTÂNEA DO AUTOR DO FATO

No dia _______, às _______horas, compareceu espontaneamente nessa Delegacia de Polícia o ora investigado, Sr. _________________, o qual diz ser o autor do crime ocorrido no dia ___________, às _______horas, em ____________________.

DA VERSÃO DO APRESENTANTE

Após sua apresentação espontânea à autoridade policial, o suspeito ____________________ passou a ter a sua oitiva reduzida a termo. Nessas declarações ficou assentado que: ______________________________ ______________.

DA EFICÁCIA DA APRESENTAÇÃO ESPONTÂNEA NO CASO CONCRETO

Em virtude da revogação da antiga redação do art. 317 do Código de Processo Penal (o qual era o único dispositivo que falava da apresentação espontânea no CPP), os debates sobre a eficácia de tal instituto se reabriram.

Isso não indica que tal instituto foi suprimido de nossa ordem jurídica. Verdadeiramente, várias posições jurídicas emergiram, passando a coexistir diferentes teses (positivista, negativista e mista). Sobre essa multiplicidade de entendimentos, citamos o escólio de Adriano Costa e Laudelina Inácio na obra *Prática Policial Sistematizada* (Editora Impetus, p. 171):

> Se antes era praticamente uníssona a corrente favorável à eficácia da apresentação espontânea com o escopo de rechaçar a lavratura do auto de flagrante, agora estão a se fortalecer teses contrárias. Portanto, passaremos a abordar, respectivamente, as três vertentes de atuação possíveis do delegado frente a um caso de apresentação espontânea: **a positivista, a negativista e a mista**. A corrente **positivista** entende que, mesmo com a revogação do art. 317 do CPP, a apresentação espontânea ainda vige e é **sempre** causa impeditiva da lavratura da prisão em flagrante. A corrente **negativista** nega vigência ao instituto da apresentação espontânea, vez que, por ter perdido amparo legal, não pode ser aplicado pela autoridade policial em nenhum caso. Por fim, **a mista** diz que, em determinados casos, a apresentação espontânea não impedirá a prisão do suspeito.

Acreditamos que, sobre esse ponto de controvérsia, a posição jurídica mais acertada é a corrente mista, vez que permite à aplicação desse instituto de política criminal no caso concreto, desde que haja análise percuciente sobre os requisitos da prisão em flagrante.

Com base no que fora exposto acima, então (justificar o porquê de a situação fática **não permitir a prisão** em flagrante do suspeito quando de sua apresentação espontânea).

DA CONTINUIDADE DAS INVESTIGAÇÕES

O fato de não se ter autuado o investigado em flagrante delito, não indica que não haverá apuração sobre o ilícito em comento. Portanto, instaurar-se-á, imediatamente, o inquérito Policial respectivo, visando a colher mais elementos acerca do referido injusto criminal.

Ao final do prazo legal, nos termos do art. 10, *caput*, e § 1º, do Código de Processo Penal, encaminhar-se-ão os autos do referido inquérito ao Magistrado competente para as deliberações legais.

Dê-se imediata ciência ao autor do fato acerca de todo o conteúdo deste despacho.

Local e Data

Delegado(a) de Polícia

4.5.2. Modelo de despacho justificando a autuação em flagrante mesmo com a apresentação espontânea do suspeito

DESPACHO

Trata-se de *notitia criminis* materializada no boletim de ocorrência nº ____________, de lavra da Delegacia de ____________________________, na qual figura como autor do fato ____________________________________, como testemunhas ______________________________ e ______________________________, e como vítima ____.

DA APRESENTAÇÃO ESPONTÂNEA DO AUTOR DO FATO

No dia ________, às ________, compareceu espontaneamente nessa Delegacia de Polícia o Sr. ____________________________, o qual diz ser o autor do crime ocorrido(a) no dia ____________, às ______________, em ________________________.

A conduta típica supramencionada fora praticada (expor o fato delituoso com todas as suas circunstâncias, inclusive o local, a data, a hora, os meios de execução, os motivos e as consequências).

DA VERSÃO DO APRESENTANTE

Após sua apresentação espontânea à autoridade policial, o suspeito ________________________ passou a ter reduzida a termo a sua versão sobre os fatos. Nessas declarações ficou assentado que: ____________________________.

DA EFICÁCIA DA APRESENTAÇÃO ESPONTÂNEA

Para um olhar desatento, até pode parecer que o Delegado de Polícia é obrigado a sempre deixar de flagrantear autores de fato quando eles se apresentarem espontaneamente.

Em verdade, com a modificação do art. 317 do Código de Processo Penal (através da Lei nº 12.403/2011), os debates sobre a eficácia da apresentação espontânea nesse contexto se reabriram.

A revogação material desse conteúdo não indica que a apresentação espontânea tenha sido extirpada de nossa ordem jurídica, mas, sim, que ela perdeu boa parte de seu amparo, vez que o seu **único substrato expresso no Código de Processo Penal não mais subsiste**.

Portanto, com base na doutrina majoritária, pode a Autoridade Policial até continuar concedendo a benesse da apresentação espontânea para autores do fato, desde que comprove que a prisão em flagrante delito não era cabível e mais adequada ao caso concreto.

Em outros termos, restando atendidos os requisitos para a prisão em flagrante, a apresentação do autor do fato à Autoridade Policial não a impedirá, ficando livre a autoridade para flagranteá-lo. Em idêntico sentido, citamos Guilherme de Souza Nucci (p. 176-177):

> Por outro lado, não se pode utilizar o artifício da apresentação espontânea unicamente para afastar o dever da autoridade policial de dar voz de prisão em flagrante, com a lavratura do auto, a quem efetivamente merece. Imagine-se o indivíduo que mata, cruelmente, várias pessoas e, logo em seguida, com a roupa manchada de sangue e o revólver na mão, adentra uma delegacia, apresentando-se. **Por que não poderia a autoridade dar voz de prisão em flagrante, se o crime acaba de ocorrer e o agente está com a arma utilizada em plena evidência de ser o autor?** Além disso, há o clamor popular e o *periculum in mora* instala-se. Certamente que, depois, poderá o juiz conceder-lhe liberdade provisória, se entender cabível, levando até em consideração o fato de ter havido apresentação espontânea.

DA LEGALIDADE DA PRISÃO EM FLAGRANTE NO CASO CONCRETO

No caso em análise, mesmo tendo havido a apresentação espontânea do autor do fato, a voz de prisão em flagrante foi prolatada pela autoridade policial ora subscritora.

Os argumentos para a referida prisão do suspeito residem no fato de ficar evidente que, mesmo com a apresentação do increpado perante a Autoridade Policial, o investigado constitui um risco à sociedade, estando presente, então, o requisito cautelar do *periculum libertatis*.

Outrossim, pouco tempo transcorreu entre a prática criminosa e a apresentação do autor do fato à autoridade policial, o que viabiliza eventual prisão em flagrante com fulcro no flagrante impropriamente próprio (art. 302, inciso II, do Código de Processo Penal).

Além disso, (discorrer sobre outros motivos para a realização da prisão em flagrante do suspeito, mesmo tendo ele se apresentado espontaneamente).

DA CONTINUIDADE DAS INVESTIGAÇÕES

De posse de todo o colacionado acima, após a autuação em flagrante delito que adiante irá se realizar (nos termos do art. 304 do Código de Processo Penal), instaurar-se-á Inquérito Policial (IP) visando a colher ainda mais elementos acerca do fato típico em voga.

Ao final, encaminharemos o IP em questão ao juízo competente, nos termos do art. 10, § 1º, do Código de Processo Penal, para a continuidade da persecução penal.

Dê-se imediata ciência ao autor do fato acerca de todo o conteúdo deste despacho.

Local e Data

Delegado (a) de Polícia

4.6. DESPACHO DE NEGATIVA DE AUTUAÇÃO EM FLAGRANTE EM FACE DA ATIPICIDADE MATERIAL DA CONDUTA

Outro ponto de muita controvérsia na senda policial diz respeito à possibilidade de o delegado de Polícia aferir os requisitos do princípio da insignificância no caso concreto e deixar de autuar em flagrante delito o autor de uma infração bagatelar.

Vozes radicais sempre se levantaram contra essa possibilidade, buscando manietar o delegado de Polícia mesmo nas situações em que lhe saltava aos olhos a injustiça do encarceramento do autor de um crime desse tipo.

Com medo de represálias da corregedoria e do próprio Poder Judiciário, o delegado acabava analisando somente a letra fria da lei e autuava em flagrante delito o suspeito. O problema é que isso não mais se coaduna com a figura do delegado de polícia (o primeiro garantidor dos direitos do investigado).

Afinal de contas, nunca nos pareceu lógico o delegado de Polícia poder prender alguém em flagrante (privando o suspeito do convívio familiar), mas não ser permitido deixar de prender, quando razões suficientes assim o indicarem.

Note que o delegado de Polícia tem o poder-dever de dizer o Direito e prender alguém, porque, inegavelmente, age como se fosse **o primeiro juiz da causa**, decidindo sobre o *jus libertatis* do suspeito. Acreditamos que essa seja uma das razões para que a autoridade policial ainda seja chamada de delegado, vez que age, em prol da jurisdição, por delegação.

De posse do exposto, não parece razoável que a autoridade policial, pela importância das funções que exerce, não possa aferir os vetores do princípio da insignificância no caso concreto, precipuamente quando seja evidente que não há tipicidade material na conduta que lhe foi apresentada. Para maiores informações vide o teor da **questão 4.3 da parte I** desta obra.

Qualquer outra interpretação seria fruto de uma visão maniqueísta, na qual a autoridade policial seria obrigada a fazer o papel de "carrasco irracional da persecução penal", já que estaria vocacionado a flagrantear os cidadãos, mesmo em situações de evidente desproporcionalidade. Isso é um absurdo!

Em epítome, recomendamos que o delegado de Polícia que decida por não autuar em flagrante delito o autor de um crime bagatelar, justifique (juridicamente) sua ação por intermédio de um despacho. Dessa forma, evitar-se-ão alegações infundadas acerca da leniência da autoridade policial no caso concreto, bem como de eventual imputação de crime de prevaricação.

É claro que a forma desse despacho é livre, mas sugerimos um singelo modelo para facilitar a vida da autoridade policial.

4.6.1. Modelo de despacho de negativa de autuação em flagrante em face da atipicidade material da conduta

DESPACHO

Trata-se de *notitia criminis* coercitiva materializada no boletim de Ocorrência nº __________, de lavra da Delegacia de ____________________, do qual consta como autor do fato ______________________________, como condutor ____________________________, como testemunhas ____________________ e ____________________, e como vítima ______________________________.

DOS FATOS APURADOS

Tal conduta fora praticada (expor o fato com todas as suas circunstâncias, inclusive o local, a data, a hora, os meios de execução, os motivos e as consequências).

Após ouvir todos os envolvidos na presente ocorrência, já foi possível perceber os contundentes elementos indicativos acerca da atipicidade material do fato em apuração, o que impede a lavratura do **Auto de Prisão em Flagrante**.

Em verdade, seria uma grande contradição jurídica encarcerar o autor do fato por um fato atípico materialmente. Nesse mesmo sentido, citamos o escólio de Adriano Costa e Laudelina Inácio no livro *Prática Policial Sistematizada* (Editora Impetus, p. 43-44):

> Portanto, seria um exagero o delegado prender um indivíduo em flagrante, por um fato absolutamente atípico, sob o argumento de que somente o juiz pode constatar tal ausência de adequação típica material. Ora, se não há fato típico a se apurar desde o início, por óbvio, também não haverá crime a se flagrantear.

> Nessa situação, como pode o delegado de Polícia autuar em flagrante delito um indivíduo em face de um fato que não é criminoso? Fazê-lo por mero formalismo jurídico seria absolutamente ilegal, podendo-se, inclusive, cogitar a responsabilização por ato abusivo. Pelo exposto, se o delegado de Polícia puder constatar que estão irrefutavelmente presentes os vetores para aplicação do princípio da bagatela, deve deixar de autuar o autor do fato em flagrante delito, procedendo, somente, à documentação do feito por meio de Verificação Preliminar de Inquérito (VPI).

ANÁLISE DA ATIPICIDADE MATERIAL DA CONDUTA

Por mais que não haja um dispositivo legal expresso no arcabouço jurídico vigente sobre o princípio da insignificância, a sua aplicação já se encontra sedimentada no Brasil, havendo, inclusive, reiterados julgados nos anais do Supremo Tribunal Federal.

Para um olhar desatento, até pode parecer que o Delegado, ao analisar a tipicidade material da conduta, estaria atropelando as atribuições do Ministério Público e do próprio Magistrado. Não concordamos com isso. Com certeza, aqui, não há qualquer usurpação de tarefas.

Insta frisar que não há nenhum dispositivo que vede ao Delegado (o qual também faz evidente juízo jurídico sobre os fatos que lhe são apresentados) analisar a tipicidade material da conduta.

Portanto, inexiste motivo para restringirmos somente ao magistrado a aplicação de um instituto tão benéfico ao investigado, pois isso iria contribuir para o encarceramento despropositado do suspeito até que o Judiciário tomasse pé da demanda.

DA ANÁLISE DOS VETORES DE APLICAÇÃO DO PRINCÍPIO DA INSIGNIFICÂNCIA

É essencial dizer que se deixou de autuar em flagrante delito o Sr. (a) ______________ ______________________ com base em uma análise detalhada de todos os vetores da insignificância, os quais se encontram presentes em julgados do Supremo sodalício pátrio.

Passaremos, agora, a justificar, vetor a vetor, o porquê de afirmarmos que o fato em comento é materialmente insignificante:

1 – Mínima ofensividade da conduta:

Esse vetor, no escólio de Adriano Costa e Laudelina Inácio (*Prática Policial Sistematizada*, p. 45-46), diz respeito ao potencial lesivo da conduta realizada pelo autor do fato. Vejamos:

> Esse requisito almeja aferir o potencial ofensivo da conduta do agente frente ao bem jurídico protegido; ou seja, é uma análise potencial de riscos que a conduta sorrateira do agente poderia ter causado [...]

> Uma coisa é analisar a lesão jurídica efetivamente causada (o que foi feito); outra, totalmente distinta, é analisar o potencial lesivo dela em abstrato (o que poderia ter causado).

Dessa forma, (justificar o porquê de esse vetor estar atendido no caso concreto).

2 – Nenhuma periculosidade social da ação:

Adriano Costa e Laudelina Inácio (*Prática Policial Sistematizada*, p. 46) afirmam que a essência de tal vetor está na "**consequência coletiva e social que pode derivar da ação criminosa do agente**". Assim, deve-se analisar se o resultado danoso se restringe a um indivíduo ou se tinha capacidade de colocar em xeque bens jurídicos pulverizados (coletividade, sociedade etc.).

Nesses termos, (justificar o porquê de esse vetor se encontrar atendido no caso concreto).

3 – Reduzidíssima reprovabilidade do comportamento:

Nesse ponto, houve detalhada análise sobre a motivação do fato em apuração. A conduta típica já é, por si, um comportamento reprovável. Entretanto, há circunstâncias que fazem com que o ilícito se torne ainda mais repugnante. Nesse mesmo sentido, citamos o ensinamento de Adriano Costa e Laudelina Inácio (*Prática Policial Sistematizada*, p. 46):

> Por mais que a prática de um ilícito penal já seja um comportamento reprovável, é necessário mais. Busca-se, nesse diapasão, uma análise sobre os **motivos do delito e as circunstâncias pessoais do criminoso, os quais denotem uma maior reprovabilidade** da ação praticada. É nesse ponto que se faz necessária uma extensa análise sobre a vida pregressa do suspeito, bem como de sua eventual **reincidência**. Os motivos da infração também são levados em consideração, almejando aferir se o comportamento do agente é mais ou menos reprovável.

De posse do exposto, (justificar o porquê de esse vetor se encontrar atendido no caso concreto).

4 – Inexpressiva Lesão Jurídica:

Por fim, passemos a analisar se a conduta praticada pelo autor do fato ofendeu de forma relevante o bem jurídico protegido pela norma penal.

O Direito penal não se destina a proteger ínfimas lesões aos bens jurídicos, vez que essa tarefa costuma ser incumbida aos demais ramos do Direito.

Por esse viés, então, (justificar o porquê de esse vetor se encontrar atendido no caso concreto).

DA CONTINUIDADE DAS INVESTIGAÇÕES

De posse de todo o colacionado acima, deixamos de autuar em flagrante delito o Sr.(a) ____. Não obstante o exposto, continuaremos a investigação (por meio de Verificação Preliminar de Investigações) visando a colher mais elementos acerca do referido fato formalmente típico.

Se forem constatados, no curso da VPI, elementos que indiquem que a conduta em comento é também materialmente típica, daremos azo à instauração do Inquérito Policial respectivo.

Caso fique demonstrado que o fato é mesmo materialmente atípico, todo o conjunto de documentos aqui colhidos (sem que tenha havido a instauração do Inquérito Policial) será encaminhado ao Poder Judiciário para deliberações pertinentes (arquivamento ou **requisição** de instauração de inquérito policial).

Dê-se imediata ciência ao autor do fato acerca de todo o conteúdo deste despacho.

Local e Data

Delegado(a) de Polícia

4.7. DESPACHO DE NEGATIVA DE AUTUAÇÃO EM FLAGRANTE EM FACE DA FALTA DE CONDIÇÃO DE PROCEDIBILIDADE (REPRESENTAÇÃO OU REQUERIMENTO)

Na legislação brasileira, há crimes que se sujeitam à ação penal pública e outros à ação penal privada. A diferença primordial entre esses dois grupos de delitos é que a persecução penal dos crimes que se sujeitam à ação penal privada terá que ser tocada pelo próprio ofendido (querelante) ou por seus sucessores.

Já no caso dos delitos afetos à ação penal pública, o Ministério Público é quem moverá a persecução penal em desfavor do autor do fato, seja após a provocação do interessado, por meio de representação (nos casos de ação penal pública condicionada), seja sem necessitar desse empurrão jurídico (nos casos de infrações de ação penal pública incondicionada).

Por mais que pareça que a referida classificação restrinja sua importância à fase judicial[3], essa impressão está absolutamente equivocada. Prova disso é que haverá repercussões jurídicas na fase policial se não estiverem presentes algumas dessas condições para o exercício da ação penal pública condicionada e para a privada.

Por exemplo, na falta da representação e do requerimento do ofendido, não poderá o delegado de Polícia autuar em flagrante delito o suspeito, nem muito menos instaurar um procedimento apuratório (TCO ou IP) em desfavor dele.

3 Em homenagem ao princípio da oficialidade, o inquérito policial só pode ser conduzido por delegados de Polícia (autoridades policiais oficiais), pouco importando, inclusive, se o que está a ser apurado é um crime sujeito à ação penal pública ou à ação penal privada.

Portanto, mesmo que seja permitido à polícia promover a captura e a condução do autor de um crime desse quilate à delegacia de Polícia, e lá seja realizada toda a documentação do feito, não poderá o delegado, sem essas condições de procedibilidade, autuar em flagrante o suspeito, tampouco contra ele iniciar um procedimento apuratório qualquer (Inquérito Policial ou TCO). Para o aprofundamento deste tema, *vide* a **questão 4.10.** da parte I deste livro.

Dessa forma, visando a justificar o porquê da não autuação em flagrante nesses casos, cabe ao delegado de Polícia confeccionar um despacho circunstanciado, aduzindo as suas razões jurídicas para o não flagranteamento do indivíduo. Nesse condão, apresentamos um modelo sintético para demonstrar que tipo de informações devem constar deste despacho.

4.7.1. Modelo de despacho de negativa de autuação em flagrante em face da falta de condição de procedibilidade (representação ou requerimento)

DESPACHO

Trata-se de *notitia criminis* de cognição coercitiva, materializada no boletim de Ocorrência nº ______________, de lavra da Delegacia de ______________________ _______, no qual consta como autor do fato ______________________ ______________, como condutor ______________________, como testemunhas ______________________ e ______________________, e como vítima ______________________.

DO RESUMO DOS FATOS

Tal conduta típica fora praticada (expor o fato delituoso com todas as suas circunstâncias, inclusive o local, a data, a hora, os meios de execução, os motivos e as consequências).

Após oitiva formal de todos os envolvidos na presente ocorrência, já foi possível perceber a materialidade delituosa e os fortes indícios que apontam a autoria para o ora investigado.

DA CONDIÇÃO DE PROCEDIBILIDADE (REPRESENTAÇÃO OU REQUERIMENTO)

Para um olhar desatento, até pode parecer que o Delegado, ao perquirir sobre as condições de procedibilidade nessa fase inicial da persecução penal, estaria atropelando as atribuições do Ministério Público e do próprio Magistrado. Com certeza, nesse caso, não há qualquer usurpação de tarefas.

É a própria lei que deixa claro que tais condições para iniciação ou prosseguimento da persecução penal devem ser analisadas pelo Delegado de Polícia, quando desse momento inicial da *persecutio criminis*. Em verdade, a falta dessas condições impede, inclusive, que a Autoridade Policial instaure ou lavre, respectivamente, qualquer procedimento apuratório ou prisional em desfavor do suspeito.

> Art. 39. O direito de representação poderá ser exercido, pessoalmente ou por procurador com poderes especiais, mediante declaração, escrita ou oral, feita ao juiz, ao órgão do Ministério Público, ou à autoridade policial.
>
> [...]
>
> § 3º **Oferecida ou reduzida a termo a representação, a autoridade policial procederá a inquérito**, ou, não sendo competente, remetê-lo-á à autoridade que o for. (Código de Processo Penal)

DA FALTA DE CONDIÇÃO DE PROCEDIBILIDADE

A presente apuração se refere a crime de ação penal pública condicionada (ou privada), qual seja o ilícito tipificado, em tese, no artigo ________ da Lei nº ________. Por conseguinte, a falta da condição de procedibilidade respectiva, impede que, ao menos nesse momento, a persecução penal se inicie.

Nesse condão, tendo ficado claro o desinteresse da vítima (ou seu representante legal), Sr.(a) ______________________________, acerca do começo de qualquer procedimento apuratório em desfavor do autor do fato, inconteste a falta de justa causa para lavratura do Auto de Prisão em Flagrante.

Por isso, ainda que tenha havido a captura e condução do suspeito à Delegacia, além da pormenorizada documentação do fato, deixaremos de lavrar o auto de prisão em flagrante (nos termos do art. 304 do Código de Processo Penal) em desfavor de ________________, com base na falta da condição de procedibilidade em comento. Conseguintemente, também não há motivo plausível para instaurar o inquérito policial respectivo.

REMESSA DAS PEÇAS DE INVESTIGAÇÃO PRODUZIDAS AO JUÍZO COMPETENTE

De posse de todo o exposto acima e com base na inteligência que se faz do art. 19 do Código de Processo Penal, encaminhar-se-ão, imediatamente, as peças de investigação produzidas durante essa investigação propedêutica ao Poder Judiciário para que lá aguardem a iniciativa da vítima ou de seu representante legal, até que transcorra o prazo decadencial fixado em lei.

Dê-se imediata ciência ao autor do fato acerca de todo o conteúdo deste despacho.

Local e Data

Delegado(a) de Polícia

4.8. DESPACHO DE NEGATIVA DE AUTUAÇÃO EM FLAGRANTE EM FACE DO AMPARO POR CAUSA EXCLUDENTE DE ILICITUDE.

A doutrina majoritária sempre se posicionou contrária à análise jurídica feita pelo delegado de Polícia que extrapolasse a adequação formal do fato à norma incriminadora. Reduzia-se, então, a atividade do delegado ao mero juízo de subsunção formal.

Talvez a ideia desses sectários fosse manietar o delegado de Polícia visando a evitar que os atos policiais abusivos, que supostamente ocorriam nas Delegacias na época da ditadura, voltassem a acontecer. O tempo passou e o serviço público evoluiu como um todo! Hoje, inegavelmente, as Polícias são outras.

A figura da autoridade policial está cada vez mais em evidência, gozando de um prestígio social que pouquíssimas autoridades públicas detêm. Isso, sem dúvida, espelha a confiança pública que há no delegado de Polícia. Não há mais o que se temer.

Por isso mesmo é que não parece mais razoável tolher o delegado de certas análises jurídicas, sob o mero argumento de que a ele não cabe realizar atos de interpretação jurídica que excedam à tipicidade formal.

Lembre-se de que, em momento algum, a legislação expressamente disse que o delegado deveria restringir sua análise jurídica a esse ponto. Foi a doutrina que criou esse tipo de limitação.

O problema é que, quando esse ranço histórico se alia à falta de clareza do legislador, cria-se uma atmosfera favorável aos que defendem que o delegado não pode aplicar determinados institutos jurídicos em favor dos investigados. Esse é o caso, por exemplo, do art. 310, parágrafo único, do Código de Processo Penal.

> Art. 310. [...]
>
> Parágrafo único. **Se o juiz verificar, pelo auto de prisão em flagrante**, que o agente praticou o fato nas condições constantes dos incisos I a III do *caput* do art. 23 do Decreto-Lei nº 2.848, de 7 de dezembro de 1940 – Código Penal, poderá, fundamentadamente, conceder ao acusado liberdade provisória, mediante termo de comparecimento a todos os atos processuais, sob pena de revogação. (Redação dada pela Lei nº 12.403, de 2011).

Por mais que a confusa redação do dispositivo supramencionado deixe transparecer que o delegado não pode fazer juízo algum sobre a ilicitude da conduta, essa não é a interpretação mais escorreita.

O instituto acima deve ser analisado de forma sistêmica. Se não for assim, promover-se-á a prisão em flagrante de um indivíduo que tenha agido em conformidade com o ordenamento pátrio, por mero preciosismo jurídico. Onde estão os requisitos imprescindíveis para toda e qualquer medida cautelar prisional *fumus comissi delicti* e *periculum libertatis*?

Por exemplo, parece razoável prender um policial que, em estrito cumprimento de seu dever legal, arrombe uma porta para dar cumprimento a uma ordem de busca e apreensão domiciliar? É claro que isso seria uma atitude dantesca! Para maior aprofundamento dessa discussão, sugerimos que se faça a leitura da **questão 4.4.** da parte I desta obra.

Assim, o ideal é que o delegado faça uma análise apurada do injusto penal antes de decidir lavrar o Auto de Prisão em flagrante em desfavor de uma pessoa.

Destarte, visualizando o delegado que o fato típico em investigação está abarcado, evidentemente, por uma causa excludente de ilicitude, não há que se flagrantear o indivíduo. É claro que mesmo nessa circunstância o inquérito policial deverá ser instaurado, já que o fato em questão é ao menos formal e materialmente típico.[4]

De outra sorte, se o delegado tiver dúvidas de que o autor do fato agiu amparado por um dessas causas excludentes, deve autuar o suspeito em flagrante, encaminhando o APF para o magistrado para que ele decida acerca da concessão da liberdade provisória vinculada (nos termos do art. 310, parágrafo único, do CPP). Nesses termos, ainda maior razão cabe para a instauração do IP respectivo, desta feita com provável indiciamento do autor do fato (se elementos na investigação assim o justificarem).[5]

Em resumo, caso o delegado de Polícia tenha certeza de que o autor do fato agiu amparado por uma dessas causas que afastam a ilicitude, não deverá flagrantear o indivíduo. É claro que, nesse caso, o Delegado deve promover a justificativa correspondente para evitar que seu ato juridicamente motivado seja confundido com leniência ou desídia. Nesse condão, **sugerimos que a autoridade policial, após a completa documentação do feito, confeccione um despacho justificando o porquê da não autuação, instaurando, ato contínuo, o inquérito policial pertinente e, sem promover o indiciamento do investigado, encaminhe o procedimento apuratório em comento ao Poder Judiciário no prazo estipulado em lei.**

4 Muito provavelmente, ao final da investigação, o delegado de Polícia, em seu relatório policial, vai justificar o não indiciamento do autor do fato, em virtude do o fato não constituir um **crime**. Já havíamos nos pronunciado, nestes termos, no modelo inserido no item **3.2.1.** desta parte deste livro (Relatório policial final sem indiciamento).

5 Nesse sentido, vide o modelo inserido no item **3.2.2.** desta parte deste livro (Relatório policial final com indiciamento).

4.8.1. Modelo de despacho de negativa de autuação em flagrante delito em face do amparo por causa excludente de ilicitude

DESPACHO

Trata-se de *notitia criminis* coercitiva materializada no boletim de Ocorrência nº ________, de lavra da Delegacia de ____________________, na qual consta como autor do fato ____________________, como condutor ____________________, como testemunhas ______________ e ______________, e como vítima ______________.

DO RESUMO DOS FATOS

Tal conduta típica fora praticada (expor o fato delituoso com todas as suas circunstâncias, inclusive o local, a data, a hora, os meios de execução, os motivos e as consequências).

Visando a dar maior credibilidade a essa sintética narrativa dos fatos, passamos a transcrever importantes trechos de oitivas materializadas no curso dessa investigação propedêutica.

> "..". (Termo de depoimento de ________às fls. ____).
>
> "..". (Termo de declarações de ________às fls. ____).

Esses elementos subjetivos, supracitados, são corroborados por provas objetivas, quais sejam: (citar as provas cautelares, irrepetíveis ou antecipadas, colhidas antes mesmo da decisão acerca da autuação, ou não, em flagrante delito).

Pelos breves relatos supracitados já é possível perceber o **evidente** amparo da conduta típica por uma causa excludente de ilicitude (citar qual a excludente aplicável ao caso concreto), o que nos impõe a decisão de não lavrar o **Auto de Prisão em Flagrante** em desfavor do investigado, já que nos pareceria uma grande ilegalidade encarcerá-lo.

Nesse mesmo sentido, citamos os ensinamentos de Adriano Costa e Laudelina Inácio (*Prática Policial Sistematizada*, Editora Impetus, p. 50):

> No caso da evidente causa de exclusão da ilicitude, não deve o delegado autuar o conduzido, já que o fato não constitui crime. Em sentido diverso, no caso de dúvida fundada sobre a existência da exclusão da ilicitude, deve o delegado prender em flagrante o autor do fato. Nessa última situação, portanto, é que surgirá a possibilidade de o juiz decidir acerca da liberdade provisória vinculada.

ANÁLISE SOBRE A ANTIJURIDICIDADE DA CONDUTA TÍPICA

Para um olhar desatento, até pode parecer que o Delegado, ao analisar eventual ocorrência concreta de causa excludente de ilicitude, estaria atropelando as atribuições do Ministério Público (o qual detém a legítima *opinio delicti*) e do próprio magistrado. Com certeza, nesse caso, não há qualquer usurpação de tarefas.

Importante lembrar que, sob qualquer conceito analítico de crime que estivéssemos a aferir o fato em questão, não haveria que se falar em delito se o fato não fosse ao menos típico e ilícito. Sem crime, não há que se falar em flagrante "delito". Nesse mesmo escólio citamos novamente Adriano Costa e Laudelina Inácio (*Prática Policial Sistematizada*, Editora Impetus, p. 49):

> Frisamos que, em qualquer um dos conceitos analíticos de crime (bipartido, tripartido, quadripartido ou pentapartido), figuram como requisitos mínimos a conduta típica e a antijurídica. Pode ser que uma ou outra corrente requeiram mais elementos integrantes para a concretização de crime (culpabilidade ou punibilidade, por exemplo), mas nunca menos que um fato típico e antijurídico. Em suma, sem a ilicitude não há crime, independentemente da corrente doutrinária que se adote para conceituar analiticamente a infração penal. Se não há crime ou contravenção, não há como se falar em flagrante delito. Por isso, não se pode vedar ao delegado de Polícia, quando autua alguém em flagrante delito, a valoração acerca de evidentes causas de exclusão da ilicitude ocorridas no caso concreto.

DA CONTINUIDADE DAS INVESTIGAÇÕES

O fato de não se ter autuado em flagrante delito o investigado, evitando-se seu encarceramento cautelar precoce, não indica que não haverá apuração acerca da suposta infração penal ocorrida.

Portanto, instaurar-se-á, imediatamente, por portaria, o Inquérito Policial respectivo, almejando colher mais elementos acerca do fato típico praticado.

Ao final do prazo legal, nos termos do art. 10, *caput* e § 1º, do Código de Processo Penal, encaminharemos os autos do inquérito ao Magistrado competente para as deliberações legais.

Dê-se imediata ciência ao autor do fato acerca de todo o conteúdo deste despacho.

Local e Data

Delegado(a) de Polícia

Capítulo 5

Dos Termos e dos Autos

5.1. ASPECTOS GERAIS SOBRE OS TERMOS E OS AUTOS

Termos são documentos lavrados na repartição policial acerca de atos que lá também foram realizados. Por exemplo, se uma restituição de objeto à vítima se deu nos átrios da delegacia de Polícia, fala-se em **Termo** de Restituição. Note que o fato de a entrega do bem à vítima ter se dado no interior da delegacia e o ato de formalização dessa entrega também lá ter se realizado, faz com que a expressão correta seja **Termo de restituição**, e não Auto de restituição[1].

Já a terminologia **Auto** se refere ao documento que formaliza um ato policial realizado fora da delegacia, cuja documentação se dará em sede de delegacia. Por exemplo, a incineração de drogas, a qual ocorre fora do prédio da delegacia e é documentada, após, nos átrios do órgão policial, é nominada **Auto** de Incineração. Em outras palavras, o ato policial aconteceu fora da delegacia, mas nela foi documentado.

É claro que essa regra de conceituação de **termo** e de **auto** não é unânime, até porque nenhuma disciplina legal há sobre isso. Entretanto, fica aqui a dica para facilitar a diferenciação entre um auto e um termo.

1 Por mais que os despachos também sejam lavrados em sede de Delegacia de Polícia, não podem eles ser confundidos com os **termos** e com os **autos**. **O despacho (também nominada decisão) é ato mandamental e unilateral do Delegado, não necessitando, para a sua validação jurídica, da assinatura de qualquer outra pessoa**. Já os **autos** e os **termos**, por requererem a intervenção de outras pessoas (policiais ou não), ficam dependentes da assinatura deles também. Nestes casos, por mais que tais documentos sejam lavrados sob a presidência do Delegado, não se contentam somente com a assinatura de tal autoridade, também se fazendo necessária a assinatura das outras pessoas que figuraram naquele termo ou auto. Por exemplo, não há sentido em haver um Termo de Entrega sem a assinatura do recebedor da coisa; outrossim, o termo de depoimento só se perfaz com a assinatura do depoente.

5.2. MODELOS DE TERMOS

Há dois termos muito importantes que foram mencionados na parte I deste livro e que desejamos reproduzi-los nesta parte prática de nossa obra. Tratam-se dos termos de colaboração premiada **(questões 15.1., 15.2., 15.3., 15.4. e 15.5. da parte I)** e de depoimento envelopado **(questão 2.2. da parte I)**. Esses dois termos são de suma importância para o trabalho policial, mas são ainda pouco explorados pela doutrina especializada.

É claro que, com a crescente difusão dos modelos de nossa obra, acreditamos que será recorrente a cobrança deles em provas práticas de concursos para delegado de polícia.

Falando, agora, especificamente do termo de depoimento envelopado, note que ele possui duas partes, sendo que uma contém a qualificação do depoente (a qual é mantida sob sigilo) e a outra diz respeito ao relato fático propriamente dito. Vejamos as duas partes a seguir.

5.2.1. Modelo de termo de depoimento envelopado

PARTE I

QUALIFICAÇÃO DE TESTEMUNHA ENVELOPADA 01

Aos _____ dias do mês de ________ do ano de dois mil e ______ (20___), nesta cidade _______, Estado de ________, na sede da Delegacia __________, onde presente se achava o Excelentíssimo Sr. ___________________, Delegado de Polícia, matrícula funcional ________________, aí compareceu (dados de qualificação completos da vítima ou testemunha), a partir de agora nominada somente de **TESTEMUNHA ENVELOPADA 01**. Prestou depoimento em caráter sigiloso, cujo termo foi devidamente juntado aos autos de inquérito que apura o crime em desfavor de _________________, fato esse ocorrido no dia __/___/_____, às _____horas, na ___________________________________. Lido e achado conforme, vai devidamente assinado pela Autoridade Policial, pelo depoente e pelo escrivão do feito.

AUTORIDADE:____

DEPOENTE: (ASSINAR NORMALMENTE – POR EXTENSO)

ESCRIVÃO: ____

PARTE II

TERMO DE DEPOIMENTO ENVELOPADO 1

Aos _____ dias do mês de ________ do ano de dois mil e ______ (20___), nesta cidade _______, Estado de ________, na sede da Delegacia _________, onde presente se achava o Excelentíssimo Sr. ____________, Delegado de Polícia, matrícula funcional ______________, aí compareceu TESTEMUNHA ENVELOPADA 01, identificada em expediente apartado nos Termos do Provimento __________ da Corregedoria Geral da Justiça do Estado de ________, editada em face da Lei Estadual nº _____________ (PROVITA/___) e da Lei Federal nº 9.807/99. Aos costumes a testemunha disse nada[2]. Testemunha advertida das penas cominadas ao crime de falso testemunho (art. 342 do Código Penal), prometeu dizer a verdade do que soubesse e lhe fosse perguntado. TESTEMUNHA INQUIRIDA PELA AUTORIDADE POLICIAL, RESPONDEU QUE: ______________________________. Nada mais disse nem lhe foi perguntado. Lido e achado conforme vai devidamente assinado pela Autoridade, pelo(a) depoente e por mim, escrivão, que o digitei.

AUTORIDADE POLICIAL:____

DEPOENTE:__(SÓ RUBRICAR OU APOR IMPRESSÕES PAPILARES)

ESCRIVÃO: ____

O outro modelo de termo que falamos acima é o termo de colaboração premiada. Tal pacto visa a facilitar a obtenção de provas através do oferecimento de benesses jurídicas ao criminoso-delator.

Nossa intenção é divulgar um modelo completo de oferta desse instituto jurídico aos investigados para que as autoridades policiais se sintam mais à vontade e passem a se utilizar mais corriqueiramente de tal meio de obtenção de provas. Vejamos.

2 A expressão "**aos costumes disse nada**" denota a ausência de qualquer impedimento legal ou suspeição do intimado em relação aos envolvidos na apuração policial em questão. Lembre-se de que, estando presentes essas circunstâncias que indicam a parcialidade do intimado, deve o Delegado fazer constar tal observação no termo de depoimento, podendo passar a ouvi-lo como mero declarante.

5.2.2. Modelo de termo de colaboração premiada – organização criminosa

EXCELENTÍSSIMO(A) SENHOR(A) DOUTOR(A) JUIZ(ÍZA) DE DIREITO DA ___ VARA CRIMINAL_______________/___.

O(A) Excelentíssimo(a) Senhor(a) ____________________, Delegado de Polícia de _____ Classe, matrícula funcional nº _____, lotado na ______ Delegacia de ____________, com fulcro no art. 4º e seguintes da Lei nº 12.850/2013, vem a Vossa Excelência, pelas razões de fato e direito que se aduz abaixo, submeter à **HOMOLOGAÇÃO O TERMO DE ACORDO DE COLABORAÇÃO PREMIADA** firmado com (<u>colocar somente algumas iniciais do investigado</u>), ora nominado somente oblato(a)-colaborador(a).

DO CONTEXTO EM APURAÇÃO: CRIMINALIDADE ORGANIZADA.

Trata-se de investigação policial, instaurada mediante (<u>citar peça inicial</u>), visando a apurar as infrações praticadas pela organização criminosa supostamente encabeçada pelo Sr. ____.

Ficou claro nas investigações que o grupo em comento mantém uma estrutura bem hierarquizada e com nítida divisão de tarefas, voltando-se para a prática de crimes de ________________ e ________________, visando como desiderato final as seguintes vantagens: _________________ e ______________________________.

É possível notar que as infrações penais praticadas por tal grupo se sujeitam a penas privativas de liberdade que excedem, em seu patamar máximo, a quatro anos de prisão. Além disso, os indícios de que tal grupo criminoso conta com quatro ou mais integrantes são irrefutáveis. Dentre os membros dessa associação, citamos: _______________, ____________________, ____________________ e ____________________ ____.

Destarte, não há dúvidas de que estamos a tratar aqui de uma Organização Criminosa, nos termos da Lei nº 12.850/2013, vez que todos os elementos essenciais para a sua caracterização estão presentes.

> Art. 1º [...]
>
> § 1º Considera-se organização criminosa a **associação de 4 (quatro) ou mais pessoas estruturalmente ordenada e caracterizada pela divisão de tarefas**, ainda que informalmente, com objetivo de obter, direta ou indiretamente, vantagem de qualquer natureza, mediante a prática de infrações penais cujas penas máximas sejam superiores a 4 (quatro) anos, ou que sejam de caráter transnacional. (Lei nº 12.850/2013) (grifo nosso).

Por todo o exposto, legítima é a possibilidade de lavra do presente termo de acordo de colaboração premiada, consoante o art. 4º do referido diploma legal.

DA PERTINÊNCIA E DA ADEQUAÇÃO SUBJETIVA PARA SE FIRMAR O PRESENTE PACTO

Analisou-se a personalidade do(a) oblato(a)-colaborador(a) com o fito de verificar a pertinência de lhe oferecer o referido instituto colaborativo, bem como qual benesse seria a mais adequada.

> Art. 4º O juiz poderá, a requerimento das partes, conceder o **perdão judicial, reduzir em até 2/3 (dois terços) a pena privativa de liberdade ou substituí-la por restritiva de direitos** daquele que tenha colaborado efetiva e voluntariamente com a investigação e com o processo criminal, desde que dessa colaboração advenha um ou mais dos seguintes resultados: § 1º **Em qualquer caso, a concessão do benefício levará em conta a personalidade do colaborador, a natureza, as circunstâncias, a gravidade e a repercussão social do fato criminoso e a eficácia da colaboração**. (Lei nº 12.850/2013) (grifo nosso).

Em desfavor do(a) ora oblato(a)-colaborador(a), constam os seguintes antecedentes ____.

Por mais que haja elementos que liguem o(a) oblato(a)-colaborador(a) a atividades ilícitas, não parece inadequado com ele firmar este acordo. Afinal de contas, pelo fato de o suspeito estar inserido nesse contexto de marginalidade, ele pode contribuir com elementos mais precisos e fidedignos sobre as ilegalidades perpetradas pelo grupo investigado.

Além disso, (mencionar outras circunstâncias que demonstram não ser absolutamente incompatível o referido pacto colaborativo a ser firmado com o ora investigado).

DO BENEFÍCIO PROPOSTO PELO DELEGADO DE POLÍCIA

De acordo com a análise subjetiva supracitada, a Autoridade Policial, ora subscritora, entende que o benefício (dentre os elencados no artigo 4º, § 1º, da Lei nº 12.850/2013) que mais se coaduna com a personalidade do(a) oblato(a)-colaborador(a) é: ________ ____.

DA POSSIBILIDADE DE REPACTUAÇÃO

Por mais que o benefício proposto pelo Delegado de Polícia tenha sido o(a) ____ ____________________________________, consignamos neste termo que, em excedendo a contribuição de que dele se esperava, o presente pacto pode ser revisto, concedendo ao colaborador um benefício ainda maior do que o que fora proposto inicialmente, ou seja, o perdão judicial.

> Art. 4º [...]
>
> § 2º **Considerando a relevância da colaboração prestada**, o Ministério Público, a qualquer tempo, e o delegado de polícia, nos autos do inquérito policial, com a manifestação do Ministério Público, **poderão requerer ou representar ao juiz pela concessão de perdão judicial ao colaborador, ainda que esse benefício não tenha sido previsto na proposta inicial**, aplicando-se, no que couber, o art. 28 do Decreto-Lei nº 3.689, de 3 de outubro de 1941 (Código de Processo Penal). (Lei nº 12.850/2013)

DOS DIREITOS DO COLABORADOR

O primeiro e principal direito de que goza o(a) oblato(a)-colaborador(a) é o de não ter seu nome mencionado nesta peça jurídica, visando a resguardá-lo de eventuais represálias arquitetadas pelos seus antigos comparsas. Esse direito do colaborador está previsto no dispositivo infracitado:

> Art. 7º O pedido de homologação do acordo será sigilosamente distribuído, **contendo apenas informações que não possam identificar o colaborador** e o seu objeto. (Lei nº 12.850/2013)

O(A) oblato(a)-colaborador(a) fica também ciente de que detém os seguintes direitos, os quais podem ser pleiteados e exercidos a qualquer momento:

> Art. 5º São direitos do colaborador:
>
> I – usufruir das medidas de proteção previstas na legislação específica;
>
> II – ter nome, qualificação, imagem e demais informações pessoais preservados;
>
> III – ser conduzido, em juízo, separadamente dos demais coautores e partícipes;
>
> IV – participar das audiências sem contato visual com os outros acusados;
>
> V – não ter sua identidade revelada pelos meios de comunicação, nem ser fotografado ou filmado, sem sua prévia autorização por escrito;
>
> VI – cumprir pena em estabelecimento penal diverso dos demais corréus ou condenados.

Além disso, deixamos claro que o(a) oblato(a)-colaborador(a), mesmo após a homologação do pacto em questão, pode desistir dele (distrato). Não obstante o exposto, o(a) oblato(a)-colaborador(a) desde já está advertido de que as provas já produzidas, mesmo que autoincriminatórias, poderão ainda ser, nos termos do art. 4º, § 10, da Lei nº 12.850/2013, valoradas pela autoridade judiciária no contexto apuratório em questão:

> Art. 4º [...]
>
> § 10. As partes podem retratar-se da proposta, caso em que as provas autoincriminatórias produzidas pelo colaborador **não poderão ser utilizadas exclusivamente** em seu desfavor. (Lei nº 12.850/2013).

Por fim, o(a) oblato(a)-colaborador(a) se diz ciente de que lhe é assegurada a presença de seu defensor quando da prática de qualquer ato de colaboração.

> Art. 4º [...]
>
> § 15. Em todos os atos de negociação, confirmação e execução da colaboração, o colaborador deverá estar assistido por defensor. (Lei nº 12.850/2013)

DA RENÚNCIA AO DIREITO DE SE SILENCIAR

O(A) oblato(a)-colaborador(a) está ciente de que renunciará ao seu direito de se manter silente em todos os atos colaborativos que venha a praticar (acerca do objeto deste acordo), firmando o compromisso de dizer sempre a verdade, sob pena de lhe ser imputado o crime de falso testemunho (art. 342 do Código Penal Brasileiro). Nesses termos, o(a) oblato(a)-colaborador(a) diz ser conhecedor do teor do art. 4º, § 14, da Lei nº 12.850/2013:

> Art. 4º [...]
>
> § 14. Nos depoimentos que prestar, o colaborador renunciará, na presença de seu defensor, ao direito ao silêncio e estará sujeito ao compromisso legal de dizer a verdade. (Lei nº 12.850/2013)

DA AUTORIZAÇÃO EXPRESSA PARA A FILMAGEM DOS DEPOIMENTOS

O(A) oblato(a)-colaborador(a) está ciente, e desde já dá seu aval, acerca da filmagem de todos os atos de colaboração que venham a ser realizados nos termos deste acordo.

Tal documentação audiovisual dos atos de colaboração visa a dar maior credibilidade a tudo o que for produzido nos termos do presente acordo. Além disso, com essa autorização expressa, evita-se qualquer alegação de ocorrência do crime previsto no art. 18 da Lei nº 12.850/2013.

> Art. 18. Revelar a identidade, fotografar ou filmar o colaborador, sem sua prévia autorização por escrito: Pena – reclusão, de 1 (um) a 3 (três) anos, e multa. (Lei nº 12.850/2013)

As filmagens em comento, bem como os demais atos de colaboração, receberão o tratamento sigiloso que a lei determina.

DAS VANTAGENS DE SER O PRIMEIRO A COLABORAR

O(A) oblato(a)-colaborador(a) foi avisado das vantagens de ser o primeiro a colaborar com os órgãos incumbidos da persecução penal. Nos termos do art. 4º, § 4º, da Lei nº 12.850/2013, é possível que a ação penal nem seja proposta pelo membro do Ministério Público em desfavor daquele que primeiro colaborar com a investigação.

> Art. 4º [...]
>
> § 4º Nas mesmas hipóteses do *caput*, o Ministério Público poderá deixar de oferecer denúncia se o colaborador:
>
> I – não for o líder da organização criminosa;
>
> II – **for o primeiro a prestar efetiva colaboração nos termos deste artigo**. (Lei nº 12.850/2013)

DAS CONDIÇÕES DA PROPOSTA DO DELEGADO DE POLÍCIA PARA O OBLATO(A)-COLABORADOR(A)

O Delegado de Polícia requer que o(a) oblato(a)-colaborador(a), nos termos deste acordo, **após confessar a sua participação na empreitada criminosa em comento**, realize os seguintes atos de colaboração:

1 – ______________________________;

2 – ______________________________;

3 – ______________________________.

DOS RESULTADOS ESPERADOS DA COLABORAÇÃO

Do presente pacto colaborativo deseja-se que, dentre os elencados nos incisos do art. 4º da Lei nº 12.850/2013, sejam alcançados os seguintes res ultados:____, ____________________________ e ________________________________.

> Art. 4º O juiz poderá, a requerimento das partes, conceder o perdão judicial, reduzir em até 2/3 (dois terços) a pena privativa de liberdade ou substituí-la por restritiva de direitos daquele que tenha colaborado efetiva e voluntariamente com a investigação e com o processo criminal, desde que dessa colaboração advenha um ou mais dos seguintes resultados:
>
> I – **a identificação dos demais coautores e partícipes da organização criminosa e das infrações penais por eles praticadas;**
>
> II – **a revelação da estrutura hierárquica e da divisão de tarefas da organização criminosa;**
>
> III – **a prevenção de infrações penais decorrentes das atividades da organização criminosa;**
>
> IV – **a recuperação total ou parcial do produto ou do proveito das infrações penais praticadas pela organização criminosa;**
>
> V – **a localização de eventual vítima com a sua integridade física preservada.** (Lei nº 12.850/2013). Grifo nosso

DO PRAZO PARA O CUMPRIMENTO DOS TERMOS DO ACORDO

O(A) oblato(a)-colaborador(a) fica ciente de que o prazo máximo para a execução dos atos colaborativos aqui firmados se restringe ao período que poderá ficar suspenso o prazo de oferecimento da denúncia, nos termos do art. 4º, § 3º, da Lei nº 12.850/2013, ou seja, seis meses (prorrogáveis por igual período).

> Art. 4º [...]
>
> § 3º O prazo para oferecimento de denúncia ou o processo, relativos ao colaborador, **poderá ser suspenso por até 6 (seis) meses, prorrogáveis por igual período**, até que sejam cumpridas as medidas de colaboração, suspendendo-se o respectivo prazo prescricional. (Lei nº 12.850/2013)

Se os atos de colaboração não forem realizados durante esse interstício legal, por obra da exclusiva desídia do(a) oblato(a)-colaborador(a), será presumida sua vontade de distratar o presente pacto colaborativo.

DO ENCAMINHAMENTO DO ACORDO PARA HOMOLOGAÇÃO JUDICIAL

Encaminhar-se-á o presente termo de acordo ao Poder Judiciário (com necessária abertura de vistas ao Ministério Público para que exare seu parecer opinativo), decidindo o magistrado, ao final, sobre sua legalidade, sua regularidade e sua voluntariedade, podendo o Juiz, inclusive, ouvir sigilosamente o(a) oblato(a)-colaborador(a), negar a homologação ao referido pacto ou readequá-lo aos ditames legais.

> Art. 4º [...]
>
> § 7º Realizado o acordo na forma do § 6º, o respectivo termo, acompanhado das declarações do colaborador e de cópia da investigação, **será remetido ao juiz para homologação, o qual deverá verificar sua regularidade, legalidade e voluntariedade**, podendo para este fim, sigilosamente, ouvir o colaborador, na presença de seu defensor.
>
> § 8º O juiz poderá **recusar homologação à proposta que não atender aos requisitos legais, ou adequá-la ao caso concreto**. (Lei nº 12.850/2013)

Por fim, fica esclarecido que o presente termo de acordo **só surtirá os seus efeitos após a homologação judicial** respectiva, a qual deverá se dar, consoante art. 7º, § 1º, da Lei nº 12.850/2013, em até 48 horas após a distribuição judicial deste pacto.

DAS ASSINATURAS

De acordo com tudo o que fora exposto acima, o Delegado de Polícia, Excelentíssimo Sr. ______________________________, o(a) oblato(a)-colaborador(a) (CONSTAR SOMENTE ALGUMAS INICIAIS), o advogado que o assiste, Sr. __________________________, OAB nº _____, dizem-se cientes de tudo o que fora aqui convencionado, dando fé ao pacto e, tendo por justo e legal o que neste acordo está encerrado, assinam o presente termo em todas as suas laudas.

LOCAL E DATA

DELEGADO:

OBLATO(A)-COLABORADOR(A): (rubrica)

ADVOGADO DO(A) OBLATO(A)-COLABORADOR(A):

5.3. MODELOS DE AUTOS

Há vários modelos de autos que são de incontestável interesse policial, mas escolhemos para figurar neste livro somente o auto de busca domiciliar consentida.

O serviço policial é muito dinâmico. Nem sempre dá para o policial esperar o moroso procedimento de decretação da medida cautelar de busca e apreensão domiciliar. É preciso, para esses casos, buscar-se uma alternativa mais célere, mas sem perder o necessário respaldo legal para aquela ação.

Nesses termos, sugerimos ao Policial que busque o consentimento formal dos moradores para averiguar aquela situação suspeita em sua residência, evitando, assim, alegações posteriores de arbitrariedade policial.

Sugerimos que sempre sejam convocadas duas testemunhas para presenciar o momento no qual o morador dá seu consentimento para a entrada dos policiais em seu lar. Após a realização do ato de busca domiciliar, sugerimos que todos sejam levados à delegacia para que lá seja lavrado o Auto respectivo, visando a documentar toda a diligência policial ali realizada.

5.3.1. Modelo de auto de busca domiciliar consentida

AUTO DE BUSCA DOMICILIAR CONSENTIDA

Aos _____ dias do mês de _________ do ano de __________, os Policiais __________________ e ______________________, acompanhados do(a) Delegado(a) de Polícia ____________________, em atendimento ao que preconiza a Constituição Federal em seu art. 5º, inciso XI, cientificaram o Sr. ______________ ________________ acerca da necessidade de entrada na sua residência, a qual fica situada em ________________________________.

Os Policiais informaram ao referido morador, antecipadamente, que a entrada deles na referida residência durante a noite e, se durante o dia, caso não estivessem na posse de um mandado judicial, dependeria da concordância do supracitado habitante.

Mesmo ciente dessa garantia constitucional, o Sr. ____________________ __________ autorizou que, no dia ___/___/___, às _________, os supraqualificados Policiais adentrassem na residência em voga para buscar elementos de interesse de investigação policial que tramita na Delegacia de Polícia de _______________.

Destarte, foi franqueada (voluntária e livremente) essa entrada, sob o argumento de que a Segurança Pública, por mais que seja um dever do Estado, é de responsabilidade de todos. Nesses mesmos termos está a Constituição Federal brasileira:

> Art. 144. A segurança pública, dever do Estado, direito e **responsabilidade de todos**, é exercida para a preservação da ordem pública e da incolumidade das pessoas e do patrimônio, através dos seguintes órgãos[...] (grifamos).

Ademais, o Sr. ________________________________ foi cientificado de que, a qualquer momento, poderia pedir aos referidos policiais que saíssem de sua residência, **desde que nenhum objeto ilícito, que proporcionasse sua imediata prisão em flagrante, tivesse sido encontrado por eles.**

O resultado da diligência em comento foi ____________________________
____
____.

LOCAL E DATA

AUTORIDADE POLICIAL

POLICIAL 1

POLICIAL 2

MORADOR

TESTEMUNHA 1

TESTEMUNHA 2

Capítulo 6

Comunicações Externas – Ofícios

6.1. ASPECTOS GERAIS SOBRE OS OFÍCIOS POLICIAIS

Os órgãos policiais costumam se comunicar com instituições e com pessoas físicas em prol da investigação. Se a comunicação se der internamente (com órgãos perfilhados na mesma estrutura orgânica da Polícia Judiciária) utilizar-se-á o memorando. Todavia, caso a autoridade policial precise se comunicar com órgãos fora desse organograma da Polícia Judiciária, há que se ter em mente o ofício.

Dentre os ofícios que podem ser redigidos pela autoridade policial, alguns vem causando muitos problemas práticos. O primeiro que iremos estudar é o que requer informações a hospitais acerca de dados de seus pacientes.

Nesse caso, o ofício precisa conter algumas informações peculiares, bem como fazer menção expressa à advertência legal no caso do descumprimento da ordem dada pela autoridade policial.

Note que para que o ofício tenha o condão de **fidelizar determinada pessoa ao cumprimento daquela ordem, deve ele ser nominal ao médico ou ao responsável pelo hospital**[1]. Para maior aprofundamento sobre o tema, *vide* a **questão 13.1** da parte I desta obra. Vejamos, então, nosso modelo sugerido.

1 Em idêntico sentido, citamos Mirabete (2012, p. 336): "Para que se tipifique o crime em apreço, **a ordem deve ser transmitida diretamente ao desobediente,** o que pode ser feito por várias maneiras e modos (por escrito, verbalmente etc.). Essas formas, porém, devem conduzir ao conhecimento perfeito da ordem." Grifo nosso.

6.2. MODELO DE OFÍCIO DE REQUISIÇÃO DE INFORMAÇÕES DE PACIENTE AO HOSPITAL

Delegacia de Polícia Civil de ______________________________

Ofício nº ____/___

Local e data

A(o) Sr(a).

Nome completo

Médico(a), Responsável ou Diretor(a) do Hospital ____________________

Endereço do Hospital

Sr(a). Médico(a), Diretor(a) ou Sr(a). Responsável,

Requisitamos o fornecimento, no prazo máximo de ___ dias, das informações acerca de (tipo de lesão, dados cadastrais, endereços, telefones de contato etc.) do paciente de nome ____________________________. Tal indivíduo teria sido atendido por funcionários do referido nosocômio no dia ________ em virtude de estar acometido de ________________.

É sabido que a papelada médica (prontuário, guia de atendimento emergencial, laudo de exame etc.) contém informações tão particulares do paciente que são consideradas, em regra, indevassáveis. Entretanto, há outras informações que, por mais que estejam insertas nesses documentos, nada tem a ver com o sigilo que o médico deve resguardar. Este é o presente caso.

Portanto, ordenamos a Vossa Senhoria que conceda as informações requeridas acima por meio de um **relatório circunstanciado**, fornecendo à Autoridade Policial, ora subscritora, somente os dados desejados, sem que seja necessário o encaminhamento do dossiê do paciente à Delegacia.

Com o referido método, haverá o atendimento da presente ordem policial, bem como preservar-se-á os dados íntimos do paciente. Nesse mesmo sentido, citamos o respeitável posicionamento de Adriano Costa e Laudelina Inácio no livro *Prática Policial Sistematizada* (Editora Impetus, p. 203-204):

> Não se contesta aqui que algumas informações que o paciente confidencia ao médico, as quais são relatadas no respectivo prontuário, estão abarcadas pelo sigilo profissional referido no art. 154 do Código Penal. **Entretanto, no prontuário médico, é comum haver também informações não sigilosas, as quais, por óbvio, não poderão ser ocultadas da autoridade policial quando de sua requisição.** Ou seja, no que se refere a essas informações objetivas e não sigilosas, as quais possam ser dissociadas do conteúdo sigiloso da consulta, não há razão para não serem fornecidas à autoridade policial. Uma recusa injustificada nesse sentido, sem dúvida, pode fazer incurso o profissional recalcitrante nas penas do crime de desobediência.

Por fim, admoestamos que tal ordem se funda no Poder Geral de Requisição do Delegado de Polícia, previsto no art. 2º, § 2º, da Lei nº 12.830/2013, o que autoriza que Vossa Senhoria seja responsabilizado(a) criminalmente pela desobediência, no prazo suso, da presente determinação (art. 330 do Código Penal brasileiro).

Atenciosamente,

DELEGADO(A) DE POLÍCIA

Outro ofício de incontestável importância para o dia a dia profissional, é o que requer a revogação do prazo restante da prisão temporária, quando assim o achar conveniente a autoridade policial.

Conforme já expusemos na **questão 5.7** da parte I deste livro, a autoridade policial não deve liberar antecipadamente o indivíduo preso temporariamente a seu bel-prazer, somente podendo fazê-lo quando o magistrado assim o permitir (expedição do alvará de soltura).

Pareceu-nos, pois, oportuno fazer constar nesta parte do livro o modelo de ofício que pede a revogação da prisão temporária do indivíduo, quando razões não mais existirem para a manutenção de seu encarceramento cautelar. Vejamos:

6.3. MODELO DE OFÍCIO DE PEDIDO DE REVOGAÇÃO DE PRAZO RESTANTE DE PRISÃO TEMPORÁRIA

Delegacia de Polícia Civil de ______________________________

Ofício nº / ________ – ________

Local e data

Ao(a) Exmo(a). Sr(a).

Nome do Magistrado

Juiz(íza) da ____ Vara Criminal de ____________

Excelentíssimo(a) Sr(a). Magistrado(a),

Comunicamos a Vossa Excelência sobre a desnecessidade de manutenção da prisão temporária decretada em desfavor de ______________________.

Urge mencionar que o mandado de prisão temporária em desfavor do referido suspeito, protocolo nº ____________________, ordem exarada pelo Excelentíssimo Juiz ______________ da _______ Vara Criminal de ____________, com base nos autos de (inquérito ou processo), fora cumprido pela Delegacia de Polícia ______________________, no dia ______________, às ________horas, sendo que todas as formalidades legais foram realizadas, nos termos do arts. 289-A do Código de Processo Penal e 5º, inciso LXII, da Constituição Federal.

Por mais que a ordem de prisão cautelar supracitada tenha sido decretada e cumprida nos termos das leis vigentes, acreditamos que a manutenção do suspeito preso não nos é mais conveniente, nem essencial para a investigação do inquérito policial de nº ________.

O motivo para o pedido de revogação da referida medida prisional é: (justificar o porquê de tal pedido de soltura antecipada).

Destarte, em face do exposto, solicitamos a revogação do prazo restante da prisão temporária em voga, para o qual, nesses termos, requeremos a remessa do alvará de soltura respectivo à Autoridade Policial ora subscritora.

Atenciosamente,

DELEGADO(A) DE POLÍCIA

Outro ofício[2] de suma importância para a autoridade policial diz respeito ao pedido de identificação criminal, gravado com todas as possibilidades que a lei confere.

Decidimos, então, para ampliar o resultado que normalmente a autoridade policial obtém da identificação criminal, fazer um modelo que potencialize os frutos jurídicos desse ato.

Com base nesse modelo, além da colheita de material fotográfico e das impressões das papilas dérmicas do suspeito, também haverá a expedição do laudo de identificação do indivíduo, o que facilitará, inclusive, a documentação necessária para eventual pedido de prisão preventiva identificadora ou temporária. Vejamos o referido ofício.

2 Lembre-se de que nas unidades da Federação que o Instituto de Identificação faz parte da estrutura da Polícia Civil, não há que se falar, nesse caso, em ofício, mas, sim, em memorando.

6.4. MODELO DE OFÍCIO ENCAMINHANDO SUSPEITO PARA IDENTIFICAÇÃO CRIMINAL E DETERMINANDO EXPEDIÇÃO DE LAUDO DE IDENTIFICAÇÃO

Delegacia de Polícia Civil de ____

Ofício nº / _______ - _______

Local e data

Ao(a) Sr(a).

Nome

Gerente do Instituto de Identificação

Senhor(a) Gerente,

Solicitamos a Vossa Senhoria que realize, nos estritos termos do art. 3º da Lei nº 12.037/2009, a identificação criminal do investigado, o qual diz se chamar (nome e demais dados de qualificação).

Quando da sua apresentação à epigrafada Delegacia de Polícia, em virtude de prática de crime tipificado, em tese, no artigo ________ da Lei nº ________, o suspeito em comento não apresentou à Autoridade Policial qualquer documento de identificação civil.

O fato ilícito em apuração ocorrera no dia _______, às _____horas, em ___(local)______, e é o objeto de investigação do (inquérito, boletim de ocorrência, T.C.O., APF e etc.) de nº ______.

Outrossim, requeremos que, além da coleta de fotografias e das impressões datilares do suspeito supracitado, sejam tais padrões confrontados com a base de dados do Instituto de Identificação visando à determinação precisa de sua identidade.

Ao final, confeccione-se laudo de identificação do referido cidadão e encaminhe-se tal documento diretamente a esta Delegacia, juntamente com as respectivas fotografias e planilha datilar, aos cuidados do Excelentíssimo Delegado ____________________, visando a sua juntada ao procedimento investigatório respectivo (nos termos do art. 5º da Lei nº 12.037/2009).

Atenciosamente,

DELEGADO(A) DE POLÍCIA

Por fim, apresentamos como derradeiro modelo de ofício uma comunicação ao juiz acerca da prisão de um indivíduo em face de mandado de prisão (temporária ou preventiva).

Por mais que esse ofício seja menos inovador do que os supracolacionados, acreditamos que será importante para a atualização dos modelos que as autoridades policiais de todo o Brasil já vêm utilizando.

Dizemos isso, pois a legislação sofreu algumas modificações, mas as peças utilizadas cotidianamente pelos policiais continuam as mesmas. Destarte, com o viés de atualizar o modelo que vem sendo utilizado nas delegacias, propomos o seguinte padrão de ofício de comunicação de prisão:

6.5. MODELO DE OFÍCIO COMUNICANDO PRISÃO POR MANDADO JUDICIAL COM PEDIDO DE RECAMBIAMENTO DO PRESO

Delegacia de Polícia Civil de ________________________________

Ofício nº / ______ - _______

Local e data

Sr(a).

Nome do Magistrado

Juiz(íza) da ___ Vara Criminal de ____________________________

Sr(a). Magistrado(a),

Comunicamos a Vossa Excelência o cumprimento do mandado de prisão _ (modalidade de encarceramento cautelar) em desfavor de ________________ __________, protocolo nº _____________________, ordem esta exarada pelo(a) Excelentíssimo(a) Juiz(íza) da _______ Vara Criminal de __________________ _______/ UF.

A prisão em comento foi realizada no dia _______, às ________, em (local da prisão), sendo que os responsáveis pelo cumprimento da ordem de encarceramento são os Policiais __________________ e __________________.

Cumpre salientar que já realizamos a comunicação de tal custódia à pessoa indicada pelo preso (nome da pessoa indicada e forma de comunicação). Além disso, deixamos de comunicar a prisão à Defensoria Pública (nos termos do art. 289-A, § 4º, do Código de Processo Penal), já que o preso nominou o seu causídico, qual seja o Dr. __________________, inscrito na OAB sob a matrícula ____________.

Por fim, com fulcro no art. 289, § 3º, do Código de Processo Penal, solicitamos que Vossa Excelência, caso não seja competente para o feito, comunique ao juiz da causa para que, no prazo fixado pela lei, promova o recambiamento do suspeito para a comarca da culpa, vez que o referido investigado está atualmente recolhido na(o) _______________________/UF.

Atenciosamente,

DELEGADO(A) DE POLÍCIA

Capítulo 7

Mandado de Condução Coercitiva

7.1. ASPECTOS GERAIS ACERCA DO MANDADO POLICIAL DE CONDUÇÃO COERCITIVA

Geralmente, o intimado atende, de forma voluntária, ao chamamento (intimação) da autoridade policial, prestando de bom grado informações acerca de assuntos de interesse da investigação policial.

Talvez por isso raríssimas são as vezes em que as autoridades policiais expedem uma ordem de condução forçada, por mais que essa possibilidade seja abalizada pelo ordenamento jurídico brasileiro.

De qualquer sorte, resolvemos aqui dar nossa contribuição para as autoridades policiais e trazer um modelo sintético de mandado de condução coercitiva.

Lembre-se de que só há que se falar em mandado de condução forçada se o intimado desatender, voluntária e injustificadamente, ao chamamento policial (intimação formal). Para mais detalhes sobre esse tema, *vide* o teor da **questão 8.1** da parte I deste livro.

7.2. MODELO DE MANDADO DE CONDUÇÃO COERCITIVA POLICIAL

MANDADO DE CONDUÇÃO COERCITIVA POLICIAL

Inquérito Policial: / – Delegacia ______________________________

Vítima: ______________________________

Autor(es) do fato: ______________________________

Tipo Penal: ______________________________

O Excelentíssimo Sr. ____________, Delegado de Polícia de ______ Classe, matrícula funcional nº _________, lotado na Delegacia de Polícia de _____________, em face da aplicação analógica dos arts. 201, § 1º, 218 e 260 do Código de Processo Penal à fase de investigação policial, expede **ORDEM DE CONDUÇÃO COERCITIVA** em desfavor de:

> ________________________, filiação, data do nascimento, documento de identificação civil nº ___________, inscrito no CPF/MF sob o registro ____________________________,

ordenando-se que os Agentes de Polícia _________ e __________, lotados neste órgão Policial, conduzam imediatamente o indivíduo supraqualificado, o qual figura no presente inquérito como _(testemunha, vítima ou indiciado), a esta Delegacia de Polícia, para o fim de ______________________________.

Fica determinado também que os Agentes de Polícia que executarem a presente ordem policial cientifiquem o conduzido acerca dos motivos que ensejaram a expedição do presente mandado, qual seja o seu *inatendimento injustificado à intimação exarada anteriormente pela Autoridade Policial* (consoante documentos anexos aos autos do presente inquérito).

Por fim, devem os Policiais, caso necessário o uso de força para romper a resistência do conduzido, lavrar o auto de resistência previsto no art. 292 do Código de Processo Penal, bem como justificar, no mesmo auto, o uso de algemas, nos termos da Súmula Vinculante nº 11 do Supremo Tribunal Federal e, por reflexo, do Decreto nº 8.858/2016.

Cumpra-se

Dada e passada nesta Cidade de _________ /UF, aos ____ dias do mês de ____ do ano de _____. Eu,________________, Escrivão, o digitei e o subscrevo.

Delegado (a) de Polícia: ______________________________

Escrivão de Polícia: ______________________________

Referências

ARAÚJO JR., Marco Antônio; BARROSO, Darlan. (Coords.) **Leis penais especiais**. 2ª ed. rev. ampl. e atual. São Paulo: Revista dos Tribunais, 2013. (coleção elementos do direito) v. 18.

BIANCHINI, Alice. *et al.* GOMES, Luiz Flávio (org.). **Prisão e medidas cautelares**: comentários à Lei 12.403, de 4 de maio de 2011/ 2ª ed. – São Paulo: Editora Revista dos Tribunais, 2011.

________; **Pressupostos materiais mínimos da tutela penal**. São Paulo: Revista dos Tribunais, 2002.

CAPEZ, Fernando. **Curso de processo penal**. 19ª ed. São Paulo: Saraiva, 2012.

________; Fernando. *Parte especial*: dos crimes contra a dignidade sexual a dos crimes contra a administração pública (arts. 213 a 359-H). 10ª ed. São Paulo: Saraiva, 2012. v. 3.

________; COLNAGO, Rodrigo. **Prática forense penal**. 4ª ed. São Paulo: Saraiva, 2010.

CÓDIGO ELEITORAL (LEI 4.737/1965): http://www.planalto.gov.br/ccivil_03/leis/l4737.htm. ACESSO EM 28/08/2016.

CÓDIGO DE TRÂNSITO (LEI ANTIGA: 9.503/1997): http://www.planalto.gov.br/ccivil_03/leis/l9503.htm. – ACESSO EM 28/08/2016.

CÓDIGO DE TRÂNSITO (LEI NOVA: 12.760/2012): http://www.planalto.gov.br/ccivil_03/_Ato2011-2014/2012/Lei/L12760.htm. – ACESSO EM 28/08/2016.

CONSELHO NACIONAL DE TRÂNSITO (CONTRAN): http://www.denatran.gov.br/contran.htm. ACESSO EM 28/08/2016.

CUNHA, Sanches Rogério. **Curso de direito penal**: parte especial – volume único (Arts. 121 a 361), 4ª ed. Salvador: Editora JusPodivm, 2012.

ESTATUTO DA CRIANÇA E DO ADOLESCENTE (LEI 8.069/1990): http://www.planalto.gov.br/ccivil_03/leis/l8069.htm. ACESSO EM 28/08/2016.

ESTATUTO DO DESARMAMENTO (LEI 10.826/2003): http://www.planalto.gov.br/ccivil_03/leis/2003/L10.826compilado.htm. ACESSO EM 28/08/2016.

ESTEFAM, André. **Direito Penal**. 2º ed. São Paulo: Saraiva, 2012. v. 2.

GARCIA, Ismar Estulano. **Procedimento policial** - inquérito e termo circunstanciado. 11ª rev. ampl. e atual. Goiânia: Editora AB, 2007.

GONÇALVES, Victor Eduardo Rios. **Direito penal esquematizado**: parte especial. São Paulo: Saraiva, 2011.

GOMES, Luiz Flávio. (coord.). *et al*. **Direito penal:** parte geral: volume 2, 2ª ed. São Paulo: Editora Revista dos Tribunais, 2009.

________; CERVINI, Raul. **Crime organizado enfoque criminológico, jurídico (Lei 9.034/95) e política criminal**. 2ª ed. São Paulo: Revista do Tribunais, 1997.

________; GARCIA, Pablos de Molina Antônio. **Criminologia**. 4ª ed. São Paulo, RT, 2002.

________; BIANCHINI, Alice. **O direito penal na era da globalização**. São Paulo: Revista dos Tribunais, 2002.

GRECO, Rogério. **Atividade policial:** aspectos penais, processuais penais, administrativos e constitucionais. 2ª ed. Niterói, RJ: Impetus, 2009.

________; **Curso de direito penal**: parte especial. 11ª ed. Niterói, RJ: Impetus, 2014. v. III.

________; **Curso de direito penal**: parte especial. 10ª ed. Niterói, RJ: Impetus, 2014. v. IV.

LEI DE ABUSO DE AUTORIDADE (LEI 4.898/1965): http://www.planalto.gov.br/ccivil_03/leis/l4898.htm. ACESSO EM 28/08/2016.

LEI DE CONTRAVENÇÕES PENAIS (LEI 3.688/1941, LEI 7.437/1985 – ALTERAÇÕES): http://www.planalto.gov.br/ccivil_03/decreto-lei/del3688.htm. ACESSO EM: 28/08/2016.

LEI DOS JUIZADOS ESPECIAIS (LEI 9.9099/1995): http://www.planalto.gov.br/ccivil_03/leis/l9099.htm. ACESSO EM 28/08/2016.

LEI MARIA DA PENHA (LEI: 11.340/2006): http://www.planalto.gov.br/ccivil_03/_ato2004-2006/2006/lei/l11340.htm. ACESSO EM 28/08/2016.

LIMA, Renato Brasileiro de. **Curso de processo penal**. Niterói, RJ: Impetus, 2013.

________; **Legislação criminal especial comentada**. 2ª ed., 2ª tir. rev. ampl. e atual. Salvador: Juspodivm, 2014.

________; **Nova prisão cautelar**: doutrina, jurisprudência e prática. Niterói, RJ: Impetus, 2011.

MASSON, Cleber. **Direito penal esquematizado**. Parte geral (arts. 1º a 120). 7ª ed. rev. ampl. e atual. Rio de Janeiro: Forense; São Paulo: Método, 2013.

MIRABETE, Julio Fabbrini; FABBRINI, Renato N. **Manual de direito penal**, volume 2: Parte especial, Arts. 121 a 234-B do CP, 28ª ed. rev. e atual. até 4 de janeiro de 2011. São Paulo: Atlas, 2011.

________; Julio Fabbrini; FABBRINI, Renato N. **Manual de direito penal**: Parte especial, Arts. 235 a 361 do CP, 26ª ed. rev. e atual. até 5 de janeiro de 2012. São Paulo: Atlas, 2012. v. 2.

________; FABBRINI, Renato N. **Manual de direito penal**: Parte especial, Arts. 235 a 361 do CP, 29ª ed. rev. e atual. até 5 de janeiro de 2015. São Paulo: Atlas, 2015. v. 3.

NUCCI, Guilherme de Souza. **Código penal comentado**. 10ª ed. rev., atual e ampl. São Paulo: Editora Revista dos Tribunais, 2010.

________; Guilherme de Souza. **Código de processo penal comentado**. 8ª ed. rev., atual. e ampl. 2ª tiragem. São Paulo: Revista dos Tribunais, 2008.

OLIVEIRA, Eugênio Pacelli de. **Curso de processo penal.** 16ª ed. atualizada de acordo com as Leis nº 12.403, 12.432, 12.461, 12.483 e 12.529, todas de 2011, e Lei Complementar nº 140, de 8 de dezembro de 2011. São Paulo: Atlas, 2012.

________, Eugênio Pacelli de. **Curso de processo penal.** 19ª ed. rev., atual. São Paulo: Atlas, 2015.

OLIVEIRA FILHO, Edemundo Dias; COSTA, Adriano Sousa. **Lei 12.403/2011 na prática**: alterações da novel legislação e os delegados de polícia. Goiânia: Editora Kelps, 2011.

REIS, Alexandre Cebrian Araújo; GONÇALVES, Victor Eduardo Rios. **Direito processual penal esquematizado**. Pedro Lenza (Coord.). São Paulo: Editora Saraiva, 2012.

SILVA, Laudelina Inácio da. **Inquérito policial e a verdade material**. Artigo apresentado como conclusão do Seminário III, no Curso de Doutorado em Ciências Jurídicas e Sociais da Universidade do Museo Social Argentino. Buenos Aires, 1998.

________; **Las víctimas y testygos de delitos el derecho procesal penal brasileno y la lucha contra la criminalidad organizada**. Tese apresentada ao Curso de Pós-Graduação *stricto sensu* em Ciências Jurídicas e Sociais, com área de concentração em Ciências Penais – Nível Doutorado da Universidade do Museu Social Argentino, sob a orientação do professor doutor Ricardo Borinsky. Buenos Aires, 2006.

________; Alexandre Cebrian Araújo. *et al.* LENZA Pedro. (coord.). **Direito processual penal esquematizado.** São Paulo: Saraiva, 2012.

TOURINHO FILHO, Fernando da Costa. **Processo penal**. 34ª ed. rev. e de acordo com a Lei nº 12.403/2011. São Paulo: Saraiva, 2012. v. 3.

EDITORA IMPETUS

Rua Alexandre Moura, 51
24210-200 – Gragoatá – Niterói – RJ
Telefax: (21) 2621-7007

www.impetus.com.br

Esta obra foi impressa em papel offset 75 grs./m²